U0613571

国家出版基金项目
NATIONAL PUBLICATION FOUNDATION

中華大藏經

續編 7

漢傳注疏部（一）第一册

中華書局

圖書在版編目(CIP)數據

中華大藏經:漢文部分:續編.漢傳注疏部.一/《中華大藏經·續編》編委會編. —北京:中華書局,2019.12
ISBN 978-7-101-14217-4

Ⅰ.中… Ⅱ.中… Ⅲ.大藏經 Ⅳ.B941

中國版本圖書館 CIP 數據核字(2019)第 248713 號

責任編輯:鄒　旭
裝幀設計:周　玉

中華大藏經(漢文部分)·續編:漢傳注疏部(一)
(全十二册)
《中華大藏經·續編》編委會 編
*
中 華 書 局 出 版 發 行
(北京市豐臺區太平橋西里 38 號　100073)
http://www.zhbc.com.cn
E-mail:zhbc@ zhbc.com.cn
三河市航遠印刷有限公司印刷
*
787×1092 毫米 1/16·466¾印張·24 插頁·5634 千字
2019 年 12 月北京第 1 版　2019 年 12 月第 1 次印刷
印數:1-300 册　定價:4300.00 元

ISBN 978-7-101-14217-4

《中華大藏經（漢文部分）·續編》編輯委員會

主　編

任繼愈

常務副主編

杜繼文

副主編

方廣錩　潘桂明　李　申　張新鷹

執行副主編（甲部）

楊維中　傅新毅　呂建福

《中華大藏經（漢文部分）》的編纂及續編（代總序）

任繼愈

一、《中華大藏經（漢文部分）》編輯出版始末

大藏經，是繼承和發揚佛教歷史上的「結集」傳統，以一定的結構、體例和編輯方式，匯總以佛教經典爲核心的佛教典籍，並通過一定的載體保存傳世佛教文獻的叢書。當今世界佛教的三個系統——南傳佛教、漢傳佛教、藏傳佛教，都有自成體系的大藏經，即南傳巴利語三藏、漢文大藏經和藏文大藏經。其他各種文字的大藏經或佛書集成，都不出對這三種大藏經翻譯、重編的範疇。大藏經不僅對於佛教的存在和發展具有舉足輕重的作用，而且對哲學、歷史、民族、語言、文字、文學、藝術、天文、曆算、醫藥、建築、國際關係等許多領域都産生了深遠的影響，堪稱世界文化的瑰寶。所以，大藏經不止屬於佛教，而且屬於整個人類。

佛教傳入中國兩千多年來，經歷了從一個外來宗教轉變爲中國傳統文化重要組成部分的過程。在這個過程當中，佛教經典的翻譯、佛教義理的詮解、佛教宗派的建立、佛教觀念的普及，無不依賴漢文爲必須的工具；中國原有的思想文化，包括信仰形態，與使用漢文表述的佛教體系之間，相互碰撞，相互

滲透，相互滋養，相互豐富，使誕生於印度的佛教在中華大地上開出了繁盛的花朵，創造了儒、釋、道三家鼎立支撑中國傳統文化整體的壯觀局面。應運而生的漢文大藏經，就是佛教中國化的有力見證和突出標誌。從唐代以前的寫本，到北宋以迄清代的刻本，千餘年間，漢文大藏經版本不斷增加，内容不斷擴充，特别是宋以後歷代王朝都將編輯刊印漢文大藏經作爲「盛世盛舉」的事實，説明了社會各階層的廣大信仰者對於佛教法寶的需求和崇敬，説明了華夏民族對於佛教已經成爲「自己的」精神財富的接納和認可。由於長期的積累、反復的蒐集，也由於中國文化傳統和佛教本身所具有的包容性，漢文大藏經在三種語系的大藏經中，表現出了所收典籍數量最大、涉及時間跨度最長、地區覆蓋面最廣、包含佛教派别最多的特點，它是中外文化交流的結晶，成爲中華傳統文化的三大支柱（儒、釋、道）之一。漢文大藏經不但受到佛教界一以貫之的尊崇和珍愛，而且隨着近現代學術文化事業的開展，越來越受到學術界的廣泛重視和深入研究。

漢文大藏經以其篇幅宏大、版本衆多、歷時久遠聞名於世。雕版印刷術以前，佛經傳播靠手寫流傳。南北朝時北方已有摩崖石刻佛經，刻鑿在崖石上，與造像祈福目的相同。隋代已開始用石板刻經，那是爲了保存佛教經典，以防止兵燹戰亂的破壞。刻在石板上，每塊重達百斤，利於保存，但不便閱讀。十世紀，北宋開寶年間開始以木版印刷藏經，世界上第一部雕版大藏經問世，世稱《開寶藏》。後來遼、金、元、明、清各朝都曾投入大量人力物力雕造藏經。現存公私家刊印的《大藏經》，達二十種之多。辛亥革命後，還出版過鉛字排印的兩種大藏經——《頻伽藏》和《普慧藏》。在國外，漢文版大藏經有《高麗藏》《黄檗藏》《弘教藏》《卍續藏》《大正藏》等。縱觀國内外已出版的各種大藏經，它們的卷數雖然從五千餘卷逐次增加到上萬卷，有的（如日本《大正藏》）至今還是學術研究比較通用的版本，但都不免有這樣那樣的缺點，今天看來，都不算理想的版本。而由於國力不逮，中國佛教界和學術界只能接受十八世紀前期清朝朝廷刻印《乾隆大藏經》（《清藏》，又稱《龍藏》）以後兩百多年間中國没有大規模重新編纂漢文大藏經的憾事。

一九八二年，國務院古籍整理出版規劃小組在全國古籍整理出版規劃會議上，將編輯出版《中華大藏經（漢文部分）》列入國家規劃，委託時任中國社會科學院世界宗教研究所所長的任繼愈主持。這是中國進入新的歷史發展階段以後，以國家的力量支持學術界整理編輯的一部新版漢文大藏經。爲了避免當今流行於世界的日本《大正藏》的缺失，《中華大藏經》力求做到版本要「精」，内容要「全」。該編以一一四九—一一七三年在山西刻印、上世紀三十年代在山西趙城縣廣勝寺發現的稀世孤本《趙城金藏》爲基礎，以歷代大藏經有千字文帙號的部分爲範圍，對勘了《房山雲居寺石經》《資福藏》《影印宋磧砂藏》《普寧藏》《永樂南藏》《徑山藏》《清藏》《高麗藏》等八種大藏經，共收録典籍一千九百三十九種，約一億多字。經過了十三年、先後一百六十人的艱苦努力，一九九四年底全書編纂完成，一九九七年由中華書局出齊全部一百零六册，二〇〇四年又出版了《總目》，至此，《中華大藏經（漢文部分）》圓滿竣工。

《中華大藏經（漢文部分）》是中華人民共和國成立以後我國學術界對浩繁的佛教文獻進行集中整理出版的一個重大成果，先後獲得全國古籍整理成果一等獎、國家圖書獎榮譽獎、中國社會科學院優秀科研成果榮譽獎，還被列入國家禮品目録。

二、《中華大藏經（漢文部分）・續編》的意義與重新啓動緣起

《中華大藏經（漢文部分）》（以下簡稱《正編》）的圓滿完成和巨大成功，促使學術界和社會上日益形成期盼《續編》的呼聲。

實際上，早在一九八二年《正編》起步之初，編纂《續編》的設想就已在醞釀之中，只是由於條件不成熟，《正編》完成之後，《續編》未能立即啓動。隨着《正編》的問世和近二十年來的形勢發展，越來越使人感到《續編》上馬的必要性和迫切性。

按照傳統，以往每個朝代編纂大藏經時，一般都會對前代的大藏經進行整理，並增收新的佛教文獻。漢文大藏經從開始的五千多卷，發展到後來的一萬卷以上，除了因爲漢譯佛經數量有所增加以外，主要是歷代編纂者不斷蒐集增補了以中國佛教文獻爲重心的大量新出新見的佛教文獻及相關資料。這是中華民族十分重視保存文獻資料的良好風氣在佛教領域的體現，也是漢文大藏經之所以具有特殊歷史文化價值的重要原因之一。所增收的佛教文獻形成續藏，從而使大藏經的内容不斷更新、擴展。唐、宋、元、明、清，無不如此。《正編》所收，僅係歷代大藏經的有千字文帙號部分，尚未包括古代各版大藏經所收入的全部佛教典籍（無千字文編號部分），更未包括百年來新發現的佛教文獻，如敦煌遺書，房山石經，西夏故地之新出佛典，六朝以來的散逸佛典（包括散逸在國外的佛典），金石資料中的佛教文獻，各地圖書館、博物館保存的未爲歷代大藏經所收的古代佛教典籍，正史、地方史志、叢書、類書、個人文集中保存的佛教資料，與佛教有關的金石資料等，不勝枚舉。此外，近代以來，湧現了一批從梵文、巴利語、藏文翻譯新譯的漢文佛教典籍，新的佛教研究著作也層出不窮。這些，都不應該被我們編纂的

《中華大藏經》所遺漏。缺少以上這些内容的《中華大藏經》，顯然是不夠齊全的，不能真實反映在保護利用文化遺産正確方針的指導下，新中國社會主義文化建設和古籍整理的全貌。

在今天黨中央提出建設和諧社會與和諧世界的宏大構想面前，編輯出版《中華大藏經（漢文部分）·續編》就顯得更加富有時代意義。它可以進一步突出中國極其豐富的漢文佛教典籍在佛教發展史上無可替代的價值，進一步鞏固中國佛教在世界佛教中的特殊重要地位，進一步增強對中國傳統文化資源的開發和利用，進一步發揮佛教文化成果和佛教學術研究在社會主義先進文化建設中的積極作用，進一步團結宗教界和廣大信教群衆努力構建社會主義和諧社會。總而言之，在《正編》之後接着進行《續編》的編纂工作，是使整個《中華大藏經》事業的社會效益和國際影響進一步擴大的需要，既是錦上添花，又是雪中送炭，而且也完全符合歷史上大藏經編纂的慣例。

二〇〇二年三月，在任繼愈主持下，成立《中華大藏經（漢文部分）·續編》編輯委員會，制訂了工作方案、工作標準，開展了部分業務。然而，《續編》的工程總量數倍於《正編》，遇到的最大困難是經費不足，編輯委員會無法按照原定計劃全面鋪開工作。

二〇〇六年春節期間，中宣部雒樹剛副部長在任繼愈家中問及工作有何困難和要求，得知以上情況，當即表示中宣部願意大力支持，希望儘快提出具體計畫。中央政治局委員、中宣部部長劉雲山等領導同志對《中華大藏經（漢文部分）·續編》編纂工作十分關心，高度重視，委託新聞出版總署負責。新聞出版總署認真研究後，決定向中央財政申請專項資金，支持這項意義重大的文化出版工程。

領導同志和上級機關的支持給了《續編》編輯委員會極大的鼓舞。近日，任繼愈主持召開會議，重新確定了編輯委員會主要負責人員，決定擴大編輯委員會組成範圍，並儘快提交申請專項經費、重新啓動《續編》工作的論證報告。

三、《中華大藏經（漢文部分）·續編》的基本内容、結構和規模

《中華大藏經（漢文部分）·續編》收録典籍的範圍爲《正編》没有收入的漢文佛教典籍，下限截至當代，共約四千種以上，字數在兩億六千萬字左右，是《正編》的一倍多。

《續編》計畫分設如下諸部：

一、印度典籍部，收入印度佛教典籍漢譯本。

二、南傳典籍部，收入南傳佛教典籍漢譯本。

三、藏傳典籍部，收入藏傳佛教典籍漢譯本。

四、漢傳注疏部，收入關於印度佛教、南傳佛教、藏傳佛教典籍的注疏及復疏。

五、漢傳撰著部，收入論述教義的佛教典籍及對這些典籍的注疏與復疏，以及佛教的論文總集、纂輯、僧人個人文集、類書等佛教文獻。

六、史傳地志部，收入各種佛教史傳及佛教歷史地理學著作，包括總史類、别史類、史料集、寺志、山志、僧人行脚紀、各種地方史志中的佛教資料等。

七、懺儀部，收入各種佛教懺儀。

八、疑僞經部，收入各種疑經與僞經。經考證，某些以佛經名義出現的漢文佛教典籍並非傳自古代印度，應該是中國佛教信徒自己編撰的，假佛名以流通；出處尚存疑者被稱爲疑經，證明確係僞託者稱

爲僞經。這些典籍是佛教中國化的極好例證，對於研究佛教與中國社會思想文化的關係價值甚大。

九、論衡部，收入中國儒釋道三家論議佛教的典籍、言論。這是《續編》中極有特色的一個部類，擬從《四庫全書》《四庫存目叢書》《四庫禁毁叢書》《續修四庫全書》《四庫未收叢書》《道藏》及各代總集、别集和各種歷史文獻中選取儒道兩家對佛教的評論和佛教與之論辯的篇什，全面反映歷史上佛教與儒道兩家的關係及其思想交融。

十、外教部，收入歷史上與佛教曾有交涉的國外其它宗教的相關典籍漢譯本，反映出佛教對後傳入中國的外來宗教的影響，可供中外文化交流史等研究領域參考。

十一、目録音義部，收入佛教目録、音義等各種工具書。

根據各典籍派别歸屬、思想傾向、功用形態的不同，對收入上述諸部的典籍，進一步分作若干類，並提供各種必要而實用的檢索手段。通過這一工作，揭示諸經典最本質的特點、内容的相互聯繫與相互間的淵源流變，分門别類地把全部佛教典籍組織成爲一個有内在邏輯聯繫的有機整體，以便於讀者從總體上把握大藏經，並可明確某一典籍在整個大藏經中的地位。

《續編》采用紙本與電子版配套的方式出版。紙本要莊重、典雅、劃一、美觀，便於閱讀與佛教信徒供養。電子版便於攜帶和保藏，專供研究與檢索。

擬收入《續編》的典籍可分爲「歷代大藏經中無千字文編號（包括一部分後增入的有千字文帙號但未能收入《正編》的）」和「新編入藏」兩大部分。

爲使各界對未來《續編》出版後的基本樣態獲得直觀印象，編輯委員會於二〇〇六年四月編印出一册樣書，其中收入了《〈續編〉編纂説明》、十一部類的若干篇目樣稿，共約一百萬字，大十六開精裝，一千零二十四頁。

《續編》如出齊，全套爲兩百六十册左右，擬一次推出；若與《正編》一百零七册並列，堪稱壯觀，足以在我國出版史上留下濃重的一筆。

四、完成《中華大藏經（漢文部分）·續編》的條件和預計進度

《續編》從二〇〇二年開始前期工作到現在，雖然由於經費問題舉步維艱，但畢竟做了一些嘗試，取得了一些收穫，使編輯委員會對重新啓動編纂工作後能夠最終完成這個項目抱有充足的信心。

首先，主編任繼愈身體尚健，仍能居中指揮；常務副主編杜繼文在佛教哲學和佛教思想史方面，是國内公認的重要權威，並有較强的組織管理能力；目前進入編輯委員會的委員，也多是佛教研究的知名學者，而且，他們都可以聯繫和組織一批優秀的青年學者加入《續編》的工作隊伍。

其次，近二十年來，我國自己培養的佛教專業青年學者已達兩百人左右；社會上，熱愛佛學典籍、學有專長、術有專攻的業餘研究者大有人在。這些都構成了《續編》工作可以動員的力量。編輯委員會準備向社會發出招聘啓事，經過嚴格考試、篩選，建立一支專業與業餘相結合、長期與短期相結合、集中與分散相結合的點校工作隊伍，以使編纂進度得到可靠的保證。

第三，《續編》的編纂有《正編》的工作經驗可資借鑑。《正編》的編輯出版前後歷經十三年，參加工作的人員達一百六十人之多，在人員使用、業務管理等方面積累了很多經驗，這些經驗可供《續編》編輯委員會參考，不必完全從頭摸索。

第四，「歷代無編號」部分的資料是現成的，收藏地點相對比較集中，主要工作在於對其中未曾整理出版過現代版本的篇目成批照相複製後進行標點。而「新編入藏」部分，經過這些年的艱苦摸底，目録基本上是清楚的，大部分篇目的采訪方向心中有數。

最後，電腦、互聯網、數碼設備等技術手段的普及運用可以給《續編》的資料收集、標點校勘、文字編輯、影像處理、通訊聯絡、業務管理提供極大的便利，大大提高編纂工作的效率和品質，這些條件在《正編》編輯出版的時候還不具備，而又正是《續編》完全通過重行録入排印形成全新版本所絶對需要的。應該説，《續編》的成功將是建立在先進技術手段的支持之上。這樣的技術條件，十年前還不可想像，目前卻完全能夠達到。

在以上條件的保障下，《中華大藏經（漢文部分）·續編》預計在經費到位後用五年左右的時間就有可能完成。

《續編》完成後，將與《正編》珠聯璧合，《中華大藏經（漢文部分）》將體現中國漢傳佛教典籍之全貌，體現當代中國佛教研究的水準，成爲一座中國歷史上蒐羅最爲廣泛、内容最爲宏富的漢文佛教典籍寶庫，爲當代，爲後人提供詳實、完整、科學、實用的佛教文獻，既可作爲佛教信仰者諷誦的經典，更可爲研究中華傳統文化貢獻力量。

二〇〇六年十一月二十二日

案：本文爲任繼愈先生二〇〇六年十一月二十二日爲重新啓動《中華大藏經（漢文部分）·續編》而提請國家新聞出版總署轉報中央的論證報告（有所節略）。現作爲全書代總序，以寄託對任繼愈先生的深切緬懷。

編纂説明

《中華大藏經（漢文部分）·續編》（以下簡稱《續編》）是列入「十二五」、「十三五」國家重點出版物出版規劃的「重大出版工程」項目。任繼愈先生在其向中央提交的論證報告（即本書代總序）中對《續編》的文化意義、啓動緣起、基本内容、規模結構、編纂條件等都做了詳細介紹，此不贅述。

值此出版之際，《續編》編輯委員會和中華書局編輯部有必要對這樣一部鴻篇巨製，在任先生論證報告提交之後、尤其是任先生去世之後的有關進展事項，以及整體的編纂原則做出簡要説明。

《續編》的後續進展

任繼愈先生的論證報告於二〇〇六年年底報送國務院，二〇〇七年三月二十九日得到中央領導批示，獲得支持，《續編》正式步入作爲國家工程的運作軌道。

二〇〇七年十一月四日，任繼愈先生主持召開擴大重組的《續編》編輯委員會全體會議，宣佈《續編》工作重新啓動。因方廣錩教授承擔了國家圖書館敦煌文書的整理出版項目，根據任繼愈先生的意見，《續編》常務副主編改由杜繼文擔任，方廣錩、潘桂明、李申、張新鷹任副主編；其中，方廣錩、潘桂明、李申協助主編和常務副主編負責專業事務，張新鷹協助主編和常務副主編負責行政事務（二〇一二年起，方廣錩、潘桂明分別因敦煌文書整理項目的需要和個人身體原因先後不再擔任副主編、編委）。作爲編纂工作的聯絡協調樞紐，設在北京的編委會辦公室固定人員增加到三名。

在任繼愈先生領導下，《續編》編委會通過考試遴選社會人士，連同部分編委組織聯繫的專業人員，組建起了二百餘人的標點和審讀隊伍，制訂了標點校勘體例和三審流程、工作轉單、點校合同、報酬標準及經費管理使用辦法等一系列相關文件。《續編》標點工作大面積鋪開。

二〇〇九年三月，根據新聞出版總署關於中央領導批准上馬的圖書編纂出版項目統一變更爲國家出版基金項目的要求，由中華書局出面向國家出版基金辦公室履行了規定的重新申報手續，並明確了《續編》仍由《正編》出版單位中華書局出版，由中華書局承擔該項目的主管責任。經過認真考慮和協商，任繼愈先生同意中華書局的設想，將《續編》分爲甲乙兩部，甲部爲歷代大藏經中未被《正編》收録的部分，乙部爲「藏外」文獻、近現代新譯新編典籍。之所以對編纂計劃做出這樣的調整，是因爲甲部内容範圍相對清晰，便於國家出版基金規劃管理辦公室掌握預期成果規模，據以確定經費資助額度和資助年限；而乙部範圍比較寬泛，在其收録邊際尚存在一些模糊的情況下，短期内難以確定總體規模和完成時間。根據現有管理要求，這個調整應該説是實事求是的。目前出版的《續編》就是申報國家出版基金並獲得批准的「甲部」的範圍。

二〇〇九年六月一日，任繼愈先生在北京醫院病床上與中華書局簽署了「甲部」的出版合同。這份合同是任繼愈先生親筆簽署的最後一份文件。七月十一日，任繼愈先生與世長辭，享年九十三歲。彌留之際，他還在昏迷中反復叨念「中華藏」，喃喃不捨。《續編》成了他最爲牽掛的未竟事業，也爲他的學術生涯寫下了濃重的絶筆。

任繼愈先生去世後，杜繼文先生以常務副主編名義擔負起主編職責。二〇〇九年十一月，杜繼文主持召開會議，明確了任繼愈先生逝世後《續編》的工作思路和基本分工。爲加快工作進度，二〇一〇年一月，杜繼文親自協調，支持楊維中教授牽頭組建了以南京大學哲學系師生校友爲主的近百人團隊，承擔從標點到二審的「一攬子」工作流程。隨後又在陝西、浙江、山西建立或試行了類似的團組工作模式，會同分散在北京、上海、蘇州等地的學者和社會人士，進一步嚴密了標點人力網絡，提高了專業工作和管理工作效能。自二〇一〇年至二〇一七年，編委會每年都召開一次年度編纂工作會議，協調解決工作中的各種問題。二〇一八年六月，《續編》的點校工作基本結束，全面轉入編校出版流程。

根據工作需要和參與深度，在任繼愈先生生前確定的涵蓋老一代和中生代諸多知名佛教及中國哲學研究者的編委會名單保持不變的基礎上，杜繼文先生增補了以中青年學者爲主的若干位編委，又聘請南京大學楊維中教授、傅新毅教授，陝西師範大學吕建福教授任甲部執行副主編。這幾位執行副主編不僅在編纂點校階段承擔領導集體團隊、協助審讀定稿等重要職責，在中心工作轉入編輯出版階段以後，吕建福、傅新毅教授又接受了配合中華書局編輯部通讀校樣的艱巨任務。此前，傅新毅教授還受杜繼文先生委託，完成了至關重要的甲部目録的編製工作。

《續編》的編纂方案

《續編》甲部的收録範圍，爲中國歷代藏經及《高麗藏》《卍正藏》《新纂卍續藏》《大正藏》（第一至五十五册及第八十五册）所收，而《中華大藏經（漢文部分）》正編未收的佛教典籍。有關日本著述部分，《續編》甲部僅收《頻伽》《普慧》二藏（代表國人對日本著述之基本評估）所收者。

《續編》甲部篇目總數爲兩千二百七十二種（含存目四十八種），八千四百九十六卷，總約兩億字。全編每經一個序號，列爲十大部類（任繼愈先生曾提出《續編》分爲十一部類的設想，其中包括從各代總集、别集和各種歷史文獻中選取儒道兩家對佛教的評論和佛教與之論辯的篇什，全面反映歷史上佛教與儒道兩家關係及其思想交融的「論衡部」。由於論衡部内容均屬乙部範圍，甲部未設此部類）。各部類名稱、所含經號範圍具體如下：

一、印度典籍部（第一—一九九號），收入印度佛教典籍漢譯本，包括經律論及密教文獻等。

二、南傳典籍部（第二〇〇—二〇五號），收入南傳佛教典籍漢譯本。《續編》甲部所收，爲近代翻譯而被收入《普慧藏》者，其他南傳三藏及藏外文獻之漢譯本，擬在《續編》乙部選擇收録。

三、藏傳典籍部（第二〇六—二〇八號），收入藏傳佛教典籍漢譯本。《續編》甲部所收，爲《大正》《卍續》二藏收録之清代譯籍，其他歷代譯籍（如《大乘要道密集》等）及近現代翻譯的甘珠爾、丹珠爾文獻等，擬在乙部選擇收録。

四、漢傳注疏部（第二〇九一—九二一號），收入漢地及古代朝鮮、古代日本與漢地佛教有交涉的著述中有關印度佛教、南傳佛教、藏傳佛教的典籍的注疏、復疏。

五、漢傳撰著部（第九二二—一八八八號），收入漢地及古代朝鮮、古代日本與漢地佛教有交涉的著述中論説教義的典籍，和有關這些典籍的注疏、復疏，以及論文總集、僧人詩文別集等佛教文獻。

六、禮懺部（第一八八九—一九六三號），收入佛教的各種懺儀及其注疏、禮讚文等。

七、史傳地志部（第一九六四—二一五四號），收入各種佛教史書及佛教歷史地理學著作，包括通史類、雜史類、史料集、僧傳、燈録、年譜、寺志、山志、僧人行記等。

八、疑似部（第二一五五—二二三五號），收入各種疑經與僞經。凡較爲公認係疑僞者收入此部，否則入「印度典籍部」。

九、音義目録部（第二二三六—二二六五號），收入佛教音義、目録等各種工具書。

十、外教部（第二二六六—二二七二號），收入歷史上與佛教曾有交涉的其他宗教的漢語典籍，如道教、印度教、耆那教、摩尼教、景教等的相關文獻。

《續編》編纂工作開始後，各級領導、各界人士都給予了熱心關注和大力支持。他們或在項目論證時欣然首肯，或在文獻資料方面慷慨捐贈，或者利用寺院條件爲編纂工作提供便利，成爲《續編》工作順利推進的重要助緣。我們在此對他們的雅情高誼表示衷心的感謝！

編輯委員會辦公室的王亞軍女士、馬左書先生、許效民先生，在超過十年的時間裏，他們各司其職，分工合作，在困難條件下擔負了極其繁重瑣細的事務，爲分散在全國各地的編纂業務承擔者提供高效率、全方位服務，保證了標點整理階段各個環節的聯絡、溝通和人力、財力的順暢調度，履行了全盤工作中心樞紐的職能。他們的工作，得到《續編》編纂項目全體參加者的好評。我們也向他們三位以及參加辦公室二〇〇五年以前工作的郭金昌先生和二〇一〇年以後擔負南京團隊行政事務管理的巨卉女士表示衷心的感謝！

《中華大藏經（漢文部分）·續編》編輯委員會

中華書局編輯部

二〇一八年十一月

編校凡例

一、全編分十部，每部以篇章頁標明起始。

二、全編所收各類文獻統一編號，序號標於經題前，如「〇〇〇一 般若波羅蜜多心經」。

三、凡一種文獻有兩種以上版本且文字出入較大，無法在同一文本中會校者，則分别予以整理，並在經題下括注「别本」以示區分。部分文獻《中華大藏經（漢文部分）》正編曾予收録，别本則收入續編，讀者可互爲參照。

四、目録中於經題下簡要注明著譯者信息，部分失譯經論僅標明譯出時代。相關信息據可靠文獻資料，略有改訂。如原本未提供明確的著譯者信息且難以考證者，則付之闕如。

五、整理所據底本、校本，於首條校勘記中説明；敦煌遺書的編號皆用漢字表述。底本信息描述方式爲「底本據《大正藏》」、「底本據《卍續藏》」、「底本據《嘉興藏》」、「底本據《房山石經》」、「底本據斯（或「伯」、「北敦」等）××××號」等；使用校本者，描述方式爲「底本據《嘉興藏》，校本據《大正藏》」等。

六、録文基本遵從底本原貌，僅對部分版刻誤字、避諱字、舊字形作修改，不再出校。底本殘缺文字以「□」表示，底本殘缺且難以確定字數者以「□……□」表示，底本文字難以辨識者以「◇」表示。

七、科文均影印收録。底本天頭地脚中科分、批注等内容，酌情移置正文相應段落後或校勘記中。

八、注疏中的注文、疏文較所釋經論原文退兩格，偈頌、真言亦較長行退兩格，個别結構較複雜的文獻特殊處理。

九、底本所附寫經、刊刻尾記，有一定版本參考價值者亦予收録，空一行録於尾題後。

一〇、底本明顯錯誤之處改正出校，底本疑誤或兩通之處出校存疑，適當參考底本、校本原校勘記及其他相關文獻。篇幅較短的校勘記置於篇末，篇幅較長的校勘記則分别置於各卷或與之同級的各分、各篇等之後。

一一、標點視文獻具體情況，以疏通文意爲主，至少采用逗號、句號和書名號三種標點符號；因實際需要，部分文獻采用了多於三種的標點符號，亦予以保留。除個别文獻外，偈頌、真言一般不加標點。不論采取何種標點方法，每種文獻内部保持統一。

一二、篇幅較長的文獻，頁眉除經題外，另標明卷次、篇章簡稱如「卷上」、「卷一」、「第一品」等，以便讀者翻閱；篇幅較短的文獻，頁眉則僅標明經題。

一三、整理者姓名署於篇末。署名方式爲「（某某整理）」、「（某某、某某整理）」、「（卷×至卷×由某某整理，卷×至卷×由某某整理）」等。

一四、梵文字母采用由崔文治先生重新摹寫的字體。

第七册目録

漢傳注疏部

漢傳注疏部

○二○九

大品遊意[一]

大品經義略序[二]

此經始終皆名佛説，中間雖弟子有所説，以佛命言令説，復爲佛所印可，故通名佛説也。大判區分，略有三段：一、從初訖第六《舌相品》，佛自開宗，對舍利弗，爲上根人説也。二、從第七《三假品》，訖四十四《嘆度品》，佛命須菩提爲中根人説也。三、從《聞持品》初竟經更歸宗，重爲下根諸天及人，更説般若也。

校勘記

〔一〕底本據《大正藏》，校本據《卍續藏》。

〔二〕此序底本無，據校本補。

大品遊意

斯道幽微，深遠難測，無知無照，無名無相，理絶百非，道亡四句。言語無所厝其辨，情識無所没其慮。雖復一相無相，萬用無虧，至寂至空，道光法界。故開經宗之始，以不住法住，辨其義之終，以無得爲得。是故絶相必假言宣，無名要由教顯也。

《摩訶波若波羅經》者，摩訶[一]，此云[二]名之爲大。大者，廣博苞容，莫先爲義。波若者，《釋論》云：如猛火聚，四邊不可觸，觸之皆燒。此意正法波若，翻不翻，皆不可得也。波羅蜜者，此云度彼岸。經者，訓法，訓常。前賢後聖莫能改之，故云常。階摸行人心識，目之爲法，故云經耳。

般若義有五重：第一釋名，第二辨宗，第三會教，第四出部儻，第五明緣起[三]也。

第一釋名。中有五：第一摩訶，二波若，三波羅蜜，四修多羅，五序也。

摩訶有名，謂摩訶摩醯優波，此云大也。龍樹云：摩訶有三，謂大、多、勝也。大者，以廣博苞容，莫先爲義，如《大經》中説。明此大義有兩家。招提涅槃師《述莊嚴義》云：大義有十種，一境，二人，三體，四用，五因，六果，七導，八利益，九斷結，十滅罪也。第一義境遍法界，故名境大。會此法者，名爲人大。故《十二門論》云：世音大勢等，大士所乘故，故名爲大也。實相般若，是萬行之本，容受萬品，名爲體大。所謂百華異色，皆成一陰，萬品體殊，皆歸波若。波若能照第一義空，此用最勝，故名爲用大。上句直謂智能，此句作用爲異耳。菩薩修萬行，名爲因大。因既廣大，所得彌博，故名爲果大。二乘所道，唯止於三，菩薩遍導萬行，故名導大。既導萬品，利功最勝，故名利益大。二乘唯斷正使見諦思，不及習氣無明，唯菩薩兼斷，故名斷結大。故《大品經》云：一念相應慧，斷無量煩惱及習也。二乘唯滅輕罪，不及四重五逆。故《阿含經》云：阿闍世王墮毱地獄也，菩薩頓滅，故名滅罪大。《大品》云：若聞此經，即滅惡創癩病。《釋論》第五十九卷釋《法稱品》云：惡創癩病者，謂四重五逆也。故《經》云世王滅罪，謂此也。龍光述開善義云：大有六種，人、境、體、用、因、果也。後導與滅罪等四，攝入用大中也。併云，此皆望小名大，而未照也。今假若就横門釋者，於義亦得，而言同旨異也。今所用者，唯存體、用兩大。何者？義不出中假故。前家所明十種、六種，皆是用大也。就此義中，大義有三。一者待小名大，謂大小小大，因緣也。二者對小名大，此破小乘狹劣之病，以廣大上句，直明因緣相。此句偏明除病之耳。三者秤讚名大法，絶離如大火聚。而大勝義輪〔四〕以大名秤讚其本。此非大非小，强名爲大耳。

問：若非大非小名爲大者，亦應非偏非中名

爲中，何故非有非無爲中耶？

答：義有左右。何者？若相攝明者，亦應非有非無名爲大，非大非小名爲中。而互相避者，各有故，生故也。何者？佛常行中道，爲衆生説有説無。此有此無，非是令保，義在表理。故《十地經》云：從有無方便，入非有非無，故即非有非無，名爲中也。欲讚理極，强名摩訶，恐有還著，故云非大非小，名爲大也。

第二波若。波若名義，經論不同。今略出六種：一者波若，二者斑若，三者鉢若，四者鉢羅若，五者蔓多羅，六者摩何曼多羅。或云毘曇，此云無比法也，此翻譯不同。《釋[五]論》第十八卷云：波若是智慧。第四十三卷云：波若是智慧。又《六波羅蜜經》云：波若是智慧也。道安法師造《折疑論》，以《經無間品》云：般若覺遠離。叡法師云：波若是清淨也。而開善述者云：遠離清淨等，皆是波若中用，非正波若義也。如空慧中，有忌與導等多用故。第十八卷云波若是慧者，正翻波若，餘皆義訓也。今解不然。何者？此經初云：波若非愚非智。論云：波若深重，智慧輕薄，故不可翻。故正法波若，不得以一義翻譯。而三代法師説此文者，一者云：不得以下地智慧，翻上地波若也。一云：此説無文，不足爲依，所依《成論·世諦品》説。何者？彼品云：緣世諦心淺，緣第一義諦深故，不得以淺智慧翻深波若也。今解，正法波若，非愚非智。慧智等法，是其末用。故不得以其末翻彼本體。正法是其源，仍授波若秤。智慧是末，故與淺名多。長安叡法師與什法師對翻《大品》，其序云：胡音失者，正之天竺。秦言謬者，定之字義。不得翻者即而盡。是以異名熾然，胡漢殆半，應述其言也。而經論此云智，此云慧者，欲舉一義，令生信樂，非是正翻也。

《大品經》云：波若謂諸衆生，毘婆沙那謂聲聞、緣覺，闍那謂佛、菩薩也。《成論》釋此文者，凡夫之人，依教翻癡根生，無癡，善根，故與波若之名。二乘見四真諦分，亦見空，故與見〔六〕秤。菩薩照境決斷，故授智號也。今解，凡夫、二乘、菩薩，皆見正法之用。凡夫唯有趣向之心，而無用道別起，仍授體名。後二者同前釋也。復次，經云：説智及智處，皆名般若者。成論師云：謂教行境也。何者？教能詮智，智慧照境，境能發智，此皆波若之緣，故總名波若。而觀照波若，實是智慧，故能照境。第一義空，是智之緣，故名實相波若。何者？我心悟理，即生明解，違即生惑。故此三種，其相性實異也。今解不然。何者？若有境智之别，境不生智，智不照境，即是性義不離斷常矣。今解，境能發智，智慧照境。境智智境，境智是空，境智即非境非智，平等無二，是有所辦之宗也。此不二爲物所開，即名教行波若。開而不㪚〔七〕，即名正法波若也。既是空境空智，是以言智不失境，言境不失智，故知《成論》境智定異也。

又《成實論》云：斷惑之導，唯須空慧。何者？已與執相違故也。而開善義，在東山時，説五方便，皆緣於假理。故第一法，與苦忍不爲習因也。還陽州時云：五方便皆緣於真。故緣假解對，退不伏，進不斷。而死時云：先説謂得。何者？《成論·四無礙品》云：何者近法住世諦智？論主答憹頂是也。今解，有四句，假伏中斷，中伏假斷，中假具斷，中假具伏，如斷伏義中具説也。成論師云：無始以來，所染煩惱，隨心成就，如影隨形。故修行十地，漸斷諸結也。今即不爾，許心造空，即名斷惑，無有成就，如影隨形，而迷得悟。故經云：無明即變爲明，而顛倒本空寂，去無所至。故經云：明與無明，真性無二也。但佛果斷惑、不斷惑〔八〕以來有二。開善云：佛地即惑。此義難解。何者？若佛心起時，煩惱滅者，即應惑屬佛地也。《莊嚴》云：滅惑生解。如因滅果生，故佛地不即惑。若爾，煩惱自滅，解不開於〔九〕也。解云，常迫迮伏，惑力轉弱。理應滅惑時，解力轉勝，方可生時，故雖不相經干，有存亡，理數然爾。

般若義，《釋論》出八家。第一家云無漏爲般若，《成論》主所用也。第二家云有漏爲般若，數家所用。何者？見有得道故也。第三家云有漏無漏合爲般若。第四家云因中智慧是般若。故經在因，名般若。果，薩般若也。第五家云無漏無爲，不可見，無對般若。第六家云離有無四句爲般若。第七家云前六併是也。第八家云前六中，唯第六家所説解是也。龍樹菩薩唯出八家而已，不復簡是非也。今解，若如前五家所執，只是般若中一片，是非般若正義。第七家合取爲般若者，此舉時用。第六家云正是般若體也。所以明般若者，諸師有二釋。一云初教所破，是有法無諸利益，故立正因果，以破其執。既立因果，故以有相爲宗，而未申本意。故第二説般若，是慧觀法師所申也。一者云初教亦説無相，故見空得道。而言相教，從多論耳。既是略説，故第二廣説無相般若也。而《釋論》以十九復次廣辨之，而無一復次，因於此釋也。今略者，一二復次。第一復次，云爲彌勒廣菩薩行，故説般若也。第二斷邪見疑網。第三破邪見，令信入中道。第四斷有無二見，令進入中道。第五令信正法。第六復次云，爲四悉檀故説般若也。第七復次云，次別大小乘，故説般若。其餘復次如論中説也。

波羅蜜第三。波羅者，亦名波伽也。波羅，此云彼岸。蜜者，言度。又《賢劫經》云：波，言岸；蜜者，言究竟也。《釋論》中，廣説此彼兩岸及度也。今略舉三，以示其相。第一者，小乘爲此岸，大乘爲彼岸。何者？爲小乘人委曲授教，未及廣遠，名爲此岸。爲大根人説大乘滿教，名彼岸。檀波羅蜜爲中流。此行至果，名爲度。而龍樹云：在海中爲度，已至彼岸爲到，亦眼目之異名。第二雙者，魔爲此岸，佛爲彼岸，中流如前也。第三雙者，世間爲此岸，涅槃爲彼岸。受是生死河，八正華爲中流也。成論師有相爲此岸，無相爲彼岸。生死爲此岸，涅槃爲彼岸。衆惑爲此岸，種智爲彼岸。此即三同前釋，而實碩異也。賴殨假捨此經彼，必爲度彼岸也。今則不然，無有一法以此到彼，唯遠我無我不二名爲度。度者，水勉〔一〇〕也。

明修多羅第四。三義之中，有一分名經。何者是三：一者佛口説，二者神眼見，三者光明也。如坐席衆中，弟子所説也。言放光者，若入林磎答，正造論時，佛放光明。表有疑者，即入修多羅。若闕此三義者，雖有聖明之德，不入經疑。故佛在，舍利弗造《阿毘曇》，迦旃延造《毘勒論》，曇摩陳那比丘尼亦造《論》，皆名爲論也。如外典聖人所説名爲經，賢人所吐名爲書也。修多羅，略有三名，謂修多羅、修嵐林、修多懶，而經論翻譯不同。《仁王經》云法本，《大經》與《雜心》云契經，《成論》云直説聖言。或經云經也。言經者，有時一云直別經論之異。如聖説名經，異人説名書，非翻修多羅也。

明序第五。從來釋者，序是由漸義。若非時、方、人，正教無由。故所因謂之序也。而序訓有三：一屋，二舒，三王也。天子正坐大極殿，諸臣所居，左庠右序。若謂王所，從庠序而進，不得直就。説之時，必因五事，不得頓説。故以序品初，以況聖義耳。既有時、方、人者，教自開敷，詔之序也，正行教也。名爲王者，往也，如王命之事，道而不塞，非命之事，應而不行者也。秘渠者，此云品也。義類不同，謂之品也。若具言，應言佛陀槃遮摩訶般若波羅蜜，此云修多羅。凡説法有五：一佛，二弟子，三諸天，四仙人，五化人。故簡聖餘名，故云佛説。記胡來經，本有經名，字皆題經初，故皆唯〔一一〕道安法師、竺法真，欲令易故，以題内面也。

第二辨宗體。有五重：第一明體，第二明宗，第三簡因果，第四明長短，第五辨遠近。

明體凡有四釋。第一家云：以理爲正經。何者？如抧多多羅長者，以五陰、十二入、十八界，檢魔所説陰十三入、十九界，故理是正，經文云是傍。如龍光云：理爲能印，文爲所印。第二，靈味寺實〔一二〕法師云：教理相合，因成假爲經。何者？文理相科合爲經，偏即非經。故外道有教無理，如蟲食木也。而《成論》云：異法一時，具曰因成假。若如此釋，直是因成假也。第三，靈耀寺盛法師云：文是文經，理是理經，教理各是經耳。何者？文能詮理，理是所詮。教詮教能，詮教理所，並是經也。第四，太創寺宗法師與白馬寺要法法師，以教爲經。此開善寺之師也。開善師云：十四種色中，色聲兩塵，是經體也。後時營法師加觸也。何者？闇中摩石碑，即知字義。故聲觸皆是經體也。《成論》云：是音聲性法入所攝故。五塵中唯是法塵。何者？詮辨之功，於行乃得，故攝〔一三〕入法塵也。今解，萬法無非是經。何者？色表有色，心表爲心，諸法例然。故緣覺悟緣，雖而得道，豈有教耶？一方所須，各是所主。故香積佛香作佛必〔一四〕，釋迦化土，以音聲作事，此化緣不同故也。《善見毘婆沙》中，阿難以七義明修多羅：一發，二善語，三秀出，四經强，五湧泉，六繩墨，七綖也。凡爲佛語，必有所詮之實。外道言詮之教無理。以内外相望者，佛有妙開之實，謂之徵〔一五〕發。既有當之絶，名爲善言。開發妙理，名爲秀出。教理相開，謂之經〔一六〕强。南北爲經，東西爲强也。詮理無窮，謂之湧泉。裁形就正，名繩墨。以教持理，如糸補衣，謂之綖。且胡見賣系之肆，謂之修多羅也。《阿毘曇》以五義辨之：一云出生，二顯示，三湧泉，四繩墨，五結鬘。准可知也。

第二明宗。成論師釋：若以色聲爲經體者，體異於宗；若以所詮爲經體者，體之是宗，而以所辨爲宗也。辨宗有三家。第一，新安耀法師云：以境智爲宗。何者？非境無以生智，非智無以顯境。境智於積，是聖義，故以境智合爲經宗也。第二，家禞法師云：權實二智爲宗。此法師只存四時故，《般若》《維摩》合爲第二，故以二智爲二宗也。第三，治城道法師云：唯實智爲宗。

何者？第一義空，諸法之本，世諦是末故，以照一真智爲宗，照末爲傍，故實智爲宗也。今經境智，皆從不二起，故非境非智，是體宗。是境智智境，聖末用。

第三明因果。《莊嚴》云：波若唯止於因，不通於果。故《經》云：在因波若，至果薩波若。又云：般若有佛法，有二乘法，是菩薩法。又云：欲得一切種智果，當學波若波羅蜜，故知唯止於因也。開善云：波若通因果。所以通因果者，《大經》云：解脱之法，亦非涅槃。摩訶波若，亦非涅槃。又《勝鬘經》：明佛智所斷，佛菩提智所斷。羅漢悟波若，是胡悟，故智通因果也。今解，波若非有智，非因、非果，以因怙爲因，以果怙爲果。故在因名般若，至果名薩波若。因名十地，果名法界。因名佛性，果名涅槃。此皆隨所辨説，更無異法。而或者迷名，生法癡有，斷爭訟耳。

第四辨壽命長短。成論師説不同，云：初教佛壽八十年，第二佛壽無量。故《釋論》佛有二種：一者，父母法〔一七〕身，即是經中常身佛也。二者，法性身，壽命無量，光明無量，即是經中特尊佛也。又《大品》云：欲得壽命，當學波若波羅蜜。又《釋論》：婆伽梵子，一村衆生，猶壽命長，何況佛度無量衆生，故壽命無量。第三，七百阿僧祇。第四，如《法華》中説。第五，明常住。一云：初教與第二品，是八十。若爾，云何示特尊佛耶？解云：八十年，即現特尊佛，非別有佛也。慧觀師義：自第二已明常也。今解不爾。何者？經説無定，或云七十九年，或云八十五年。又《阿含經》云：佛壽無量，別有淨土，唯現餘報耳。若爾，云何定報耶？若一往判者，初教八十，第二教佛壽無量。此是長短方便，故言長不失短，短不失長，是因緣。

第五明遠近。成論師云：初教，明唯成道，不明前世所行。故《彌勒經》云：此阿逸多具凡夫，未斷諸漏者，謂此也。自第二，始開佛道長遠。故《大品》第八卷云：於華嚴城燃燈佛所，不離六波羅蜜，爲無所得。又云：彌勒已修六波羅蜜，爲無所得故。此皆明前得道，故自第二長遠矣。今則不爾，只是近遠方便。故近而無暫，遠而無久，豈有遠近之異乎？而或者執遠近之方，執近失遠，持遠失近，故墮有所得斷常。今解無礙法門何義，豈長短不可定，謂如當説也。

第三會教。成論師云：佛教不出三。一者頓教，如《華嚴》《大乘》等也。二者偏方不定教，如《勝鬘》《金光明》《遺教》《佛藏經》等也。三者漸教，如四《阿含》及《涅槃》是也。就漸教中，有二教：一者諸法師作四教。《阿含》爲初，《波若》《維摩》《思益》《法鼓》《楞伽》等爲第二，《法華》爲第三，《涅槃》爲第四也。所以《波若》《思益》合爲第二者，《大品經》諸天子云見第二法輪，《思益》云見第二法輪也。作五教師不同兩義，本是慧觀師所説也。一家云：《阿含》爲初，《禪經》爲第二，《波若》《維摩》《法鼓》等爲第三，《法華》爲第四，《涅槃》爲第五也。一家云：《阿含》爲初經，《維摩》《思益》《法鼓》爲第二，《法華》爲第三，《波若》爲第四，《涅槃》爲第五。所以《波若》爲第四者，《釋論》云：須菩提聞《法華》，舉手低頭，皆成佛道，是故今問退不退，故知《法華》故後[18]也。廣州大亮法師云：五時《阿含》爲初，離三藏爲第二，如《優婆塞經》也，《波若》《維摩》《思益》《法鼓》爲第三，《法華》爲第四，《涅槃》爲第五也。慧觀法師云：《阿含》爲初，《波若》爲第二，《維摩》《思益》等爲第三，《法華》爲第四，《涅槃》爲第五也。二經同云：見第二法輪者，一是爲小中，第二是大中。第二也，開善寺所述也。今解半滿兩教。何者？經中唯説半滿兩處。又《釋論》第百云：《法雲》《波若》是顯現教，《法華》《涅槃》是秘密教。若爾，《維摩》《波若》等還淺深《法華》等乎？

次辨五家味相生。第一家云：十二部配當《阿含》，修多羅配《禪經》。何者？定能發智，以修多羅配當《禪經》也。方等配《波若》《思益》等，《波若》配《法華》，醍醐配《涅槃》也。慧觀師所以十二配《阿含》者，《阿含》約事分別，四諦理配爲十二，分別法性也。第二無相教，名修多羅者，所説二諦體生行人，空理萬法之本，故受法本名也。第三名方等者，就教得名。此改小乘，無狹劣之通，故名方等也。第四名《波若》者，能令衆生，同佛壽量，平等大慧，如《多寶佛品》中論也。第五名《大涅槃》者，永除生死，如醍醐體性清涼，故名涅槃。今解，小教名爲十二部經，如《提謂》等，三歸五戒等也。修多羅配小乘半字。何者爲滿字？作本故也。方等總配滿字，《波若》別配波若。何者？方等雖廣，波若爲要，得果之主故也。既有能得之因，應有所得之果。故第五別配聖果。而《涅槃》與《波若》，是眼目異名故。故諸大乘中，皆得配之。非汝所謂第五教《涅槃》，唯是極果，前皆非極也。就五時四時辨教，宗蜜亦不同。慧觀師、新安師大

令正小。莊嚴營師云：自第二，已明常住。何者？《仁王經》云：超度世諦第一義，一轉妙覺常湛然。又《大品・曇無歇菩薩品》云：法身無來無去。《淨名經》云：金剛之身，佛身無爲，不墮諸教，故已明常住也。開善寺云：前四時教，唯明無常。無量光明與倍數，終歸於磨滅，故俱是無常也。而《仁王經》云：一轉妙覺者，經説三諦有多種，或就因果説二諦，或就假實明二諦。故《成實論》云：色等及泥爲真諦，四大五根爲世諦。已此二諦入真實之時，與理冥同，更無退轉，故云湛然，非謂無生滅也。今解，常、無常，非常、非無常，跡義也。《仁王經》云超度世諦第一義諦者，即語非有非無，謂又妙覺具二諦，是故可謂從有無方便，入非有非無者，亦五時名目不同。慧觀師云：初教名爲相教。第二名通教者，本空未轉故。説通教者，勒取三乘果。故《經》云：欲得菩薩果，乃至欲得聲聞果，當學波若波羅蜜也。第三《維摩》名貶教。第四名同歸教。

第五明常住也。開善等云：以第二教破初教者，此義不爾，云何佛自破聖言耶？初教名爲三乘别教。何者？别説三乘果故也。第二無相教，亦名三乘通教者，通者非二乘果爲通，唯取所學之法，名爲通教。何者？欲得菩薩果乃至聲聞果，常學般若波羅蜜。故知所勸爲通。且先勸三乘，後即貶故，《經》云上人法。第三爲抑揚教，發軫初毁小故。《經》云：廣原陸地，不生蓮華，卑濕淤泥，乃生蓮華。又入正法倍曾，終不發阿耨三菩提。起我見如須彌山，不能發菩提也。第四名同歸教，亦名善法教。何者？彼云：汝等所行是菩薩道。又云：舉手低頭，皆成佛道，以教爲名也。第五教名常住，即囗可見也。明壽命不同，如辨宗中説也。而七百之言，《維摩》《思益》等經，無有此言。唯《首楞嚴經》云：東方莊嚴王佛，七百阿僧祇入涅槃，即我身是也。所以異經爲失。

第三教者，理自應爾。何者？初教壽八十，第二無量，第四復倍上數，第五常住。若爾，七百之壽，應入第二。故云七百阿僧祇耳。今解，此皆隨機所説，無有八十與七百阿僧祇之殊。故《經》云：十方法[一九]諸如來，同共一法身。既以正法爲體，豈有常、無常，長、短之異乎？顯現秘密有二種：一者法，二者其事可見也。顯現秘密者，《淨名經》云：佛轉法輪於大千，其輪本來常清淨。天人得益斯證[二〇]者，名爲顯示等也。顯現秘密者，《釋論》第百卷云：《法雲》般若顯現，《法華》《涅槃》是秘密。而成實論師云：《大品》等五時波若，唯解果内淺事，非是難解，故名爲顯現教。所以然者，《仁王》云：若三界外别有衆生者，是大有説，非七佛所説也。其《法華經》兼内外事深，故非易可見，名爲秘密也。今解不然。何者？《法雲》等發軫，頓開本經，故名顯教。《法華》《涅槃》，先改執，後顯正法，故名秘密教也。顯現秘密，有異聖究竟，如常説也。且成論師云：十二年前説，小乘後説。今則不然，有四句：一，始終大；二，始終説小；三，初大後小；四，初小後大。何者？《涅槃經》中嘆十二年童子，迦葉三十六問等無有異。故知佛初成道，既説《涅槃》。而成實論師云：是《華嚴經》也。《涅槃》既爾，餘經應然。何者？《釋論》云：須菩提聞《法華》，舉手低頭，皆成佛道。今問不退，若云何得定言《法華》以前説《般若》耶？且諸佛化衆生，應有緣即説，何後時乃説大耶？故知應有四句也。

次明但不但義。但，是住義，是不行義。若是佛教大小，皆是無跡義。故云有不住有，言空不住空。而一往開者，小乘是但，大乘是不但。何者？小乘爲淺行人施四諦因果法門，名爲但也。大教爲大士開不住法門，以示諸法無迹，爲不但也。大小兩乘，既有二智，人亦有二。何者？小乘人保昔經教，名爲但。大乘人如幻化，無有去就，名爲不但。故人法但，人但、不但義也。若例前句，應有四句，如二句上例。三者但、不但，俱不但。四者但、不但，俱但也。如《十地論》《成論》等所執，皆存大小之相，名爲但。若如今説，大小俱無迹，名爲不但也。若就兩佛者，一往釋迦教是但，舍那教是不但。而釋迦教有但、不但。何者？難化衆生説故也。舍那佛唯一大乘故，無但、不但也。且《經》云：《華嚴經》不入二乘手者，二乘存著故，即爲聖教不入，不云〔三〕都不聞見也。《大品》初佛説五品，爲不共，第二傳教須菩提説善品，爲共説故也。

第四波若部儻。《釋論》云有二種波若：一者共，二者不共。有二種釋。一云：共者，《大品》云三乘通教是也；不共者，别第十地行聞波若，非九地行所聞也。一云：只就《大品》中，亦有共、不共。何者？《經》云：欲得菩薩果乃至聲聞果當學者，此是共般若。復有菩薩所對，名爲不共也。今則無别深般若，但二乘分亦得聞，謂之共。菩薩之殊於二乘，名爲不共。此就有方便、無方便，簡聖共、不共，無别深波若也。復有三種波若：一者上，二中，三下。上者，《光讚波若》是也。若具翻者，應是五十卷，而存長時遺少，唯翻十卷，即竺法護所翻也。中者，是《大品》也，而卷數不定，或二十七卷，併什法師翻也。《放光波若》，是二十卷，是朱士行取於于闐國，即是《大品》也。下者，《小品》是也，有七卷，則是隨行也。復有四種般若，謂上、中、下與《金剛波若》也，一云上、中、下與《不共波若》也。復有五種波若，謂《摩訶波若》《天王問波若》《光讚波若》《仁王波若》也。從《天王問波若》出五般若：一者，《須真天子問波若》，有七卷；二者，《法文〔二二〕天子問波若》，有三卷；三者，《四天王問波若》，有一卷；四者，《文殊師利問波若》；五者，《思益梵志問波若》也。從《光讚波若》出二波若：一者，《成具波若》；二者，《光淨般若》也。或云《金剛波若》，其本有一卷。此是校量功德一品，而抄爲別經也。一云：五時波若中，一時說也。若其依《仁王經》法者，《金剛波若》是第二也。而一義云：《金剛波若》理應最初。何者？以三義驗耳〔二三〕。一者，從衆；二者，乞食等事；三者，經中有文。何者？《大品》衆是五千分，《金剛》衆是千二百五十。云何前多，後還成少耶？且《大品》中不數地，雖地四寸。《金剛經》足數於地，且經中云：所得慧眼，未曾得聞。此三義故，其非後耳。或云：如《仁王經》中列法也。

次第五明緣起。魏時沙門朱士行導讚《小品》，即知文義未盡。故甘露六年，於于闐國相經本，遇得《大品》。而彼國名僧唯信小乘，故朱士行將還時，彼僧白王曰：漢通〔二四〕人棄佛正教，以持波羅門經將還本國而宣流，王今不應撿許。王即順語，遮而不許。于時，朱士行即白王言：我今不顧身命而來，正止由經。王若不許此經者，應撿一願。即誓言曰：若此經於漢地有緣者，投火即應滅，誓言即〔二五〕。

《摩訶波若波羅蜜經》者，斯道幽微，深遠難測，無知無照，無相無名。理絶百非，道亡四句，言語無所厝其詳，理絶二邊，情識無没其慮。雖復一相無相，萬用無虧，至寂至空，道光法界。故開宗之始，以不住法住；辨義之終，以無得爲得。是故絶相必假言宣，無名要由教顯。摩訶波若波羅蜜者，摩訶者，翻云大。大者，廣博爲義，苞容爲義，莫先爲義。波若者，《釋論》自云：如猛火聚不可觸，觸即皆燒，翻不翻，皆不可得也。而約用口亦得皆翻也，即波羅蜜者，到彼岸也。經者，訓法，訓常。〔二六〕

大品經遊意一卷終

正安元年十月十日，一見之次切句，凡前後雜亂，文字謬多，以勝本可值之而已。

法園寺沙門聖然〔二七〕

校勘記

〔一〕「摩訶」，底本脱，據文意補。

〔二〕「云」，底本原校疑爲「土」。

〔三〕「第四出部儻，第五明緣起」，底本作「第四明緣起，第五出部儻」，據文意改。

〔四〕「輪」，底本原校云一本作「輒」，或作「趣」。

〔五〕「釋」，底本原校云一本作「大」。

〔六〕「見」，底本原校疑爲「觀」。

〔七〕「歔」，底本原校云一本作「虧」。

〔八〕「不斷惑」，底本原校云一本無。

〔九〕「於」，疑衍。

〔一〇〕「勉」，底本原校云一本作「剋」。

〔一一〕「唯」，底本原校疑爲「准」。

〔一二〕「實」，底本原校云旁有「高」字。

〔一三〕「攝」，底本原校云一本作「墨」。

〔一四〕「必」，底本原校疑爲「事」。

〔一五〕「徵」，底本原校云一本作「微」。

〔一六〕「經」，底本作「住」，據底本原校改。

〔一七〕「法」，底本原校疑爲「生」。

〔一八〕「故後」，底本原校疑爲「後故」。

〔一九〕「法」，底本原校疑衍。

〔二〇〕「證」，底本原校疑前脱「爲」字。

〔二一〕「云」，底本原校疑爲「出」。

〔二二〕「文」，底本原校云一本作「方」，校本校勘記云一本作「才」。

〔二三〕「驗耳」，底本原校云一本作「可驗」。

〔二四〕「通」，底本原校云一本後有「大」字。

〔二五〕「即」，疑後有脱文。

〔二六〕「《摩訶波若波羅蜜經》者」至「訓常」一段，語義不全，疑有錯脱。

〔二七〕「正安元年」至「沙門聖然」，底本脱，據校本補。

（徐蓀銘整理）

〇二一〇

大品經義疏（二）

大品經義疏目次（二）

吉藏撰

堅固品第五十六
深奧品第五十七
夢行品第五十八
河天品第五十九
不證品第六十
夢誓品第六十一
魔愁品第六十二
等學品第六十三
淨願品第六十四
度空品第六十五
囑累品第六十六
無盡品第六十七
攝五品第六十八
方便品第六十九
三慧品第七十

卷第十

道樹品第七十一
道行品第七十二
三善品第七十三
遍學品第七十四
三次品第七十五
一念品第七十六
六喻品第七十七
四攝品第七十八
善達品第七十九
實際品第八十
具足品第八十一
淨土品第八十二
畢定品第八十三
差別品第八十四
七譬品第八十五亦云性空品，亦云法性非作品
平等品第八十六
如化品第八十七
常啼品第八十八
法尚品第八十九
囑累品第九十

大品經義疏目次終

校勘記

〔一〕底本據《卍續藏》，缺第二卷。

〔二〕底本原校云目録新作。

〔三〕「亦云稱譽品」，底本作「亦稱云譽品」，據正文改。

〔四〕「亦名舍利品」，底本作「亦名舍品利」，據正文改。

大品義疏卷第一〔一〕

胡吉藏法師撰

開皇十五年正月二十日記

大品經玄意

上觀師六年在山中，不講餘經，唯講《大品》。臨無常年，諸學士請講《涅槃》。師云，諸人解《般若》，那復欲講《涅槃》耶？但讀三論與《般若》自足，不須復講餘經。諸學士既苦請，師遂爲商略《涅槃》大意，釋本有今無偈而已，唯留心於《波若》。興皇初出講《波若》，師北岸得《大論》文墨，還始講《大論》也。然此經好〔二〕講，而有兩論解釋，故一者，三論，通論此《經》之心髓，二者，《大論》，釋此之本義。此之二論，復是關中什師并融叡等對翻，論文言精要，義可依信，爲此故留心尋講也。今當得商略其意，然山門已來道義不作，章段唯興皇法師作二諦講開十重者，此是對開善二諦十重故作，其外並無。後人若作章段者，則非興皇門徒也。

今前釋此經題。

言《摩訶般若波羅蜜經》者，此有四句，一摩訶，二般若，三波羅蜜，四修多羅。雖有四句，只成一句，今離爲四句釋之。

初云摩訶者，此是外國語，外國語通今明

正是中天竺語，故叡師云：秦言謬者，定之以字訓；彼音失者，正之以天竺也。彼國云摩訶，或云摩醯，或云優婆，此言大。何以知之？如摩醯首羅，此云大自在云云。然摩訶是外國語，此若爲翻，譯解者不同，凡有三釋。一云，摩訶不可翻也。用叡師語云，不可翻者，即而書之，既即彼國語而書之，故知不可翻也。問：既不可翻，何得云大、勝、多耶？解云，此是三義訓釋，非爲翻也。第二解云，摩訶以三義翻，譯論大、勝、多。此解依《大論》，言摩訶言大，或勝、多云云。第三解云，以三義翻而有强弱，大翻則爲正，勝、多即是義訓。何以知然？以數文證。一者，論釋摩訶比丘僧，摩訶言大，不言勝、多。若勝、多亦是正翻者，豈得獨言大耶？次釋摩訶薩埵，文云，摩訶言大，薩埵或道心或衆生，亦不言勝、多也。三者，第十八卷云，摩訶秦言大，波若言慧。又《金光明經》第二王子名摩訶提婆，偈中云大天諸處。文既並云大，不言勝、多，故知大爲正翻，餘是義訓也。

摩訶，翻爲大。問：大有幾種解釋不同？招提師明有十種大。一者，境大，即是真諦無相境，亦名如、法性。法性遍一切處，故《經》云，無有一法出法性者，所以爲大也。如者，一切皆如耳，故開善云，曠劫學於如今得，如提流天下遍，只是瓶處如也。二者，人大，此法是大人法行，行此法故，故名爲人大也。三者，體大，此是何法？謂忘相知即是般若，故爲大。四者，用大。五，因大，萬行中般若最大，六度中般若最大，故是因大。六，果大者，此法能得大果報也。七者，導大，能導一切萬行到佛果。八者，離過大，謂寂[三]滅四重五逆。九，力用大，謂能出生人天五乘。十者，教大，此《經》通教三乘也。

次招提後人嫌十大太多，故作五大。五大者，一境大，二體大，三用大，四因大，五果大，明前十大不出此五大。言五者，人大者，若是因人則屬因攝，果人則屬果攝，何須別立人大、力用等，終是因果所攝，不須十也。

次有靈觀法師，是地論師中好[四]手，經至東陽，後還都豐樂寺，歸興皇法師，假停三日。講看之人疑其非是靈觀，觀恐其偷得靈觀之名。彼師既知玄[五]云，若言非者，但雖[六]者也。主[七]釋《華嚴》《大集》《涅槃》《大品》四餘，明四種大。若是《涅槃》，即是果果大，《華嚴》是果大，《大集》具果果二大，《般若》但是空慧，此是因大。都有三家解釋。

問：此解有病敗[八]不？今明亦有。若初一家作十種大者，多則不足，少則不收。多則不足者，大義無量，何止十種？故不足。少不收者，明此十大攝大不盡，若直作得大、離大，此二攝大，大則盡，或待大、絶大等，人法境智，如此攝大皆盡，何須作十種？

問：汝十種既有因大、果大相對者，既有境大，何不立智大，既有人大，何不立法大耶？彼云，離人以外併是法，故不立法大者，亦離體以外併是用，何故别立用大耶？第二解五大亦同前家，不須别責。第三四種大敢不可，《涅槃》何得獨明果果大，不明果大？果果量改德，若用下文但云《涅槃》是果果大者，前文正以三德爲涅槃三德，明般若、法身等，此即是菩提，豈非是果，而獨云是果果等？是兩文前明果大，後明果果，豈得棄前文而取後文耶？《華嚴》何意復但是果大，《集大[九]》通果與果果大？《般若》是因大，此並是無文，故不可也。

問：今爲同此諸釋，不但明不同，不同者云何釋之？今明依經依論解者，《十二門論》云，六家[一〇]釋大。初云，摩訶衍於二乘爲上，故名爲大，此是待小名大，二乘智慧名小，菩薩智慧名爲大也。二云，諸佛乘最大，此乘能到故名爲大，此是得果名大，謂能到佛果。三者，諸佛大人乘故名大，此亦得果人乘故名大，亦是得人名大也。四，文殊等乘故名大，此就因名大，亦是約人明大。五，滅衆生苦與大利樂，此就得離明大。六者，盡諸法邊底，此則就境智名大，諸法邊底即是境，能盡即是智。雖有六大義而無所不包，初一義是待義，後五即是人義，餘即是法，有境有智，有能有所，有得有離，如文可尋，故遍攝一切也。菩薩作論，本爲通經，論中明大，即是釋經中之大，而經亦明大義，且就《涅槃》《大品》爲語。《涅槃》明二種大，一者相待大，二者絶待大。待義可明，絶者，如云有王大王，有空大空，不因少空名爲大空等者，即是絶待也。《大品》亦明二種，十八空等是相待，空獨空即是絶待，故具相待大、絶待大。是以一家釋大，具有此二義云。相待可解，今具釋絶待大。

問：從來明待少明大，未是好大，絶待明大，始是好大，何故爾？尋是兩大，待少既非好大，絶少亦非好大，遂語難云云。次問：何故辨絶待大耶？今答：前者明待少是因他，因他得大，非是自大，故未如好，猶如因他仍富貴故也。絶待者，不因於他分，自是大，猶如不藉他得富貴，故是好大也。次者，第二何故明絶待大者，此爲欲釋涅槃。經云，坻羅婆夷實不食油，强名食油。涅槃亦爾，無有因緣，强爲立名，故名涅槃。此即無因緣强作名字，故是絶待云云。今次正明待、絶兩種名。從來明相待大，此是待小名大，絶待大絶少大名爲大。今明此言大過，若相待大既待少明大者，絶待大亦應止絶小明大，何得雙絶大小？此義偏云一家。從來云，相待大，此則待少名大，絶待大，明絶少絶大故名大，然此語難解。今難，若絶待大既大小雙絶者，待少大亦應大少雙待，待大止待少不待大者，絶大亦止絶小不絶大，並結之。云云。次問：既絶待亦絶〔二〕名，不以待竝名，結之。云云。解：此問有例不例，例者，若名爲待者，絶待則絶名，云云。不例者，分自有相待大，有絶待大，何妨有相待名，有絶待名？若今絶待則絶名者，絶待既無待，絶名則無名，此爲不可也。次難待義，若一往則大，止得待少，不得待大者，一往明空義，止得空有，不得空空。

結之。云云。次掩問：經云，但假名與强名何異？彼云，不異。今難待義既不自，故是徵名者，不待義則應是自義。云云。前來有三難自患解，云云。今明講體，須出妨難，自有須解，有須不得併解併不解。云云。

今次釋明有四句，一者，非大非少，二者，非大非少，結皈大少，三者，非大非少，偏結皈大，四者，非大非少，偏結皈少。初句直云非大非少者，此有二意，一者洗病，二者釋中義。言洗病者，人聞大小定作大小解，謂二乘爲小，大乘爲大，今破此明正道未曾大小也。就〔二〕中者，則明非大非少，常行中道也。大少既爾，常無常、愚智例然。第二句，非大非少，結皈大少者，此爲辨雙遊義，云云。又則辨體用義，非大非少即是體，大少則是用也。第三句，非大非少，偏結皈大者，此是嘆美義，則是引進也。非愚非知結爲智，非常非無常結爲常皆爾。然《涅槃經》初辨常亦是治，無常義亦是嘆美引進義也。第四句，非大非少，結皈少者，如昔小乘乃至王宮生，非凡非聖名爲聖凡，不名凡聖，非愚非智名爲智愚，不名愚智也。

問：既有初句明非大非少，辨體而不名用者，亦有雙明大少用，而不明雙捨以不？解云，亦得如昔明大少，此時不得非大非少兩捨也。今次更成前意，一家常云，待小明大未是好大，無少無大乃是好大。故經云，對苦明樂，樂還成苦，無苦無樂，乃是好大。故經云〔三〕，對苦明樂，樂還成苦，無苦無樂，乃名大樂也。復人雖誦得師語，而不得師意，今且噴汝意言，待少明大，未是好大，無大無小，乃是好大，對小明大，大還成少，無大無少，乃是好大耶！等是大待少大，既非好大，無少無大，亦非好大結耳。今解云，師依如此語釋經文，則是無苦無樂，乃名爲樂，故作此語。經復作此語者，正明待少明大，此大因待他，故未是好大。如五尺因三尺之短，故得長名，此未是好長，若望一大，還復成短也。今若能無長無短，乃是好長，大少苦樂皆爾。待苦明樂，未是好樂，如人中樂望天樂，此樂還成苦，若能無有生死中之苦樂者，此乃名爲大樂也。次明若一往即云相待大待小不待大，絶待大無少復無大者，此語著前難，今明自有有方待無方待四句，有方絶無方絶四句。有方待無方待四句者，自有大待小，自有小待大，自有小待小，自有大待大，四句中初兩句是有方待，後兩句是無方待也。有方絶無方絶四句者，自有大絶少，自有少絶大，此兩句是有方絶，自有大絶大，自有少絶少，此兩句是無方絶也。

問：既言絶待義者，絶義爲有幾種？今依一師，言方一家有三種絶，一者究竟絶，今且約波若涅槃第一義悉檀作之。言波若絶者，如論偈：

波若波羅蜜　實法不顛倒

念想觀已除　言語法亦滅

此即是究竟絶，盡心行滅語言也。言涅槃絶者，如德王文明明涅槃正體非常非無常等，亦横絶一切法竪窮五句也。言第一悉檀絶者，還出《大論》云，言論盡竟心行亦訖，不生不滅法如涅槃，並是究竟。二者漸捨絶，則如二諦義，世諦絶性真諦絶假，世諦絶性生滅，真諦絶假生滅。真諦雖絶假生滅，而猶未絶不生不滅，故是漸捨絶也。今言絶少名大，此漸捨大，何故猶未絶大名，猶有大名？前直云波若絶待，則是究竟絶，今言絶待大絶少猶存於大，故是漸捨絶也。三者有待絶義，言待絶者，大少相待，究竟然而絶也，言絶待者，雖絶而常待也。今次論只問此絶待大，既名爲大，此名爲當，因無名故有名爲當，不因無名故有此名。若不因那得此名？若因即是待，何謂絶待？二問此名爲名體不？既云波若大，豈不名體？若波若不名波若體，空名應不名空體。三問此名是教不？若是教則應表理，若不表理何得名爲教？四問此教爲緣不？若不爲緣何須説也？五問此名是所不？二智能説此教者，教是所説不？若是所則對能不得絶也。今次竝此五種，如大有二種，一者待小大，二者不待少大。若爾者，名亦應有二種，一者待無名故名，後四類然，問此例不？此極難解。若初一關[一四]亦可例，自有待小名大，自有非小非大大者分，亦有待無名名，自有非名非無名名也。第二關亦可例，有詺體名，有非名非體名，故相皇可見。後三關則難，只問得有爲緣教，復有非緣非故，故若不爲緣，何須此教？表理亦然，云云。所義亦然，得有能所，復有非體非所所不？若有非能非所，此是誰説？須思解之。

次問：論既云四悉檀攝佛八萬四千法藏皆盡者，此絶待大是何悉檀所攝？解云，通而爲論，通四悉檀攝。言第一悉檀攝者，只此大則是勝莫過義，言語盡竟，心行亦滅，不生不滅法，如《涅槃》云，則是第一義悉檀攝也。言對治悉檀攝者，或自有以常治無常無常治常等，或有以待治絶以絶治待也。各各爲人攝者，或自有爲人説常説無常説待説絶等。云云。世界攝者，世智説分有亦説有，世智説無我亦説無，世智説待分亦説待，世智説絶我亦説絶也。別論者，正是第一義悉檀也。

次汝言絶待大者，那得此大名，何故名爲大？解云强名。問：那得此强名？若言强名，此便若似似等責，次竝若强名爲大，應强名爲待等，次責既强名對少，何所復苦也？次問：非少非大名爲大，此是絶大不？解者云是。次更問：非少非大名絶待大，此大絶捨少不？答：理然。今且約涅槃、波若兩種明《大論》。論問涅槃[一五]絶少大者，此爲絶非涅槃之少大，爲絶涅槃之少大耶？既言涅槃非大非少，理數應云絶涅槃少大則竝，若涅槃論絶還絶涅槃之大少者，亦應涅槃論待還待涅槃之大少。若涅槃論待還自待涅槃大少，便成自體涅槃大少還自相待，此不可。云云。波若大少亦爾。

次問：波若非少非大名爲絶待大者，非何物大少爲絶性大少，故言非大非少爲絶假大少，故言非大非少名爲絶大耶？解，具有此義，自有絶性大少名爲大，自有絶假大少名爲大，少名爲大者，只是一似大，似大非大似大非少非大非小，名爲假大也。絶絶假大少名爲大者，只波若非大非少名爲大，此大則絶假大小也。

問：既絶假小大名爲大，此大名爲假大不？解云，然竝若説似大小名爲似大者，亦應絶性大小應名爲性大結。云云。解云，我絶性大小名爲似大，此是相待假大分，絶大小名爲假大，此是絶待似大，雖有兩種似大而待絶不同也。次竝汝似義有相待假大復有絶待假大者，性中亦應有相待性大絶待性大。云云。次問：相待是不自故可得是假，絶待那得似。云云。

次問：既云非性大小名爲大，非似大小名爲大，此得云世諦絶性大小，真諦絶似大小，此與一家。云云。世諦破性生滅，真諦破假生滅者，不若單言齊者則死，單不齊者亦死，正答應云齊不齊。齊者，世諦絶性大少，真諦絶假大少，世諦破性生滅，真諦破似生滅，是齊。不齊者，世諦破性生滅，辨不生不滅，真諦破假生假滅，辨不生不滅，世諦絶性大小結爲大，真諦絶假大小亦結名爲大，不云非大非小，故不齊也。

次釋大義，問：以何爲義？古有四釋，一云大是廣博義，二云大是包含義，三〔一六〕云大是常義，四云大是莫先義。四釋中廣博之與常，出《涅槃》文。常者，出《涅槃》第二卷《名字功德品》，云所言大者，名之爲常。廣博，出《四相品》第五卷，云所言大者，其性廣博也。兩釋無文，就此兩釋還釋前兩文。言包含者，還是釋成廣博故包含，包含故所以廣博也。莫先，還是常義，以無有在其前者，所以爲常。今明既以莫先釋大，何不得以莫後釋大？若有先分者則不得是常，以無先〔一七〕我者故得是常，亦得云若有後我者不得是常，以無後我者所是常也。此四種釋大，約《涅槃》《大品》兩種經釋大者，若是涅槃，有此四種大。云云。若是波若，唯得以廣博包含釋大。何故？然波若有二種，若是實相波若，此是真諦境，正得有四義，若是空慧之波若，唯得有廣博釋大包含釋大。何故？此波若是空慧，是因，未得是常與之莫先也。所以得是廣博者，所照實相性之與[一八]境既廣博，故此慧亦廣。故下文云緣無邊故般若亦無邊，法性無邊故般若無邊。以緣無邊境廣博，境廣博故智得稱廣博，博境包含故智包含，而不得是常與莫先，若境智合論則具四也。舊釋如是，今云何耶？解云，備四種大，一者依名釋如前四義，又過常釋四義，乃至大以莫後爲義，無邊無量義，無盡等義也。二者竪釋論大以不大爲義，小以不少爲義，餘例然。

問：此語出何處？莊法師是彭城學士，復聽長千講，而於張舍人宅發《大品經》，釋摩訶云遊來，釋大是廣博等義，今明不少不大，是廣摩訶義。建初問：此語出何處？莊師不得，今明此處處文，經云無大莊嚴爲大，豈非不大爲大。又云人身長大，有[一九]爲非大身，是名大身也。又照明亦釋摩訶云，不作大不作少不有力無力等也。三者横釋大以少爲義，少以大爲義，空有例然。云云。四者無方釋大以空爲義，少以有爲義，乃至以瓶衣等爲義，然此語太通漫。今問：大以一切萬法瓶衣爲義，此法都有相關義，作此釋而都不相關，故作此釋？解云，此亦相關，故《華嚴》云，一中解無量，無量中解一也。《問相品》云，一切法只是一法，一法只是一切法。何故爾？一切法只是一如，只一如爲一切法，故是相關，得相待相類也。更簡四解中竪釋義，大以不大爲義有爲義[二〇]，此關疎密義。

問：有是不有義，有是無義，此兩何者是疎，何者是密？解云，一往有以無爲義則是密，有以不爲義則是疎。何故爾？有無正是相敵對，故密，若是有不有異，有云外皆爲不有，乃至亦有亦不有，非有非不有，對有法名不有，此通故是疎也。次復轉此語，若是有無即是疎，有不有即是密，何故爾？解云，若是有無相對，無上不帶有故是疎，若是有[二一]不不有猶帶有，此有名爲不有，故是密。難言，若不此有名爲不有故密者，我亦只無此有故名無，無何意不密。解云，無雖無此有，而無上不帶有名，故是疎；不雖不此有，而不上帶有名，名爲不有，故是密也。問：此是何物不有？解云，至中假義廣釋也。

次釋般若義。

波若是天竺梵音，若[二二]《仁王經》云，世尊二十九年中，爲我説金剛波若。摩訶般鉢音若波羅蜜，長有必[二三]字，故云必必波若；復有餘字，云摩訶般鉢音羅[二四]若波羅蜜。若依餘部，般若直云波若，此當是彼國單復緩切，語不同也。然只初「般」字，若依《涅槃經》題，則作鉢音，此經則作波音，若依三昧取，則云般密祥音，又作鉢音，只是一字，四音不同。然人讀此《波若經》，是宗熙令法師云般鉢音，若復有人讀云般答祥音，若復有人云班，若是靈根令正及招提所用云波，若只是一字作四種音，則爲難解也。今明若依《涅槃經》題，則應作鉢音，又若依此經作波音者，一題中有兩「波」字，下則作水波字，既兩波同一音，何不同一字？既有兩字，故應作鉢音。又真諦三藏亦作鉢音讀，故彼釋金剛般若云跋闍羅侈履迦鉢若波羅蜜修多羅也。

次明此土翻者不同。若是道安法師云，波若，此云清淨，出《放光經》第二十二卷。次敷法師云，遠離，出《大品》第六卷《無生品》。次有師云，《六度集經》中翻波若爲明度也。第四解依《大論》十八卷，云波若者，秦言慧。第五解依《大論》四十三卷云，波若者，秦言智慧。第六是招提解，用《大論》釋《成辦品》文云，波若定異[二五]實相，甚深極重，智慧輕薄，不可以秤波若。此意明波若深重智慧輕薄，故不可翻，又波若多智慧少，故不可以小智慧翻多波若也。又取案《涅槃·師子吼》文中云，波若者，謂一切衆生毗婆舍那，一切聖人闍那者，諸佛菩薩者，波若真云慧淺，故名一切衆生毗婆舍那，云見少深，故云一切聖人闍那，翻爲智智最深，故云諸佛菩薩也。闍那翻爲智，出《毗婆沙》、《毗波沙》云，闍那者，言智也。既三種各自有翻，若言以智慧翻波若者，復以何翻闍那耶？故知波若不可翻。問：波若不可翻，論那言波者秦言慧等，如前五釋耶？彼解云，此是波若所含，不得以一義翻也。他釋如此。

　　問：今同若反，今明如他所解，並所[二六]不讀波若，何故？以其不見《大論》與三論故也。今須次第嘖六家。明初[二七]翻家[二八]波若爲清淨，此出何處？《大論》從初至後都無此文，但經中云波若波羅蜜是清淨聚，此是歎波若清淨爲翻也。次嘖第二家云遠離者，此是身子作三問：云何爲波若？云何爲菩薩？云何爲觀？須菩提答：波若波羅蜜者，名爲遠離。此遠離自翻阿羅蜜，非翻波若。此師但見經文，不讀論故爾。論云，阿羅蜜云遠離，波羅蜜云到彼岸也。第三家云，《六度集經》翻爲明度者，未見彼經，故不論也。後三家左右自相破，後一若言波若深重不可翻者，前何得云秦言慧秦言智慧耶？若用前兩文者，復何得云深重不可翻耶？又前兩文自相破，若言翻爲慧者，復何得云翻爲智慧？若言翻爲智慧，復那得翻爲慧也？次更責《招提論》文云波若甚深極重，智輕薄故不可秤，何時道不可翻不祥與不翻異也？云云。次汝若言前五種並是波若所含者，並應秤秦言，何得有秦言？又若波若不可翻，摩訶亦多含，亦應不可翻也。次責若言波若深重者，《涅槃》中何得言？波若者，謂諸衆生也。又波若深重者，則應勝闍那，經便應言闍那者謂諸衆生，波若謂諸佛菩薩，何得言波若謂衆生，闍那謂佛菩薩耶？

　　次明《涅槃》既云波若者，一切衆生毗波舍那，一切聖人闍那，諸佛菩薩。問：何意言波若是一切衆生？有解者言，一切衆生即是波若，波若平等，故衆生即是波若，故《法尚品》諸法等，故波若亦等。今明此亦非也，何故爾？波名直云諸法等，故波若亦等，何時道衆生若言平等即有是衆生，何不言諸聖人諸佛菩薩耶？既平等，何意不等聖人諸佛菩薩，而獨言衆生也？今明此三句，經初云波若謂諸衆生，翻爲慧義最淺，故云一切衆生毗婆舍那，此云見，見義少深，故言一切聖人闍[二九]那，此云智，智是決斷最深，故言佛菩薩也。

《涅槃》既言波若謂諸衆生，此則是淺義，何得言波若定實，故深重不可翻耶？今明波若有二種，一深重波若，二者輕薄波若。慧亦二種，一者深重智慧，二者輕薄智慧。若是《大論》第七十二釋《成辦品》，明波若定實於相深重，此則是深重波若，是《大經》明波若謂諸衆生，即是輕薄波若也。今謂論盛明波若定實相深重，此是深重波若，智慧不能秤，是輕薄智慧，輕薄智慧故不能秤深重波若也。若更論，亦應言輕薄波若不能秤深重智慧。問：何者是深重智慧？文解只《大經》中明，毗婆舍那與闍那即是也。問：既有深重波若，復有輕薄故[三〇]若者，何意不言智慧深重，輕薄波若不能秤，而言智慧輕薄，不能秤波若？解云，是外國語故，慧是此間語，則彼此互舉相兼也。問：論中何意明波若深重，經中何意云波若謂諸衆生？解云，論釋波若，故歎波若也，經欲明三種差別故也，既云深重波若含前清淨等五義，深重智慧亦復然也。他云波若含愚含智，今但言智宜得智不得愚，故輕。今明不然，我智慧亦含般若，非波若何意不重。云云。

前來論翻不翻竟，今翻爲智慧。問：三種波若盡得翻爲智慧不？今且明三種波若者，持[三一]公解云，一者實相波若，二者方便波若，三者文字波若。被以《大論》第百卷即文證云，波若有二道，一者波若道，從初訖《累教品》，二者方便道，從《無盡品》去訖經是。波若道則是實相波若，方便道則是方便波若，文字通兩處也。今明作此判制者，大爲失他不見論，此事可矜。彼師既講《大論》，何得輒作此判？汝若以波若道爲實相波若者，即是含他兩種波若以爲一種，但得實相境界，失觀照波若，此則含他觀照，則屬實相波若道中，自[三]但境而無智，以方便道爲方便波若，此但智而無殊也。今明三種波若義，只就波若道中自論三種境，此則一者實相波若則是境，二觀照波若，三者其文字波若，通論此二波若也。實相波若即是諸法實相境，能生觀照波若，若以實相能生觀照，故實相是因，觀照是果，因從果作，名實相亦名波若也。文字既通説此二種波若，文字是能詮從所詮得名，亦得名波若也。

問：三種波若文出何處？解云，説智及智處，皆名爲波若。若智處即是實相境，言觀照者，如《大經》云因因者，如十二因緣所生觀智，此則是觀照波若，文字可明也。又只説智及智處名波若，文具得證三波若説，即是能説文字波若，智即是觀照波若，智處即是實相波若也。波若道既具三波若者，方便道亦明三種不？解云，亦得方便波若，既有方便，即有境波若，復有文字，故具三。故波若道皆具三種，不得爲四，得有二也。方便是此間語，外國云漚和拘舍羅，此翻云善巧方便也。波若是外國語，此翻爲智慧，前三種波若通名爲智慧。彼國云漚和拘舍羅語，此云善巧方便，三種通名善巧方便。然波若在外國語，方便取此間語互相兼也。

問：何故毗曇有五名，而波若有三名耶？答：不學者謂此非問，今明此是問，何故？今釋波若三名，謂境界名實相波若，併觀照文字也，而毗曇中明有五種毗曇，一者自性毗曇，二者共有，三者方便，四境界，五者文字。言自性者，即是無漏慧根，是毗曇正體，即是真無漏慧也。共有者，即是與無漏慧同時，共起心數及道，共色四相等，即具三有，爲共有毗曇體。方便者，即苦忍前七種方便等體，爲正無漏慧根作方便，故名毗曇。境界者，則四真諦能生其無漏慧，故名毗曇。文字者，即是説此四種文字，能論此四種從所詮真無漏慧，故名文字毗曇也。而三種波若准得三種毗曇也，觀照波若則准自性毗曇，實相波若則准境界毗曇，文字波若則是文字毗曇。此三則同而兩異，無有共有波若方便波若。然彼家既取苦忍前七方便，是有漏爲方便毗曇，苦忍去，是無漏有自性者，今從初地去，則無漏觀知波若，地前三十心是有漏，故爲方便波若。取此義時，亦得而無共有波若。然彼家立共有同時心數，故有共有毗曇。問：今時不言共有波若者，可得言無心數不？解曰，不然。若言有心數非無心數是，《大經》諍論中應云，説有心數不得我意，説無心數應得分意。而今言有無並不得意，故不可言無心數爲是也，故知今非是立無心數義，所以無有共有波若。今明所以無者，此明無定明波若，不只有三四五六無量名等也。

今次更釋三波若者，只就波若道中有三波若，方便道中有三方便也。今亦兩道成兩般若是，持公以波若道爲實相波若，方便義〔三三〕爲方便波若者，兩道並成波若道，則無方便道。本有實慧方便，慧是佛父母，故言智度菩薩母，方便以爲父，而今並成波若道者，但得有母義而無父也。又論主開二道而今爲一波若道者，便應本迹身爲一身，二諦爲一事等。云云。次責汝既並成無方便，二者何意作此釋？三嘖出何處文？四者反竝，若兩道並慧者，亦應兩道並方便也。我今依論主開兩道，兩道各開三，初三即波若，云云。後三即方便。云云。初波若即三波若，此云慧，後三漚和拘舍羅，即三方便也。作此釋兩道成父母義，二諦等皆成也。若他釋者，此是無方便等意，亦得有此義，論主正開二道，則不得也。然復有云，非愚非智爲實相波若，愚智是方便波若，明此二事文言是文字波若。此別是一義，欲示體用，明非愚智爲是體，愚智爲用，此非二道意也。今既依論用，二道有〔三四〕是實慧道方便道，依《淨名經》，作慧方便相對，前有是慧後有方便。然此二種，什師云，直照實相空邊名爲慧，若行空不證涉有不著，此是方便。肇師云，直照空照有是慧，行空不證涉有無著，此是方便。有[三五]是兩道，論云，共波若道，三乘共説，方便道，獨菩薩所行。有應闕中釋空、有二義，二乘亦能故云共，若行空不證涉有無礙，此役菩薩。然你云獨菩薩所行，此則共不共義，成他即不成也。

問：智慧何異？次問：慧見智何異？又問：忍見智何異？今答：智慧者有一異義，如《成論》云，真慧名爲智，此則不異，此真無漏慧即是智也。若依《大論》，有二文，初云波若秦言慧，次又云智慧。問：論有文云，波若秦主[三六]智不？解云，論無别文，但論題云大智度，有[三七]是爲智。何故爾？遠法師依《大論》造問：論云摩訶般若波羅蜜優波提舍，今《大論》秤爲大智度，即是以智翻波若也。既具有三文，即是有一異，前單言慧之與智，此則是異義，具智慧即是不異義也，良由義不定故，翻則不定。云云。

次就經中辨智慧義，若是《涅槃經》，就凡聖判智慧，波若者謂諸衆生，此即是約凡夫名慧，闍那者諸佛菩薩，此是就聖人名爲智。問：凡夫那得名慧？解云，凡夫名慧者，此如毗曇明數之慧，故偈云想欲及觸慧也。何以得知是心數慧？如《大經》判定有三種，上定則金剛三昧，中定則四禪以上，下定者謂衆生心數定也。若爾，故知凡夫明慧則是心數之慧也。問：何得以數義釋經？解云，必是數人用經義，非經用數語也。次《大品經》，就因果判智慧，菩薩名道慧道種慧，此則是因名爲慧，佛得一切智一切種智，則是就果名故也。次就《淨名經》，就空有判智慧，照有名爲智，故照空一切名爲慧。彼經《善得章》中云，知一切衆生心念，如應説法，起於智業，知一切法不取不捨[三八]，入一相門，起於慧業也。問：何故如此？今明前兩正約決斷竪釋智慧異，凡夫則劣故與其慧名，慧則通正取心數慧也，聖人則勝故與智名，智能決斷此就高下竪論。因果亦爾，因勝故未得決斷之名，所以名慧，果勝故能決斷，所以名智也。

後就空有論者，此是橫論照空照有，有既決斷照空亦斷。但今就差別無差別判智慧，照有有差別故愛[三九]智名，照空則無異相故與其慧稱，此亦是決斷强弱故辨智慧也。今問：此三義得通不？凡亦得有相，聖人得有慧，因果空有亦然；以不解云通論亦得。今言凡夫得有智者，一切衆生皆[四〇]有三種等智，又云世智辨聰即是凡夫智也。因果判智慧者，佛亦得有慧義，故如五分法身中，佛與羅漢同得五分法身，五分法身中有戒定慧，豈非佛有慧？又淨名螺髻呵身子云，如仁者心有高下，不依佛慧。又《法華》中多寶嘆云，善哉，釋迦牟尼能以平等大慧度諸衆生，此皆是佛慧文也。因中亦得有智者，如《仁王經》列衆中歎菩薩德云，實智功德方便功德，故菩薩亦有智也。智慧通空有者，道慧道種慧，道慧則照空，道種慧照有，一切智照空，一切種智照有也，此是智慧有因，異[四一]通別也。次忍見智同異者，若是數人明忍智，異彼家見諦道中有八忍八智，忍則非智，何故爾？忍智[四二]未出惑外未得證，故不名智，若是智已出惑外故名智。此則異彼。偈云：

諸忍則非智　盡無生非見
餘一切聖慧　當知三種生

此正明異義，明忍非是智，盡無生二智又非是見，何故？見是推求義，盡無生二智是無學心息，不復推求，非見也。除此八忍二智外則通三種，謂忍智見也。此是小乘根本義，三百年中出世，若《成論》佛滅後八百餘年出，則是小乘之末餘他義也。論人解忍智不異破數人異義，彼忍智只是心上解知，故引《慧義經》中説解智是慧義既不異，但義分爲二心，上解初未[四三]決役名忍，決則名智，實非異也。今所明無礙忍智，未曾一異不一異，而得有一異者，一不同《成論》之一，異不同數人之異也。忍智一者，佛菩薩同名忍，如《仁王經》明五忍，無生寂滅，佛與菩薩同，下忍名菩薩，上忍即是佛。忍智異者，佛名爲智，得一切種智降，此前悟道，並云得無生忍也。智同者，佛得一切種智，《大品·發趣品》，亦明七地菩薩得智也。

次釋以何爲波若。解云，佛滅後龍樹未出之前，凡有六解兩病，合爲八家。次出晚人南北非解，釋今前論龍樹未出之前六解者。第一家以無漏慧根爲波若。問：無漏慧根，此爲取相似無漏，爲取真無漏爲波若？答：舊有兩釋，初家云，此取相似無漏爲波若。問：相似無漏位在何處？解云，小乘取四善根以爲波若，數家七方便，不取前三但取後四，論家五方便，不取初四念處但取四善根爲相似無漏。何故爾？以前未依諦觀故，後四善根始作諦觀也。若大乘者，即是三十心内凡夫爲相似無漏，此中名波若也。次解云，取真無漏爲波若，小乘從苦忍已去，大乘登地已去也。第二解云以有漏爲波若，小乘苦忍已前皆是有漏，大乘三十前是有漏。問：與初家相似無漏何異？解云，初家相似無漏位則短少乘，俱取苦忍前四善根，不通餘大乘但取地前三十心。若是今第二家則長，從初發心已來至苦忍大乘至三十心，皆是有漏也。第三解從初發心訖至金剛三昧已來是因，位皆是波若，至佛時轉名薩婆若，此就因果判，因名波若果名薩婆若。此異前兩解者，初家位最短，第二家處中，第三解位最長也。第四家解合取漏無漏爲波若，此位從初發心至苦忍前併地前也，但緣涅槃佛果佛果涅槃，此是無漏境，心緣此境名無漏，只此心即未斷煩惱則是有漏，故以有漏無漏爲波若。問：此解與第一解相似無漏爲波若何異？解云，第一家位則短，但取四善根，今則從發心已來也。問：與第二家解何異？第二家只從初已來皆是有漏，雖是有漏，彼亦緣涅槃佛果，既爲菩薩定，不緣涅槃佛果者，則此爲難。今明前第二解則短，但取百劫種相好身，佛相顯已來名菩薩，正是迦栴延子義。若是第四家傷[四四]長，通取初發心也。第五解云，波若通漏無漏爲無爲，並取漏無漏爲無爲爲波若。問：波若是因，那得是無爲，無爲是佛果？今明波若是無相境波若，得是無爲，若是觀照波若，不得是無爲。今言無爲者，非是凝然常住無爲，此是無依無得名無爲也。第六解波若非漏無漏非爲無爲，離四句絶百非。雖有此六解，今大判者，初四解是有爲，第五解通爲無爲，第六一解但是無爲也。次意前五解則是四句内，第六一解四句外也。次解前四是小乘，後二則是大乘也。問：此六解云何，何者爲是？今明具四句，一者併非，二者併是，三者初是後非，四者後是初非。言併非者，若作定解者則併非併須破，如三論破外人引經，亦破引論，亦破一切不留，以其心有所依著故也。言併是者，若識此皆是如來方便教門，赴緣之説法者，則能得道，此則皆是不可破也。初是後非者，如來昔教小根緣説小乘教，爲是大乘則非也。後是初非者，後説大乘是法不可示，言辭相寂滅，即是爲説大乘。云云。

次出論意，佛去世後人解古今南北不同。今前出南土解，釋正以空解爲波若，波若是智慧，空有兩解即是解智，故以空解爲波若。何故？如此爲空解能斷惑，有解不能斷惑但能伏惑，斷故是真波若，伏故是相從〔四五〕般若也。就空解中復有二種，一者真解，二者似解。問：空解既有真似二種，有解亦有真似二種以不？有人答例，今明不然，舊解但空解有真似，有解無真似。空解有真似者，未見真空但能伏而未斷故是似，見真空方能斷惑故是真解也。何者是真似兩解位耶？若是古來通法師宋照令法師明慶禪師等解，從發心至六地已來并是似解，至七地去是真解。彼用《大論》文云，菩薩至七地中，不見衆生等可度，故云以夢中欲度大河，集草木爲筏，運手動足而度，至中流則覺不見有河筏等。今菩薩亦爾，從初來見有衆生可度，以入七地得無生忍，都不見有衆生等，此是彼家辨頓悟義也。次從三大法師及至今人所用，並云小乘五方便爲似，苦忍去爲真，大乘三十心爲似，登地去爲真。此引《大論》釋三乘共十地文，性地者，小乘暖法乃至世第一法，以五方便爲性地，大乘則三十心也。次斷八忍地，小乘苦忍已上，大乘則無生忍位，此解文亦相應也。兩種判真似如此。

問：若爲名真似解，釋約斷惑判真似？開善云，若是真解，則洞亡都遣能斷惑，故名真。若是似，猶未洞亡都遣，猶帶微相求未斷，故名似也。若是莊嚴解云，並洞亡都遣俱[四六]真解能斷，故名真，似解未能斷故名似。此則難解，脱[四七]洞亡都遣，何意不斷，不斷那都遣耶？若開善解初地至六地空有不竝，入空則不照有，照有則不觀空，有則伏空則斷，從七地上空有竝觀，有伏空斷，亦得有即空空即有，空既斷有亦斷也。從初地至六地，此則斷伏取相，或七地不復斷取相，但斷伏枝條煩惱也。南土大解，釋意如此。

問：今云何解釋耶？山中舊云，他種種解竟，表今復更作一解，此則是足載。云云。若是富博無所不有者，何所不得？猶如家有如意寶珠，應於求者隨意皆有也。但此語非是前家所解，故興皇師東府城爲王太子講《金剛般若》，榮法師問，般若爲空解爲是有解耶？師答，波若未曾空有。榮師云，莫作崑崙文語向分。今明波若非汝所解空有等，若如君所解，解空有還是斷常等諸見，故云如此等四句一向洗破，設引經論亦須破，爲人有所得心皆成有得智也。洗如此事畢竟淨，復則得論假名義也。云云。

前出他解真似波若，又約兩種判真似位，又明空解斷有解伏。問：今有此義不得真似以不？兩位判云何又有斷伏義不？答：此者今明那得無真似？故《涅槃》中有真無漏似無漏，《大品》有相似波若，《金光明》見有一人似婆羅門，此即是地前三十心人。若以此見[四八]者故自有真似，若有真似者與他何異？答云，一家有兩徹，義則理內外，理外自有真有似，理內自有真有似。理外真似，如他所辨。何故名理外？以其無有真可真有似可似，此真似則是心上解知。既有此真可真似可似，故是有所得，有所得故名理外。今明理內者，只除他如此有所得若真若似畢，意表清淨，無依無得觀行明淨者爲真，若習觀猶淺者名爲似，似此是無所得真似，則理内外得無得相對也。次攝理外若真若似皆名似，理内若真似[四九]皆名真。理外真似名似者，以其同是有所得斷常生滅爲似，如波若中修行，色若常若無常是名相求[五〇]似般若波羅蜜。云云。理内若真若似皆名真者，以其同是無所得，雖復觀有明晦，而從發支心同習無所得觀，故同是真波若也。次第三轉者，理外都無真似，何故爾？此是有所得心，都不與波若相似，既無似，何得有真？他云水手似蜺，猶有髣髴，有所得與無所得都不相關，故不得有真似。無所得理内義得有真似，爲除如有所得真似義，方得無所得真似，故云一切法不生波若生，不住一切法住波若也。今判真似者，觀解明者爲真，小未明者爲似也。云云。

次答真似位義與他同不。今明他用《大論》兩文，判文判真似，若用五方便爲似苦忍爲真者，此是漸悟義，若用初地至六地爲似七地爲真者，此是頓悟義。頓悟家破漸悟家，漸悟家破頓悟家，互有是非。今明此兩文無妨，《論》中具有此義。若依《論》解，三乘共十地，文云性地則小乘五方便，准大乘兼順忍以此爲似，釋八人地云則小乘苦法忍，准大乘無生忍爲真者，此就悟未悟判真似，前是未悟故所以爲似，登地生是悟爲真。若是用初地至六地爲似，七地爲真者，《論》有兩文，一如前至七地中，如夢覺不見一切衆生可得。又第十二卷釋檀波羅蜜中云，七地菩薩捨内身得法性生身者，此就悟有淺深判真似。初地至六地習觀猶淺，雖得無生而未深柔順忍故爲似，七地得無生觀行深故爲真也。次明初地至六地未竝觀故是似，七地竝觀故所以爲真也。然一家常云初發心至佛則竝觀者，此就竝觀有淺深，約如此義名順忍，約如此義名無生，皆是點[五一]空，故一家云位義如今諸官也。云云。

次明斷伏義。問：有此斷義不？今明經中説

爲斷伏，何言無，但一家有似中伏中似斷義，有中似伏中斷義，今明似中伏中似者，與他碩反，至中似義中當廣述。云云。波若義多種，不可一時具述，今辨其要者略述道義，此則所常行也。故經中處處辨道義，《波若》一部皆論之，故發初即云以不住法住波若中，無所捨具足檀，此則道義。次《照明品》云，譬如盲人不能趣道入城，五度亦爾，以波若道有故，方能至薩婆若也。又下云，如轉輪王輪寶，常在前道，諸度亦爾，波若在前導，云云。故知有道義。今明道有三種，一者引導之導，二者開導之導，三者導成之導。言引導者，則如盲人不識正路，若無人引導，則墮諸嶮導[五二]中。云云。今衆行亦爾，且就檀爲語，如布施等，若無波若導引，則不能得至薩婆若，多墮餘道，一者若無波若引道，則墮三有之中，二者墮二乘地。何故爾？若是凡夫布施則墮於三有，若是二乘布施則墮二乘地，此約二人爲論。若就一人爲語，若就世諦心中行施，此則有於三事，此則是有，若言無三事者，此是真諦遣，正是今人義，此只是有無之見，有即是三有，無則是邪見。《大經》云，若以聲聞心言，無布施即是邪見，爲是故須波若導引，方得免於二路也。次開導者，若不依波若行施戒等，即是顛倒擁塞不成諸行，不能得至佛道，今以波若開，除如此有無二見擁塞通至佛道，故云開道也。第三道成者，若無波若道諸行則不成，猶波若導故衆行得成。何故爾？若無波若之時則不識體，故行不成，如施若不得波若則不識施體，若不識施體則成有所得，故不成施，猶有波若故識施體所以，然離斷常諸見，故始成無所得施也。二者若無波若，此施則狹，狹不得成施，以得波若心故所以能廣施，施始得成，故是導成也。然施[五三]有導前義導後義導前後義，若是古來諸師，准有導後義。導後者，菩薩前波若空慧忘[五四]想之心，然後依此心行萬行心，有波若心導衆行，故衆行則無復相惑，故是道後也。脱[五五]後開善學士龍光綽師作導前義，明未得波若之前，所行衆行並帶相或，得波若真無相慧，乃道前來所行之行，悉是無相或，此名導前也。問：前衆行滅去而道不滅，而是依開善解者，此行附心來現在。云云。第三導前後者，前來行行得悟波若真慧，道前來所行之行，而復更行後衆行。云云。他解如此，今汝波若空解導於衆行，衆行隨波若成空爲猶是有，彼義衆行是空者，則失有中，萬行既不得是空者，若爲道耶？彼解云，我只道萬行令不著相惑，何時新令有成空耶？今明若爾者，此終是空即兩異，既是有無兩見只是此解義，故《大論》云，有無二見爲此岸，破有無見爲彼岸。汝今只是有無見常不得中流，豈能到彼岸？云云。故不成導義也。

問：今云何解云分破如此道義者？即是道義，何故爾？只除此有無相，令其畢竟清淨，菩薩從發心已來，常作此行即是導，故經云如輪王輪寶，常在前導。今菩薩亦爾，從初發心已來，常行無依無得波若正觀所行，衆行並是波若行，既是波若行，即離有無等四句。云云。若如他家空有異，然後將空觀來導，有中諸行不相著也。次句經中之燃燈佛前，值八百萬億那由他佛，悉皆承事無空過者，分爾時未得授記，後值燃燈佛方得授記。作佛者前所修功德，更何所感召，爲當同數人之非數緣滅生不得果，爲當得果？然復無有同〔五六〕非數滅理，若然者，此爲得何物果？既得無生忍竟，云何更受有所得果？若言此得無所得果者，既是有所得因，云何得無所得果？難解云，彼解云我是有所得因，而變爲無所得果，今問變時爲除爲得。故言變爲不除而言變，若除有所得言變，若不除者，云何言變？云云。

次釋波羅蜜。

彼有三音，一者論釋婆伽多種號，其中云波羅伽，此云度彼岸。二者釋檀波羅蜜云波羅蜜，此云彼岸到。三者《論·釋無生品》中云阿羅蜜，此云遠離。雖有三文，餘二但有一翻，若是波羅蜜，有三翻。一云彼岸到，如前。二云事究竟，亦出釋論《無生品》。三者《賢劫經》，翻爲度無極也。然經論辨波羅蜜少多不定，或三波羅蜜，或四五六七十百八萬四千波羅蜜等也。所言三者，即如前，既有三種波若實相觀照文字者[五七]，即有三波羅蜜，謂實相觀照文字也。何故有此三？明得實境既能生波若，故欲説智及智處皆名爲波若者，得實相亦能生波羅蜜，故名波羅蜜，故有實相波羅蜜、觀照波羅蜜，文字波羅蜜能論兩波羅蜜，故名字[五八]波羅蜜，此是則前三波若，故有三波羅蜜也。次明一家復有時作三波羅[五九]若，有非愚非智，故名實相波若，愚智爲方便波若，論於二種名文字波若，此明體用義。今波羅蜜亦得如此不？明非彼非此名實相波若波羅蜜，從此到彼名方便波羅蜜，論此二即是文字波羅蜜以不？解云，此得例非彼此即是永免義，從此到彼即是方便，論此二即是文字。云云。次約二慧判，既有實慧方便慧即是觀照波若方便波若，論此二種名文字者，約此二般若爲三波羅蜜者，此還依關中釋法師解，直照空名爲實慧，行空不證涉有無礙名方便慧。今約此辨波羅蜜者亦然，直照空名波羅蜜，此即實慧波羅蜜，以雖照空能得度於有彼岸，行空不證涉有無礙名方便者，即得名方便波羅蜜，以其能度有無也，文字可知。

次問：度彼岸與到彼岸，兩語爲同爲異耶？若不前安處之即爲難。今答：此語明異不異，不異者，到彼岸亦是從此到彼，名爲到，度彼岸亦是從此度彼，名爲度。云云。言異者，到彼岸必到彼岸竟，始名爲到，若是度者，在中流中亦名爲度，如今度江。云云。

次問：度彼岸，何者[六〇]爲能度，何事者爲所度？到彼岸，何者爲能到，何事者爲所到？此二能所齊不？今明不齊。若是能度所度，即以波若爲能度，煩惱是所度，故《論·釋檀波羅》中云，六波羅蜜能度煩惱大海也。若是能到所到者，則以波若爲能到，佛道爲所到，此兩能所，夫互殊也。

次問：爲是永免秤度，爲是究竟秤度？解云，具有此義。言永免者，此是去離以釋度離煩惱，以前云六波羅蜜能度煩惱也。究竟釋度者，此者作事究竟滿足秤度，如云舍利弗不能度布施河者，以其無行施不能得究竟，能一切時一切種一切人常施，故名爲不度。若能如此，究竟之施則得名度，非是越度之度，此是究竟名度也。如言度深忍心淨已度禪定等，並是法忍禪究竟故名度也。若是前永免秤度，此是越度煩惱，此就離以釋度。若是今究竟哀名度，此就作事滿足以釋度也。云云。

次問：波若與波羅蜜爲一爲異？答：具有此義。言其同者，只是一正觀，取其淨照義則名波若，取聖永免顛倒義名爲波羅蜜，只是淨照故永免，永免故淨照，約義到〔六一〕於二種竟，無有異也。言其異者，波若則是因，波羅蜜則是果，何故爾？波羅蜜云到彼岸，彼岸則是果也。若爾者，波若何得波羅蜜耶？今明波若能到彼岸，今從此功用爲名，名波羅蜜，又因帶果也。旨次解釋，度義不同。一者《大論》云，從此到彼，名波羅蜜。次釋《成辦〔六二〕品》云，遠離此彼岸，是檀波羅蜜相。此則是永免以釋度。次《集散品》，先尼梵志復問云，此彼岸不度，故是波羅蜜相也。四者若有彼有此，猶名爲此，無彼無此，乃名爲彼。此類如《涅槃》云，有苦有樂，猶名爲苦，無苦無樂，乃名大樂也。而一家常云，有此有彼，未爲好度，無此無彼，乃名好度。此則是約世出世論有，彼此是世間度，故經具有二文。《大品》云，有世間檀波羅蜜，此則明世出世俱有波羅蜜。若是《涅槃·德王》中云，云何是施，非波羅蜜？見有乞者，然後乃與，是名爲施，非波羅蜜。若無乞者，開心自施，是則名爲檀波羅蜜。此則明世間有檀而無波羅蜜，出世間有檀有波羅蜜。然出世間有檀有波羅蜜可解，世間何故有檀無波羅蜜？解云，世間小小行施，故得名爲檀，未能到佛道彼岸，故非波羅蜜。而《大品》云，有世間檀波羅蜜者，此是隨心相理解義，隨聖謂情得度，故言波羅蜜。

問：既言世間有檀可〔六三〕非波羅蜜，亦應有波羅蜜而非檀？解云，具四句。一者有檀非波羅蜜，即世間檀。二者有波羅蜜非檀，則如餘五度是波羅蜜而不名檀也。三者檀亦波羅蜜，則出世間檀。四者非檀非波羅蜜者，有二義，一者泯三句，未曾檀未曾波羅蜜也，二者則是惡法，非是檀亦非波羅蜜也。

問：波羅蜜云度彼岸者，若爲是此〔六四〕彼岸中流等？若是從來解，約二約，約涅槃所明，生死爲此岸，涅槃彼岸，煩惱爲中流，八聖爲栰也。波若則以有相爲此岸，無相爲彼岸，似解滯相惑爲中流，滯相似解爲栰也。言有相者正是外凡，無相即是發地，似解即三十心，似解滯相義即是中流，帶〔六五〕相似解即是栰義，此是開善解也。若莊嚴解，有數種彼此岸。一者二乘爲此岸，佛道爲彼岸。二者生死爲此岸，涅槃爲彼岸。三者因爲此岸，果爲彼岸。四者約二諦，浮虛則爲此岸，無生爲彼岸也。今明此解並無出處，故不用。今《大論》釋波羅蜜中有兩復次，初云慳貪爲此岸，佛道爲彼岸，施爲河中。後復次云，有無見爲此岸，破有無見爲彼岸，懃修布施爲河中。此之兩釋，同是釋善法何〔六六〕義，同以布施爲河中也。復有文云，此六波羅蜜能令人度慳貪尊〔六七〕大海，即是惡法河義，故一家具有善法、惡法二河也。惡法河以惡法爲此岸，惡法爲中流，通佛道爲彼岸。

問：惡法河既以惡法爲此岸，以惡法爲中流者，善法河應以善法爲此岸，善法爲中流，而今善法河以善法爲中流，以惡法爲此岸者，惡法河以惡法爲中流，應以善法爲此岸也？解云，義河必皆例。今明欲例者，惡法河以重惡爲此岸，輕惡爲中流，善法河五〔六八〕以輕善爲中流，重善爲彼岸也。

問：惡法河既重惡爲此岸，輕惡爲中流者，善法河亦應重善爲此岸，輕善爲中流？解云，此不例。如從來兩種度，度生死河度涅槃河，明此兩度異。若是生死河中，七人俱度生死河，永離生死去，而有方便無方便，故有七人不同，有方便者，離生死名爲度，無方便者，不離生死不名爲度。此就離義明度。若是涅槃河，亦同求涅槃，約有方便無方便，無方便者，不得涅槃故不名度者，九〔六九〕方便者，得涅槃故名爲度。此就得以明度。故兩河雖但明度，而義不同。然經中明顛倒不顛倒，無豪釐差別，而多顛倒少不顛倒，以多顛倒故於其有彼此，顛倒爲此岸，不顛倒爲彼岸，只此顛倒深廣即是大河，以漂深義即是中流也。惡既爾，善法亦爾，取善法深廣義即是河，能流轉行人到佛道，善即是流義也。

問：既得以生死爲此岸，涅槃爲彼岸者，亦得以涅槃爲此岸，生死爲彼岸不？解云，只得約凡聖二人相望作。凡夫以生死爲此岸，涅槃爲彼岸，聖人以涅槃爲此岸，生死爲彼岸。如江兩岸，人互相望。云云。

次明修多羅。

所言經者，自上已來明所論之理，今明論理之教，即理教一雙也。如《涅槃》七善中釋知法知義，知法者謂十二部經，知義謂十二部經所明之義，即理教之明證也。言經者，天竺名修多羅，此方隨義翻譯非一傳者，多用綖本二名以翻修多羅。若依《分別功德論》及《四分律》字〔七〇〕并驗現，今天竺僧謂縫衣之綖爲修多羅，則以綖翻修多羅。若依《仁王經》及留支三藏所云，則以本翻修多羅。若綖若本，並有文證，但驗方言，難可偏定。所言綖者，以世間綖有貫穿攝持之用，諸佛言教，亦有貫法相攝人之能，與綖大同，故從喻立稱。所言本者，以教能顯理，教爲理本，教能超〔七一〕行，故爲行本。今秤爲經不言綖本者，蓋是翻譯之家隨方音便，故以經名代於綖本。類如毗尼藏，正翻爲滅，若依根本翻名，應言四分滅十誦滅等，但翻譯之家見此方俗法制罪教門，名之爲律，是以佛法制罪教門，亦名爲律，故名

《四分律》《十誦律》等。此亦如是，若依根本翻名，以爲綖本，應言《涅槃綖》《法華綖》等，是翻譯之家以見此方先傳國禮訓世教門爲五經，是以佛法訓世教門亦秤爲經，故言《涅槃經》《法華經》等。既隨俗代名，還依隨俗釋義。俗言，經者常也，雖先賢後聖，而故[七二]範古今恒然，故名爲常。佛法亦爾，雖三世諸佛隨感去留，故[七三]範古今不可改易，故名爲常，故言爲《摩訶波若波羅蜜經》也。

第二序説《經》意。

問：佛以種種因緣説摩訶波若，請爲陳之。

答：佛法無量，略説因果總攝一切。因者，所謂菩薩真實大願真實大行。如《經》中説，若不以般若心發願，願不成願，若不以波若心修行，則行不成行，是故菩薩欲修願行，要須般若，是名因義。所言果者，菩薩以行無所得因，故得無所得果，無所得果則是如來實相法身。亦如《經》中説，今欲爲諸大人説此因果，故説是《經》。復次爲現在未來一切衆生真實分別利益功德，故説是《經》。復次欲説第一義悉檀，故説是《經》。復次以大悲心受請説法，故説是《經》。復次欲集諸佛法藥愈難喻病，故説是《經》。病有二種，一者身病，謂老、病、死，二者心病，謂貪、瞋、癡。自有生死以來，不得波若藥，故無人能除此病，佛以摩訶波若摧破二病，故説是《經》。復次欲增諸菩薩念佛三昧，故説是《經》。一切衆生雖欲念佛，不識如來多隨耶觀不見法身。法身者，以正法爲身，故秤法身。故《華嚴》云，正法性遠離一切語言道，爲一切趣非趣，悉皆寂滅相。斯經盛明實相，即是盛明法身，故云觀身實相。觀佛亦然。今欲令念此正法身，故説是《經》。復次欲顯示中道拔二邊見，故説是《經》。復次欲説異法門異念處[七四]故，故[七五]説是《經》。昔説善門不善門無記門，常無常苦樂等念處，今欲説非善非不善門，非常非無常念處，故説是《經》。復次欲轉衆生深重障，故説是《經》。如是種種因緣，並是依《經》文影識龍樹《大論》，故説般若因緣。

問：爲何等位人説是《經》耶？答：有人言般若是高位行，我等凡夫，豈祈斯事，故望岸[七六]自絶。今謂不然，此人乃是無礙法中自作鄣礙，可不悲乎？爲言波若必在高位，高位之人本自不墮惡道，何俟習行方得離耶？今《經》言，欲不墮惡道不生卑賤家，欲世世人天淨土受樂，乃至究竟大般涅槃，須學波若。此意乃明應墮惡道者，行波若故不墮也。所以從博地凡夫以上，乃至十地以還，皆須學波若也。

第三明部儻多少。

問：波若波羅蜜，凡有幾種？答：通撿經論，部類不同。第一有二種，出《大智論》第四十一及九十九卷，云波若有二種，一共聲聞説，二但爲十地諸大菩薩説。今諸部波若，多是共聲聞説也。第二三種者，《釋論》第六十七卷，云波若部儻，有多有少，有上、中、下，謂《光讚》《放光》《道行》。又《釋論》第七十九卷，云般若義乃無邊，卷數有限，謂《小品》《放光》《光讚》。既列餘二同前，而以《小品》名代《道行》處，故知《道行》即是《小品》也。第三四種者，長安叡法師《小品序》云，斯《經》正文凡有四，多則十萬偈，小則六百偈，此云《大品》，故是外國《中品》耳。隨宜之言，復何足計其多小，雖唱四名而不列數也。第四五時波若者，出《仁王經》，初云釋迦牟尼入大寂定，衆相謂佛已爲我等二十九年説《摩訶波若》《金剛波若》《天王問波若》《光讚波若》，今復放光，斯作何事？既列四種於前，第五説最後《仁王波若》，故有五味般若也。第五八部般若者，流支三藏云，《波若》應有八部，第一部有十萬偈，第二部有二萬五千偈，此之二部猶在外國。第三部有二萬二千偈，即是《大品》。第四部有八千偈，即是《小品》。第五部有四千偈，第六部有二千五百偈，此之三部亦未傳漢地。第七部有六百偈，即是《文殊師利問般若》。第八部有三百偈，即是《金剛般若》。又

《大論》第百卷云，如此《中波若》或有二萬五千偈，《大波若》有十萬偈，《諸龍天宮》有千億萬偈，以其壽命長遠念力堅强，故堪聞多説，人中壽命短促憶識力弱，止有少許文字爲爾，豈局在五時，限於八部耶？

第四辨開合。

問曰：餘經更無再説，何故《波若》諸部無量？答：佛經無量，來漢地者蓋不足言，但今唯見《波若》多部，未見餘[七]經多耳。而今且論《般若》多部者，衆生入道，多由《般若》。所以者何？一切凡夫不得道者，皆由有依著，《般若》正破衆生有所依著，故説無依無著之法。《般若》亦是真實懺悔，故諸大乘經辨真實懺悔，皆依《波若》。如《普賢觀經》云，一切業障海，皆從妄想生。若欲懺悔者，端坐念實相。《涅槃》亦云，若聞無作無受，王之重罪，必得除滅。是以《波若》有多部不同，取其大要，衆生常有依著之病，故佛説無依得法。如《二夜經》云，從得道夜至泥洹夜，常説《波若》，五時八部，何足爲多？

問：《波若》五時既爲五部，《華嚴》八會，何不八部？八會既合一部，五時何不合耶？答：通而爲論，皆得相類，今不然者，《華嚴》八會，此義則前後相成，如前説十信十住十行，十迴向十地及大、小相海，此則淺深次第因果相成，故得爲一部。五時《波若》非是淺深次第前後相成，故各開五時。

第五明前後。

問：《摩訶波若》《金剛波若》，何者前説？答：有人言，前説《摩訶》次説《金剛》，有人言，前説《金剛》後説《大品》。各以文證義，唯成二見也。今明此之二釋，未可准判，隨宜之言，復何可定？一其前後，或可一時具説多部，或可一部亦具經多時，至《大論》中，更當委釋二經。前後既爾，五時八部亦復不定。非但《波若》前後不定，一切經教例此可解。故經中云，八相成道，一一相中具足八相，豈得定其時耶？

第六辨經宗。

南北古今，波若宗體不同，或以境爲宗，或以智爲宗，或以因爲宗，或以果爲宗，今略而不陳也。問：山門解釋與他爲同爲異？答：求由來衆解若得，可門同異，求其不得，將誰同異耶？能如是不同不異，不自不他，無依無得，一無所住，即是波若之玄宗，有所依住，皆非波若宗也。今明波若無有定相，隨緣善巧，義無不通，而正波若未曾境與不境，智與不智，乃至因與不因，果與不果，方便隨緣，在因名因，在果名果，在境名境，在智名智。故肇師云，原夫能所境智因果者，豈境智因果之所能，良以非境非智，能境能智，非因非果，能因能果耳。而今就文而論一往，方言波若非因非果，正以因果爲宗，故云因名波若果名薩婆若，此因果表其正體非因非果也。

第七明顯密。

大明一化，凡有四門。一顯教菩薩不密聲聞，即《華嚴》也。二顯故〔七八〕聲聞不密化菩薩，即三藏也。三顯故菩薩密化聲聞，即《般若》也。四顯故菩薩顯化聲聞，即《法華》故〔七九〕也。復有傍正四門，一正顯真實傍開方便，即《華嚴》也。二正開方便正隱真實，即三藏也。三正顯真實傍開方便，即《波若》等故也。四正開方便正顯真實，即《法華》之教也。問：《法華》明三乘是權，可得顯一乘是真實，《大品》未辨三乘是權，云何得顯一乘是真實耶？答：《法華》對權顯實，《大品》辨二乘爲劣大乘爲勝，故大乘爲真實。問：何文辨《大品》已明真實？答：《法華・信解品》云，一切諸佛所有秘藏，但爲菩薩演其實事，而不爲我説斯真要。此文則指此經明之，故知《大品》已顯真實也。問：若《大品》明小乘爲劣菩薩爲勝，名已顯真實者，三藏之故亦明二乘爲劣大乘爲勝，亦應已顯佛乘是真實。答：《大品》等故〔八〇〕，正明大乘傍及小乘，故正顯真實。三藏之故〔八一〕，正明小乘傍及大乘，故不正顯真實。又《大品》故〔八二〕具足顯了説佛，故正顯真實。三藏故〔八三〕雖明佛乘，猶是隱覆之説，故不正顯真。如三藏故〔八四〕明王宮實生，雙林實滅，從凡得聖，樹王成佛，《法華》弊衣長者，正喻此佛佛〔八五〕，故知猶未顯真實也。

次明别舉此《經》對《法華》論顯密。問：《大論》第百卷，云《波若》非秘密法，故付囑聲聞，《法華》是秘密法，故至菩薩，云何秤秘非秘耶？答：秘密不秘密，凡有二門。一以大乘秘密，小乘非秘密。如《大論》顯示故〔八六〕中説，羅漢即斷煩惱清淨，菩薩〔八七〕未斷煩惱，故不清淨。秘密法中説，菩薩得無生忍，只道超出二乘之上，故菩薩清淨。此則小乘淺近，故非秘密，大乘甚深，故名秘密。二者約大乘中復有秘密。如《大論》第百卷，説《波若》不明羅漢作佛，故非秘密。問：《法華》明羅漢作佛，何故是秘密？《般若》不明羅漢作佛，何故非秘密耶？答：《法華》明羅漢作佛，甚深難解，故是秘密。《般若》明菩薩作佛，其義易解，故非秘密。故《大論》云，羅漢作佛，至佛時乃解之，論者正可論其餘事。龍樹既云未解，至佛時乃知，故羅漢作佛，甚深難解。《涅槃·現病品》復云，如佛所説，阿羅漢一切皆當至涅槃，如是甚深佛行處，凡夫下愚不能知，故知羅漢作佛爲難解也。問：何故難解耶？答：此望昔教爲難，以昔教明羅漢煩惱已盡，不復更生。如云無明糠脱，後在〔八八〕田中不復更生。《法華經》中，明羅漢作佛故，於〔八九〕昔故爲難。問：昔者於誰爲難耶？答：正於聲聞人爲難。故《大論》云，大藥師能用毒爲藥，小藥師但能用藥爲藥。菩薩能解二乘作佛，如解用毒爲藥，故《法華》付囑菩薩也。聲聞但解菩薩作佛，如解用藥爲藥，故《波若》付囑聲聞也。問：若《波若》但明菩薩作佛，未明二乘作佛，即《波若》教爲劣，《法華》教爲勝，何得《大論》釋《問乘品》，列十種大經，而《般若》於中最大？既秤最大，即《法華》爲劣，前後相違？答：《法華》《波若》，互有勝劣。若爲聲聞人明二乘作佛，即《法華》

勝《波若》劣，若爲菩薩明實慧方便，即《般若》勝《法華》劣。何者？《波若》六十六品，辨於實慧，無盡已去二十四品方便，是十方三世諸佛法身父母。故《淨名經》云，智度菩薩母，方便以爲父，一切衆導師，無不由是生。既廣明法身父母，故於一切方等經中最爲深大，餘經不正明此義，故不及《波若》。《波若》廣明實相，故於衆經最爲深大。所以然者，三乘得道及以斷惑并懺悔重罪，此之三義悉依實相，而《波若》正廣明實相，故三義得成，餘經不明，故有劣《波若》，是以兩經互有優劣。故龍樹前後，有於二文。此出關中叡法師《小品序》，非新造意也。問：若二經互有優劣，何故《大論》復云，《法華》是《波若》異名？答：《般若》《法華》，同是正觀平等大慧，顯道若無異，故云《法華》是《般若》異名。是以《論》云，《波若》是一法，佛説種種名，隨諸衆生力，爲之立異字。今但約教，爲人有差別，《波若》教直往菩薩作佛，《法華》教迴小入大菩薩作佛，約人不同，而作佛無異。同長者大宅及以七珍，始終無異，但付財之時，未是委家業時。有問：《波若》未明二乘作佛，得是不了教不？答：《波若》明菩薩作佛，此事顯了，未得説二乘成佛，約此一邊之義，亦得秤爲未了。問：若爾，何得釋《畢定品》云，須菩提聞《法華經》，明一切成佛，復聞《般若》，辨菩薩有退，是故一切足。今問：佛爲畢定爲不畢定？此問意審二經之同異。佛答云，菩薩畢定。畢定者，畢定成佛也。既明畢定成佛，則唯有一佛乘，不退爲聲聞，即顯無二乘，此意明《波若》同《法華》，何得云《波若》未明二乘作佛？答：《波若》非一時一坐説，初分未明二乘作佛，故與《法華》異，後分明菩薩不退顯有一無二，與《法華》大同，故不相違也。

第八辨教。

南方五時之説，北土四宗之説，無文傷〔九〇〕義，昔已詳之，今略而不述也。夫四生擾擾，爲夫虗懷，六趣紛紛，寔由封滯，故知迴流苦海，以住著爲源，超然彼岸，用無得爲本。但累根非一，息倒多門。或始終俱大，或初後竝小，或始小終大，或始大終小。或一時之内大小俱明，或無量之時唯并一法。或説異法而前後不同，或明同法而初後爲異。良由機悟不一，故適化無方，不可局以五時，限於四教也。所言始終俱大者，如《涅槃》云，我初成道已，有菩薩曾問是義，與汝所問等無差別，故知後辨涅槃，初亦辨斯教也。初後俱小者，如《智度論》云，從初轉法輪，至大涅槃集作四《阿含》，即其事也。初小後大者，鹿苑初説小乘，鷲山以去，明於大法也。初大後小者，菩提樹下初説《華嚴》，後趣鹿苑，方明小教也。一時之内大小俱明者，如《智度論》云，顯示教門，即捺菀説少，秘密之法，即鹿林明大也。或無量時明一法者，如《智度論》云，般若非一時一坐説也。或異法前後不同者，《智度論》云，須菩提聞《法華經》，辨一切成佛，復聞《般若》，明菩薩有退。是故今問：此菩薩爲畢定爲不畢定？《法華》《波若》，名爲異法，而《波若》或《法華》之前，或在《法華》之後，前後不同也。問：何以得知《法華》前耶？答：《智度論》復釋三百比丘脱衣上服[九]云，有人言十二年未制戒，即知《般若》在十二年已前説之，而《法華》成道四十餘年方乃演説。又《信解品》明付財竟，後會佛子，亦是《波若》在前《法華》居後，而向列《畢定品》文，則《法華》在前《波若》居後也。或同法而前後異者，五時同是《波若》之法，而《仁王》云，二十九年説四種《波若》，第三十年説《仁王波若》。如此等事，不可具陳，略舉一條，示聖教無方，不應限局五時及四宗也。問：若爾者，即大小無分，淺深渾亂，何得論聲聞菩薩，兩藏開大少二種乘耶？答：佛教雖復塵沙，往挍則事無不盡，一者赴少機説，同名小乘，二者赴大機説，秤爲大教。而佛滅度後集法藏人，攝佛一切時説小教，名聲聞藏，攝一切時説大乘，名菩薩藏，則大小義分，淺深教别也。問：何以得知准〔九二〕有兩漏藏？答：《中論》云，前於聲聞法中説十二因緣，後爲已習行堪受深法者，以大乘法説因緣相，所謂一切法不生不滅不一不異等，畢竟空無所有，如波若波羅蜜中説。又《智度論》云，阿難迦葉結集三藏，彌勒阿難文殊集大乘藏。又《持地論》云，十一部經名聲聞藏，方等經名菩薩藏。而《大品》《思益》《法華》《涅槃》，此四經皆對昔少秤讚今大，則知一化明大、少二教。問：《法華經》云，唯有一佛乘，云何乃立大小耶？答：如來赴大、小二緣，故説大、小教，唯説二教，終爲顯一。故《法華·藥草喻品》云，於一切法，以智方便而演説之。其所説法，皆悉到於一切智地，故知教無異表，緣無異悟，然對異故明不異，異既無，則不異亦息。故彼經云，是法不可示，言辭相寂滅。若守大、小二藏及封執唯一乘者，此皆成一異兩見，未悟本來寂滅，非學佛法人也。

第九明傳譯。

問：《大悲比丘尼本願經》末記文云，初説《大品》《小品》出其中，後説《光讚》《道行》，其中此事云何？答：是亦不然，《道行》猶是《小品》之異名。《大智論》前列《光讚》《放光》《道行》，後列云《小品》《放光》《光讚》，故知《小品》則《道行》之異名也。叡公《小品序》云，此經三十章，貫之以道，故秤道行。故知《道行》即是《小品》也。魏時沙門朱士行道遵《小品》，即知〔九三〕文義未盡，故甘露六年，向於于填國求覔經本，遇得《大品》。而彼國名僧唯信小乘，故朱士行將還時，彼僧白于填國王曰，漢地道人棄佛正教，而持婆羅門經將還本國，而欲流宣，今王不應聽許。王則遮不許。爾時朱士行則白王言，我今不顧身命，遠舉而來，正由此經，王若不許，應聽一願。則誓言曰，若此經於漢地有緣者，今以投火，火則應滅。誓竟，則投於炭火，火則自滅，經不燒燃。于時彼國大德名僧一切人衆，發心信受此經，大有功德而不得止〔九四〕。朱士行時未〔九五〕至晉初，翻二十卷或十九卷，後什法師翻爲二十七卷，欲別舍城，此至來瑞相甚大。

第十依文解釋。

以爲次卷首也，因言也，疏出故不事，方云也，而多依傍《大論》，亦義承有本，莫疑也。

大品義疏卷第一

校勘記

〔一〕「大品義疏卷第一」，底本原作小注「一」，置於「大品經玄意」後，此據卷末尾題改。

〔二〕「好」，底本原校疑爲「始」。

〔三〕「寂」，底本原校疑爲「能」。

〔四〕「好」，底本原校疑爲「始」。

〔五〕「玄」，底本原校疑爲「意」。

〔六〕「雖」，底本原校疑爲「難」。

〔七〕「主」，底本原校疑爲「至」。

〔八〕「病敗」，底本原校疑爲「褒貶」。

〔九〕「集大」，疑爲「大集」。

〔一〇〕「家」，底本原校云一本作「義」。

〔一一〕「亦絶」，底本原校云一本無。

〔一二〕「就」，底本原校云一本作「釋」。

〔一三〕「對苦」至「經云」，底本原校疑衍。

〔一四〕「闢」，底本原校云一本作「開」，下同。

〔一五〕「涅槃」，底本作「槃涅」，據文意改。

〔一六〕「三」，底本作「二」，據文意改。

〔一七〕「先」，底本原校云一本無。

〔一八〕「與」，底本原校云一本無。

〔一九〕「有」，底本原校云一本作「即」。

〔二〇〕「義」，底本原校云一本無。

〔二一〕「有」，底本原校云一本後有「有」。

〔二二〕「若」，底本原校云一本作「依」。

〔二三〕「必」，底本原校云一本作「如」，下二「必」同。

〔二四〕「羅」，底本原校云一本無。

〔二五〕「異」，底本原校云一本無。

〔二六〕「所」，底本原校云一本無。

〔二七〕「明初」，底本原校云一本無。
〔二八〕「家」，底本原校云一本無。
〔二九〕「闇」，疑爲「闇」。
〔三〇〕「故」，疑爲「波」。
〔三一〕「持」，底本原校云一本作「特」。
〔三二〕「自」，底本原校云一本無。
〔三三〕「義」，底本原校云一本作「道」。
〔三四〕「有」，底本原校云一本作「即」，下二「有」同。
〔三五〕「有」，底本原校云一本作「即」，下一「有」同。
〔三六〕「主」，底本原校疑爲「言」。
〔三七〕「有」，底本原校云一本作「即」。
〔三八〕「捨」，底本原校云一本作「攝」。
〔三九〕「愛」，底本原校疑爲「受」。
〔四〇〕「皆」，底本原校云一本作「開」。
〔四一〕「異」，底本原校疑爲「果」。
〔四二〕「智」，底本原校云一本無。
〔四三〕「未」，底本原校云一本作「不」。
〔四四〕「傷」，底本原校云一本作「復」。
〔四五〕「從」，底本原校疑爲「似」。
〔四六〕「俱」，底本原校云一本作「但」。
〔四七〕「脱」，底本原校云一本作「既」。
〔四八〕「見」，底本原校云一本無。
〔四九〕「似」，底本原校疑前脱「若」。
〔五〇〕「求」，底本原校疑衍。
〔五一〕「點」，底本原校云一本作「默」。
〔五二〕「導」，疑爲「道」。
〔五三〕「施」，底本原校云一本作「他」。
〔五四〕「忘」，疑爲「妄」。
〔五五〕「脱」，底本原校云一本作「晚」。
〔五六〕「同」，底本原校云一本作「因」。
〔五七〕「者」，底本原校云一本作「也」。
〔五八〕「字」，底本原校疑衍。
〔五九〕「羅」，底本原校云一本無。
〔六〇〕「者」，底本原校云一本作「事」。
〔六一〕「到」，底本原校云一本作「判」。
〔六二〕「辦」，底本作「辨」，據《大般若經》（《大正藏》本）改。

〔六三〕「可」，底本原校云一本作「而」。

〔六四〕「此」，底本原校云一本無。

〔六五〕「帶」，疑爲「滯」。

〔六六〕「何」，底本原校云一本作「河」。

〔六七〕「尊」，底本原校云一本作「等」，一本無。

〔六八〕「五」，底本原校云一本無。

〔六九〕「九」，疑爲「有」。

〔七〇〕「字」，底本原校云一本作「摩」。

〔七一〕「超」，底本原校疑爲「起」。

〔七二〕「故」，底本原校疑爲「教」。

〔七三〕「故」，底本原校疑爲「教」。

〔七四〕「處」，底本原校云一本後有「處」。

〔七五〕「故」，底本原校云一本無，一本作「正」。

〔七六〕「岸」，底本原校疑爲「崖」。

〔七七〕「餘」，底本原校云一本作「諸」。

〔七八〕「故」，底本原校疑爲「教」。

〔七九〕「故」，底本原校疑爲「教」。

〔八〇〕「故」，底本原校疑爲「教」。

〔八一〕「故」，底本原校疑爲「教」。

〔八二〕「故」，底本原校疑爲「教」。

〔八三〕「故」，底本原校疑爲「教」。

〔八四〕「故」，底本原校疑爲「教」。

〔八五〕「佛」，底本原校疑衍。

〔八六〕「故」，底本原校疑爲「教」。

〔八七〕「菩薩」，底本作「菩羅」，據《大智度論》（《大正藏》本）改。

〔八八〕「在」，底本原校云一本作「世」。

〔八九〕「於」，底本原校云一本作「論」。

〔九〇〕「傷」，底本原校云一本作「復」。

〔九一〕「服」，底本原校云一本作「佛」。

〔九二〕「准」，底本原校疑爲「唯」。

〔九三〕「知」，底本原校云一本作「云」。

〔九四〕「得止」，底本原校云一本作「礙」。

〔九五〕「未」，底本原校云一本作「來」。

大品經義疏卷第三

胡吉藏撰

習應品第三

上開宗說，言無不周，意無不顯，更有下諸品意語生者，爲欲論辨上義，故上開宗，此辨宗也。此意通望一教，言習應者，二義。一者佛上示波若相。今有明菩薩習應波若，故得與波若相應，但菩薩方便，習波若相應，若無方便，習則不得與波若相應也。問：云何是有方便無方便？答：一往有習可習，便不得應，若無習可習，故得相應。次有習不有習則不應，無習無不習乃應也。次習不習二，無習無不習不二，是二見，則二不二是不應，無二無不二乃相應也。次習應不應皆是不應，無應不應乃是相應也。《習應品》來者，上既示波若相，今令菩薩習波若，故得與波若相應，若先不示波若相，則無所習，便不得與波若相應也。問：上亦佛如行而說，即令菩薩如說而行，亦即令菩薩如此習故得相應，復更有何習應也？答：實爾，但就生、法二空門說般若行，就習應門說波若習，後[二]門習既前行亦習，前既行後習亦習，但是平[三]現之也。問：習應門說與前門說何異？答：橫竪俱異。橫異者，上略說生、法二空令行，今廣說生、法二空令習。竪異者，上但就空門明行，今就破四句門明習。故下言習有不習無不等，如此爲異也。問：前何故但就空門，今何故破四句門？答：皆是初開波若宗，故且破人法有，後方究竟，故具破四句也。《習應品》者，從品後因理得名，《奉鉢》，從品初因事爲因，亦復廣明習應從應從廣爲因，《奉鉢》表菩薩行波若必作佛事，此事既大，從初作名亦現。招提云，三十心習而不應，八地應而不習，初地已去七地已來亦習亦應，若二乘不應不習也。十問，三十心相似習亦相似應也。若八地去是無功用，故應而不習者，八地任運，應亦任運，無功用習也。今對此開四句，一習不應者，習有得，不與無得波若相應。應不習者，波若非因非果，作因名説，則歸在十地，此則應而不習，若作果，則佛應而不習也。從發心作無所得習即是無得，應顛倒之流不應不習也。又上法説明生、法二空，今舉況喻明生、法二空，明萬化只如十六神我。十六神我，汝信不耶？今生、法亦然也。又依論文，上多明法空，此多明衆生空，何故？上明生、法俱空而猶存觀主，見有觀空之觀，今息能觀之主，上明緣盡觀，今明觀盡緣也。上盡所今盡能爾，盡所即無數於然，盡能即是無心於内，内外並冥緣智俱寂也。文即三，初勸思惟生、法二空，二舉況，三合也。思至所聞即具聞慧，以思故修便具修慧，佛菩薩因果人盡也。波若五陰，世出世法空也。

如我下第二，況一切弟子者，聞十六我空，知十六無爲，故舉其所無，況其所有，習令有周，無就有既〔三〕不習，無何所無，二見俱息也。又衆生空易得，故舉空所易，況空所難。佛滅後分爲二分，一俱信人空不信法空，二者俱信二空無不信人空者，以易得故所以舉也。今人亦示十六爲無陰入爲世諦有，故今明一等也。若言十六實我横計者，佛道亦習横計佛我也，四句。云云。於五陰中生我心名我，共衆事而成爲宰一之主名衆生，命根成就名壽者命者，父生子名生者，乳哺衣食因緣長養故名養育，五陰十二入十八界是衆數法所成，故名衆數計，行人能起衆事故名人手脚等。根有所作名作，作者力也。能使他名使作者，能起後世善惡業名起者，亦令他起此業爲使起者，後世受苦樂爲受者，使他受苦樂名使受者，眼名見者，餘五情道超二乘，又上就生、法二空門説波若，以此法故出，以五情知者也。次合所況也，菩薩如是能如上緣觀俱寂，爲行則道超二乘，又上就生、法二空門説波若，以此法故出二乘。今希道之人信行，上就生、法二空門説波若，今是方説，何者？二乘之行空與菩薩行空爲異，二乘行有所得空，菩薩行無所得空也。三者上明菩薩方便實慧，不見人法，今明菩薩實慧方便，故行萬行度衆生。上是指方便爲實，雖行萬行無所行，度衆生無所度，今是指實名方便，雖無所行無所不行，無得度無不得度，具明二空始是具足説，波若道超二乘耳。他云菩薩有行，勝二乘空行不異。今經文不爾，只明菩薩不可得空，故勝二乘，不言有門也。又般若是二乘通教，則上生、法二空便是三乘，何事言勝耶？

他言得空不得有，師今明經文分二空，一可得空，二不可得空。今菩薩行不可得空，故出二乘也。又爲二，初歎菩薩行不可得空，方便外因，故勝二乘，後歎菩薩衆行具足，故勝二乘也。初文二，第一正明菩薩行不可得空，方便分用故勝，二舉喻格量。初三，標釋結，如文不可得空者，是無所得空也，以佛上説生、法二空，今菩薩利根，悟生、法空，非俱不著生、法空，名不住生、法空也，故無所得。如上不住一切法住波若，以無所住故而能以無住度衆生，衆生實未曾度，不度故度也。又如《大經》云，二乘但見空，不見不空，不行中道，不見佛性，菩薩見空，乃以不空非空不？然中道波若異名，既不見中道佛性，即不見波若，於苦樂法作中道想，作波若想。

譬如閻浮樹下，第二格量優劣，依論文爲二，初總格量，二別格量。總中三，初一閻浮，二三千，三十方也。閻浮是樹名，提州秤因樹爲目，洲中有閻浮林，林中此樹所最長，爲故爲名也。樹下有河，底有金砂，名閻浮檀金，有少洲，亦閻浮提也。

一日下，第二別格量，憑公前法説總聲聞總菩薩，次閻浮別聲聞總智慧，今第二別智慧總聲聞，如此釋於文，不違有此意也。今就此爲三，初正格量，二問，三答。問有三：初總明衆聖智同，故明不異也，無生性空者，此正標，據照空實慧不異，論有二釋。一云智非無生性空，照無生性空境，故名無生性空，二云亦七智亦因緣和合，故有亦無生性空也。然七事不異，一照空境智慧不異，二同應無生境不異，三同出界不異，四斷惑不異，五同得無漏不異也，六同得有爲解脱無爲解脱不異，七同入涅槃不異也。若法不相違下，第二陳同明不異也，云何世尊下，第三異也。問：佛上已總別二格量明優劣竟，今何故身子更問耶？答：二義。一者佛上難明優劣，今二乘人自明優劣，優劣始判也。二者身子云，上明菩薩智勢勝二乘，此事不疑。何者？菩薩有方便，能度度[四]衆生廣修萬行，二乘無此二也。今但問：智慧體性是同，故不應煩爾優劣也。佛答：兩法兩喻，爲四。初明二乘劣菩薩，二明菩薩勝二乘，三舉螢火喻二乘劣菩薩，四舉日出喻菩薩勝二乘也。

佛答二乘劣菩薩中三問。答：此中三反質，初明二乘無有修行度衆生事，第二明無修行度衆生念，第三廣舉衆德行明二乘無念也。所以反質者，今身子口自説不及菩薩也。前文自在不異爲同，故今質之也。初問中二句舉因中道慧爲問，二乘不能以道慧度衆生行萬行，即是空有礙，故是無常生滅，菩薩能以道慧度衆生，即是空有無礙，是無斷常慧，故知體亦同也。二舉果中一切種智反問云，一切種智度一切衆生，二乘亦無也。以五種度，一以大乘度。二大乘度不得，以二乘度。三以二乘度不得，以天人乘度。四天人乘度不得，以現果利之。五現樂不得，以慈心利故終不捨衆生，二乘無此事也。他或云，行因不同得果處不異，或行因同得果異，或空行同有行異，今明並異也。他云身子舉實相智爲問，佛舉方便智爲答，若爾，問答不相主也。今明身子舉實慧問，佛還舉實慧答，明二乘在實不能度衆生，菩薩在實慧能度衆生，只用畢竟空慧度衆生。何故爾？二慧不二，二境亦不二，故色境即空，空即色境不二智，二不二實，常修萬行度衆生，只修萬行是實相，實相不乖度衆生。若二乘不能實慧度衆生，則空有二便是取捨生滅觀，菩薩空有不二，故是無取捨無生滅觀也。問：文云，以一切種智知一切法度一切衆生故勝，不云實慧度？答：只此以畢竟空爲一切種一切種智竟究也。若不信者，前文云菩薩以不可得空故勝二乘，此復何言耶？當知菩薩能作是念下，第二明菩薩勝二乘也，下兩喻兩疑可明也。舉螢火喻總上二乘劣義，一者十方螢不及一日，喻上總格也。二日照勝十方螢久劫照，喻上别格。三者螢無照天下事，喻無上事。四者螢無照天下念，喻上二乘無念。五者日未出有照，日出則無照，菩薩未出，二乘有化物耳，日佛至淨佛道。

第二明菩薩衆行具足故勝二乘，爲二，初明德勝，二明田勝亦功勝，故能爲二乘作因，前問次答。有人言，久來者身子，是聲聞人問淨佛道。何者？一者是遂[五]佛轉法人，已雖無益，爲利人故。二報佛恩故。三已了聲聞法，未了菩薩法，故問也。上雖總言菩薩勝二乘，今未知云何過二乘地入菩薩位，復淨於佛道。山中師生起云，上雖言勝，未知是何位菩薩勝。佛答：從初發心便勝者，有聲聞家與六地齊功，七地方勝，無聲聞家與六心齊功，七心方勝。今文並不爾，初發心已勝。問：勝即是過，既二乘即入菩薩位，云何更問？答：上總明勝，今的出過二乘入菩薩位之方法也。佛答：正就三解脱門，明過二乘入菩薩位淨佛土，所以就三解脱門明者，正言二乘無方便入三解脱門，則住涅槃。何者？三脱是涅槃城門故也。菩薩有方便，故知空是有空，雖空而有故不著空，雖有而空故不著有，不著空故斷見息，不著有故常見息，故名方便，然後[六]能入菩薩位也。又菩薩觀，知二乘始行四諦，則是生滅觀，苦集是相生，滅道是相滅，菩薩知此是生滅，非道故入一諦觀，不生不滅不垢不淨，不生故非苦集，不滅故非滅道，不垢故無戒，不淨故無解，如是則過四諦觀入一事觀，若過二乘趣入菩薩位也。以入菩薩位便能化衆生成佛土，故得佛道爲淨佛土，故得佛道爲淨佛道。大〔七〕淨三業一切惡，故佛道淨，又淨佛道，見如菩提罪相也。

自佛住何等地作福田，第二明福田勝二問答。身子聞菩薩有上功德，於菩薩深起敬心，未知是何位菩薩，能爲二乘田。以菩薩煩惱未盡，不堪爲田，云何勝二乘？佛答中三意，初明總具諸功德故爲二乘田，次明菩薩外通利他功德爲福田，三正答其問，夫以菩薩謂初發心便勝二乘，故即是田，此一例義也。何以故？第二利他德故堪爲田，此中具明世出世功德，然各作法名有由般若故有作人，各即由菩薩有，即知工〔八〕二乘無一可取。如《大經》剃頭著衣皆如非，亦《淨名》呵乞食説法非也。問：亦由二乘有五戒十善世人法，云何皆由菩薩有？答：二乘當由菩薩有，今二乘所説，豈不由菩薩？二乘常由菩薩有，今二乘能説十善等，豈不由菩薩有也？問：今無菩薩時，亦有天人及十善五戒等，云何皆由菩薩耶？答：有二，二十一戒〔九〕就清淨菩薩方便作人王天王，或在家出家作外道，故説十善五戒。二者敗性菩薩不堪衆生治十治百，亦説十善五戒。若無菩薩，六道中但有三受，受中但有苦受也。

白佛淨畢下第二問，答：上云爲田，然菩薩煩惱未盡，則田不清淨，云何能竟施之恩。佛答二義，一爲田，二爲施主。爲田者，從初發心本已淨畢竟者，從初發心了煩惱不生，誓度一切衆生求一切佛法故，則能報施主恩也。師又云，若初發心即煩惱盡，則不可，若斷盡便是佛，若不盡，云何言本已淨畢？今明此中爲故破初發見，謂初不淨復〔一〇〕淨故，今明本來清淨恩，初復見也。次爲施主，亦是説清施因緣，以能爲施主故，豈不消施？白佛云何習應下，第一明開宗行波若相，今第二示習波若方法。上雖示波若相，但波若甚深微妙，恐行者多有違失，今更示具習學方法也。然此二門具有合、離二意。言主合者，上示行波若有二門，一正示波若之相，二菩薩修行，故超二乘地入菩薩位。今亦二門，一者正明習應波若，二明菩薩與波若相應得無量功德果[二]根也。言離者，前説般若二門，一正説門兩説，二秤歎門亦有兩歎，今亦爾。兩説者，《奉鉢品》約生、法二空説波若，明所觀空，《習應品》初雜約二空説波若，明能觀空。兩歎者，第一歎菩薩智德高明方便外用，故過二乘。

第二歎菩薩衆行具足，入菩薩位也。今四門者，第一周正説示習應波若，第二舉果報秤歎以習應故明果報也。第二周初更説習應，第二明秤歎得果也。前則兩説兩歎以相次，今則歎説交絡，良以善巧多門，取悟非一故也。初周習應中爲二，前問次答。問有二意，一從上一日行波若以來，經經秤歎波若功德，故波若不可思議，故行者欲學，故身子爲問也。二者身子知波若甚深，如幻化難，子恐菩薩學有錯，故問也。答中師未講，《大論》但開二，一單二複。問：一捨爲應爲不應？若應，不須更説兩捨，若不應，何以説？答：若應時，則一捨兩皆應，若不應，即皆不應。實録一捨亦應，既修空，豈見空異有？故亦應也。但言方未足，恐物生見，故説兩捨。今且作七種明智，第一息緣，二息觀習，三緣觀俱淨習，四息果習，五恩習，六息行習，七息爲習。無如來見生死涅槃境，故不得應波若，故初令淨一切境，爲息緣習。所願雖淨，猶謂有能觀之心，故第二明息觀習。淨緣故著觀，淨觀故見緣，若緣是空而觀不空者，不空之觀，何能悟空？若觀是空而境不空者，不空之境，誰能令空？故須第三明緣觀俱息，緣盡則觀盡，觀盡則緣淨，非解非觀，故明緣觀俱淨始爲觀也。作如此淨習，與薩波若相應，故第四息果習，緣觀明淨則因果並空也。見因果俱空，謂爲真習，故第五明因果既空，習不色淨。第六第七，來意至文道之初息緣門，就經文而礙。

菩薩摩訶薩習應七空時以下，第二盡觀文也。文爲二，初約世出世明觀淨，第二得泯名明觀淨。

初文又二，第一明五陰淨，不見應不應，第二總結一切法淨，明不見應不應。初五種習，一作不見應不應習，行其習，作七空觀故應，不作七空觀故不應。今明見京不應皆不應，無應不應始是應也。二明不見生滅習。三明不見垢淨習。四不見合習。五不見有習。次第相粮[一二]，由不見應不應，故不見生滅垢淨，亦由無有生滅，故不見不也。不見五陰生滅者，若言五陰無常生滅，則失罪福，與畜生無異，以畜生亦不知罪福也。次不見垢淨者，即是不見縛解，不見有漏故無縛，不見無漏故無緣[一三]也。若本來心不淨，爲結則無解脱，若心本淨，則無修道，故與五陰無有空性也。合不合者，言色爲依，因心與色合，或心數與心王六相爲合，色空中無色，此第五離有集，即釋上不見五故無合也。若色異空，空中有色，如器中有異也。色空故無總壞者，釋上五陰空，以自相不可得空也。色不異空者，重粮各各相空，以色不異空，不以破色明空也。

舍利弗下，第二總明一切法非應不應，無生無滅等，又亦粮上空即是色，明一切法不滅，故色則是空，空則是色也。智是無漏佛，皆得是初行聖道也。不見波若相下，北人從此文如是。

第二明觀空，問：前已言不見應不應，即是觀空，與今何異？釋云，前欲明過地空故不見，今正泯波若觀智故不見也。今解此猶是上一例義也。皆云不見應不應，但舉世出人法皆空，故不見不應，今此漏舉波若，故不見應，不見是限觀也。而依茲判者，正言上不見應不應者，始與波若相應，來限波若。今此中正泯波若，故是息觀習，於義亦無復也。但經皆云不見不[一四]，故知皆是泯觀也。問：云何是不？答：前云波若是因，故無常依常觀，謂應者，因中波若無常作常觀爲不，今[一五]無此應不應。三者言波若是空慧，故作空觀與波若應，作有無觀爲不應。今皆不見如此應不應也。

空不與空合，第三緣觀俱空，舊明或者謂

境所明以空者，以空智空之令空，空智所以空者，復以空觀空，此空智也。今故明境智俱不可得，不以持空智令空也。又或者謂境空有觀，觀空有一境，故今明境智俱淨也。又常曰義云，空智會空境，故生空智，故今明境智俱淨，何得會發耶？文四，初明空與不空，今即空智不與境合。第二句明有不與有合，即有智不與有境合。如方便智不與俗諦合，此亦是有境不與有境合。如四微不與柱合，如《百論》除異之言微，不可爲一，故不合。四微與柱合，故今明除四微，微無柱，與誰合耶？次第三句明法不與時合，或者云有爲法必纏時，故今明法分與時合，以無時故。次第四句明時不與時合，如後時積前時故言合，今明不合，如《中論》云，三世相待門過也。知又爲三世法因與三世合，現在法二也，合未來但與未來同。

薩婆若不與過去合，第四果空相應，或者謂能觀俱淨，始爲妙觀，故薩婆若。又一切菩薩標心此果，故今明無合。文四，初明非三果不與三世合，如云過去佛已證此果，未來佛當證，現在正證，故今明三世無所有果，豈與三世合。證云薩婆若無生滅，三世生滅，故無生滅智，不與生滅合，此與《大經》明涅槃非三世攝不異也。又薩婆若不與三世合者，破大小二計，菩薩念三世佛薩婆若故，隨念迴向故明薩婆若，非三世不作三世念者，小乘迦旃延子言，未來薩婆若語現在行者言，汝可脩相身，我當來汝身中，此則薩婆若在未來，今明無如此見，故言不與三世合也。第二句明三世法不與非三世果合，或者謂將此身心得薩婆若，故即是合，又此等法是薩婆若智所照，故境與智合，故今明不合。第三句明因不與果合，或者謂行六度等因，得薩婆若果，果酬因，今故明有所得因，即隔薩婆若故不合，無所得因則合，無得合故不與果合。次十力等下，第四句或者復謂因未滿，故不與果合，果滿應與果合。文三句，初明十力等與法合，有所得法無相成合義，無所得法成無所成合無所合也。次人法合，後明空有二智不合，薩婆若空智菩提有智，菩薩十智薩婆若實智也。此是無差別差別，開十智如實智，非是菩提淺故爲十智，薩婆若深故爲如實智也。自有開淺、深二智，則十智淺故四眼，如實智深故在佛眼也。

不習有不習無，第五習爲習，爲不見因果境智，故便爲習婆若，此即是無，若破無習，便言有習，是故有無俱觀也。上來雖有四段，並是附非有義明習，今則霍有無故明習也。恐人云，上來此是真諦遣故無，世諦終是有，若示令成有、無二見也。問曰：誰起有無二見？答：順生死流人見有，逆生死流人見無，即是凡、聖二見。又見多著無，愛多著有，邪見多著無，四見多著有，貪多著有，財多著無。問：二見云何失？答：二邊見復中道正觀，如峽道、深水、火坑。又有見無有乎相是非煩惱，煩惱故起罪業，然後墮惡道中。又有見人忽見法無，乖其本心，故生愁苦，無見人死入無間，故大苦也。又有、無二見俱破假名因緣中道，如定有則不須因願，定無則因果俱無，故皆假不成，既無假，無中道也。不習常無常者，由來云波若明無常，故涅槃具明常無常，故生死無常涅槃常。今明菩薩行波若，不行色常無常，即是行倒皆除，不行色常故除常倒，不行色無常故除無常行。又常無常皆不行，即知生死常皆例〔一六〕涅槃常無常亦倒，生死非常無常故不生死，涅槃非常無常故非涅槃，故始名實道也。俱爲衆生無生死作空生死，故無涅槃作空涅槃，欲令衆生厭生死，故說生死無常，欲令欣涅槃，故歎涅槃爲常。衆生既無〔一七〕生死，豈有涅槃可涅槃。故肇公云，出處異號，原物之假名也。

行不行下，第六明無行爲習，此明雖〔一八〕有無爲行，不雖有無爲不行，故須淨此行。上破有無，今破非有無也。

不爲檀下，第七明無所爲習，行者云，若行一切法不行，終爲求佛法，爲度衆生，是故息此不行也，不爾則不息。以上破四句起也。然作破四句明習，初空門破有明習，第二無習門霍破無，第三無行習破非有非無令，第四門破心有所爲。恐云不作四句習，絶四句習，故明菩薩所行，非此内外也。此中有二，初不爲一切德行，二偏明不爲六通，以菩薩發心習波若爲二事，一爲根一切佛法，二爲度一切衆生，六通是度衆生之要計，是故不爲也。初不爲佛法有二，初明不爲，次釋不爲之義。不爲中初不爲因果，次明不爲境智，十八空知法性等爲境也。不爲六通云，文可尋也。

　魔不得便下，第二舉得果秤難，秤難秤者令學，習學者懃脩以得此果。又上究竟言無所爲，恐言習無所得，故今明無得而無不得，豈得空作無所爲無所得耶？上就生、法二空門説波若，而後歎菩薩智慧能如此行，除佛智慧超勝二乘，今就習門説波若，歎菩薩功德能如此行，故得五種功德果也。又上略歎，故但類現世智慧，今是廣門，故是歎三世也。魔不得便者，魔心有所行，謂四句内外生死涅槃，菩薩心無所行，故不在四句内外生死涅槃，故不得便。又菩薩處魔著正觀中力，即魔是波若，故得便。又菩薩行般若，即行慈悲之人木火，魔思不能復復〔一九〕也。又菩薩内心行不顛倒因，外感不顛倒願，謂佛菩薩加護，故不得便。又菩薩相應有二，一明波若相應，即與智慧相應，二明與功德相應，今與智慧相應，故即得功德，故與功德相應。具此二相應，魔不得便，魔不得便，不得便〔二〇〕得佛道也。問：今明與功德相應，云何經言得五果與波若相應？答：論有二解。一云果中説因，因是波若，果是功德，故就果中説因，因是波若，果是功德，故就果中説因也。二者即與功德相應，亦名波若，以波若不生，此是波若功德也。山中師云，脩所得故秤功德，當知功德即是波若也。今就能所分其爲二，能生屬智慧，所生屬功德，正言波若相應，故得功德即是所生，波若即是能生也。然此意猶自未圓，就功德智慧只是二慧也，功德即是方便，智慧即是實慧，俱此二復通。前文明是智慧即是實慧，然此實復是方便。前結云菩薩如是行，能度無量衆生，即是方便，然此方便既通二慧，實慧亦通，故功德亦是實，故此功德實無所得，但約能生、所生故聞二智，能生是實慧，所生是方便也。又説相應令生智慧秤歎，相應令尊重波若生其功德也，無智慧異，論云智慧功德力故得，故名功德也。文初明得今世五果，第二明得後世果。初二，初明得五礙，二釋得五果中，初一後一明難，初爲外難，後爲内難，中間三明益世間衆事陀〔三〕意，此是内益，餘二事爲外益。又餘二事爲出世益，世間事秤心爲世間益也。世間衆生陀意，舉心作事，皆成治生，又造福德事，人皆同云。又説法人皆信受，所以得爾者，二義，一内行深般若，故善根深厚，二者諸大天秤歎菩薩，諸鬼神聞云，皆助其成立衆事。第二佛護念者，佛雖等念，但衆生内有顛倒因，佛是不顛倒緣，護念無益，菩薩内行不倒因，外感不倒緣，加被則益也。所以須佛念者，正爲上作無所得習多，恐墮二乘地，故佛助云，明法雖畢竟空，空不礙有，故脩萬行度衆生，勿住空中見也。諸天護者，今鄣礙除滅，所行成就也。

普慈衆生〔三〕，第二釋得五果，從波若故得慈，此是波若無緣慈，行此慈即是行波若，故得五果也。然實是應波若得五果，今云慈者，正言從波若故有慈，慈亦是無緣慈，所以歎慈。又此有深意，若明菩薩作無所得習，生大慈，實無所生，故始異二乘，故偏明慈心也。論主更雖解之魔不得便，佛護念重罪輕受，是波若力，世間事隨意，諸天護是慈力也。

第二得後世益，從疾得諸陀羅尼文者是也。後世果中明二果，陀羅尼是内果，值佛是外果。所以後歎此二果，現世雖得此果，恐忘失故説得，總持聞法，恐後不值不聞，故説值佛也。不作是念有法若不合下，第二周更説相應，亦有二意。初更就相應行説波若，所以落〔三〕歎説者，説門不一，受悟不同，聞句[二四]空無相，心生厭離，故舉果歎樂果，故更爲相應法也。又欲示福慧無二，向明智慧在前功德在後，則謂福慧爲二，故合爲交落，明云則福慧無二也。如《大經》正因一二，得無一無二，今明福慧二爲表，正波若非福非慧不二義，福慧二皆空方便，得今世五果來世利益也。此中七復次即七轉意，第一明正無等不等與無合不合。何者？正前云菩薩一無所爲即是平等，平等故與波若合，故應波若便，得今世五果來世利益也。所以命初無等不等無合不合，即是無應不應。若爾者，何有果之所得，有因之能得，有惡可滅，有善可生也？論云，等與合是應，不等合是不應也。第二復次明無遲疾得不得行者，謂以無等不等無合不合，如此説而行連[二五]得法性。若有所得故，不得法性故破此心，明法性無疾遲得不得行者。既如法性而悟，豈有得不得遲疾耶？見有得不得，即乖法性也。第三復次不見法出法性，故應般若行者，若法性，真諦之中無得不得，世諦諸法行因得果，故今明法性之外，無有諸法。法性既無得不得，諸法性豈有得不得耶？第四復次不以法性，亦不應波若行者，聞此法性外無有諸法，言法性深廣，包一切法，便貴著法性。諸法皆是法性，而有萬法差別者，此是法性分別諸法也。破此無見，豈有法性而有分別者，皆是無分別也。分別不動，無分別故，未曾無分別也，故云不以法性分別諸法也。第五復次不作是念，是法性能得法性。既聞無分別，云由分別觀故得法性，故合明法性無得相也。第六復次法性不與空合行者，便謂不見知之能得法性，所得以無能得，所得則同真如等，法性則境與智冥一。如常曰義，故今明不見智與境合，故無合不合，無智無境，無同不得，無等不等，豈有法性可得、真如可等耶？第七復次舉十八界廣歷於合義，將何物與境合耶？明空故無可合，乃至一切空將何合耶？此中俱説十八界不説陰入者，一解云，誦寫忘失，二者解云，則門廣故抄二法也。

是空相應爲第一，第二周秤歎，前偏舉果欲[三六]，今具舉因果歎，正歎因也。爲二，初歎無得而得，第二歎得無所得。初中爲二，前略歎，故歎空行相應第一，無所得空能離有無二見，又能合菩薩具足二慧，以行空故不著有，無所得空故復不住空，不著空故能息二見，不著有故是方便實，不沉空故是實方便，是故此空名爲第一也。論云，行行但空故墮二乘地，行不但空故不墮二乘地。行但空者，墮若空見地若二乘地，行不但空，不墮有見地，亦不墮空見地，故不墮二乘地。行空多墮二地，故偏簡之也，以空無相，故能淨佛土化乖[三七]生疾，得至佛道也。前略中先歎因，故言相應第一也，不墮二乘地歎果，歎果中二果，一歎離果，謂二乘地，二歎得果，謂嚴土，他[三八]人得佛道得空觀故。淨土者，以菩薩得波若正觀故心淨，心淨佛土淨，即是淨土也。還令衆生同菩薩得此正觀，故衆生心淨，心淨故佛土淨，即是成就衆生也。問：不煞得長壽，不盜不劫故得土豐樂行，此十善即是成就衆生，即是淨土，何故復別說淨佛土？答：雖衆生行淨因得淨土，此是成就衆生義，復次菩薩得行迴向方便土方便法，如牛雖引車，復須御者也。

諸相應中波若相應下，第二廣舉異名相應，歎廣歎中亦前歎因次歎得果，得果中前歎自行後化他也。謂波若相應三三昧相應，或者上但是一空行非是波若故。今明波若只是空異名，或作空相應或作波若相應名，謂空具三門，故令空不異三門，亦是通義廣歎也。利根人如此行實得記，鈍根人如此行近受記，阿鞞如此行得受記，亦應未堪歎益，爲引近故歎，爲始行衆生行未具，謂諸禪定等法，恐生憍慢等，故未與受記也。爲衆生作益厚者，菩薩無礙行，故無能礙化也。

不作是念下，第二明菩薩得無所得，雖得一切法，實無所得，雖益一切衆生，實知無衆生可利。得佛法而無所得，即是法空，化衆生無人可化，即是人空，故是菩薩無得生、法二空。然只是一觀，無得而無不無不得，得故所得也，非是世諦有得，真諦故無所得也。問：何故言無有法出法性者？答：衆生及菩薩皆是法性，是法性中有何不得耶？衆生不可得者，正智求之不得，離衆生相爲離不受，爲不受無所有故爲空也。前正明無得仰歎無所得，中有三。一正歎所。二歎生善，即是大慈，以了衆生空法空，故傷於空倒，二乘行二空滅慈悲，菩薩行空始是生慈悲，以無人見人無法見法，此可傷非也，即拔二見即是大悲，令得正觀即大慈也。三歎滅惡，即是不生六種心也，是主障六度之弊心耳。

往生品第四

依第一義門修智慧行，竟於上品，今是第二依世諦修功德行，故論云上説畢竟空無生，今明世諦故有生也，上説第一義悉檀，今説世界也。問：他亦以生滅爲世諦，無生滅爲第一義諦，此經與今何異？答：言語同，其心異。今明諸法未曾生無生，作生無生故名二諦，亦未曾二不二，爲物救作二諦也。又二諦具四句，生無生俱世諦，俱第一義。云云。又上明來去無來去，今明無來去來去，未曾二也，亦明文殊不來來等也。又上明第一義畢竟空，故不墮有見中，今明世諦法生未生，故不墮無見中也。爲破二見，故有二諦也。至論無二見，未曾二不二也。又世諦有是因緣有，因緣有有無有，第一義因緣無，因緣無爲明不無，菩薩識二諦故墮不二，正波若也。又上明菩薩行般若因，此明得生諸佛土果。又上明菩薩無生滅去來異二乘，二乘但空，菩薩不但空。今明生滅去來亦異二乘，故菩薩知(二九)生生來生，二乘並不知其所處也。又佛説波若有種種門，上就諸法門説波若，説諸法實相，故名説法説智慧，今就人門説波若説功德，説種種菩薩，故是説人也。波若非慧非福，故能生福慧，人法亦爾。人法皆是波若，不如常云波若，但法非人也。又從開宗説以來明菩薩實慧，《往生品》明方便慧，前實慧非無方便，但實慧義多，今方便非無實慧，但方便義多也。此具明來生往生以往事，故以多目品。

文二，初問次答。問有二問：一問來生，二問往生。問來生往生者，自不了故問。又品舉往生，何得問來生？以彼此互望故也。就來生亦爾也。身子天眼，只見三千大千，今不見菩薩從無量佛土來，故問也。從此經生他方無量世界，天眼不見，故復問往也。亦爲餘小乘人輕陵菩薩，汝雖信生死涅槃内外，經之而三毒未盡，命終當生何處？身子爲佛法將欲使衆生起敬心於菩薩，是故問也。

佛答：二問即二答。初問爲二，初正答二明優劣。問：身子可不知他方從天中來，何故不知？答：上直不知他方，佛仍廣答，故明三品也。但説第四天來者，餘處天亦有少，故不説。又上二天結使不深而利，下三天結使深而復利，第四天結使不深不利，常有一生菩薩在中説法，故根緣利信波若，故偏説也。次明優劣，常有二解。一云他方爲上根，天中來爲中根，人中爲下根。又釋天中來是一生菩薩爲上根，他方七地已上菩薩爲中根，人中既云除阿鞞，阿鞞是七地已上，則知是六地菩薩，論不判優劣，但明前二菩薩爲法身，後爲肉身菩薩也。問：來生處多，何故但説三處？答：舉利、鈍兩根，攝一切菩薩盡也。又他方來則横攝十方，天人中來豎攝三界，他方是非人非天，出三界故舉二攝一切也。又從他方來的是見佛聞法故來，故文言他方佛土來，即以知之。次明從菩薩邊聞波若故來，人中或值佛或不值佛，但從善知識佛弟子住。然來一往論之，不出三處也。又此三處是三根，收菩薩亦盡也。問：三界中何故但説欲界中來，五道中但説天人兩道？答：欲界中有一生菩薩得波若來，色界中無一生菩薩。又色天已得道者，不復更來，下生有未得道者，著樂故不來也。又亦有來生，少故不説也。六道人天是受道器處，四趣是苦難處。又亦有從四趣來，此人前世習波若，值惡緣，故墮四趣，復善根熟，故畢罪故來，但少故不說也。問：何故人中偏簡阿鞞？答：有二阿鞞。一法身得無生忍方便，來生人中，二者在人中肉身得阿鞞，未捨肉身也。然優劣不可定作優劣解，此是因緣相待義，若因有果言因劣，亦因果有因而果劣。故《華嚴》云，如是十地義，從佛智海出。《大經》明五行，復有一行是如來行，故知是一。吾一爲令得薩婆若，當求波若中，或欲得波若，當於薩婆若中求，故菩薩道劣佛道勝耶？今若作菩薩作[三〇]法門，一切無非菩薩，佛法門，一切無非佛。故和[三一]闍梨云，無有佛，此是菩薩。何故爾？菩薩發願，衆生不盡不取佛，今既未盡，云何成佛？故知皆是菩薩。然此釋不無意，但太偏失也。

舍利弗汝所問下，答第二問。所以答第二問，廣者，往生之事爲要，來生是過事，故不須委釋。如人病已，咸不須治，正救將生病也。又爲新學菩薩言諸法畢竟空，現在事明見虛，如了化不可得說，未來故廣明往生，破其斷見也。又佛廣明往生者，偏破斷見，人謂無後世，彼計云，人死，若火燒則爲灰，若虫食則爲糞，已者終歸於土，故無後世。故今明菩薩體無生不生生無生二義，況生死人而無後世生耶？又須知得往生者，明來而不至真而不滅，即是不起寂滅道場，現身他化自在，亦是不起滅定現諸威儀，勿作由來解來生往生義也。又上品明諸法一相無生，此中明諸菩薩種種方便，此雖習種種不同，實未曾異。上明諸法一相，亦不曾一，亦勿作從來心解也。又身子小問佛廣答：如人乞少物，而富者多施也。師未詳，《大論》明有三十五人，且分爲三。第一明有一人，非有方便非無方便。第二有二人，明無方便。第三有三十二人，明有方便。初人標正波若，明非有方便非無方便。次兩人解行有得生，故有令無方便也。何故爾？經中叵有一事是真實不？但是假名，寧得善星等，是方便，餘非耶？今明拂迹不拂迹爲方便無方便，取其並無定實，悉是假名，爲衆生説，故皆是方便也。講論望文〔三二〕前須六問：一問定有幾人，二問云何約六度，三問幾菩薩地前登地内身結〔三三〕身及補處，四問幾人定利鈍，五問幾人還不還，六問菩薩定用何物受生。

答第一問：招提用三十六人，北人言有三十六人，初三人直明得失不同，第二有三〔三四〕十三人，約六度明行行往生處也。梁武明三十四人也，今依論四十四人也。配六度者，北人云開四十四人爲二。初一爲總四十三人，别約六度也，初直明從一佛土也。第二别明四十三人配六度，行禪有十九人往生，行進有三人往生，行檀有三人往生，行忍有二人往生，行戒有四人往生，行智有十二人往生。問：何故以禪爲初？有解云，能伏結故隨言生，又受禪中多生好處，起貪恚邪見故明也。以行禪此因多生好處，行者貴此是勝法，故生憍慢貪著，乃至起瞋恚生耶見等，可解也。今謂初總人既是應波若人，則波若爲初，乃至禪進忍檀戒，恐文正爾也。問：何知初是波若度人？答：身子初問菩薩，如是習應，終當生何處。佛今正答應波若，故從一佛土至一佛土，豈非波若度中人。今分爲七，初明波若一人，第二禪度十九人，第三進度三人，次檀度三人，次忍二人，次戒有四人，次般若十二人，合四十四人也。北取初人爲總人，第二隨禪生下别約六度四十三人，於中始開人數多小，與今明不異也。復有人解言，直分爲七，初人是總爲第一，下六度即六，故成七段。

今且依前釋耽，依禪度往生十九人爲四，第一約方便無方便七人，第二約神通四人，第三約發心四人，第四約超越四人也。

第一禪中無方便者著三義，一者八〔三五〕禪時住時起時，不念衆生但貪禪味，二者不以波若無得心行禪，三者不以禪定善根施衆生向佛道，三義故名無方便長壽天。色界通別，各有二釋，一云非想八萬劫爲長壽天，二言通一切無色天爲長，以無形色俱不得道故也。中别取無想天通取四禪一切天，唯除淨居，以中著禪味多起耶見故也。下生時值佛者是支心力，又是本修禪定時至力，以生在禪天難得起善根故也。問：言此菩薩根鈍，是何根鈍？答：一解言慧根鈍，二解言信等五根皆鈍，三解十八根皆鈍。然有十八根皆利義，如《法華》六根清淨，是六根利義，五受根苦樂能，能時覺知過患故利，信等五根深入堅固，亦是利命根，不爲老病所惱苦故是利，男根不著細滑味亦是利。與此相違，故是鈍也。除女根，以女人不得生上天故。又未得無漏，故除三無漏根，但十八根也。四解無貪無瞋無癡，三根鈍也。五解菩薩得無漏根，不證實際故利，證故鈍也。第二人無方便捨禪，言有禪可捨，或見有衆生可度，佛道可求故起，或不善心無記正等捨禪，名無方便捨。次五菩薩並有方便第一，方便不隨禪生，然隨不通方便無方便，有方便則隨不隨並是也，無方便則隨不隨並非也。此菩薩賢劫，得菩提跋陀及〔三六〕善劫，彼〔三七〕云分别時節以世，則將來有大水，水上生千葉寶蓮華，淨居天知是表千佛故，故名此爲善劫也。第二菩提〔三八〕謂不隨神生，生欲界人中生利〔三九〕爲有勢，生婆羅門爲有智慧高清，生居士爲有大富無量，欲攝總也。第三菩薩爲欲化欲界天，故生彼天，客迹生四天處等。第四菩薩生色天爲主，亦以弘風靡之化，乃請轉法輪也。第五菩薩有二處，一者生諸佛前，二者從第四無色下成佛也。一生菩薩更生諸佛前者，以非佛俱，故須佛也。問：此中明一生菩薩修行，更修何行？答：餘習未盡，佛知未真，故須修行。又菩薩方便，在人中欲化人，故言我是凡夫，所以次第更復修行也。問：何故言一生菩薩二生三生？答：此猶一義也。三生者，如彌勒生人中是一生，次生天一生，復下生人中作佛是一生也。二生者，不數今現在已，但數生天乃下生人中也。一生者，不數今生及生天，俱〔四〇〕數更生人中更得佛也。問：何故不數天耶？答：作佛本在人中也，亦更一生人中但作佛，故數此生也。問：此菩薩作佛，何故要生第四天也？答：從他方淨土來，天人不見其來，更謂是言化，故不從他方來，無色無形，故不得生色天。雖有形，彼處著禪味，不堪受道故不生，故但生欲界。佛教得起欲界，欲界上二天及下三天，不生之意如前也，所以不從人中來者，但得從天化人，不得從人化天也。諸天從菩薩下有二二[四一]義，一者無始來往及[四二]人天，今一生更不復來，故諸天有命盡者有不盡者，願下生爲佛作檀越。二者恐欲界中魔爲鄣亂，故復道也。問：釋迦是迦葉佛弟，名羅[四三]欝多羅，言是二生菩薩，言何二生？答：不數現生，但數生天及下生也。

次約神通四人，亦依禪中得發通，故別禪度攝也。第一菩薩離三界生，爲供養佛。第二菩薩亦爲供養，復脱二乘，即土傳勝也。此二爲明脱也，前脱凡，今脱聖。第三菩薩亦爲供養，而得壽無量。此三菩薩爲習佛法。第四菩薩不當淨穢生，有益物處，此人爲利衆生。前三人生有佛土，第四人生無佛土。

次發心四人，第一發三行欲足，不生三界，但生益物處也。第二菩薩發心入菩薩位，自益也。第三發心即成佛。第四菩薩發心即應波若，淨六通爲淨佛土。初人爲成就衆生，第四爲淨佛土，中間二人，一舉因明自行，一成道辨化物也。問：發心云何則成佛？答：梁武用和師義云，有接識佛故識生，則接之以作佛破，何故不並接耶？云云。又常解云，此是應迹不同，如大通智勝佛，十劫坐道場方成佛，今一發心便成佛也。論云有二，菩薩一發心，後方行福德。二行無量福德智慧，然後發心，是人遇佛，聞法即成佛。成佛如行人有戒，乘羊馬及神通。云云。問：未發心云何脩福德？答：此是久作發心已，後作發心名也。又若望《華嚴》，此是初心佛，以初是後初，故後初不異初後。故《大經》云，發心畢竟二不別，如是二心，先心難也，故初後不二也。更釋禪中發心四人，言初人是雜發心，第二人是行發心，應是久發心，第三人得無生忍發心，第四人是補處發心，彼云以耶城作此説也。又云四發心人異者，初發心即是菩薩，爲菩薩化。次行發心即菩薩，爲佛化。次無生忍發心，佛爲化。次補處爲發心，佛爲菩薩化。今明四發心或可然，將此四發心理通方義，亦可然的釋，今交四人者，即不著也。他問：小乘三僧祇劫行方得佛，大乘無量劫脩行作佛，如十信久劫行，行得十住，十住久劫行，行得十行，乃至久住行，行得十地及佛，今云何初發成佛耶？今明如五種，發心菩提，伏心菩提，乃至佛菩提，今亦然。如《華嚴》，自有發心菩提，自有十信得菩提，自有三十心得菩提，自有十地得菩提，自有佛菩提。住涅槃亦然，發心住大涅槃，乃至佛住大涅槃，自有發心具萬行不退，三十心具萬行不退轉，乃至佛乃具萬行不退轉也。自初發名發心，自有十信發心，自有三十心，自有十地發心，自有佛方發心，故知發心成佛，五通悟也。

次約超越明四人，第一超禪，二超果，三超天，四超生。小乘人云，菩薩是凡夫，不得滅定，大乘明菩薩得滅定，過二乘聖也。次第定與超越定，俱無雜念，簡念是齊，但超定無簡念，而能無漏，故勝也。第二超果者，明菩薩以念處至解脱，發無果而不行，但直過入菩薩住[四四]也。不證諸果者，無別諸果，諸果可知，皆是菩薩無生法忍，權作二乘智斷，菩薩豈證二乘？所以然者，以菩薩智，此謂皆是無生忍，故無後[四五]二乘智斷，菩薩豈證二乘？故無可證也。雖無證而爲衆生，故用無生忍二義也。第三菩薩超天者，此菩薩直作第四天果，不作餘。第四菩薩超生者，但修行即生補處，不更有餘生也。未證四諦者，知苦集示斷，滅道未圓，故不證二乘，但時心證也。答：菩薩證四諦，成辟支佛也。釋超中四人。初人超禪者，講論師皆云，菩薩是凡夫，不得滅盡定，乃至前三果人，不得滅定。論主受云菩薩是凡夫，不得滅定者，三藏中無此説[四六]諸法，汝自作此説也。問：菩薩云何能從散心入滅定？答：菩薩得無礙觀，故能無礙超也。又菩薩識散是靜散，靜是散靜，故得從散入靜，識淺是深淺，深是淺深，故得從淺入深也。故小乘智力劣，但超一，菩薩智力大，故超二世乃至多也。釋超果中，文有四。第一正明菩薩修行，超二乘道果。以方便力下，第二以方便力還化二乘，此是菩薩用一爲三，用大爲小，此乃是波若小也。佛告下，第三釋疑異，菩薩既自不證二乘，云何以二乘化衆生，應乖平等？故今明二乘智斷，皆是無生忍，豈乖平等？若智斷異無生忍者，可乖平等也。此文亦得釋不證二乘道異[四七]，意不證者，二乘智斷皆是菩薩無生忍，菩薩得無生忍，故知所依無所住，造證二乘智斷耶。師有時云，二乘是生滅中行，此是生滅智斷，於菩薩皆是無生忍，如來是第一義諦。問：菩薩既不證二乘道果，何故遍學道品須遍學二乘道果？答：恐二乘人，汝但知菩薩事，不知二乘法，故不受菩薩化，今欲化之，故觀無所行也。知其爲非故不證，欲化之遍學也。師云更有一義，二乘智斷皆是無生滅用，此是無生滅，故此生滅不異無生滅，故二乘生滅，只是菩薩無生滅，但於二乘自成生滅，故生滅也。與前竟[四八]異者，前明二乘是生滅，故生滅，於菩薩無生滅也。當知是阿鞞者，第四句結，能自不證二乘，復能以二乘化衆生者，此是阿鞞人也。第四超生，菩薩有三句，一修萬行，二者不證四諦，三者結是一生補處也。

精進度中三人，第一根鈍故，或時有所説，或時無所説，故多用劫數，以除抱善根，故必得佛也。第二菩薩常懃利物，不説無益事也。不説無益，可具二義，一者未發菩提心時，多有口過，故今發心，永離口過也。二者明耶正無有定相，如大經巧拙，服甘露及毒，隨是惡妙[四九]語，能開導利益，則是佛法，隨是惡妙語，不能開導利物，則非佛法，以諸法無定耶。正此菩薩恐鄣悟，故慎口過也。第三菩薩懃斷三惡道，斷下、中、上三品惡，故名斷三惡道也。初菩薩但明上有所得，從二明下有所利，後二之中初人應明慎口，故説則通，利六道後，但人斷即三途。又初人但慎口過，不通三業，後人斷三惡道，三業爲物斷也。又第二菩薩光明，常懃利物，不明遍遊十方。第三菩薩得六通，遍十方利物也。

次檀度三者，人問：上從波若至禪及精進可，是次第。今乃説檀忍戒，云何作次第？答：上三度次第門，今三度無次第門也。又對上明，斷三惡道是大悲菩薩，今施衣食是大慈用。又上斷惡因，今施善果。又上利三惡道，今利於人也。三人異者，初人行財施施人，次行法施救惡道，次明具財、法二施，法施度衆生，財施供養佛。又初作菩薩身，次佛，第三亦作佛身作菩薩身，作佛身爲説法，作菩薩身供養佛也。又前二菩薩但爲成就衆生，第三菩薩具足二行，謂成就衆生，淨佛國土也。又初菩薩不明得通，不明遍至十方惡道，第三人明得通，遍至十方也。初人可解，第二人所以變身入惡道，閻王等不敢遮事也。三惡道，地獄以通力令火滅湯涼，令受法無有得道，餘二道可爲説法，亦可得道，畜生得道如龍等，餓鬼中如鬼母等也。第三菩薩有三意。初明佛身爲物説法，施以衆生，知佛獨爲其説，故信受法，所以作佛身也。二作菩薩身供養佛。三明淨土行者，聞佛説淨土行，故已[五〇]而已自[五一]起殊勝佛土，此明一生補處菩薩者，釋義土所以淨者，由土中皆是一生補處菩薩故也。前明一生菩薩第四天，此是三千大千世界常法，了餘十方不定，故土中皆有一生菩薩，轉身則成佛耶。忍、度二人，初菩薩身具相好，物見愛心具慧，物見起敬，身具相好福德莊嚴，六根淨利智慧莊嚴，是忍果也。此六根淨利，從淨身口所得，故令菩薩脩，又云上明忍報，此歎脩因也。第二菩薩則是行行，雖見衆生，愛之而不生高下他心也。又前是得，今是離也。菩薩了自他不二，生死涅槃不二他也。

次戒度四，又第一人未發心，恒畏墮惡道，故發心欲離以墮惡道，故起慎物，慎物更受苦報，則無可救，無有脩道時，故脩尸羅也。復行施者有二義。一畏戒不能令不墮，以施助之。二明菩薩既不墮惡途，便生人中，恐畏具盡，不能自他兩益，故行施也。第二菩薩但堅持戒滅，故自能不墮，亦復以戒力，故能得阿鞞。前舉戒明[五二]離三惡道，今舉戒明得也。第三、第四兩菩薩明果，前二明因，初菩薩以因中行施戒，故得作輪王，後作輪王亦行施戒也。行尸羅故十善化人，行施故以財攝物，十善化之令離惡因，以財攝物與善果。又十善化與來世樂因，次財施與現在樂果也。第二菩薩者，前人一世爲王，今無量世，前菩薩作王化衆生，今作王供養佛，亦從前生物疑言行施戒，唯一世得作王，具不了故，今明無量世聖王也。此戒度中明菩薩畏道，前明菩薩畏二乘，不畏惡道者，明墮惡道罪畢竟，則更發菩提心脩行，作二乘則乖，如敗種後護，今[五三]除終日迂迴也。

第六度中，前已明波若，今更説者，初略明波若，今廣明波若，此《經》既是《波若》，故終始明波若也。又此中明波若者，攝云皆是波若，以波若故有六也。亦波若非人非法，故有人法，故生開宗至《習應》，明波若非人少[五四]法，故作法説往生以來[五五]波若非人非法，故非人名説，故佛前能就法説波若。今就人門説波若，若言人是假人，法爲實法，見人、法異，豈是波若？今作人名，故攝一切，一切法無非人，即是人法也。自有以法爲法門，一一法門即攝一切也。問：人云何是波若？答：體波若故名波若，人人豈異波若耶？須前識識菩薩，菩薩字生空，即是波若也。華嚴法善知識，諸善知識法門不同，由體法界故，今諸菩薩不同，亦由體波若故也。就文爲二，前總明六人，次別明六度爲六人。總明六人者，第一自照照他，第二人總相淨佛道，第三人行六度故不可壞，第四人身相心慧無諸不可，第五人淨五眼，第六人淨六通也。

明初人有二，初觀菩薩智德高明，二勸方便離惡，以法照明，亦以自照者，得大乘經法者，求諸法實相，便[五六]自、他兩悟也。今自、他見所不見，不見所見，不見顛倒所見，見顛倒所不見也。終不離照明者，以得無依無得之悟，還爲人作無依無得説，故至行佛道不離此觀也。身口意惡，不令妄起。第二就此爲兩，第一正觀離惡，第二示離惡之方。初正觀離，次問答料簡也。身、口、意不令妄起者，成上自照照他之義，若身口不淨，人不信受，不能照他，意不淨，智慧不明，不能自照，故令淨三業也。身子問者，以小乘但識小乘三業垢淨，不識菩薩三業垢淨，小乘以十惡爲垢十善爲淨，菩薩則以善惡皆是垢，事異故問也。又只持三[五七]乘戒，是菩薩破戒，故問也。然他云或有持犯是小乘戒，無持無犯是大乘戒，然自有身口持戒而內心不淨，自有內心淨而身口不淨，並未是具足戒。今明只此持畢竟無所持，則三業淨是淨戒故，亦雖知諸法空持戒而堅心也。問：麤業細業云何？答：二乘以身、口惡爲麤，意惡爲細，故二乘戒不傷意也。以貪瞋邪見爲麤，以癡愛慢爲細，此約思判，今於菩薩並麤也。又凡夫行惡，二乘行善，菩薩不行善惡也。又凡夫見有身口，二乘入空觀無身口，出有即見有身口，菩薩識身口不有不無，不出有不入無也。初問答論三業不淨，次問答論三業淨，佛答直明不見三業者，除根本故也。見三業故起善起惡，凡夫見三業故起惡，二乘見三業故起善，菩薩不見三業故不起善惡，非凡夫非二乘也。又波若中未曾有無，今見有三業，豈非不淨耶？第二論三業淨，佛答中三業不可得，明凡夫二乘皆懺十惡，菩薩善惡皆懺，又懺此三業有見也。次答云菩薩從初發心行十善者，此是菩薩悟波若非善非惡，爲衆生故作善名説耳。非善非惡亦應作惡方便，如佛性善惡，今爲破惡故説善，以物多作惡故也。問：二乘亦行十善，今云何言不以二乘心？答：二乘是有所得善，故趣二乘地，今是無所得善，迴向菩提也。

淨佛道下，第二菩薩總相淨佛道，前正釋，次問答料簡。然既云淨佛道，而名除三業者，以有三業不淨，故不得佛道，即是一家縮習退責義也。佛答中明三空解，釋前明法空，次明生空，後明不可得空。前明法空，次除觀主，明觀空者亦空，故辯〔五八〕生空，生、法所以是空者，求不可得，故明不可得空，如文也。

第三菩薩不可壞，前正釋，次問答料簡也。身子問者，佛上説種種菩薩，今爲其説，初發心便不可壞。身子驚念，問：菩薩未斷煩惱，云何菩薩初發心便不可壞？佛答：正明菩薩心無所依，不住有無，故增益六度，無能壞者也。

第四菩薩具二慧，故具二莊嚴，前釋次問答。前釋云具足智慧，具二慧不生弊惡家等，即是福德莊嚴，福德莊嚴，由具二慧故有也。二慧即是因，福德即是果，故以慧爲正，屬波若度攝。佛答有三，初明實方便慧，次不作佛想方便實慧，下結二慧，如文也。

第五菩薩淨五眼，此人云，人有肉眼，天有天眼，聲聞有慧眼，菩薩有法眼，佛有佛眼，一時之説，非無此義。今由波若有五，五眼皆屬波若，亦五眼皆屬波若人，餘人無五眼也。又云，肉眼以燈燭等施故得，惡業之不得，即以惡業爲鄣。天眼報得者，以善業得惡業爲鄣，修得者以無智爲鄣，餘三皆以煩惱爲鄣。今明有所得故不得波若，即以有所得爲鄣，無所得波若故得五眼，有所得鄣波若，即鄣五眼也。問：由波若故有，即時〔五九〕所見天人，何故不由波若有，即時所見天眼宍眼？答：五得也，但今此中正是波若善巧用，以二慧爲五眼也。北人云，天眼肉眼，以色爲體，餘三以慧數爲體。今明由波若故有，云二慧爲體也。五眼是慧，故是波若也。爲三，初標淨五眼，次別釋，三結也。淨五眼不言生者，論云菩薩本有四眼，分罪故不淨，如鏡暗故不淨，磨之故淨。

今明波若故得五眼，眼並是波若，五眼淨也。

前〔六〇〕別釋五即五，一一中三，謂問答結也。

義〔六一〕問：何故爲百由旬？答：輪王眼雖能遠，不及至百由旬，故今明百由旬，即簡之也。問：今人見日月去地四萬二千由旬，云何？答曰：有光明自照故見也，菩薩有光無光皆見也，而凡夫倒見也，日方圓五百由旬，今見如大扇，菩薩見不倒也。百由旬簡，輪王見大千簡，天眼肉眼復見十方，則天眼無用。論主云，肉見雖見大千，與天眼異，天眼即有鄣無鄣皆見，肉眼有鄣則不見，無鄣則見。如登山則進見諸物，在地則不見。問：若爾，與今人眼何異？答：今人有鄣，不能遠見，故異也。問：波若肉眼，何故不能有鄣無鄣能見？答：波若有天、肉二眼，則二用，肉眼則鄣內用，天眼則鄣外用，若皆無鄣，唯有一眼一用耳。論更一解云，報得天眼在肉眼，故宍眼能見大千，宍眼所見若了，宍是天眼用也。問：宍眼正見大千，何故不遠見？答：一爲簡天眼也，二明佛經無量，佛滅後多落失，或可有經，明遠見十方也。又菩薩住大千憶〔六二〕，亦見他方近世界也。肉眼但見色爲境，天眼具三聚，故文云，見生死善惡好醜也。然天眼既見三聚，宍眼亦能，但知是無差別，無差別耳。釋〔六三〕天眼淨中，初明菩薩見諸天所見，次明諸天不見菩薩所見，如文也。但天眼有三天眼，報得修得，報得與宍眼，晝日則合用，夜唯天眼也。釋慧眼淨，數人見十六諦觀無漏慧是慧眼，論人見空無相理爲慧眼，今眼正波若慧眼，不但見真，於今文即失他解。今文云，出世諦被導後，故六根無所見，不覺知後智爲名，故名慧眼也。實録出世諦見聞覺知，非復慧眼也。今明經不明如此時解，義心作此，與經不相關也。今明論慧眼於云總相慧別相慧，名慧眼即是實慧，方便慧則無所見無所不見也。二乘慧眼但有總相慧，知諸法皆苦，無常無我空，唯有實慧爲慧，如常人義明慧眼，但見真唯是二乘慧眼耳。次釋法眼淨者，知三乘度衆生法，故名法眼，故二乘人無法眼，以無法眼能知度衆生法故也。論生起云，菩薩以宍眼見世界苦惱，故生慈悲，故次脩禪定，得禪定故得天眼，見六道生死苦，大悲轉深法〔六四〕，欲救濟之，故求法實相慧，故名慧眼。得慧眼已，見三乘根性不同，故爲説三乘，須令衆生入三乘法中，名法眼亦説三，令悟不三正法，故名法眼也。若聞三便作三解，則破除，破除乃得悟，何須總會有所得三惡罪入一乘耶？佛答中爲三，初知聲聞法中知四果即四，就知初果有九句，後三果三句，合十八句也。數人信法在正觀中，論人信法在正觀中，論人信法在方便道中無相行，數人無有此人，立有其義，十五心捷〔六五〕速疾，餘人不能取其相，名無相行，信法取利鈍義，今總取速疾義，合明二人也。論人云，前信法二人入正觀，會無生境，合名無相行也。爲質直好實録衆生，故説空解脱門，樂捨離衆生，故説無作，無作者不作後世因，爲樂著在家衆生，故説無相也。得五根，即信等五根也。三無漏根無別體，此根在見道即名未知根，在修道名知根，在無學道名知已根也。無間三昧者，從上忍一剎那入世間，世間入苦忍，無有間之也。斷三結者，中乘攝邪見邊見即是我見，言我常即邊見，言我常無即斷滅，無罪福及後世即耶見也。戒取攝見取，爲求道及後世樂故苦行，是戒取也，求樂因緣，謂天所作，即見取，此明求不見樂之因緣故，便謂自在天作此見爲是，故是見取也，不明疑攝見與數解異也。次那含但貪恚，加前三結爲兩下分，結下界衆生所起也，羅漢斷五上分，結上二界衆生所起，如此皆是波若善巧無名相説，度空衆生耳。

不得作數論主釋，知菩薩法中，前釋一菩薩始終方便，次廣釋一切菩薩始終方便。有人解云，初是知自行此，次是知他，非釋也。然釋一菩薩始終方便中，爲二，初明無始始義，次明無終終義。無始始中，初明自行，次化他。自行者，謂行六度及信精進二根也。既是始行，菩薩未離欲，無念定等三根也，發始信波若，故有信根，精進一切處行，故有進根也，爲衆生故受身。第二明化他，但愛欲界人天者，未離欲無定業故也。前亦是知因，此是界〔六六〕也，是菩薩於其中住，成就衆生乃至得菩提，此明無終終義，即是自佛也。

知是菩薩以下，第二廣釋，知一切菩薩十八兩。侯〔六七〕問：阿鞞未是阿鞞，與前退不退何異？有人言，經家重出，故證主不解。今謂不然，退不退或可約位，故十住中有不退住中等，當知是位退不退，後明得無生爲阿鞞，未得無生非阿鞞也。此據初地或七地也，具足六通爲具足，或不具足六爲不具足。又云，當地具足爲具足，於一一地未具爲不具足也。次約用通未用通，次約當得通不得通，故三霍〔六八〕不同也。最後身者，阿私陀仙見身相，故知是最後身，珊若波羅門糜〔六九〕相，知今有一切智人當出世。坐道場者，見菩薩行處有聖正持之，又見天龍供養送之，必知是坐道場也。有魔無魔，並是方便也。次示業不可不受，故得佛，猶有惡鄣也。釋佛眼淨，開善云，佛眼照世諦者不然，若爾，應法眼反爲佛眼，法眼照世諦故。而論主慧眼反爲佛眼，應佛眼見真諦，非汝家慧眼見真諦故也。今不爾，因中二慧爲略，其果反爲佛眼，故成一切智一切種智，慧眼即是道種慧也。故釋佛慧兩眼文，皆無法不見也。因中慧眼既照二諦，果中佛眼亦照二諦也。即用此云，破由未釋，《大經·師子吼》云，慧眼故不明了佛性。既非真諦，何云〔七〇〕佛眼還照佛，故有及照智？今問佛眼唯佛〔七一〕，何得今云慧眼見他〔七二〕？又何得云十力等萬德？皆是佛眼。論主自釋云，無法不見，云無緣大悲即是佛眼，豈但照佛耶？又經云，佛眼無別境，還照前四眼境，亦應無別眼，還是四眼。若言只是一境有了不了，故有二眼，亦應只是一眼有明不明，因中慧則明，又且因中即慧眼，未必見佛性，如九住已下，佛眼見性故有，故有境也。問：凡夫聲聞菩薩，三人具幾眼？答：凡夫有二，未得通有肉無天，得通具二眼生天，凡夫但有天眼也。聲聞初三果，具眼根者，有宍眼慧眼也，不具眼根，唯慧眼也。離合聲聞眼具者，三根肉天慧眼也，不經解度衆生，無法眼也。菩薩初未得無生忍，未捨肉眼身，即有慧得通者，有天能度物，有法也，受法性生身菩薩，無肉眼也。問：因中慧眼，至佛反名佛法眼，反爲何物？答：開因中二慧，道慧爲慧眼，道種慧爲法眼，則果中慧眼轉名一切智，法眼轉名一切種智，即知道智種慧是法眼也。今者言，因中二慧皆名慧眼，果中二智皆名佛眼，則因中化他方便名法眼，果中總名佛果，無後[七三]別名。因中有差別，故有別名，果中無優劣，故不作別名。若別名者，無緣大慈悲正是度物，亦得名大慈，猶未好也。大判取佛自行位對上慧眼，佛化他位對上法也。問：慧眼具二慧，法眼復是何物慧？答：二慧有多種，知空有爲二慧，即是慧眼。故論云，慧眼破一切法，中無明故，身心出過餘人，故衆生見便愛受其道化也。故諸法總相別相，若得如法，皆則是慧眼也。若約自行化他明二慧，今慧眼是自行，是實慧義，法眼是化他，是方便慧義。問：佛眼是方便慧，眼亦有[七四]方便，云何淺深？答：慧眼自行方便，故易淺，法眼化他方便，難深也。故慧眼第三，法眼第四也。約六識爲見聞覺知，眼見耳聞意識，餘三名覺也。以三相用異，能知世事，後知出世事，又能得三業也。色見聲聞法意，思惟前得道，又通緣三性也。餘三但緣無記，知世間法，以香味觸，但是無記，色聲法通三性，然此一時無分別分別故也。香積以香爲佛事，豈無記耶？他又[七五]云，佛眼但知世諦，故四眼知俗，俗法多故，以慧眼見真，真無二也。《大論》云，慧眼反名佛眼，豈但見俗耶？今五眼並見並不見，見無所見，故並不見，如云五眼不了見菩薩等也。五眼並照俗並照真，具照真俗，慧眼無法不見，豈不照俗？《淨名》云，常在三昧，恒見諸法不二，豈非天眼見真耶？次天眼不無所見，故真，慧眼無見而見，故照世也。

第三結中六度總攝一切法，又云波若攝一切，前明六攝，次明即是波若攝一切也。今波若攝一切善法，豈得但言是空慧耶？

第六菩薩明具六通者，如大海出種種寶，有治毒有除病，有辟鬼有出樂，具波若海，有種種菩薩實，有閇三惡道方便，有開三善門，有淨五眼，有具六通，合只是波若人開有種種人，合只是一波若開有種種法也。數論明五通與凡夫共，漏盡獨聖人也。數云，報得五通無鄣修得者，亦有亦無，他心宿命得定，即得漏盡，以煩惱爲鄣也。論人明五通皆有別鄣也，又明他心宿命定，內用故是善，天眼天耳定，外用故是無記。如意通若定，內作十一切入轉變，即是善定，外毀少爲大等，是無記也。數人五通，四根本發之，六地發見諦，九地發思惟。論人三界定發漏盡，七地依定發五通，即四禪三無色[七六]也。亦須知此中五通，非但不凡夫共，亦不與二乘共。如《大經》云，昔不得而今得之。今明六通皆是波若，而離合不同，合而爲論，只是一波若，有其六用，故有六通，波若轉變用之。如意無所見，則天眼無聞而無所不聞，即在耳無知而無不知，即他心宿命煩惱畢竟，即名漏盡也。以波若無壅，故名通妙而莫測，故云神也。

又[七七]爲三，初標六通，次別釋，後結。釋六即成六，一一中皆標釋結，釋中二，一正釋解三乘，二簡二乘。初如文，自性空故下，簡異外道神通，外道神通慮其習，我見作此事，故起慢心，二念著神通事，此即人、法二見也。菩薩不爾，上明無所不爲，明實無所爲，故不見己身及神通，即人、法、意淨，故是波若通也。除爲薩婆若，簡二乘，菩薩雖無所爲而無所爲，而爲求佛道度衆生，此是無爲耳。二乘無所爲，便念空無相，不求佛道度衆生也。除爲薩婆若，除取之除，其斷[七八]既見，謂菩薩畢竟無所爲，便言無得，故云無所爲乃得薩婆若耳，有所爲則不得也。又除却之除，破其常人有道可爲乃得薩婆若耳，有所爲則不得也。又除却之除，破其常人有道可爲終是常見，若有爲薩婆若之爲，此亦須除却也。

次菩薩行波行波[七九]若住檀中下，第二約六度即爲六人，有四意，初約六度明六人，次釋，次明得觀，次簡果異二乘。行波若故住檀，即波若檀，有波若有檀，故能開善[八〇]婆若道，故名淨也。畢竟空即波若，不生慳心即檀，由畢竟空故慳心不生，即是由波若故檀成耳。問：别約六度應是六人，云何屬波若？答：皆云住波若行六，故屬波若也。今文既云住波若行者，上來皆應爾，住波若故，禪有十九人，乃至住波若行戒忍，故戒忍，諸人不同也。無來無去下，第二釋上畢竟空不生慳心，以無來去，故畢竟空不生慳心也。爾時菩薩下，第三眼得觀成就，即不見有施無施，雖有無二見，乃至波若亦爾，此是内益也。次明不分别毁敬是外益。上明菩薩不見有施無施，離[八一]有無二見得内益，今明外緣來欲毁，其心不動，故得益也。舍利弗菩薩得如是功德下，第四簡果異二乘，如文也。簡二乘者，二乘亦能歎毁，無有憂喜，如云無憂無憙，羅漢功德也。恐[八二]捨若至愛之如子，復起方便度之，菩薩即然爾，故異二乘，以不起瞋心，復生慈方便，即是成就衆生，乃淨佛土，故文亦爾也。

菩薩於一切衆生中生等心下大段，第二[八三]明結。二行成此文，來近遠者，波若海中無數菩薩，説不可盡，今略總示菩薩通行行相。凡是菩薩者，要須於一切衆生等心，然段[八四]已平等，正觀實相慧度云[八五]也。生死理梨[八六]等，故得法空，即得衆生空，觀主亦空，即緣觀俱空，心無所依，故外緣不能壞也。遠者然上福慧，二行成於一切生等，即四等行爲功德成立，衆生於等法中，即智真行成，又於衆生生[八七]等心，即衆生生等於一切法生等，即諸法等也。

爲現在十方諸佛護念下大段，第二明果德，即北人云，爲佛所念等是福果，下得悟無上菩提是慧果，通實皆得也亦得也[八八]。亦得前是報果，下無是習果，行波若得此法果爲報果，習波若觀得悟無上〔八九〕爲，故是習果也。又前是説果，佛説波若故是説，中後是時，示得悟得果也。爲佛所念次果，眼終不現惡色後生果，即是如意果也。三百比丘第二習果時，衆得益爲三，初三百比丘，次六萬天子悞，後十千人也。一解云，十二年方制戒説波若，是十二年前也。二解云，比丘有淨施衣是長衣，心生當受者，今長此衣，捨知彼處得屬我心，生逆受耶，必得不經宿也。三者，此多知識比丘，即能辦之，不經於宿，知不犯。四云，此人修無生第一義，知結戒是隨俗方便，爲悟無生，爲度衆生，輕慢佛説，不犯戒也。若於戒緩者，不名爲緩，此爲緩者，小戒破則破之，若乘緩則具〔九〇〕緩，如《大經》説也。亦如有因緣，可得破戒也。問：捨三衣中，一衣此是成檀，今闕衣，故應犯戒。一解云，三本是聲聞法，今除聲聞心悟菩薩道，所以除聲聞衣，以上佛也。名大相者，以手舉物顯乘得解相，因以爲名也，得佛相爲大相也。六萬天子三百比丘，是宿世善知識，故共説也。佛記比丘生阿閦佛國，故念欲見十方佛土，見佛土故發願生彼，故有第三人悟也。現在爲緣起，次明正悞，因見淨土莊嚴，故發願行，名莊嚴王佛也。

大品經義疏卷第三

校勘記

〔一〕「後」，底本原校云一本作「復」。
〔二〕「平」，底本原校疑爲「互」。
〔三〕「既」，底本原校云一本作「就」。
〔四〕「度」，底本原校疑衍。
〔五〕「遂」，底本原校疑爲「逐」。
〔六〕「後」，底本原校云一本作「復」。
〔七〕「大」，底本原校云一本作「又」。
〔八〕「工」，底本原校云一本無。
〔九〕「二十一戒」，底本原校云一本作「世成」，一本作「共成」。

〔一〇〕「復」，底本原校疑爲「後」，下同。
〔一一〕「果」，底本原校云一本作「善」。
〔一二〕「粮」，底本原校疑爲「釋」，下二「粮」同。
〔一三〕「緣」，底本原校疑爲「解」。
〔一四〕「不」，底本原校疑後有脱文。
〔一五〕「今」，底本原校云一本作「合」。
〔一六〕「例」，底本原校疑爲「倒」。
〔一七〕「無」，底本作「悮」，據文意改。
〔一八〕「雖」，底本原校云一本作「離」，下同。
〔一九〕「復復」，底本原校疑爲「得便」。
〔二〇〕「不得便」，底本原校云一本無。
〔二一〕「陀」，底本原校疑爲「隨」，下一「陀」同。
〔二二〕「生」，底本原校疑後脱「下」。
〔二三〕「落」，底本原校云一本前有「交」。
〔二四〕「句」，底本原校疑爲「向」。
〔二五〕「連」，底本原校云一本作「道」。
〔二六〕「欲」，底本原校云一本作「歎」。
〔二七〕「乖」，底本原校疑爲「衆」。
〔二八〕「他」，底本原校云一本作「化」。
〔二九〕「知」，底本原校云一本無。
〔三〇〕「作」，底本原校云一本無。
〔三一〕「和」，底本原校云一本作「知」。
〔三二〕「文」，底本原校云一本作「人」。
〔三三〕「結」，底本原校云一本作「法」。
〔三四〕「三」，底本原校云一本作「四」。
〔三五〕「八」，底本原校疑爲「入」。
〔三六〕「及」，底本原校疑爲「反」。
〔三七〕「彼」，底本原校疑爲「波」。
〔三八〕「提」，底本原校云一本作「薩」。
〔三九〕「利」，底本原校疑前脱「刹」。
〔四〇〕「俱」，底本原校疑爲「但」。
〔四一〕「二」，底本原校云一本無。
〔四二〕「及」，底本原校疑爲「反」。
〔四三〕「羅」，底本原校云一本無。
〔四四〕「住」，底本原校云一本作「位」。
〔四五〕「後」，底本原校疑爲「復」。

〔四六〕「說」，底本原校云一本作「記」。
〔四七〕「異」，底本原校疑爲「果」。
〔四八〕「竟」，底本原校疑爲「意」。
〔四九〕「妙」，底本原校云一本無。
〔五〇〕「已」，底本原校云一本無。
〔五一〕「己自」，底本原校云作「自己」。
〔五二〕「明」，底本原校云一本作「得」。
〔五三〕「今」，底本原校云一本作「令」。
〔五四〕「少」，底本原校疑爲「非」。
〔五五〕「來」，底本原校云一本作「成」。
〔五六〕「便」，底本原校云一本作「使」。
〔五七〕「三」，底本原校云一本作「二」。
〔五八〕「辯」，底本原校云一本作「解」。
〔五九〕「時」，底本原校云一本無。
〔六〇〕「前」，底本原校疑爲「次」。
〔六一〕「義」，底本原校疑爲「初」。
〔六二〕「憶」，底本原校云一本作「億」。
〔六三〕「釋」，底本原校云一本作「根」。
〔六四〕「法」，底本原校云一本無。
〔六五〕「捷」，底本原校云一本作「擁」。
〔六六〕「界」，底本原校疑爲「果」。
〔六七〕「侯」，底本原校云一本作「霍」，一本無。
〔六八〕「霍」，底本原校疑爲「霎」。
〔六九〕「糜」，底本原校云一本作「摩」。
〔七〇〕「云」，底本原校云一本後有「慧眼見他又云」。
〔七一〕「佛」，底本原校云一本前有「照」。
〔七二〕「慧眼見他」，底本原校云一本作「無法不見」。
〔七三〕「後」，底本原校疑爲「復」。
〔七四〕「有」，底本原校云一本無。
〔七五〕「又」，底本原校云一本作「文」。
〔七六〕「色」，底本原校云一本作「違」。
〔七七〕「又」，底本原校云一本作「文」。
〔七八〕「斷」，底本原校云一本作「行」。
〔七九〕「行波」，底本原校云一本無。
〔八〇〕「善」，底本原校疑爲「薩」。
〔八一〕「離」，底本原校云一本作「雖」。

〔八二〕「恐」，底本原校云一本作「怨」。

〔八三〕「二」，底本原校疑爲「三」。

〔八四〕「段」，底本原校云一本作「後」。

〔八五〕「云」，底本原校云作「之」。

〔八六〕「理梨」，底本原校疑爲「涅槃」。

〔八七〕「生生」，底本原校云一本作「生」，下一「生」同。

〔八八〕「亦得也」，底本原校云一本無。

〔八九〕「上」，底本原校疑衍。

〔九〇〕「具」，底本原校云一本作「是」。

大品經義疏第四

胡吉藏撰

歎度品第五

此是佛對身子，爲上根略説般若，時會得悟竟，今第三衆聖，皆聞説歡喜，領解稱歎，證成佛命，而云歎度，不云歎般若者，今歎般若□□□度，度通於六，所以文中正歎於度，故云會般若波羅蜜也。□□□□□□有波若未必是波羅蜜，波羅蜜必是波若。《大論》及□□□□□□□波羅蜜。今明是菩薩所行，即必是波羅蜜也，外國名波羅伽，此云度彼岸也。

品爲二，初歎，二述歎。初文二，前明能歎可人，二明人歎。問：此中何故列聲聞菩薩及優婆塞耶？答：今欲令證佛説是實法，列衆聖共歎。此中凡三雙，一説大乘小乘，二説在□□□□□男女也。五千人中有千餘上座，偏舉四人者，明此四人□□□□□即與人現樂。又身子目連是定慧善吉，行空□□□□陀有行也。又身子目連，佛尤在面，善吉説教，至□□□□座，佛滅後住持佛法，又佛施衣分座共座也，則是千餘名德也。此中列聲聞菩薩及在家衆，則是上證《經》人。何以得知？《論》問云，羅漢所作已辦，何故歎波若？答云，人知羅漢煩惱已盡，菩薩智慧雖勝，煩惱未盡，故敬重羅漢，所以歎也。二者此羅漢有慈悲心□揚化，故引爲證，云般若是真實法，能生三世佛及世間樂，具□□□佛是一時秤歎，未是究竟可法，故今第二衆聖共歎，則□□□真實忍法也。問：若爾，前何故云滿十方，身子目連不□□□智慧？答：須儀般若非大小，大小方便非勝劣，勝劣方□[二]身子是般若。身子波若非大小，大小方便身子亦非大小，大小方便身子非大小，大小方便勝劣方便，豈可言定劣定勝？故前明非劣爲劣用，今明證維[三]非勝爲勝用，故劣□不可作劣解，□□勝解也。

白佛言下，第二正歎，有二。初歎人佛，就人、法兩義説□□□□應就法門説般若，往生就人門説般若。今領解讚此二□□□領解譬喻，就歎法中爲二，初正歎般若，二結勸修行□□説般若勸學，今領解中亦證歎般若，亦勸學也。證佛二事，舍利弗入奉鉢，則是秤歎般若功用，勸學從開宗正説般若鉢，今還領解此二也。就正歎中有二，第一歎般若德，第二釋歎。歎般若德三，初就空有門歎，二就有空門歎，三合就有空空有門歎。上正説復□[三]，初第一義門則有空義，次世諦門則空有義，三合明二行□義，故還領悟上三也。門故一一皆同對上，答論至引諸羅漢□□□□□客孤迥別作異歎，便非證説，此相望皆大判，不可一一相至也。□□門歎般若能成大事功德，無此八句。初句摩訶者，佛道最大，般若能到，故名爲大，一切智慧中第一，故言尊，亦爲十方佛尊重，故云尊也。正□□五度，故爲第一，五度不及，故云勝。如五根不及意根，能自利利他故故[四]妙也。一切□□故云無上，無有法與同，故言無等，諸佛無等，從般若生，故言無等等也。□□□□□□□空歎般若畢竟清淨，離有無戲論，虚空爲譬喻歎，下四□□□□□□□□□□□□空畢竟淨，一切戲論不能壞也。下四空明般若所以畢竟淨，有無照窮實相爾也。以四空攝一切，空無萬相爲自相空，諸法本性□自性空，相空故萬法空，爲諸法空，此空亦空，故爲無法有法空，則是離有無戲論也。一切功德下，第三合就空有歎般若，畢竟離有無，故明監實相，具成萬法，與諸行爲本。初句歎般若總攝一切行，如日出□無□□□般若能成衆行，則是衆行不本，因般若故一切行成，若不以□□□□□□成行，故云一切功德本也。不可破壞下，歎般若一切世間不能□□□□□□□。二釋歎，則是歎功用，良□□菩薩皆從般若生，故歎般若也。前明菩薩行般若得利益，謂因行成果德立，次歎三世佛由般若，故因行成果德立也，則文可知也。無等等布旋〔五〕者，心無明心，施此無比，故云無等等也。又諸佛無等行此施，得與佛等□□□結觀行，如文也。

從世尊下，第二歎人羅漢歎菩薩，時心生□□□□□□云菩〔六〕道有智故知禮，菩薩三惡道所知也。

佛告衆弟子下□□□□不虛，故佛述前衆聖證佛說，令〔七〕佛印衆聖說，此述多是宿世善□□□□也。上歎人法二，今但述歎人者，上歎人義略，故今述廣歎也。又上歎由般若，故有因果，今歎由菩薩，故有互現也。初正述，次兩何以故釋歎。釋歎有二，初何〔八〕故，釋世出世依正果，皆由般若有，第二釋由所以，因菩薩自□〔九〕，復令衆生行行，故衆生得世出世果，當知皆由菩薩有也。問：世樂具皆由□□□□施功力？答：由菩薩教衆生三事，一施二戒三善心。上品行此事□□具，中品行此三事，人中富貴，自然得樂具，下品人行三事，施功力□□□菩薩有也。若不由菩薩，有如餓鬼，雖遍求食，無此三事，故求而不□□劫明求亦不得，故知求而得是下品施戒也。問：若由菩薩有者，衆生何須此修施戒？答：要須由菩薩教可，衆生乃行施戒，不爾，不解行也。問：衆生□施戒，樂起罪業，菩薩應有□□，若菩薩不教行願，善不得樂，即不得起罪？答：□本說善，不令起罪，此是衆生自起，如人作井，不令行者，墮中盲人□□□□□□□□□知更樂必起罪，何故令起善？答：若無菩薩，其亦起罪□□□□□□□□□□□□。有解云，佛對身子自説《般若》五品半經，此一品結，上所説□□可徒令者信受，故出舌相也。今謂不爾，上已出舌相，今不應更證□□□□講云，此品結前生後，結前明如所説不虛，生後明更集衆，今不能可□上已明，今不應更證。又論無文也，今尋此亦是生起第二，今明説意上□□令廣説，以般若深□妙不可頓明，故上略説。今方得廣説，前□中根未悟，更□説。又受悟不同，有聞佛説得悟，有聞身子説□[一〇]，前衆集，今爲後衆。雖又上就一門説，今更□第二段轉教説，有二十一品。爲二，初一品爲[一一]所説解起，第二二十品正明所説。更出舌相放光者，五義。一欲令與善吉有解集。二表善吉説般若不虛。何者？恐物疑教菩薩法，聲聞云何解？又本以上化下，今令小乘人爲十地等菩薩説□事不輕，故今出舌相，表舉人非謬，所説不虛。三者爲後來衆表般若□□，令菩薩信受。四出舌相者明是般若果，欲得如此果，令學般若因。□□心放光現變十方天人，得悟無生，當知説般若有多門，色聲並是□，未曾色聲也。此品爲五，一現舌相放光明，二時會並集，三因供養重現瑞，四時衆悟道，五佛歡喜爲其授記。初如文，論云，般若非一會説，故更現舌相也。衆有二，初十方菩薩衆集，二諸天衆集。菩薩集有五，一覩瑞疑問，二十方佛釋，三十方菩薩欲來，四十方佛許，五賷供而至，如文次第。二□□□文處易知也。是諸菩薩下，第三因供養重現瑞，表萬行因，同悟□□[一二]，表衆人雖異，同悟一無生忍也。是時釋迦衆中下，第四時衆悟□[一三]相光明，即見十方佛，復聞十方佛説法，復見十方菩薩，來後重現□[一四]，則得無生忍也。第五佛記，云云。如以因見華悟道，故皆號華積，可與覺華因華悟，名覺華也。

三假品第七[二五]

此下二十品，正明須菩提説般若。北人就此爲二，初一品正命説，第二從初學至無生十九品，受命而□[二六]爲三，一佛命，二請説法可言，三佛示其説法可言。有人開爲四，第一四□有門説，次有十二品就不有有門説，第三十無品結成第一，第四無生□□也。今不同此説，持公云，開爲四，第一正命説，二示其説法可言，三□□□，四時衆悟解。今亦不同，禪可[二七]命意，《大論》生起《舌相品》，明般若□□説，若爾，從命説是異時會。今開命爲三，初《舌相》隱命緣起，即命説前事，第二《三假品》以去正命説，第三善吉受命説。般若上順佛心下□[二八]根性，不違諸法實相，故如來述歎勸疑語[二九]説，反時會得道，此是轉教□，則是序正流通，三段但既合爲一門，故不作此名也。

就正命説中，一命説，二受命爲菩薩略説，請佛印成，第三佛廣述其言，成其所□□歎命廣説。初三，一題名而命，二時衆疑，三釋疑，成佛命義。

《三假品》者，五解。云云。今明三假則是開宗，般若可相，但常明見空得道斷惑，見有不得，今明若見空斷惑，見有不斷惑，只應題空品，那題《三假品》？今既開宗説三假，令人悟道斷惑，何意不得見有斷惑？□[三〇]空斷惑者，爲見空是空，所以斷惑，爲見空不空，而斷惑耶？□□空斷惑，今不見有是斷惑，若見有是，有既不斷，□□□何斷耶？惑若□皆不斷惑，得道何故爾？既見空實有，故十八空既是斷惑，無明得道斷惑。問：彼宗七品絶四句，豈是無耶？今云彌[三一]是無，以無復四句故也。又汝真諦是無，因果世諦是有，因果決不得，今世諦無有因果，□□□實有可無耶？本是真空，乃成僞空，何故爾？即有而明空，乃是□□有，故是僞空。本是假有，乃成實有，何故爾？以有此假有□□，故對作二諦必有，所以假有真假有，真空假有不有，故有□□□不空，故是真空假有，故則是空不空，故空則是有，故一師云空非空故空，非空之色空，色非色故色，非色之空色也。今言三假者，儀[二二]假有假無不無，故因假得悟，故斷惑得道，故歎初明三假也。問：何故命善吉說？答：前已對身子說，空無量弟子，故次第□。□□[二三]故不命餘目連等？答：二義。一者善吉行無諍定有慈悲，□□□[二四]明菩薩問菩薩事，此歎有行。二者般若非空非不空，□□□善吉作空名說，善吉解空，能巧說空命可，此歎空願[二五]也。問：佛何故不自說？答：亦有二義。一者衆生見佛身相是須彌王，舌覆大千世界，畏佛威德尊敬，有疑不敢發問。二者有發問能自晝，故命餘人說。問：何故不命菩薩說？答：六義。一者菩薩滅[二六]法亦大。二者□煩惱未盡，形儀不及聲聞。三根緣喻在善吉。四者示般若□在菩薩顯是疑相。五者有二般若共不共，今是共般若。□[二七]引小故命，若菩薩宣揚大道，此自是常體，不能引□[二八]說大，初於小心。

第二時衆疑念者，說聲聞無力，不應爲菩薩說法。又般若不屬佛，不屬二乘，但屬菩薩，即是菩薩法。又前勸菩薩學般若，故知非哥法，故不應說也。更明四句能說法不同，故具四句。一命菩薩爲菩薩說，如《華嚴》還令大人說大法。二命聲聞□□□[二九]說，如此經欲引小入大。三命聲聞爲聲聞說法，此秤其所，經中身子爲謂小乘說法。四命菩薩爲聲聞說法，爲引□□□，如淨名也。

第三釋疑者，常云傳燈者，一燈燃爲千燈，佛燈□□，善吉則解佛燈，敢疑佛弟子者，是答明一切佛弟子，若有所說法，皆承佛力，豈是我可一人耶？又示說法可方，凡是一切佛弟子，不□佛命不命，佛面前佛滅後有所言說，皆果佛力，恐佛親命□□佛前問而不果佛力耶？然佛說法相不相第一[三〇]者，此釋畢佛力意□□，一切法相不第一，故答佛力。若畢佛[三一]說，則如佛說，佛說

□相，則我說，亦不違法相也。學此法得證者，上歎佛說不違實□，佛得如傳語人也。如證[三二]者，如雖有眼，無燈則不見道，若無□□燈分，雖有慧眼則不見正道，能爲菩薩說也。經得品佛教是燈，我識佛教了悟，故佛說如燈也。一切聲聞實無力者，常云前釋□疑，此菩薩疑說，不但一人不能爲菩薩說法，一切聲聞亦無力□□□□說法也。

爾時慧命下，第二正受命說陳所悟，請佛印成□□，並是隨解作此說也。然須菩提既不解般若，佛如今說□□不解，何不加凡夫說耶？然佛悟般若，須菩提亦悟般若，同佛所悟，故說同佛說，須菩提所解，還佛所解，故云皆是佛力。以法成人，法既是，人寧有異？故須菩提能陳佛所說。他云，須菩提定小非大，今不然，須菩提體般若人，般若既無大小，須菩提豈定大小耶？故在大能大，□□□也。問：佛命須菩提令說，則應奉命而說，何故云不見菩薩□□命耶？釋云，不違命也。佛令我爲菩薩說般若，我不知何□何者是，菩薩亦不知何者是，分[三三]求能所並不可得。如《奉鉢品》問宗明畢竟不見，菩薩人所行法，不見行不行，如是般若，見[三四]佛是能行，般若法是可行，則有所行到[三五]不行般若。爾時衆謂，佛命須菩提□□菩薩說般若，則言須菩提能說之聖般若，是所說之教，菩薩□此因緣名爲說法，故命則淨。如此諸見則名般若，不見菩薩□□□爲可人，既無能說人，則無所說教，如此能說人所說，畢竟不可得，則名說般若。若本淨一切見，今淨如此是，豈非般若耶？大意《奉鉢》破行爲宗，此品破說，故以無說[三六]爲主。上明無行，故是行般若，今明無說，故則是說般若。須菩提若無言，於無言真是悟無言，今令悟無言，故言於無實[三七]言可。須菩提未解說故，若就佛請□□□方，今明若須菩提未解說般若，云何佛已命耶？今不□□□□□是，却責淨說法見，淨說法見，則是受命說般若也。今明破洗如此說，則是說般若法，一切行則是行般若，行般若故名聖嘿然，説般若故名聖説法。若心有所行，則是行顛倒，若口有所説，即是説顛倒，豈説般若耶？問：善吉何不受命直説，而作三句問佛？答：善吉欲自陳所悟，請佛印成，故還印成三句，則顯善吉悟如佛悟，説如□□□□大衆方信，轉教始成。問：上已釋疑，今何故須印成？答：聲聞□此是下化上，其事不輕，故重須印定也。故下《集散品》□□〔三八〕□云，不見菩薩也。佛教説般若，不云有菩薩可教，有般若可説，命之本令解此而説，是故命也。有三問：一道理無菩薩，此是實相空境。二以觀智求，又不見此明，因空境發空觀，明二處俱無菩薩，云何救耶？此明二處既無，則無言可吐，須菩提自陳三句，則三般若，實相中無菩薩，則實相般若，觀照無菩薩，則觀照般若。

第三發言所教□若也。上經初就佛求人法不可得，故開宗云，不見菩薩字，菩薩性□□□，何令我教菩薩耶？次自解求不得，我不知何〔三九〕教耶？佛答：三問則三。第一問爲二，第一佛廣述能所説，以觀菩薩字，二反問須菩提印成能説。初又二，第一略破三假，明菩薩不可得，觀菩薩字，二者廣破三假，明菩薩不可得，令菩薩學。初又三，第一法説，第二舉譬説釋，三舉三假結觀。初有二，第一借名以破三假，第二借三假以破名。今是初□法假，次菩薩則是受假，菩薩名及般若，即是名假也。明菩薩□般若但有名，此是假名，爲受假名，爲法名亦是假名，名故借名□□假無所有。不内外中間者，第二借三假，復除此名也。肇師云，名無得於物可功，物無應名可實。名無得物可功，則是無名，物無應名可實，則是無物。非名非物，安立如色集〔四〇〕二法，故名火。今火名若在二法内，即火名差火喚火應燒口。火名在二法外，喚火應水來。火名在火外，亦□□水外，在火外既火來，在水外何不水來？又俱外應俱不來，又□火不來及擲難也。二法中間無安火處，故不在中間也。

譬如我下，第二廣舉法譬，合説八譬七合。今八譬爲六，初舉人法爲一雙，次舉内外爲一雙，三舉過現爲一雙。人法者，舉未爲喻，信分既無，三假亦無，譬如身下，第二舉法爲喻，云我是廣法故無，法不應無，故次舉法也。次内外一雙者，論云，有二菩薩，一坐禪二不坐禪，菩薩爲□□[四一]釋，舉内身爲喻，爲不坐禪菩薩，舉外物爲喻也。能佛意只今□□□上治身病，有自利爲他説，亦令安他身上令得他利，直云世諦故有，瞋諦故無，北人云實相故無，世果[四二]故有，此何答自他耶？譬如過去以下，第三舉過去現在爲喻，過佛已滅，但有空名，喻信既爾，諸法能次舉十喻。彼云過去是無，可有空名，現在是有，不應是無，故舉十喻，所見聞者，皆如十喻也。

如是須菩提下，第三舉三假結勸。論云，破名波羅攝誓，至受波羅攝誓，破受波羅攝提，至法波□至諸法實相也，次第破則入實相中也。論解三假有二。一云，五陰是法假，五陰成人是受假，人法有名名假。二云，如衆微塵成麤色，爲法假，從麁色更出法，如色觸合故有大名，色心合故有人名，是受假，從是名處更有名字，如樹根枝等，名更有樹名，竹木合更有合名，是名假也。此中舉三假勸菩薩學者，非由來所願三假也。今明一切生□譬涅槃法是法假，三乘聖人及六道衆生是受假，如此人法名字，是□是假三也。假法非法非不法，假受非受非不受，假名非名非□，勸菩薩如此等學也。今《經》中前破名，云此名不内不外不中間，故言無有名。或者便云，若無菩薩名，寧得有菩薩現。見有菩薩，故不應無菩薩名，故破受假。本有名受，既無名，寧有受？復云，若無菩薩，寧有能成五陰，故復破法假。有到實相，無人無法，無物無名也，自有從受，其至法受，其至名也云。

復次須菩提不見色名字常下，第二廣三假不可得，故無菩薩。上略明三假不可得，故無菩薩。問云：何是□廣？答：上宜就内、外、中間三處，覓菩薩名字不可得，故是略觀。今廣就一切處，覓名字不可得，説常無常乃至生滅等，以無名故物亦無，故是廣觀。上略明三假不可得，單破有應治，廣明三假不可得，雙明離有無病，故云不見常無常我無我，則中道行也。上略破病未足，故未得果，今廣破病具足，故明菩薩得果也。上横論三假不可得，今竪□〔四三〕不可得也。問：既破三假，應言假〔四四〕不可得，何故言菩薩？答：以須菩提□不見菩薩，故無所教佛，今正答其此問，故言無菩薩也，實是無一切法也，亦是一切無爲明無菩薩，菩薩爲明無一切法也。

問：此品何故前破一切名字？答：今轉教大衆，言有教可轉，故今明名字一切處，求不可得，豈有教可轉？知如此無教，則是教菩薩也。就此爲五，一令菩薩作無分別觀，破菩薩名，二令作實相觀，得實相慧，三無依〔四五〕著觀，四作此觀□果，五結勸菩薩學也。初三，一正得無分別觀，故不分别名字，有無常□〔四六〕也。從何以故下，第二釋可有爲性，亦不見此攝廣作略，所以不見常□者〔四七〕，正言有爲中不見名字常無常，無爲中不見名字常無常，當不見爲無爲中，豈見名字常耶？菩薩行般若，是法不作分别下，第三結無分别觀。勿作由來世諦有分别，真諦無分别，今勿作地論緣修有分别，真修無分别，今勿作北人實相無分别，虚妄中有分别。今正云，菩薩覓一切分别不可得，從來分别常無常成分别見，今覓此分别見，得不分别也。是菩薩住不壞法中下，第二明作實相觀，由菩薩□□□所分别，故是實觀，若有想謂分别，則是虚妄耶觀也。亦三，初作實相觀，次釋，次結。住不壞法者，若分别常無常，則是未曾常無常，亦作常無常，豈非壞法相以住，實觀〔四八〕中修一切？今不見能修可人，所修可法，觀體亦不見名也。次舉實相釋，次結觀智假名，如文也。知名假已下，第三無所著觀，由得實相觀成，故心無所著，所心不著者，非是□故不著，正求一切法不可得，故不著也。求之可得者，乃可云著，可非，但不著一切法，亦不著實觀，不可得一切法，故不著一切法，則解淨亦不著，觀淨故畢竟淨，不知何以，自可强名正觀也。此亦三，初明不著，次釋結，次觀，如文也。結如是行，增益六波羅蜜下，第四得果，如文。上來略說，及此廣說，法是因行，此文始是得果，上明因行無所得，今明無所得□〔四九〕也。菩薩應如是，知名假施設下，第五結觀也，須菩提於意云何□〔五〇〕，佛反問須菩提，明覔菩薩不可得。

問：何故佛反問耶？答：有人解云，此釋疑故來有二意，一者上佛難教其說，云菩薩不可得，但有名字，作如此教，未知其解。此說二意，謂須菩提由來唯願〔五一〕衆生空，未解法空，佛上多就法空說般若，未知其解法空爲不解法空，是故反問。若解乃堪說，若不解不堪說，二義故反問，令其自陳□□大衆，大衆意，大衆乃信，始得爲說也。今謂文意不爾，此疑何？上大衆已疑善吉，善吉釋疑竟，云牢佛力說，云何方有疑耶？爾一者，佛上檢無三假，故無菩薩，今令須菩提檢無菩薩，以佛自檢弟子，復檢大聖，因聖若自若他，無檢菩薩，是則菩薩，菩薩見□□始，大衆始信也。故三法印中云，一切法無我，一切法中無我，亦是一切又共檢無，始是一切無我也。

問：三法印是不了義，何故言一切無耶？答：顛倒□乘小乘，同明無有此分，豈是不有義□□□□□？二者佛難〔五二〕說無菩薩□，反問須菩提說者，顯須菩提解問也，則說如佛說，故則是佛菩提皆佛處也。問：又佛上言一切法不可得，成須菩提說，今令須菩提一一釋不可得。問：佛上說無菩提，與今須菩提明無菩薩何異？答：佛明法無故人無，則是三假無，故無菩薩。今須菩提則是人無故法無，菩薩無，故三假無也。三假爲論，佛上多明無名假法假，故倒〔五三〕無受假，今正明無受假，倒明無名假也。就文爲二，第一檢無菩薩，則是無菩薩體，第二檢無菩薩，則無菩薩義。菩薩義者，以菩薩名爲義，如俗諦以浮虛爲義，真諦以真實爲義，釋名則是義，故檢無菩薩義，則是無菩薩名也，檢無菩薩體，則是受假空，檢無菩薩名，則是名假空也。如是生法空也。

問：何故不云無菩薩名，而作義説耶？答：或者多言有菩薩有義理，以是故一切無菩薩義，則是無所見義理也，亦是上來一切處，求一切名字不可得故。略〔五四〕門就内、外、中間三處據無，廣中就常無常等，檢無名故。今不復檢如，故作義檢也。初文爲四，一者佛數〔五五〕善吉奉答，二者佛重責無可〔五六〕所以，三者須菩提述無之所以，四者佛見其内悟故秤歎。今是初云歷舉諸科，問：覓菩薩須菩提歷法奉答，明菩薩衆緣假名，有一一法，豈是菩薩邪？初中約二義，□問云成四開，一就有以明則離俱無菩薩，二就如則離俱無菩薩，生是□〔五七〕諦中則離俱無菩薩，次是第一義諦則離俱無菩薩。可增二諦中無生不可得，二諦内二諦外，皆無衆生常，何得世諦有第一義無離〔五八〕？第一佛重責者，汝有何所以，故言二諦則離無菩薩，爲當有所以言無爲，當無所以，得言無離。第三重答中有所以言，此答有二意，一者衆生畢竟不可得，無有衆生，云何今於二諦内外耶？二者二諦法畢竟不可得，衆生復在何處而有耶？第四佛歎者，以須菩提知衆生畢竟空，二諦法畢竟空，畢竟空是佛所行，汝今能行佛所行説故歎。□佛復向則令菩薩亦作此字〔五九〕，知衆生畢竟空，般若法畢竟空，此人法無生，得無生忍也。

次反問須菩提，明無菩薩義中，亦四。初舉法，一一歷問一一奉答；二重責，其無義可〔六〇〕所以；三重答，顯無義之所以；四秤□□四文可知。重答中須菩提就兩義答：一者根本答，色尚不可得，何□□〔六一〕無常。明色是根本，常無常是未有色，故論色常無常也。今色畢竟不可得，豈有常無常中耶？二者就未中相待門答，名有色常可□，故有常無常，尚無色常，豈有無常名？言色是世諦有，可有色是真無故空，尚無色世諦有，豈有色真諦空？此二答既巧，故佛□□即勸菩薩學也。

問：佛前責菩薩體中，直歷舉諸科問答，今何故歷諸科，而復舉□[六二]無常爲問？答：佛則是破菩薩義明，則常無常空是菩薩義明，菩薩以常□□□□□義以無常爲義等，故舉常無常而復舉科者，前問責體故舉□，此一責義故不復舉諸科，但舉諸科中常無常也。此常無常則是義，以是義成菩薩，以菩薩所成義是能[六三]故，今責無能成之義也。又今反問須菩提，還釋佛二責，初章一捨門無人，次兩捨無法，故無大[六四]。今反亦兩，初一捨門明人無故法無，次兩捨門明人法無也。汝言分[六五]不見菩薩下，答其第二問。就中爲二，初述成其不見義，二明以不見所得，對上無所畏。初大意直明，何但汝不見菩薩，都説一切法畢竟無所有□[六六]見義，諸法不見諸法，此總明有不見諸法，不見法性者，有不見無法性，不見地種者，不見前有也。下攝廣爲略，不出爲無爲無相見義，何者？有爲外有無爲，無爲可見有爲，今有爲邪，無爲誰見有爲耶？又不相離，無是爲無爲，非有爲非無爲，何物相見耶？得無畏有三，第一明不見一切法，故不見境，故無畏，則是見境空。第二明不見心好，故□則是心空。第三明言界不可得，此是佛心好根本也。

勸學品第八

上自陳所悟諸如來印成經，善吉悟如佛悟，説如佛説，故大衆方生信仰，故今始得奉命而説，更開爲三。第一明説般若前秤歎勸學，兼示巧説可方，令虚心信受。第二從《集散品》至《無生品》末，舍利弗菩薩不離是念，所謂大悲念，正明奉命爲菩薩説般若。第三從《無生品》末，爾時佛歎須菩提，善哉善哉，其有欲説者，當如是説，忌[六七]亦如來，是秤歎述成，時會得益，後段別後品。今前舉諸法，行勸學般若，故云《勸學品》，也開爲三。第一廣四果以勸學，第二明學有得失，示勸學可方，第三身子秤歎，成勸學可方。

就初舉七科勸，一舉六度根本勸，二所知境勸，三舉所斷勸，四舉通學行勸，五舉三昧陀羅尼一勸，六舉慈悲化他位勸，七舉菩薩所離勸。問：佛上勸何異？答：上廣勸略説，今略勸廣説也。上已廣勸故須廣，故秤廣爲略。上既略説，今須廣説也，即演略成廣也。問：何故上廣勸略説，今略勸廣説？答：般若難可信受，故初須廣勸，不可頓明，但得略説。上已信般若，故不須廣，還爲未悟受，故須廣説也。問：上三品中並初，初勸學，今何故更勸？答：上佛自説，今命説，既有兩説，寧無二勸？上爲利根前集者勸，今爲中根後集者勸。又上是説前勸，今是説後勸。如人未食前歎食，二得味更欲得餘食，故勸，□未得般若故勸，已聞般若得般若味，欲得餘功德，當學般若。又上《三假》末云，不見四事謂菩薩，菩薩字般若，般若字則是教菩薩般若。物情生斷見，故明般若，雖無所有，具一切功德，故須菩提即上借無以出有，破其常見，今借有以出無，破其斷見也。般若未曾有無，此皆是般若方便，巧治病秤也。又般若欲深妙，故重秤歎，故重言善哉也。欲知色下，第二舉所知勸，以般若心，云能了知色也。知色無常，此是般若，知無常知色有，彼豈是有耶？問：觸實能生想行等，何故云眼觸因緣生受？答：觸能知根塵，見惡色、生苦受、起瞋見，好色生樂受起貪見，捨受不苦不樂，則生癡見、如見等，以因三受生三毒，得三界果報也。餘非生死根本，故不言也。言斷下，第三舉所斷勸，雖用餘智，終不斷分，得般若勸，斷號斷也。無有四結疑品□是四見，四倒繫也。見思二惑、五住地八倒等，皆般若號斷，人言集品方除八倒，此性漏修四倒者，訪般若也。問：昔諸師此中云，欲不墮二乘地，當學般若常，云何言般若是三乘通教耶？學般若化二乘，亦應學般若生惡道般若，應是惡道逼教耶？十善下，第四舉遍學行勸，亦學意三昧下，第五欲滿衆生願，第六欲得如是善根，不應墮惡道，此是菩薩。第七章，明學般若四種離，離三惡，第二離貧財。離惡道生人中，復墮貧財，須離不。雖生人中貧財，而學大乘，無方便墮二乘，如六十菩薩，故明不墮二乘地。雖不墮二乘地，猶墮菩薩頂，故復令離。可前二難〔六八〕離世間障，離三惡道世間重障，離貧財世間輕鄣。復離二出世間障，二乘爲重，墮頂爲輕。亦前二是凡障，次一是小聖障，次是大聖障，皆是聖障，故二也。釋墮頂不同，馮師云，六住空心爲頂，有心爲墮。師云，七地爲頂，六地爲墮。靈根□漸悟義，初地得無生爲頂，三十心似解爲墮。復有師得大、小乘，若十住中，第七住爲不退住名頂，六心退名墮頂。此皆諸般若師，今依釋論，以□其定，正以無生忍爲頂，三十一心將初地未共，初地行不退，故名墮也。問：何故無生忍是初地？答：《釋論》三十八卷云，聲聞忍法，世間第一法，是菩薩柔順忍，須陀洹果，乃至辟支佛，是菩薩無生忍，故知無生忍在初地。經云，須陀洹若智若斷，皆是菩薩無生忍。解性地文云，聲聞四善根，唯菩薩三種□，習種性種道種，此則聲聞四善根，唯菩薩三十心也，所以得知。頂是初地者，論四十一則云是一，何以故名爲頂，名爲位，名爲無生忍？論主答云：於柔順忍無生忍中間法名頂，然頂意不後畏墮，頂增長堅固名爲位，入是位中，不畏魔及煩惱，名無生忍也。既云一事遂義，故三具定是一也。問：則此文難解，既言順忍無生忍中有法名頂，文云頂增長堅固名位，□頂未是無生。問：經復生墮，頂無生故入位，則此文頂猶是無生。論云，一事亦名頂，亦名無生，亦名位，此經可論，復似頂猶是無生忍，此二處文相違，云何取定，未見好答？今説無生忍初地，有人無生忍心滿心，取滿心爲無生忍，取始入無生爲頂也。須菩提向佛云，何名墮頂？此則是第二，學有得失，則爲二。第一則失滿，此墮頂與字菩薩退，何處文□云此意不具，頂不退爲二乘，此人將入無生，勸於位退故不退，作□復未入菩薩位也。法生故者，則是生滅觀□二乘，二乘入空不見有，出有不見空，則菩薩欲空有雙習，而言見空有異，故空作空解，有作有解，故名生生，則心生也。論云，生無辟無，實相慧火，故正觀不熟，故名生也。下云順道法愛，法愛者法也，以修學無生，故云順也。向方便約，上有四種，一無方便學無生，墮三惡道，如意取方便得雖忘，乃至第四無方便學墮頂，有方便入位。今此中明方便無方便，正辨何物？答：正欲示學有得失，明勸學之義，成觀學之義也。問：約何物論方便無方便？答：正約學無生觀，論得失無方便，學無生作無生，約於無生解於無生，觀生心則身生滅，故墮生滅中名墮頂。若於無生觀不生心，若無生故是共頂，此位名無生忍。問：云何於無生不生心耶？答：能令無生觀息□，是息無生觀諸法，何曾無生觀不觀耶？

云何菩薩不生下，第二明學有方便。就文有二。第一明菩薩不見空，故不起空見。二明菩薩不念有，故不起有見，以離此空有，故得入菩薩位也。此是不生空有心，內空中不見內外者，作樂無解。如前云，諸法不見法性，法性不見諸法，諸法中無法性，故不見法性云何。今明不爾，諸法法性不二，故無諸法，乃至法性何所見，今內外不二，故無內外。何所見論云，或人論人生時，外大成內，此是外空成入內空也。既時內數皈外，此是內成外空中，此應是外有成內，內有成外，云何是空成耶？釋云，外有既作內，豈不外空作內空？菩薩知外，不來入內，知皈外故，識無來去生滅，故云不見也。問：是是內有不見外有等等，何是內空不見外空？答：菩薩知內外二有不二，內不外內外不可得，內不見外，則是住內空不見外空，內外有不二，故不見內外有，內外空不二，故不見內外也。不見空者，則是不起空見耳，爲前行空無方便，著空故墮頂，今不見空見，故入位也。不念色下，第二明不念竟有，故不起有見也，有二，初明不見有，二論不見有。初中三，一明不見一切諸法有，二明不見三心，三釋不見之意。初如文，得是心不應念高下。第二明不念三心，故不起有見，不應存著，繫念一心，故不應恃，此自豫念，具忘此功德。能此三心，是菩薩之惡行，故不念也。初是菩提心，二無等等心，三大心，以發心求佛，則名菩提心。諸佛無等，此能與等，故諂此心，爲無等等心。而發此心，無行不行，無願不願，發拔一切苦與一切樂，不求思[六九]分文決定不退，名此心爲大心也。次約□[七〇]廣[七一]門配此三意，檀尸爲菩提心，以行檀故得豐財爲富，行尸羅故不墮惡道，生天人中尊貴，二事成故無事不辦也。次忍進二度爲無等等心，佛名無等，菩薩得無生忍，割截如截草木，其心不瞋，慈念怨家愍而何説，此心似佛，故云無等等也。法忍中知法畢竟空，而常修願行，故此二度亦是奇特，復似佛也，禪慧二度，是大心禪中起慈悲者，一捨以方便念行，不墮常見中，是大心慧中知一切法畢竟空，不墮斷見中。此二心能成大事，故名大心也。約三義翻，初發菩薩心行六度，故内無等等方便，故爲大心。此解似配位，初發心爲地前，次兩配七地，然横論實，實通二也。

善哉下品，第三身子歎成勸學，所以善吉有三勸學，二度明巧學般若。今成其二歎，善吉能説巧學，成後第二學二重勸學，前第一也。有人言，婆羅門徒，梵天口生，故於四色分生中，一人中上，亦墮世法，故云從佛口生，從見法生，稟教也。從法化生，此是無生，生如幻化生，異常人生也。取法則取無[七二]根力覺道等，不取財，如人佛法，但爲利益，不取財也。又如惡子不受父母教誨，但取父母財也，得不壞信，故得自信，諸神通滅空階，自身證得，故言自證也。

第二勸學者，今問：前文云墮惡道不墮二乘，當學般若，今云何言欲學二乘當學般若？若爾，若欲得墮頂，亦學般若也。而無方便，故墮頂亦學般若，無方便墮二乘地。會作二義一者，此是勸二乘學般若，堪得般若聞成菩薩也。

何以故，心相常淨下，第三釋上不念不應高。若心本不淨，由汝作勸念，心淨，汝則巧能，可得自高。心本常淨，所有有何巧？所以自高。其有心，可有存念，佛本不有，何所念佛？本不有，何所念耶？次身子問：等是無相，此第三出無心相體。答云，不壞不分別者，從第二有方便，示巧學得入位，使至下可有四轉勸，内不見外空，明不見空，次不念色等，明捨有一也。從身子作有無，責正勸心，故明正觀，非有無心，不得有不得無，兩轉也。今以總義，明非是壞有無，言非有無，亦不分別有無，以其不壞，故不出有無，外不分別，故不存有無。内蕭焉無寄，乃名學般若，乃名入位也。

第四廣例萬法，恐物言菩薩實相，觀心如此也。法不然故，今明萬法乃至佛道皆爾也。一問答，望論開爲慧問答，問中慧者，但心不壞不分別，五陰亦爾耶，則有答五陰亦爾。次問云，但五陰不壞不分別，佛道亦爾。此欲是舉下，最上明心，兩佛道中等不二，皆如此也。釋學般若作二乘義，今明作二乘有二種作，一拙作，失般若故作；二巧作，此是説若方便用也。問：師常云三乘學般若，無復三乘，亦無復[73]一，如下經明，非但無三乘，無一菩薩乘，而今有三乘者，仍本名耳。又是般若方便，無三三也。今文何故不言二乘學般若，而言作二乘耶？答：今學般若作二乘者，此是令二乘學般若也。問：何故爾？答：令三乘學般若，則二乘不受，不學。今欲誘小上心，令學大法，汝欲得小乘，但學般若，其若學，則不成二乘，成菩薩也。問：何故知爾？答：下論云般若不屬二乘，是菩薩也。問：今學般若，作有所得二乘，此事云何？答：今般若中萬種方便，有五戒方便，則十善方便，有大乘方便，有小乘方便，此是般若小名，爲大、小般若，不觸自作小小解，失般若中生滅觀，此是無生滅生滅，彼不則作生滅，故生此非般若咎。又所念法，法本不可得，何所念耶？皆釋上來不念一切法義也。此非如此，人云如來藏，心名常淨，亦異僧祇人心本淨義也。

舍利弗下，第三論義，五番問答。因修論心常淨義，爲初番論上常淨義，次兩問答，論常淨心有無義，第三兩問答，出常淨心體。今是欲初不合不離者，凡夫心有毒，與三毒合，二乘心無三毒，與三毒離。菩薩不同凡有，故不合不同，二乘無故不離。又凡夫二乘，並皆有心，故與三毒合。合與離，令菩薩了心，不曾有無，誰與三毒令離耶？問：既釋心相常淨，只應言心與三毒合，故不淨，不與三毒合，故淨，云何言不合離耶？若言心與而[七四]三毒離，別是有心見，何謂心常淨？正以心畢竟淨，不曾有無，誰合誰離耶？常言人心是善惡一，若爾心一，則善惡亦應有四難，如《百論》破神品也。若不合離，心應有善惡，善惡不開，善自作善，非心作善，善自受果，心終不受也。次問：有是心相下，第三論心有無，問意有此，是無心相之心不。上來明不念空，不念空有，空有念空，是生滅，則常心。今有離，離無上觀，心不若有，此心經入攝，若文，此心經入無攝，還是無不淨心也。又若有此心，則應念上，云何言不念耶？若無心者，上復何須離無等。今三種心得成佛道，反答中二句，初句標也，徒有心相無心相可得，不正反責，可有無上來覓得不？身子答：上來覓有無，不可得也。如墮頂若學般若，得入位也。二者此般若二乘法，若非大小，兩是般若方便也。然好言般若無小有大，然般若既不隔大，何得隔小？故昔有得小入般若，般若既小，大小則後大小。今有大小者，由般若有也。問：欲得人天，亦須學般若，此事云何？答：由菩薩般若，故方便説十善。今亦由菩薩方便心，般若爲二乘，如開人爲三也。

集散品第九

上可[七五]一品將説般若，故前秤歎勸學，則出巧學之方。今第二十八品餘經，正爲菩薩説般若，令菩薩如説學，亦是上大乘聞秤歎般若，故今爲説也。又《勸學品》正論菩薩生無生觀，則是説般若，以就勸學門説。今更就三門説耳，上略説，今廣説也。復爲三品，就三解脱門爲菩薩説般若，次從《句義》至《會宗》，十三品秤歎門，爲菩薩説般若，《十無》《無生》二品餘經，就無生門説般若，字義門説三無生，則還明菩薩字義無生也。以從《三假》至《會宗》，皆明菩薩字及菩薩字義，一句以例諸句，可謂無量句一句，一句無量句也。何故？只從一句答：命説大衆，正以無教教無説爲端明。問：何故無菩薩，菩薩字義爲無教端明？答云，無生物無生，故得異生，既諂無生，故語言斷物無生，故總除如傳也。又衆生只在名相中，如《善達品》，上但破其名相也。然三耶是道可惡門，破病可良術，故經起大小，小緣所行名小法，大緣所行名大法，行大法故，故名大人，得小〔七六〕故，故名小人，故開二乘也。就菩薩摩訶薩能行行〔七七〕大人，所行大法歎教，如此大人大法，以説般若，故第二就秤歎門爲菩薩説般若。若復有大人可得，能行大法，不可得，復名法例，故第三明人法畢竟無生，有人無人，方是人人不實也，了我無我，乃不理也，故就無生門説般若。就初三解脱門説般若，則三品，三品三假。初《集散品》，明衆緣和合，有有無所有，則就空門就。第二《相行品》，釋一切相不可得，無相門説。第三《幻〔七八〕學品》，明無作之心，故就無作門説。初就三解脱門説，般若可爲三人，亦可人三轉，爲見多者，就空解脱門説，爲愛多者，説無相門，爲愛見等，就無作門説。又爲樂真實者，既就空門説，樂善寂者，就無相門説，樂捨離者，就無作門説。無者空門破有，無相門破空，此句泯境，猶有作觀，故無作門息觀也。初有三門，一謙讓門説般若，二不住門説般若，三思惟門説般若，生起佛前，爲菩薩説。今明名本品體之本，應名不學不得有菩薩體，則是無有菩薩名，今化名字，則乖我觀，心故謙悔，則第六也。雖云不說經是爲菩薩說，令菩薩住般若，故第二破住，就不住門說般若。上說雖言廣說，必須識般若體，及般若功能，般若所對，方是受命說般若。菩薩識此三種，然後乃解學般若也，故第三就思惟門說般若也。

就初門有三，第一正明善求不可得，故若爲人說，則恐生悔。第二釋悔因緣，第三章知人不可得故得利。言《集散品》者，行般若知無集散，有一無生故無集，無滅故無散。二無來故無集，無去故無散。三諸法畢竟，故無集業，因果不失，故無散，此是二諦互彈用。四知世間滅諦故無集，知集諦故無散，互彈用，如智者見生則滅無見，見滅則滅有見也。初不得菩薩者，向品中已明菩薩菩薩字不可得，今何故復言不可得義?《三假》亦略陳所悟，爲菩薩說，請如來印成既竟，故初學學既竟，今還字說也，所以還明不見菩薩字，不見覺有菩薩，菩薩可得，故云不覺不得。上是略說，今是廣說，上是標，今是釋，以正觀求不覺有，故不得，非是智慧小，故不得也。二者衆生有四者，一欲愛得不淨觀，便易可破。二有愛則難，破障不淨，並見是有。三有愛知諸法有善，此非有。四法愛愛諸法，乃至無生畢竟淨，互相著此病，難破須菩提。上雖復破，故須更破也。如大樹非一斧可斷，今不淨菩薩者，亦不得須菩提，令誰說耶?佛不可得誰命耶?此非是行般若始，不可得[七九]諸法從來，本來不可得也。

分不得諸集散相，第二須明出心悔因緣，以一切法無集散，豈有菩薩?實無菩薩，而我言有，即是妄語，故悔也。就此爲二，初就非住非不住求菩薩字不可得，二者就不可說門求菩薩名字不可得。初門有二，前總明一切法集散不可得，次別明無集散也。是字不住者，上求集散不可得，故無有字。今說强爲作無住無不住，求物不可得，故字不住。物既無物，故亦非不住，無住是有不住。如是四句，又名與物不一相不住一，則境口名與物不異，呼火來故非不住。又第一義諦，故無物可應名，無名可住物，世諦，故不失名物也。世諦無名物，物〔八〇〕故無住而住，第一義名物無名物，住無所住也。

不見色集散相下，第二别明集散不可得，爲三。初明法無集散，二明人無集散，三明非人非法諸法實相。法中二，初别明世出世等法無集散，次今明世出世無集散，别明中兩雙明出無集散，次明虚實法無集散也。初如文，如夢五陰下，第二雙更明虚妄，五陰不生離等，爲實亦無集散也。離有四種，一身離，離妻子出家閑静，二心離，離結使故法兩明，此二離也。次二種離，一名離物，二物自相空，故離物自體。今正明此二種離也。諸不善下，第二合明世出世無集散也。我不得佛下，第二明人無集散也。不得實相下，第三非人非法亦無集散。世尊諸法因緣和合色，一無法可説，第二就不可説門明無菩薩名字釋，亦心悔因緣也。不可説門有四，初法説，二喻説，三合譬，四釋結。法説中有兩破，初别破有是五求破論云文，次和合中亦無可説，明因緣和合亦無所有，前破性今破假，譬如夢譬説也。如地下合譬，合譬中有二，初别明世出法不可説，次總明一切不可説。先明四大不可説，此間身本尚空，説身尚空，持戒是身，業亦空云下，云佛住壽恒沙劫，説菩薩名字不可得也。

若菩薩聞作是説下，第三求菩薩不可得者，使得利益也。

色中不應住下，第二不住門説般若，結須淨，識經中住不住語，結具有住不住。今不以住爲非不住爲是，亦不以不住爲非住爲是，若俱應般若，則俱是不應即非。今亦明住不住俱應般若，亦應不應俱住般若，亦應不應俱不住般若，善須得其意義，應無所應，住無所住，無所住而住，無所應而應。云云。就文爲四，第一正明無住行，第二明有住行爲失，第三明無住行爲得，第四舉小説大。初以復次，今爲四雙。初明不住世間出世法，以世間出世間法畢竟空，故無可住，亦非是破法別有畢竟，故不住，只此法則是畢竟空，無可爲住。初中三，標釋結，下諸科例爾也。第二不住禪慧諸字門，即慧神通即是禪。論云有二，菩薩一智慧，分別一切經書文字，二坐禪得神通。此二皆不可得，故不應著，此故無所住也。一字門如他，一字一語如地各語，二字二語如水名周監。又一字門如阿字，即知一切法無生，二字門如頭佉，即知一切苦生悲心也。色是無常不應住上，單捨不應住，此明兩捨亦不住上，横論萬法不應住。今竪論不住，第三雙緣觀無所有，故不應住。初明一切觀不可得，故不住，次明如實際等即是緣不可得，故不應住。第四雙明三昧門陀羅尼門，畢竟以緣觀淨故得，三昧門中，此得實無得，今不應住。

世尊如菩薩下，第二章明無方便作住行，爲色作行者，以著色故業，名爲作行也。

何以故？色是不受，第三舉得明失。問：二乘亦得無受，云何不與二乘共？答：二乘無廣大，不用不除，不利不堅固。又二乘得羅漢時，不受菩薩，初心即知一切法，本來寂滅不著也。若望《大經》，二乘無無所得，但是有所得故，菩薩方有無所得。若爾，常不應大乘初地，小乘苦忍，同會真諦，四句俱亡，與菩薩無異也。論又云，二乘有習氣，有礙有障，故非是無受，菩薩不爾。

是相若受若修可得者下，第四引先尼爲説，以須菩提上來兩説法畢竟空聞者，驚都不受，故今明小乘法中尚説法，空有人信受，況大乘中不明法空而不信耶。次遠説一食也，文有二，一取先尼爲論，二結明菩薩般若，爲菩薩故引先尼，先尼先竟，結明菩薩般若也。初二，一反釋二順釋，出其所悟。三結其所悟也。是相者，即明佛法中有一豪定相可得，則先尼不生信也。云何可信下，第二順釋出意所信，此中二觀，一作不受人法觀，二作離四句觀。初言云何信者，其有二信，初位佛能令其得聖道，二信諸法無生也。此中正出其無生信，言不受色者，釋上信義，則若婆羅門，能相一切種人，見女作乳糜，舅作一兩丈，此婆羅門言，一切智人能消此食耳。先尼是其舅先尼，是出家道〔八一〕，故秤梵志廣讀經書，坐禪求道，每至於堂，以求智慧。諸人樂論，云六師中，初師是富蘭那，其弟子死，大小皆不説其生處，五師有弟子死，大小皆説其生處。佛則不爾，弟子死後，生處大者，不説生處。是以先尼來佛所，具問上事，佛三義責不，而色是分不，二離色有我不，智無色有我不。四陰亦爾也，便悟無我，無我故不受我，既不受我，即不受五陰，我無故陰則無屬，便得生、法二空。此中但出其不受五陰，示明其得法空故也。佛以三問責不，然後而分別上事，小弟子我慢未斷，故有生處，大我慢已斷，故無生處。先尼聞是得初道，後得羅漢也。非内觀故下，第三離四句觀爲初，總就一切法明離四句，次別明離四句是智慧者，則是無生正慧也。自身爲内，他身爲外，自他合爲内外。又六入爲内，内外合爲内外。又觀心爲内，外境爲外，智觀合爲内外。此三畢竟不可得，故離此三方得無生不〔八二〕慧，第四句二不見無智慧，上三句明不有，第四句明不無也，皆釋上非有相非無相也。何以故？釋離四句不意知者，是能知可，人云法是能知之智，知處是所知境，非内色中。第二別約五陰明離四句，論云，此是觀五陰無常慧，然且據無常爲語，然則上是無生空慧也。三句明不即五陰，次一句明不離陰〔八三〕，即離二見，故得無生慧。所以無即離者下，解釋内外空故也。先尼梵志下，第三結其正悟心得信者，信佛是大師也，是悟後信，不捨不受者，正歎其語也。知煩惱見不可得，故不捨，知智慧六清淨，故不受也。是名菩薩波若下，第二結明菩薩波若也，受從有到無相方是度，今知相是無相，非相非無相，非此非彼，何所度耶？

應如是思惟下，第三思惟門説般若。論云，上以謙讓門不住得默，今説般若體。上雖爲菩薩説般若位，猶未般若體，則不知何心行，故今明般若體。文有二，初列三義，二釋三義。一者初般若，即實相般若，須名觀照般若。第三，二般若所屬，所明思惟門者，上來是散説，今觀思惟，知此三義，是來説般若也。人[八四]三句爲兩雙，初名體人法也，實相般若即正法實相，不知何以自不强名實相，實相發生正觀，即照般若，即照般若非境非智，假名爲智，實相非境非智，假名爲境。問作由來真諦境爲實相，亦多取地論法界圓體，今直明陰入等無所有，即是實相也。論問云：所先説實相名波若，今云何智慧名般若？答：果中説因者，實相能生般若，般若是果，實相爲因，名般若爲實相，此是果中説因，名實相爲般若，是因中説果也。第二復次云，般若非因非果，非境非智，汝不應難。若爾，文受般若爲果，實相爲因，並得無名[八五]失相假説耳。問：實相般若，方便般若，文字般若，云何？答：若能生爲實，觀智爲方便，即境爲實相智説，境智爲文字也。若境智能所以，並是方便實相正般若，未曾因果境智也。約三慧判，實慧爲實相，般若方便，生方便般若，所受教爲方便也。□□是誰般若，第三明般若屬人，即屬菩薩，般若非因非果，非人非法，非樂非不樂，强假名説，示菩薩説意返，爾凡夫煩惱不淨，不淨不屬凡夫也。二乘不能遍照法性，無大悲無方便，不屬二乘得般若，反爲薩婆若，故不屬佛。若下第二釋三義，前釋第一實相般若，次問答，如文也。釋三義中爲二，初釋三義，二明得果。釋三義即三别，前釋實相般若者，自上來諸經，皆從雖入爲初，後明出世等法也。今此經文，先從般若爲始，明般若無所有，般若方酬一切法也。以般若無所有易解，以諸法無所有難解，如水中月空易[八六]，天上月空難解，故從易以説難也。又此中正釋般若，故從般若起也。如是思惟如是觀下，釋觀照也。以思實相，即名實觀也。心不役下，釋即屬人，正爲菩薩行般若，不離般若，故屬菩薩也。然觀文勢，觀照與屬人，今釋菩薩作如法觀，即觀照屬菩薩，故名屬人也。就得果中爲三，初明得正果，次明方便果，三明成就二果生處，自在方便利益。就初又二，第一明正因，二明得正果。今是初文也，舍利弗問須菩提言如是下，第二明得正果。身子問何因緣成就不可得，第二明得方便果。從佛土知其佛土下，第三具明二果成就生處，自在方便利益也。

相行品第十

第二就無相門説般若。他云，真諦理名無相，會此無相，理生無相，慧斷煩惱，除凡成聖。今不爾，只破衆生名無相，然自有相，俱是行般若，無相非般若。今但借方便無相，般若無方便，有即相明，此相本來無相。若二乘人善無相，則借無無相，似般若無相。今就一邊爲語，故云無相破相也。然此品今上有同有異，同者上破有法，今破有同，破同破有，諸法有也。竪論異者，上破空有，今破空有，今破空相也。

品爲五，第一明無方便失，使菩薩識而不隨。第二明方便，使菩薩識而修行。第三明無相不行雖妙，恐聲聞説謬，故佛第三歎述明有方便者，實如所説，明菩薩無方便失。此失事難明，恐菩薩人明失，未必定是失，故第四身子更以審佛，明失實爾也。第五既明得失，明員（八七）須捨失學得，故第五雙舉得失，以觀修也。

初明失中二，第一明無方便故失，第二明失得果。初明三種人失，第一無方便外著於我故失，第二無方便外不著境内存於我故失，第三内我外法兩行亦失。第四句問：上空行相得失，與即何異。答：二義異。一者上三門中，但就不住門中明得失，此是分明得失，今總就無相門明得失，故是通也。二者上通明得失，今别明得失，謂三種失，著外故失，著内故失，著兩捨故失，對此三失，即明三得，不著外不著内不著無内外也。問：上品已明得失，何以故明。答：上直明得失，今明得失果，上就空中明得失，今就無相門明得失也。今初上明前計有色爲失，次於色上作常無常，便是倒中更起倒，失已復失也。或言色是相續常，或凡夫樂著色，見色少時，住相言相。或如從法計不失，故是無有，二者實法念，念滅故無常，二相續大期盡，故無常皆失。世尊若菩薩二作，是第二明無方便相，内著故失。此菩薩竪上作常等行，皆是無方便，我人不作常無出行，爲有方便，此人所計我，能行故爲失。第三菩薩内我外法皆捨，經謂皆作如此行，故亦爲失。第四句結失，須菩提語身子，色受念妄解。第二明失得果，有三。初明得生死果，如是行尚不得。聲聞菩提下，第二明失菩提果也。舍利弗當知下，第三總結失也。

舍利弗問下，第二明有方便，爲二。初略明有方便，次廣就行衆行，故有方便。初略就一行中明有方便，亦四。一明無所著，二明無所著故得果，第三明無所受，第四明無所受相得果也。初中還對上本，失如文也。是菩薩能得阿耨下，第二明得果也。是菩薩行亦不受，第三明内無所受，就一往階級，故云前明外無著，次内無受，菩薩外無著即内無，内無即外無著也。上不明無受不受有，今不明無不受相也。上明不著直對三著，今明無受竪淨五句是菩薩行。是三昧不離疾得下，第四明得無受果也。就文又二，初總明諸三昧及陀羅尼，未來得菩提，現在得受記，第二明實無三昧可行，亦無記可得。初中復爲二，第一明諸三昧陀羅尼相，未成得菩提，第二明現在得受記也。初中又二，第一別明行爲八三昧，二總明無量三昧及陀羅尼也。就復次，此諸三昧陀羅尼，皆是般若異名義，或名爲八三昧，或六度十地一乘果，般若不得作定。實般若非般若，何得佛初品舉以勸學，次須菩提後舉勸學？次須菩提後舉勸學，今束皆入般若中，皆是一相故無量相，雖無量用只是一般若，故下明不見入不入不見三昧也。是菩薩不見諸三昧下，第二入三昧無所入，得受記無所得，當知此明差別，即是上無差別一切三昧，即是一無受三昧，上一三昧爲今一切三昧，即未曾一兩未曾差別也。此文亦二，初義三昧，次義受記也。凡夫中上無受三昧，受是空無差別十，今爲八等言有差別，然次泯一多不二差別，無差別無不二，故即知非差別非無差別，而今作一多差別無差別者，此是不二二故説也。他復言，定是有不斷惑，慧是空故斷惑，今明定慧無二相，慧既斷，定豈不斷？慧既空，定豈不空？俱空不空也。復有下，第二總明無量三昧門陀羅尼門也。慧命須菩提隨佛心言下，第二明得受記，明得記不得記，非佛能知記，今明欲記，故言隨佛心言也。

爾時佛下，第三述成具有方便，得菩薩方便，恐非二乘所知，故非其有謬，所以須作述歎。又善吉未得諸三昧，而能爲菩薩説，故復歎不[八八]，又未得而説，恐謬故歎也。文二，初佛述，次身子重審。初如文，舍利白佛下，重審八方便事歎故也。又論云，須菩提上説菩薩行諸三昧得受記，而佛又歎不，今疑云，般若是空，諸三昧萬行差別是有，云空可是學般若。了[八九]云何諸三昧是學般若？佛答：一切皆以不可得，故學諸三昧則是學般若，故諸法無所得，皆是學般若，此同[九〇]萬善入一乘也。次問：何等不可得者？恐如常云真諦不可得，故問也。佛答：只明人法不可得，故與他異。今只萬行不可得，非真諦不可得。此文中初後，出在人空中間，明世出世法空，亦是世出世法空，亦是世出世人法空，爲一例。云云。世不出不生者，因魄[九一]不可得，爲不出解，魄不可得，爲不生求生不可得，故爲不可得，不可得故無所起作也。爲學何法者，問意云，佛法如是畢竟淨，爲學何法，爲得何法耶？佛答：菩薩無所學，故所得不如凡夫人，此句釋疑疑。云云。若諸法畢竟無所學，故無所得者不。今現見菩薩用空觀學六度，云何無所學？佛懸答云，諸法相不如凡夫所取，凡夫心有無明，故所見是倒，乖於法相，假令聞佛説聖法，亦生著，便言有菩薩萬行也。

白佛諸法實相云何有者，第四重明失義，此來有近有遠者，菩薩之失於二乘爲得，如菩薩之破戒是二乘之時，此事難識，故身子重問述成，今佛印定也。近從次問生云，凡夫所著法，不實無所有，佛云何説，則入萬行如諸法耶？佛答諸法耶？無佛所有等，常解者言，諸法無所有真諦，如是有世諦，如是無所有真諦，是事不知名無明，不識二諦故是無明。《成論》云，不見空者，常有無明也。今明只是一句，云何作二諦分之？又解，無所有是法性空，如是有因緣空，如是無所有畢竟空，今明誰無此文也。今明若作因緣義，諸法無所有，如是有即是無所有，不有有不有義，不有有不有，故云如是無所有，不知此者，即是無明也。所以如此語者，凡夫見聞無所有作無所有，不知無所有有聞有作，有不知有無所有，故今明諸法無所有，如是有如是無所有也。又約迷，作諸法無所有，而空謂爲有，空謂有，實無所有也。論解謂，諸法無所有，而凡夫人於無所有處，亦以爲有，以凡夫常有無明心，故非俱見有，爲有聞説，無所有亦以爲有也。如小兒見滿拳而爲有，見空拳亦以爲有也。向佛何等無所有者，佛上四句，一切諸法無所有，二如是有，三如是無所有，四是中不知名爲無明也。身子但問二句，一問諸法無所有，二問是中不知名無明，但問所迷能迷二事，諸法無所有問，所知是事不知名無無[九二]明，所問能迷也。佛答中有二，第一答初問：明諸法無所有，非是無所無[九三]所有，名諸法無所有也。是中凡夫下，答第二問，就中爲二，初答其問，二廣明凡夫過失。今是初正答其問，即是釋前如是有也。以無明渴愛力故分別者，明分別所由也。乏正觀故名無明，無般若水故爲渴，此是癡渴，故生分別，癡渴分別炎爲水也，就是無明者出所分別也。實應具分別明無明二，乃至生死涅槃二，又略故，但言説是無明也。是人二邊所博，即是明無明，二邊不知見者，既爲二見，不須正觀眼，不知見諸法無所有，而於無所有便作有解也。次下二句出其不見，一者一不知不見色等空，不了世間法，乃至十八不共明，不了出世法，修世間心解出世，故出世間還成世間也。如小兒者，明佛説世出爲判，空令無所著，如以指指月，令小兒識月，小兒癡故愛指不見月，凡夫著故著教不悟道也。是人不出下，第二廣出凡夫過有四過，一不出三界間，二聞大乘無生空法不生信，三明不住即是無行，四結無行，四結其〔九四〕有著，如文也。

舍利弗白佛下，第五雙舉得失，勸捨失學得，文爲二，初更舉失，次明得也。初番前失，故今續明失，有三番問答。初番定明失正因果，次求出其失因緣，此是新發意菩薩，既已捨世樂，復恐失出世樂，故尊求般若，或言空般若，或言空亦空是般若，或言實相是般若也。般若豈定是空不空，實不實耶？第三求問答，餘解失也。次第二兩求問答，明得之正因正果，初求宜〔九五〕明得，次求釋得之因緣。

幻學品第十一

第三就無作門説般若，論無明文義，次應爾。所以無文者，上既標二門，今理是無作也。恒大明菩薩無學，即是無所作，然三門爲兩種三緣，一見多説空，爲愛多説無作，愛見相等説無相。二爲樂真實人説空樂，遠離人説無相樂，善寂説無作。二者爲一根緣縛著説三。云云。問：一一皆究竟不？答：具二義。自有一一行皆究竟，如就空門，明有亦無，乃至無亦無，如是一切無所有，則不。次餘門，二者空門但破有未破空，無相方破空相，二門雖破空有，未破能作觀行心也。故上二門已破境，今次破觀心也。一師未讀論文，生起此文來，《三假》亦開宗，明諸法但名字勸學，《集散》《相行》通，明學有得失，以《集散》略明行有得失，《相行》廣明得失不果，無方便故得生死果，有方便無相得菩提果，物情便言有得失因果，故今明得失因果，皆如幻夢，勸如此而學，故云《幻學》也。生[九六]起雖就解脱門説般若，不出二種二門，就法説空無相，今第二就譬説，明一切法空無相無作，即是釋上所以一切法空無相，寧由如夢故也。今言幻學者，勸菩薩欲學般若，當如幻學，幻學，實無所學也。

品或二或四。四者，一明學無所學，得無所得。第二明新發心菩薩無方便，聞此驚畏怖。第三判無方便，廣明有方便，後聞此法，不生取畏。第四判有方便，廣明無方便。初二，第一約六喻，明菩薩學無所學，得無所得。第二舉十八空。就舉六喻爲二，第一前明約喻菩薩學無所學，得無所得，第二章令舉六喻，明無學無得。初中四，一問，二答，三釋疑，四領解。從上品來生，明勸菩薩學一切法畢竟空。善吉心念，若一切法畢竟空者，幻人與菩薩俱畢竟空，菩薩同幻人。幻人既無學無聞，菩薩亦爾，菩薩有學有得，幻人亦爾。若菩薩不同幻人，幻人自畢竟空，菩薩則不空，上不應言一切法畢竟空。

佛答中爲二，第一明萬法不異幻夢，第二明亦無幻異，故無學無得。所以反問者，須菩提雖知三界畢竟空，亦總相知佛法空，而於佛法空心猶有，故以反問汝知三界畢竟空者，分知佛法亦如三界皆空也。是故作一一歷舉萬法問之，檢佛與衆生皆不可得，皆如幻。汝云何言衆生如幻，佛不如幻？復云何言幻人與菩薩有異耶？問：幻人與菩薩，何故無異？答：三義。一者幻因小術，能所不作，衆生因無明術，亦無所不作，謂六道等。二者幻誑人，乃令生憂喜無明力，故誑智慧眼，亦令生貪瞋。三者人看術事，生善心故，癡業約滅時，則生憂悔，如是先學因緣幻生。今五受衆受五欲樂，生貪瞋無常性時，心乃生悔，我云何著是幻，五陰失諸實相耶？

幻有垢淨不下，第二明無有幻異，上直明法不異幻，恐言猶有幻異，故幻色法皆空也。

於意云何，五受衆是菩薩不，此第三釋疑。須菩提疑云，若諸法不生不滅，無垢無淨，空無所有者，不然，今現見菩薩行萬行求菩提耶？故答云，五衆但假名爲菩薩也，何曾意異菩薩行行求道耶？但假名學後〔九七〕，今何所學假名，得何所得？能如此可學，無所學得，無所得了，是學即得也。

須菩提白佛菩薩應如是學下，第四領解也。識即是六情，論主二解。一云，識是十二因緣中第三支，此中有色，心但未熟，故説識生云入，是二時，但有五色成，故名五情，名成故名意情，故六情不離五衆也。十二因緣中支支皆具五衆，但識是身本，故偏説也。第二約正對經，佛知後五爲歲〔九八〕學者，分别離色有心，離心有色，故今明諦中雖無五情，而説識即是六情，情中雖不具五陰，而説六情即是五陰，此破色、心、意及因、果二見也。因果者，六情第五支，未具五陰是因，後今問三論學者，若衆生實有，則不成佛，只爲衆生不實，如幻化故，得成久亦不悟。今明若衆生是實，豈得成佛？故云，若前有性則是常，若實有衆生則始，經是衆生，那得成佛？他云，以大相續假前得至後，今明前至後只是衆生，云何得成佛？若言斷衆生得成佛，是衆生既滅，持〔九九〕何作佛耶？今明待衆生故佛，待佛故衆生，此是衆生佛皆性空，如幻化衆生本來是佛，故得成佛。問：若本是佛，今何得成佛道？若是佛，亦本來是衆姓。雖本來是佛，然未具足，後時具足，故即成佛。如《大經》云，佛性雖無差别，然諸衆生悉未具足。若本非佛道得成佛，亦本是衆生，故衆成佛。此兩成義未明，兩不成也，然待佛故，衆生假名不二，故無實。今破實故空，如化不實，既無實，亦無如化不實，兩餘始説，實不實雙用也。佛告如夢五陰，第二總舉五喻明無學無得，又雖續後，其實雙也。

是法皆空内下，第三〔一〇〇〕舉十八空，釋上諸法如幻夢所以也。以十八種不可得，故如幻夢也。

新發大乘意下，第二略明無方便故失。前文爲破非幻，故合知幻學，然不幻學寧是，故諸法非幻非不幻，但方便爲破非幻，故令學。若人若法，生死涅槃，並皆如幻，故因中無所學，果無所得，但新發意中此大逕聽，故於中有得有失。今聞諸法如幻，便作無解，如夢虚空空〔一〇一〕華義，故生驚怖也。佛答意具含二種，或怖或不怖，若具内因外緣即不怖，不具内外緣則怖也。内有三，外緣亦三。内三，一者應薩婆若心則憶念，二者利根，三者有慈悲心。外解〔一〇二〕三，一者一生中國，二聞般若，三值承善知識。具内外因緣，聞如幻，學無所學，得無所得，則信受不懼，此中上法則怖也。

白佛下，第三廣明有方便，前問次答。答中二，一明内因，二明外緣。内因中二，初明應薩婆若心修行，二明有慈悲心，爲衆生行六度。初明應薩婆若心修心者，唯佛心不應懈，故令應佛心。觀色無常不可得者，如佛心知色非常無常，但今常病起須無常，藥常病若息無常，即如此無常觀，即是不常不斷正觀，故云觀色無常不可得，故觀色無常，故常病消也，不可得，故無常亦息也。復次觀色無常下，第二大慈悲爲衆生觀無常，則是具六度，只爲衆生説一無常觀，即具六度也。爲衆生説常〔一〇三〕，治衆生常病，常病即除。次生正觀，作如次説無常，即是法施，故是不以二乘無常觀心，則是正戒忍。此斷常二見令不起，即是忍下亦爾，故説一無常具六也。餘一一觀，皆具六也。白佛下，第二明勝緣，前具三，今但二，一謂真善知識無所得法也，略不明生中國也，但此中更令其迴此善根向佛道也。餘事同上，内因也。

向佛下，第四廣明無方便，有二，初明内因，二明值外惡緣。内因緣明一問答，謂不應薩婆若，此爲正要，故明之也。明外值惡緣中，先問次答，中二，初出惡緣，二教令離也。初中九種惡緣，初一令離六度，或六師説，無因果令離六度，或説大乘畢竟空令離六度，或以小乘數論引令離六度也。第四惡緣作佛等云，具知根欲性，汝根性不堪求佛也。第七惡緣作和上闍梨，今以大乘道亦入小乘二空也。第八惡緣作父母破不，汝若作菩薩，則是眼，則現受苦，若令不與，則破檀。第九佛羅漢大德比丘，説有所得無常觀也。

句義品第十二

二依論生起，從轉教已來，須菩提因菩薩字門説般若，今此去佛，因菩薩字義門説般若。因菩薩字門説者，命説初以三句，明無菩薩不見菩薩，云何教菩薩勸學？正勸學耳。此三句從《集散品》，正因菩薩字作三脱門説般若，明菩薩字空名爲空，行菩薩字相不可得，名無相門，菩薩字作不可得，名無作門，如菩薩字，一切法皆爾。佛今因菩薩字義門説般若，從聖斷竟，會宗歎摩訶薩字義，即般若門。今明空有實慧方便，是菩薩字義，上三解脱，即故非字義。答亦是義，上明字有空無相無作義，今明菩薩字有實慧方便義，但上作三脱名，今作字義目。問：何故爾？答：上是因菩薩菩薩字，空無相無作，似萬法亦爾，今明萬法無所有，菩薩義亦爾。故文中廣舉諸法，無歎菩薩句義無所有，故上明菩薩字無，故諸法無，今明諸法無，故菩薩字義無也。二者須菩提破菩薩字相，空無相作[一〇四]佛，今不破菩薩字無相無作，明菩薩字本來無所有，故明無所有即是有，有不有有也。問：須菩提上何故破字，佛今何故不破？昔來執三藏及有所得來久，故發時[一〇五]須破餘，但破餘既竟，彼便謂有此人法破故無耳。所以佛便云，菩薩字本來無，非始無也。何但從轉教至此，因菩薩字説般若，佛開宗云，菩薩菩薩字性空，乃至念經，皆論一句也。問：何故爾耶？答：此經始未明般若并無生無所有者，非是就真諦理明，亦非實相，亦非地論人真修義，亦直檢不見菩薩，及諸法不可得，縮洗不令無遺脱，此諸見是般若。故肇公云，道遠乎哉，觸事而真，聖遠乎哉，體之則神也。而今因此而開無量句，假此無量句皈一句，可謂一中解無量，無量中解一，雖開無量句，實無所開，雖合一句，實無所有合，故未曾句與無句，所以須菩提無言顯道理，釋梵絶聽而雨華也。問：此中得論會義以不？答：正是會義，明不問人天男女，若能了空有因緣、發生二慧皆是菩薩，異此則非菩薩人天男女。般若中所有善十八品，正爲菩薩説般若，三門上就三解脱門説般若竟，今此第二十三品，就秤歎門説般若。三解脱門是小乘開涅槃出門，大乘中除不義，故云甚深法者是空義，無相無作是其義，故前就三解脱門説。今第二明歎人美法以説般若，人則是菩薩摩訶薩，此則摩訶衍人所行法。今歎釋行法之人，則是説般若，歎釋所行法，則是般若，故歎法美人説於般若也。

文二，第一從初意乘乘有五品，若其人尊，則是歎於人，故説般若。第二從莊嚴竟，會宗歎釋所乘摩訶衍，所乘之法，大[一〇六]説波若，故非人無以秉法，非法無以成人，故前歎秉法之人，次美成人之法，則是般若。初人二，第一歎釋菩薩義以説般若，第二歎釋摩訶薩義説般若。歎菩薩則得了空有因緣，是真實、方便二慧，明菩薩之體歎摩訶薩，明志氣高明心大曠遠，無過不離，無法不修。辨其門用義，初有二人，第一明菩薩句義畢竟無所有，則句義能如此了達，名方便實慧，則是菩薩，則是説般若。第二空有句義，一切句義無知無所不知，能如此了達，名實方便，則是説般若也。此人名此三段云，前段實相般若，後觀照般若。地論人云，前段是真修，後段緣修。此古人云，前是真，後是俗諦。然文前後，其意只是一句，明義無句義句義也。

初中前問次答。問：如文所以問者，上來須菩提雖已説，欲令佛説佛十種莊嚴音聲，後説妙法，未信者令信得深悟，已悟者得阿鞞，阿鞞者得一生補處等大利益，故問也。義品者，釋人名字句，非色不相應，行是實法，能詮於法，法是義也。《成論》云，句則是假名，能詮於義，如是假名句，誰人天所，誰人天所，誰爲義。又人是句，人是統御爲義，今明不爾。假名爲菩薩，假名爲句假，名字無所有，故以無義爲義，故云句義。論云，外國名波陀，此云句天竺，語法衆字，和合成語，衆語合成句，菩薩爲一字，是二字合爲語，菩提爲一語，薩埵爲一語，合名句，如下以辭也。

答〔一〇七〕無句義爲句義者。問：從上《奉鉢》開宗至《學》，皆明菩薩菩薩字不可得，佛何故後明菩薩句義無所有？答：此經始末明般若者，非是約真諦理，明無生滅無所有，只責覓菩薩字及諸法，諸法字有無等畢竟不可得，縮洗之命無貴不是般若，故此經只論一句菩薩字，空開一句有無量句。今此無量句是一句，如人一中解無量等，然實無所合，未曾句與無句也。故須菩提無言顯道，釋梵絶聽而扇雨華也。但上須菩提破菩薩字，故言無菩薩菩薩字，佛今不破，只了菩薩字本無所有，假名爲有，可謂不有有無所有，故更名也。二者上是須菩提，因菩薩字無所有説般若，今是佛因菩薩字義説般若也。他言，無句義是真諦，句是世諦，如小般若，如來説世界是世諦，則非世界是真諦，是名世諦苦也。有四句，前真諦遣，前後在等，今不爾。佛直答：不作二諦，文是二者，佛應答世諦有句義，真諦無句義。而今文只言此句義無句義，無句義句義，何時是二諦？朗師有時云，初開二章門，初標無句義門，次標句義章門。後釋此二章門，前釋無句義章門，舉一切法釋句義章門也。有時不分直標句義，畢竟無句，次釋也，他作二諦義章門，亦無所以少假無自性而非有，故則真無體可假，故真俗，真則無俗，離無有俗，則真離有無，無語言，雖樂心終，見二諦異，何故爾？汝道無體可假，過則不言真，無則是俗，有汝道，假無體生而非有過，則真不道假邊，則真無相二諦經實，豈得釋經也〔一〇八〕？則空無句義，句義無句義耶。

譬如鳥飛空下，第二廣釋無句義爲句義，此

中八譬，並是舉凡所信無，故其所信有，有其心所信有，同其所信畢竟無所有，故有無不二也。所信有不有，有所信無豈無？故知離有無見，如是亦不受情逈淨也。如是須菩提下，第二釋無句義句義，上則是一切句無句，一切義無義，且據菩薩爲論也。今明無句一切句義，一切合菩薩識也。如是須菩薩下，第二明無句義句義，則是實慧方便，爲菩薩體，則是説般若也。就文爲二，第一舉境智勸菩薩學，第二兩問答解釋境智，勸菩薩舉一切法勸菩薩學，如文。白佛下，第二兩問答解釋，爲二。初略明方便慧是菩薩句義，第二廣明方便慧是菩薩句義。初則雙又問：一問所學一切法，二問能學無事相，次雙答所學，則六雙中作無過也。然此六雙，是佛教菩薩作無事學，是佛教也，若了悟此六雙，於菩薩便成境智也。白佛何等名世善法下，第二廣方便慧，是菩薩句義也。第二廣明所學六雙法，第二勸無礙不勸六雙，如文，易者不釋也。方便生福德者，如是菩薩五偈也，從方便作生也。此中分別三性十八界中以無記，如前十界過三性也。五陰中餘善不善，餘五陰謂四種無，取根生威儀五，工巧及化及身口業也。三無爲中，二無記也。明解脱者，明三解脱是有爲解脱，念是十念，出《廣乘品》也。正憶念，是諸法實相觀也。菩薩摩訶薩下，第二勸無礙不二，不勸學前六雙文法，皆是自相空法相，不應著不應動者，逐名作解，則於自相空中動，則是二即相行，非菩薩義，不名菩薩，故前云無事，今云二不二動也。

大品經義疏第四

校勘記

〔一〕「□」，底本原校疑爲「便」。
〔二〕「維」，底本原校疑爲「雖」。
〔三〕「□」，底本原校疑爲「三」。
〔四〕「故」，底本原校云一本無。
〔五〕「旋」，疑爲「施」。

〔六〕「云菩」，底本原校云一本作「三善」。

〔七〕「令」，底本原校疑爲「今」。

〔八〕「何」，底本原校疑後有「以」。

〔九〕「□」，底本原校疑爲「行」。

〔一〇〕「□」，底本原校疑爲「悟」。

〔一一〕「爲」，底本原校云一本前有「以」。

〔一二〕「□□」，底本原校疑爲「無生」。

〔一三〕「□」，底本原校疑爲「舌」。

〔一四〕「□」，底本原校疑爲「瑞」。

〔一五〕「三假品第七」，疑前脱《舌相品第六》，或羼入《歎度品第五》中。

〔一六〕「□」，底本原校疑爲「説」。

〔一七〕「禪可」，底本原校疑爲「彈呵」。

〔一八〕「□」，底本原校疑爲「契」。

〔一九〕「語」，底本原校云一本作「悟」。

〔二〇〕「□」，底本原校疑爲「見」。

〔二一〕「彌」，底本原校云一本作「稱」。

〔二二〕「儀」，底本原校云一本作「義」。

〔二三〕「□□」，底本原校疑爲「問何」。

〔二四〕「□□□」，底本原校疑爲「故一者」。

〔二五〕「願」，底本原校疑爲「解」。

〔二六〕「滅」，底本原校云一本作「滅」。

〔二七〕「□」，疑爲「六」。

〔二八〕「□」，底本原校疑爲「小」。

〔二九〕「□□□」，底本原校疑爲「爲菩薩」。

〔三〇〕「第一」，底本原校云一本作「違」，下一「第一」同。

〔三一〕「佛」，底本原校云一本後有「力」。

〔三二〕「證」，底本原校疑爲「燈」。

〔三三〕「分」，底本原校云一本作「我」。

〔三四〕「見」，底本原校云一本前有「若」。

〔三五〕「到」，底本原校云一本作「倒」。

〔三六〕「説」，底本原校云一本無。

〔三七〕「實」，底本原校云一本無。

〔三八〕「□□」，底本原校云一本作「以還」。

〔三九〕「何」，底本原校云一本作「佛」。

〔四〇〕「集」，底本原校云一本作「觸」。
〔四一〕「□□」，底本原校疑爲「坐禪」。
〔四二〕「果」，底本原校云一本作「界」。
〔四三〕「□」，底本原校疑爲「論」。
〔四四〕「假」，底本原校疑前有「三」。
〔四五〕「依」，底本原校云下文作「所」。
〔四六〕「□」，底本原校疑爲「故」。
〔四七〕「者」，底本原校云一本作「有」。
〔四八〕「觀」，底本原校云一本作「覓」。
〔四九〕「□」，底本原校疑爲「果」。
〔五〇〕「□」，底本原校疑爲「者」。
〔五一〕「願」，底本原校云一本作「領」。
〔五二〕「難」，底本原校云一本作「雖」。
〔五三〕「倒」，底本原校疑爲「例」，下一「倒」同。
〔五四〕「略」，底本原校云一本作「異」。
〔五五〕「數」，底本原校云一本後有「欠」。
〔五六〕「可」，底本原校疑爲「之」。
〔五七〕「□」，底本原校疑爲「世」。
〔五八〕「離」，底本原校云一本作「難」。
〔五九〕「字」，底本原校疑爲「空」。
〔六〇〕「可」，底本原校疑爲「之」。
〔六一〕「□□」，底本原校疑爲「論常」。
〔六二〕「□」，底本原校疑爲「常」。
〔六三〕「能」，底本原校云一本後有「成」。
〔六四〕「大」，底本原校云一本作「文」。
〔六五〕「分」，底本原校云一本作「我」。
〔六六〕「□」，底本原校疑爲「不」。
〔六七〕「忌」，底本原校疑爲「己心」。
〔六八〕「難」，底本原校云一本作「離」。
〔六九〕「思」，底本原校疑爲「恩」。
〔七〇〕「□」，底本原校云一本作「六」。
〔七一〕「廣」，底本原校云一本作「度」。
〔七二〕「無」，底本原校云一本後有「漏」。
〔七三〕「復」，底本原校疑爲「後」。
〔七四〕「而」，底本原校疑衍。
〔七五〕「可」，底本原校疑爲「之」。

〔七六〕「小」，底本原校疑後有「法」。
〔七七〕「行」，底本原校疑衍。
〔七八〕「幻」，底本作「約」，據文意改。
〔七九〕「得」，底本原校云一本後有「説」。
〔八〇〕「物」，底本原校疑衍。
〔八一〕「道」，底本原校云一本前有「外」。
〔八二〕「不」，底本原校疑爲「正」。
〔八三〕「陰」，底本原校疑前有「五」。
〔八四〕「人」，底本原校云一本作「文」。
〔八五〕「名」，底本原校云一本作「各」。
〔八六〕「易」，底本原校疑後有「解」。
〔八七〕「員」，底本原校疑爲「圓」。
〔八八〕「不」，底本原校疑爲「下」，下一「不」同。
〔八九〕「了」，底本原校疑爲「問」。
〔九〇〕「同」，底本原校云一本作「開」。
〔九一〕「魄」，底本原校云一本作「皃」，下一「魄」同。
〔九二〕「無」，底本原校云一本無。
〔九三〕「無」，底本原校云一本作「有」。
〔九四〕「其」，底本原校云一本作「無」。
〔九五〕「宜」，底本原校疑爲「直」。
〔九六〕「生」，底本原校疑前有「又」。
〔九七〕「後」，底本原校疑爲「復」。
〔九八〕「歲」，底本原校疑爲「滅」。
〔九九〕「持」，底本原校疑爲「將」。
〔一〇〇〕「三」，底本原校疑爲「二」。
〔一〇一〕「空」，底本原校云一本無。
〔一〇二〕「解」，底本原校疑爲「緣」。
〔一〇三〕「常」，底本原校疑前脱「無」。
〔一〇四〕「作」，底本原校云一本前有「無」。
〔一〇五〕「發時」，底本原校云一本作「處昔」。
〔一〇六〕「大」，底本原校云一本作「夫」。
〔一〇七〕「答」，底本原校云一本前有「佛」。
〔一〇八〕「也」，底本原校云一本作「色」。

大品經義疏第五

沙門吉藏撰

金剛品第十三　亦名摩訶薩品

亦言《摩訶薩品》。此下第二四品釋摩訶薩義，隨人爲論。四人釋摩訶薩，即四，第一佛爲畢定首故爲摩訶薩，第二身子〔一〕斷見爲摩訶薩，第三須菩提以菩提心無等，不共二乘心爲摩訶薩，第四富樓那以大誓莊嚴趣大乘，乘於大乘爲摩訶薩。若就品則應四品，而合離不同，初一人則一品，次兩人共一品，次一人兩品。又初則非離非合，次則合而不離，次則離而不合，佛自説一品，以非兩人一品，故不合又不離，爲兩品，故不〔二〕離也。次身子、須菩提兩人共一品，故是合不離也。次一人説故非合而離，爲兩人故云離而不合也。若遂義意分爲三，第一歎其志大智深爲摩訶薩，第二歎其無過不離爲摩訶薩，第三歎其無境不修爲摩訶薩也。

初以八心釋摩訶薩，從初心堅固作名之金剛也，爲二，第一問二答。上已問菩薩，故次問摩訶。摩訶云外國云，此大薩云之，或〔三〕名衆生，十方三世衆生中，此衆生最大。又以此心是度一切，欲知一切法，故名大心也。亦是釋衆生勝衆生、等妙心勝心等也。

佛答是三，初標畢竟衆爲首，故是摩訶薩，二釋，三結。標中雙標，謂次過二家，能過二人，釋結亦爾也。白佛下，釋爲二，前問次答。答中三明所過之九衆，次明能過過八行畢竟衆生，一邪聚必入三惡道，二畢定聚必得涅槃，三不定聚，亦欲取此菩薩於畢定衆生中，尚爲其首，説餘三聚，此菩薩即爲辟主也。論云，性地人即四善根，生長聖人種性中也。數人煗頂退，未必位數義，此四善根不退，故名畢竟定。數人云，唯忍不退，前皆退論，何意云性地即四善根耶？若《成論》，前四善根不退，品[四]依數義，客言退心，見退位退人，而此中未必是退，不退法退，有利根不退，論言不退者，故言四果也。十五心以忍，或其功最大，以見道中用忍多，思惟道中用智故斷也。後以智證也，初發心論有三種辨，一具故修發心，二得無生忍名生發心，三如此法下[五]發心即成佛，此中發心應是初發心，以復有阿鞞爲上故也，但取不退初心也。於是中心不壞如金剛，第二明能過即是釋上首也。舉八心，一金剛心，二大快心，三不動心，四利益安樂心，五憙法欲法樂法，六十八空心，七住諸行心，八三住諸三昧心。初中心標，二問三[六]答，答中二，初舉十心明菩薩自行化他義，次明化他。初十心爲二，初五心是化他心，次五心自行心也。初一心不治劫數，誓度衆生。二不在生死，欲捨内外利利。三惡觀等合。四上雖以内外施，未能脱其老病死，故次以三乘脱之，前與世樂今與出世，上財今法也。第五心雖作七行，實無所度也。次五心，初心言不生相者，以了不生，故知度無所度，雖知不生恐不，雖二乘知及有得知，故説純心薩婆若行。六度二乘宜知無生，不能以無生行六度行，六度是無生也，以具知世出世，所以作之事，雖行六度，復次具知世出世也。九欲知一相，十知一切相門一切門不二也。次偏明化他行者也，有菩薩雖於六道等念三墮者，交切故容伐[七]，更其心不悔也。此心廣而且長，第二性[八]心等，雖堅固不判，而未能必決如鳥，雖有大力，未必能決也。舉佛釋大快心，一者不染心，佛雖得衆生等，諸等故不偏愛也。二者不瞋心，得慈悲心，故不瞋也。三解因緣假名，故[九]不疲心，四[一〇]者，於衆生如赤子，故不起金剛也。五不生二乘心，謂不捨衆生，尊貴佛道。次不動心，前明外諸惡緣故不動，今明内智修不能動。又前雖墮，未必不動，如拔不出，而猶動也。次釋利益安樂心，五種，云，一以大乘利云，令得安樂。二不堪大乘，授以三乘。

三者不堪三乘，授以人天乘。四不堪天人，與云現樂，謂依己等也。五者不堪現樂，以慈悲心利之。次釋樂法心，唯大人能樂大法也。凡夫二乘，不堪樂此大法，以樂大法，故名大人也。次住十八空空十見，故名大人也。論云，住十八空，不墮十八法，故[一一]起罪業也。次釋住萬行心，云，住萬行煩惱滅，得修善根也。第八百八[一二]三昧，佛得三昧樂，厭世增長三慧也。最後第三結，如文也。

樂説品第十四　亦名斷耶品　亦名富樓那品

論經此品，後人望下義，富樓那説，既有別品，故對此品，二人並是樂説，故立名《樂説品》。品遂二人，即成二段，初人離三見爲摩訶薩，次明以斷三見爲摩訶薩。章正段判者，同是無過而不離，故爲大乘也。所以名大人者，以離相大過故。大過者，謂諸愛見，愛見大道，故名大，能大苦，故名爲大，爲斷故名爲大。凡夫二乘，非大人不能斷之，唯大人能斷也。就離過中爲二，第一人斷諸見故爲大，第二人斷諸愛故名大人，亦初是斷麤煩惱故名大，第二斷細染故名大，初中此是化物之常儀也。二者有人與身子宿世因緣中，其説大人，故得信悟也。三者欲資物菩薩大樂，於小生劫[一三]也。佛許者，無吾我門故斷此愛，故知身子説有益物，故許説也。正説中明三見，初我見至後佛見等，爲人見也，色相説法見，是世出世見也，斷常有無，是耶見也，以過去[一四]故爲耶見也。然此實難斷，發心欲求佛，有佛可求，求無見斷見，有衆生可度，不可度亦爾。他言世諦故，故有真諦，故無此具二見般若，真俗不相離，故即真是俗，俗即是真，此是見而約分真俗，此是義見有真俗，不可異不可一，異見故下心有得外皆是見。今欲學般若爲大人，從初發心息如此諸見，未曾真俗，無真俗宜假名，教化衆生，故有真俗，故開真俗行，而衆生謂真俗二相之即色是空等，結此即不即二不二，並是諸佛化物也。豈得言有二諦墮，而復作一異解耶？問：欲斷此法見，有此見可斷爲無，若無何可斷？若有復何可斷？若見有見，即是見也。答：無未曾有，直是空衆生，以空見此空見無所有，故假名斷，竟何所斷耶？下諸義及結文處，易知也。次須菩提説大人亦五，初求説，二許説，三正説，四二人判論義，五結也。正説中初標三心，次釋三結。三心者，一發菩提心，二欲[一五]歎此心與佛等，如《華嚴》云，菩提心即是佛心。三簡明佛此心不與二乘共，二乘有得自度度他，菩薩無得心，自度度他。何以故下，第二釋三心即三心，皆名一智心也。以此三心不異佛心，故《華嚴》云，初發心即是佛。《大經》言，發心畢竟二不別也。是無有過去爲無漏，無所依得爲不繫，此是歎釋此心是無依得心，是一切智，亦不著前歎三心是無依得心。今明亦不著此無依得心，前明三心不著一切法，後明亦不著此三心也。以是因緣故下，結也。

辯才品第十五

具皆説三義，從能説爲目也。品三，初求説，二許説，三正説。正説中二，一略説，二廣説。問：此二義爲有淺深階級爲無？答：具有二義。言無淺深階級者，如人破必須器杖，如人遠行必須資粮，行菩薩自破四魔，亦令衆生破四魔，故須萬行自莊嚴，後莊嚴[一六]也。菩薩欲求佛道，復令衆生求道，亦須萬行自莊嚴，後莊嚴衆生也。雖復自莊嚴三乘之詺，欲近趣佛道，佛道不可頓階，次從一切名爲發趣，有發趣故必有能乘之人所乘之法，如人乘馬乘舩，故有《乘乘品》。同問亦如此，與今何異？答：今取般若中萬行，萬行方是莊嚴，非般若萬行，則不能莊嚴，是有所得除也，故下文云，無大莊嚴也。無有去來，方是發趣，發趣而無取，動不動而運，故有《乘乘》也，故一念具三義也。故今文會取般若方是摩訶薩，下會取般若始是是[一七]摩訶也，故莊嚴故邊趣，故莊嚴云[一八]無階級階級。如論云，未得生、法二空行施，爲大莊嚴，得衆生空未得法空，爲發趣，具得生、法二空而行施，爲乘乘也。常有三解，如別疏。

身子問下，第三廣釋三義即三釋。初中前問次答。問云，菩薩修福慧是資糧，及破煩惱爲大人者，二乘修此法，應名大人也。答中二，初明菩薩得大莊嚴之名，二明爲十方佛所歎。初中三義答：一明菩薩心治高，心度衆生，故有大莊嚴，名爲大人，二乘無此，故不名大人也。二者菩薩具六度，又令衆生具足，故名大人，二乘無此，不名大人。三者菩薩一行中具攝一切行，故名大人，二乘無此，不名大人也。餘二文易知，六度相攝者，以因緣和合爲用，如破大軍攻城，如弘緣必須并力。二者明菩薩是無礙人，行般若是無礙法，故一行中具六行，二乘有礙[一九]，行唯一行也。何者？衆生聞六不識六，只一聞一，不識一是六，故明一是六，一六是一六，雖一般若具萬行，雖是有萬行，只是一般若也。此中檀度攝六下，五度皆攝，五者爲檀，有上、中、下，從下生中中生上，乃至財生法等故也。餘五亦應爾，但檀在初故[二〇]。又云，此是當位自攝。如數人眼攝，眼當檀明檀義，故即檀不作，能所相攝也。然六度相攝，可有五義，若地位相攝，如初地行檀等。二者若行相攝，但名爲施忍，不名檀戒等亦爾。三者一體相攝，如一檀體備六度義，不攝法名體也，止捉一慳過名尸餘二等。四者一心相攝，據一刹那中，體用頓備，如一心具萬行等。五者相生相攝，如相因起前後相生云。

次釋發起義，前問次答。得一念具三義，還取上萬行莊嚴，能所不同，二乘趣於大乘，名發趣大乘，即此人能行，萬行是所行，故名乘於大乘也。但今更就異義發趣者，乎現皆得也。就深淺者，上雖明行莊嚴，今更復於大乘發近趣，故更以異義釋也。就文有義爲四，一約禪中攝五句大乘發趣，二者約禪中四等攝五得發趣，三以一切種智心行萬行爲發趣，四以中道正慧爲發趣。初中二，第一明迴向佛道爲發趣，二攝五句起趣。初中四句，一者入四禪，二者生四等，三者以禪及四等與衆生共，四者迴向佛道名發趣也。問：六度中何不從初及後説，而説禪起爲發趣？答：禪中戒〔三〕從檀起，以攝物要，或從般若是衆行本，故戒起出家，菩薩所行，故戒精進，遍策衆行故。但今有二義。一者發起大乘爲向佛道，心有鄣難故，今明禪中生慈，慈定則大力水毒不能畏。二者禪中發五通化物之要也，文段在文尋也。次約四無量明攝五爲大乘發趣者，然禪中實具功德十一切處等，但今欲發趣大乘，大悲爲佛道根本，故偏明也。次以〔三〕一切種修念處。第三文，《經》云應薩般若心修行，或言一切修心，或云菩提心修行，然菩提心即是正道，佛陀云，上求佛道，下度衆生也，爲菩提心。今不爾，見有衆生可度不能度，衆生見佛果可求，不能成佛道，知無衆生可度，始能度衆生，知無佛可求，始是求佛也。第四中道正觀行，初十八空慧，次知三世非三世，然要須盡淨有得三世四句，畢竟不可得，始得論無三世，三世無三世也。問《句義品》未具，明知世間出世間，今是清淨有得世出世也。

乘乘品第十六

莊嚴宜論萬行，莊嚴法身，菩薩正觀具萬行，故爲莊嚴，發趣是始終處所，今明乘乘，則是具於人法乘法乘，故名《乘乘》也。又此名自正解大人義，十二門釋大，舉人〔三〕釋云，大人所乘故大，今明是舉法釋人，大人以乘大法，故名大人也。故出一品。問：人乘於乘，運萬行與萬行莊嚴何異？答：前取萬行莊嚴於人，今明取人秉御萬行，前以法成人，此取人御法也。若階級，釋則如論也。品前問次答。答三，初明乘乘，次明爲十方歎，三總結。初中二，第一明乘乘因，二明乘乘得果。初三，一明乘於福慧故及乘，今從智名字偏明乘慧，三從神通偏明乘功德。得一切種智下，第二明得果。是名下，第三總結，如文也。

莊嚴品第十七

此下，第二八品歎法説般若，前歎行法之人，今歎人所行法。法人豈異法人？法豈異人？故人法不二。上歎人即是歎法，今歎法即是歎人，不二而二。上歎行法之人尊，今歎人所行法大也。八品爲二，第一此品騰樓初句，取定於佛，明其所説不謬，釋時會之救，第二牒後二家，取定於佛。初又二，第一正陳初句，第二須菩提雖悟，陳自得解，發起時會退誤之，悟初中發騰。其初句次開爲二問：一問法，次問人，亦初問體，次問人亦初問體[二四]，次問用，如文。佛答問爲二，初答法問，次答人問。初亦是明莊嚴因及自行，次莊嚴果及益物。答初問如文，滿願但舉六度故略，今廣舉萬行也。初如文答莊嚴果問，爲二，初明果莊嚴，二明佛果莊嚴。上滿願文三義，不出得行，故今述而印定，行果莊嚴。依經有四段，初明現通，不明説法，第二明輪王身亦現通，具行財法，次有四波羅蜜，但明説法，不明現身，次有住方便二波羅蜜，總現一切身，説一切法。依論成此四文，初作佛身，總説三乘法，爲利出家人。次以檀尸二度得富貴，作輪王身，具行財法，利在家好樂衆生也。次波羅蜜作梵王身及菩薩身，爲體物説法。次住都及方便波羅蜜，現六道身，説一切法也。若約六度判，初作佛身不明住度，以作佛身是果故也。次二段住六度，第四段住智方便二度，第四人具行十度，但言智方便者，此是舉後四之始終也，方便是四始，智爲四終也。自行化他行者，初人但化以作佛是果，故下行具自他化，以是因故也。作根王檀尸二人，初人具行財及一切法施，次尸羅中但明法施，次波羅蜜但明法施後説別説法，如住忍還説忍前二度自行化他，總後四度自行總化他別，如文可尋也。問：上三人説摩訶薩，何故獨印述得身〔二五〕子？答：身子是佛對物，故不須疑。善吉觀彼〔二六〕，故不須印也。有人分文爲三，即印成滿願子三義中，聞一答莊嚴法問：述成滿願子三義中聞一答莊嚴法問〔二七〕，述成其第三，第二答莊嚴果問，述其第二，第三述成其第一。住檀下，第二文爲四，一法二譬三合，四何以故下，釋法中兩雙。初依正二果，謂變淨及化身爲王，如瑠璃竟〔二八〕，欲使不鄙見事相〔二九〕菩薩故也。次行財、法二施也。幻喻來者，須菩及時會聞變身作佛，王〔三〇〕化度衆生，菩薩煩惱未盡，必應出著，自謂尊高，後言有物可化，故舉幻喻。雖爲而實無所爲，故無所著也。合釋可知。復次住忍辱下，第三住四佛梵王及菩薩利物，復次須菩提大莊嚴十方下，第〔三一〕四段，一切身説一切身，一切教隨物應度。上舉出家在家人，王天王尊貴方便也，猶未遍現身遍説法，故後明也。論意明上菩薩作輪王六波羅蜜，此菩薩住方便智二波羅蜜，住此二波羅蜜，爲衆生説六度也。有解云，上別行六度，今總住六度。復次不生是念若干人，第二明誓願無斷，爲大莊嚴。上雖作四方便，恐未必遍度十方，後未羅來際故，後有文也。雖答第二問，從初問至現四身，並是明行莊嚴，今明即莊嚴。上答初問，及後即是遍通，有因莊嚴，答第二問，舉四種明果莊嚴，欲未莊嚴果。又富樓舉莊嚴雖有三義，一誓心無際，二自度度人，三以一行攝一切行，束爲二，初二爲誓願，後一爲行。今作佛印述其二，上束述〔三二〕其行，今印其正也。問：富樓那莊嚴與佛明何異？答：不異，但今爲印述也。二者異，異有四義，一上舉法爲成人，故大莊嚴，名大人，今舉人成法有大，諸非名法爲大也。二者上明莊嚴因明果，上略今廣，上但六度，今具明十也。上廣今略，略者不明相攝也。

白佛無大莊嚴爲大莊嚴下，第二須菩雖悞〔三三〕自陳得解，發起時會成上莊嚴義，雖悞玄聞佛印定，故知富樓所説不證，亦斷如來。上明如幻莊嚴者，此是無莊嚴，欲發起時衆者，上説菩薩住諸法畢竟空，而現一切身，皆一切教，雖現一切教[三四]，雖現一切身，實無所現，雖吐一切教，而實無所吐。時衆云，此是大菩薩聖主之能，非我下界界行[三五]能行，故息心不學，所以須菩云，諸法自相皆空，無難無深，汝能了色色相空，則了莊嚴，莊嚴相空而精進不捨，本願若能爲此事也。又無大莊嚴莊嚴者，如前明菩薩無句義句義，今明法則無莊嚴莊嚴，一部般若，六明人法，而並以此言爲正。今人忽不信，聞此言而咲，豈非下士耶？文三，初正自陳所悟，發起時衆之情，二述成此義，三須菩提重陳除衆疑，明得利益也。初三標無莊嚴，無莊嚴三結，舉自相空釋，前明法空，次明人空。法空，世出世有第法，如文。菩薩空，人空也。下結，如文，述中三，初正舉生法空述，二問答，舉生、法二空述者，薩婆若是法空，衆生空是人空，人空故莊嚴空[三六]，故無莊嚴莊嚴也。而云非作[三七]法者，菩薩以萬行自莊嚴即有作法，又變身有所爲，即是作人化衆生，令修行作佛等。今明薩婆若尚空無所有，一切法及衆生亦爾，爲菩薩作佛者，無作，欲無莊嚴莊嚴也。次問，如文。答中常六轉意，初正明生、法二空答，上無作，前標法生空，次釋法空，次釋生空，如文可尋也。如幻夢下，第二轉，須謂乃無實作何，無如幻夢作耶，故今幻夢畢竟空所作耶。舉十八空者，十八空破實有及幻化等，有即是作用，故今明尚無空何所。第四舉念處及萬行有法，應有作，如念處破倒等，即是作，故今明身畢竟不可得，何處淨不淨倒不倒。第五舉如法性會相平等，内實相真諦，故遣取相亡四句等，即是佛相，今明實相真諦無所有，誑生智而言智，能遣取相耶。第六舉佛菩薩真實智慧，能作佛實境，故能隔凡夫智，故化物起身等，故明作有，所以云佛菩薩畢竟空不可得，豈有作耶？爾時須菩提白佛下，第三重除疑，時衆云若自説，畢竟無作甚深希有之法，若爾，則無人法生死得脱者。

舉數論大小乘解，或爲問云，故須菩云，諸法無縛無脱，豈有遣有淨有正耶？文二，初明無縛脱，二以明無縛無脱，故得利益。初有不可得故脱縛，縛不可得，故無解也。前明也，旨法無縛脱，初直五次廣説三世，次即世後有性，如是遍推無縛脱也。無縛脱檀波羅蜜下，第二得利益，無如此依得，故於無依得，後具足一切佛法，始是行行。若有縛有脱，即是縛脱見也。縛脱檀，今無縛脱故，始是無縛脱檀也。

問乘品第十八

第二騰[三八]後二句，取定於佛，釋時衆之疑也。又今欲責明摩[三九]明摩訶衍義，以説般若，即是廣就大乘法説般若也。得[四〇]上之[四一]一品是釋疑，今釋疑既竟，故須菩更廣開上義以問也。然作人門説，一切無非人，作法説，一切無非法，何以知之。前釋人義，舉《莊嚴》《發趣》乘能成人，故明人義法人並人，今明行並法，故摩訶中具足人法，故名爲大也。如化大乘但是法，亦如他解涅槃但常，今具足常無常，非常非無常，方是涅槃，人法非法非人，非法具足，方是大乘也。若爾，若知人法非二，人門則人法，並是人法門，若人法皆法，則人不二。不二故未曾人，亦不是法，人法清淨，假名般若，故如善才一一善知識言，唯此一法門，就此一法門，是無量一故，一具無量也。此七品爲四門，初問乘，次答五問。從初問乘竟出，到四品答問三五歎，歎前佛述，即《勝出》《等空》二品也。四會無二法不二，法不二釋新學之疑，即是《會宗》一品。須菩還廣論大乘有五門，五門故即有五答：答問疑歡喜，故有歎及述成，但新學未了，故須會理也。依通云爲六[四二]問，一問乘體，二問乘用，三問始，四問終，五問中間住，間[四三]乘乘人。今以論釋經爲正論，解《勝出品》云，須菩提聞答，五問歡喜心，故作五歎也。數五問有二，初云一問乘體，二問乘用，三問始，四問終，五中間住，作如此釋，但問法了。三云不等，一問體，二問用，三問始終，以佛總答。此始終爲一答，故知是一門也，四問住，五問乘乘人，前四法，後一問人也。次有五品，是所學之法能乘之人也。開亦二爲五者，初一後三，還是上乘乘也，第二問發，由是亦發趣也。佛答五問即五從，初竟《廣乘》答第一乘體問，明無所得萬行萬德，皆是大乘體也。第二《發趣》答第二發趣問，行無所得行，則能發一地趣一地，如乘馬趣象，捨象馬[四四]乘象[四五]，乘象趣龍，捨象乘龍也。第三從《出到品》初，乃至從三界中出，到薩婆若中住不動法，故答第三始終問。第四從《出到品》中，須菩提所問，是到何處謂不住法不動法，故答第四住處問也。第五從《出到品》末，須菩提汝問誰當乘是乘出者竟，正答第五乘乘人問也。

品末須菩提汝問誰當乘者，答品答第五乘乘人問也，云無有人乘是乘出者，則兩品答一問。二品答一問，一品答三問也。答初乘體中二，初略舉六度爲乘體，二廣明六度爲乘體，但廣禪智二度也，略明其體，廣明其義，論名義也，即是廣略也。初二，第一牒前問總數列名，二別出其名，以釋[四六]以釋其義也。初釋檀中名解釋，結釋中五句，一應薩婆若心，二捨内外，三與衆生共，四迴向佛道無所得也。初佛道，求佛道故，應薩婆若心，是心猶未有其事，故第二句内身外物，布施一切，以大悲心，故得施果與物共之。前内外物是行因，今是得果，因亦施衆生，果亦施衆生，更不求餘報，故迴向佛道，與實相亦應，故三。今無所得者，貫四事，雖應無所應，捨無所捨等也。問：八萬四千波羅蜜，住八萬四千波羅蜜，治八萬四千塵勞，六度治四弊，復何故説六度？論主答云，爲六度苦，地獄相考掠苦，人中求五欲苦，天中死時苦故也。論直爾，結檀是治，餓鬼戒應爲地獄，忍爲畜生，進修羅禪爲人，般若應爲天生菩薩戒文。問：六度總攝一切，佛菩薩發心誓願大悲等，屬何度攝？答：屬精進攝。

佛勇猛精進，故發大誓大悲也。問：後方便力得智，屬何耶？答：皆屬般若。論云智淨，故變名方便，發願深後，轉有勢力，後智決淨也。問：摩訶衍攝萬行，異般若攝六度，六度別開般若爲一度，亦應摩訶衍中別開爲一行[四七]也。私答應不復大乘，論其總別一多，六度，欲論其答曾別義也。

十八空下，第二問廣明禪智二爲大乘，散與不可得空，釋義以離散故空，求不可得故空，餘皆所空法。論二文，《金剛品》空十八法，名十八空，雖文云判十八意行名十八空，《能經》明大是境空，《大經》明大空是智空，小乘亦明眼等爲內空但[四八]空[四九]我。今具人法小乘亦明眼空者，此是但空，今是不但空，故言非常非滅，破有故不常，不著空故不滅也。無法有法空，更有爲無爲，更無分別空者，不訓以爲無爲攝法盡，故無別，此空有法無法攝法不盡，如生爲有滅[五〇]爲無等也。又爲無爲復有畢竟空，如有法無法後[五一]有，無法有法空也。四空三義，一爲後利根故略説，或行[五二]或謂[五三]，一爲易持故也。有法有法空五陰，五陰攝有爲盡也。無法無法空[五四]無爲，此二破一切法盡也。自法自法空者，上二種法名其性，有法中有地堅性等，無法中[五五]如如法性等，二者明此有無二法，本性自空，非見智所作令空也。他法空者，如法性攝一切法盡禪，此外無復有法，而或者脱之[五六]法性外更有法，此亦空也。如下云設有過涅槃者，亦空也。初二空攝上十七空，空中有有法，屬有法有如是等，又前二空的，是十八空中爲、無爲二空也。第三自性空，屬上性空，第四是遮異計，非上十八斷也，百八三昧，如論釋定[五七]，令誦解脱也。

廣乘品第十九

文句一二如此疏，皆無異也。自身爲內，妻子財物爲外，身自身爲身[五八]，死尸爲外身，又覺苦樂處爲內，不覺處等爲外，又眼等五情爲內，身色等五爲外身也。所以作此三觀者，或爲一人，或爲三人。言三人，百[五九]人偏愛自身，妻子等不著也，有人但著妻子等，我身内云身爲地等，有人二種皆著，可尋之也。身愛[六〇]外，心愛爲内也。五識相應受爲外，意識相應受爲内。百八愛爲内，餘殘爲外。又身、心二苦爲内受，心有悕[六一]是身有四百四病等外緣生苦，謂惡人及無情風雨等，爲外受也。意識是内心，五識是外心。又緣外爲内心，七覺内五蓋爲内心，七覺内五蓋爲内心，外七覺外五蓋爲外心也。除受餘殘心名法能，緣内法空數爲内法，納[六二]外法心數及無爲，爲外法也。又有識緣法爲内法，有[六三]中除受心數法是爲内法，餘心不相應行爲外法也。七科中二處與正名，謂四正勤與八正也。精進心義發動，是錯誤與正名，行道趣法是墮耶道，故與正道也。得四處故得智慧，後加精進策發，則慧强定弱，若得如意，則定慧均平。稱行者之心，故名如意足，以得定慧均平，無事不辦故，如行者意令滿足也。

數解四足爲因，此是心精進思惟，此四故得定，故爲足也。斷行成就者，行於斷欲之行，故得於定也。前問云：勤斷三惡生善，與二乘何異？答：須取前不住法不生，故具念處等。今雖滅惡，知無所滅，無所滅故名滅耳。進亦爾。問：三科何異？答：慧多則説念處，進多説正勤，定多説如意足也。此十二法，若鈍根人心中，名根在利根，人心名力，又根增長名力也。九相偏治婬欲，十想遍治三十相中，一不淨相攝九相。又解不淨，於一切世間不可屬，想食不淨，想九想也。又言九相爲破，結十想斷，九相因，十想爲果。又解無優劣，同爲滅，三毒九相觀不淨，不淨故無常，無常苦則離欲，如是得滅盡也。又九相是念處，初問身念處，開三一念念處問。處問[六四]，三十七道品門三十七門等空，共數六十力四無畏，大悲三念處也。解前十八身口二無失，二隨智慧行有陰，無異想是想[六五]陰，無不定心是是識陰，餘是行陰，皆在四諦中也。無不知已捨者，三受復生，三毒捨受多生癡，餘人不覺，唯知前二受佛，今知此捨也。又或一月二日入禪，或入涅槃，時人謂佛捨衆生故，今明此是知已捨，非不知也。無異相者，佛則無別貴賤近遠等也，念無滅〔六六〕念無失異者，於威儀中誤名失念，於禪定中通三世無礙，故滅也。身口無失，釋上隨智慧行，以隨智慧故無失也。十力内用，無畏爲外，廣爲十力，略爲無畏。初力第十力，前二無畏，中間八力，後二無畏也。前二無畏，自德後三十二字門，欲明大乘之法，無義不攝，無名不收。如《大經》記文，皆佛法故有，上皆是辨大乘體之與義，此四十二字，辨大乘一切名也。

問：此四十二但是佛，經〔六七〕通内外？答：通内外，但菩薩了此字，故得菩提功德也。世人亦皆阿，直言無了，如無食無物等，菩薩聞阿，知一切法不生也。《大經》十四爲音智，故即是十四智，此直明名〔六八〕字本，今則是字也。何以得知？彼有長附故爲音，此直明字也。問云？何天下一切品有四十二字耶？答：四十二爲本，支流生無量字也。若世人亦知四十二字，與菩薩何異？答：世人亦皆音聲，而菩薩得音聲陀羅尼，故不憂憙等〔六九〕，今亦得字陀羅尼，故識一切法也。問：五百持何故偏説字持？答：二義。一者此是五百中之初説，則攝五百也，又是五百中最〔七〇〕大也。二者此陀羅尼門，如因字有語，因語有名，因名有義，故分別一切諸法名義，皆從此門入，此持門故，則入一切法門也。問：此四十二字音，云何同異？答：可爲六義。一者三十三字字異，以兩伽兩荼九字同而義異。次有兩字字同而音義異。次四十一字有字有義，一字有字無義。次三字的是西天竺音，餘衆國共用也。如多伽兩婆此字同，而下更無分義異，是名字同而義異，字同而一音異者，有兩他字即陀音，後他字知荼反〔七一〕也。和字音千波，國更音社也。四十一字有義，彼一字論云無義，可釋也。文三，初總標字語，諸字入行爲大乘釋，後結釋稱歎。字與畢竟空等，語亦與空等，故云字等語等[七二]，又於好字不憎愛，故等語亦爾也。四十二爲諸字門，入此行則通達一切字，故云諸字入門，亦是諸字悉入此四十二字門，故入一切字門也。無礙下，第三結釋稱歎，又二，初明字[七三]義，二明受持。受持無字字得和，上列釋四十二即是無字字義，亦明諸字無礙無名字，菩薩了如[七四]此字無字故得和，爲有如此[七五]是大乘也。彌[七六]間[七七]趣五門，種種門如泥，諸要種種門入也。阿事門者，爲事故説識根緣也。方便行知，是方便得大悲門，知大悲心，説理趣爲明道也。巧分別日月者，從今日至明旦爲日也，月行日度爲日月，月行星度爲星宿月，月行月度爲月月也。世間常用，爲世同月者度數也。

發趣品第二十

從初地發趣二地下，亦他不得釋此義。今明大乘發趣般若，解般若與十地相似，般若正是空慧，有解是相，從十地正以空解，爲地所生相，從名地道諦，小廣取戒定慧合爲道，大乘廣無俱乘。今明不得爾，前云念處至四十二字門，皆云不可得，故我云，何取漏無漏，皆乘能且乘是運出，有漏有得，不動不出。又今十地事大乘，皆是佛因，云何取有漏？今明有得無漏尚不取，況有漏耶？故今明大乘之與十地，是離合差別無差別義也。又他明乘唯是因非果，若爾，前品得取六度，道品爲乘也。十力等應非他，又云大乘唯取善不取惡，今明有得善惡俱非，無得善惡俱是也。問：與富樓發何異？答：前明相攝爲發趣，此是横論，今地是竪論也。然乘與地俱横竪，十地[七八]爲乘是横，萬行發趣爲乘是横，十地發趣爲竪。問：此共地？答：他言二乘共地，約斷見思及習氣分判，但光宅即辨支斷習餘，師云但斷正使也，三藏佛斷習也。不共地，則約五住惑論其斷也，如常説也。地論人云，三十心斷四住，登地至佛斷無明，於十地爲三道，初地是見道，二地七地修，八地上[七九]無學道。煩惱亦三，初地斷不善煩惱，二地修道斷善煩惱，八地無學道斷無明煩惱也。今總問：所有解能或是可斷以不？答：見解惑二，則同愚者，見二若無。今所斷又見或斷，不見斷云，亦明並是假名字，説無生滅觀中，開爲十地，初地即了惑不滅，解不生假名，言惑斷竟，何所斷假名。解生念何所生，故下云無得者，始能從一地，則知是無生觀始能也。所以共不共地者，地何曾共不共？但隨二根緣，釋迦起共緣，故有共地，舍那起不共緣，故有不共也。他明空行爲地體，今明不無空行義，但不如他有此空，有行並成有，故言無空行義。今明只行空空亦空，故有此行，爲空行也。

無來無去[八〇]，次下在之[八一]，世間求財尚下，意説求佛道而慢耶，虛語者，具攝四語也。又二地方離四，今初地思離重者，第二地五法，初是戒淨，二地尸羅，普施一切。初地財施不普，次去此是無所得，不持不犯戒也。住忍優力，此衆生忍也。言不瞋不煩者，此是忍體，初不起瞋心，次身口不惱[八二]也。受歡喜二義，一者自喜。上戒淨是身口淨，次知恩久住忍，此是心淨，三業淨故，自能生憙。如人端正，人香水沐浴，新粧梳則自憙[八三]也。二者菩薩住忍中化物，物得世出世及乘之益，則菩薩心憙，如見子病愈也。施衆生者，衆生雖難化，不捨之。若[八四]利實衆生，及欺佛也。次釋大悲心，代物受苦，然無有我作他受，豈有代物理？但見菩薩大心，則愛我受道也。三地中耻二我未發大心，今遂中悔，則二乘輕咲，如人請客食，而反自噉不分客，是大可耻也。四地不捨阿練若者，不起二乘心，即是無事之行，觀深法忍，次[八五]他功德者，二義。一者觀深法忍，能振拂斷常煩惱，是此義之義也。二者是果中説因，因頭陀故戒淨，戒淨故得定[八六]，定故發慧，即是忍。此是因頭陀得忍語，忍爲頭陀，即果中説因也，此是順忍也。七地方是無生忍也。二識處心不並者，隨眼色中不生識，乃至意識法中不生識，即是入不二法門，知根塵内外皆然，不可得識，何由生五地？離親白衣者，發心始行之人，乃有此言也，何乃施於五地耶？釋云，此是下地五地，當須遠離，始發心豈可近耶？故知是深妨道也。尼士爾也，又畢乎正道，便是俗人之與比丘尼，故令離也。又顯五地菩薩生諸佛土，故不親近白衣也。第六地云，三乘人皆行六度到彼岸，故知二乘人亦皆行六度，常不應言，六度但菩薩所行也。問：此中何故作是説？答：此歎六度功德，故三〔八七〕行足，皆得度也。問：今是者，初地至二地爲去，二地望初地爲來，今不見此去來也。今明去無所來，不去而去，不來而來，故有初地至二地，不去去也。今問：爲有一地可至，爲無一地可至，爲有，若爲不至耶？答云，次廣解十即十，初云不可得者，初得無生忍，故與不可名也。初地十法中，初以深心治地業者，應行般若心，即是菩提心。但菩提心有深淺，今是深心，此人煩惱薄智慧利，故是深心，以菩提心作一切善，不以畏心所作。作一切善，著爲菩提，不爲餘法事。如慳人無事，不捨一錢，但慳貪積聚，慧轉增長。菩薩亦爾。所有一切善，但爲佛道，不以一豪善法爲我三界〔八八〕也。二者深入悲心利物，故名深心，前是爲佛心，今是利物心，故深心具此二義也。等佛第二四等心，上深爲佛道，今等心利衆生也。求法者，三法，一大小乘因，二大小乘果，三大小乘文。云即能表故〔八九〕法，前二是所表法也，不離心出家者，不於九十六道中出家也。又不以二乘有，以得佛心出家也。愛樂佛身者，謂生、法二身，菩薩必知得之，故愛樂也。演説教者，上求爲物求，即如説巧也，今爲物説，即如行説。又前明財施，今法施也。此文具五善，爲物歎檀爲初善，歎戒爲中善，此二所得報，或生佛土，或作大人，爲後善。又見三界苦，發心欲離爲初善，次出家得身離爲中善，後斷結得佛心離爲後善。又爲物歎三乘爲三善也，第二妙善，第三好〔九〇〕，自有好義無巧語，自有好語無深義，今具足也。第四名清淨，即是離三毒垢，故但説正法，不說非法，名清淨。第五名具，謂八正六度具足，若是七善，更足轉法，并隨順梵行也。破憍慢者，上既施財及後法，恐自高陵物，故後之慢，則今世惡名，以覆没[九一]功德没世卑財也。又菩薩地，云何二乘人法行度耶？答：論主云，大能合小，故菩薩[九二]中，合[九三]小乘也，此是大小般若三也。問：三乘皆度到河岸？答：《智論》下云，聲聞至愚等岸，不能度檀等岸。故身子没布施河中，具三施，方度施河，一外施，二一切內施，三無所得施[九四]，容施邊底，乃名度了，身子未能，故不能度也。但二乘人乘六度生死岸也，皆是與奪之言也。既隨分度生死，但隨分度施戒，未容施戒亦爾，來容涅槃，此義通也。但二乘度生死，奪甚度施河也。問：二乘皆六不？答：隨分六也。但此中總相三門，六未必具行，但多行戒、定、慧三法也。

釋七地四十法，前二十明離，次二十通得也。菩薩菩提善法，是生、法二空也。因者非因見[九五]，如八證也，又見因果之一異等也。具足空者，具足行十八空也，具行生、法二空，又取略行一異念空也。此中云自相空階，以自相故空，此釋三種空之所心也。又六地得順忍，未得無生忍，猶取相，故入七地破相，明自空也。三分清淨，謂十八善，不出三業淨也。慈悲智具足者，三種緣中，此七地得無緣悲名，具足無生忍，與無生智異，甚淺名忍，深名智。一地中三忍，取中下爲忍爲[九六]智也，則智之名皆通因果也。次釋轉見者，上縛我見法見，今的縛一乘見也。上菩薩法中轉麤煩惱，《論》云，今縛細煩惱，《論》云，謂見愛見慢等，此應是習[九七]爲細也。定慧地者，初三慧多定少，次三地定多慧少，今得生、法二空具足，故定慧均平，即是具足，實方便三者[九八]名之等，此正是七地竝觀文，什肇等釋同也。《經》文釋云，何等定慧地一切種智，故在智種之名，亦通因也。《論》釋云等定慧，漸[九九]即一切種智也，得佛眼也。七地二慧眼，以慧眼變名佛眼，故就此地佛眼。脱不染愛者，《論》云十[一〇〇]地，猶是有前世業因緣，肉[一〇一]身入觀[一〇二]，猶有著[一〇三]氣或愛著。七地智論，釋若不爾，與《經》相順也。釋九地無邊世界所度之分，三千大千一時成增壞，如是十方恒沙三千。言十方恒沙者，十方名一恒沙也，如是乃至一世界種，數十方恒沙，亦是十方一恒沙數，如此中向後言，十方終是十，名一恒河也。一佛世界，如是佛世界數如恒沙數等，世界爲世界海，如是一佛世界海數，如十方恒沙世界爲一世界。如[一〇四]是世界種十方無量，是一佛世界，於一世界取如是分，爲所度之分。分者，治宰也。釋胎生成就，《大經》言化乘白象，餘處云，菩薩化作白象形入胎，不作人形，此論云，菩薩乘白象入胎也。釋性成就，言七佛前三佛，暗[一〇五]陳如性，次三佛，迦葉性，釋迦是性也。又解言，無生忍爲菩薩性中生也。又解，發心堅固，是諸佛性。此三名有其所以乎，釋一切諸善成滿具足，云七地得無生破煩惱，是自利，以八九是利他，利他自利滿，故名具足功德也。十地，如佛經云。所以明九地法數，不明十地法數者，爲第十地具兩種，有因有果，不開之《經》文。前明第十地，如佛論解，是法雲地，如佛者論解，意取是爲如，以第十地斷習，故爰成佛地，故云如也。今明若十地近佛爲如佛，亦有此義。《經》第二文，過九地住佛地，此是佛地爲第十，亦是故説如也。

出到品第二十一　亦名出乘品

欲平宗二品，出到爲勝，若云出乘，此但得其始，今言出到，則得始終也。此品初答第三問，前始終問云，是乘從何處出到何處住。就大乘無始無終，無出無到，而方便論始終出到，無始始從三界中出，無終終到薩婆若，無出出三界，無到到薩婆若，故用目品。是大乘無階級，亦無不階級，爲破定階級，故言無階級，同一大乘，爲破定無階級，故有十地階級。然階級無階級，同爲開般若，非階級非不階級，爲開階級與不階級。

就答第三中又二，第一問。云云。《論》云，般若十萬偈，三百二十萬言，與四阿含等，非一時一座説盡。今是異時，故重標問。而答者云，偈雖十萬，一時説盡，如説《法華》六十小劫，謂如半日也。小乘法中，此無不思議事，唯大乘有之耳，謂一時異時，並是隨所聞也。佛言下，第二正答，又四。第一雖無出到而出到，第二明説出到而無出到，第三結無出到故出到成第一，第四結上出到無出到，諸法不動，故來第二也。今是第一。云云。以不二法故下，他云前是世諦，故實有出到，今[一〇六]即真諦遣，故不二無出到。故世諦中常有萬善相積，運載行人，自三界生死，終至大涅槃。今明佛及論主不作此義，故結，前顛倒所解，見有人法能所因果兩異，留注三界，非謂從三界出到薩婆若，以諸法不二，無出無到，無能無所故也。今若能不二無出到，故能出能到，故出到無出到，一句語也。就文又三，第一總標一切不二，故無出無到。何以下，第二釋不二，明能到之乘與所到之果，不一故不合，不異故不散，非有故無色，無形故無對，非合非散，非有非無，故云一切無有無無相，故云無相也。若人欲使下，第三舉釋之，此下是反，難有所得，人言乘是出義，汝若欲令乘出者，應合無相實際等出，而無相實際無有出者，汝乘亦爾也。就文又七，第一舉實際等無爲法，無出無到爲類，此實際亦是佛教門，佛意爲破令出入，故云實際法性無出無入。《論》云，狂人欲令實際即出，可許無相大乘即出，而實際等無出，只無相大乘是實際，何可言其出耶？他見此文云，爲欲使無相法等出，故知真諦遣，《論》云，無相法是乘，非關真諦也。他云，諦相積假名運出，今明無出無到運於出到，出到運無出到也。若人欲使色空下，第二舉陰界入等空爲類，空不出，只無相大乘是空，無相大乘何有出耶？若人欲使夢出下，第三舉夢等六事爲類，無出六既無出，只大乘是夢，夢求爲大乘，大乘夢有出耶？若人欲使檀下，第四舉大乘因行無出爲類，只因行是大乘，大乘寧即出耶？若人欲使阿羅漢出生處下，第五舉大小乘果並出爲類，此諸果既無出，大乘豈有出？他云，真諦遣故無出，世諦常有出，可得真諦遣，故羅漢無出處，世諦中羅漢有出處也。若人欲使字下，第六舉但名字爲類，如前云。若人欲使不生不滅法下，第七爲類，亦如前云。今他難云，既不出不運，亦應非乘。答：汝是出運乘，言不出不運乘，聞不運運於運，如聞運運不運，聞不運運非運非不運，聞非不運運於運也。須菩提以是因緣故下，第三結無出無到，故則對之。若由來有出有到，何能出到？寧不留住三有。今口無出無到，則無所不出到也。不動故字，即第四結，前出未曾動，故雖出未曾有所出，雖到未曾有所到，亦雖動未曾動，雖運未曾運，不運而大運，不動而大能動，不出而大能出，不到無所不到。二不論云云。

次答第四位處，問亦二，先標問。云云。有解云，上問始終，今問中間住。《論》不爾，上問乘始終，今問乘爲在因中住，爲在薩婆若中住。佛答無所住，因果俱不住，若不住，而薩婆若住也。次正答，又五。第一明無住處，既無出無到，復何處住，答其問也。他云，既無住處，應無異。今答：自有住處乘，如彼傍説，自有無住處乘，如今説也。何以故下，第二雙釋無住令住，先明一切法皆無住相，豈大乘獨住處耶？次明如無住爲住，所謂畢竟空，故大乘所謂六波羅蜜，波羅蜜豈非住畢竟空耶？如初如下，第三雙初非不住，故有前住與不住也。亦牒前住，故由非住非不住也。世諦故非不住，第一義故非住。又破常見故非住，破斷見故非不住也，此是中道正法乘也。又不自相中住，故非住，亦不他相中住，故非不住，即是乘非乘中住，名爲不自，不在非乘中住，名爲不異，如長不在長中，亦非短中住也。是乘亦如下，第四雙合。如向何以故下，第五雙釋不住非不住。云云。須菩提以是因緣故下，第六雙結不住。云云。二不論云云。

次答第五問乘乘人，此中既標問，故乘品初有此問也。先標問無住處，復云住薩婆若中，復云畢竟空中六度等爲體，誰乘乘頓有人乘不耶？次正答中又二，第一明既無住處，故無人乘者，第二明無人乘而乘，所謂菩薩乘之。就初五，第一正明無人乘出者。何以故下，第二舉四法無所有釋，所言四法者，一是乘謂六度，二是乘〔一〇七〕人，三是所用，即慈悲方便等非度攝，四是時，即明此四法畢竟不可得，何獨有人乘之也。何以故乘不見次，第三舉生、法二空，釋四法不可得。何法不可得下，第四釋不可得之所以，爲是智慧力少故不得，爲是無故不可得。今正明無故不可得，此中前舉法性實際爲喻，明不可得，次舉十八空釋不可得。問：何故云畢竟淨？答：破有而依無，非是畢竟淨，今有無俱淨，乃爲畢竟。答菩薩以一切下，第二明無人乘，而所謂菩薩乘是大乘，出到薩婆若。云云。論五十卷。

勝出品第二十二

此下兩品有四章，第三稱歎摩訶衍，善吉第一，作五問問摩訶衍，次第二，佛一一答五問竟。今大衆聞佛答，領解歡喜，故善吉爲之作稱歎摩訶衍，明六度等爲衍體，次有發趣之用，次明始〔一〇八〕從三界中到薩婆若中，次明此住無住，復明無有人乘此乘者。故此乘微妙，勝出人天修羅之上，與虛空高等，含受無量無邊衆生，無去無來，無過去、未來、現在，三世平等。如前明摩訶衍非階級非不階級，而方便論階級，故階級與不階級同入摩訶衍。如此階級〔一〇九〕，爲顯般若波羅蜜，以般若波羅蜜摩訶衍論階級，故如此階級不階級，並勝出人天修羅之上，故云勝出。雖言勝出，而未曾有其邊表高畔，故云空等。既云與虛空等，故能含受一切，既含受一切，似若欲知有去來，而實無去無來，既無去無來，故無過去、未來、現在，出過三世，俗初歎爲名，故用目品。他云，因中萬善，爲來〔二〇〕是世諦，有法即是世間，豈能勝出世耶？彼世間有多種，於中有勝劣，言暢大乘，雖是世間而勝出，其雖〔二一〕世間，今謂佛及龍樹不許作此解。既是有爲，豈與空等？既是有即應礙，何能容受？既是有爲，從因緣趣果，非謂無去無來。既是有爲，則雖三世，非謂三世平等，出過三世。佛又云，皆是真諦遣，又云，過分歎，今謂佛及論主不許也。今明衍非是有，故勝出世間，與虚空等，能容受一切，名無來，非三世攝。言勝出二義，一者歎乘能摧破三界六道故勝，以勝出三界。二者三乘内出三界爲出，而大乘是中之勝，以無過不難〔二二〕，無德不修。二乘如不爾，斷惑不盡，集德不備，故劣也。

就文爲二，第一舉出等五義歎摩訶衍，第二舉出生三世諸佛摩訶衍。就初又二，第一善吉爲大衆得解歡喜，正作五種歎摩訶衍。云云。佛告下，第二如來述善吉五歎。就文又二，略述故云如是如是，亦是標得歎乘體，故還牒前《問乘品》《廣乘品》，六度爲乘體，於中初出其義，所謂百八三昧禪定義，十八空四等般若義，道品等雙廣上歎。云云。

如須菩提於言下，第二廣述，亦有正述，即爲五章，今盡品述。第一勝出歎，就五述中，例牧〔二三〕及正述并結怛〔二四〕不？就第一正述勝出歎中，又三。第一正述勝出，第二勝出之意，第三明利益。此三段文中，《聞持品》就正述勝出，又三。第一明勝出無爲，第二明勝出因果。所以然者，布云，良由摩訶衍非俗諦有爲，故勝出俗諦有爲，非無爲，故勝出真諦無爲，非因果，故勝出大小乘因果。今明若有爲若無爲，若因若果，皆是佛教，並非實皆虚妄皆實異，皆非諦皆顛倒，非常非斷壞相，皆無法而人，即修謂是實，非虚妄不實異，是諦非顛倒，是常不壞，非無法。菩薩學大乘，知之非實，皆實異皆非諦皆顛倒，皆無常壞斷無法，故能勝出人天修羅之上。此是持正，作此開文，於義皆大。文悮者，今《經》妙末皆云勝出，六道何曾云勝出？空有因果耶義者，若言空有因果，非是大乘，故乘勝出者，何得此中佛重取上因果空有爲乘體耶？今釋不爾。明若此有因果等法，有一豪可得，則乘不出六道。何者？若有一豪可得，則是有得，還是六道，何能勝出六道耶？今知一切法無一毫可得，即是無所得，故大乘，此大乘〔一二五〕則勝出六道。故文中若未有爲法無所有，次舉無爲法無所有，故乘勝出六道，第三舉因果無所有，故勝出六道也。今是第一勝出，有爲云一句，一句例〔一二六〕有八，一者有，二者不虚妄，三不實，四諦，五顛倒，六有常，七不壞，八非無法云。

須菩提若法性是有法下，第二勝出無爲。云云。

須菩提若檀波羅蜜下，第三明勝出大乘因果云，由來只用此因行作大乘序，大乘經勝出之耶。彼云所勝者，自是執相，未破導者，若被導妄相者不論，被勝及亐勝之乘，今聞佛及論主不。

須菩提如〔一二七〕金剛慧下，第二明勝出之意，正言摩訶衍故能勝出人天修羅之上，至論文自見也。

須菩提諸佛爲衆生轉法輪下，第三明利益。何者衆生實，是誰能斷有性，何可令入涅槃？則諸佛於衆生無利益，設入涅槃，則得改衆生罪，良由非有而顛倒成有，故諸佛爲衆生約法輪，故〔一二八〕化令悟本，自非有名入涅槃，故大利益得無量福。如云平等真實法界，一一切〔一二九〕衆生入真實，無所入乘，令無量衆生入無餘涅槃，而實無衆生得得〔一三〇〕滅度者也。

等空品第二十三

《等空品》，常云乘是萬行，萬行是有，不可與空等，若真諦遣，故無萬行，無可與空等。今明品萬行宛然，而畢竟空故與空等，可謂空萬行，空萬行〔一三一〕空。如三事宛然無三事論下，釋言，菩薩從無生忍不復分別，知施無所施，若未得無生忍，則謂萬行異空，空有二，故未是真實乘也。問：若得無生，故〔一三二〕萬行空者，若爾，非是乘本來與空等？答：乘本與空等，於未得無生人，自謂不等等。此品初述其第二等空歎，故用目品。問：何故虛空等？解云，與世間虛空等。世間虛空已破，經論所破，誰論此耶？故摩訶衍與般若虛空等，般若空亦令與般若大乘等。

就文又四，第一歎如是。如是下，第二正述云，須菩提如虛空。無東方下，第三歎述歎凡，舉二十二種歎類，能由來乘是萬善，有爲有法，並不得舉此二十二爲類。云云。彼解云，皆是假設狂稱歎。若作如此言，及佛重熱，但汝解，佛菩薩不解，大乘實不爾，無氣味也。須菩提以是因緣故下，第四結歎。云云。

次述其第三含受歎，由來摩訶衍是萬善，乃可令受行衆生，云何能含受一切衆生及一切法？彼解云，是少分，爲言實録唯含受，有著之人，不含受一切衆生及一切法，此則反佛語及龍樹意。今明摩訶衍非凡非聖，而凡聖皆含，非人非法皆含受。又中法空喻者，非世所解三無爲中爲虛空，世人所以虛空，與萬法君〔二三〕含受萬法。今云虛空者，如《經》云亦名佛性，亦名如來法身，亦名涅槃虛空，故般若虛空，摩訶衍虛空，及能含受一切法。摩訶衍虛空既能含受一切，摩訶衍亦爾，故摩訶衍與虛空，不二不別。今作異若〔二四〕説，然善吉二歎，一云乘與空等，次云乘如空含受，佛述則異述，等空明乘與空等，含述含受，則云無有虛空。所以然者，正言空非有，有無四句内外，如此空方能含受，亦如此空乘與空等，故此義不異。但小〔二五〕既明等空，則恐有空可等，有空能受，故今明不見空方是空受，方是等空也。問：既不見空不空，四句内外皆不可得，有〔二六〕能含受耶？答：一切法皆不出此法，皆四句内答一切法不出。不出此法者，汝問云，既不見空不空，四句内外皆不可得，云何能含受？今云，一切皆非空非有，非四句内外，無有一法不如此者，故云不出此法也。既問一切同如此非空有，非四句内外無礙，何意不容不受耶？是故一切法，含受故空也。問：一切法皆畢竟淨，衍與空亦畢竟淨。既云空能含衍，能含一切法，何故不云一切法含衍含空耶？答：亦得此是一切衍，衍一切法空，一切法，空〔一二七〕一切法空，但今爲歎衍，故云衍含也。問：一切法皆畢竟空，則無異不異含不含，何故云含耶？答：今畢竟空爲衍，以一切法亦空，故入衍中，故云含也。然〔一二八〕衍與一切法，皆畢竟空不可得，何有含不含耶？

就文又二，第一歎，二正歎述。歎述中，北人以爲六義，云云。今直爲四，第一舉虛空爲歎，第二阿僧祇爲歎，第三舉乘爲歎，第四舉涅槃爲歎。若虛空阿僧乘及涅槃，若體是有，有則隔礙，不能含，正言虛空，非是有，故含受一切。餘三亦然，皆舉所信，類所不信，明一切無所有，名爲大乘，故能含一切也。若爾耳，但含一切衆生，亦含受一切法無所有，何但名摩訶衍含受，亦得名虛空含受，亦得名衆生含受？但今歎摩訶衍，故一切無所有名爲摩訶衍，既一切無所有，則無能含與所含，但一切同入無所有，故名爲摩訶衍含受一切。次第二舉阿僧祇無所有，類一切無所有。我無所有下，第三舉我無所有，類一切無所有，此舉聲聞人所信，類所不信。就文，九復次，初復次舉我類如此性等，乃至第九復次舉我類三乘人，同無所有。譬如須菩提涅槃中下，第四舉涅槃涅槃性爲類，此亦舉所信，類所不信也。二不論云云。

次述其第四無來去歎，前歎次正述。正述中又三，第一總述一切法並無去來，第二別釋一切法皆無來去，第三結爲摩訶衍無來去。今是第一，先正述，次何以故下，釋明一切法皆不動，故皆無來無去無住。若爾，一切法皆大乘，何以故須菩提第一？無所從下，第二別釋一切法無來無去無住。就文，凡舉十科，一五陰，二十二入，三六種，四如〔一二九〕實際，五六度等門，六菩薩，七佛，八菩提，九有爲法，十無爲法。此十科法，一一各有五義，謂色，色法，色如，色性，色相。

就五義中，一一各三義，謂不來不去無住。五義者，一色，謂十一十四及明無所對，凡夫見爲色也。二色法，知其色〔三〇〕無常生滅，即二乘。三色如，知色無生滅，非常無常，菩薩觀也。所以名如者，現在色既無生滅，過去未來亦如是也。又云，佛觀色既如此，菩薩觀色亦如佛，故云如也。四色性者，色性本來不生非度，故無生滅性，如此故云性也。五色相，何以故知其無生滅性不耶？見其相壞敗不有，故知其生滅也。色五義既爾，四陰五義亦爾，乃至無爲法五義亦爾，皆不來不去不住。一切既爾，即是大乘不來不去不住。以是因緣故下一行，餘即第二結，大乘不來不去不住。由來大乘是因中萬善，云何不來不去不住？彼云是真諦是，今用遣何爲？即一切不來不去不住是大乘。大乘相如此也。

次述第五無三世歎，若有來則有未來，若有去則有過去，若有住則現在。前既無來無去無住，則出過三世，無未來過去現在。由來大涅槃華嚴自可，非三世大乘與般若，並是因中行，爲三世所攝。今則不然，般若是一法，佛説種種名，故一切並〔三一〕過去非未來非現在，亦非三世。就文，先歎次正述。正述中又四，第一就法空義述歎，第二就衆生空義述歎，第三勸修，第四結歎。就初又五，第一就不可得空述，就中有正述及以何故釋。摩訶〔三二〕空等下，第二就自相空述，亦有正述及何以故釋。既自相空，豈大乘爲？菩〔三三〕薩爲二，大乘空爲三，菩薩空爲四，豈有三世空爲忍，豈有三世空爲異？問：此中云三世平等歎，何故云等不等皆不可得？答曰：歎亦應不見勝出不出，乃至最後不見去來不去來，但今既最後收卷，故云不見等不等也。是菩薩摩訶衍，是衍中等不等不可得下，第三就性空述，亦有正述及何以故釋。須菩提過去檀不可得下，第五就平等空述諸行悉平等，亦有正述及何以故釋。復次須菩提過去凡夫人，第二就生空義述歎，亦有正述及何以故釋。如是須菩提菩薩住般若中學等相，當具足一切種智，即第二何以故釋。但學品應云，住大乘中學三等相，當得一切種智，云何言住般若中耶？釋云，所謂般若摩訶衍，摩訶衍般若大乘，大乘般若學三世平等，則能得一切種智。是名菩薩下，第四結歎三世，初結五歎中第五三世平等歎，後句結五歎中第一句勝出歎。爾時須菩提白佛下，兩品中第二歎衍出生三世諸佛一切智，由來云依涅槃圓修滿字學，乃可得道，依此半字無常，不可教學，不能得道，必須攝涅槃方得道。就文又二，第一善吉正歎，能生三世十方諸佛一切種智，可謂好大乘。佛告下，第二如來述歎。云云。若他五時義定是，則得須菩提與佛，不曾護不解，義不及今人。

會宗品第二十四

就前爲四，第一善吉五問問乘，二佛答五問釋乘，三歎歎乘，四無二法不二，以除新學之疑。此四段爲二，上三正釋大乘以説般若，今方是釋疑。利根之徒，知大乘與般若義雖殊，體更無二，或名爲乘，或名般若，包含廣大運用，至佛即名般若，爲乘則有照遠實相，導成衆行，故乘名般若，體更無異。聞上大乘，即得與般若相應，即得正悟，住大涅槃，即於大乘。但新學之人謂般若是空慧，乘爲萬善言異，涅槃不同，故論爲異也。以今釋也。問：乘與般若爲有廣狹，爲無廣狹？答：一往無有廣狹，乘具萬行萬德，般若亦爾，故此品云，三乘善法入般若中。前云，若有實悟，攝一切善法者，般若是，既云三乘皆入般若中，即是三乘同歸般若，亦是會三乘同入一乘，與《法華》復何異？言〔一三四〕此《經》是第二時，三乘通教，《法華》是第四時耶？然今此會〔一三五〕三乘是般若三乘也。若有所得，二乘皆破除，豈會取〔一三六〕？般若但取空慧，爲般若亦但取空慧，爲乘若有空，有行皆乘，亦空即得皆般若也。問：今言大乘則攝一切經，謂《法華》《涅槃》皆大乘〔一三七〕，豈可皆般若耶？答：此等諸經，此皆是般若。《論》云，諸善法入般若中，謂《法華經》爲餘善法也。故《法華》《涅槃》皆般若異名，作般若名説，無非般若也。此即就教會。若就通門不二會，般若畢竟空，大乘亦爾，一切法皆爾。畢竟淨，何曾有般若異乘，乘異般若也？問：不異有異義不耶？答曰：亦得異大乘，則具萬〔二三八〕六度，般若則是一度，故大乘當其總名，般若是其别稱。問：般若是别總别異，云何可會是一耶？答：名總爲總〔二三九〕，别因爲總，總别豈三耶？問：若爾，雖有不二，會有二義？答：既有二不二，豈無不二二義。故般若是二慧，五度不名慧。問：若爾，云何會之耶？答：般若雖是慧，以般若導成衆行，故衆行方成，不導則不成，故般若亦得攝衆行也。問：《法華》會何異？答：《法華》會三歸一，今就大中自會是異名，故異也。

品爲二，初疑問，二釋疑。問二，初滿願騰衆疑，所以爾者，由滿願上大乘，善吉因此説乘，故滿願爲生問也。次善吉自審，如文。第二佛答，有二，第一就教會，二就理會。教無〔二四〇〕中二，判明三乘法皆入般若，故知因果大小皆是般若，不可言般若是因非果，是大非小，至〔二四一〕論般若，未曾大小、因果也。次判論三乘法不同，已知三乘法皆入般若，亦悉論三乘法也。《論》云，十力等是佛法，度是菩薩法，道品二乘行，名二法，菩薩行，名菩薩法也。又出有人云，具足行六度，是菩薩法，不具足行，是二乘法。此言不具足行，可具二義，一者未來可但行三四，未必具行六，二者設行未能露六之原也。須菩提若摩訶衍下，第二就理會，皆畢竟，故一切法不二也。

十無品第二十五

從《集散品》竟，《無生品》正奉命爲菩薩説般若開三門，初三脱門説般若，二稱歎門説般若，三無生門説般若。北人云，第三是遣相門，復有人云，三脱門是菩薩字空門，從《句義》已去，是菩薩字義門。今第三就無菩薩門説般若，謂無人無菩薩法，謂菩薩字空及菩薩字義門，論有明文，更可用也。但第三會〔一四二〕無菩薩門，不及無生門説般若，亦不同遣門也。所以有此第三無生門者，爲根性不同，自有聞初門悟，不須第二，一一〔一四三〕悟，不須第三，但受悟不同，故備三門也。《論》云，悟故開道〔一四四〕，是門，不悟則塞，非門也。必有次第釋者，上稱歎門既歎釋大人，歎釋大法，時衆便言，有此大人大法，故人法心生。今更淨於人法之心，明求人不可得，故人無生，求法不可得，故法無生，故名無生門。了人無生，始見是大人，了法無生，始是大法，故上人法是無生人法，今是人法無生也。

問：上三脱門即是明無人法，人法無生義，與今何異？答：般若有無量門，上是三脱門，今是無生門。上開一無生門爲三脱，今合三脱門爲一無生門，所以始開終合者，樂種種門入，入竟無二，故同一無生也。又上廣門略觀，今略門廣觀。上廣門有三不開十無，故是廣門略觀，今一無生門開十種觀，故是略門廣觀。問：雖復廣、略不同，同是破人法，前已破竟，今何須更破？答：人法病攝一切病，此難淨，前雖破，今須更破也。

問：前三脱門破，與今無生門破，得論深淺不？答：亦得無深淺，俱是破人法，故亦得論深淺。前一往初開般若，故就三脱門，破其昔來封執人法之見。次歎釋無所得大人大法，便言有此無所得大人大法，故今明無所得人法未曾人法，人法皆悉無生也，亦得是因緣相成義，三脱門是無人法。次稱歎門明無人法人法，今是人法，當知未曾人法，亦未曾無人法也，三門圓成一意也。若依知〔一四五〕斷者，初品十種求人不可得，破計人之心。次《無生品》一切不可得，除存法之念。但此二品既云無生門，文相拘涉，開爲二無生，第一明順無生，第二明真無生，即是順忍無生忍，地前爲順忍，登地生無生忍，文五忍。云云。

初明順無生中爲二，第一正十種觀求人不可

得，故人無生，第二明行此十觀得利益也。初二，一標十觀，二身子一一問，三善吉一一答。

十無者，一明無三世故無菩薩，不出三世中有，故今明當無三世，豈有三中菩薩耶？色無邊下，第二無離陰菩薩，五陰尚無，豈有離陰外有菩薩？言色無邊者，求其邊表，念不可得，無邊是空，空異名色是菩薩。第三明即陰菩薩，五陰尚無，既即陰是菩薩。一切處下，第四遍撿無菩薩，一切種者，一切觀門一切處一切境也。此中無即離，乃至五句皆無菩薩，至此露無菩薩，故下句言無所教也。世尊，菩薩但有字下，第五但有名字，故無菩薩。上四無既無菩薩體，今明但有菩薩名，即名無所有也。此之五無，正明無人也。如説我下，第六舉我無例無法，上我無已類法無，未〔一四六〕故將我例法。此中三句，初句舉我無如我計，法亦爾。第二句例法無，何等色下，三句出法無，正約五陰無生也。此句是責出五陰，無生若不生。不名色下，第七明法體不出者，亦非無菩薩。五無明人法無生，次一無明法無生。或者云，不體悟人法不生，是凡夫，體悟人法不生，故名菩薩。故今明五陰畢竟無生，復五陰無生無智分別，云何有云菩薩耶？若畢竟不生法，當教般若，此第八無〔一四七〕，明無生亦無菩薩。曰〔一四八〕謂，體不生人是菩薩，則人是能體，無生是得體，人則異無生，可非菩薩，得人即是無生，故應有菩薩。第八云，則無生亦無菩薩，若則無生是菩薩，云何還以無生教無生，以般若教般若也？第九無生亦無菩薩，如如〔一四九〕常云，世中有菩薩，故今明出無生外，無復有物，誰離無生耶？第十是悟解無生，故無菩薩。若生，故無菩薩，若有，菩薩應生怖畏，竟無誰生怖畏耶？

爾時舍利弗下，身子一一問。論二意生起〔一五〇〕，一者善吉德劣，菩薩今於佛前説深般若，新學菩薩或生疑，佛上〔一五一〕將順其意，故云，汝説大乘，與般若相順也，故身子一一問之。二者佛與善吉終一經共説般若，身子一一諮問，使解釋文理分明，令衆命我信也。

第三善吉答十問，即十釋。初爲二，第一略明生、法二空，故無三世，三世無生無，故無菩薩。亦廣明生、法二空無三世，三世無，故無菩薩。三結，初二，前明衆生空，次法空，三總釋生、法二空，故無菩薩也。應明無菩薩，何故無衆生？答：二義，一者況汝計有菩薩，猶如外道計有衆生，衆生既無，菩薩亦無。二者衆生是菩薩異名，未得道名凡夫，得空淺無慈悲，名聲聞，得空深小有慈悲，名緣覺，得空轉深有慈悲，故名菩薩，遂[一五二]義不同，有異名也。如一家眼見色名見者，言一知名知者，受苦樂也。色無故第二空，故無菩薩。問：法有不可得，故無菩薩，今法空空，何故非菩薩？答：空中無有物，何菩薩，故若空若有，皆無菩薩。何以故？第三總釋二空無菩薩。

檀波羅蜜下，第二廣明生、法二空，故無菩薩。若總望前後文，前明衆生空及五陰法空，此是世間空。今六度等是出世，出是所觀境，此境故名菩薩。既無所觀境，豈有菩薩耶？若別就後文者，行六度等，論故名菩薩，既無六度等，法何所行？故名菩薩下，明聲聞辟支佛人既空，菩薩人亦空，即生也。

色無邊下，答第二[一五三]離論無菩薩，一二皆三，謂無釋無結無也。色無邊有四種釋，一云無處不有色，如四大遍一切處，故是無邊也。第二明求色始不可得，如生死始不可得，既無始，亦無終及中間也。三公色名色相，求色相不可得，故云無邊也。第四求色不可得，色則如虛空，虛空無所有，故無邊色亦無所有，亦無邊也。

答第四即陰，求菩薩不可得，此中然生、法二空，釋衆生空故無，即陰菩薩，諸法空故無，即陰菩薩也。答第四遍撿無，謂一切種處一切處，即上第一明時無，第二明五陰無也。今歷一切法謂界入，萬行萬德，生死涅槃，一切法中無菩薩也。一切種者，謂十八界空觀，三脫門觀，常無常一實觀，求菩薩不可得，此是横論也。若空論者，上求即離無，今亦即亦離，乃至五句，如即離五句，假實常無常，一切五句亦爾也。《經》云，明明中不可得，眼耳中不可得者，論云是自他門也。眼中求不可得，謂自中覓自也。耳中無眼，是他中無自，亦他中無他〔二四〕、自中無他也。耳眼即是一切處，自他求不可得，即是一切種也。

答第五無但假名字，望前四無，無菩薩體。今第五無菩薩字，然體既無即無名，故《經》云名名相空也。

答第六無三，何三句次第釋也。釋初句，如文，如舍利弗言，諸法亦如。有無自性下，釋第二句。此中三句，第一句明一切法屬因緣，無自性，故諸法空也。復次一切法無常亦不下，第二明破斷常明不斷常，諸法無常，故破常，見亦不失，故破斷見也。復次一切法非常非滅，性自爾。此第三破一切法斷常，先破有爲法斷常，今具破一切斷常似，由來云前是相續假中，道不斷不常，今明二諦中道，故不斷不常也。又前直云不斷不常，今云性自爾，非破斷常明不斷常，本性自爾也。此本性爾，遠貫上六無，六無明無人法始圓，故方云性自爾也。如舍利弗言，何因緣故色畢竟不生下，答第三句也。

何因緣故，畢竟不生，不名色者下，答第七無明體，悟無無者，無故無菩薩也。答下如文，不須樂也。

白佛如是觀諸法下，此第二明得益，爲五。一明五觀益，二明無生滅觀，釋上五觀，三明無二觀，總釋與觀，第四明三種大義益，五有三問答，料簡上無生滅觀義也。今是初，如是觀諸法者，如上十觀也。不受色者，以色有無常火燒心，故不受不樂，無常是初觀，今是究竟觀也。色非常非無常，畢竟空，不取色相，故名不樂樂者，取相樂常無常，男女等也。不住不著者，釋上二觀，所以觀色空者，以不住色故，住色則煩惱賊來，故不住也。不著者，釋不住此色，若有一罪可住，説有無量罪，謂身有飢渴寒熱，心有老病死等，心有重愁怖畏三毒，八萬四千塵勞門，後在三塗苦故。今在後世，身心具有無常苦，無無我等，故不著也。前亦是正觀，後二釋上觀之所以也。不言是色者，此是得正説，益上自行今化他，上聖嘿然，今聖説此既，即如説行如行説也。

復次世尊下，第二明得無生無滅觀，釋上五觀，所以作五觀者，良由悟諸法無生無滅所見，所以不受不樂，不住不著。不言是色也，明凡夫二乘不行般若，不作十無五觀，故自見彼所見，不見佛菩薩所見也。今菩薩行般若，作十無五觀，故不見凡夫二乘所見，見佛菩薩所見，豈言凡聖共行假實境耶？此中二，初舉不住[一五五]釋不見，次舉不滅釋不生，亦釋不見也。何以故不[一五六]，生法非一非，非三非異，從非四乃至爲千，皆是修[一五七]異不可得，具言云非異也，更釋不生義也。世尊色不滅相下，第二舉不滅釋不生，亦轉釋上不見釋五觀十無也。

次是故色入，無二法數，第三明不二觀，此求諸觀，此滿不二。凡夫聞名取相，聞十無便作無解，未聞十無便作有解，聞無生滅便作無解，亦聞有生滅便作有解，故今明如此有無畢竟不可得，未曾有無，亦未曾生滅無生滅，悉滿不二也。

無生品第二十六

依《論》而判，上除存人之心，今洗著法之念。今言《無生品》者，此[一五八]品明順無生，次明無生忍，故明[一五九]《無生品》。前品亦明無生，但是順忍，今正明無生忍，故目品也。依論釋《廣乘品》忍法，世第一法是菩薩順忍，初果即菩薩無生忍，此文取地前爲順，登地爲無生。依論釋《發趣品》七地，又云得無生忍無生智等定慧地，前則六地爲順[一六〇]，七地爲無生。《經》亦爾，前是約凡聖分，故内凡爲順，登地爲無生，後是約淺深判，故六地順，七地無生也。不相違也。此皆是二忍，非三忍五忍明義也。品初是第四明三種大義，前問次答。問：上已明入三義，從《句義》至[一六一]《乘乘》，明菩薩摩訶薩義，《奉鉢品》開宗即明般若義，轉教中三脱門即是明般若，即上品十無五觀，不生不滅觀不二觀，即是明觀義，今何故更問三義耶？又《集散品》後的別明三義，明實相般若義，明觀照般若即觀義，明般若得樂人即菩薩義，今何故復問耶？答：從上作十無觀説不二觀，皆求菩薩不可得，謂者便云，既無菩薩，即無般若法，亦無觀行，便爾自絶。故明能如上洗淨，始是菩薩，遠離一切見，始是般若，如行而觀，即是正觀，何故無三義耶？《論》生起[一六二]云，此義無所不攝，義中之離解，上經已明，今更説。二者此三義有無量義，故今以異義釋之。三者前會已悟，今爲後會，如清涼池喻也。答三義即三答，初如文，答第二般若論云，阿羅蜜者，般[一六三]羅蜜，兩云相近，故舉阿羅蜜釋波羅蜜。問：何故爾？答：般羅蜜既有異義，即有名，故舉異名，更釋異義也。又此有其深旨，以上十無，故云無般若，故明遠離一切見，始是真般若也。阿羅蜜，此言遠離也。問：般若即是觀，後何更明觀？答：上般若是實相，謂正境，今明正觀即境有，明菩薩則是語觀，行人具此，必《集散品》，未無異也。不明文字者，明此三明文字，更無別法也，文此中正明觀行不明説，故不明文字般若也。此明觀即異，故云非常無常。《大經》明常無常者，得實觀，然後乃方便，非常無常用也。常云《大經》明六行圓修，今明得實觀得方便，具足乃圓，云何則取方便常無常，同作圓脩耶？

舍利弗問云何無生下，第五論上品無生，乃至入二法義。問：何不接次則論？答：論云三大義，要問尚修，多有利益大先論，今乃得論上義耳。問：何不待論上義竟，後方論三義？答：佛法不莊嚴言段，前後次第，唯在悟也。三義既易悟，而且要故先論也。一師云，上明無生，故有三義，此是無生三，今還明三無生，謂聲聞衆生無復三，三言一無般若等也。若言有三，即言非無生，皆不爾也。三非復無生，故上明無明無生方具三，今雖明三，未曾三三，即是無生也。三問答即三問答，論上無生[一六四]色，非復色義。答意云自相空者，非是破色，故云色空。色空，色自相空也。問：色自相空應空，不妨色色不礙空，何故云色空非色耶？若非色，則是失色，若色宛然，而空色空宛然，而非色色，非色色也，何曾惟色云非色耶？第二問答：經本不同。一本云，身子問云，何色不生爲非色，此既復重云則非色。一本云，問不滅，問云何色不滅爲非色，上論前品不生，下論前品不滅也。第三皆論覆，經應問色不二。此問上無生中，第二何以故色無生，不二不別義也。所以無生中答問二事，不滅中亦此二事，而不問者，無生二事既爾，無滅二事例然，不須問也。《論》問云：無生即不二，何故更問？答：破因中先有先[一六五]無生，故[一六六]無無生。此二即責因中，爲前有果而生，並不可得，名無生也。破眼色二，故云不二，或先入無生，問後不二，或先入不二門，後入無生也。次答無生與不二，兩門不同。答無生，舉果自相空答；答不二，舉散空答。問：文不合不散，論主何故云舉散空答？答：以眼色散壞，故云其是[一六七]空，空故無散，即是不二也。第三問：答論上無二法數者，此無二與前第二問答無二，云何異耶？答：前明即是不二，今論色與無生不二，即是二與無二也。謂者聞上眼色不二，便言悟時二二，變成不二生[一六八]實，成無生迷時，無生實成生死，無二變成二，故明二不二，即是不二生，即是無生也。

爾時須菩提下，第二數時無生忍，論文至此分判云，上説柔順忍，今説無生忍，上直云色無生，末[一六九]云畢竟淨，故是無生忍也。畢竟淨者，了悟無生，一切煩惱畢竟盡，但餘習氣也。若望順忍故爲畢竟，望佛道未畢竟也。文爲三，初明無生忍，次第二趣無生方便，三明信無生人。前明順忍，次無生忍，此是行次第，今前明無生，後明趣無生，是論次第也。初爲二，第一須菩提對佛明無生忍，所以至此即對佛者，轉教一周將竟，時會[一七〇]取悟，合此故諸佛燈[一七一]明也。第二論無生五，第一總論願至無生，第二別論得空無生，第三明萬法無生，第四論生相無生，第五論稱歎無生。所以大弟子共論無生者，良以無生道妙，若不因往復，共論時[一七二]，無由悟解故也。初歎中總別爲二，合開爲六。六者，一歎云無生應無三乘，二者無生應無六道，三無生無五菩提，四無生應無二乘斷結，五無生應無大乘之行，六無生應無佛果可得。總前二者論意云，從斷結是廣歎，初是略歎也。五菩提有二種，一共五，謂順忍無生忍爲二，次三乘無學爲三，故五也。次獨五，一發心，外凡位也。二伏心，三十心也。三明心，初地至六地觀解始也。四出倒，七地至十地得無生，出三界到佛邊也。五無上謂佛法共不共，如[一七三]似共地不共也。論其廣狹者，若無三乘爲狹，則獨五爲狹也，共五爲廣也。若取但長，則獨五外凡共五，但取三十心順忍，十地無生忍，不取外凡也。若言順忍位長，亦可通取外凡也，相配。云云。偏舉難行苦行難者，餘行人不見，此行人多見，爲希有故，舉之二者，此是大乘大悲行，爲行本也。又諸法[一七四]無生，人皆著樂，菩薩何故獨受苦耶？餘如文，次須菩提等者，他言弟子就世諦爲難，善吉就真諦爲答。今明導此不相至對，云何成問答？又此義易解，何事論耶？今明身子標凡夫二乘，未行般若之前，恒見一切[一七五]生滅，身子標此爲難也。佛菩薩一合行般若，了達一切法因緣生，故雖生不起[一七六]，不起故雖生不生，善吉據此爲是答。則世人凡俗，常見有生，道與俗反，明一切不生，既凡俗人所解，是則難信，是故二人共論，令俗人悟道計，生者入無生也。此之二人，並舉佛而難，難如佛難，至佛意而答。答[一七七]汝[一七八]佛答，故佛所坐而論。二人所説也，證成二人問答不謬也。答中爲二，初總答次別答。總答云，我不欲令無生法中，有六義可得，若顛倒情，謂言有六義可得，在所不論也。次若答六難，答意直明無生中無大、小二乘，則具答五難盡。今初明無生中無小乘，即答第一難，即兼答第四二乘斷結難，第二無大乘中，正答無大乘因，及果二位難，即兼答無五菩提難。五菩提不出因果，今既既[一一九]答因果，即兼答之也。第三無六道難，其後得道兼答，故此中不答，以義例可知。尚無三乘，何有六道也？答：大乘因難，爲二，初開二門，次釋二門。一不作難行苦行門，二亦不以離心苦心門。何以知下，釋第二門菩薩於衆生，如父母於兒子，自在生菩薩，於衆生任運起，大悲以物利之，非是難心苦心也。己身亦爾也。所以者何下，釋第一章門非難行苦行，了衆生及法皆畢竟空，無所惜無所難也。次第二論得道者，明無别有一道，即此上凡聖皆無生，即名爲道也，悟無生，故名爲得也。身子問意上，既即生爲見無生，得道爲見生得道，此即是數論見空見有，得道義也。若作難意，若以生法得道，生是虚妄故，若以無生得道，汝上云無生無得無道，云何以無生得道也？又來是凡聖義，今是破得道義也。答中明生無生，皆不得道，即彈數論義也。次問無知無得者，上作得有道解，既破得道，便作無解，何者身子云，生無生攝一切盡？此二若答脱，則無以得理也，故明有得破無得也。不以二法者，前明無得，次明得，恐相違[一八〇]故號之[一八一]，明得無得不二。前明無得，得無所得，今明得，無得得也。但世俗言説者，經論未曾得無得道。今[一八二]隨世俗，故言得也。世諦悉檀，故有得第一義悉檀，故云無所得也。

生法生不生法生下，第三破一切法無生。上總明無生，亦明無得，而前遂明無得義[一八三]得義，亦上總明無生應諸法生義，故今論諸法無生也。又此下釋上無生義，所以無生者，就因中有生無生，並不可得，就有生相無生相，覓生相不可得，故下兩數，釋上來無生義也。生法生是因中有果，不生法性是中無果，亦是已生未生也。生時還是因，已未二關亦無生，問答可解也。

生生不生生之下，第四論至生相生無生。上論法體有無，今論生相有無也。生生者，若意明無別生相，常與法體異，能生萬法即法生，故名爲生也。《大》文云，生不生，無二無別也。問：若爾，異有即法生耶？答：此中破異法生，故言不異也。若言生相不異法能生法，還作因中有果，生無生論，經正作此釋也。

舍利弗樂説無生下，第五論樂説無生，有此數者，上已明一切法無生，今明語言亦無生。前以言語説無生，未明此語無生，故今明能説無生，令言亦無生，則無生盡一切法也。此中二，第一身子稱歎，即明稱歎無生，第二因此勸學也。初中明二，一明歎法無生，第二歎人，明能説人亦無生。初兩判，初判明所説法無生，第二判明能説語言無生也。於説法人中最在者，第二明能説之人亦無生。法弟子名第一，滿願説十二部皆第一，善吉巧説無生，人遍備伎，不並皆轉，有人偏解一術，罷其巧妙也。又此是善吉舉佛中説，説如佛説，即人如佛。人佛既第一，善吉豈不第一耶？善安住平等實妙法相，故不謙不受，所以不謙者，實如其(一八四)歎，何事謙耶？得歎不高，故心不受著，直明所以能答一切難者，以諸法無依，故不依内空，故不依内也。外中間亦爾也。應淨色下，第二勸修見，有色是色見，故不淨見，一切種是一切種智見，故不淨。今了色畢竟不可得，令色見淨，佛道亦爾也。

舍利弗問下，第二明趣無生方便，何以知之？《論》云，無生深妙，不可頓得，爲新學人問也。就中爲三，第一明淨菩薩道能趣無生，第二明淨菩薩道趣無生，第三稱歎般若力。初前問次答，答中二，初開二種六度，故能趣無生。初中二，第一開在出在二章門，二釋兩章門也。初如文也。舍利弗問下，第二釋章門，釋中前釋檀檀世出世，次例餘五也。然度未曾世出世，約世出世人行之得失，故成二也。柔順忍爲勸，始得順忍，不住三界中，故爲勸得無生忍，斷三界結使盡，出三界世間縛。何法身出三界果縛，故名出也。小乘勸是學人，學〔一八五〕未出三界子果，故無學人是出，出三界子果，故此義相准，故論作此釋也。然《經》意正答出三界世間子縛也。如是舍利弗下，第二結行二種，行二種六度，爲趣無生方便，但應是出世六度，何故言二種？答：論云爾也。世間雖不動出，是動出之遠因也。舍利弗問云，何爲菩提道下，第二明三十七品開菩提道，趣無生方便也。然道名通因果，若云佛道，此果道，菩薩行道，此因道也。論意云，此中佛已新，故不名道，但因道也，此道趣菩提，故諮〔一八六〕作菩提道，從果立名，菩薩之人行趣菩提之道，故名菩薩道也。《論》云，三十七品是菩提近道，六度爲遠道，何故能今文此判耶？正言前明六度，爲淨菩薩道，今道品爲淨菩提道，故知六度是遠，道品近。他問以無得而論道品，六度但近，有得而論道品，六度但遠。何故云六〔一八七〕道品近、六度遠耶？論主云，六度有世出世雜故，所以爲遠，道品但是出世，故不雜，故近也。問：何故爾？答：六度中有布施持戒雜定慧，故有淺有深，故雜，所以爲遠，道品但有定慧，不雜施戒，故近也。爾時舍利弗下，第二稱歎善吉，能開近道遠道，及世出世二法，令〔一八八〕學者識得失近遠，多已利益，故歎也。答：歎中二義，歎般若中不云佛身者，以般若是本故。三義者，一歎般若能生三乘，二歎般若能含受三乘，三乘悉滿《般若》《法華》，但有會三歸一。今長有出生三乘，所以開及收入，皆由般若者。若是般若一成，有所得一一不成一也，三亦爾，故無所得一一方成一，三亦爾。第三句歎般若能生三世佛菩提，上出生三乘但是一世，今具三世也。

若菩薩開作是説下，大數第三，明信解無生人。爲三，初明信解，二歎，三答。常應不離是合，謂大悲者，此二句語也。合者，謂畢竟空合也，大悲者，從畢竟空生無緣悲，名大悲，故云大悲與合，有二義也。問：前句云不捨衆生，以無所得故無，所以與畢竟空，復何異？答：名同異義，但初名無所得，後名畢竟空也。此大悲與畢竟空，相須空，若無悲住空見悲，若無空則有見。云云。

次歎意正歎畢竟空合，不歎大悲畢竟空合，無有分別，何意菩薩獨有畢竟空合，衆生無生此合？若菩薩有衆生無，則畢竟空合，應有分別也。第三答中三，初指歎爲答，第二釋答，三結成上不離義也。指歎爲答者，衆生空合亦空，豈有衆生異菩薩，有菩薩異衆生耶？故皆是菩薩也。但於衆〔一八九〕不了畢竟空，成異也。此明處無異，異自衆生也。汝就空門作難，空無有異，故成乘義。若就衆生邊作難，復不成難，以衆生雖空，於有見有，有故於其成異也。何以故下，第二舉六義，釋衆生與菩薩不異，謂俱是空故離故等。是名下，第三結成上義也。

爾時佛歎下，轉教大段也，定作三段使也。一命緣起〔一九〇〕説前事，即《舌相》三十二，正命從《三假》至《無生》，不離大悲合也。三命説後事，謂如來讚成現瑞語，證説時分〔一九一〕會得道也。就後事有三，一讚成，二現瑞，三得道。初四，一讚成，故言善哉，顯其言不謬也。其有説者下，第二勸説，如其説也，恐所説皆舉佛意。第三釋疑，疑云應説如佛説，大菩薩云何，乃至如聲聞人説，故今明是舉佛力説，即佛説也。菩薩學般若下，第四明互如善吉説，當依善吉教行也。説是品時下，第三現瑞，爲二，初動地，二放光。説希有之法，必有非常之瑞，證説也。又十二阿由他，人悟道作佛，故有地大動。又佛力令地動，使衆生信我般若也。第三得答，如文，雖三門説般若來，二門悉歸無生，故時衆悟無生也。

卷第五

校勘記

〔一〕「子」，底本原校云一本後有「之」。

〔二〕「不」，底本原校云一本作「小」。
〔三〕「之或」，底本原校云一本作「心云」。
〔四〕「品」，底本原校云一本作「只」。
〔五〕「法」，底本原校云一本後有「生」。
〔六〕「三」，底本原校云一本無。
〔七〕「伐」，底本原校云一本前有「劫」。
〔八〕「性」，底本原校云一本作「怢」。
〔九〕「故」，底本原校云一本無。
〔一〇〕「四」，底本原校云一本無。
〔一一〕「故」，底本原校云一本無。
〔一二〕「八」，底本原校云一本無。
〔一三〕「劫」，底本原校云一本後有「劣」。
〔一四〕「去」，底本原校云一本作「失」，下一「去」同。
〔一五〕「欲」，底本原校云一本無。
〔一六〕「嚴」，底本原校云後當有「衆生」。
〔一七〕「是」，底本原校云一本無。
〔一八〕「云」，底本原校云一本作「發」。
〔一九〕「礙」，底本原校云一本作「得二」。
〔二〇〕「故」，底本原校云一本後有「也」。
〔二一〕「戒」，底本原校云一本作「或」，下二「戒」同。
〔二二〕「以」，底本原校云一本無。
〔二三〕「舉人」，底本原校云一本無。
〔二四〕「次問人亦初問體」，底本原校疑衍。
〔二五〕「身」，底本原校云一本無。
〔二六〕「彼」，底本原校云一本後有「命」。
〔二七〕「述成」至「法問」，底本原校云一本無。
〔二八〕「竟」，底本原校疑爲「鏡」。
〔二九〕「鄣見事相」，底本原校云一本作「相鄣事見」。
〔三〇〕「王」，底本原校疑前有「梵」。
〔三一〕「第」，底本原校云一本作「果」。
〔三二〕「述」，底本原校云一本無。
〔三三〕「悞」，底本原校云一本無，下一「悞」同。
〔三四〕「雖現一切教」，底本原校疑衍。
〔三五〕「行」，底本原校疑爲「所」。
〔三六〕「空」，底本原校云後有「莊嚴空」。

〔三七〕「作」，底本原校云一本無。

〔三八〕「騰」，底本原校云一本作「以」。

〔三九〕「明摩」，底本原校云一本無。

〔四〇〕「得」，底本原校云一本前有「上」。

〔四一〕「之」，底本原校云作「云」。

〔四二〕「六」，底本原校疑爲「五」。

〔四三〕「間」，底本原校云一本作「問」。

〔四四〕「馬」，底本原校云一本作「鳥」。

〔四五〕「象」，底本原校云一本無。

〔四六〕「以釋」，底本原校云一本無。

〔四七〕「行」，底本原校云一本作「衍」。

〔四八〕「但」，底本原校云一本作「俱」。

〔四九〕「空」，底本原校云無「空」字。

〔五〇〕「滅」，底本原校云一本作「事」。

〔五一〕「後」，底本原校云一本無。

〔五二〕「行」，底本原校云一本作「得」。

〔五三〕「謂」，底本原校云作「論」。

〔五四〕「法無法空」，底本原校云一本作「空無空」。

〔五五〕「中」，底本原校云一本後有「如如法中」。

〔五六〕「之」，底本原校云一本作「云」。

〔五七〕「定」，底本原校云一本作「空便」。

〔五八〕「身」，底本原校云前當有「内」。

〔五九〕「百」，底本原校云一本作「有」。

〔六〇〕「愛」，底本原校云一本作「受」，下同。

〔六一〕「悕」，底本原校云一本作「怖」。

〔六二〕「納」，底本原校云一本作「緣内」。

〔六三〕「有」，底本原校云後當有「識」。

〔六四〕「處問」，底本原校云一本作「問問」，一本作「問開」，一本無「處」。

〔六五〕「想」，底本原校云一本作「捨」。

〔六六〕「滅」，底本原校疑爲「減」。

〔六七〕「經」，底本原校云一本作「位」。

〔六八〕「名」，底本原校云一本無。

〔六九〕「等」，底本原校云一本後有「不」。

〔七〇〕「最」，底本原校云一本作「言」。

〔七一〕「反」，底本原校云一本作「文」。

〔七二〕「等」，底本原校云一本後有「菩」。
〔七三〕「字」，底本原校云一本後有「無」。
〔七四〕「如」，底本原校云一本作「知」。
〔七五〕「此」，底本原校云一本後有「故」。
〔七六〕「彌」，底本原校云一本作「稱」。
〔七七〕「間」，底本原校云一本作「問」。
〔七八〕「地」，底本原校云一本無。
〔七九〕「上」，底本原校云一本作「與」。
〔八〇〕此處底本原校疑有錯簡。
〔八一〕「次下在之」，底本原校云一本無。
〔八二〕「惱」，底本原校云一本後有「物」。
〔八三〕「憙」，底本原校云一本後有「心」。
〔八四〕「若」，底本原校云一本後有「捨」。
〔八五〕「次」，底本原校云一本作「政」。
〔八六〕「定」，底本原校云一本作「空」，下一「定」同。
〔八七〕「三」，底本原校云一本後有「乘」。
〔八八〕「我三界」，底本原校云一本作「乘三乘」。
〔八九〕「故」，底本原校云一本作「教」。
〔九〇〕「好」，底本原校云一本作「妙好語」。
〔九一〕「没」，底本原校云一本作「設」，下二「没」同。
〔九二〕「薩」，底本原校云一本後有「地」。
〔九三〕「合」，底本原校云一本後有「中」。
〔九四〕「施」，底本原校云一本無。
〔九五〕「見」，底本原校云一本後有「因」。
〔九六〕「爲」，底本原校云一本無。
〔九七〕「習」，底本原校云一本後有「心」。
〔九八〕「三者」，底本原校云一本作「三智」。
〔九九〕「漸」，底本原校云一本作「斯」。
〔一〇〇〕「十」，底本原校云一本作「七」。
〔一〇一〕「肉」，底本原校云一本後有「内」，一本後有「外」。
〔一〇二〕「觀」，底本原校云後有「不若出觀」。
〔一〇三〕「著」，底本原校云作「其」。
〔一〇四〕「如」，底本原校云一本前有「經」。
〔一〇五〕「暗」，底本原校云一本作「憍」。
〔一〇六〕「今」，底本原校云一本後有「世」。

〔一〇七〕「乘」，底本原校云一本後有「乘」。

〔一〇八〕「始」，底本原校云一本前有「其」。

〔一〇九〕「級」，底本原校云一本後有「無階級」。

〔一一〇〕「來」，底本原校云一本作「乘」。

〔一一一〕「雖」，底本原校疑爲「離」。

〔一一二〕「難」，底本原校疑爲「離」。

〔一一三〕「牧」，底本原校疑爲「收」。

〔一一四〕「怛」，底本原校云一本作「但」。

〔一一五〕「此大乘」，底本原校云一本無。

〔一一六〕「例」，底本原校云一本作「倒」。

〔一一七〕「如」，底本原校云一本前有「若菩薩」。

〔一一八〕「故」，底本原校云一本作「教」。

〔一一九〕「切」，底本原校云一本作「地」。

〔一二〇〕「得」，底本原校云一本無。

〔一二一〕「空萬行」，底本原校云一本作「萬行空」。

〔一二二〕「故」，底本原校云一本作「教」。

〔一二三〕「君」，底本原校云一本後有「那」。

〔一二四〕「若」，底本原校云一本作「名」。

〔一二五〕「小」，底本原校云一本作「上」。

〔一二六〕「有」，底本原校云一本後有「何」。

〔一二七〕「空」，底本原校云一本無。

〔一二八〕「然」，底本原校云一本作「能」。

〔一二九〕「如」，底本原校云一本無。

〔一三〇〕「色」，底本原校云一本無。

〔一三一〕「並」，底本原校疑爲「非」。

〔一三二〕「訶」，底本原校云一本後有「摩訶」。

〔一三三〕「菩」，底本原校云一本前有「一」。

〔一三四〕「言」，底本原校云一本前有「舊」。

〔一三五〕「會」，底本原校云一本無。

〔一三六〕「取」，底本原校云一本作「耶」。

〔一三七〕「乘」，底本原校云一本作「空」。

〔一三八〕「萬」，底本原校云一本無。

〔一三九〕「總」，底本原校云一本後有「論」。

〔一四〇〕「無」，底本原校云一本無。

〔一四一〕「至」，底本原校云一本作「其」。

〔一四二〕「會」，底本原校云一本後有「分」。

〔一四三〕「一一」，底本原校云一本作「第二」。
〔一四四〕「道」，底本原校云一本作「覺」。
〔一四五〕「知」，底本原校疑爲「智」。
〔一四六〕「未」，底本原校云一本作「來」。
〔一四七〕「無」，底本原校云一本無。
〔一四八〕「曰」，底本原校云一本作「白」，疑當爲「自」。
〔一四九〕「如」，底本原校云一本無。
〔一五〇〕「起」，底本原校云一本作「智」。
〔一五一〕「上」，底本原校云一本無。
〔一五二〕「遂」，底本原校云一本作「逐」。
〔一五三〕「二」，底本原校疑爲「三」。
〔一五四〕「他」，底本原校云一本後有「無他」。
〔一五五〕「住」，底本原校云一本作「生」。
〔一五六〕「不」，底本原校疑爲「下」。
〔一五七〕「修」，底本原校云一本作「非」。
〔一五八〕「此」，底本原校云一本作「前」。
〔一五九〕「明」，疑爲「名」。
〔一六〇〕「順」，底本原校云後當有「忍」。
〔一六一〕「至」，底本原校云一本後有「其」。
〔一六二〕「起」，底本原校云一本作「智」。
〔一六三〕「般」，底本原校云一本後有「若」。
〔一六四〕「生」，底本原校云一本無。
〔一六五〕「先」，底本原校云一本無。
〔一六六〕「故」，底本原校云一本作「云」。
〔一六七〕「是」，底本原校云一本無。
〔一六八〕「生」，底本原校云一本作「不」。
〔一六九〕「末」，底本原校云一本作「未」。
〔一七〇〕「會」，底本原校云一本後有「分」。
〔一七一〕「燈」，底本原校疑爲「證」。
〔一七二〕「時」，底本原校疑後脱「會」。
〔一七三〕「如」，底本原校云一本作「始」。
〔一七四〕「法」，底本原校云一本後有「既」。
〔一七五〕「切」，底本原校云一本後有「法」。
〔一七六〕「不起」，底本原校云一本無。
〔一七七〕「答」，底本原校云一本無。

〔一七八〕「汝」，底本原校云作「如」。

〔一七九〕「既」，底本原校疑衍。

〔一八〇〕「相違」，底本原校云一本作「想遠」。

〔一八一〕「號之」，底本原校云作「會分」。

〔一八二〕「今」，底本原校云一本前有「不」，一本前有「道」。

〔一八三〕「義」，底本原校云一本無。

〔一八四〕「其」，底本原校云一本作「真」。

〔一八五〕「學」，底本原校云一本後有「人」。

〔一八六〕「諂」，底本原校云一本前有「諂」。

〔一八七〕「六」，底本原校疑衍。

〔一八八〕「令」，底本原校云一本作「今」。

〔一八九〕「衆」，底本原校疑後脱「生」。

〔一九〇〕「起」，底本原校云一本作「智」。

〔一九一〕「分」，底本原校云一本無。

大品經義疏第六

胡吉藏撰

問住品第二十七　亦云無生品

從答作名，今從三問中初問爲目也。此去是第四般若體中，第三周爲下人請説，初自説，次是説。今請説三衆，前後三集故三説，前衆得悟即去，次衆東〔一〕來也。復亦爾〔二〕爲三根故三説，上根至此三聞三重轉悟，中根至此三聞兩悟，下根至此三聞一悟。雖三周之説，能説之人唯兩，一佛説二弟子説，所爲有三根，能爲唯歸第〔三〕。若就難問之人，亦得有三，初周身子爲問，次周善吉爲問，今是天主問，但非説教之主，故非三人也。三品判文開爲二，初諸天請，二受請爲説。初二，第一明衆集，二發言致問。初中二，第一列衆，二現瑞生疑。問：三周列衆何異？答：初周列一切衆，謂此云[四]他方及大、小凡聖。次周但列他方，如其相品說。今但列此土，皆知。上列他方，具菩薩天人衆，今但列諸天衆也。問：何故是下根但列諸天衆？答：以欲色諸天著五欲及禪樂，故多根鈍也。一列衆中，先列欲天，次列色天衆。諸天果報生身光明下，第二現瑞，惟爲說之由也。諸天本有光，諸佛光故不現，則諸天言有智慧地，佛智慧則無復慧也。又佛身光既耀，能蔽諸天光，則智慧之光，必應破癡闇中也。又此已身光由般若，欲得此身，當學般若也。

爾時釋提下，第二發言致問：爲二，初請說，次正問。正問有三，一問深入究竟住，二問般若體，三問初脩行。然此三種，次第不同。一者前明體，次脩行，脩行後得深入住。二者前明脩行，脩行得住，後明般若。三者前由終深住，次明始初行，既明始終行，第三明般若體。今天主三問，並非三次第也。初問深入究竟住者，一義。一者般若以無住爲宗，故倒以住著爲本，今欲破顛倒住著，是故發音，明無住也。二者脩道之人，意欲慕仰深法，故初問其深住何由，得住須識般若，故次明般若竟，後方脩行，故明脩行也。答中爲二，初明答之緣起，二正答。初中爲二，一許說，二初發心。許說者，訓其上請說也。又云承佛力者，後衆生未知是佛力說，又善吉欲自謙故也。次勸發心者，欲脩菩薩行，必須發菩提心，如善財先發心，後明行菩薩行也。二乘不能發心，何故勸耶？答：由來明般若中未辨二乘作佛，則於今之爲妨，若決不作，何事勸發心耶？此是空二二耳。今明此文，即是明二乘可得發心作佛，故勸其改有所得菩薩心也。問：前文云入正位不能發心，今文言勸發心者，前就情謂未改，故云不能發心，今望轉悟義，故勸發心也。

次正答問說般若，爲三，初答三問說般若，二釋疑說般若，三疑除悟解，頎答[五]因說，此說般若生起。云云。就答中三問：爲二，初答，後二問二答。初住問答二問，爲三，初答二問，二佛讚成，三善吉明説意。初答二問，釋者不同。北人云，先答行般若問，次答般若體問。今明先答般若體問，次答行問。論並無明判，文分也。答般若體問，先明無常觀，次明從無常觀轉入無生觀也。此中明十五觀爲般若者，故若無一定相隨病，何用諸天著樂情深？其根又鈍，故具明十五無常觀也。問：五陰俱有十五過，更有過耶？答：《雜阿含經》呵五陰有百過罪也，今略説也。問：此中十五，幾是聖行，幾不入聖行？此十五，爲一人三人耶？答：若約十六諦明聖行，前苦無常空無我，是四一聖行，餘十一非聖行。爲三根説，爲利根説四諦，又苦諦故得道，爲中根説八事，爲鈍根難厭，故説十五也。苦無常空無我易知，如病者五陰能生惱故。如病有人聞，如病輕微，故説癰疽，有人聞如癰疽，雖箭或可著，故説如箭鎬入體，不可得生。有人以箭鎬在體，雖洗陰難拔，以良醫妙術，猶可令出，故主常病根。

次明如衰者，常有不吉，若人著五，衆常無安，從以有衰，故常畏怖，畏怖故不安也。列十五名，如經文也。經文既明五陰，即應十二入十八界及六種，但誦寫者脱落，故文無界入也。問：二乘亦作十五觀，與菩薩何異？答：此中初以應薩波若，後明無所得，故異二乘，觀無常破常，病不著常，無常亦息，故不著無常，即中道正道觀，故是般若也。觀色寂滅下，第二，北人云，始是答般若體問，二答行問。故《論》云，觀色寂滅，但爲般若波羅蜜，故不合上十五觀共説。然作此判亦可然，但論意直辨，上十五是常觀，今是轉無常入無生寂滅觀，三乘共行。今觀五衆本來無生寂滅，既即是涅槃，故獨是菩薩觀也。問：二乘第三滅諦亦是寂滅，則二乘人亦觀寂滅，云何言寂滅獨是菩薩觀耶？答：二乘根鈍，初不能即觀五陰寂滅，要初作無常苦觀，入第三諦方寂滅。菩薩根利，初心則作寂滅觀也。

脩四念處下，第二答有行問。既云無所得，

萬行苦非行耶？復次但諸法因緣下，此文來者，初說無常等十五觀，次轉入無生寂滅觀，此明諸法非常也。從四念處答脩行問，明萬行相資成，雖空不失萬行，得非空有義，諸法乃是空有因緣，而無我人，誰行道作佛耶？故釋云，雖無有人，但因緣互相因藉，故不失行，萬行因得佛道。此亦是法長人短義，以無乘人故人短，因緣故有諸法，是法長也。菩提心不立迴向心者，有人言，上來皆是答行問，此文始是答般若體問，今不同也。此文來者，亦明因緣相由，故行因得果，物便因能生果，果在因中，果能訓因，五在果中，故今明二心不相在，迴向是因中方[六]行心，菩提心是佛果心，二心畢竟不可得，云何相在耶？論云，須菩提，此中不如世諦，如夢如幻說，但就第一義諦問說，故言二心不可得，云何相在也？

爾時佛歎下，第二佛讚成也。

第三須菩提自陳說意者，一爲報現在佛恩，我因佛故得脫生死，故報佛恩。二報過去佛恩，現在釋迦，由過去佛故得成佛，我既助佛弘法，法[七]報過去佛恩，如人我父，即我其祖也。示者示耶，正善不善等教捨耶？學正利者，行因時未得果，恐心退沒，爲說法令其心利，所以俱於因時求果，俱懃行後必得果竟者，隨其所行而讚歎行，令其心意[八]也。

爾時須菩提下，答第三法入究竟住問。就文爲二，初明住不住，二釋身子念。初中先誡[九]聽，開住不住門，次釋住不住門，他分住者，住真諦不住世諦。又住者實相，不住者不住觀照，又住者住真脩，不住者不住緣脩，令明勿開張者，只一句意也。云何是正住般若？一無所住是住般若，住般若則無所住。言住者，不住以爲住，無所從不住，真俗有無一切皆不住，生死涅槃亦皆不住，是住住般若。若何，所住一切皆不應住，以不住爲住也。

色色空下，第二雙釋二門。又三，初釋不住，住門釋住，若不住，一切章門三，雙結二門也。

初中直明了人法畢竟空，人法病盡，假名住般若也。次釋不住門者，天主問次答。次答中爲二，初別明不住，次釋不住。別明不住〔一〇〕，凡舉十科，法涅槃中，亦舉十對，得無得義也。舉陰界入中不應住，復以色是常下，第二舉常無常中不應住也。須陀洹果無女根下，第三科有此文來者，先觀諸法空無所有，心欲退後取於涅槃，故一説無爲相不應住也。第四舉諸果福田不應住，菩提欲行檀，先求因得因，故得無量福，故聞初果因，因量欲作初果，故今明不應住也。次明佛因不應住，住者得平等大悲心，故不圖尊卑，故不應住也。菩薩初發心，第六廣舉因果自他德行，不應住也。有八人下，第七舉三乘賢不應住，經論列二十五賢聖，不得〔一一〕一種而定。今列二十七者，見諦中二人，謂信行法行。次初果爲四人，一擬七生初果，二家家人，三現滅，四中間滅，足前六也。分第二果與向各一，足前爲八也。第九那含向，斷第七品第十一種，第十一即上品，十二即羅漢向，望後應有生滅行滅住解脱，見得及身證，爲十八學人，足九羅漢，成二十七也。四如意足下，第八舉四神足等不應住云。一世界下，第九舉淨出果報不應住。當使我世界無有色名下，第十重舉無所有亦不應住。五陰道品十地，皆從病故有也，無病何須此物耶？得主道理有此耶。何以故下，第二總釋不應住也。爾時舍利弗下，第三雙結住不住。文四，一樂與念，若一切皆不住，云何得住般若？若不住般若，云何得作佛？第二次第，次廣問。云云。第三身子答，明諸佛無住。第四善吉，正爲會通住不住義也。

爾時尊中下，第二釋疑釋般若。所由諸天根鈍，雖聞上答，而未能悟解，是以生疑。今破彼疑即是般若，依論可得，有十疑。一釋舉況。二破著現見，大衆聚集，有所作疑。第三破甚深妙難解疑。第四云破其無所説欲退疑。第五破其用何等聽法疑。第六破其聽者與説不如化疑。第七破其佛道涅槃不可化疑。第八破般若深妙無信五大疑。第九破以智慧無別諸法疑。第十破無所有故無利益疑。若來此十疑爲二，初四後正破其疑，次《幻聽品》示其聽法之方，第三明住受耶。舉況疑者，諸天子聞須菩提上説，般若無定相不可取，不得有無四句内外，故舉夜叉爲況。夜叉言雖不可解，此度思量，則得其意，故解其言。須菩提周[三]常辭説法，而意礙不可知，夜叉意可解，故語不可解亦成解，解須菩提意不可解，故語二不解也。憍尸迦喜見城九百九十九門，所居青衣守之，此諸夜叉王語，浮僞情趣妖諂，諸天賤之，不以在意，故不解其主，而意語可知也。次善吉答意，主我無所論説，汝聞何法，何不解耶？

如佛化下，第二釋觀見大衆聚集，有所作疑。諸天子心念，若無説無聽，今自大衆聚集，何作故，此中舉四喻釋之也。

爾時諸天子心念下，第三釋轉深妙疑。諸天子心念，舉此喻欲令易解，此喻轉更深妙，是故不解也。須菩提知諸天子心迷没般若中，不能自出，是故説般若不畏五衆，五衆即般若，故有何深妙耶？

諸天子所作是念下，第四釋諸天子夫説欲退藏云，諸天子既不悟大道，故分爲二，分下破之。破之即[三]設作二乘，亦須學悟此法，故不離是忍，如小般若一切賢聖，皆以無爲法而有差别也。論主意直云，諸天子知須菩提，雖説法忍無所説，次釋須菩提印成此語，故非但我明法無所説，三世一切賢聖，皆悟諸法無所説也。

幻人聽品第二十八

若依大段，則是教其用心聽法，之前善吉無心而説，諸天子有心而聽，故諸天子不解善吉之言。所以今合聽説相秤，我見無心而説，説無所説，汝須無心而聽，即得悟。幻聽者，不言無能，正言能無，所聽如幻也。

釋第五用人聽法疑云，前第一章無説無聽，已自難解也。第二章復言，説聽皆如幻化，復覺深妙。第三復云，非深非妙。第四復云遮欲退，令我脩學，而我等諸天根利，尚别想遊離，此用何人聽法耶？故須菩提釋汝身心如幻化，用此心方解我説也。汝若言有身心，後欲求實解，終不解也。

衆生如幻下，第六破聽者説者皆如幻疑。疑意未能雙幻，或可聽者如幻，説者不必如幻，故釋云，説者聽者，亦皆如幻也。

爾時諸天子下，第七破佛道涅槃亦如幻疑。疑云，若佛道涅槃皆如幻，我將不悟能，須菩提將不謬説。所以作此疑者，即主生死虚妄，故可幻也，佛道有異，應不如幻耶？答意云，求二皆不可得，豈非皆如幻耶？未對衆生，故有佛也，既不名衆生，豈有佛耶？若於隨情有衆生，謂有涅槃，但是情謂故幻也。問：《大經》云，佛不如幻，與今相違。答：今是破其二病，有幻有不幻異，故明二，《大經》破其不二病，故聞[一四]二也。若言《大品》是不了義，教明不二者，涅槃何何得？直《大品》言，我無我無二相，又可得言，《華嚴》中明生死涅槃不二，亦是不了義也。

爾時諸大弟子下，第八破無信受疑，亦是大章第二得信受，自既解聽，今須生信受也。阿難作答者，非但須菩提明有能信人，今阿難是第三師，須明此可信故知之[一五]，能信之人四人住，初人大乘中深行，後人大乘中始行，中間小乘中學無學也。

須菩提不以空分别色下，第九破人智分别諸疑[一六]，法若本空，何須智分别於法空耶？故釋云，求法自非空智，分折法念空也。空即是色，非色作空，此意大明空有不二，未曾空有也。問：須菩提何故作此語耶？答：釋成信義也。云何信耶？能如此無所分别，即是信也。又二，初智分别諸法，次破諸天我。初中凡學七條法也。須菩提訖天子下，第二邊[一七]破諸天我心也。

爾時舍利弗下，第十破無利蓋[一八]疑。疑云，既無所學，此何利耶？故今明般若所有，非無所有無所有有，有不有具足不有有義，則有一切三乘等法，有無所有，未曾一三。所以身子明此義者，欲成上信義，上明無所有故可信，今明無所有亦可信也。文四，初身子歎，二善吉述，三重聞，四一來答。攝取菩提〔一九〕法者，般若中正明菩薩法，從一地至一地，上雖言二乘意，正教菩薩，故攝取菩薩也。學般若無礙法，故得無礙辨也。有人雖掖〔二〇〕疾根鈍，相〔二一〕不脱〔二二〕入，脱入則利，故有利辨也。諸法實相無盡，今説無盡法，故有無盡辨也。般若無諸戲論，無能問難絶〔二三〕者，名不可斷辨也。隨衆生根緣所應，可説如〔二四〕隨衆生，辨説涅槃實義名義，辨説大乘最上法，名最上辨也。

散華品第二十九

此第三諸天疑除，悟解散華供養，故以目品。品爲二，第一諸天財供養，須菩提因此説般若，二者諸天法供養，須菩提因此説般若。財供中爲二，第一諸天財供，二因此説般若。初中爲二，初得悟意，念欲供養，二正初供養。意念者，皆須菩提説諸法實相，而不失因果業行，可謂諸法究竟〔二五〕。然畢竟淨，畢竟淨宛然諸法，此〔二六〕是中道正觀，即是二慧，故歡喜供養。雨法雨者，小乘文理未具，如不足，大乘究竟具足，猶如時雨，無所不用也。又雨能生正觀根本，又雨能除及三毒熱氣等也。次正化華供養，不取實華供養者，恐還慶聽般若，故又責憙其餘悟。上既令聽説如幻化，今了悟故，遂以化華供養，即絶聽而雨華也。三者因此化華論無生義，若實華供養，則不得發天生論也。華臺二釋，一云是諸天力化諸天，小不能大，故以臺供養也。二者是般若力般若行，因小得果大也。

須菩提念心下，第二因華論無生，非樹生天主，是難須菩提也。明是華無生，何以言但不解樹生耶？須菩提即反責云，華不從樹生，復不從心，樹生二處不生，則非華也。若云是化華，則是化生，則從心生，非是無生也。次天主心伏兩處無生，即兩處無華，既非實華是化華，亦非實生是化生也。兩義中欲論無生義，故得〔二七〕但華不生色等，亦爾。云云。問：既從色至佛皆無生，今大小乘云何說耶？答：雖同無生，而顛倒空，謂故有六道空惓，次有諸教雖顛倒，及教門普皆無生，憶念下淨也。若不生不名色者，通得云，是不名爲色，是名爲色也。

爾時釋提下，第二因法供養，自稱歎爲法供養也。爲二，初天主一人稱歎，爲法供養，二諸天同時稱歎，爲法供養。就初盡下，又二，第一稱歎須菩提謂供養人，第二稱歎般若供養。然初三，一天主心念，二佛述，三善吉述成，因而勸學。天主上歎，善吉稱根緣，今歎不違法相也。不壞假名者，若有一法實，可論壞與不壞，未曾有一法實，何有壞不壞耶？又若有一有，若有一無，則說有壞無，說無壞有。今諸法無有無無，故不說有壞無，說無壞有，如常義有二諦，雖云世諦有說真諦無，則壞有，若說無不壞有，則無竝如二用也。問：何故言無壞不壞是不壞假名耶？答：諸法有，雖壞不壞，今說諸法無壞不壞，則是壞諸法。何諸法無壞不壞，故今說無壞不壞，故是不壞諸法。

須菩提下，第三因此述勸學。北人云，就文爲三，初學，二示學相，三示學處。初少文。憍尸迦下，第二示學相，爲二，初明學之方法，第二明如此學故，即是學薩婆若。初中三，第一明不學有，第二明從色空不學色空，明不學無，第三明不二學，如文可尋也。是菩薩能學無量下，第三明如此學故，即是學薩婆若。文爲二，初正明學般若因行成，二明學得薩婆若果也。無量無邊，即是一切種智之異，必在菩提心中量，在佛心中無量也。見男女好醜，故是壞色之破色，故空是咸〔二八〕也。不受不滅者，以空故無所受，用果相續，故不滅也。十八空但舉內外空者，亦空若初故，又受者空，故爲內空也，色空，故爲外空也。能到一切種智，第二明學得果。當於何求下，第三示學處，前明無所得學，今示所得處。將三種般若是所學處，謂文字實相正觀，明此三即須菩提品者，從轉教其受請說，皆是須菩提品。問：何不云佛品中求耶？答云，天主問意，除佛一人外，誰能說耶？故推菩提也。又佛隨根緣說不定，或佛無常行名，或戲生空名般若求，或畢竟空名般若，如是三乘一乘，皆名般若，故所說不定云佛品。若須菩提純說無依無得法，無悟之法〔二九〕，學之則易也。問：對弟子初略說般若，亦是純明無得，何故不云佛品？答：應爾，但今根緣囑在善吉。何以知之？若根緣不囑善吉，則不語善吉，佛應自說也。又一義，佛加善吉說，即是佛說，善吉品即佛品也。次天主問善吉云，是汝巧說般若，故云即身稱歎推崇，即是善吉品中求耶。善吉謙故，非我力，皆是佛力，亦非我品，是佛品也。

天主云，一切皆無受相下，第二因破神力，明實相般若果學處，爲二。初天主歎，次佛答中初作即歎，次作離歎。一切法無所受，則無佛，云何言是佛力？離無受相下，離歎，無受相中無佛離等，復無佛。上就即真諦中無佛，今離真諦無佛，問：如與無受，云何異？答曰：皆是實相異名，即諸法不可著，故名無受，取戲論不能破，故名如也。又云，畢竟空實相名如也。

次須菩提答天主難，即是印來〔三〇〕廣奢所說也。文爲二，第一明略印述其歎，第二歷法廣述其離。然上難中，初就即無受中無如來，次難中無佛，但述其離無義。但依《中論》，作五求破，一即無受非如來，二〔三一〕久離妄非如來，三如來不在無受中，四無受中不在如來中，五如來不有無受。初句是即，下四句爲離。今文但是離義，就離中二句，初直明離無受無如來，離如來無如來也。無受相中如來不可得，如中如來不可得，此是離中第二句，如來不在無受中，如人不在陰中間。何故就此二句破耶？答：人多之體悟，如故名如來，體悟無受，故名如來。所以云離如來離無受，無如來，誰體悟如耶？如來無受，如來無受中無如來也，復誰體悟耶？

色如中如來不可得，第二歷法廣明如來不可得，爲四。初就如中求不可得，二就法相中求不可得，三明無合散故無如來，四結是佛神力。故可謂畢竟離上，誰法始是佛，始是力，故亦是初之如中[三]如來不可得，此是色中無佛義。問：只應云色中無佛，如陰中無人？答：色如屬色，如來如囑如來，亦就色中求如來不可得，即是就色如中求如來不可得也。如乃至無屬不屬，既名色如攝色，如互色也。法相中如來法相不可得下，第二就法相中求佛不可得，法相如性，無受皆是一體，但上須辨如與無受，求佛不可得，恐言皆是智慧，破故言無。所以今明法相，自示無也。色如中不合不散下，第三結明如來，又二，初就如中明無合無散，次就法相中無合無散。色如即是如來，如此是一如中，則無可論合散，若離色如復無如來，可論其合散也。解常義，佛與如空一，故是合，境智異，故是散，故今欲破之，法相亦爾。第四結是佛神力，文可知也。

當何處求下，第三明觀照般若，即是正明求學。論云，上因佛神力説般若，今正明求實相即發正觀，故是觀照波若。然息一切觀是正觀，息一切求故是正求。然就文，前明無所求，次何以故皆是傳釋，不須作離開也？

釋語須菩提是摩訶般羅蜜下，第二天主秤歎般若，即是法供養般若。就文爲二，初歎，二述歎。初二，前止，二秤歎。須陀洹下，釋歎，良由出三乘因果，故名爲大，無量爲無邊也。問：天主前歎人今歎法，何意？答：上歎人，然意業亦歎法，口業歎人。《中阿含經》中云，天主是初果人，有解云，此問天主是初果人也，亦是法身菩薩愍衆生，故所説般若也。

須菩提下，第二述歎，亦二。第一總述歎，亦二，第一總述歎色大，下第二別述，述三即三色大。般若大者，由來云境大故智大，解若色是世諦小般若，非般若境，真諦空無色，何所言是般若境？世諦中色若爲主大，今經文何以故？下自釋求色初中後際不可得，則非大，亦非小作大名歎色，此色般若，色故非頑亦爾。智非礙非不礙，是何物所謂般若色也？色無量下，述第二無量歎，只色等如虛空，非有非無，非常非無常，故名無量也。前明大未必無量，如山王雖大，而是有量，故今明無量經文，舉虛空釋之。次第三述無邊歎中，爲三，初明絶三世故無邊，二明緣無邊故無邊，三明衆生故無邊。初不異前大義釋也。緣無邊中，三義，一者緣無邊法故無邊，論云，四緣攝法盡，故四緣虛妄，求之不可得，故無邊也。二者緣無邊法性故無邊。三緣無邊故無邊。第三衆生無邊中，亦三義，如文可尋也。

三歎品第三十

此是第二諸天大衆得悟，解稱歎爲法供養，歡喜之其同時反稱歎，故以目品。初諸天歡喜稱歎，二述，三領解重歎。初文二，第一歎須菩提説般若，二行般若人。初四句，第一出能歎人，二即同時出歎辭，第一〔三三〕命下出所歎人，皆是佛大恩力，下第四稱歎，以由佛出世故得命善吉説，故我等獲利，終是佛恩力也。

若菩提下，第二歎行般若人，爲二。初作如佛歎，何以故下，舉般若釋歎，由般若能出生三乘方便，此人既行般若，故與佛無異也。上天主歎善吉歎能説之人，及歎般若所説之法，今諸天歎佛歎佛恩中，及歎行般若人，則始絶〔三四〕，何論歎事周遍？故兩品不同也。第二佛述中二，初述歎，亦引證，初中明述其如佛，次明佛不可得，始是如佛也。次引燃燈證者，昔悟無生故般若理，前萬行法成萬行，皆不離無生故。爾時既悟無生，萬行具足故，爾時既是如佛，此證如佛義來也。

爾時諸天子下，第〔三五〕三重領解，更明不斷不常，中道正觀義。諸天上歎人，亦歎人得悟也。云，毗侈遮羅明行足也，脩伽度善逝也，路伽憊世間解也。

爾時佛歎四衆下，三十四品明若妙義，間爲三。此是第二大段，前三十品三周爲三根人，明般若體已竟，二從此去其隨喜九品，《經》歎般若所生功德。他云，既廣格功德，即是流通義，如開善釋金剛般若云，同同明受處處辨流通合，亦如下付屬可是流通，此直歎般若功德，何謂流通耶？問：既非流通，何以有此格[三六]格量耶？答：《論》自云，前爲在[三七]家釋道之流，故説般若體，此爲在家世俗解，故歎般若功德。爲二緣異，故有二緣，合[三八]文爲俗緣故是流通者，前又爲出俗緣亦是流通耶。但俱爲二緣，正是正説，若欲爲流通，俱是流通也。二者般若非智慧非功德，前爲屬智慧緣，故説智慧，今爲屬功德緣，故説功德。此《經》功德智慧既爲兩緣，則《金剛般若》師明此兩事，亦是爲兩緣也。又前明智慧體，諸法畢竟皆無所得，故不墮斷常中，即明般若中，雖無所得無所不得，故具一切德，故不墮滅斷中。又由般若，故諸功德而成也，不由般若，則成顛倒，猶深罪業，不成功德，故有所得三業，名麤非業也。如依佛性作功德，方成功德也。又雖言爲兩緣，亦成爲一緣，所以爾者，爲欲令人受持信悟上般若，故今明功德也。又勿作二心解，今功德而無所得，只是上般若無所得也。何以知之？此是般若功力，所得豈實般若耶？

九品爲二，第一八品半，明受持乃至正憶念般若，故所得功德格量，顯稱歎勸脩。二者《隨喜》一品，直明作般若心隨喜，所德功德格量，顯勝稱歎脩。就八品半，《經》開爲三周，明五果格量。第一從此意品，明五果格量，即擬第一周説般若也。第二從《滅諦[三九]》竟，述成三品，第二周明五果格量，擬第二周説波若也。第三初《勸持》竟，法施五品，《經》第三周明五果格量，擬第三周説般若也。

初文爲二，第一明受持般若得現世五果，第二明格量。初中三句，一佛普觀大衆，如前説般若體，亦前大衆已集，今亦普觀大衆。今多偏告天主，以天主正是在家人，故功德而告之也。先則告身子是出家人，故于文爲論，了五果者，一魔及魔民不得便，二人非人不得便，三不横死，四所住安無恐怖，五者諸天守護。論云樹王下得佛，破煩惱及天魔入涅槃，故破陰魔，此方便之説也。今此中云，魔即天魔不得便也。善男子下，第二明人不得便，上深行人體悟實相般若，故云菩薩摩訶薩，魔不得便，今通約深淺受持般若人，故云善男女也。上以魔怨大故深行，空無相故魔不得便，以怨大故治道亦大。今人非人不得便，以怨小故治道亦小，故説四無量問不得深也，是[四〇]樂説也。不横死也，第三果，滅毒藥共抗横病等。復次下，第四住處安無怖畏[四一]。爾時三千大千下，第五諸天守護果。若就文明果唯五，就[四二]文則六，第一魔不得便，二人不得便，三不横死，四觀諸天發心受持般若，五明住處安亦諸天守護，若三千大千下，第六明格量，格量行般若人也。正舉二乘格量，菩薩三義，智勝二乘，一應薩婆若心行，二菩提不離六波羅蜜功，三由菩薩智斷三惡道，出生三乘也。

滅諍品第三十一

此下第二周三品，從《滅諍》至《大明》《述成》，明五果格量。爲二，第一明五果，第二辨格量。明五果即應五，但文有四，第一合明魔不得便，人不得[四三]二果，第二明諸天守護果，第三辨不横死果，第四明住處無恐怖果。三果在此品，兩果《大明品》也。《滅諍品》者，下文明般若能斷爾許諍，斯斷一切煩惱一切諸見。然今略明二種諍，一人諍謂魔，魔民外道增上慢人，乃至一切有所得人，欲破菩薩正觀，及以破般若，皆名爲諍。云何爲諍？此等諸人或罵或打，或煞或作，大風大水大火空大熱名利大，五欲引之，令心須起一念妄，正觀心智，名爲諍。下十惡與十善諍，十地與五住地諍，常與無常諍，生死涅槃真妄，皆名爲諍體。然菩薩行正般若，非十惡故十惡滅，非十善故十善滅，非無常故無常滅，乃至非涅槃故涅槃滅。此義爲易解，佛作此釋，論主作此釋，地論主佛如此釋也。常自他自作，有所得義自相諍耶。

品爲二，第一天主稱歎二世功德，第二如來述成。初中爲二，第一明天主之受持般若，故得二世功德。第二受持般若，故得受持一切功德。初爲二，第一受持般若得現世功德，二明得後世功德。應有十二種，一聽聞，謂從佛菩薩邊聞。二見聞便行，以行力故名受。三念力，故名持。四親近以得般若，氣分承迎誕受。五讀爲不失故。六誦。七爲他説更得[四四]未行。八解釋，其人語難解，故須釋。九正憶念。十不離薩婆若心。十一思惟。十二明脩習。今文但有前八事也，始終但十二，如《聞持品》釋也。今文云，得如此現世功德，即指上三歎品明五果。亦成就衆生下，第二明得後世功德，上五果皆是自行，今明後世功德，具自行化他也。快哉希有下，第二歎受持般若，故總攝一切功德。

第二佛述中，二，第一述其第二，明受持般若總攝五度，第二述其第一，明得二世功德。所以迴互者，天主廣歎，次略釋歎[四五]佛。今先略述，次廣述，即是釋難也。

復次憍尸迦下，第二廣述，即是釋歎。文三，初許誡聽，二受旨，三廣明功德。初二，如文。第三中爲二，第一廣明二世功德，第二重明現在功德。初明二世功德即二，前明現世功德，次明後世功德。現世功德中二，初正明現世功德，次舉化他功德釋成之。今是問：前三歎品中，已明三種惡人不得便，今何故更明？答：前明三種惡人，爲欲總害行般若人，故來。今此明三惡人，爲欲破般若法，故舉。問：此三人云何欲破波若法耶？答：梵志是一切出家外道之總名，若其法亦是梵志，其人愛著其所得之法中般若中説，諸法實相破一切法，故不信般若，一欲破般若也。

增上慢人是佛弟子，得四禪未得聖道，自謂爲得聞般若中說，諸法實相畢竟無所得，無初果二果，乃至無道無涅槃，待其心故欲破般若也。魔民欲破，可解此三攝一切惡盡，謂內外人〔四六〕法，住六度中，亦令衆生捨內外，二亦六度中，行此得菩薩自他兩淨因，城即自他兩無諍因，是故現在無有諍果，有無諍果也。

復次下，第二重明現在果，文三。法譬合上，已兩處明三種惡人，今復明之。與上異者，初來爲煩惱人，次來爲破波若法，今來欲雙破人法。又前兩來直明，不能煩惱人破法之，亦轉歎波若力，故今惡兩功德轉增，乃至漸得三乘脱苦，是則兩來直明，不能通他善生他惡。今來非正不能通他善生他惡，及令其惡通其善生也。譬説中蛇譬三惡人，蟲譬行般若，菩薩藥喻般若也。第三合譬中爲二，第一正合，次何以故下，釋正合。中以般若力故，有三品惡人。利根惡輕者，即降伏令得道。二中根者，降伏是弟子。三下根者，但伏道而去也。釋中舉歎説易，明一切諸見一切法愛，此是歎以般若力能斷之説，三惡人瞋恚鬭諍心易滅，何不能滅耶？

復次憍尸迦下，第二明諸天守護果。問：與上三歎品諸天守護何異耶？答：上諸天自發主守護，今是佛試〔四七〕言，明諸天守護，事必不虛。二者上但明天護，今明佛復守護，上明三種惡人不能惱，今明諸善人所守護也。文三，初明諸天及佛守護，二明菩薩行般若故利益，三明行行得失不同。今是初云佛守護者，正言此人行佛道入佛境界，故諸佛守護，諸天欣之，亦助守護。

不善法滅下，第二明受持般若，故內益，凡四重，一惡滅善增益，二具足衆善益，三迴向佛道，四得曉悟。初中前開章門，一不善法滅，二善法轉增。次釋二章門，可謂標轉增下，先釋轉增善二章門，不説無益語下，釋不善法滅章門也。自不教下，第二具足衆行益，此人深樂善法，故具行衆善，二乘之人，十善中但有具，不敘無餘，三行菩薩具足也。又二乘作自善，亦不成，謂善惡二，故菩薩知惡不滅善不生，不惡不善故名也。是菩薩行六度時迴向下，第三迴向佛道，與衆生共。既具衆行，所得果與物共之，又轉此善不趣善道，但趣佛道也。我若不施下，第四得自曉悟，益有二陳。初自陳云，我若不施，不能自他兩益，若自他兩益，故行施也。次自陳云，善惡二行中，我不應隨惡行作惡，不隨善行，故不作善行也。問：何故自陳？答：菩薩未得無生，煩惱未盡，故諸煩惱起時，須自陳也。

釋自[四八]佛下，第三明得失。上既歎菩薩具自行化他等法，俱行此四法，有有所得得行無所得，故須簡其方便無方便也。然得無得可具三者，緣[四九]無得，二者教有得無得。緣得無得者，如一六度未曾得無得，但於有得緣成有得，無得緣成無得也。教得無[五〇]者，爲有得世間根緣説有得，爲無得出世善根緣説無得，故論云，有得是無所得初門，今文是教有得無得，亦有具緣義也。

大明品第三十二

此品明第三不横死果。第四住處安，無恐怖果，歎般若力。如明呪，能令大水不能傷，藥[五一]毒不害，乃至住處常安，如大明呪之力，故言《大明品》。又歎般若大力，能滅自他一切煩惱，亦如呪力滅毒，故目品。品初明不横死果，有二，第一明刀箭不傷，二明水火等不害。初明刀箭不傷中有二，第一正離横死果，二何以故下，釋意云斷三毒是内，刀箭在内，自他既兩除外，刀箭刀[五二]等則不害也，内無，故果無也。問：此人既讀誦般若，何故入陳？答：既是王民，何得不入？又既脱值灾難處所，自然不傷也。問：《法句》中云，非空非海中，避之不得脱，如佛豈不行般若，而爲石等傷指耶？答：《法句》中明定果，此中不定果，不定果多，定果少也。又欲深誡[五三]，不令起欒，惡不可作，般若力尚不能滅，罪豈可作耶？今欲歎般若力，故云諸難不傷也。然一往對十善，明十惡三毒是刀箭，以十善非刀箭，如一往對十地，故以五住地及鄣是刀箭，乃至對涅槃，故生死是刀箭。若望道行，生死涅槃，十善十惡，皆傷正觀，並永道皆是刀箭也。決同明水，即是供養舍利耶。答：今取種智是佛相好身，非佛理自論般若生，而是佛非佛，故顯般若勝也。問：若種智是佛相好，非佛可得，供養種智得，供養相好身不得福？答：爲是義故佛下，釋云相好身理非佛，以種智依相好身住，故供養相好身亦得，但劣種智也。他人即釋今文云，般若是第二時教，用種智作佛。今明此中不二二義，開身智二無優劣優劣義，歎種智勝耳，優劣無優劣俱勝也。第二格量優劣中，初二格量優劣，次釋，如文可尋也。

爾時釋自[五四]佛下，第五釋爲二，初疑，二釋疑。釋疑中四，第一反問答，第二正答，第三釋答，第四證答。今是第一，兩求同兩求答，相開爲四也。所以信三寶少者，今數論言，別體三寶，豈是信也？常又云，一圓智上説法僧，是信三寶，此亦不成住，地論人不體，三一體，三住持，三化佛報佛。法是信三寶，亦不義成住也。問：惟無疑決了，何異？答：一解云無異，以無疑故不惟，以無了故無疑也。又外道爲不惟，修道爲無疑，無學爲決云了。又解以八正道中，三分戒身是不惟，四分身智是無疑，正見智是決了也。佛告釋如是如是下，第二正答：既一切門少當知[五五]，般若固行，少不便疑也。何以故是衆生無世不見佛下，第三釋答，今數論及地論人有所得解義，有佛可見，有法可聞，此至不見佛不聞法也。我以佛眼下，第四證答，明見如此也。

以是故下，第二勸聽聞，文二，第一正勸，第二何以故釋勸。諸餘善法皆入般若者，論主謂，《法華》《大雲》等經，皆入般若攝也。《論》四十七卷云，諸摩訶衍中，波若最大，今人何得轉易般若，言是第二時耶？何以故下，三何以故釋勸，初何以故，歎般若是佛所學。第二何以故，歎般若是三乘所應學，亦是三乘法印。第三何以故，轉廣明般若是依止，及是三乘五乘人依止也。

第二舉寶塔格量者，塔與舍利但是末，般若是本，但舍利是能住之身，塔是所住之處。舍利是佛正火不害不死果，文爲二，初明離，次明得離中，先正明離，次何以故釋離也。自不總[五六]身者，不起諸見也，亦不總他不起貪恚也，亦不兩總不起無明也。深取何，但三毒是自總總他，只一切有所得，若十善若十惡，五住地生死涅槃常無常等，皆是自總總他。又何以故下，重釋所以起三毒自總總他者，正言帶我人之心，三毒任運，自總總他。心菩薩持般若明呪，就破我我所，故不起三毒，三毒不起，故不自總總他。得三菩提下，明得果也。

復次下，第四明得住處常安果。與前異者，前明受持乃至正憶念住，故處安，今但明書般若經卷供養，不受持乃至憶念，亦無所恐怖果也。問：此人既讀誦般若，云何書般若供養？答：其人既聞般若有大勢力，故雖不讀誦而亦書也。供養此中，先明不怖畏果，次舉道樹力釋證之。初先明得福，次何以故下釋之。

釋自[五七]佛下，第二周中舉格量。格量與前寶塔[五八]者，前舉供養二乘人格，今舉寶塔格量也。就文爲二，第一舉舍利格量，第二舉寶塔格量。初中云，一天主問，二佛反質，三天主答旨，四佛正格量，五釋疑，六結勸。天主問者，一義。一者欲顯般若功德勝，勸人受持般若，故舉供養舍利，問其優劣。二者有二種衆生，一住[五九]根多者，好供養舍利，二慧根多者，好供養讀誦般若也。爲此二人，故問其優劣。第二佛反問答者，明之優劣不定，自有無得心供養舍利，則福勝，有得心供養般若，則福劣，俱門[六〇]無所得心供養二事，則俱勝，有得則俱劣。以此事不定，故反問天主，爲舍利是本，爲般若是本。今但問其境之本末，不及問心有所得無所得也。第三天主答，云般若是本，舍利是末。第四佛述成之，爲二，第一述成本末，二格量優劣。今是初明生、法二身，從般若生，故般若是本，故供養般若功德多，相好是生身，種智是法身也。問：種智及舍利，皆從般若，今供養般若，供養種智，何故不供養般若？寶塔是衆生業起，是佛依果，又舍利微細塔則高，顯人已塔大，故謂福必多。又上言供養舍利，未知佛何物供養。此中明起塔供養也。文二，第一佛自格量優劣，第二天主領解。舉塔格量優劣，初中七階，初舉一塔，二舉滿閻浮，三四天下，四小千，五中千，六大千，七大千中，一一人皆起塔供養，不及般若。問：此爲實爲假？答：佛今欲領般若功德，今人信悟修行，意不在假，實不應問。二者有此事，小輪王佛塔，一閻浮提，大輪王滿四天下，大梵王亦能心生變化，起塔滿大千。三解實假，設今住悟一一中皆三，謂反問開答旨及正格量也。

釋自[六二]佛下，第二天主釋領解格量。此中爲二，第一天主自格量，第二《述成》一品遊成。天主格量義，初二，第一領解稱歎般若，第二從十方如恒沙下，第二正格量。爲三，初證，二佛答，三天主正格量。格量中二，初正格量，二釋格量也。與前異，此中取十方恒沙世界中人，一一人皆起塔，亦不及也。文處可知也。

述成品第三十三

亦云無邊福德者。文中佛述天主格量，辯般若有無邊福德，故以目品。述成者，即天主格量中第二段，佛述天主，上云十方恒沙世界，一一衆生起一七寶塔，不及供養般若，更有大天及時會疑也。《天主品》品天主未得一切智格量，或可有謬，故佛述成。頌天主不假，明般若福深品二，初直述歎般若功德無邊，次佛格量勝劣。兩中各二，初中二者，初述歎般若功德無邊，次何以故下，釋無邊所以也。格量中亦二，初明般若功德勝，次何以故釋勝所以也。般若在三世實世世者，般若未曾生滅無生滅在不在，今爲方便爲物，故有生滅無生滅在不在。若實相般若是生滅義，故常在觀有二種。一者無□生[六二]滅無爲，般若如來智則常在，菩薩觀是無生滅生滅，在不常在，文字般若隨法住久遠近，故有在不在也。今云般若世[六三]，是文字般若也。此是一法不定爲物，故作此開，何處離文字別有實相耶？

勸持品第三十四

此是第三周，明五果格量，凡五品，爲三，第一有兩品，餘明五果，第二兩品，餘文明格量。五果者，第一《勸持品》，明不横死果，人不得便果，及後世功德。第二《遣異》下品，明人不得魔不得便，兼明諸天守護三果也。第三《尊導品》，明住處安故無怖畏果，後世功德，諸天守護二果。問：《勸持品》明不横死果，人不得便，後世功德，與上二周何異？答：異。上但明上人不横死，今明人天皆不横死，上但外難不傷，謂水火毒葉葦[六四]，今明具内外難[六五]皆不能傷，水火刀毒是外難，四百四病是内難也。上就因果判今世功德，言因中功德，名爲現世，當得三菩提爲後世也。今取以人不便以爲今世，不難十善皆名後世也。問：何故如此迴互？答：上第二周中就因果以判，因先果後，故以因爲現在，果爲後也。此中據身而辨，則身可得爲現世，次身可有名後世在也。品依果而判，故明不横死果。

第二明人不得便果，今總二果名爲四，第一諸天勸持，二佛述勸持，三天主勸持，四佛述勸，明兩勸兩述也。《勸持品》者，三義，一者佛上自勸，二天主來勸，三諸天勸，以衆人共歎般若力，同者信受也。今正是諸天勸持，故以目品也。諸天勸中二，第一諸天勸，次釋勸。釋勸中二，初明滅損修羅增天衆，此是出世善滅世惡也。從佛種不斷者，明生世善也。

第二佛述勸中三，初舉三事勸，以釋勸三事者，一令修羅惡心滅善心生，非助天也。若天與修羅鬬，修羅誦念々々々，天惡滅善以生也。

問：諸天何不常誦般若，兩陣戰時方誦？答：諸天著樂，不能常誦也。又諸天不淨果，不得不鬪，但鬪時須誦般若也。第二舉諸天五地〔六六〕死相，既〔六七〕時誦般若得勉勸，先舉修羅來，明不爲他教，今明誦般若，故自免也。五死相者，一頭上華委，二腋下汗出，三華〔六八〕來〔六九〕著身，四不樂在生處，五更見有天來已生處也。聞誦般若，云何得免五死耶？答：聞波若解脱無常等十五勸，因無常入無生，實相觀智，不生不死，是故免五死也。設令不免五死，亦得還生本處也。第三事舉人天非般若，漸得三菩提，前二事離力，今明有得所力也。

第三天主歎中有二，第一舉二説歎，二舉生善滅惡釋歎。一説歎者，一大，明説者能滅大惡果，謂生、老、死等，故名大惡，又能滅大惡因，謂貪瞋等，故名大説。六道衆生，令成佛菩提大人，故名爲大也。無上説者，具如上利益，故名無上説也。無等説者，三義。諸天佛人有説，名報，又尼能知他人心有説，名健陀，涅槃能死行力至有説，能住奉千萬成〔七〇〕，如此説無與等者，於此無等説中，般若出過無量，名無等等也。二云諸佛無等般若説，能令與佛等，故云無等等也。三云諸佛等説是佛所作，故云無等等。

第四佛述中二，第一述其三説，第二明二世果。初中三法譬合。云云。夜中所見，皆星月力，生死夜有所見，皆佛菩薩力，有時月喻菩薩，佛喻〔七一〕取生死，皆如長夜，故此取星月喻也。復次憍尸迦，第二明二世功德，爲三，第一佛開二章門，二釋兩章門，三結兩章門。即二釋初章門，初問次答，答中爲二，前明不横死果，二明人不得便果。前已説水火不害，今更説者，二義。一者前爲欲，今爲復苦，二者前外難不害，今具説爲外，今則水火不害，内則勉四百四病也。四大四百病，不出冷、熱二病，水、風起冷病，地、水二起熱病，地堅難消，故起熱病也。官事起，第二明人不得便，未説大熱人，謂之事等，又上雖説人不得便，未説人還恭敬供養也。第二釋後世功德中有二，第一明得不離諸善法因，二明諸善法果中，兩果二因皆善，至四無色世間善法因念處，乃至十八不共出世善法也。果中二，初得離果，謂三惡道及人中惡，二明得果，謂三十二相乃至菩提也。以是故下，第三總結勸持般若，得二世功德也。

遣異品第三十五

此品明三果，謂人不得便，魔不得便魔，諸天守護。問：此品得三果，與上何異？答：此中明人及魔不得便，釋成上來三周明五果義也。上雖有言，未見有其事，今欲明證驗事，故品來何伏之問之。問：天護及不横死，非人不得便，何不證驗耶？答：二既驗後，三自微也。又此諸天自發誓護，即是驗也。魔聞勝非人，魔尚不得便，況非人耶？故不須證驗非人也。住處安果即是已驗，本爲魔及非人，未[七二]恐怖總[七三]不安也。今即已伏，即是處安。不横死果，未有横死之人，故不得説也。

品依果分爲三，初明人不得便，二明人魔不得便，三明諸天守護。今總三果爲五，一降伏外道天魔，二諸天歡喜供養求波若之力，三如來述成，四諸天重發誓護行般若，下[七四]五如來重述成。有二，初第一降外道，二降天魔。降外道中五，第一名外道來，二正以般若力降之，三外道伏道而去，四身疑念，下如來釋疑。今是初神力召外道來者，上雖言人不得便，亦欲證驗，故神力召來外道，作是念是聚言，在王舍城耆闍崛中説波若，明一切法畢竟空，引致衆生我等，共往破此空法，空法若破，佛則自退，我等還得如來名利，是故來也。第二天主誦般若而降之佛不誦者，佛誦波若，便言是佛力，令[七五]欲顯波若證驗力，故天主誦也。第三外道復道而去者，顯波若能令想退，尚不能其邊，況令能作留難耶？圍繞佛者，外道見佛威德大便，之[七六]我若往佛所，往自因苦，於佛無損。若我直去，人論性[七七]弱，故作現恭敬，繞佛而去。第四身子生疑者，身子本是梵志，今見波若空來空去，故起慇心。又顯般若力，雖天主誦般若，故外道去，大衆未知何因而去，今欲令大衆知是般若力去，而所以嘿念，令[七八]佛種之。身子有三疑，佛有三釋，三疑一意誰力，故伏外道而去。二者佛大慈悲般若著，論云，何獨隔諸外道，令無益而去。三者彼來既欲破般若，何故不能得破而去耶？

佛知下，第二佛爲釋疑，即爲三別。今答第一疑，明般若力，故令外道去也。舍利弗下，答第二疑。舍利弗，我不見説般若時，一切世間下，第三疑，凡佛天帝守護起説般若時，無能壞也。皆有標及釋，如文可尋也。爾時惡下，第[七九]降天魔，文二，初魔來，次以般若力來降之。文爾時一出中下，第二諸天見般若力，能摧伏天魔外道，故歡喜供養秤歎般若也。

第三佛述如文。

第四諸天重供養稱歎，故得守護者，上供養秤歎般若法，令欲秤歎守護行般若天也。文爲二，初諸天發願守護，秤歎行般若人，二帝釋舉往因，歎行般若人。

第五佛述，但述帝釋，不述諸天，以天守護如佛，次佛等諸義，前來述之，故今不述。論云，得法性身菩薩爲如佛，宍身信悟爲次佛也。般若望般若，是生因，即是生母，薩婆若能説般若，是故説母因果，名因義名因，果母義名母。如十地與佛身爲本末，從佛智慧海出生十地，佛爲本，十地爲末，如是十地義，諸德之根本，十地爲本，佛爲末。然般若未曾因果，作因名説，薩婆若未曾因果，作果名説。此因是果因，此果是因果，非果能果，非因能因，不二别者，不二而二義，開因果二，二而不二義，因果未曾二，故轉因爲果，如實相非爲略，故云不二也。問：既乭説爲因果，亦乭爲先後。答：非[八〇]未曾因果，而開因果二章，未曾前後，而開先後，既得果爲因果，亦得互先後也。由來因定金剛心先，果定金剛心後，豈得言不二不別，吉[八一]亦互[八二]相顯耶？

尊導品第三十六

亦云《稱譽品》，即稱譽般若爲尊導也。就五果爲論，即是第五住處安無恐怖果，兼明三世功德。與上異者，上但明離舍宅曠野，人非人等恐怖，不云恭敬，今明能離大衆之畏，而反更恭敬，乃至覺夢常安，始爲大益也。

品爲二，第一釋疑，二重明二世功德，辨住處安無恐怖畏。釋疑者，先疑次釋疑。有人言，從佛對身子説般若，未是歎般若，因此生疑。次解云，從佛命善吉已來之偏歎般若，從此生疑。次次釋從説已來偏歎般若，從此生疑。今謂不然。從上《三嘆品》身中，明五果格量已來，偏歎般若，故生疑。今云，品甚稱波羅蜜，又互相資成，何故偏歎般若？答：此二義，由般若故五方，名波羅蜜也。若不因五，五不成度，故歎般若也。若相資者，雖互相資成，般若爲主，如石散，雖有衆物相資成，而石爲至主，故歎石也。問：爲石等有得，成覺無得，若無得。若是有得，云何可導成無得？是破彼義，若是無得，須導成無得。他云，導有先導後義，導後義者，從出觀門出有，中循萬行不著也。導先，如三十心中循行帶取相。今登初地，斷前三十心中相惑，則或諸行皆成無相也。今明導不爾，以般若心中修萬行，萬行方成萬行，不以般若心脩，萬行成有所得斷常，如此論宗也。問：文云，迴向薩波若方秤，此云何是釋導義？答：由般若知[八三]施無尋[八四]，如此施不起[八五]三有，及二乘地，故是導也。問：般若導五爲中之尊可爾，云何導一切種智，爲一切種智中尊？答：由般若導，方成無得一切種智也，歎般若爲本，亦是尊也。此中問答，次第可尋也。

第二續明功德者，此文應續《勸持品》，爲中間降外道，及爲釋阿難疑，故今方得説也。問：何不待廣説功德衣，方降魔及釋疑耶？答：義亦無在，但若一句廣歎物，不明其驗情不信，故前須歎，次即證，證竟，後歎物生信心境也。未盡者，北人云，心田四句，有盡心無盡田，無盡心有盡田，無盡心無盡田，有盡心有盡田。盡位者，小乘苦忍之前是即盡，智忍已上是無盡，大乘四十心是有盡，登地已去是無盡也。有盡心盡田者，如阿難供養佛，佛田無盡，阿難心有盡。無盡心供養有盡田者，如佛施餓狗食也。餘兩可解。今云有相心施無相田，爰[八六]亦是四句，有相心施無相田，無相心施有相田，餘二句可解也。亦明欲作此義，亦得言功德未盡者，般若是無盡田，以無盡心供養，知福無邊。云云。

文四，第一天主明受持波若功德，二佛廣明功德，三天主發願守護行般若人，四佛重述諸天守護，故得諸利益。今是初，明天主云受持功德未盡，總標，何以故下是釋。釋中得五功德，一明受持般若故，即受持三世諸佛道。二明受持般若故，諸善法現於世間。三明受持般若，使有人天果報。四受持般若故，則有二乘。五受持般若故，即有佛出。雖有五句，但作二意，初句明由般若故，得求佛道，以四句皆是化他，爲度衆生，故集諸善法，始自十善，終至不共，因此善法故有人天，乃至佛述現在也。第二佛述中，明非止五種功德，更後[八七]有四種。有二，初明非止有五，更有餘功德。次何以故下，更出四經。一明受持般若，得佛五分法身，無量戒衆者，餘人一世持戒，或百千世佛無量劫，持此時長，故勝也。二明受持波若，與佛無異。三明受持般若，所有五分法身，勝二乘五分之上。四明書持經卷，得二世功德。問：但書持供養經卷，則云何得二世功德耶？答：如意珠是無記色法一心供養，尚滿心欲，况波若法實不得耶？亦有供養不得現在功德者，此是不一心故，又雖是一心，先世罪重故也。第三天主發願守護行般若人，如文。第四佛述重明功德，爲二，先廣明功德，二結勸。就文大明有六果，第一明得瞻[八八]力説法不即果，天有甘露，微細能沾入人毛孔，故得瞻力，能更説法也。天上自有般若，所以來者，以憐愍人，令惡鬼遠去，能益法師氣力，今説法不斷，又令衆生益加信敬。第二復次得無畏果，有二義。一者有不二義，不見我不知畏，此是實慧。二者般若中雖説一豪善法，而無所不有，無所闕少，故不畏，故學。《大智論》具識一切大小，假名方便也。第三復次得三果，一者得人天敬果，二後世得行衆行不斷絶果，三者降制惡人果。第四復次得諸天眷屬果，以受持般若感致二界淨天皆來也。第五復次，明受持般若則是法施果，言法施者，非是此人爲諸天説般若名法施，但此處有般若經卷，故諸天來禮拜供養等讀誦之，故名法施也。憍尸迦，三千大千所有四天下已，此第六明受持般若人得諸天守護，就文三。一正明諸天守護。二釋天來，所以皆發菩提心，天來爲利益行者。三釋肉眼人疑，既無天眼，故不知來，所以釋疑。四明來有利益，益中二種，一謂大天來，故惡鬼去，二覺夢常安，無諸不可，並如天也。如是憍尸迦下，第二結也。

憍尸迦下，第二段明格量文，都有九種格量。第一舉供養生身，佛格量供養經卷。第二舉舍利格量經卷。第三舉經卷與他格量，自受持正憶念。第四舉經與他格量，爲他解釋其義也。第五二善教他格量，以經卷與他。第六舉定、散二善教他格量，自受正憶念。格量[九]爲他説般若。第八舉自具行化他，格量乎自行。第九舉世出世善格量，具自行化他。初二格量是自行格自行，謂自供養十方佛，不及供養經卷，自取十方舍利，不及取般若經卷。第三自受持正憶念，不及持經卷與他供養，舉自行格量化他也。第四舉經卷與他，不及爲他解義，此是化他格量化他也。第五以定、散二善施他，不及以般若經卷與他，此是以是世間化他格量般若化他。又舉定、散二善教化，不及急持正住念念般若，此是以世間化他格般若自行。第六自受持正憶念，不及爲他説般若，此是舉自行格量化他。第七明單爲他説，不及具自行化他。第八舉世、出世二善格量，具自行化他義也。今是初供養般若經卷，勝供養十方佛。問：般若在佛身中，供養一佛，則是供養般若，云何供養十方佛，不及供養？論以二義釋之，一者般若是本，能生十方佛，二者云境實無優劣，此就心判。若供養佛則取人相，而佛未曾是人不人，於衆生取人相，故因雖大而福劣。若供養般若經卷，及應取法相，但此人知供養般若經卷，則聞般若中明無所得法，故不取法相及以人相，以無所得心供養，則應福大也。

法稱品第三十七　亦云舍利品

《法稱》知[九〇]，經則是法實，舉舍利稱般若法優劣，故言法稱。又云般若與舍利，通是法稱，此二法優劣，故云法稱。持公云，舍利作稱，用閻浮舍利作稱，後乃至滿十十方舍利作稱，應般若經卷。今明不爾，本稱二物重輕，云何用舍利作稱？今以佛教法稱，稱舍利般若優劣也。如詔稱稱物重輕，對詔稱，故云法稱也。前是離字釋，今是令字釋也。

品中明二格，一以自行格自行，即是舉舍利稱格量般若經卷，二舉自行般若，格化他。

初爲三，第一舉滿閻浮提舍利對般若經卷，稱其優劣，亦舉大千三千，舉滿十方舍利對經卷，稱其優劣。初中先問，次天主答。上品舉塔格量經卷，此是舍利在處格，今是舉舍利對經卷，格上舍利則少，今則舉多也。問：何故舉舍利對經卷？答：有二緣，一出家緣好智慧，二在家緣好功德，則是智[九一]緣。智慧是解脱因緣，舍利生福之因緣，緣是果因緣，爲此義故，格其優劣。天主是在家受樂人中最勝，故對之明也。問：上品已明供養十方佛，不如供養經卷，今何須後舉舍利稱？答：上明受持後供養經卷，故緣供養十方佛，今直供養經卷與供養舍利，故後格之。二者前爲現在衆生，舉供養十方佛不及供養般若，今偏爲未來衆生，情貴舍利，故次舉之。又欲廣顯般若。

天主答佛中爲四〔九二〕，第一正問本末不同，故有取捨，二身子問於取捨，三答取捨，四佛讚成，五天主領廣明優劣。今是初明直致舍利，與人天骨何異？由舉經卷，故爲經卷所重，故爲人天供養，故知經卷則是本，舍利則是末，故取經卷也。次身子問意，同明般若中不明取捨，亦不言舍利劣經卷勝稱，汝云何欲取經卷。第三天主答，其異如此，只般若能令人悟，無優劣取捨，故取般若經，爲舍利不能爾，故不取舍利也。問：般若無取捨，今取此無取捨，猶是取捨義也？答：實無取捨，以世諦無取捨，爲引道衆生，故作取捨説也。第四佛讚成，天主無取捨義，前〔九三〕往説，若人欲得法性下，舉譬述也。釋白佛下，第五領解歡喜，廣稱優劣義，更舉五義。一勸供養般若本末，故取經卷。二明能離怖畏，故取經卷。三明能離三惡道，故取經卷。四明能離二乘地，故取經卷。五明能令人劣見佛□心〔九四〕，故取經卷。對此，即明舍利，無此五義，故不取舍利。初中三法譬，合法説云，一切世間應禮般若者，天主自知般若勝，佛後讚成其勝義，故歡喜，即起敬心，故歡〔九五〕一切禮般若也。譬者二解，一指坐處喻舍利，已身喻般若，由已身，故坐處得敬，由般若經卷，故舍利得敬。二云坐處喻經卷，已身喻佛〔九六〕，雖滅，亦云應供養經卷，如天主不在，亦應敬坐處也。第三合中具兩義，如文。我爾時無怖畏，第二明般若能離怖畏，故取般若。第三離三惡道，第四離二乘地，第五令衆生得佛道，故取般若。復次如天也。

復次滿三千下，第二舉三千舍利格量經卷。依論意，凡有六復次，第一明本末，舉見經卷與見現在佛無異，釋成初本末義也。經卷明諸法實相，現在佛亦明實相，與見佛何異？又經卷具明生天〔九七〕，生二身，現在佛即是生身，亦有法身，故復無異也。見舍利，但是見事，生佛身也。第二兩復次，明受持般若經卷與佛齊功德，復次舉佛化他與學持經卷，爲他説若高功德。第二復次，十方化他，與已説般若高功德，《論》十八卷及釋《四攝品》云，三事謂神通，知他心説法也。復次世尊下，第三明供養經卷與供養佛等。問：前品未明供養經卷勝供養十方佛，今云何等耶？答：上正明供養經卷，後明受持故勝也，直〔九八〕供養十方佛，無受持義也。今直明供養，不明受持，故與供養佛等也。二者，上有所得心供養佛，無所得心供養經卷，故不等，今俱是無所得心，故云等也。第四復次，明離三惡道，超二乘，漸住佛道，永無衰漏，故取經養〔九九〕也。第五復次，明離内怖，法譬合般若，王舍利貞〔一〇〇〕定疑飢渴等，以有身必有此患，負〔一〇一〕責〔一〇二〕此人，依王故不還責，及得供養舍利，依般若故不畏諸患，反而得人天供養也。

復次世尊在所三千下，第二歎般若能離外怖畏，舉摩尼珠爲喻。但此珠有通别者，通具足别者，有珠出衣不出食，有除毒有避鬼，今借通用，喻般若能滅一切苦與一切樂也。此珠輕妙，四天下物皆於中現也。凡有四釋，一云天帝釋手執與修羅鬬，碎落閻浮提，變爲如意珠。二云生在體惱二。三云過去佛舍利法滅盡，變爲如意珠以益物。四云衆生福德自然生，如地獄苦具解，如無價摩尼者，辨珠名也。

所住處下，正明用〔一〇三〕凡出用物的，譬言上人不得便。如人熱病下，第二能治内煩惱，爲月〔一〇四〕廣論四百四病，欲略明根本，唯四風冷熱雜也。廣論八萬四千貪欲，二萬一千以不淨法乃至等分，二萬一千總以三藥治成不淨，或以因緣略論根本，唯四謂三毒等等分。二〔一〇五〕釋，一云具毒〔一〇六〕等，二云分爲等分，以分具起三毒也，風爲嗔，癡爲冷，貪爲熱也。問：以四藥治四病，云何遠是〔一〇七〕般若，乃是空慧也？答：常義實非般若，今明此四藥是般若方便，不以般若則墮有所得中。如無常治常，雖捨常而見有無常般若者，諸法未曾常無常，以有常病故作無常説，常病若消，無常即息也。闇中能令明下，常三歎般若，能滅三界無明闇也。上横論治四病，今竪論治三界惑，上總説四根本法無明也。熱時能令凉下，第四法冷熱力，因貪嗔以爲熱，無明不信懈怠不恭敬等，不從般若能治此冷熱，因熱而不冷，因能冷而不熱，非如意珠具二用不如意。同同〔一〇八〕已明法〔一〇九〕令毒，今何故更説？答：上雜論，今合三毒爲論，毒爲論熱三也。上直説愚癡，今明不信懈怠不恭敬等，癡既異，雖二亦異也。爲毒所螫者，第五治毒力。問：貪等即是毒，上已多過明，今何故復説？答：上法輕，今法重者，故《經》引難也。等貪欲所笠，鵞掘重瞋所傷等。復次眼病，第二〔一一〇〕治眼病力用。問：上四病攝四百四病，今何故更説？答：眼病爲一身可最癡，是病中之重，是故不説，法説爲論。初喻人非人不得便治外病，中間四事治内煩惱病，今別治三種章，癡渴〔一一一〕傍正法，即是破慧眼。五逆五癡創，惡腫即四重，此經滅罪與涅槃不異，何得爲不了戒教耶？果衣

著水中下，第九明珠色用，珠無定色，隨色而變，般若無定法，隨緣不同也。水隨珠作一色，心隨般若，同般若作一色，以物裹珠在物，水隨物色。以般若珠在萬行，内安衆生心中，而最生心隨順萬行，死所依著色也。縹色是虚空，色行者得般若，觀諸法空，心亦隨順，空而不著空也。若渴水者下，第十用諸煩惱撓心水故渴，得般若珠即淨，土雖別，治本是總治也。阿難問下，此一事明。云何處薰篋下，第十一明珠所重處熱〔一一二〕用，珠喻般若，篋喻舍利，珠篋故人愛敬篋，般若薰舍利，故愛敬舍利。問：此是合譬分譬？答：分譬也。珠侶〔一一三〕法方，般若治心，珠但治鬼，般若治天魔惡，珠但治四大病，不能治四大，般若能治四大也〔一一四〕。問：文云珠薰篋故人愛敬篋，般若運舍利，故舍利得供養。若等文，但應云是般若力，復何得是禪等諸行力？但應云舍利是般若住處，何得言是行住處？答：舍利皆爲萬行，所薰皆是萬行住處，但般若爲重爲是，故偏説般若耳。

又萬行皆是般若異名也。

第三舉十方恒沙舍利，格爲二，初正格量，二釋疑。正格中爲二，第一格量般若，即歎般若法，第二有一問答，歎行般若人。初爲二，初自格，二佛述成。初中四復次，第一復次明本來〔二五〕，與上明本末異者，此中廣歎也。明供養舍利尚得説般若，是舍利本耶，又明供養般若本相，得舍利末也。第二明欲見生、法二身量受持，乃至爲他説般若，以般若中具明生、法兩身相也。第三復次明無得也，現在佛當受持般若。問：見現在佛即是見二身，云何更説？答：先明具見二身，今對人情云佛過去，故亦云欲見現在佛也。問：前明見十方現在佛二身，今云何更説現在？則答云。復次二種法相下，第四復次明般若能攝有爲、無爲二法相，良由般若未曾爲無爲，相能攝爲無爲，舍利但是有爲，故取波若舍利。問：文中何故云有爲無爲，中智慧是有爲耶？答：此品亦説耳。自有有爲智慧、無爲智慧，如爲、無爲二般若，即是因、果二般若，如意二慧品，自有爲、無爲二境，自有境是爲無爲，了境之智是有爲，此中是也。文爲二，用二重問〔二六〕一一釋也。佛述如文，以天主歎行波若人，及以述歎，亦如上文。

爾時釋自〔二七〕下，第三釋疑，爲三〔二八〕，初疑，次釋，次領解稱嘆。論如來格量顯勝，皆歎般若，則知般若是究竟圓行，行波若因是，何須行餘行？次佛釋中三法譬，合法中二義，一者二不二義，衆行皆是波若，行般若即是行衆行，假令行衆行行，皆是波若異名，行衆行即是行波若。二者不二二義，開波若與衆行二即，波若爲重，能藥成衆行，故般若也。若善男子女人書般若經卷下，第二舉自行化他，又兩問，先天主舉般若自他爲問，佛告下，第二佛舉舍利反質。釋白佛下，第三舉舍利與他勝，自奉答。佛告下，第四佛明般若經卷，與勝他勝自，似得答也。問：自持尚應勝，將經卷與他，何況自受持復正憶念，不及將經卷與他？答：此人同上三周歎般若功德，便作是念分，自受持正憶般若無邊功德分。若將經卷與他人，我則不得受持正憶念，便先般若功德，其人貪著功德相，是有吾我無大悲。今將經卷與前人，此是無吾我有大悲，故勝也。復次爲他說下，第四舉化他格化他。所以有此文來者，肘〔二九〕令既同〔三〇〕，將經卷與他，得種多便，欲重施經卷，不爲人說，則運心不能。大千下，舉教十方恒沙人行，不行經卷與人也。問：何故不及？答：經卷生善至涅槃，十善不至。二者經卷生善是無漏，十善是有漏。三者十善迂迴，經卷生善，直進不退。四者十善生〔三一〕則退，經卷生善不退。五者經卷生善是常樂因緣，十善是苦無常因緣。六者經卷生善得聖人，十善得作凡夫，故不及也。初文三，一佛舉教閻浮人行十善爲問，二天主答甚多，三佛格量。格量三，初明勝劣，二舉譬說，三合譬說。中前正明勝劣，何以故下，釋用能生三乘人法，不能生三乘我人法，故勝劣，教以人得法也。桓下第三舉解，凡舉二況，一舉小乘初果，次明教一人得初果，勝教閻浮提人行十善，今教一人經卷，勝教閻浮提人行十善也。次舉佛說亦爾，教一人作佛，勝閻浮提，故今明爲人壇〔三二〕釋勝。將經卷與人，前文三，第一明勝。何以故下，第二釋勝。意二，初明般若能生三世諸佛，一坐故爲他開示，所以勝分。見尺是益下，第二明般若獨是佛依止，故爲他解釋所以勝。以是故下，第三結勸供養也。

法施品第三十八

可具二義。定、散二善教化，此是有所得法施，今舉此格量，般若經卷與他人，故云法施，對上財施格量也。二者此品初將般若經卷與他，即法施，中間爲人說般若勝自行，亦是法施，復廣明爲他說般若勝世出世勝，皆是法施。今明般若法施，故以目品。三者此中具明得二法施，欲格其優劣，故通云法施也。

初舉定、散二善，格量經卷與他，此是第五舉世間化他，格出世經卷化他，爲二，第一舉散善格經卷，二舉定散格經卷。初有六，一舉閻浮提，二四天下，三小千，四中千，五大千，六舉教十方恒沙人行十善，不及持經卷與人也。問：何故不及？答：經卷善至涅槃，十善不至。二者經卷生善是無漏，十善是無〔一三〕有漏。三者經卷生善，直進不退，十善冷〔一四〕退。四者經卷生善是常樂因緣，十善是苦無常因緣。五者經卷生善得聖人，十善得作凡夫，故不及也。初又三，一佛舉教閻浮提人行十善爲問，二天主答甚多，三佛格量。格量中三，初明勝劣，二舉譬說，三合譬說。初中前明勝劣，何以故下釋，明能生三乘人法，人法不能出三乘人法勝劣。教一人得恒下，第二舉譬說，凡舉二無，一舉小乘初果，次明教一人得初果，勝教閻浮提人行十善，今教一人經卷，勝教閻浮提人十善也。次舉未說亦爾，教一人作佛，勝閻浮提人得初果，今經卷與人，勝教閻浮人行十善也。以是故憍尸迦下，第三合譬也。餘五得如也，次第二舉定善格量，可對前來離欲善。今是離欲善，上但一界，今擬三界，亦應如上六法，何以義優劣也？

復次下，第六合舉世間定散教化他，二善格量般若自行，是名舉定散化他，格般若自行也。論解云，爾已，經文云，受持讀誦說可義，應是化他，但此中明說，說亦是自行也。此中爲三，先格量勝劣，次釋勝劣，又中實應舉閻浮提定散其方，恒以定、散二善格般若，因行但略，故舉閻浮耳。正憶念去下，釋如文。今所明無依無得正憶念，方勝也，若有所得正憶念，則不勝，以同是有所得故也。問：今舉定、散二善，非正格自憶念，具格自受持讀誦正憶念，今日何故偏釋正憶念也？答：受持但生種不生慧，正憶念具生福慧，即能說行，故最勝，所以種釋也。釋中明非二非不二，正憶念則例作非二，非不受持讀誦也。又云，正憶般若非二非不二，於萬行非二非不二也。

復次憍尸迦下，第七舉般若化他格自行，前是有得化他，無得自行，自行則勝。今自行化他等，是無所得，就無所得中，自有勝劣，無所得自行則劣，無所得化他則勝也。

次第八舉具自行化他，巧説般若格，單自行如文。

釋自〔一二五〕佛下，第九舉世出善格，具自行化他，爲二，第一明巧説般若，其福無邊，第二格量。初如文。第二格量中爲三，第一舉世善格量，第二舉出世善格量。初中三，第一舉有所得善，以格無所得般若。第二勸説無所得六度。三明相似不相似二般若，成亦兩義，明無得説者，其福無邊也。初又二，第一枝横供養十方佛，二枝行廣時，時者無量劫，廣者具行六度，並不及般若也。第二章尋經文，略不云也。第三明相似不相似中即二，他云，三十心名似，初地去是〔一二六〕是真，小乘五方便爲似，苦忍爲真也。今依論釋，言同意異爲似，心是有所得，説無所得，言似佛言，而意異佛意。如因説無常般若，常有無常即是似，知包未曾常無常，爲著常病，故説無常，若常消，無常息也，名真也。常義云，金心定有無常，豈非似耶？問：此中何故説相似不相似？答：恐未來世人説法悟，受學者亦自悟，故佛〔一二七〕分別也。何者？上來九格明〔一二八〕，四功〔一二九〕德〔一三〇〕説般若是，第九其福最多，人聞此便貪福，故欲説般若，令識此似不似，人可捨説不似也。

復次教一閻浮提下，第二得出世格量，爲二，初得小乘格，二得大乘格，得聲聞亦得緣覺格。初中先得果二例，四果文可知。得大乘格中爲二，第一正得大乘格，二供養稱歎，莊近菩提者，成前轉勝可義。初中爲二，第一得本格量，第二佛深〔一三一〕淺格量。問：教十方住阿鞞，何故不及説般若本令住阿鞞耳？答：有言説般若是無所得，教住阿鞞是有所得，義不然也。亦解般若直通，不與別相相比，此明般若何但教人住阿鞞，亦令十方衆生皆作佛，何但十方恒沙住阿鞞，窮法界衆生佛[二二]地也。問：教十方衆生已住阿鞞，今直説其功德勝，爲令十方衆生得是阿鞞故勝。答：般若力能令得是阿鞞，住一地也。又説般若但住阿鞞，亦令衆生得初心，得二乘天人也，故般若可力，無是不離，無德不成。今但住阿鞞，故其則劣也。又今是歎波若爲根本，故勝阿鞞，阿鞞及始行與小乘，皆是其末也。次約深淺格者，教十方發菩提心，不及教一人令得阿鞞，教十方恒沙，不及教一人近佛道菩提。如供養大千，勝供養一切人，供養天子，勝供養十方東子。經中明福四，自有四句，一者供養初心劣後心勝，二反此語如法本。云云。有人作色，罵佛一劫得罪少，罵弘經人少時得罪多。罪既爾，福亦然，餘三句可解也。供養初心劣後心勝，乃至供養後心劣初心勝，兩句疏中，釋可解也。何者？供養初後，俱勝俱劣。如淨名云，施難勝如來，與餓狗一等，以心平等故，福德俱勝也。此是無所得心施，若有得心施，前後二田，俱爲劣田。可間[二三]少般若云，四句得福勝，捨大千七寶，此事云何？五解，一者七寶是財施，則有盡，持經是法施，則無盡。二云七寶是有相施，雖多而劣，今持經無相施，雖少而勝也。三約位，但七寶是三十心人施，故劣，持經是初地施，勝也。四解七寶施是緣順，故劣，持經是直明順，故勝。五云内[二四]外。云云。

大品經疏第六卷

校勘記

〔一〕「東」，底本原校云一本作「更」。

〔二〕「爾」，底本原校云一本作「示」。

〔三〕「第」，底本原校云一本作「弟」，其後當有「子」。

〔四〕「云」，底本原校云一本作「二」。

〔五〕「答」，底本原校云一本作「卷」。

〔六〕「方」，底本原校云一本作「萬」。

〔七〕「法」，底本原校疑衍。

〔八〕「意」，底本原校疑爲「竟」。
〔九〕「誠」，底本原校疑爲「誠」。
〔一〇〕「住」，底本原校云後當有「中」。
〔一一〕「得」，底本原校云一本後有「不可」。
〔一二〕「周」，底本原校云一本作「同」。
〔一三〕「破之即」，底本原校云一本無。
〔一四〕「聞」，底本原校疑爲「開」。
〔一五〕「之」，底本原校疑爲「三」。
〔一六〕「疑」，底本原校云諸本後有「諸疑」。
〔一七〕「邊」，底本原校疑爲「遍」。
〔一八〕「蓋」，底本原校疑爲「益」。
〔一九〕「提」，底本原校疑爲「薩」。
〔二〇〕「掖」，底本原校疑爲「捷」。
〔二一〕「相」，底本原校云一本作「知」。
〔二二〕「脱」，底本原校云作「緣」，下一「脱」同。
〔二三〕「絶」，底本原校云一本作「説」。
〔二四〕「如」，底本原校云前當有「名」。
〔二五〕「究竟」，底本原校疑爲「宛」，又云一本作「究」。
〔二六〕「此」，底本原校云一本後有「中」。
〔二七〕「得」，底本原校疑爲「非」。
〔二八〕「咸」，底本原校疑爲「成」。
〔二九〕「法」，底本原校云一本作「人」。
〔三〇〕「來」，底本原校疑爲「成」。
〔三一〕「二」，底本原校云一本無。
〔三二〕「如中」，底本原校云一本無。
〔三三〕「一」，底本原校疑爲「三」。
〔三四〕「始絶」，底本原校云一本作「如絶」。
〔三五〕「第」，底本原校疑後脱「二」。
〔三六〕「格」，底本原校疑衍。
〔三七〕「在」，底本原校疑爲「出」。
〔三八〕「合」，底本原校云一本作「令」。
〔三九〕「諦」，底本原校疑爲「諍」。
〔四〇〕「是」，底本原校云一本前有「又」。
〔四一〕「畏」，底本原校云一本後有「果」。
〔四二〕「就」，底本原校云前當有「不」。

〔四三〕「得」，底本原校疑後脱「便」。
〔四四〕「得」，底本原校云一本作「傳」。
〔四五〕「歎」，底本原校疑爲「難」，下一「歎」同。
〔四六〕「人」，底本原校云一本後有「是也何以故下第二舉菩薩化他法因釋之衆生從無始來著内外法故起諍菩薩捨内外」。
〔四七〕「試」，底本原校疑爲「誠」。
〔四八〕「自」，底本原校疑爲「白」。
〔四九〕「緣」，底本原校疑爲「得」。
〔五〇〕「無」，底本原校云一本後有「得」。
〔五一〕「藥」，底本原校云一本無。
〔五二〕「刀」，底本原校疑衍。
〔五三〕「誠」，底本原校疑爲「誡」。
〔五四〕「自」，底本原校疑爲「白」。
〔五五〕「知」，底本原校云一本後有「信」。
〔五六〕「總」，底本原校疑爲「惱」，下十二「總」同。
〔五七〕「自」，底本原校疑爲「白」。
〔五八〕「寶塔」，底本原校云一本作「實」。
〔五九〕「住」，底本原校疑爲「信」。
〔六〇〕「門」，底本原校疑爲「明」。
〔六一〕「自」，底本原校疑爲「白」。
〔六二〕「無□生」，底本原校云一作「無生」。
〔六三〕「世」，底本原校云前當有「三」。
〔六四〕「葉葦」，底本原校疑爲「藥等」。
〔六五〕「難」，底本作「歎」，據文意改。
〔六六〕「地」，底本原校疑衍。
〔六七〕「既」，底本原校疑爲「現」。
〔六八〕「華」，底本原校云一本無。
〔六九〕「來」，底本原校疑爲「水」。
〔七〇〕「成」，底本原校疑爲「歳」。
〔七一〕「喻」，底本原校云一本後有「因人」。
〔七二〕「未」，底本原校疑爲「末」。
〔七三〕「總」，底本原校疑爲「惱」。
〔七四〕「下」，底本原校疑衍。
〔七五〕「令」，底本原校疑爲「今」。
〔七六〕「之」，底本原校疑爲「云」。

〔七七〕「性」，底本原校疑爲「怯」。

〔七八〕「令」，底本原校云一本作「今」。

〔七九〕「第」，底本原校云一本後有「二」。

〔八〇〕「非」，底本原校云一本無。

〔八一〕「吉」，底本原校云一本作「先」。

〔八二〕「互」，底本原校云一本前有「不」。

〔八三〕「知」，底本原校疑爲「如」。

〔八四〕「尋」，底本原校疑爲「導」。

〔八五〕「起」，底本原校疑爲「超」。

〔八六〕「爰」，底本原校云一本作「受」。

〔八七〕「後」，底本原校疑爲「復」。

〔八八〕「得瞻」，底本原校云一本作「德瞻」。

〔八九〕底本原校云諸本均無第七格量文。

〔九〇〕「知」，底本原校疑爲「品」。

〔九一〕「智」，底本原校疑爲「知」。

〔九二〕「四」，底本原校疑爲「五」。

〔九三〕「前」，底本原校疑前有「如」。

〔九四〕「佛□心」，底本原校云一本作「佛心」。

〔九五〕「歡」，底本原校云後當有「喜」。

〔九六〕「佛」，底本原校云後當有「佛」。

〔九七〕「天」，底本原校云一本作「死」。

〔九八〕「直」，底本原校云後當有「明」。

〔九九〕「養」，底本原校云一本作「卷」。

〔一〇〇〕「貞」，底本原校云一本作「直」。

〔一〇一〕「負」，底本原校云一本作「故直」。

〔一〇二〕「責」，底本原校疑爲「債」，下一「責」同。

〔一〇三〕「用」，底本原校云一本作「同」，下一「用」同。

〔一〇四〕「月」，底本原校云一本作「自」。

〔一〇五〕「二」，底本原校云一本作「三」。

〔一〇六〕「毒」，底本原校云前當有「三」。

〔一〇七〕「是」，底本原校云一本作「見」。

〔一〇八〕「同同」，底本原校云一本作「問上」。

〔一〇九〕「法」，底本原校云一本作「治」。

〔一一〇〕「二」，底本原校疑爲「六」或「七」。

〔一一一〕「渴」，底本原校云一本作「濁」，下二「渴」同。

〔一一三〕「熱」，底本原校疑爲「勢」。

〔一三〕「侣」，底本原校疑爲「似」。
〔一四〕「也」，底本原校云一本後有「云云」。
〔一五〕「來」，底本原校疑爲「末」。
〔一六〕「間」，底本原校云一本作「内」。
〔一七〕「自」，底本原校疑爲「白」。
〔一八〕「三」，底本原校疑爲「二」。
〔一九〕「肘」，底本原校云一本作「明」。
〔二〇〕「同」，底本原校云一本作「月」。
〔二一〕「生」，底本原校云後當有「善」。
〔二二〕「壇」，底本原校云一本作「檀」。
〔二三〕「無」，底本原校疑衍。
〔二四〕「冷」，底本原校疑爲「倦」。
〔二五〕「自」，底本原校疑爲「白」。
〔二六〕「是」，底本原校云一本無。
〔二七〕「佛」，底本原校云一本無。
〔二八〕「明」，底本原校云一本作「門」。
〔二九〕「功」，底本原校云作「巧」。
〔三〇〕「德」，底本原校云無。
〔三一〕「深」，底本原校云一本作「陳」。
〔三二〕「佛」，底本原校云前當有「住」。
〔三三〕「間」，底本原校云一本作「聞」。
〔三四〕「内」，底本原校云一本前有「理」。

大品義疏第七

胡吉藏撰

隨喜品第三十九

九品半經，開爲二段，前八品半經，受持讀誦，書寫解説，乃至供養般若，故其福無邊。今一品，明直依般若，嘿念隨喜，不動身口，得福無邊。此歎般若功力轉力〔一〕轉妙，故令應信行也。論二義生起，一者上《三歎品》命善吉説般若，從《三歎品》中領觀四衆以來，因天主廣明功德，今欲令善吉復實，就隨喜行説般若，故有此品。二者上明香華等供養，得無邊福，天主自慶，此是我等能辦，非出家人所有，今欲報[二]其自多之情，明起一隨喜，則其福無邊。問：今説隨喜爲得，是説般若？答：般若有無量門，今以隨喜行説般若，心隨喜故，隨喜是般若也。問：此經明隨喜迴向，與《華嚴》何異？答：二義。一者《華嚴》是深淺觀，故十迴向中有十心，今此中通也。何以知然下，具明爲阿鞞及新發意菩薩，明隨喜也。又《華嚴》明無差別差別，故十迴向，今差別無差別，但明一迴向。然彼明差別即是今差[三]別，何者？要以般若心方成十也。問：菩薩五法隨喜，與迴向何異？答：於他功德，則生隨喜，自之功德，則宜迴向。他功德不可迴向，但有發願，令迴[四]向也。問：隨喜即是迴向不？答：用隨喜功德迴向，佛道亦是也。問：於他功德，何意隨喜？答：一爲破嫉妬，父見子利，不生隨喜，若見怨家受苦，或生悲心，故隨喜難生也。二者遂菩薩本意，欲令衆生作善，他遂能作，豈不樂哉？又隨喜念過去三[五]貪，即是念，故明隨喜，隨喜謂般若正念。又善是快[六]道，今見作善而欣喜，豈不順道也？《隨喜》具四句，一者所隨喜是有所得，能隨喜心亦然。二所隨喜是無所得善，而能隨喜心是無所得。四句易明。今此中隨喜，通得無得，一切凡聖善，而菩薩隨喜心，是無所得耳。問：此隨喜與四等中喜，七覺中喜，五受中喜，十八支中喜，發同異耳？問：菩薩已修行，何故更隨喜迴向？答：菩薩自修行，更迴向者，欲增廣此行也。而隨喜者，他已修行，令於他行上更脩行也。又餘施戒是動身口，今是靜嘿行也。又上受持等多有自行，今是化他行受持，通三乘行，今獨有菩薩行也。

問：隨喜如是，懺悔云何？答：如般若觀，隨喜無福不生，無罪不滅，他云有假名衆生造惡，故教其懺悔。今明直見有衆生已是虛妄，而後其起善滅惡，以自作此解，後自教他，是三虛妄。

淨名云，當直除滅，勿擾有〔七〕心，了衆生尚不可得，有何惡滅善生耶？品三隨喜是菩薩妙行，故彌勒開其宗，須菩提説教之主，故次演之。隨喜深妙，非佛不盡，故如來述成，更須〔八〕宣釋，三聖共陳，乃窮其妙。初五，一彌勒以五句開隨喜之宗，二善吉領隨喜之宗，三受定，四設二難，五答二難也。五句者，一隨喜，二迴向，三與衆生共，四無所得，五稱歎隨喜。隨喜如前迴向者，師釋此一句云，迴其所向，一切疑心，皆有所依，皆有所向。故今迴其此心，令畢竟無所向，乃至向道了與衆生共，須識衆生菩薩本來不二，故有共義。論云，固不可共，若可共者，佛將上共與衆生而更作之也。若自行施戒，復教人行，亦是共義也。今以此隨喜迴向果，與衆生共他無所得，通貫四句也。若聲聞偏袒下，第五稱歎隨喜，爲二，初對二乘凡夫四種福，但稱歎，何以故下，第二釋歎，正言凡夫二乘福德爲自，菩薩功德爲他優劣。師云，假令有所得爲他，亦不及此中隨喜，今大判作自行化他優劣也。戒爲自調，定爲自淨，智爲自度。又以聖道三種戒爲自調，正念正定二爲自淨，正見正思正方便，三慧爲自度。又施爲自調，戒爲自淨，智又自度，如《百論》三根行施戒智也。

爾時須菩下，第二領隨喜義定宗五句中，不領與衆生共及無所得，俱領隨喜迴向及稱歎三句也。爲二，初領宗，二定宗。領宗中二，初所隨喜福德，次領能隨喜心。領所隨喜福德中，論又云，四段福德總持。師釋云，此中明三福，過去佛及弟子福德，從戒衆以去，明現在佛及弟子福德，從及領衆生攝善根，第三明凡夫福德。今謂其人講論而不見文，可謂於盲者前現衆色像也。論明四福，不明現在未來凡聖福，但明過去四福也。所以不明二世福者，略舉一世具四種福，則知餘二世，二世具四種也。二者正領就過去致難，過去四福皆滅無，而生心隨喜則墮無，而謂有顛倒過也，故不語。二世四種者，一過去佛福，二過去佛在世時，弟子福，三過去佛像法正法中，得道弟子福，四總明過去佛在時滅度後，人天及畜生等福。過去以領處，論云，凡三種，一切發心其未得佛，此菩薩時福也，二得佛時福，三滅度至像正末法滅時福也。應六般若波羅蜜下，第二明過去佛現在時，所化弟子福也，應六度大乘弟子福也，及諸聲聞人者，此下小乘人福也。初總明凡聖即七方便聖，即四果下，學無學別得聖人也。諸佛戒衆下，上雖總明過去善根，今復別出也。所以更別出者，以諸佛無量善根，故我彼像正，像正衆生稟悟得道別列也。是法中學得須陀洹下，第三明像正教中，學得三乘道果善根也。及餘衆生種善根，第四過去佛在時及滅度，人天乘善根，及畜生等善根，上是三乘，今人天乘，更及餘道善根，故後列也。是諸善根和合下，第二領能隨喜心，前領隨喜初句，及第五稱歎句，如是隨喜已下，領迴向也。若有善男子下，第二定宗，定宗中前領有所得隨喜心，次正定宗生心能隨喜也。心生緣者，緣之所四福事有福德本，謂造福之人及起福處也。可得不者，第二正定宗也。論云，就畢竟智難也，有所得心與所緣之福，相稱以不？此念[九]意明隨喜是有所緣之福，是無所得成隨喜義以不？

第三彌勒受定，云不得如所念者，論云，二因緣故有所得隨喜心，不稱隨喜福也。一者過去佛爲功德，久已滅無遺，滅無宿命智，或有而不及，但如聞憶於分別，故不如如所念。二者諸佛及功德，出三世如來涅槃相行者，作有所得心分別，言有四種善根及能隨喜心，故不稱所隨喜福也。前就事爲論，自[一〇]明無三世三世義，過去不滅滅義，而行者於謂無而言有，故不得如所念，餘實是三世義而行者，亦總謂言福德各有二義，但失也。

第三[一一]須菩設二難。北人云，初就無常行難，二就畢竟空門難。次解云，初者奪難，次是縱難。奪難，奪其能緣之心，所緣之福，皆畢竟不可得，有何能所耶？有解云，就内設二難，若從理爲論，則無隨喜，若不從理，則墮顛倒。次解云，直就有所得作難，若言能所是顛倒，如見有二事，則是有所得也。今明此文[一二]論難也，望經論始終，還歎彌勒無三世三世義，三世二義也。上既開此二開，今歎還[一三]也，初難無三難三世，次難三世無三世。難無三世三世者，若言過去佛及善根滅無，而菩薩生隨喜心，則是無而謂有，便墮顛倒也。次若諸佛善根非三世，則能隨心非三世，能畢竟不可得，有得隨喜。初難爲二，前難，次舉四偈爲解也。過去無佛以有佛無常，謂有常三倒，生斷二時不得生時，前於資心復見，此是從微至著，於常心佛常解，決定是常也。斷時先斷見，次心想斷時，從重至輕也。故見諦斷見倒，學人猶有想心，雖暫起想心，憶念觀解即隨滅也。凡夫具三也。云云。若如緣事下，有人云，此是第二縱難，縱有能所，何者是耶？故一一責覔不可得也，北人云，畢竟空難也。復師云，順道理乖道理，無如此能所也。今明是第二乖，上三世無三世[一四]也。如《經》，如事者所緣福德，如實畢竟無所起事處，亦畢竟空能隨喜，亦如實畢竟空，菩薩心亦空，況何處起隨喜耶？何等是緣者一一責覔耶？

次彌勒第五答二難，北人云，先答畢竟空歎，次答無常歎。歎則先無常，後畢竟空，答則先畢竟空，後無常者，一解又勢遂[一五]近故爾，又解無常劣畢竟空勝。難家以修行次第，先劣後勝，答家遂[一六]說次第，先勝後劣也。縱奪家云，次第答，先奪後答縱，此解大悟，亦明前答後難，後答等難，遂其深淺。亦隨文勢，無三世難深故先答，三世難淺故後答，難家先難三世，後難無三世也，從淺至深也。今且論兩答始終，明隨喜義，大意若定，言有三世，過去已無，亦非隨喜義，若言無三世無所，亦不成隨喜義。要淨如此，有無二見畢竟淨，於畢竟空中就後論，假名能所，能所宛然，而未曾能所，雖未曾能所，而不失能所義，如畫空文藻，宛然而無蹤迹也。問：隨喜義則能所無能所，取無能所能所？答：得意爲言，取無能所能所義，故成隨喜，但就能所畢竟無蹤迹也。答中爲二，初明正隨喜迴向、邪隨喜迴向義，第二明堪聞不堪聞義。亦是第一明菩薩過去三多具足，亦生巧方便學自相空，了達能所，不有非不有，非二非不二，即是正隨喜迴向也。問：何故言巧學自相空？答：能所宛然，而自相空，以巧學故，雖能所而自相空，雖自相空而能所，無方便者，則隨有無二見也。次明無方便邪隨喜迴向，有所得邪迴向，人過去無三多，今世外不得無所得，善知識內文不善，學有相空，或言能所定有，或言能所無，或言能所二，或言即不二，故皆是有所得不，來[一七]正隨喜迴向也。如是，須菩不應爲新發意菩薩說。第二明堪聞不堪聞，初明不堪聞，非信樂，當妄[一八]失云，始行之人，忽聞此畢竟空，便作空解，生斷見，既畢竟空，何用脩行？故悔從來作善，此人進不得於般若，退失昔[一九]有得善根也。當在阿鞞前說，此明皆聞也。當爲二種人說，一阿鞞人未得阿鞞，內有深信，外值好師，能信不怖，怖由我生，亦由心生，我之與心，本不有誰耶？自本不有，今常是無，故得正觀，不墮斷見中也。

須菩提菩薩用心盡滅下，答第二無三世三世難。二周答之一二，答中各有無常門實相門也。是心盡滅者，無常門也。既言諸佛善過去已滅，即現在能隨喜心，今滅既滅，則無所有，無所有故亦無所，故即入實相，故云何等是緣何等事，即是因無常入實相也。二心不俱下，第二周先明無常，後入實相也。二者隨喜心即因心也，菩提心即果心也。有[二〇]現在隨喜心時，無過去佛菩提心也。下因無常入實相也，豈有現在心始生，過去心滅耶？

爾時釋下，第二須菩明隨喜義，彌勒云爲阿鞞說，次阿鞞者說，衆中始行之流，望崖自絕，故須菩一周，但明始行人隨喜義，引始行人令其堅固也。爲二，初天主三問，須菩三答，次彌勒二問，須菩一答。初問：隨喜深遠，以何因緣方便誨導新意人，令不怖畏？第二問云：何令新發意自起善根？三問：新發意隨喜用佛之法，復云何答？三問即三答：初問明簡釋新發意，明此人發心，即學無所得，復值好外緣曲巧，示其得失之行，得道令利，即其事也。外緣中三事所應行，謂無所得大乘觀也。二示魔事所不應行，有所得也。三念其心不增減也。可差有得無得耶？正約迷悟二緣，故有了諸法本，來[三一]曾有如此事，故心易動也。是菩薩亦常不離，佛答第二問，以上信悟無所得，故生生值佛所，值無所得善根，乃至菩提也。復次發意下，答第三問，以於佛殖無依善根，故作無得隨喜也。凡七句，一斷道，謂得□[三二]死道，入無餘也。二斷戲論，偏斷諸見也。三道盡去入無餘時，捨八正道也。四棄重擔，偏捨五陰，五陰具因果，果入無餘時捨因，有餘時捨果[三三]也。五滅聚落出家要依俗，其以有待之身須食故也。俗舍有食，復有五欲刺，故著定慧，處[三四]踐五欲刺令折，名爲滅也。亦斷有結者，上斷戲論等是橫論，今竪論，即謂三有結，不出五下分五上分，欲界五下分，上二界爲五上分也。正智得解脱者，結習俱亡，正智得脱故異，上但斷煩惱得脱也。

爾時彌勒下，第二彌勒二問，善吉十一答。初問七答，次問四答。初問：上善吉答天主，第三始行隨喜義也？北人云，彌勒還用善吉二問：初用前無常問，次用畢竟空以釋之，還用前奪縱二難，前已用竟，今更用者，誡善吉意也。我前已釋竟，汝今何解以不也？今諮此言，何爾大淺耶？今明此是有所得難，故異也。有所得反覆成二關，若始行人，言能所則墮三倒，作能所想即想倒，乃至見能所則見倒也。第二難云，既不倒則無能所，云何成隨喜耶？答：初問七復次，第一就能所不生心答上問，以不生佛想，即不生能所想，以不墮想倒，既無根本想倒，豈有心見倒耶？若菩薩下，第二隨喜迴向盡滅空問〔二五〕答，若此能所畢竟盡滅，無縱迹處所，故名盡滅。論云，說諸法實相爲滅，非無常盡滅也。問：若非無常盡，何故不直作實相門說？答：因此無常盡滅，無所有故，即是實相。若直說無所有，其義不顯。今明以無所有者，良由現見無常盡滅，故知無所有也。既無所有，亦無所無，如是五，故名實相也。第三復次，總說一切凡聖善根自性空門答，以皆是性空，豈生三倒耶？第四復次，別就善根迴向性空門答，能迴向善根，所向佛道，此能所皆性空，故不生三倒也。第五復次，論云，前明過去事，今明現在自所起隨喜福德，自相離問答也。自所起隨喜福德，是無所得善根故離，陰入界有所得，故不墮三倒也。第六復次，就善根起隨喜福德，自性離四答，非但善根離有所得，陰入亦無所得，善根自性離，尚離無所得善根，豈生有所得三倒耶？第七就譬喻門答，明菩薩能念如所念，所念過去佛善根，既非相非無相，畢竟寂滅，能念亦應如是，故墮三倒。第二段彌勒重難，北人云，據畢竟空難〔二六〕，復言是奪難，今明如前，上言若有能所，則墮三倒，今明若不墮三倒，則無能所，無能所則無隨喜，亦無迴向。今云何得不取相而迴向耶？此意明云何不取能所相，而今隨喜宛然成耶。

次須菩以四義答之。一者以般若方便力答。論云，須菩不得定，答處故但云方便力也。若言有能所，則墮三倒，若不墮三倒，則無能所，今憑彼般若方便力，籌量得失，得離上二過也。能所無能所，豈墮三倒？無能所能所，宛然豈失？能所故有般若，不墮有無中也。文二，初明般若方便故得，次勸思惟失也。何以故者，釋前若是福德，離般若方便，不得迴向，菩提義何故離般若不得迴向。言何以故，菩提實汁，隨喜是行般若，實是此福德，既離般若，實道何能迴向？何以須菩不離般若，正以般若心中法相不可得，故善根有實也。善根既離般若，何能得菩提耶？應如是思惟下，第二勸思惟失，心成得也。凡勸二思惟，一者取相有所得，諸佛所不許也。若有取相下，第二初思惟，若取相有所得，則違理，諸佛不説大利益。此中法譬，如文。譬如下，譬説無利益有所得隨喜，但得生死人天樂小利，不得佛道之大利也。食是隨喜福德毒，無取相愛見等煩惱，生得人天福樂爲好色，得名與富貴勢力爲好色也。無智人是始行，有所得菩薩也。食之歡喜者，愛人天樂時悦心，食欲消時若死，等苦者無常，至時憂愁遂死，及以死苦也。自失命爲死，失樂具以爲次死。又失慧命爲死，妨行善道爲次死也。不淨受下，合譬也。此中先釋作有所得，隨喜所得也。修有所得法，師教化失也。不淨受者，但著語言也。不淨取相者，不如此分別，得無別也。不淨讀誦者，亡失句讀，若自失，若受不具足也。不解義者，不得經意也。如此之人，自悟後悟他也。

求佛道下，第二如諸佛所知善根，答明如諸佛智慧，得知善根，我亦如是迴向，佛既不取相，我亦如是也。故依佛必無悟心，付地天不中也。復次求佛道下，第二如諸法實相，迴向則勉取相。復次菩薩應如是念下，有人言，此復次據佛本爲菩薩時，所爲迴向，故不取相也。又解，上就佛所知善根，今就十方佛能知智慧答，佛既不取相，菩薩心亦復如是也。

爾時佛讚下，第三明隨喜深妙，非佛不窮，故述成二人，而佛更説也。又二，第一讚成前説，格量顯勝，二者如來重説，顯隨喜廣[二七]妙，唯佛能窮。初三，第一述成格量，二諸天領悟供養，三佛述諸天重格量顯勝。初二，一讚述成，二格量。成者，通述彌勒須菩，而言囑須菩者，非人而説大道，故可讚，文恐人説有失，印成彌勒大人説大法，又位居窮學，故不須歎也。格量三，初舉教化定散供養，二善根格此化他格也，亦舉供養小乘極果格量，三舉供養大乘初心格，後二自行格也。小乘中因[二八]多，而施主一人，大乘中十方施主，供養大千初心，前舉小乘，後亦舉大乘初心也。次第二諸天領悟，具財、法二供養，亦滿中三果方便力故，即須答彌勒中第一方便力也。第二佛重述，諸天領悟重益〔二九〕。有人解云，佛應護前三格，次舉所有，次隨喜格，但未及次説，而諸天〔三〇〕來，故今方説也。前非隨喜格隨喜，今舉隨喜格隨喜，非但有得不及非無得，而多有得不及非無得也。

第二佛重説，爲四，一請，二説，三格量，四格迴向往生，如文。佛重説中爲二，一稱實相隨喜，二與解脱中隨喜。問：上二人已説，佛何故復説耶？答：欲讚隨喜深妙，唯佛能窮也。又上二人廣説難品，佛今格廣爲略，但開二門，一稱實，二與解脱等。今修行之易，故不意隨喜，明不取不捨，今中道門也。第二與解脱等，明然脩萬法與解脱等，心應此理而能迴向，是聽説説〔三一〕門，説中之一安，豈過法聽也？二格量者，古解云，格上須菩隨喜也，而文實似而意通也。

上舉供養而心格，今舉大千復格，上舉大千悲用少也，今舉十方佛田多也。三者上直明供養初心，今具舉佛及弟子也。四上舉供養時少，今明供養時長，謂佛在及滅度後也。第五就明隨喜迴向，如文，以始行人有得心强，無得觀弱，故更可寧勿起，有所得爲正迴向也。

照明品第四十

此第三歎人法美人，因説般若也。三周辨般若體，九品半明所生功德用，既歎故稱歎也。爲二，就此竟遍歎五品，初歎於法，聞持半品，次美於人，歎法非無美人，美人非無歎法，但隨像〔三二〕顯，從多爲論也。爲品初涉大開五章，第一歎般若照窮實相，妙極圓明，過無不盡，德無不滿。第二般若過無不盡，德無不滿，故信之者，得無邊之福，毁之者，得莫大之罪，故雙舉信毁，稱歎般若也，即《信毁品》了也。第三從《信毁品》末，須菩白佛是深般若，其《歎淨品》將未畢竟，故無始空故釋。所以信得大福，毁得大罪者，良由般若甚深，故即甚深行歎也，即出信毁之本。第四《歎淨品》中，若菩薩作是知下，盡《無作品》，行汁〔三三〕歸人，明無爲無作，行無不成，説無不益，即能成德行，歎説般若也。第五《遍歎品》，以行無不成，説無不善，故能導引諸行，皆對般若岸，遠離究竟歎也。品若爲二，初四品略歎遍歎，一品廣歎。《照明品》者，從初故作名，畢竟遠離顛倒，無明照諸法實相明耳，故云照明也。但此照非是有法故照，乃見無照爲照，就道則未曾照不照，亦未曾見不見，而有照不照見不見用，以其有見，故能令衆生本所不見得見，以其有不見用，故使衆生所見而今不見也。此品亦云《生般若品》，從下文衆生得悟般若，故於緣名生也。爲五，一歎般若，二供養般若，三生般若，四信般若，五重歎般若。初歎者，由般若故隨喜義成，故知般若無過不盡，而無德不滿也。既知般若功德高明，其德如是，必須依順崇重丆受其法，故第二明供養。雖復供養生福，猶未了悟發慧，是故第三次明生般若也。般若所以得生，必由深信，故第四明信般若也。既信悟，則疑復歡喜，第五重歎般若，能離諸邊照，窮相所以，名爲摩訶也。

初有十七句，第一句能成隨喜歎。有解云，是般若者，以須菩上答彌勒，所以能隨喜迴向者，以有般若方便力，故能取相迴向也。時會聽者，於須菩所説未能深信，是以而言是般若也。問：取定體後歎之，欲命〔三四〕虚衿而取信也。論主云，上四聖共説無得隨喜迴向，得無邊福，身子在座，雖復無言而聞説歡喜，爲欲利益時會，故從座起稱歎，言能如此無所得隨喜迴向，利衆生得入佛道者，此是般若功德，故佛印成，云是般若也。第二句淨明歎，由般若故衆界畢竟淨，而明照一切法，謂五法藏三世無，爲不可説也。從此下，十五句歎般若，非但成隨喜，廣有無量功能也。第三句明歸崇歎，由般若能守護菩薩，能令離諸苦煩惱，能滿所行，故可歸崇，故言應禮般若也。第四句無所著歎，以三界中三毒泥不能汙，故言不著三界也。第五句能除煩惱歎，謂愛等百八見等，六十二般若力能除，上竪論斷三界惑，今横論能除一切惑，上明惑不能累，今明能除於惑也。第六助道最上歎，上既除惑，今能助道，由般若故，能分别道品，不以般若，道品不成，故助道中般若爲上也。第七能離苦果歎，前明離惡因故，今明能離生老病死苦果也。第八總攝五眼歎，惑因既滅，苦果亦亡，故開行人之目，五眼圓明也。第九顯示中道歎，行人五眼既開，道不明見正道。第十能成種智歎，既見正道，便成種智也。第十一能生菩薩歎，非但成果德智，亦能生因中菩薩也。第十二無生無滅歎，上雖歎滅惑，滅惑本性空，竟無所滅，雖言生佛菩薩，竟無所生也。第十三拔苦本歎，斷常見諸見是結，本結是生死苦本，上既有不滅不生，則知不常不斷，斷常本息，則苦果斯傾也。第十四與樂本歎，上既明離苦本，今施樂本，樂本能令衆生信實，信實故生諸善寶，此施因寶，以善因寶得世出世樂寶，故言無救者作護也。第十五不可破壞歎，般若無一豪可取，佛尚不能破，況餘人耶？第十六無轉無還歎，不轉生死中，不還入涅槃，又不生，故不滅，故不還。一示轉，生眼智明覺，二勸轉，亦生眼智明覺，三證轉，亦生四行，故十二也。第十七能離有無歎，正法性非有無也。

云何供養下，第二明供養，爲二，初明供養，二釋疑。初中三，問供養之方，二答問供養者，有上十七種德，故須供養也。又般若無一豪相可取，未悟之徒求其定相不得，便生輕慢，故身子問：云何供養也？佛答：如供養世尊者，無始來深著人相，於法[三五]情符故。今言欲供養法，當如供養至人也。般若不異世尊者，論云，般若變成佛，故云不異也。爾時釋心下，第二釋疑，爲四，初疑，次釋，三歎，四答。疑身子何故，問供養般若，不疑上十七言者，舉後例前也。釋疑，正引須菩後答彌勒四義中，初般若方便力，成隨喜義釋也。以般若力能成隨喜入事，故問供養般若也。次舉般若道五重釋疑，何故以般若力成隨喜，不言餘行力勝諸行故也。又般若力非但能成隨喜，亦能遍導衆生行，故復此文來也，譬法合也。但應言五盲，而云百千去導，力少不足貴，故顯導多也。略明五章，賢劫三昧中，八萬四千般若波羅蜜，廣則無量也。他云，引導即引，今文爲證，文云開導，則引涅槃金錍，決其眼瞙爲證。今且難〔三六〕引導義，若未有般若，已有五生，亦應未有般若，已有五方〔三七〕成，若必由般若，五方成亦應，必由般若，五方生也。今明般若有互相成，互相資，互相導。何以知？然云無所得中，一切行皆是般若，般若故一切一切行，云何不能相導耶？若有所得，但五不能導，般若亦不能導，今文明無優劣優劣義，故偏歎般若爲導也。導喻七地，城喻種智，此就大乘爲論也。又云，道喻八正，城喻涅槃，此明小乘爲論也。無般若，大小乘俱不成也。釋問下，第三歎則有三，初領弟子云言。若無下，第二引佛言，明乑相資成，亦應乑相導也。若爾者下，第三正設難也。第四答中爲兩，初述印其互相資成，如文，但菩薩下，正答難〔三八〕乑相資，但般若爲主，如雖有衆業相資，聚爲其主，名爲聚散也。

白佛〔三九〕云何生下，供養但生福也。若不了悟，無由發慧，故問生也。般若未曾生不生，緣生故不生，緣悟故生，佛性得失，須顯亦爾。此義與由來相反，由來必須會真諦生般若。又見有諸法可生，如此豈生般若耶？今經正對由來，若能了境智真俗，一切法畢竟不生，乃是生般若也。具足論四句，一者一切法不生，般若生，如前也。二者一切法生，般若不生。三俱生，四俱不生也。文爲二，初明生般若不生般若義，次明合不合釋成生不生義。初兩問答，如文。第二身子問，與何等法合下，第二也。文爲二，初明有方便，合不合皆得義，次明無方便，合不合皆失義。初中兩，一身子與佛論合不合，二天主與佛論合不合。亦是初身子問，既生般若，必去真諦境，合亦與實相會。佛破云，一無所與合，方生般若也。若有一豪法可與合者，界[四〇]般若不生也。次無已問，問一不與菩薩共，若合者無已，尊敬般若，故問云。行般若因，得薩婆若果，因變爲果，果因與果合，故佛答云，般若亦合，果亦不得也。此二番破天主及身子合見也，次兩求破無合見也。下天主聞此領解，知般若遠離，有合無合等法生滅，取捨見也。第二須菩提問，明見合不合見，皆是無方便。初須菩對上，無合不合是方便，即明見合不合，是無方便也。次佛更泯此見，若菩薩言教，若無合無不合，作此無見，復失般若也。

白佛云何信般若下，第四明信般若，就行門則先信後生，若説門則先後信般若所得生，由自深信故明信也。亦應倒生四句名信，一切法若信般若，二應一切法不行般若，三俱信，四俱不信也。有人從此即屬大段，故明信毀以得般若，開爲二，初明信，二明毀。信中三，初明信之相是，二明得解歡喜，三出能信之人。今問：此中明信般若，見屬信毀，段先[四一]明生般若，何不屬信毀耶？今作此開，亦無大失也。且屬此品，第四明信也。此文近生者，從上明合不合失般若，非合不合復失般若，則般若無一定相，云何信耶？答如文。

白佛名摩訶下，第五領解稱歎，上十七句，歎般若妙用無方，若虚心迴向，功超世表。今復歎者，以般若生信之時，要須體悟諸法，然後乃能生之，信得成立，故名摩訶。就文爲三，初明般若妙契中道，遠離有無，即是有方便得義。二明不會中道，則著二邊即失。三舉十門釋成得失。初二，第一正歎般若，不著有無，第二明若福慧圓修，便能不著，即釋前義也。初三，一謂正歎，二佛及問，三須菩舉十門釋歎因緣。初作摩訶歎時，言常有信真諦境生般若，有[四二]般若是空慧，從境生如此信般若。佛上已行般若，則不信如此境智等一切法，則不信般若時，衆時聞此疑除，故須菩即領解稱歎言，能如此於一切法皆爾，不信始是大智慧也。佛反問可解。次初〔四三〕菩舉者釋歎因緣，所以名摩訶般若者，良由離此十種見故，若不離此十見，非摩訶也。十見者，謂大小、合散、量無量、廣狹、力無力也。微塵爲小，世界爲大。聚成麤色爲合，散歸本塵爲散。假想觀云，色遍一切處爲廣，不遍爲狹。假諦等無力，總有心〔四四〕爲有力，皆無此文〔四五〕也。非大非小名摩訶，出此文也。問：今歎摩訶，何故乃云非大非小耶？答：此明本義也，良由道未曾大小，故非大非小，歎爲大故，知此大是名大大也。若新發意下，第二明始行之人若福德圓修，則不著有無，釋上義。若但行般若空觀，則墮無見中，偏行五度有行，則墮有見中，要圓修六度空有調心，則不墮二見也。

　世尊，若菩薩能如是知下，第二明不在中道，著二邊之失，對上偏行，若但行般若空觀，則見無大小，故墮無見中，偏行五度，則有大小，墮有見中也。文中但明作大小爲失，不明無大小爲失者，依論解意，此是略舉一邊也，下無菩提失界〔四六〕也，前是失因也。

　所以者何下，第三舉十門釋成得失義也，既稱所以者何，故知是釋上得失也。十門中一一門三，一衆生不生爲例，二舉色不生爲例，三舉佛不生，此三即攝世出世及法，兩雙義盡也。又此十門皆是俱不生句，上明色不生故般若生，今明色不生故般若不生，恐言有般若可生，故今明般若亦不生也。最後力不成結門來者，時會皆悟般若，故不作大小，乃至不作力無力，便言由般若力，故發此觀門，故知般若有大力，所以泯之，般若何曾力不力耶？

信毀品第四十一

　第二明般若過無不盡，德無不滿，故信得大福，毀得大罪，亦遠從大段生，上三十品明般若體，合前十品半明所生功德，今明毁般若，故得大罪也。般若何曾生不生，亦曾福之與罪，信之故於緣得福，毁之故於緣獲罪也。問：信般若生福，般若爲物作利因緣，毁般若生罪，般若應與物作起罪因緣耶？答：般若豈令緣〔四七〕起罪，緣自於般若起罪也。《大經》云，有人日出則作罪，不出不作罪，日可有罪耶？問：此亦同疑，日若不出，則不作罪，若無般若，則緣〔四八〕不生謗也。答：雖因般若生謗，因此謗終得悟也。信毁兩明，故目品。又云，有所得即是毁，故言信毁，反此亦無所得毁即是信，以其毁有所得信故也。

品明信毁即二段，就信中爲三，初明般若甚深，久殖三多方能信，二歎所信般若離於聞見，三明始行之人亦能信受。初有問答，問來著上品既明信般若，故今問信之所由也。問有二意，一問信解所由，即過去行因，二結問現在，聞能信解。初四問：一問其人來處，二問發心幾時，三問供養幾佛，四問修行幾時。初問來處是問果，必應好世界來下，三問問因也。能隨順下，第二結問現在能信解也。有人以此五問者，不得經意也。復有人云，此問緣上問，因亦然也，上言問曠劫脩，因故現在即信解也，豈是問緣耶？佛答問爲二，初答過去行因四句，二答現在聞一能解。問答四句即四，先答第一問，次答第二問，次答第四問，次答第三問，如文可尋也。是菩薩若見聞下，答第二現在聞即信解問也。是人見經卷即歡喜，即如見佛，開經卷即見理，如親從佛聞也。下治能隨順深般若也，無所得故釋隨順也。

須菩白佛，般若可見可聞耶下，第二明所信般若絶於見聞。上云見般若如見佛，聞般若如從佛聞，恐時會言般若可聞〔四九〕，故泯其此心也。諸法鈍故，釋不可聞見惑者，謂六塵爲鈍，六情爲利，次云六情爲鈍，智慧爲利，今且此分名鈍也。

須菩白佛幾時行佛道下，第三明始行人能信解般若也，前問次答。上身子已問：今更問者，論云，前六行中明般若可聞見，次言般若不可聞見。今問二事，菩薩幾時行得，是方便能行，有能行無能行，無不墮斷見中，行有不墮常見中，故問佛也。古釋云，上但明久行能信，則始行之徒便爾自絕。今明欲明始行而能信，久而不信，息其自高之心於不足之者，故請佛令分別，所以更問也。佛答顯分別者，以義不定，可具四句，一者久行信始行不信，二者久始俱信，三俱不信，四始行信久行不信，不可一途也。今文但二句，一者久始俱信，即是學無所得人也。二者久行不信，久行不信是有所得人，久行有得既不信，始行有得即可知，故但明二句也。始行信二義，一者識有所得無所得，二者其人不見得無得。其人不見得無得耶，正等異也。

　　有菩薩多見諸佛下，明久行不信，即第二段明毁般若，上久始二人皆是行義也。文三，第一明久攝不信之因，發言毁謗深法，成大惡業。第二明受於重苦，不治劫數。第三勁桶[五〇]三業，兼辨毁謗之意。今是初，便從衆中起去者，或可心去，身亦避席，如法華五千之徒，或可身在座而心避，不欲聽聞也。問：直作有所得學，未非拔[五一]無所得是謗，以不答已，是但輕耳？問：好心作有所得學，言是學無所得般若，此人得罪不？答：不得罪，若惡心謗則得罪。論云，如調達惡心出佛身血，則得罪；耆婆好心治佛身血，不得罪。不信故謗，則得罪；愚癡不解故謗，則不得罪。

　　是人毁三世諸佛一切智下，第二明得苦果，爲二，初明受苦果，二論重輕。苦果中二，初明正報，次明餘報。正報者，三千大千百億阿鼻獄，此人一劫中受苦竟，遍歷十方大千地獄，此間世界成，從他方復來此間地獄中也。憂愁是心苦，苦惱是身苦也。餘報中但說生畜生，不明生餓鬼者，破法人二因緣，一瞋毒二愚癡，以無貪慳，故不生餓鬼也。不欲見般若，故生盲人家，輕說法人，故生下賤家，此言毁說法人故無舌，不欲聞故無耳，摩手非拔故無手也。五逆罪相似下，第二論輕重，前論因，此論果。身子常聞小乘五逆，一劫受苦，今忽聞謗般若，受苦時長苦[五二]，故問相似，佛答二事懸遠，故不相似也。如煞父母，但違一世恩，故一劫受苦，破行般若。菩薩無違久劫恩，以菩薩於無邊世中，愛念衆生過父母，父母不能以眼施子，菩薩以内外物盡施之，煞羅漢出佛身血，但破肉身，破般若是，破法身壞，僧見離眷屬讚五法，亦不破般若，故不相似也。墮衰謁者，如人著衰，雖好衣美食，無色力，雖懃身作業，財物日秏，此人破般若，雖身口持戒布施，坐禪誦經，終無善法也。問：有五逆人，信般若得滅罪不？有持戒人，毀般若得生天不？答：五逆人必不信般若，如世王改往，依般若懺悔，罪亦得滅，故前云，惡腫癩創，是其事也。可具四句，一持戒而信般若，二破戒不信般若，此二易明也。三破戒而信，如五逆二事，一者破戒必不信，如五逆人不信，第一事也。二者破戒人若改往，如王信懺悔者，亦得罪滅，是第二事也。四持戒而毀，如前受苦也。次曰持戒而毀者，如精持小乘[五三]，而聞般若，不信而謗，此則入阿鼻，疏文前列尋之也。黑性者，善爲白，故是黑也。不説身大小者，論果也。佛二義故不説，一者若説其身大小，則人絶不生信，亦受是苦。二者若説其身，則毀般若，人聞便受，若死及死等苦也。問：既説其時長，何不説身大畏事？若不説身大畏事者，亦畏事不説時長。答：此通誡已謗者，今除過今未謗者，謗故説時長，欲引接已謗者，令其改悔，故不説身大也。若説即死，於事無益也。問：《涅槃經》何具説五逆業，時長身大也？答[五四]。

白佛應好攝身口下，第三勸攝三業，即出毀因。前勸攝三業，意是口，而言攝身口業者，意是口業本，既攝意業，則身口亦善，故説好攝身口，又手非拔，亦是身業也。品明專是口業，得大重罪也。出家受戒者，此具二義，出家者謂五衆也，受戒則攝七衆，七衆與[五五]五有所得，小乘人破般若也。論主云，佛滅後，五百部報自法決，聞般若中畢竟空，如刀傷心，如此之人處處破般若也。四因緣者，初爲魔所便(五六)謂内有煩惱魔，外天魔入心，故毁般若也。第二因緣，的是煩惱魔，謂堅著邪見，鈍根不解佛意。第三因緣者，外值惡師，内復有懈怠。第四因緣，世世習瞋，瞋是不信相，自高輕他我智慧，非是尚不解説，汝能解耶？以瞋及慢二事，故毁也。

須菩自不懃精進下，第三段歎般若甚深，明信毁之本也。以難解，故敢毁，以甚深，故信得大福，爲三。須菩歎般若甚深，三脱人不同，故有三説，亦三相不同，故有三周也。又佛泯縛解，境智因果，以明淨義即淨。然身子歎深淨，明有妙用，善吉舉(五七)衆生以説法，因淺以明深也。一明泯縛解故甚深，亦畢竟淨非深不深，於緣不了，故名甚深也。初二句，第一明兩問答，舉三緣故不解，般若故深也。佛答不縛不解者，無别般若故深，即諸法無縛解是也。所以信毁之末明無縛解者，良由諸法未曾縛解耶。正故歎有，知成毁也。二者既無縛解，何有信意，亦欲泯信毁也。白佛下，第二明般若非深不深畢竟淨，於緣不了，故名爲深也。須菩舉甚深問，不懃習無得觀，爲不懃進也。不種般若，分得善根，爲不種善根也。與破般若惡師相值，爲發相得著世樂，不得出世爲懈怠也。煩惱亂心爲喜妄，不解分别諸法實相耶。正名無巧便慧也。佛答：明八緣繫屬於魔，惡發相得，但是人中惡師，今是天魔眷屬也。就答中爲二，初明因果淨，二例一切法淨色淨者。諸法實相淨，即境淨，實相生般若果，故般若果亦淨，淨此因果境智也。論云，色淨，是身受心法淨也，果淨者，是四念處，謂無常苦無我，此果亦淨也。此約五陰作也。菩提淨果亦淨者，菩提屬行陰，終是四念處也。若約般若境智，則如前也。我淨下，第二歷法例明淨義也。

歎淨品第四十二

此第三身子歎般若深淨，爲信毁之，由凡十門歎，一甚深門歎，二照明歎，三不相續歎，四無垢歎，五無得無著歎，六不出〔五八〕歎，七無知歎，八一切淨歎，九無損益歎，十無受歎，一一歎例四句，一歎二述三審四答。問雖有十義，勢有三，第一就甚深理歎，此深理能有妙用，謂能智能滅煩惱等，三泯其以智照也。初甚深歎者，身子知般若雖復念想觀，除言語法滅，爲毁之得大罪，信之得大福，故歎云甚深也。佛述畢竟深〔五九〕者，以畢竟淨者名甚深也。自有智淨境不淨，智不淨境淨，今内外並冥，緣智俱寂，謂畢竟淨也。又體此淨，人謂十方三世佛，十方三世佛亦不著淨，如〔六〇〕□是畢竟淨。又體此淨，能與一切樂實無所，與能拔一切苦實無所拔，又是畢竟淨也。次重審何法淨者，恐或者謂真諦理淨，實相自淨，故問也。佛答：口心色畢竟淨，真勿真諦置餘處，餘處則於緣無益也。

是淨故明者，第二歎以體斯淨法故發生，明觀即般若觀也。即第二歎淨用不不相續，第三不相續歎，既得般若觀，明則生死不續，謂無餘涅槃也。文云不去者，既不相續，五衆不去其後世也。無垢下，第四無垢歎，明諸煩惱不能汙此淨法，及般若觀也。第五無得著歎者，小乘行此淨得苦忍，其道比〔六一〕忍，比忍爲着，苦忍爲得，大乘行淨明得順忍，次得無生忍爲着，順忍爲得也。今畢竟淨中未曾大小，何有深淺得着異耶？第六無生門歎者，明一切法無生，異上無餘也，既其無果也，下三界明無生處也。第七除也，既其無因無果也，下三界明無生處也。

第七無知問歎，即第三泯於知照也。諸法鈍故者，有人言，真理既鈍，般若從理生，亦鈍也。色無知者，□〔六二〕理無知故，不能實成般若智也。今謂不爾，即般若大智，竟無所知也。一切法淨下，第八明一切法淨也。第九無損益門歎，上身子問佛答之時，言貪着般若，能行般若，能行般若，得薩婆若，故因能益果，作無損益歎也。第十無受歎者，既無益無損，則無緣無觀，故心行斷，所以無所受也。從無知其淨淨，此淨知即淨因也，無損益淨，其果無所受，明觀心滅也。次須菩説淨者，佛爲法王，身子次佛，今教主故説也。又佛已説淨體，身子明淨用，於義是同，但欲令易解，故舉易曉難，了諸法所以，淨者如我[六三]也。佛弟子，誰不知我淨也，今諸[六四]亦然也。問：我是横計可淨耳，諸法非横，云何答若約謂情，俱是横也，豈不俱淨？答：約佛教假名，爲言諸法，既假名，我假名也，故進退無異。問：叵復果[六五]不？答：我是横謂，故畢竟無此法，所以言淨。今假名因緣，苦[六六]結而畢竟淨，故借我爲喻也。又弟子明淨，故人淨，今明人淨，故法淨。又上法淨，故般若淨，今人淨，故般若淨。又身子一無量門明淨，今就無量一門明淨，不辨淨有多因也。此中二門，一以我淨，二我無邊，總顯萬法皆淨，論文委釋也。

若菩薩皆如是知下大段，第四明結法屬人，行無不成，説無不益。就文爲三，第一明結法屬人，二明人行此法，故行無不成，第三今明若説此法，故言無不益也。初結法屬人者，上三聖説般若深淨，今明若能如是了悟，則名菩薩，非凡夫二乘。然般若未曾屬不屬，但不屬礙屬，則菩薩也。聞[六七]，如是知者，即知畢竟空無始空，名爲般若也。般若非屬下[六八]。屬假名屬般若，非空不空，假名爲空，故目此爲二，空以爲般若也。次須菩提問：意者論釋，此是難畢竟空，若菩薩行畢竟空[六九]，則應無所知？佛答：菩薩知道種，故知諸法何曾畢竟空，不畢竟空，但爲破衆生有病，令悟畢竟空，了菩薩雖行畢竟空，無知而無所不知，二乘道名，爲知道種故也。豈如二乘沉空耶？色不知也等者，須菩提難意，明菩薩既有道種慧，則有能觀智，慧應不空也。佛答：明所觀既空，能觀之，道種慧亦空也。不作是念我施與者，上明色不知色等，此是外法，謂受者及財物是外法故也。今不見我即不見與者，與者是内法空也。下來十三空釋此義，十三空是別破法盡，後五空是總破諸法耳。

爾時下等，第二既結法屬人，人行法故，行無不成。爲三，一自行成，二化他行成，三二行雙成，菩薩位不假外護。初二，第一明菩薩事無礙行，二明礙無礙兩捨行。勸中兩，第一須菩提明麤無礙行，二佛説細礙無礙行。初中先天主問：因上明方便力，故無所礙，故問事也。須菩答中爲二，初明礙，次明無礙。然事有二法二功德二智慧，各各三，一者自行礙，二者化他礙，三隨喜礙。文意具含此也。所以言礙者，須菩云，内着我，外著法，是故爲礙也。復次示教利喜下，依論，此文屬第二明無礙，然先明自行，而今明化他，無礙屬此文，了化他無礙，後結得二益，一自無餝謬，二如佛所許也。第二佛重説微細礙無礙中，爲四，第一佛爲説礙無礙，二須菩領悟稱歎如來述成，三須菩重問如來釋，四重領解歎如來述成。初三，謂稱歎述成一也，次識聽□〔七〇〕是甚深。第二句〔七一〕禮歎者，須菩歡喜言，我所解是甚深般若，發言欲禮也，佛述之十方佛不能得般若，汝聲聞云何有般若可得。次須菩因此了悟，非但般若不可得，一切法亦不可得。次佛述中三，謂標釋結，明諸法一性者，即令上般若與法，皆不可得，故是一性，一性者，謂畢竟淨也。次明若有不畢竟，可有畢竟，既無不畢竟有畢竟，故無畢竟無不畢竟，名爲二性也。是一法性，是無性法，第二釋上無二性也。一法性者，牒前一性也，是二無性者，亦無此一性，故名不二也。是無性即是性者，名爲不二性也。不起不作者，本來如此，非非智使然也。如是須菩下，第三結不二性，知此得益也。白佛下，第三難知難解歎。論云，須菩明我自謂爲得，而佛不得，故知般若難知難解也。佛答：非獨汝難，於一切衆生不能現覺，以般若六識不能識故也。第四不思議難者，以説三世，正爲説礙無礙。問：須菩上已説礙無礙，佛何故更説？答：衆生顛倒之垢，不可頓洗，先洗其麤垢，謂我與彼受財物見，此三事爲礙，無三爲無礙。今除其細垢，何但見三是礙，無三亦礙，乃至非三非無三，隨可撥[七二]心，則失般若，故名爲礙也。二者須菩是小乘人，恐於菩薩道非道，不能善識，故佛重述成稱歎，重更爲説也。此中但就隨喜迴向一門，明其礙無礙，則餘義自顯也。

白佛甚深下，第二領解稱歎如來述成。有人言，五歎，一甚深，二可禮，三不可得，四歎解難解，五不思議。今謂不可得非別歎，有人言此中四歎下，無作品初，是第五無爲無作歎，今依論判下，乃至使佛無爲無作更歎，亦非是歎也。今謂四歎，一甚染，二可禮，三歎可解，四不思議，佛即四述也。甚深者，須菩知佛所説，非已所及，故言甚深，又擬心則失般若，故般若甚深。佛述言，一切微細不入般若中，故須菩入深般若中，智力窮極，故言不可思議也。

無作品第四十三

佛十一述，須菩可禮歎之，般若無起無作，須菩今與佛論無作無起義，從此爲名也。此即是第三，須菩重問，答兩答。問：初問即是歎[七三]意，云般若無起無作，云何行般若能離惡法，習善法？佛答：若人若法，求佛義不可得，故無作，豈有惡可離，善可得耶？第二問意，既無作者應，云何行般若因得般若耶。佛答中二，初明不作有行，次明不作無行。不作有行中三門，初横不行一切境，次竪不行一切觀，謂常無常等，三不行不具足。無是行般若不具足，二解。一云凡夫於色具足，起常無常倒，今借凡夫無常破是常，故無常爲不具足，不行此無常，故名不行不具足也。又昔明無常已破常，今復破不具足即是破無常，即是具破也。問：何故不行常無常？答：知常無常不二，常無常不受，次説常無常耶。次解不具不足，具足下地，所行具足，是補處菩薩所行，令〔七四〕不行下地，不具足行，補處具足印如是。亦不行爲行上，第二明不行，非但不行，有如是之行，亦復不行，始是菩薩行也。昔日作無常苦，無我爲極，今明不行常無常，故是未曾有，所以歎也。又從來謂有所得行爲行般若，今忽若〔七五〕，今忽聞無所得行爲行般若，故是復未曾有也。數人云，滿有十一爲具足，但有根塵，爲不具足，論具十四爲具足，但有十一，爲不具足也。白佛未曾有也。第四重領稱歎，佛重述，如文也。復次下，第二須礙無礙兩捨門也，是名無礙者，明有礙無礙，皆名爲礙，無礙無無礙，始名無礙也。

爾時慧命須菩提白佛下，第四重領解稱歎，上四歎但歎般若但歎佛，今歎所説般若人，故人法合歎也。爲二，初歎法，次歎人。説不説如來不異者，《信毀品》明信謗，故兼明得失一也。次就信中明有無得，故有礙無礙二也。次礙不礙俱不行，三世明説如來，不異四部也。謂能巧説般若，故則猶，不巧説，故則隱，故諸有增減，人能如此，一了故增，不了故減也。故今明説不説不增減，悟不悟亦然也。問：他義佛度衆生得道，引涅槃增生死減等，彼答佛恒度而無明，恒復來破。云云。今明二何傾滿四句，云何偏於一切句語耶？而云四句去就迷悟，若悟涅槃，增生死減，若迷生死，增涅槃減。第二句生死涅槃二皆滿，並具即有生死，即有涅槃，有涅槃有生死皆滿，二河減者，生死涅槃不可得，即是不二，名爲減也。如此四句，盡是約緣生死涅槃，了不如此也。白佛諸菩薩所爲皆歎，第二歎行般若人也。世尊應禮諸菩薩下，第三明化他行成，此久近樓前，前歎菩薩自行，今云化菩薩，即歎化他行也。此中既云，爲衆生大莊嚴等，即是化他行，由先自悟，不行礙無礙。今還令衆生得此悟，故衆生亦非礙非無礙相空，菩薩度空，衆生非礙非無礙，菩薩度非，即非無礙衆生也。又初文中，明須菩稱歎菩薩化他行成，次一比丘領悟稱歎。初中三，謂標歎，釋歎，結。初標歎中，有一世尊就利益衆生歎，謂令衆生得世樂出世樂。次欲度衆生生下，三世尊歎菩薩，能令衆生脱三界苦，得三乘涅槃，故歎也。次有三世尊能發心義歎，如文也。何以故下，第二釋世尊。以是因緣故下，第三結歎也。爾時有一比丘下，第二一比丘歡喜領悟，明菩薩實無度而能度，六道實無所行而能萬行，亦般若中雖無所有，而無所不有也。釋問：爲習何法者？天王問意下，菩薩能作如此觀行，故衆生可度，化他行成。前二不行，得不得是自行，如此二行得成，爲習何法耶？答：習空者，此是始習要，次習空，如《習應品》，七轉之始，習於七空也。又此中詺無依得爲空，佛何等護者，第三二行既成，不假外護，有人解云，先問爲習何法，此欲守護，故問其所習也。故問云，既其習空，則此人無所行，我不知作何物，意欲明無護也。又天主見菩薩勸行深，行深妙恐有緣礙，自謂有力，故欲護之。須菩反答無護者，此意明菩薩轉深妙，二行既成，故不見內外虚實，內即所護之菩薩，外能破之人，亦不見諸法，不如夢之實，乃如夢之虚，故非內外，不實不虚，始是菩薩妙行也。次明得正觀，在心束盡歎不能干，即是護也。釋問云，何知如夢者。上即菩薩得夢智慧，故不須護。今問云：何得知如夢耶？若菩薩不在實中，猶在夢中，行則是成倒之人，寧不須護耶？四夢事者，此明凡夫見實復見虚，見虚者，謂夢事四，何者？凡夫人中行夢法，還云有夢，以從泯[七六]時是因，夢是果，故言念，夢分別，夢好惡生憂喜，故云念。是念用此夢喻，得是如夢，實智慧名，用是夢也。云我因此夢喻，得知諸法如夢，名爲我夢也。實四事者，分別此是人色、非人色、爲念色、謂色常無常等爲念，是色因色心生憍慢，爲用色，以色我所得，故云我是[七七]。今菩薩不見意之四，亦不見虚四，故知諸法不實不虚，始名爲夢也。若如凡夫，見實見虚，皆是實也。

爾時佛神力下，第三段明初信受持，說無不益。爲三，初勸信，二依信受持，離諸煩惱，第三自受持，離障惱轉爲也。說則獲福無窮，初中二，先明衆集，二明勸信。問：餘處但云衆集，今云佛神力者，有人解云，先來諸天聞般若甚深之法，心不能悟，便欲捨之，是以密感令來，厲於時衆彼雲集，如何捨去耶？論二解，一云猶是上天事久，故去，去復更來。二云更有新天來，所以諸天供養者，般若雖善，深□[七八]此品了，了說諸法實相，故諸天歡喜供養也。

爾時四天王見各千佛現下，第三[七九]勸信，明般若十方三世佛所行之道，更無異轍，非我釋迦獨作此說故，故般若可信。時會恐釋迦出穢土，明般若是權誘之教，故今明三世十方佛土，雖淨穢，而所明之道無二也。有時解云，時衆須菩所說，理意難樹，未能深信，故即往也，方便聽，令悟解。復云，現在不解，未來見彌勒佛異說，應悟。故今明十方三世佛，明理不二，云[八〇]亦無二，若此既不了，彼何由悟，當現亦然也。文二，初明十方道同，二明三世同十方，同中一千佛同。今說般若相同，二明實相爲相，三名字同，同名般若，四品數多小同。故云，說是般若品，與《華嚴》云名字句同，五轉教人同，六問難人同也。

爾時佛告下，第二明三世同，爲二，初明人處同，二明教門同。當來彌勒，亦於此山處說般若，但論千佛者，就事賢劫盡，無此山故。問：何意只云千佛，皆於此山中說，而不云千佛外佛，亦於此山中說？答：千佛有此山，只就千佛盡劫燒，無復此山，故不言千佛外佛，亦是此山中說。《法華》此就理不思議，今不論此，如法華常在鷲山，不思議之論也。

須菩問何相何因義下，第二明教門同，三問三答。三問如文也，釋三答不同，此間講人不分。北人云，相者，如釋迦因七瑞相說般若，當來佛亦然。因者，如我釋迦，因大衆集，故說般若，當來佛亦然。義者，如我釋迦，從經初作如此義説般若，當來亦然。又人解云，總答三問云，如我今説般若，以兩權爲相，當來亦然。如我今因大衆説兩權，當來佛亦然。如今説兩權，令衆生得，當來亦然。今謂不爾，文分明自答三問，初答何相問，只是實相，無依無得相，故文中凡舉七相，謂非常非無常。問：《大涅槃經》云，諸佛或説，非道爲道，道爲非道，常説無常，無常説常。而今何故言皆説非常非無常益？衆生恒有斷常取捨病，是故諸佛常説中道，離斷常法也。假令《大經》之言常説無常者，此終衆生悟實相中道，故心顯道之言也。有人言，真諦理常絶四，四絶不可改易，今常説絶四之法，不同如同也。

白佛下，答第二因，問答是因，般若是果，非因不因，佛因道説般若，非果不果，佛果名説，色非常非無常畢竟淨，般若亦非常無常畢竟淨。問：何故作此言耶？答：因色淨故般若淨，此是諸法淨，故般若淨。如下《法尚品》中，説諸法等，故般若等，非般若，故諸法等，謂般若異諸法等。諸法本不等，今明諸法本來等，故所以般若等也。

世尊云何色法淨，答第三何義問。義者，明清淨之所以也。以何義故，明色及般若清淨，今廣釋清淨義，故云義也。論云，法門也，以種種義故淨，亦種種門故得也。四門，初就五陰不生不滅，不垢不淨，得明清淨，即□〔八〕法譬。次舉五陰不汙，故清淨，亦有法譬。復次舉虚空可説，故淨。第三單舉譬門，明清淨。初句明可説故淨，二聲出者，一因谷空口空，故有聲與大音聲。此喻因菩薩住二事，一智慧，二辨説，一般若爲八萬四千法藏也。二聲未曾二口聲，亦空出谷，大音既空，口聲亦空，而凡夫無二，謂二之谷聲不異聲。今言不異，明二聲二即，喻可説清淨，皆如大音説，豈不清淨也？第二句不故淨，上如大音説，説無所説，故淨也。第三句虚空不可得者，不可以有無，如《中論》六種品。第四單就法説，總明一切淨，第四是法而不譬，譬[八二]而不法，前二法亦譬。又前三者是別義明淨，一是總義明淨。然法門之中，不出總別，法譬故作此釋，所以之中亦不出此意，故是明淨義也。

終不病眼下，第二依信受持離法鄣。問：現見有人□解[八三]説般若，而不見諸病患，此事云何？答：三義。一□□病世重罪故誡，令勿造罪，乃至般若力尚不能轉，況餘力耶？二者必如般若所説行，則無衆患也，而衆生不能如般若所行故也。如法服良藥，病無不差，不如法服，故病不差，失法服人，非藥無力。三者此是轉重多[八四]輕也，若不持般若，應未來重受報，今以般若力，現世少受，此果未來不復受也。

無數百千諸天下，第三時轉爲他説，獲利無窮，爲三，第一明説者得利，二明聽者獲利，三者舉十門示之法方。初中二，第一須菩明説者得利，二佛述。初中明諸天來，次明爲諸天説法得福利。問：天上自有，般若經卷何故來？答：天上有般若經卷，傳聞有之，非佛口説有也。假令有者，一切利天，與修羅鬪，故誦般若，所以有也。二兜率天，有一生菩薩説法，故有也。而今來者二義，一者人有三事勝天，一斷欲，二强識念，三精進，是故就人聽般若也。二者有菩薩天，欲令人行敬般若，故遠來，來時惡鬼遠去，憎人行心，遂諸師氣力。次句明爲天説法，得多福者，一者天利根，二福德，爲此勝因説法，故其福多也。

第二佛述中爲二，初正述，次釋述。須菩先歎現世功德，習離諸病，及得福利，今佛述，明二世功德也。何以故下，第二釋述爲兩，初歎般若與如意珠同，二歎般若與如意珠異。同者，如如意寶，能離一切苦，得一切樂，得般若如意寶，能離今世後世苦，得二世及涅槃樂也。般若中無有法可得下，第二歎般若不生不滅，超勝摩尼。摩尼是生滅法，故得之則生樂，失之則受苦，般若不生不滅，無得失苦樂也。又得如意寶，自高陵他，是開罪因緣，得般若智，自他不二，生死涅槃平等，開佛道因緣也。若菩薩如是不知者，勸菩薩如般若而行，故得利益也。二句初句無所著行，故得利益，亦如是不知者，知即不爲説天説般若，今亦不著此知，知無所知也。無力無非力者，第二勸不取捨行，故得利益，畢竟空，故不見力，由般若能得佛道故。不見力下，皆是不取不捨行杵〔八五〕。

爾時諸天子下，第二明聽者得益稱歎，爲二：一，第一諸天得益稱歎，第二須菩及大衆共稱歎。初二，第一諸天歡喜供養悟道，二佛破轉法輪説於般若。初四句，一歡喜謂意業，二供養身業，三發言歎爲口業，四出得失之人，即是總釋歡喜供養意也。由來云，第二時教，引此爲證。今問：汝引諸天見第二時，謂是第二時教者，佛下云，非一非二轉，何不引證非一時二時耶？答言，佛是以空遣有，不引者，亦諸天以有遣空，故引。若言空是遣有，有不遣空，亦空得破有，有不得破空，空有樂不得相，破亦互相遣也。又《思益經〔八六〕》，汝□〔八七〕第二時，亦云見第二轉，豈不違耶？又《法華》□□中，舉昔小以對大歎，豈是第二時耶？有人解云，始聞一悟爲一轉，次中復爲一轉也，乃至百悟爲百轉也。今依論不然，諸天見昔初轉，八萬諸天得無生忍，陳如一人得初道，故是一轉，後見無量百千諸天得無生，故是第二轉也。問：昔轉小輪，今轉大輪，何以相類？答：若取顯示教，昔小今大，則是小爲一轉，大爲一轉。若秘密教，昔即是大故，亦〔八八〕無量人發聲聞心，乃至無量人得無生忍補處等也，故昔轉大，今亦轉大，故相類也。有人解云，從請説已來，至始悟道也。前請説中，雨華及三歎者，此信悟耳，未得無生，故文不列，若得無生，久久列數，不明數以未得故也。今始得證，悟無生也。論云，初説名定，實一法相，因初轉故，乃至法盡，皆名法輪。《大本》云，如來口説，皆名轉法輪也，亦例此語。亦應初名爲教，用初教後

□□[八九]教，若初後皆名教，亦初後皆名法輪，然欲例亦得可乎例也。佛破三句，畢竟空，泯諸天一轉二轉之見，二用無法有法空，泯轉還之見，説世間生爲轉，説世間滅爲還，今有法本空，故不轉，無此空，故不還。一問答，總釋非一非二，非轉非還者，不破之也，自相空故了。

次須菩及大衆歡喜稱歎，明般若理畢竟淨自相空，而能令得無生菩提，故不爲大，造法無歎般若能得，無謂自也。今歎能得大果，前是現世，今是後世也。次三脱門歎無轉無還，如前也。若能今是後世也次三脱門歎無轉無還如前也[九〇]。

若能如是説，第三舉幻示，説般若之方[九一]十門，一説，二教，三詔，四開，五示，六分別，七顯，八現，九解釋，十淺易。説者，或依文，或口轉。教者，讚般若令人受持，乃至正憶念。詔者，以智慧證前人，前人[九二]悟解也。開者，耶疑□□□解，若門閇，《破除耶品》，令得悟，分般若門開。□□[九三]□以眼觀不分明，若指示是非得失，分了悟。分別者，《經》云，略説難解，廣分別正悟也。顯現者，佛爲種種衆生[九四]，説種種求攢，不吾毁起，令行解説法者，説佛意趣，以觀衆生，令知輕重。解釋者，種種因緣，本末譬喻，解釋令易解。淺易，故令作深説，深者作淺説，難者得易，悟亦無説者，還成説般若義了。雖能作十門説，而實無説者，受法無所受取，證悟者無所悟，乃至無福因，如此之人，始能清淨説般若也。若有説有受等，是有所得説法也。四句即爲四，初明説法，次受法，受法得悟，無生爲證，證時煩惱斷，爲福因，同入無餘，故無定因也。

遍歎品第四十四

北人云百度六[九五]，又言爲《般羅蜜品》，文云《般羅蜜品》，今立爲《遍歎品》。所以有此品者，即是第五歎，最後容玄歎，□□□行諸行，皆到彼岸，所以皆云般羅蜜也。品九十句，爲四，一法説歎，二譬喻歎，三雖〔九六〕過歎，四得門歎。初十七句，云度淺者，有人云，須菩作受淺歎，今作無遍歎，此一以之義。如《散華品》，三歎治受，及無量無邊下，論主云，佛上就珍寶門歎，須菩就廣解歎。今廣歎般若，故有九十句，無邊者歎般若，如大海無邊下，九十句即是無邊義也。又云，盡斷常等，一切諸邊，故云無邊。佛述者，亦是九十句述，略明具四句，一者須菩一遍歎，佛舉述。如云，無來般羅蜜，永勉來義，名般一遍歎佛舉述如云無來般羅蜜永勉來義名般〔九七〕羅蜜，佛言無者，此永勉去來，來名般羅蜜。二者須菩就末歎，佛就本述。如云，無煩惱般羅蜜，永勉煩惱，名般羅蜜，佛言處不可得，六情是生煩惱處，故爲本，本尚不可得，況有末。末本永勉，始名般羅蜜。三者須菩以淺歎，佛就深述。如云，夢般羅蜜，永勉□□□，如夢般若羅蜜，佛就深是夢不可得，永勉虛空□□□度也。四者須菩以深歎，佛以淺述。如云，無彼岸般羅蜜，佛言無名無身故，佛舉彼岸述，此是釋成無彼岸義也。既云彼岸，須識彼岸，故舉彼岸述成，無彼岸也。五者須菩以一相歎，佛舉種種答。如云，念處波羅蜜，佛四念處不可得是也。略言五勢，猶未盡也。第二句須菩就般若門歎，永勉不等，佛舉諸法等般若述，如法尚文也。第三句離門歎，謂離煩惱，舉畢竟空述，非但離煩惱，亦離一切法，故名畢竟也。第四不增門歎，謂菩薩同，上雖彼雖波羅蜜，故心無所著，有二門人不能壞，故名不壞也。第五永勉彼此岸歎，佛述無名無身故者，有人云，破無名身也。因名身，故有無身，既無名身，豈有無名身？今謂不爾，須菩就深歎，佛以淺述，無名身，名爲彼岸，如前釋也。第五〔九八〕空種□□〔九九〕□出入息不可得，出入息由空種，今了出入息，如□□〔一〇〇〕無所有也。第七不可説歎，佛據無覺觀述，覺是言語本也。第八無名歎，此是名色之謂，般若是智慧是名稱，故佛述有無四陰，豈有智慧行陰攝也？第九無福歎，以般若是三世佛法藏，用三印印之，天人不能改，此是般若三印，亦不住無得二印也。佛答不可依者，不可出伏也。不可盡歎者，或者謂三世有爲法是盡滅，今求三世盡滅者，謂三世有爲法是滅盡，今求三世盡滅不可得也。不作歎者，無二種作，一衆生作善惡，二無情法作，如火燒水爛等。不對歎者，得慧眼不見有衆生，從今世對後世也。次不失歎者，不失是不違失，若令一切法，不違失實相也。

如夢下，第二譬喻歎，有五句。須菩初句就能喻歎，□□□中不可得者，虚實永勉也。餘四句，須菩皆就□□□就喻本〔一〇一〕答，喻本空故。喻亦空影者，象義也，以象爲虚，以鏡面爲實，以炎爲虚，以風塵日光爲實，以幻爲虚，以術事爲實。實者爲本，本尚空，況末也？

無垢下，第三就離過門歎，煩惱本來清淨，故無垢也。三毒不能汙，名不汙，佛答處不可得，六情生煩惱處，能生處無，故所生無也。次念歎者，念想觀除也。次無動歎者，住法性菩薩，一切論者不能勝，一切結使不能覆，無常對至心不憂，三緣不能動也。次無染歎，非但愛不能染，一切有所得觀解，皆是妄解，不能染也。次不起歎者，須菩就不起後世業歎，佛答憶想分別無者，從憶想分別生三毒，三毒有業，業即身就本答。次寂滅離者，三毒火滅也。佛答云，非但三三火滅，一切法相不可得，即是歎，略述廣事也。無煩惱歎者，但初歎得無生時，煩惱滅也。佛就本斷答，憶想是本尚空，況是煩惱。次斷般羅蜜者，須菩斷有漏法，佛廣答□□□□□□□〔一〇二〕出，故斷也。次不壞歎者，不壞假名，有實相也。此是不相離爲不壞，不壞諸法實有相也。

無常波羅蜜下，第四就得門，北人就此爲三，今不可前，何意是滅觀耶？何故非行耶？後亦爾，責持公宜，約諸科數之大。云云。今爲二，初歎無行不成，二歎無果不滿也。無常波羅蜜者，非數論有所得無常，此是無見無常也。無此岸非彼岸，故非波羅蜜。今云，言其無常者，明其無有常，非謂有無常，故永勉二邊，名度義也。論主上説如法性常，今説波羅蜜無常者，云波羅蜜所緣是法性，法性是常，能緣是無常，此就一義説也。然般若具常無常，非常非無常等用也。念處波羅蜜，佛答身受心法不可得，豈有苦無常等四，如此緣觀，永息名度義也？始是生念處，故一切師有非緣非觀，名□□□般若，是波羅蜜者。論問言，舉斷法歎般若，云何□□般若歎般若？有二般若，若五度共行能斷，或平諸行，此是有智慧般若，佛癡慧不可得，是常作般若，故舉之常般若爲歎，所以云般若爲答也。般若復是二，萬德〔一〇三〕亦應例法也。若以種檀歎，檀用無常檀歎，以常檀色，無慳無施之常檀也，亦是體用二般若也。十力下，第二果德也。菩薩行般若，助得菩薩十力，後得十力也。道種不知者，論云，道種是行始，菩薩用法始度衆生，於大衆中縮。復問：今是歎果德，云何菩薩道種是法始耶？覺前妄，得因中無畏，道種法始，後得果無畏，及佛始從因至果，論意如此也。如實説，亦名如來，如實知，亦名如説也。自姓者，此世因，豈復身自性成佛也。佛法波羅蜜者，菩薩行般若，故能集佛十力，無畏，四無礙等佛法也。出過一切法者，果地法出，度菩薩上也。

大品經義疏第七

校勘記

〔一〕「力」，底本原校疑衍。

〔二〕「報」，底本原校云一本作「抑」。

〔三〕「差」，底本原校云一本前有「無」。

〔四〕「迴」，底本原校云一本前有「其」。

〔五〕「三」，底本原校云一本作「二」。

〔六〕「快」，底本原校云一本作「扶」。

〔七〕「有」，底本原校疑爲「其」。

〔八〕「須」，底本原校云一本作「復」。

〔九〕「念」，底本原校云一本作「定」。

〔一〇〕「自」，底本原校云一本作「目」。

〔一一〕「三」，底本原校疑爲「四」。

〔一二〕「文」，底本原校云一本後有「經」。

〔一三〕「歎還」，底本原校云一本作「還歎」。

〔一四〕「無三世」，底本原校云一本無。

〔一五〕「遂」，底本原校云一本作「遠」。

〔一六〕「遂」，底本原校疑爲「逐」。

〔一七〕「來」，底本原校云一本作「未」。

〔一八〕「妄」，底本原校云一本作「應」。

〔一九〕「昔」，底本原校云一本作「持」。

〔二〇〕「有」，底本原校云一本無。

〔二一〕「來」，底本原校疑爲「未」。

〔二二〕「□」，底本原校云一本作「七」。

〔二三〕「果」，底本原校云一本無。

〔二四〕「處」，底本原校疑爲「履」。

〔二五〕「問」，底本原校云一本作「門」。

〔二六〕「難」，底本原校云一本作「離」。

〔二七〕「廣」，底本原校云一本後有「深」。

〔二八〕「因」，底本原校云一本作「田」。

〔二九〕「益」，底本原校云一本作「答」。

〔三〇〕「天」，底本原校云一本後有「天」。

〔三一〕「説」，底本原校云一本作「書」。

〔三二〕「像」，底本原校疑爲「緣」。

〔三三〕「汁」，底本原校疑爲「法」。

〔三四〕「命」，底本原校疑爲「令」。

〔三五〕「法」，底本原校云一本無。

〔三六〕「難」，底本原校疑爲「雖」。

〔三七〕「方」，底本原校云一本無。

〔三八〕「難」，底本原校云一本作「歎」。

〔三九〕「白佛」後，底本原校云應爲第三生般若科。

〔四〇〕「界」，底本原校云一本作「果」。

〔四一〕「段先」，底本原校疑爲「先段」。

〔四二〕「有」，底本原校云一本前有「若」。

〔四三〕「初」，底本原校疑爲「須」。

〔四四〕「心」，底本原校云一本作「分」。

〔四五〕「文」，底本原校云一本作「見」。

〔四六〕「界」，底本原校云一本作「果」。
〔四七〕「緣」，底本原校疑衍。
〔四八〕「則緣」，底本原校疑爲「緣則」。
〔四九〕「聞」，底本原校云後當有「見」。
〔五〇〕「勁桶」，底本原校疑爲「勸攝」。
〔五一〕「拔」，底本原校疑爲「撥」，下二「拔」同。
〔五二〕「苦」，底本原校云一本無。
〔五三〕「乘」，底本原校疑爲「戒」。
〔五四〕「答」，底本原校疑後有脱文。
〔五五〕「與」，底本原校云一本無。
〔五六〕「便」，底本原校疑爲「使」。
〔五七〕「舉」，底本原校疑爲「與」。
〔五八〕「出」，底本原校云一本作「生」。
〔五九〕「深」，底本原校云一本作「淨」。
〔六〇〕「如」，底本原校云一本作「始」。
〔六一〕「比」，底本原校云一本作「此」。
〔六二〕「□」，底本原校云一本作「成」。
〔六三〕「我」，底本原校云一本作「義」。
〔六四〕「諸」，底本原校云一本後有「法」。
〔六五〕「果」，底本原校云一本作「異」。
〔六六〕「苦」，底本原校云一本作「若」。
〔六七〕「聞」，底本原校云一本作「問」。
〔六八〕「下」，底本原校云一本作「不」。
〔六九〕「空」，底本原校云一本無。
〔七〇〕「□」，底本原校疑爲「説」。
〔七一〕「句」，底本原校云一本作「可」。
〔七二〕「撥」，底本原校疑爲「擬」。
〔七三〕「歎」，底本原校疑爲「難」。
〔七四〕「令」，底本原校疑爲「今」。
〔七五〕「今忽若」，底本原校云一本無。
〔七六〕「泯」，底本原校云一本作「眠」。
〔七七〕「是」，底本原校云一本作「色」。
〔七八〕「□」，底本原校疑爲「妙」。
〔七九〕「三」，底本原校疑爲「二」。
〔八〇〕「云」，底本原校疑爲「言」。
〔八一〕「□」，底本原校云一本作「有」。

〔八二〕「譬」，底本原校云一本無。

〔八三〕「□解」，底本原校云一本作「受持」。

〔八四〕「多」，底本原校疑爲「受」。

〔八五〕「杵」，底本原校云一本無。

〔八六〕「經」，底本原校疑後脱「云」。

〔八七〕「□」，底本原校疑爲「是」。

〔八八〕「亦」，底本原校云一本作「又」。

〔八九〕「□□」，底本原校云一本作「不名」。

〔九〇〕「若能」至「前也」，底本原校云衍。

〔九一〕「方」，底本原校云一本作「法」。

〔九二〕「前人」，底本原校云一本無。

〔九三〕「□□」，底本原校云一本作「示者」。

〔九四〕「種種衆生」，底本原校云一本作「衆生種種」。

〔九五〕「六」，底本原校云一本無。

〔九六〕「雖」，底本原校疑爲「離」。

〔九七〕「一遍」至「名般」，底本原校云衍。

〔九八〕「五」，疑爲「六」。

〔九九〕「□□」，底本原校云一本作「歎佛」。

〔一〇〇〕「□□」，底本原校云一本作「空種」。

〔一〇一〕「本」，底本原校云一本後有「末」。

〔一〇二〕「□□□□□□□」，底本原校疑中有「諸法本不」。

〔一〇三〕「德」，底本原校云一本作「得」。

大品經義疏卷第八

胡吉藏撰

聞持品第四十五

未依論主，前上來三周説竟，今第四廣説。廣説者二義，一者上三周明義未盡，今更明之，故是廣上三周之説。二者上三周已明，但是略明，今更廣説。就此四十三品爲二段，前二十明實慧，次明〔一〕二十三品明方便慧。亦云，前二十品廣上行不行，相應不相應義，後二十品廣上功周能不能義。亦云，初段明體，後段明用，二十品初一品是總，後十九次第而來。今依論，上來五品歎法説般若，今半品歎人，歎行般若人即説般若也。上歎法非無人，歎人非無法，從多爲論也。

品二，初歎人，次勸修。初三，一明信人之德，二明不信人失，三天主尊敬般若，以成歎人。天主歎人爲[二]，初歎淺行人，二歎深行人。所以歎上聞上吉[三]吉以百句歎般若，佛以深理上[四]成其所歎，故歡喜言，有人聞此法者，必久殖三多也。古有人言《逕耳品》，一逕於耳，必久殖善根。聞持者，歎聞能持之人也。何況受持下，第二歎深行人，凡九人，初受持如説行，七人合歎也。能聽受如説行，問答歎八人也。聞是般若不驚怖下，歎第十人，此十皆是舉往因歎也。舍利弗白佛下，第二身子歎，此歎具歎十人，具舉二世德歎，如鞞舉現德此量歎。何以故下，舉往因釋現德歎也。

世尊若毀信下，第二明不信之人失，所以明不信之人，先世有目者歎證成，信必有目故也。問：前世既毀，應隨惡道，今云何今世更得毀？答：此始終爲論耳，先世毀，且受正傍二報，正報即阿鼻，傍即餘畜生等報也。二報竟後，人身更復續毀，毀竟更受苦，如初深戒，不可毀也。二解云，前世毀業未深，故未受報，有餘功德熟，故受人身，故毀也。三解云，五逆業必次身，餘罪不定，或次身或後身也。

爾時釋下，第三尊敬般若以成人，爲兩。初述身子之毀，明其既無習因，而有不信，不足可恠。第二尊敬般若以成歎，述身子之信義，如文。

佛告下，第二段觀脩習。有人解云，從此始是第四大段廣説文，品初已來是歎人，對前五品歎法也。所以知是廣説者，更觀學，更明習般若義，何異序品觀學習應修習義耶？然雖復廣説，更無歎衆，但諸天鈍根，非一言能曉，故爲重耳指掌，合其得悟也。此中更開三三，初三者，一觀二住三習。中三者，一廣事二佛護三結成功德。後三，明般若行人有上中下。今前不同，此説就第二段中三，初學脩二問脩三答。初中兩，一述成二正觀。問：序品勸學已觀，今何故更觀？答：欲述成天主之歎耳。天主云，禮般若是禮一切智。佛述釋云，般若生一切智，故是禮一切智。既生一切智，則生一切德，欲得一切，須學般若也。次天主問：修中二問習，與習《問住品》，問住異者，習應但問習般若，不問餘習，《問住品》亦然。今問住一切行，問習一切，所以總問一切行者，佛既云，般若生一切行，故今問一切也。第三答中爲三，初答問，二身[五]歎人，三須菩提歎人。

初答問，明人所習法資，而段是習法之人也。答問爲兩，初正答，二重釋答。二重釋答，二問總答也，以不住一切法爲習般若也，亦應云，不習一切法，住般若也。復次下，第二論主爲此義難解，故更説不行因緣，謂不習色是爲者，明畢竟無所習始是妙習，亦應云，畢竟無所住始是住般若也。問：何故不習色？答云，色是質礙，是有無常等，則增長諸見，今不習如此見，故名習色。問：應是習般若，云何是習色？答：即如此了悟，色名習般若也。又意菩薩行，正語正業，守護身口，名爲習色，著是身口。今動捨有所得善身口，此正破有所得持戒等人，故云，不習如此身口色，始名習色，乃是守身口也。淨論成戒，始是般若戒也。

爾時舍利弗下，第二身子歎習法之人，歎中爲兩，初歎人所行法，次歎人之人。初兩，一正歎，二釋疑。正歎三歎三述，初甚深歎者，身子聞佛答，天主無所住無所習，始是習般若，深入空智，歡喜白佛，般若甚深也。以深故難測量，難測量故無量，三歎相生也。佛意只云，色等甚深耳，勿信真諦及實相自甚深，何者？凡夫真諦實相自深耳，色等淺故，迴其心也。又凡夫所謂深乃成淺，如言有真諦實相，絶言語斷心行，終有此理，是有所得，故乃是淺。其所謂色言淺，只不見此色縱迹，處所不可得，故反成深也。普是隨緣語也，何曾有如此淺深定相可得耶？

佛告舍利弗，不得甚深下，第二釋疑。時衆及身子疑云，般若既甚，乃至難測，菩薩云何得耶？既深不可行而行，云何利益耶？佛益〔六〕，能不行〔七〕甚深，如是行般若也。問：用甚深破不甚深，今用非甚深非不甚深，泯甚深，故知未曾深不深也？身子白佛甚深者，問：佛前云非甚深，今云何歎言甚深？答：良由非甚深不甚深，所以是甚深。又或時説甚深，或説不甚深，無一定相，故復是甚深也。又弟子者，佛意明非甚深，亦於新發意菩薩是甚深，故歎也。不應爲新發菩薩説者，其人云，我若信此，非不深，非不深般若，則墮邪見中故也，不應受也。我若不信，則違佛語，故進退爲過，不應令此人聞也。問：今人聞般若皆信，如什公來秦，秦地皆信大乘，此是何謂耶？答：此可皆是久發意人，或可此人未知信不，皆是盲信，不足是語也。

釋問叵有未受記下，第二就譬歎人，有七，一天主問，二身子答，三佛舉往因述成身子，四身子舉兩譬歎釋於人，五佛命令重説也，六身子受命重説，七佛述成。天主問：叵有未受記，聞不生怖不者，以身子先言，應爲阿鞞説新發意，聞或生怖，故今問叵有新發意，聞不怖耶？地〔八〕子答：聞不生怖者，此將得記不久也。問：此非受記聞不怖，是久發意，人聞不怖耳，終無新發意，人不怖若爾，何由得久發意也？後云何分新發意耶？答：只作此言，即是引新發意。如《中論》言，著空不化，既言不化，即是欲令受化，故作此言也。又此中正歎法妙人尊，若始人便能解了，不生怖畏，法則不足可重，亦人非足尊也。引新發意已，如《隨喜品》説，今不復明也。文處可知，五譬爲二，初是況譬也，又四正是譬也。況者，若人得夢夢中，行行坐道場，此人尚近道，況菩薩實行行者，記寧遠耶？第二四譬大意者，略明二義，一者爲自知得記不久，二者他人知其得記不久。問：何故有此五譬？答：上既云得記不久，今釋不久之相也。初譬是自知也，一百由旬是欲界，二百是色界，三百是無色界，四百二乘地。又四百欲界，三百色界，二百無色界，一百二乘地，此反覆終譬，三界二乘地也。他云，此經未明三界外事，《法華》始明也。今問：《法華》五百由旬，不云譬五住地，而解爲五住地，《法華》何必三界爲三百，不開二乘地二百耶？故知但是離合，故有四百五百耳，故《法華》《般若》，左右得相類。《法華》譬五住，今亦爾。今譬三界二乘，《法華》亦爾也。曠野嶮道，總譬世間也。先諸相放牧者，見大菩薩捨世間樂，深心樂般若也。問：大菩薩不樂世間，云何譬牧牛？答：如《遺教經》，牛譬六根，菩薩守護六根，不起過罪也。壃界者，識大乘小乘利益，及識有所得無所得兩教界也。園林者，能得佛道無所得萬行也。城譬三菩提，邑譬無生忍十地，聚落譬順忍三十心也。賊是六十二見，惡虫是愛恚等也。安隱者，唯未得順忍無生忍，及佛道知，去此不遠，故正觀稍成，煩惱不能摇動也。去正智不遠，故不畏飢，正定不遠，不畏渴也。大海是無上菩提不見山，樹是得般若經卷，修無依得法也。春時者，煩惱欲滅，正觀欲生時也。故葉墮者，耶結便滅也，新葉是得經卷，亦是順忍華無生忍果，佛道也。見樹相歎喜者下，合中云，諸天道曾見佛者，見此菩薩如此相，故歡喜，知去道不喜〔九〕也，世人悟道定人也，悟無〔一〇〕上任也。身體者，愛重厭本，習是行行，已久深厭世間也。異母人，是諸佛菩薩也。前兩譬明自知受記不久，後兩是他知，他知中初始行知，後是深行知也。

爾時須菩提白佛下，第三須菩歎人也，就中有兩，第一歎菩薩行四攝行，廣益衆生，第二歎菩薩具足修行。初中兩，一須菩歎，佛述歎。歎佛者，上身子五譬歎菩薩，佛讚成之，須菩聞此，故歎佛能善付菩薩，菩薩所以有上得記之相者，由佛善巧之化，故所以歎佛也。菩薩事者，論云，空道福德是也。凡夫福慧兩無也，二乘有空慧而無福道，菩薩具空福二道，爲菩薩事也。善付囑者，以未成就之人，付已成就人，付囑人也，以法付諸菩薩，令宣通不斷，以法付囑人也。佛述中出付屬因緣，謂菩薩能利益衆生，復能自行，故付囑也。二句初總明菩薩發心利物，諸菩薩四攝下，出利物事也。四攝具足，自行化他，同事是自行，餘三是化他也。行十善，具四攝，爲説十善，即是布施，布施具財法，今是法施布施也。隨其所應，爲讚十善行，十善得長壽，無病無等，即是愛語也。現世行此十善，得法利益，是利益菩薩，亦得行十善，是同事也。

須菩白佛希有下，地[一一]一歎菩薩具足修行。前身子兩歎，一歎人所行法深，故則知人勝，二舉譬歎菩薩。問：此深法不驚怖，得受記不久也？之二歎是歎自，是行即是始行。須菩上歎菩薩四攝益，堪可付囑，是歎化他，合身子歎，都是歎始行人竟也。今問具足者，明菩薩修行，即是得記人也。此中雖不作三十心十地，略明菩薩始修行義。問：具足者歎菩薩修行究竟，即是得受記，此中雖不作三十心十地等歎，略來就一般若中具歎始終，於義略盡也。就文爲二，一者歎人，二問法歎。人云，大功德成就者，聞上佛説，菩薩具自行化他，故云大功德。問：化他云何是大功德？益[一二]，菩薩欲盡未盡劫後，扁[一三]度[一四]度四生，時長心大，故有是大功德。又云，益衆生，於菩薩了非親屬，人不貪利，又不求恩，而能度之，故是大功德也。云何具足行？第二問具足行，北人及云，師分此文，於義不可直問益，因修於文義皆并也。論云，具足諸菩薩，得十地坐道場行諸法，不增減不見有，顛倒可滅，故不滅[一五]，滅[一六]不見正觀可生，故不增。如坐道場觀十二因緣，如虛空不可盡也。次須菩歎所見不可思議者，論云，須菩聞具足行，驚喜不能自安，故云不可思議也。次佛述云，色不可思者，良由諸不可思議，故不可思議智也。如中道不生不滅，故發不生不滅觀。次佛更泯不可思議也，前泯思議，今具不思議也，可曾有不思議生，不思議智也，後泯境智也。次須菩問雖[一七]能信解者，論云，須菩於般若不得依正處，如設大海，真置不可思議已歎，行信解説，此不可思議非思議不思議。誰能信解者？佛答：久殖三多，故能解信，此是始行中久發心人也。次聞[一八]久殖三多之相，佛答：勿作有所得分别，即是種，無所得善根，即是久行，行即是與善知識相隨，合三多爲一也。白佛甚深者，須菩聞佛釋久殖三多，能信深般若得利益，更作二歎，一甚深，二珍寶聚，如文也。

白佛甚可恠下大段，第二前四[一九]十品明般若妙義，此云至《成辨品》。諸天子去[二〇]，是不遠義，若還本處，正有四品。物涉六品明留難，所以明者，世間之寶尚有賊難，出世法寶亦有内外諸難，故明此留難，令二見而不隨。又上來示正，此章示邪，非正無由識邪，非邪無由顯正，佛恐邪正不能分，衆生不能取捨，故今開示也。又巧識邪即是正下，六[二一]處魔著實際中，無方便學，無所得般若成有所得，故正即成邪也。又所以説留難者，欲識彼行人，宜應戰懼速修行也。由來作四段分，經明功德，屬諸説辨，留難，屬廣説，此爲大悮。三周通明般若體，六通明三周功德，今亦通明三周留難，不應取大段内小章中論之，無廣之旨也。上三周明般若體，三周明功德，今亦得三周明留難，此品略明留難魔事兩過，廣明留難佛母成辨，明難不能難也。

雖[二二]復三周大段，爲二，第一兩品半，正明留難，第二兩品半，明雖難。初又二，第一此品略舉留難，勸速修行得果報，第二兩品廣明留難，觀而不隨也。初三地，一正舉留難，勸人速修，第二留難雖多，不能爲難地，三明修行之人有大功德。問：何故中問明留難？答曰：欲貫一經之前後故也。甚可恠，如意珠能滿人願，愚人謂爲不淨，稱爲魚目，般若能滿衆生願，應虚心頂受，而人反欲破般若及弘道之人，故可傷恠也。山中師云，般若是得道主，卒試可不能隨喜，而反於中作留難，甚可恠也。佛述中，初述明實有留難，所以説留難者，試[二三]彼行人，宜應戰懼，二歎歎行也。一月二月七月一歲者，般若部黨經即有上中下，謂《光讚》《道行》等，故書之有遲疾也。一月書《小品》得竟，小即二十七，從正月至七月得竟，《大品》可歲竟，可以疑如此也。問：可[二四]以留難？答：釋迦出惡世，衆生内有惡因，外感惡緣，魔惡鬼或作疾，令不得説般若。或人來説法師罪，或言不能如説行，何足可聽。或國土賊亂，或大名大利，或妙五欲引之，或可縣官口舌等，皆是魔也。問：何故有此魔來。答：非合由外，此難十是衆生惡業感之也。

須菩白佛下，第二明雖多留難，佛力故，難不能難，十方佛力，以佛是出三界人，魔是三界人，佛是解脱人，魔是繫縛人，故佛力勝也。又十方佛能一時加護，十方魔不能得一時留難，以魔通力不及遠及也。以十方佛能一時加護者，以十方佛皆見也，所以一時加護，十方魔若不相見，豈得一時作留難也。問：何以明難不能難。答：人疑云，魔是生死，般若是出世法，何故受難。故今明實爾，所以難不能難。問：佛力何不令難不起，留令起而後滅？答：惡業故起難，佛力故滅難也。又若必一心如説行，則難亦不起也。

舍利弗是中求菩薩前道者下，第二明行般若有果報，良由佛力令難不能難，故受持供養，得果報也。又二，初明行般若，故得大果報，二明般若隨方利益。初如文也。

舍利弗當兩方下，第二明隨方利益，爲二，第一明三方利益，第二明稱歎釋疑。一[二五]一方利益即三。問：何故不説東方？答：佛出東方，於中説般若，破魔外道，多有衆悟道，化緣既訖，於雙樹般涅槃。《般若經》從東方往南方，從南方往西方，從西方往北方，如日月二十八宿，旋繞四天下也。又如日月雖無心，而平等利物，《般若》亦爾。又如佛無著心，故不定住一處，《般若》亦爾，故遍至四方也。南西二方中，略明世出世二益，謂離三惡道，生天人世間益也，增益六度，得三乘出世益也。至北方中爲二，初明般若於北方作佛事，二明北方廣行作佛事，異餘三方。初云於北方作佛事者，佛在世及正法五百年，得道者多，感有佛事，合[二六]是像法，得益者少，佛事轉少。有利鈍二人，利根人能受持，乃至供養，具生福慧，鈍根但供養，生福德，利鈍雖殊，因此《經》得畢苦也。白佛廣行初問答，直於北方廣行者，四義。一者多有殖因也。二者，北方，三方中最大也。三者，北方有雪山，雪山寒煞毒，此中食五穀，無毒，故心三毒不大，發心柔濡，五根易立也。四者東方爲初，故大盛，北方爲後，亦大盛，如燈將盡也。若就初中後聞勝劣，三方即是東南西，三方前聞法，北方最後，故以前聞，豈不勝後聞？即北方人根及勝，以後聞法爲劣。以聞法前後勝劣，不論利根也，北方後聞，故劣也。即二對問答意，即已前《般若》，感弘北方，未知幾人聞無所得般若，信悟不敬怖耶。佛答二，初明悟無所得者，非多行有所得般若也，即二能信無所得，必有深行願。此爲二，第一明信無所得人，修行及得果，二明信無所得，發誓願得果報。初如文，是善男子，功[二七]於我前立誓願下，即二文也。

白佛希有下，第二稱歎釋疑。前歎佛五明圓厶照下，若[二八]三世異二乘，但知八萬劫，故歎也。又如來未曾有知，而無知可歎。又衆生雖無一豪可有，而了知，了知故是希有也。又所以歎者，欲證以即是異已。世尊未來下，此釋疑，凡兩疑兩釋。初疑，從上少有人，聞般若不怖生，既同是出家，同求般若，何故有得不？佛答：此人內心求故得，餘不能爾，故不得。第二明疑云，此人一心耳，佛不在魔力。又《大品》云，何得與般若相應？佛答：此人一心，云求佛道，專爲衆生，故轉身易捨也。

魔事品第四十六

此下，第二魔明留難，上品雖言魔爲留難，未出留難事，今廣出留難事也。所以明般若復明留難者，前云，不説魔羅是惡知識，佛今是衆生善知識，故具示邪正得失也。魔者，四魔，雖[二九]内外因果三爲内魔，天爲外魔，由内故有外也。陰與死魔是果，煩惱爲因也。四魔通云命者也，天魔的爲欲主，亦云華箭，亦云煞主。死魔明脱命，亦爲遠奪慧命，煩惱亦是奪命因緣，如由大貪大瞋，皆失命，又由煩惱感無常也，亦由有陰身，故致失慧命也。問：三魔屬内，天魔屬外，猶更有魔以不？答：更有二魔，一無情物，謂寒熱等，屬陰魔攝也。二外道斷善根人，定有所得，大乘學人，深著三藏，人著世間，惡人懸官惡獸等，謂是魔民，屬天魔攝也。

品二，初請説魔事，二訓説。爲説法中騰前説，正二請後説邪。答中爲二，初列三章門，次釋三門。三門者，説門二，書門三，合列受持讀誦，正憶念親近章門。從説乃至正憶念中，一一皆應具十種事。一樂説卒起，二樂説不卒起，三慠慢，四戲咲亂心，五輕咲不敬，六亂心不定，七不和合，八不得滋味捨去，九轉相輕咲，十共相輕蔑。但隨其義，便或有或無也。説中二，一樂説辨不卒起，不卒起者，法師心欲説，而口不能言，即魔事也。所以爲魔事者，聽者見不説，或謂法師不解義，故不説，或謂不得供養，故不説，或謂著樂故不説，或謂慠慢故不説，或謂輕衆故不説。如此等因緣令聽者，佛惟故不説下，釋云，難具足六波羅蜜者，以具先世根鈍，難具足六度，故今世魔得便也。樂説辨卒起者，其者此樂説復無深義，謂有深義不應名，若言可相時而坐也。次書章門中四義，四中書不和合者，或書經卷，或口授要，須衆事和合也。此中非。次云，外國員漢，本不可得，不如此間有經，本寫被[三〇]處，必就前人受，前人許授，乃得不授不得。

或可有能授，無所授，或有所受，更無能授，兩不和合，天魔事也。不得滋味者，第三章門，或言此經前後煩重，故無味，或言品品皆空，故無味也。又言，未是了義究竟法，故不得味也。

白佛云何不得滋味下，釋三章門也。前釋第三章門，次合釋書説二門也。釋初門爲兩，初約有所得學，不得滋味，二學小乘求大，不得滋味。今前問答，問意云，般若是真甘露，亦是如意珠，何故不得味而棄之耶？佛答意，明道與俗及聖與凡異，故不得味。佛答文三，一不得受記，二不説名字，三不説生處。不爲受記者，一者其行未〔三一〕與記則懈怠，二恐五通佛及天龍，幾不見其人行行，云何與記，便言佛道不足可貴也？甫當更爾，以不住般若，故一念劫〔三二〕退，一劫若百千念，則百千劫縮知道也。所□劫者，甫言師始明其劫〔三三〕，一劫復始，斯經更懃行方便得相應。又云補簡，以其念念劫〔三四〕一劫，故後明修行，懃補方合也。又甫云，方方更修行也，用百正也。

復次須菩學餘經，第二以學小求大乘般若，故爲失明。有三種人，一者下品人，出家值三藏師僧，三藏師僧教其心，三藏法求佛，此人了不聞大乘無所得法也。二中品人，雖學三藏，亦聞般若無所得法，謂但明空無有義味，故捨而不學。三者上品人，亦學三藏，其人知三藏爲半字小乘，般若爲滿字大乘，而欲信行般若。但三藏師僧之云，三藏無所不備，無德不圓，如六足毗曇，及分别法義等。中是《般若》八十部，律是尸羅阿毗曇，中廣説禪定解脱三昧，是禪三藏本生中難，施戒忍進是天四度。汝行此六度，故得佛《般若經》前後相違，無定相會，不可解也。汝何須學？如今之律師論師毗曇師，重此方〔三五〕知，亦云只學此三，自得作佛也。次須菩問：何等是聲聞經八廣法説，後譬八合？然道品未曾大小，在小乘有所得小，心中名爲小乘，在大乘無所得大，人心中行，爲佛道爲度衆生，是大也。捨根攀枝葉譬者，如人欲得好堅實果，忽下枝葉，雖有木名不堪用。三藏爲末，《般若》爲本，本堪得佛果，不[三六]堪行不得佛也。又舉本不畏墮地，舉枝必墮地，學《般若》故不墮地，學三藏必墮二乘地也。癡幼譬學三藏人，奴客三藏教主人譬《般若經》，就奴客求食，決不得食，就三藏中求佛，亦不得佛。此中毁二乘有者，淨名敗種云何，今是劫二書般若魔事門，兼釋説章門，及餘受持等，但以書而瑞也。就書中六意，約受持亦六，初明般若不可説，即言語斷，而書《般若》時，説有所得是魔事。次句書《般若》時散亂心，謂起斷常有無，生死涅槃，有所得見，般若絶念想，而生心動念，故爲失也。白佛可書那[三七]者，釋上書語絶斷心行也。問意，佛雖言絶言語斷心行，而猶令書，當知言心不斷，故今明不可書，成上義也。次第四轉中，上般若不可書，故心行斷言語絶，作無解，亦是失也。用字書《般若》復失者，此是文書文字耳，謂離文字，別有實相也。次第六意，明文字復文復無，如淨名文字即解脱相，豈得離實相，而別有文字？只即是實相，而云文字可書，實相不可書，亦爲失也。國土念起者，謂此土飢彼土豐，或此土小彼土大，或此衆少彼衆多等。次鈍根人著供養利，故不得書，爲失也。次是利根人不著利養，魔知其於世間不著，故以小秘法與，令得新《般若》也。此三事是魔事也。

兩過品第四十七

第二明兩過，人共有魔事也。前既是魔事，爲品亦爾，今既兩過，前則獨過手[三八]現也，然兩不知[三九]合，既爲魔，兩知亦是魔事。如本應説無所得法，魔入心故，説有所得向，無聽書云，便不和合，非魔事合，既具兩緣，則耶言得遂，故是魔事也。然自在説小乘非魔事，説大乘是魔事，如佛以一乘化不得，便宜已三乘弘之，若三根爲説一往，則緣生傍也，故反成魔事也。若得無得對之，若有得外大小，但魔事無品也。爲二，第一多明内魔，第二多明外魔。外魔之中，形聲兩亂，内魔之中，師與弟子。前内魔中，非無外魔成助，外魔之中，非無内魔成資也。内外合説，二十六雙，約次第而判者，可爲四倒。而十四雙，師弟子不知爲魔事，次兩雙，偏明師爲魔事，次五雙，弟子爲魔事，次五雙，重明師爲魔事也。初云，弟子信根發，欲聽師五蓋覆心，其人雖解，不能如説修行，弟子更無餘處，故就此師受也。次師悲心發，言説弟子根鈍，不欲受也。次師欲利他方去他方，他方或不宜人，或荒亂或賊，故弟子不欲去。十二頭陀者，師弟二人但有信戒，但頭陀年有無故不知地，正行二善中，頭陀但是行善莊嚴，於戒行之者得福，不行無罪也。四聖種中，除陳棄藥，攝餘三也。若四聖種第，重十二頭陀下則使[四〇]也，三毒中偏破貪使也。一者阿蘭若者，極近三里，極遠彌勝，爲居家煩亂故出家，後師徒相結故捨之，令身離得心離也。食有二一受，請衆僧食此二人食，生愛妨行道，故合乞食也。衣三二種，如上過故合衲衣，恐好衣生貪，又成偷也。次一食亦恐生貪妨道，故不合數食也。五節量即重，既聞一食，盡力極噉，即致患，復生貪故，即量三分留也，不飲漿，亦恐生貪妨道也。冢間住，令行者見世間死亡苦惱，故患厭也。又見燒死尸盡滅，悟空，又見尸不淨，得不淨觀。來樹下住者，於冢間得道，故皈樹下。又冢間不得道，取是死尸相，根樹下思惟，如佛成道，説法入滅，皆依樹下也。於樹生貪，謂爲半舍涼樂，此樹好彼樹惡等，又爲鳥糞毒虫，故捨，住露地則空向[四一]，故觀易成也。次常坐者，恐煩惱賊來，故不敢行，住不安隱，故亦不爲也。不著食味，不輕應生等心，次第乞食也。俗人多爲衣，外道戒裸形，故佛教但三衣也。春秋二時，行復須十八物下，次言聽法者無信者，此但名故聽耳，如即外書，又無深信，故言無信也。次雙云説法者堅[四二]者，弟子云，尚不能捨物，何能行般若，不受師法也。次雙師不受弟子供養者，是少欲師，又恐以如貪法，故不受也。弟子不受者，恐不能消師施，又恐人云，我貪師物，此心雖好，不成般若，故失也。次雙説法鈍根者，是誦語法師也，下明不知十二部經次第義，亦是誦語師也。次雙有六度無六度者，師見弟子是著樂罪人，不行六度，故不爲説，不知其人聞反復，能行六度。次弟子見師不行六度，謂師但能所説，不知復身，得轉語如説行，又不知師子有讀誦利益。次得陀羅尼不得者，師不得聞持陀羅尼而解義，弟子不得聞持而不解義，弟子但得實相陀羅尼，不得聞持，故不能次第誦，師得復持，故能次第誦，而輕忽弟子也。次雙師欲令書，弟子不欲故書者，師見罪過，故不受法也。又師欲化此人爲弟子，但其是邪見惡人，故不受化也。一人離五，蓋一人應離相輕，故不和合也。次一人毁三惡道，一人讚諸天，及二乘壞其大乘心，亦是失也。次師一身者，少欲師也。次云隨我去，師云，我若去若住，承迎問訊，能爾者爲説，弟子性貴質直，但求法，不能行此事。次弟子能承迎問訊，師云，損我功德，而弟子不解師意，言師不相耐。次師爲利養，欲與諸弟子言，師云何責法。師欲至□□他方，或有勝師有異好經論，或彼處有父母師僧，或彼是本生處，師不惜命，故言弟子云，有身有道身，故不去也。次師至豐樂處，弟子或路遠，相故至去，或愛住處，或謂師妄語，彼未必好，惡魔作比丘形。

第二多作外魔，形聲二亂，與《大經·邪正品》，復何異耶？一明留難，二釋疑，三佛力，故難不能難也。作大名德多徒，衆比丘形破菩薩，若鈍根菩薩即信，利根未得觀，生疑也。第二復次二義，一者令菩薩要前證空，然後作佛，豈有不證空作佛耶？二意云，作佛要須先有中修行，坐道場時乃用空也，菩薩或信或生疑也。似上雙起者，如似般若聞説也。作佛形者，小菩薩未應見佛，見佛雖得小利，而破實相觀，不佛不衆生，而忽起佛見，故是失。如人手捉好寶珠，天人耶合求詎耶者，故小得大失也。又未離欲，如人不堪見□□□深心深著，迷悶而死也。復次多寶下，第三釋疑云，《般若》云既是妙法，應免留難，如大福德人，當無留難也。釋云，如珍寶雖是好物，而多賊盜，法寶亦然。又般若亦如福德人，無留難，此是緣惡，實如餘留難也。豈離般若耶？非止能留難般若，而般若有力，遂能令人免留難故。

第三從善男子書《般若》時，佛力故難不能，佛力由般若前得，終是般若力。上品已明佛力令難不起，今更明者，上但明令難不起，今具足衆行，上但明佛力，今明佛菩薩力也。

此下第二段，明佛守護《般若》，故難不能。難文三，第一明《般若》能作恩，二《問相品》明佛知報恩，三歎《般若》能成大事。初二，第一略明《般若》作恩，如求報恩，二廣明《般若》作恩，而中有兩，謂譬及合也。

佛母品第四十八

三義，一能生，二報行護，三能成，即教示二慧爲父母。故《淨名經》云，智度菩薩母，方便以爲父，即慧爲父母。若《大論》云，般若以爲母，般舟三昧以爲父也。三福慧父母，五度爲父，般若爲母。此三，雙法身父母也。生身父母，如淨飯摩耶也。問云：何是人法父母？答：般若能十方佛爲父母，能生萬行萬德，法父母也。他云，般若能成萬行也，今云能生萬行，若無所得萬行，則從般若生，有所得萬行，則從顛倒生。問云，般若能生三乘五乘，應是三乘五乘母，應是三乘通教。若即以化，若生三乘三乘通教者，若生五乘，應是五乘通教也。今明此難般若，具生五乘，人法因果，至論正般若，非因非果，非三非五，五一皆是般若方便用。若了悟，知此三是般若，三此無生滅，無[四三]生滅無大小，無[四四]大小即識正般若，非三五也。別遂仰三教三解，則失般若，如天雨於餓鬼，成就[四五]丸生滅，三亦無無生滅，於其成生滅，故生滅也。問：今説三乘由般若，云何引餓爲喻？若此是於緣，夫爲語也。般若三是無生滅，三於緣成生滅，三如餓鬼也。問：何故有佛母譬來？若上《兩過品》末，及諸品中云，佛及甚大菩薩，守護般若法，及守護般若人，彼墨生疑，佛於法人，心無憎惡，何故愛般若法，及愛般若人？今釋云，非是愛心守護，但以般若能生佛，佛欲報般若恩，故守護身，故有此品也。初譬中云母中得病者，謂留難也，有内難外難，有情魔無情魔，如寒熱等，是無情等魔也，此是衆生病，故般若病也。合譬中二，初明佛恩，守護供養般若也，二明守護行般若人。法四，明出生三世佛爲般若，有此恩德，故守護般若也。第二守護人，如文也。

白佛下，第二廣明般若作恩，爲二。初一問答，明般若作恩，次歎般若甚深，明有能信之人，即信般若實作恩。初前問次答，有四。第一舉法問人，第二舉人問法，初三問云何能示世間，就心問劫，四問云何諸佛説，世間樂其言説？四問從二文生，上云，般若能生，佛能示世間。今開此二爲四，□[四六]能生與後生爲兩。所以開能生後兩者，爲能生是因，從生是果，能生是法，從生是人故也。所以開示説爲二者，師云，此有人法不同，若有能所，如人爲能説，則般若是所説，般若爲能示，則佛爲所示。《經》文云，般若能示世間，故云示也，佛菩提[四七]説世間，故云化也。此意明般若是能示，能説般若是説所，故佛是二爾，故言示也。佛言佛説世間也，而復言示，就心枝言，亦不相違也。佛答：《中論》但答三問，不答第三問，以第一門能生，第二從生，此是同故，答能生即答從生也。餘二義異，故别答。答般若能生，佛問如文也。須菩提，諸佛説世間相下，略第四問也。

次須菩言下，此去廣答第二問，兼答即四問。須菩提先雙牒説示二問，次正答第二問，即是兼答第四説問，文三。初明般若能示佛差别無差别，即世諦第一義諦。次示佛説無差别差别，即第一義諦世諦。第三示二諦平等，同一如也。但示第一義，則墮空見中，但示世諦，則墮有見中，但示平等，則墮不二見中。合先示空有有空不二義，次示有不有有，空不空空不二義，如此識教悟理，發生二智，故得成佛也。初如文。

復次知衆生心所行下，第二示第一義諦，文二。初略明知衆生心所行，次廣知衆心行。前明知其無所有，今知無所不有，此是無所有而無所不有，雖知無所有實，故云無衆生名。此語須論之，不得作有無歷别解也。

復次所有衆生名數下，即二廣明第一義世諦，爲二。初總列三界，次三界十二心，一攝心，二亂，三有毒，四無三毒，五廣，六大，七無量，八不可見，九出，十没，十一屈，十二申。總此十二心，爲二例，初别釋八心，二總釋四心。八心一一皆三，標釋結。初標如攝心亂心，如文。

須菩提云何知下，第二釋前疑次疑，有二意。一者佛常行寂滅空，云何遍知衆生心，此以空疑有。二云佛一心，云何一時遍知一切心，此以少疑空也。諸法相故者，此舉七疑釋知也。始因法相即七難，初心法相知，即諸法實相[四八]者，未曾有體悟中道實相，用此中道智慧知衆生心。若外道二乘，著二邊無此慧，故不能如實慧通智知道也。皆悟諸法無常，以無常慧故，故名盡也。三無染以悟無常，故名無染。四滅，用世間道伏滅諸結名滅。五斷，用無漏斷結也。六寂滅，七離斷，結已後去説法，如涅槃寂滅離也。論主此釋，約六種心，從淺就深釋，初一心就實相慧釋也，若直約佛地七心，皆是實相，名謂無染，乃至寂滅也。初兩用，七義下皆爾，但下略也。無量心者，謂四無量心，亦云緣涅槃無量法，名無量心也。不可見心者，坐禪人謂心可見，如淨珠中瑕故，今明心不可見，但知此不可見心耳。下云五眼不見心者，天肉二眼，但見色不見心，慧眼見涅槃，亦不見心，法眼入實相不見心，佛眼亦爾也。

復次出没屈申，第二總釋四心，爲三，標釋結。所以總釋此四心者，便是諸外道所計，上八心通此中十四句，常無常爲四句，邊無邊四，及一異爲十，如去等四，故是十四，即十四難也。持公初，常無常爲過去見也，邊無邊現在見也，一異通三世，如去不如去，未來見也。今謂此釋是爲大悮，不識《經》及《大論》，亦不解《中論》大小乘及邪正等義。今依論主，分此十四爲二部，十見總明見體，次四見别明未來見也。總明見體爲二，初八見正明見體，一一〔四九〕一異兩見明見等也。問：此十見云何是見體？答：外道計神體是常無常，乃至是邊是無邊，計神與身一異，故是見體也。問：十見明見體，三世中是計何世？答主云：總計三世中神常無常，非是别約世也。何者？過去有神亦計常無常，未來現在亦爾也。邊無邊亦爾。問：見體不出常無常，無邊常邊無常，何故復明邊無邊？答：邊無邊未必配常可〔五〇〕常，無邊未必無常。彼計神一寸二寸等，是有邊而是常也。前四句計神體常無常，邊等四見，計神大小廣狹也。計神常者，謂古今一神，而修施戒者，爲神變後世果枚也。計無常者，神與身俱盡，但爲現世名利，故修施戒也。亦常亦無常者，此人計神有二，一麤二細，細神常麤神現，有所作現有所作身，死時麤神即滅也。非常非無常見，上二過常則無罪福，無常則爛壞，亦無罪福，故不可言常，不可言無常，但終有此神也。及世間者，三種世間中，此是五陰國土世間，亦有四見，如神也。問：神四句不可得，復無神者，六種世間亦四句不可得，亦應無世間？答：論主云，不例。神四句不可得，明神實無世間，常無常四句不可得，不無世間。如語盲人云，繩非蛇子，非是破繩也。神有邊者，有解云，邊是始義，如微塵世性自在天等，是萬物始，故名邊也。又解神在體中，如芥子如果子，或一寸大人則神小，是色法故有色也。無邊者，如虚空故無邊，得久處能覓苦樂也。亦邊亦無邊者，二解，一云神無邊國土[五一]有邊，故言亦邊亦無邊。二解有神有邊是色法，如上説國土則無邊也。非無邊者，見上二過而終執有神也。國土四句者，神句二解，一解云，上下有邊八方無邊。二云，上下無邊八方有邊也。無邊者，推云，若有邊則有始，有始則無因，因[五二]便破涅槃道，故國土無邊也。亦邊亦無邊者，云總上二，此上下有邊八方無邊，故無邊也。見上邊故，非邊非無邊也。是身是神者，分折此身神不可得，故知即是也。又受苦樂皆是身，故復是即也。身異者，申五情引，不可得亦爾。凡夫所見神者，明見故神異身也。神身一，身滅則神滅，是身是見，神異神滅神常，是邊見也。六十二見，以斷常有爲本者，示根本乖中道故也。如去不如去者，論主上無常等是總説三，今後世有無事要，故別説也。如去如人來，此間生去至後世，後世亦爾。有人言，先世無所從來，滅亦無所去，故云不如身去神。今爲人滅後，神去身不去，故云亦如去見，去不去過故，而終言有神，故非去非不去也。此中釋外人四計義，第四計見，第三亦如去不如去之過，及不作亦如去不如去之名，執而終二二有神，即是非如去非不如去計也。此十四句，約五陰成二十，六十二見，常無常約五陰二十，邊無邊約五陰二十，如去不如去亦二十，六十一異，爲六十二見也。問：《中論·涅槃品》及《邪見品》，皆云常無常爲過去，邊無邊爲未來，與此中云何異？答：《中論》是約世別明之，今此中具總別常邊爾，總約三世如去不如去，別明[五三]未來而具有三世義。如去從未來，而具三世義，如去從未來現在，從現在至後世，名爲如去，此語具三世也。下句亦爾也。問：《中論》何故約世明耶？答：《中論》云，我於過去爲有爲無，是常無常見，無者明現在，我於過去本有，則常見現在，我於過去本無，則斷見，故約世論斷常也。現在我更作世論邊無邊也，未來即無邊見，不作未來即邊見亦約。問：

《中論》明未來邊無邊，與《經》中如去不如去，何異？答：如去即是無邊見，不如去即邊見，亦如去亦不如去，亦邊亦無邊亦爾。但語異而意同，故《中論》但説邊無邊，不別如去不去也。問：《經》具説常邊八句後，如去不如去四句，《中論》何故，獨不復口如去不如去？答：已如前説，如去不如去猶是邊無邊，故不須更説也。問：若爾，《經》中已説邊無邊，何故更復云如去不如去？答：《經》中具明總別二義，常邊等總明三世神體，如去不如去別明未來，欲攝一切見，不出總別，故具出也。

復次佛知色如相下，第三明示世諦第一義，皆是一如也。所以有此文來者，上明不二義，故開世諦第一義，皆是二不二義，故皆是一如也。又進對上十四難起，由凡夫外道，不識一切法皆是一如，故生此十四邪見，佛了一切皆是一如，皆無有十四見也。所有相如如相義，如即世諦，相即第一義，亦云生滅無生滅相也，亦有此義俱。今文如相者，示如之相皃耳。

白佛下第二段，須菩開上一切法皆如體悟，如故名如來，所以歡喜歎般若深因，明能信之佛，述如文也。

問相品第四十九

此下，第二明佛知般若恩，報恩也。品三，第一明般若相，二明佛知般若恩，故報恩也，第三重明般若能作恩，成上報恩義也。

明般若相中有問有答，後諸問作作，名云問相品也。初四，一問相，二答相，三悟解，四述成。上來已處處明般若相，今何故問相？答：一云此是後集天衆未聞故問，二云猶是上座衆而問者，《望前品》明般若能示世間相，未知何者是般若相，故問也。二者上來種種門明般若或空或有，或舉般若果報，或明信毀，諸天根鈍，不得般若定相，故今問其旨，皈空相也。三者般若深微，唯佛乃窮問其相也。佛答中四，第一明般若無相相，亦明無説説義，二亦明無説説義，三明無明明不可惟，四明無相相非起作，初如文也。世俗乃説，第二明無説説，諸天疑云，既其無相應無説，佛遂應有相故，今明既相無，亦不可説，但隨俗絶名相中，强名相説也。此中就不説明二諦，二諦具四句。問：説爲第一義，今世諦但説諦，亦説第一義耶？答：説於説於[五四]可説則是説，世諦若説不可説，則説第一義也。問：第一義不可説，云何説耶？答：他云空也，世諦説第一義。今明第一義是説不説，世諦是不説説，亦第一是説不説故，所以世諦所説法，不可説也。諸天子是諸相下，第二明歎此無相相不可破壞也，人天即是相者，釋不可壞也。明人天即畢竟空故，則是般若相破般若邪。相不能知者，明四句皆無，故無可相破也。所謂知知者，知法明無境無人，結此三，故無四句也。其人即是般若相，故不能相破，今天人非般若相，應能相破。若求此相不可得，何有非有欲破般若。假令於後成非相，亦不能破般若相，如盲人不見如意珠，口言非珠，珠豈可非也？作下第三，明般若非起，故不可壞救，釋成可壞義。譬如有人問虚空相者，釋成上非爲非無爲，非漏非無漏，非無等若有相，則是爲無爲漏無漏，無漏良由無有一豪相，所以百非也。又若有相則可作，良由無有相故不可作，亦釋上不可作也。有佛無佛性相常住者，疑云，既不可作，佛應不能説般若，佛今爲衆生説般若相，即是佛作般若相。故釋云，有佛無佛性相常住，佛豈作耶？第三諸天悟解，第四佛述，如文。

般若是諸佛母下，第二明佛知般若恩，故報恩也。不識恩是耶見不善中最重，知恩是世間善法最上，故報恩也。須諸天疑般若，無豪相不可得，何尊敬耶？故云，佛是三界尊，尚敬般若，况餘人耶？三疑云，佛心無所著，何故愛敬耶？釋云，非是有著，故愛敬般若，但深知般若能滅戲論，能開三乘道，故敬愛。一切法無作相者，此文會餘經，餘經佛不作。又上云，佛知作作，人兩相違，故今明餘經云，不作人者，無有人相，故云不作人也，非不知恩，故不作人也。持公云，餘經明佛自然人，今云佛以般若爲師，兩相違，故會釋也。今明論不作此釋，如向明也。

復次佛因般若得一切法不生下，第三重明般若作恩，成上報恩義。問：上《佛母品》已明，若爾，世間相與今何異？答：上義耶明示及顯正，明乘對耶。明示者，九十六外道乘常無常等十四義，般若不示如此義。顯正乘者，示五陰不生滅，乃皆是一如，今品但明顯正乘，故後色至一切種智，示此諸法，始自無生，終及獨空也。此中文次第，因修而來也。初明佛因緣，若得不生般若能生佛，故知若生佛是無生生佛，住般若是無住住也。須菩白佛無知者，此歎般若乘佛義，諸法無有知般若，云何獨有所知能乘佛？答：明前者一切人法無可得，無所知故。無所不知下，明不乘色，此明無所乘不乘，汝云何言無所不得示。若有所示，不得無示耶。復次五衆世間空者，上從示義得成，今始正明示義也。從五衆至種智，皆名世間者，以知是世諦，故名世間，知世間知此皆空，故名出世間第一義也。知世間空，學世間空者，人謂人愛著法，故説般若示世間空，非諸法實空，故今明佛實知諸法空，故言空也。思惟覺分別空者，佛非是外，從他聞世間空也。口[五五]説空，内心思惟，分別推求，故説空也。不可思議明會，皆般若示世間空，便作空解，故今明世間未曾空不空，常無常等，故不可思議也。佛不可思議，故離一切見，名離也，以離一切見，故絶言語斷心行，故名寂滅，以寂滅故畢竟，無復遺餘，故名畢竟本如來。此非是破法故明性空，明此性空，無法亦空，故次無法空既空，有法亦空，次有法空十八空皆相待，故説空，此是有法可空，因因名。今獨無相待，無空無不空，故説空，此空不待空，不待不空。問：無空無不空，純是空。此空空，此即是待空，云何是無待？答：本無空不空何所待，即問與無法有法空何異，無法有法空，亦無空無有也。無法空，空此無法，有法空，空此有法，今無空不空，故無可待也。問：若本無此空不空，故名獨空者，性空亦明本性空，何異耶？性空從諸法本性空，今無諸法無不諸法也。問：獨空但無空，無不〔五六〕更有所無耶？答：獨空品，空絶待義，一切皆絶，百非不能非，百是不能是，能是所不能是，非是亦不是，非非所不非，百非亦不非，不知何以因之，强名其空，故名獨空，無一切伴，故名獨也。問：何以知爾？論文云，是獨空，亦名涅槃法性，豈絶百非超四句耶？問：相待對不待，待既是不自，絶待應是自？答：待相是不自，則絶於自絶，待則絶自也。不生今世後世相者，微後示中道也。斷見外道，但計今世，不説後世，常見外道説今世後世，謂神從今世入後世也。此二見是斷常，般若不爾也。示中道者，雖畢竟〔五七〕，不失罪福，故不生斷見，雖罪福不失，而常畢竟空，故非常見也。

白佛大事起文，第三歎般若能成大事，由般若能生佛，豈非大事耶？第〔五八〕三，一就果門歎，二就因門歎，三總就人法門歎。初三，第一歎般若能得勝果，二釋疑，三疑除修道。須菩先作五歎者，須菩聞佛見説般若相，故歡喜稱歎也。佛述五歎，合此是文字般若，中具説一切因果，故文字合〔五九〕受。二者觀照般若含受，由般若故，諸行方成，不由般若，諸行不成，成由般若般故，故六合也。三實〔六〇〕相含，由了實相，故諸行始成，了王譬佛事，喻教化衆生，士是化衆生士，是化衆生處也，由般若方能化衆生，衆生不以般若，化亦不成化也。經意國事，委付大臣，亦諸行委般若能成辦，此據自行也。

不取不著下，第二舉不取著釋成含受，由般若無所取書，故方成辦諸行，若有取著，何能成辦諸行耶？初取名取，取深名著也。問：若因修，不須科之也，於意云何者，汝以智慧眼，見色不取，可著不能？須菩答：佛以智慧眼，見無取著，不見取著，不佛歎之。汝未得一切智，不見取著，我得一切智，亦不見取著，故汝可歎也。

爾時諸天子下，第三雙歎人法，三，初諸天歎人法，二佛述歎，三頌解重歎，各還本處。初中先歎法，歎〔六一〕人。歎法者，從問相已來，諸天致問佛廣歎般若，能成果德，能成自行，合歎之也。能信是般若下，第一歎人〔六二〕之中，初是報重歎大千，小千人智斷，不及菩薩一日，依般若觀行也。何以故下，釋不及云，信法二行，至羅漢辟支佛智斷，智是菩薩無生忍。此義難了，既云是菩薩忍，則無優劣，若有優劣，則應不是，而今云是而優劣，所以爲難。是者，菩薩亦觀無生，名無生忍，二乘亦觀無生，故有無生智及煩惱斷，故同觀無生，所以言是也。優劣者，菩薩無生是實慧，即有方便慧，二乘觀無生，但有實慧無方便，故慧劣也，實無方便轉。二乘既無方便，亦不成實慧，菩薩既有方便，實即是實方便，故菩薩兩有也，但分與二乘，有字子〔六三〕實慧也。又二乘觀無生無大悲，菩薩雖觀無生有悲，二乘觀無生，不廣修萬行，菩薩心無生，心廣修萬行，萬行皆無生，故優劣也。論更以一義釋之，二乘菩薩，但有始終，二乘始於燸頂，終于無學，菩薩始於無生，終至於佛地，今以二乘之終，是菩薩之始，故優劣不同也。師云，須進即〔六四〕退，論主自有不異異義，故是，菩薩作無生滅觀，二乘作生滅觀，自有異又異義，不是是，故二乘亦作無生滅觀，菩薩亦然。問：此爲二，初大事對，衆歎大事起者，謂般若能滅大苦，與大樂，又能遍拔六道大苦，與六道大樂，名大事也。不思議事起者，此下四歎，皆就果德歎不思議，謂四法是也。一對衆生長寢，如來獨覺，故名佛也。二體悟般若，如過去佛成，名如來，此土同諸佛也。三自然簡聲聞，聲聞現世，從他得覺，佛則過去行因，現在自然覺了。四簡緣覺，緣覺亦過去行因，現在自然悟，無一切智也。由般若故，得四種不思議，名不思議事起也。不可稱事起者，三義，一者般若定，實相甚深極重，智慧輕薄故，故不可以輕薄智慧，稱深重般若也。二般若多智慧小，小不可稱量多也。三常無常空有，不能稱量，般若不可稱也。無量者，有云稱即是量，有言取相名量，般若不可取相，有所得心量也。又凡夫二乘菩薩，此三人智慧，不能量般若得邊，此釋般若，則非是因也。無等等者，一切法中涅槃無等，般若能令得大涅槃，故與涅槃等，二者佛是人中無等般若力，能令衆生與佛等。

須菩白佛但佛下，第二釋始學之疑始行人，謂四種不思議，餘一切法非不思議，故將果地四法，例一切法不二，故知未曾因果，亦不曾衆生佛也。

第三疑除悟道，如文。解云，此品多明不思議事，聞者多生信敬，故白衣得道多，而白衣信根强慧根弱，故得道雖多，但得初道，出家人慧相强，故得羅漢也。男女而論，女人惑重，故得道少，男子惑輕，故得道多。四者，此中不正説得無生忍事，故大乘得道少，小乘得道多也。又無生忍難得，故少，小乘易得，故多。又一乘義遍釋四句，皆是悟道，因緣不同也。賢劫得起者，二解，一云除賢劫四，依餘佛與其記，二云釋迦與其記，往餘世界佛，應非前釋也。

成辦品第五十

第二歎般若成辦因行，故以目品。此章二，先須菩五歎，二佛述。問：以五歎，今何更以作五歎？答：般若甚深，故重歎無過，如王聞身子喻，聞聞無厭足也。又上歎，歎般若能成果德，今五歎，歎般若能成自行，以重利益，故重歎也。

佛述中二，初就含受義，述成五歎，二舉不取著，釋成含受。初三，法譬合受者，論云，一經即兩種二乘，爲一種二乘。答：亦得云兩爲是，但十二乘是生滅觀，大、小乘是無生滅，與菩薩同譬也。若一種二乘，有與有奪，奪之則云是生滅觀，與之則云行無生滅觀。佛述及領解，如文。

爾時須菩白佛下，六十六品，三章。三十五品明般若妙義，四品明留，此下總五十品半經，明信般若人得。下論主退品，生起三段云，初説般若魔來破般若，今明信受般若人也。初兩段明般若法，法〔六五〕法有邪正，妙義顯正，留難是示邪，以識邪正耳耶。故信受般若，但信般若人必有相皃，故須明信德相也。又上就法門明般若，今就人門説般若。法中明邪、正兩法，人中上三人歎人爲兩，從此文竟《不證品》中，須菩提菩薩不捨一切衆生，説必是願，十一品經，正明三根人信般若體之相皃。第二從《不證品》中，菩薩作是念，我不應捨一切衆生竟，度空品下，唯明三根人依信修行。初文爲兩，第一此品略明三根人信德，第二從譬喻十品領經，廣明三根人相。初明三根，信根即三也。先問次答，往生信毀及此品，凡三句異者，往生，身子問習應般若，來往生之處，聞至〔六六〕果報也。信毀，身子問信人因果，凡四句，一問問果，二問問因，今此中須菩，的問信解般若，信人因果，不問往處，但問果不問因也。此總問信，經初已來，二段般若者，所從來處也。佛答爲二，初明三根人信相，第二總明中下二人爲失。初明三人爲三，初答上根人三處來，二答下根人人中來，三答中根人亦人中來。三人異者，上根人具三，謂聞及解，亦行也，中根亦聞亦解，不行也，下根唯聞，不解不行。初人三處來，如文也。《往生品》明三處利鈍，其利鈍，天中及他方來則利，人中來則鈍。今此中明三人信解，而不判其利鈍者，爲上品已明利鈍，故不煩文也。復有菩薩，先世雖聞，不明中事，第二下根人也。復次先世雖聞，不行不明，中根人也。既其先世不如説行，故不得久信也。若求佛道下，第二總明中下二人之失。

譬喻品第五十一

此下第二十品，廣明三根人行相。爲二，初四品，明中下二人行相，從《不退》至《不證品》

中，明上根人行相。大判如此耳。上品先明上根，次及中下，從深向淺。今先明中下，後明上根，從淺向深。又天勑應爾，前既略中下接，次即應廣明中下也。四品爲四，第一此品舉法譬，勸中下二人推失脩得。第二《知識品》，觀中下根人憑善知識習妙行。第三《超[六七]智品》，明中下根人者標大果。第四《大女[六八]品》，明中下根人如如而學。

初二，第一借喻，以明得失，二者法說，廣明有方便義。從初段爲同云[六九]《譬喻品》有四譬，第一譬明依二慧，不依二慧，故度生死海，不度生死海。第二譬明得二慧，未得二慧，故得諸功德，不得功德譬。第三明得二慧，不得二慧，遂本願，不遂本願譬。第四明有二慧，無二慧，能至佛道，不能至佛譬。初得失雙開[七〇]雙合，白[七一]下三譬得失名開，初譬先爲失作譬，次爲得作譬。生死爲大海行者，身船船壞，是無先至時也，不取物者，不以般若及方便心修行，護水死者，捨[七二]及得天人果報也。此猶是《大經》有所得者，二十五有也。次爲得作譬，如失下雙合，可見第二瓶譬，先作失譬，及合瓶譬，菩薩道未得二慧，火燒故不熱，不能持六度功德，至無上道也，遂歸於地，得人天果地，還合同凡夫也。次明譬及合，如文也。第三得二慧不得二慧，不遂本願遂本願譬，前明未得二慧，永在願譬，及合彩是菩薩道，未得一慧，乖治觀行心也。實物是五度彩，與物各異處，與本願永，或得人天果義，墮二乘地亡大利，謂一切智也。第四者病人是有二慧無二慧，至佛道不至佛道，具六十二見爲老，具百八煩惱爲病，從三界床起，我當作佛二人，即二慧方便實，故不著有，實方便慧，故不著空。不著空，不墮二乘地，不著有，中凡夫地。無二慧，故或墮聲聞地，緣覺地，爲十里二十里也。問：此中就得失爲論，應有八譬得失，合論應四譬，云何五譬？答：論開老人一譬爲二，段五也。問：信忍等，云何是耶？答：有二，菩薩一得深悟無，二未得，但有信忍等也。信行六度等爲佛，雖具信忍淨，有深有淺，故須深心。四事因緣，欲得無上不欲餘，故説欲了，了知佛道爲大利，餘世間爲非，故説爲解，欲解定心，故内能捨，爲捨故行精進，故説精進也。

爾時佛讚下，第二就法説名，明方便無方便，合[七三]捨無方便，得有方便也。無方便二義，一者内著我，二外著諸法也。守二義，一者實慧方便護，合不墮無見中，方便實慧，則不墮有見中，能遮二見不起，名爲破也。又福慧二護，五度邊得福，般若邊得慧，二事圓故不失佛道。前云何菩薩事，謂空道福慧道，凡夫無空道，二乘無福道也。

知識品第五十二

此下，第二觀中下根人憑善知識，習成妙行。善知識二，謂人及法，上品示得失，是法善知識，今是人善知識。善知識三品，上是佛欲滅四依，三是凡夫人，中能説無所得大乘法者是也。法中謂大乘正經，大乘正論，大乘巧説，無所得義疏，亦是上、中、下三品也。品三，初依善知識習成自行，二依善知識習成化他行，三二行既成，出信解人相也。

先問次答。答中善知識先示其小大，合其小大善根，莫問三有及二乘，令向佛道。次示其得無得，合[七四]脱有所得迴向下，廣出有所得過，令其捨之。

白佛希有下，第二明習成化他行，先歎次述。述中前列九門，次釋九門。安隱者，能破煩惱故，令得安隱也。第二乘世間自有，雖安隱未必樂，如人報苦樂，雖能治病而不義，復次説乘世間也。云救世間者，衆生内爲煩惱罪業所遂[七五]，外爲魔民所遂，唯佛救之，餘無能救也。四世間救者，歸者衆生身，以苦煩惱歸誓，佛能令離之。五世間依者，餘一切有爲顛倒人，法不可依止，雖[七六]佛可依止，依止故爲其説，無依法令悟也。六究竟者，爲衆生説法，實相是究竟，自餘九十六術，皆非是道化。七爲世間門者，非是涅槃四邊，即是四流，令離四流，永置涅槃門上也。八將道者，佛以心八正道，引衆生置涅槃門者，名爲將道也。次釋第九歸趣，廣者論二義，一者趣是九會法，歸故廣釋。二者以後廣例前，亦廣前略，例後亦略，但乎文此中，凡二十四類也。一切法趣空者，一切法皆畢竟空也。非趣非不趣者，一切法無趣空，則知諸法不有，不有故亦不見，非有故非趣，不無故非不趣也。是趣不過者，過名出趣無所出，法性實相者，恣言何必趣空，亦可方法趣餘處，故明縱空，更無異趣也。此空是道之别相名也。又衆生心多異趣，趣三有二乘，及九十六道，乃至心終有所趣向，故今明一切法趣空。趣空者，令心無所趣也。一切法趣我者多音[七七]，諸法趣無生不趣我，言我異無生，故今明趣我，我即無生。我即是道下，諸事皆爾也。

白佛誰能信解下，第三明二行既成，出信解人相。所言三毒斷離者，悟無所得人顛倒，亦薄無得觀强耳，非常斷也，得無生現前時斷也。

趣智品第五十三

此第三明中下根人者標大果，文三。第一明由般若故趣薩婆若果，二識驗信般若人相，三明能如所驗釋[七八]法不著，秤順薩婆若也。

前問次答已，上明非趣不趣。今所以問趣答趣著，以明非趣不趣，乃是趣道耳，故見趣不趣，皆名不趣，如對苦明樂來[七九]是如樂，非苦非樂也。又上破諸外道，言有未來法趣現在，現在法趣過去，故云無此趣不趣耳。今菩薩無所得因，不趣三有及二乘，三有及二乘，皆是有所得因，此無所得果也。又亦得手禪上有趣，今破無趣，令離二見也。初三意，一明趣因行果，二明趣化他果，三釋二趣意。初問答，如文。次白佛一切衆生歸趣者，明他趣，以菩薩得此悟，故爲衆生歸趣也。修般若後，第三雙釋二趣，趣般若故，二趣成也。

佛心疑云，應修方趣種智，然後爲物歸趣，云何乃言，但修般若。故釋云，修般若是修一切法也，一切行由般若乃成也。恐物言有般若可修，故言無所修行者，外無法可修，故言無所修，心内能修，故言不久修也。外行及内心皆可破壞，故言壞修，即是釋無及不受修意也。

爾時佛告應驗出下，第二驗得外人相。上品壞説其人相，今更令驗之。若心有所著，則非阿鞞，若無所著，便是也。以名相試之，一無所著，無所著者，於般若觀尚不著，況復著緣耶？此即緣寂空，觀空施〔八〇〕義也。二因證不隨他教，在家人著五欲，出家外道著邪見，此二人言，此皆是虚妄，救不墮之，乃至佛身來説異法，亦不信也。三者雖未得道，不隨三毒所引。四者知善法味，故常不離六度。五者聞深法不怖，歡喜受行，如飛鳥聞香則怖，孔雀大鳥聞，則歡喜而僊也。次出往因，釋成第五相也。

白佛下，第三明能如所驗，於法不著，便能隨順一切種智也。二，初明隨順種智行，如文。白佛以空隨順行何等法下，功一〔八一〕出所求種智相也。此文有二，初明不行一切法。何以故下，正出一切種智相也。無作法無壞法者，明一切種智是無爲法，不可作無作者，不壞可無壞者也。不從六道度中成，亦不去其佛法中，名〔八二〕不未去有爲法，是虚妄故不住，無爲淺無憶想，故亦不住故云。不住無數者，五陰和合有六道數，破五衆相續，故無六道數無量，無量故言語道斷種智，如此登可以行色得之，乃行一切法得耶。故言不行色，乃至不行一切種也。何以故？色即薩婆若下，既不行一切行，云何得一切種耶？即釋了此色即是也。

大如品第五十四

此第四合中下根人如如而學，具成上三品，以如如而學，故是有方便，不如如而學，名無方便。如如而學是近善知識，善知識亦教如如而學，亦如如而學起一切智，不如如而學，則例趣願也。成論師明，如是真諦理遍即萬法，故言大如，但如是頑境，非是智慧。北釋論師亦云，如是實相般若，亦是頑境。此二如，皆言非是善法。地論師云，真如佛性，法界真諦，故如是智慧，但非修習而有，古今當定。今問：若智慧，何因說爲學，此非慧何由成慧耶？答：是因體智慧。古今當定者，復隨外道自然義，今明如何曾境智，亦何曾大小，爲物故强美爲大，爲物故隨緣境智也。亦對中下小，如名爲大如，下如謂地堅水濕等，中如謂苦無常等，上如無生滅等。今明上如故云大如，亦如何曾有三耶？假名無三説三也。

品五，第一餘前人歎菩提甚深，二歎甚深，三明得失，四明菩提難易，五明修菩提行。初歎菩提甚深者，上未明色即薩婆若，故今前歎菩提甚深。菩提以甚深者，由如甚深，正遍知甚深耳，故歎如甚深。愁一如無二，有悟有還者，良由學有得失，故第三明得失。愁行有方便，故菩提易得，無方便，故菩提難得，故次明菩提難易也。既識菩提難易，故修起菩提行，第五明修菩提行。

就初段爲二，第一諸天歎，第二須菩提歎。諸天歎中爲兩，第一甚深歎無，二受[八三]無捨歎也。初中先諸天聞佛上説心信，次發言歎。發言歎中二，初作甚深歎，二釋歎。釋歎甚深者，諸天聞佛上説心信，但智慧不及，故言甚深也。一切世間不信者，小分一切也，有所得人與般若相反，故不信也。微妙寂滅智者，能知如《幻聽品》中，明四種人能知，謂下中二人，小乘中二人也。何以故下，第二分上品，未成甚深歎也。第二佛述中，先述甚深，第二釋歎，次述第一甚深歎。佛初成道樂嘿然者，若是生死涅槃二法，及淨不淨内理，佛即應説之，何事樂嘿耶？良由未曾生死涅槃，不曾衆生佛真之與俗，不知何所言以樂嘿也，即分此上聞，成上如義也。而今説生死涅槃開真俗者，無名相中，引導衆生强説也。何以故下，第二述甚深歎中，此初兩，何以故正釋常樂嘿然，諸天子如虚空下，廣舉法譬歎甚深也。刹時諸天子下，第二無受無捨歎，先歎次佛述。諸天聞所説，知此法無一豪可取，故作無取捨歎。佛述如文，第二須菩作四云，此法及人情，今歎歎一隨順歎，佛及諸天聞歎者，隨順也。二無礙歎，三無生，四無處，所知如文也。

是時欲色諸天子下，第二歎如甚深，爲二。第一就十門廣明如甚深，以辨隨生義，第二三聖共明如體，雖彼諸天所得心，明不生義。初中先歎爲佛子，論云五佛子，四果并法位菩薩，此五親禀佛生，故名佛子。緣覺因中禀故，果不禀故，故非佛子也。亦出無文佛可尊，故又非子也。三種菩提中，明羅漢辟支佛是菩提，菩薩非菩提，菩提是無學智，菩提未究竟，故不與菩提也。五獨菩提，唯佛菩薩，菩薩爲用〔四〕，佛菩提爲果也，則二乘非菩提。二乘與菩薩皆菩提，故是前爲三句也。《大經》云，二乘是野干子，非師子。師子者，此是有所得，二乘非佛因，故不説也。今可具二義，一者二乘人通禀佛教，佛教生皆名佛子。二者須菩提是般若，聲聞大小之以，皆是般若用，皆名佛子也。《論》又云，共三乘般若，與二乘共説，故二乘是佛子，不共般若，唯菩薩説，則菩薩是佛子，聲聞非佛子也。次須菩提以十門明隨喜，如生釋諸天從佛教生義，從佛教生者，此是隨佛生也。大意欲明，三乘六道同一如，若悟如而生，無非佛子。又佛如須菩提如，不異，則知天性相關，稱爲佛子也。十門如文。過去不在未來中者，非是將過去如安置未來如中。《論》云，如空不在空中，住世過去即未來如，三世皆一如故也，動地證説也。爾時天子，第二三聖共明如體離相，破諸天著情也。先諸天歎即是著心，謂菩提非皆慧，令一切法皆如佛法，故皆如，以辨隨生義，諸天心尊貴此如，故歎也。次破著中三聖破，時衆悟即四段，初須菩提以四門破，二身子就因果門破，三佛述身子破，四時衆悟道也。初四門破中，先以四門破，以何以故釋破，就色開即離二門，明衆義。即色無有須菩提生，次就離色亦無須菩提生，次就如亦即離二門，明無須菩提生義，先是世諦即離，次就第一義即離，俱無生也。何以故，釋二諦即離，俱無生者，良無有隨生人，無有隨生法，凡論有生，若不人生，便是法生，人法無從何物隨生也。次身子就因果破者，名爲因，如爲果，論作説因色故得如，如是果也。色尚無雖[八五]無所生，未明無有能生之如，故今破無有色及妙何處，有生即破無所生耶？無智無能生即無境，如此境智，如不如畢竟不可得，衆見寂滅，如名爲道故下，時衆得悟也。佛述及時衆道，文處可知。問：此文前後相違，前言是如是實法，後言色尚不可得，況如耶？答：不違也，良以色與如皆不可得，非如不如始是如耶。

六十菩薩下，第三明得失。法譬合法中，先明失，次明得，中前及料簡，如文。問：六十菩薩學般若成二乘，有聞般若成菩薩不？答：文中列應有也。上來明三百比丘得無生，乃至諸天人以得無生，亦通得是也，此如服藥成毒也。可具四句，聞大法悟小，聞小悟大，聞大悟大，聞小悟小也。問：聞小悟大出何處？答：《中阿含》受彌勒記，觀豈非得？悟大與記也。問：文云行別異相，故得別異果，何得餘處云，一切二乘賢聖，皆以無爲有差別？答：《論》云，佛此中出六十菩薩，先世作有所得行也，當其今世證羅漢時，亦得無分別證。有菩薩不遠離下，第二明得也。大鳥下，第二譬也，此是失。上聖翅鳥，呪在舍摩梨樹上，如人間之鳥雀爲也。此鳥不來人中者，其食龍翅，頭出毒扇，人眼失，故不來也。鳥譬菩薩大者，喻廣劫行行，無有二慧之翅，三十三天喻三界，欲飛虚空，喻佛法畢竟空，無翅欲飛，方便行畢竟空也。以[八六]無翅飛則墮土地，受若死等苦，及以痛惱無方便，故行空無相，墮二乘地，墮羅漢地，爲死墮緣覺。次死失菩薩願，爲痛惱也。合譬中三，初具合得失，二身子領解得失，三身子結勸恒沙。初者合大身也，遠離般若及方便，合無翅墮羅漢，合若死等苦也，有菩薩明不遠離，明得文。次身子領解及結勸，如文可尋也。

爾時諸天子白佛下，第四明菩提難得。文六，初諸天子明菩提難得，二佛以身子爲證，雖〔八七〕難得我亦得，三須菩云易得，四身子從易得，五佛讚成，六釋疑。天子云難得者，六十菩薩曠劫修行，而墮二〔八八〕地，故難得也。文諸天自釋難得，應知一切法實無一切法，此是二慧〔八九〕難成，而斷常易起，故難得也。第二佛言我亦得者，雖復難得，而我是親得之人，汝勿言難得，不得求也。次云易得者，佛約無方便者爲難，今就有方便故爲易，難易出緣，菩提未曾難易，生死亦未曾難度易度，如四百觀中説也。第四身子難易得義，現疑見六十退還，又佛上《大明品》云，我以佛眼見，六十方發菩提心，一人二人住阿鞞也，云何言易？次須菩四義責學退人，謂即色離色，即如離如，竟無退法，令誰退耶？以見有進退，故是退以耳，若知無退，則無退也。次問爲有一菩薩乘不者，此問言，若有一菩薩乘，則有退也。答云，一乘如退，四求退無從亦四，求一乘不得，故知道門未曾三一也。次明中無三無一，恐墮邪見，故怖，所以云，聞此不怖，便得不退也。何者四義，不見退不得亦四義，退無從，令誰怖耶。第五佛讚，如文。第六釋疑，身子聞無三無一，未曾是何菩提。故佛悟無三無一，即是佛菩提，亦有三成有所得，是二乘菩提也。

須菩白佛下，第五明菩提行，既聞無三無一，成佛菩提，故問菩提行，凡成菩提具，次福慧上成，明無三無一進退是正慧，今復須修功德後明之也。就文爲二，初明菩提行，二明時會得道。初二，一明行無礙因，二明得無礙果。初二，一明七心，二明行等心慈悲異，等通四等，慈是一等。又直捨怨親爲等，起慈心爲慈，又等是六道，皆無生平等，慈者雖平等，無生而起，無緣大慈也。下意者雖起慈，復次下意如好愛罵，不敢生瞋也。自不欲下，第二明四行即是自行佛地，歎人也。十善四十四行，此是行舊法十二門禪。論云，離欲凡夫十二行，謂俗自行十二，即十二門禪也。菩薩則四十八行，十有四十行文。若行十二門禪，十禪即四十，餘二禪後八也，從四禪至六度，皆密法也。得是無礙色下，即二。得無礙果下，第五悟道多告此，此以具明空有義。從品初來多明空義，從七心來明有行空，有二行功平等，令衆生離二見，故得道多也。

大品義疏第八卷

本云

久安六年正月二十七日，以勸修寺本寫了。

次且交了。

無相大乘珍海執筆

校勘記

〔一〕「明」，底本原校疑衍。

〔二〕「爲」，底本原校疑後脱「二」。

〔三〕「上吉」，底本原校疑爲「善」。

〔四〕「上」，底本原校疑衍。

〔五〕「身」，底本原校疑後脱「子」。

〔六〕「益」，底本原校疑爲「答」。

〔七〕「行」，底本原校云一本作「得」。

〔八〕「地」，底本原校疑爲「身」。

〔九〕「喜」，底本原校疑爲「遠」。

〔一〇〕「無」，底本原校云一本作「天」。

〔一一〕「地」，底本原校疑爲「第」。

〔一二〕「益」，底本原校疑爲「答」。

〔一三〕「扁」，底本原校疑爲「遍」。

〔一四〕「度」，底本原校疑衍。

〔一五〕「滅」，底本原校疑爲「減」。

〔一六〕「滅」，底本原校疑衍。

〔一七〕「雖」，底本原校疑爲「誰」。

〔一八〕「聞」，底本原校疑爲「問」。

〔一九〕「四」，底本原校云一本作「三」。

〔二〇〕「去」，底本原校云一本作「云」。
〔二一〕「六」，底本原校云一本作「天」。
〔二二〕「雖」，底本原校云一本作「難」，下三「雖」同。
〔二三〕「試」，底本原校疑爲「誠」。
〔二四〕「可」，底本原校疑爲「何」。
〔二五〕「二」，底本原校云前當有「初」。
〔二六〕「合」，底本原校疑爲「今」。
〔二七〕「功」，底本原校疑爲「今」。
〔二八〕「若」，底本原校云一本後有「云」。
〔二九〕「雖」，底本原校云一本作「難」。
〔三〇〕「被」，底本原校疑爲「彼」。
〔三一〕「未」，底本原校云一本作「來」，後有「行來」。
〔三二〕「劫」，底本原校疑爲「却」。
〔三三〕「劫」，底本原校疑爲「却」。
〔三四〕「劫」，底本原校疑爲「却」。
〔三五〕「方」，底本原校云一本作「万」。
〔三六〕「不」，底本原校疑爲「未」。
〔三七〕「那」，底本原校云一本作「耶」。
〔三八〕「手」，底本原校云一本作「乎」。
〔三九〕「知」，底本原校疑爲「和」，下一「知」同。
〔四〇〕「使」，底本原校云一本作「便」。
〔四一〕「向」，底本原校疑爲「迥」。
〔四二〕「堅」，底本原校疑爲「慳」。
〔四三〕「無」，底本原校云無。
〔四四〕「無」，底本原校云無。
〔四五〕「就」，底本原校疑爲「熱」。
〔四六〕「口」，底本原校疑爲「開」。
〔四七〕「菩提」，底本原校云一本作「示」。
〔四八〕「相」，底本原校云一本後有「諸法實相」。
〔四九〕「二」，底本原校云一本無。
〔五〇〕「可」，底本原校疑爲「無」。
〔五一〕「土」，底本原校云一本無。
〔五二〕「因」，底本原校疑前有「無」。
〔五三〕「明」，底本原校云一本無。
〔五四〕「説於」，底本原校疑衍。
〔五五〕「口」，底本原校云一本前有「故」。

〔五六〕「不」，底本原校疑後脱「空」。
〔五七〕「竟」，底本原校疑後脱「空」。
〔五八〕「第」，底本原校疑爲「有」。
〔五九〕「合」，底本原校疑爲「含」。
〔六〇〕「實」，底本原校云一本作「寶」。
〔六一〕「歎」，底本原校云一本前有「次」。
〔六二〕「人」，底本原校云一本後有「歎人」。
〔六三〕「子」，底本原校云一本作「了」。
〔六四〕「即」，底本原校云一本無。
〔六五〕「法」，底本原校云一本無。
〔六六〕「至」，底本原校疑爲「經」。
〔六七〕「超」，底本原校疑爲「趣」。
〔六八〕「女」，底本原校疑爲「如」。
〔六九〕「同云」，底本原校云一本作「因三」。
〔七〇〕「雙開」，底本原校云一本無。
〔七一〕「白」，底本原校疑爲「自」。
〔七二〕「捨」，底本原校云一本後有「水」。
〔七三〕「合」，底本原校疑爲「令」，下一「合」同。
〔七四〕「合」，底本原校疑爲「令」。
〔七五〕「遂」，底本原校疑爲「逐」，下一「遂」同。
〔七六〕「雖」，底本原校疑爲「唯」。
〔七七〕「音」，底本原校云一本作「者」。
〔七八〕「釋」，底本原校疑爲「於」。
〔七九〕「來」，底本原校云一本無。
〔八〇〕「施」，底本原校云一本作「旋」。
〔八一〕「功一」，底本原校疑爲「第二」。
〔八二〕「名」，底本原校云一本作「各」。
〔八三〕「受」，底本原校云前當有「無」。
〔八四〕「用」，底本原校疑爲「因」。
〔八五〕「雖」，底本原校云一本作「難」。
〔八六〕「以」，底本原校云一本作「次」。
〔八七〕「雖」，底本原校云一本作「難」。
〔八八〕「二」，底本原校云後當有「乘」。
〔八九〕「慧」，底本原校云一本作「意」。

大品經義疏卷第九

胡吉藏法師撰

不退品第五十五

舊云《序品》《魔事品》《阿鞞跋致品》，所以有三者，此依論意生起耳。論云，初説般若義中明留難，今説阿鞞相也，即前六十品，三段明之詔之也。阿鞞，此云不退，退三種，行位念，釋之不同，南北異説。北人云，習種之初，一發菩提心，必得成佛，後遭苦難，不可動轉，名位不退也。行不退者，布施持戒，一切諸行皆能修，假使外道天魔，不能阻壞，其退轉性地，菩薩已能成就，名行不退也。三念不退者，現見實相煩惱都盡，疑網亦除，名念不退也。三不退中，今明阿鞞者，此是初地已上，無生忍地，取正解不退義也。南土人云，退有四種，一未滿一恒沙前，共位中，二滿一恒沙，至六心已還位退，三七心已上，至六地行退，四七地有念退，八地已去，具免四退。今師有時云，非是三十心中，七心勉位退，皆爲是十信中，六信是位退，七信以上勉位退也。又今論不退者，有二種阿鞞，一學阿鞞，雖未得無生忍，入菩薩位，久種三多，今聞般若，畢竟不退。二今品具二義，以後爲正也，小乘人從三僧祇劫，未是阿鞞，後百劫種，三十二相業，方是阿鞞位也。問：故㈡説阿鞞相耶？答：四義。一者爲阿鞞人説阿鞞相，曠劫行行，求不退轉，今悞無生，逐當本門，故説其相皃，令生歡喜。二者欲令不退之流，自知心量不過，自取恃慢失道。三異其人位，欲令衆生皈而受化。四者今未得阿鞞識之，昉其修行也。

就文有六品識經，即是第二大段，明上根人行相。就文爲兩品，明上行人相，第二《深奥》去至《不證品》中，秤歎阿鞞菩薩，行位無異。就初爲二，第一明阿鞞菩薩體相，二明阿鞞無生果報相也。

初中先問次答，問中行類相皃者，一解云，三事無異也。又云，行阿鞞人三業同，必上業表其人相也。類者，以智慧分别，此是阿鞞類，此非阿鞞也。相皃除行類，更以餘事得知爲相皃也。問：行是其三業，此據所以類，標能知智慧，除此復有何相？答：行直就阿鞞三業，異餘人見其如此三業，即是阿鞞，名之爲行，今今〔二〕或見聖正彼守護之，故是因餘相知也。佛答：諸地皆一如者，其行悟了悟二乘六道皆一如，故知未曾凡聖，亦不曾大小，此得無生慧，故名不退人然也。直定無擬者，觀般若地，同是一如。

雖復諸魔外道，説彼人天二乘，對樂直進退不迴，亦不作無益語下，第二明無生果。論云，上明阿鞞正體，自下盡是畢竟空無生忍，故能不説無益語，及諸魔不能，故是行果報也。就文爲兩，一明阿鞞分内已成就行，二明分外勝進行。初中爲兩，第一麤相已成就行，二細論已成就行。初中又二，一明開行縛〔三〕二章門，二釋兩章門。初標行章門，次標縛章門。此中明上人三章爲行章門也，不説無益口業，必有五乘之利，及有利之遠緣及發言也，無則不言也。不觀他長短者，聞二乘不化物，可不觀其短長，菩薩欲化物，應其好惡，云何不觀長短？答：前緣可化，則觀其長短，而誡勸之不可化，即説長短，則增其罪也。無行類爲相者，上爲人未識上人三業相，故説三業爲相，今時會聞上行相，便欲從上昇高，生於取著，故佛今明無相乃是其相也。

向佛於何法輪下，第二標轉章門，上行門但明身口業，今轉是意業也。然亦得二章，爲略説行轉義釋兩章門，亦得是廣説行轉義也。轉名不轉者，二業，一者無所有，故名無所轉，名爲不轉。二者如此轉，畢竟不退轉，爲不轉也。不觀外道下，第二廣説行轉，即釋四章門，即兩釋初門，爲三。第一明離内過爲上人行相，二離惡爲上人行相，三雙結三〔四〕轉爲上人行相。初有十八復次，明十八種行觀，不觀外道面皃言語者，明是外道必正見，若有正見，必非外道。今不觀相皃，其面是及言説，此外道或有正見，或無正見也。不生疑不著戒取，及隨邪見者，初果人斷五見疑，今初得無生此事也，耶見是四見也，并戒取爲五見，故斷五見及疑也。深信因果四果，故不求吉事，及供養餘天破慢本，故不生下賤界，不鄙他功德，常勸聞善法，故不生八難也。具足行四十種善法，云何十善不如〔五〕凡夫二乘，不具足行及有所得也？於甚深法不疑悔者，上是於四諦無疑，猶濫於小乘，故今明甚深法中無疑也。無八萬户虫者，法身阿鞞故自無也，肉身阿鞞亦無也。八大地獄下，第二離外道爲上人行相，凡四事。初云，佛授地獄記大小，凡爲菩薩，必代物受苦始發心，未能真代，阿鞞是真代，佛即授阿鞞記，豈非授獄〔六〕記？又如人發願生，復遂生天，菩薩發願代物苦，豈不受耶？阿鞞人皆代物受苦，是善出，豈足入地獄？方便入者，則不復苦也。第二勸令捨前所修行願，此皆是非師之説也，恐相悮義，故宜應棄之。第三説三界繫法，令捨行願，一生受身已是大患，況復逕歷生死，豈可忍耶？爲我説似道者，得初果爲真道，今乃説初果之方便，故爲似道也。雖欲見損，乃爲大益，遂因似識真，因真識似，故爲益也。菩薩所以坐嘿然者，是大人，故不與魔諍。又既有大益，次願正聞之，若友之體〔七〕秤非，則魔不得更説，便失利也。是時其魔下，第四事魔見菩薩嘿然，便言信受其法，故魔取餘人證，前言弘法人，次正化作多人，如文。復次須菩提菩薩作是念下，第三雙初結内過。若菩薩覺知下，結外緣也。

向佛於法轉下，釋第二轉不轉章門，有三。初正明轉不轉，二明惡緣不能動，三明於善法得自在。初如文，轉一切有所得心，即是不退轉菩薩也。

堅固品第五十六

有人言，不退與堅固，左右相成。所以不退者，由堅固也，所以堅固者，由不退也。又人解云，内煩惱不能壞，爲不退，外惡緣不能動，爲堅固也。一論釋三心，言煩惱箭射不能入，爲堅固，於三菩提不退，爲不退，外惡緣不能動，爲不動心也。品初是第二外惡緣不動，上四事歷[八]以有法不能動，今以空教，望令福也。然在空有心，即是魔也，波若與虚空等者，佛果空也。諸法亦空者，萬行因果也，此二句法空也。無有得菩提者，即無得果行因人，人空也。亦無失者，上來明無人法無自行，恐云有失，道者萬化，故今明無失者也。汝所聞菩提是魔事，指前佛説爲魔，指後魔説無爲佛説也。前前實是佛説，言今外道等魔語，前人云，此是魔説，非佛説也。後無佛道等，實是魔語，前人云，此是真佛説也。菩薩覺知者，道道空有耶。汝著空見，故云空爲道也。雖自相空者，更簡也，魔行明空是耶，見空佛法，明自相空，不壞假名，説實相也。白佛轉故名阿鞞者，不問因，佛答，三心中有不轉心，又云，行六波羅蜜，入菩薩位，此是轉心。二云[九]相違，是故今問：不縛名阿鞞，縛亦名阿鞞耶？佛答：縛不縛俱名阿鞞者，論云，世諦故説於二乘地，縛名阿鞞，第一義諦實無所縛，亦名阿鞞也。復次菩薩善入初禪，第三明於善行中得，縱任自在也。於四儀中入出一心者，左行正觀，故云一心，又恐惱衆生，故於四儀中一心也。在居家閻浮珍寶布施者，雖復道路遍，時從檀爲行首攝物之要，示故若家也。爲轉[一〇]王故，四天下物布施，爲大梵王，大千珍寶施也。金剛神守護者，無生忍菩薩不假外護，但既無生，故任運得此果報也。又餘天龍見此神守護菩薩，則增加信敬，又使未得阿鞞之人多怖畏者，令其欣慕也。未得佛時，則隱形護，得佛時，現形護。五性者，一云有五大神，即地水火風空神也。又云，執五種物爲法，一執金剛，二執鏡，三執和雅羅，四執境界，五執安隱也。次明得菩薩五根者，五根有三，謂凡夫二乘菩薩也。二乘倐生滅觀，故無菩薩五根，故不見聞菩薩形教，如入法界五百聲聞，如盲聾也。如人無五情根，故不能見聞也。問：菩薩得無生忍之菩薩五根，亦應不見二乘？答：盲可不見有眼，有眼云何不見盲耶？問：餓鬼惡業故見火，人善業果根〔二〕，菩薩不應見？答：此中亦勝能見劣，是善業也，不作呪術者，不作耶命事也。

今當更説下，第二明細論純熟行也。不好陰界入事者，此有何定相，而決定執無，如數論之流耶？不好説官事等者，自行則一行求實相妙慧，若化他，則六道衆生皆隨火宅之中，行急救之，何暇得轉〔三〕輪此罪？事事爲此二義，不説閑侣事也。外道無有正道，唐受供養，不知何以報他，故説國土成敗吉凶事耳。行檀時不爲慳事者，論云行六度，不説六弊事也。

具足菩薩神通下，第二明勝進行也。處魔事著實際中者，魔以顛倒故，實際成魔際，菩薩了悟，魔際是實際也。作次〔三〕身來者，魔上説空有教不動，菩薩今復作佛身，望欲福也。魔必知是真阿鞞，則不亂之，爲未識故，破諸誡也。護真空不惜身者，邪見亦説空二乘，及有所得，亦説空皆非真空，今中道無所得空，能破有無諸見，故須護之。問：何故不言護有？答：欲空一切見，故言空也。問：天龍語不疑悔者，爲天龍語皆是佛法故也。又聞正知是正，不疑正見邪，邪亦如此也。

深奥品第五十七

此品四是，第三歎阿鞞人行德無邊也。深奥者，論中歎阿鞞人所行處，甚深淵奥作名。師有時云，借喻入海，斯潮奥避有無斷見也。如入海中，大風起入潮奥中避之，今有斷少，風起即入深奥中避之，故云《深奥品》也。爲三，第一明自行功德無邊，二明化他功德無邊，三雙成二行得成。所以然者，欲明菩薩運心，則前人後己，應前化他後己，應前化他後自行，今先自行後化他者，但要須自行得成就，後能化他也。此是爲他，故修自行，若不爲化他，則不須自行，此乃是他得也。然自行化他二行成者，要由學空不證，故不墮二乘地，亦不墮凡夫地，然後二行方得成耳。故第三釋二行也。

初三，第一明因行無邊，二明因行無邊故，得菩提果，第三釋疑，破以成上義。初中爲三，第一正歎菩薩因行無邊，第二格量顯勝，三者釋成勝義。初三，第一因上二作三種秤歎，二者釋成三歎，第三明菩薩秤理脩行，功德無邊也。初中須菩提作三歎，次佛述。所以設三歎者，此中所歎，猶是上二品所明功德也，但此大士功行無量，若當曲辨其相，則窮劫不能盡，將欲問其玄根，振其對要，故總作三歎也。次佛述，如文。何以故下，第三釋成三歎，就文爲二。第一舉大智釋深境釋，所以功德無邊者，良由有般若大智故也。住是智慧生四無礙者，具唯一般若也，離一般若爲四無礙也。一般若即是自行，四無礙即化他，知諸法實相，是義無礙，識諸法名字，是法無礙。是名要由語言故，次辭無礙，具知三[一四]事隨物所樂而説，名樂説無礙也。白佛佛恒河沙劫歎者，佛上二[一五]品已説阿鞞相，今開四無礙，則更欲歎阿鞞功德，是故歎佛，佛智無盡，阿鞞功德亦無盡。古解云，須菩提將欲窮其淵底，故詩息其枝末，若曲并功德，沙劫未周，今請略其末事，欲問其根，下問深奥即根本也。

何等深奥事者，第二舉理深奥釋成三歎，由體深理，故生大智，是以深理爲根本也。有大知故，破上三歎也。佛答：三空爲深者，凡夫邪見空非深，二乘但空亦非深，此是菩薩不可得空不見空，不見不空故名深也。無生滅亦三，一凡夫見諸法常，故無生滅，如僧佉二十五諦，雖麤細不同，終無所失，即是常，故無生滅也。次二乘無生滅，故無生滅，此是但義。三菩薩被[一六]生滅，不著生滅，亦不著無生滅也。無深染者，染是煩惱，甚深難除，今能除深染，故名深也。如法性，學之多僻悞，故深，涅槃二義，一者九十六術不能得，故深，二者一切賢聖入者，不更退還出，故深也。非即色離色者，論云，如陰成就，非即非離，此是因果義。今還是因如是，果亦不得，即離色是生滅，如無生滅，如無生滅故不可即，離生滅何處有，無生滅故不可離也。亦得雙彈即離兩見也，以方便離色處涅槃者，二乘無方便力，離色而住涅槃，菩薩方便力，雖離色不著涅槃，以色故不著生死，方便力故不染涅槃。

須菩提若菩提下，第三明稱理而行功德無邊，爲二。初明功德無邊，二格量。今是初問：二乘無邊法破裂，生死尚無果報，今無生忍菩薩，云何得大果報？論一解云，二乘煩惱盡，無果報，菩薩煩惱未盡，故有果報。二云，二乘證實際燒盡功德，故無果報，菩薩不證處有生，故有果報。三云，少於實理僻，故得福少，於實明理不僻故，故得福多。菩薩秤實理而行，其福彌多，云何言無耶？一日行般若下，第二格量，爲二。初自分功德格，二他分功德格。今是初，有人解云，菩薩一日行般若功德，且分爲十分之餘殘一分，取此餘殘一分功德，比無方便有所得，滿恒河沙大千功德，不及此餘殘一分也。猶亦不咸[一七]者，此是不等義也，此解二義非也。今正是自分無所得功德格量，云何及格量有所得格。有所得格有得下，七種格量，復是何物？二者不咸應不相感，此是義云何乃云不等，又不咸之意，都不然也。依論釋，一日行般若功德，定有形取[一八]，滿十方恒沙大千世界，於一日中正功德體，猶自不滅，喻如取大海水，一時出外，而於大海水都不覺咸。今亦爾，取一日功德，布施滿十方恒沙大千，而本功德猶不覺咸也。餘功德即正功德體也。有分不及者，取滿洹沙世界功德作一分，正功德體復作一分，明恒沙功德比正體功德，百分不及一，乃至譬喻不及一也。總持師云，滿恒沙功德爲方便，對正功德體格量。此不成解，此中不論方便功德，如前解真格量，一日行般若功德少多也。復有論師云，取恒沙方便功德作一分，取正體功德少許分作百分，取百分中一分，比方便功德亦不及，至分正體功德，作不可説分，取一分比方便功德亦不及也。此是大悞，如前釋也。

復次下，第二舉他分功德格量，即是舉他人有所得功德，格一日行般若功德，自格無所得功德也。此中七復次，初三，舉有所得財施格，二兩復次，舉有所得法施格，三有兩復次，舉有所得隨喜迴向格也。

白佛因緣起法從妄想生者，上來格量稱歎已竟，今第三釋結成功德勝義，前問次答。問即是疑，疑云，佛常説有爲法虛誑，不能生正見，亦不得菩薩位，云何一日功德猶勝上七種格量耶？佛答：初印其有爲實虛誑，故不應有勝功德品，不得入菩薩位也。何以故，是菩薩善學自相空下，此方釋功德勝義，明菩薩功德〔一九〕巧學自相空，故不著虛妄有，亦不著十八空，用十八空破有病也。既有去無即隨盡，如此淨悟，便得入位，故功德無邊也。文云漸得者，從初心即漸學無所得法故，但有得强，無得觀弱，漸得無邊功德，至無生現前，故功德具足也。恐但云至無生忍時，方有無邊功德，爾前應無，故佛漸説也。白佛以無量無數下，此問來者，前明格量，次復釋成功德勝義。恐或者問〔二〇〕阿鞞實有，無量無數無邊功德，便生著心，今息其命也。無量無邊無數，亦只是畢竟空之異名，又非有法，復何著耶？但報云無數名，不墮數中，謂有爲性無爲性，不墮三世中，名無量十方邊，不可得名無邊也。頗有色亦無數者，明非但功德數量畢竟空，萬法皆爾也。無量無數無邊，義無有異者，恐或有〔二一〕云，諸數量等皆空，何得有無數無量無邊異名耶？故今明亦無異名也。次番即云，雖無異名，佛以方便力，故無異名，爲衆生作異名，不可説爲衆生故説也。

世尊不可説義有增減不下，第三明得菩提義，有二翻，初翻就不增減義明得，二翻就無增減增減義得也。須菩提難，意既不增，則善根不增減，菩提何由可得？既其無增[二二]減，煩惱何由可離？此就平等門設難也。佛答：以是不增減應[二三]應般若，以般若方便，秤無般若增咸[二四]之理，如無增減而悞，故能成至功果也。初心得後心得者，第二就無增減增減義，明得菩提也。由語無增減，故正觀增，明知淵咸損，故行菩提。若無增減，則正觀減顛倒增[二五]，如住般若，故不住顛倒，住顛倒，則不住般若也。今此論菩提無常行，正作善根不增，答難也。雙定二門，雙能兩難，次釋難竟，及[二六]正難也，爲初心得兩亦亦得[二七]也。初心不至後心結難也，初心亦生即滅，不假至後也，後心時無復初心。後心時無復初心，後心豈在初心中耶？如是心心數法不俱者，此釋難意，有初心時未有後心，有後心時無初後心，故言不俱也。云何善根增益者，正作難也，若爾，則臨至佛時，唯有一念善根也。爾前皆已滅無，則善根從初發心，終至十地，但有一念，遂無增損，云何得佛道耶？佛答爲二，初就法譬門答，二重就法説門答，初開譬答，二合譬答。由來論師義開此文，證實法不斷惑等，實法火不能燒，假名相續，故有斷燒等用。今經論無有此意，初云不燒者，實法不燒不離，初者假名燒也。今問：若爾，可云非初心得，非離初心得，正是後心得，應云不離後心得，云何言非後心耶？又問：此兩不斷句，可得不燒，兩不離句，此後燒，復何得更問炷爲燒不？今明此是四禪，非即初燒，非離初燒，非離後燒，而因假名燒，四句不得，而因緣假名得也。若初心得，便初心是佛，何須後心？若離初心得離心，何由有復[二八]耶？若即後心得，不應因初，若不因初，何由有後？若離後心得者，後心應不得，初心番應得也。炷爲燋不者，以眼見因緣炷燋，我亦佛眼見，因緣假名得。問：云何因緣假名得道？論云，初炎初心，集無量功德，後心則具足，具足故斷諸煩惱習，故得佛道也。燈總譬菩薩十地也，炷喻無明等煩惱也，初炎初地智，後炎十地智，無明煩惱炷燋，盡得佛道也。須菩提是中菩薩具足十地下，第二重就法説，明得菩提義，從初心乃至十地，因緣具足，故得佛道也。白佛何等十地者，以十地有二種，故問簡別之成論地論等。師皆云，乾慧等三乘共法歡喜等，是獨菩薩法。今明不共此義，須知是般若方便，有此共不共義，只此共是不共，而不共不共義也。乾慧地者，未得定水，於小乘是四善根前也，於大乘未得順忍三十心前也。性地，小乘四善根，大乘是順忍三十心也。八人，小乘見道十五心，大乘無生忍入菩薩位也。見地，小乘初果，大乘是阿鞞地也。然無生忍即是阿鞞地，但八人地據初地入心，見據初地滿心也。薄地，小乘第二果，大乘二地至十地。論云，過阿鞞乃至未成佛，正斷煩惱及習，亦立薄名薄地。離欲地，小乘那含，大乘不配地，但明菩薩離欲，得五通也。已辦地，小乘無學，大乘佛地也。此七地不列別名，故配，菩薩辟支既列別名，故不辨配也。菩薩地二解，一云歡喜等，二即從初發心至法雲，皆名菩薩地也。

須菩提言去是因緣甚深下大段，第三釋破疑，明中道行也。所以有此文來者，上明阿鞞因行，及從得果已竟，然此因果之義，非二乘所及，非菩薩所知，故聲聞生疑，而菩薩起執，故須釋破也。爲兩，初釋聲聞人疑等，小破非菩薩執，初須菩提稱歎生疑。稱歎者，明因緣甚深，所謂過去心不滅不住，而能增益，得無上道也。生疑者，是事甚深難解，此心爲住爲滅耶。佛反問云，若心滅，諸法雖無生滅，爲衆生故，以六情所見生滅問也。須菩提答去[二九]，滅已不生，若滅已更生，則墮常見也。次問：心生是滅相不？上問過去已滅心，今問現在未滅心也。答云，是滅相，已滅者不可更生，今現生者，必滅有爲之法，先生後滅也。次問：心滅相是滅不者，此問承上生所言，現在心後時必滅，只現在心生即有滅不？此文語密，人好不學，即心字爲生，滅字爲滅〔三〇〕故。問云：心滅是不？答云：不也。若心滅有滅者，若一時有二相，一者心生，二者後有滅，云何一時中有生、滅二法耶？次問：亦如是住不者，汝既言當心時未有滅，畏墮一時之生、滅二法，則生應心時，無滅便是常住，則生時有滅，還墮二相過。佛如是反覆難，善吉辭理既窮，不知何答，故云如是住如如住，明此是過，故無有生滅，故名常住，如如而住也。自上來顯聲聞人，不解因緣生滅也，寄善吉破餘聲聞，亦破凡夫生滅，心無生滅也。論文難解，今以鑽求作此釋也，脱不諧，更俟人當作實證不者，汝説心相同如，住去即是實際，可心作實際不？好體應例，而小乘智劣，但得云心同如如，是定義也，實際是涅槃，即滅身心，故不得云心作實際也。次問：是爲甚深不生？須菩提云，心同如，不得作實際，故今問：汝既云心同如，如深不？須菩提不能遍了如，故云甚深。前明小乘不知心是實際，今復明其不能遍知如也。次問：但如是心不？答云：不也，心有知，如無知，故心不得是如。次問：離如有心？答云：不見一切法，皆如心，云何獨離如耶？心與如既不得即離，就如中自有見如不？答云：不也，如中無物相見也。能如是行，爲行深般若不者，明菩薩不住如中，而能行菩薩道，故佛問：如是行深般若不？須菩提自觀小乘智淺，大乘法深，故答：佛菩薩如是得〔三一〕行，是行深般若也。後當作實際已來，明小乘人不了無生滅義也，故知因緣生滅，皆是阿鞞所了，絶二乘境也。古解不同，今更列之。有人云，心生是滅相不者，問：有滅相不也？心體是無常，故答云，有滅相也，是心滅。有滅者既有滅相，頗實滅不？答：以體即虚乎，故答云不也。如是住不，既無生滅，如是住不？答：以體同於如，故云如如住也。當作實際證不者，問：有證果不？答：以心體同如，故云不也。但如是心不者，遣彼同如之心也，如見不者，既遣於心，今又遣如也。上來過去心不生，現心即滅，又無證果，即是明深奧也。此釋智功恨乖論，未辨得失也。師未依論之時，釋三句是因緣義也。佛有三句，須菩提三答，答中初句與第三句皆不也，答第三句云，心生是滅，求此三句，唯成是非兩句耳。佛問：心滅更生不？答云：不更生。若有生法可滅，云何即滅法可生，則是無生滅義也？不生不滅而説生，則指滅爲生，故云心是滅相也。此滅是生滅，滅豈是滅？故第三句云，滅相非也。又一勢釋上無初心後心，因此更論心生滅義。佛問：滅更生不？答云：滅不更生。答第二云，心是滅相，然此二答相違。前既云滅不更生，亦應今生不復滅，今生既生，前滅亦應更生。好體應例，而不例者，此爲破病，衆生多著常病，故云滅去，不復更生。今明有爲之法，生而必滅，故云生是滅相，故兩句皆是破常也。第三句既是滅相，不可答云是生滅，故復不可答是滅相，故答云不也。然師望通方無礙因緣義，不可加也，但與論不同，故復示之。須菩提如是行，爲何處行？第一義中行，第二破小菩薩執有。此文來者，須菩提上來辭理屈，此中有未得無生忍菩薩，便云小乘智淺，自謂菩薩道深，故佛破云，菩薩如是行，爲何處行？答云，如是行，無處行，菩薩住如中行，實無所行，何以自高耶？次佛問：如是行爲何處行？既問〔三二〕破行，便墮斷滅，故明第一義中行，何故無行耶？二行不可得者，聞第一義中行，便有行相，故明此是無行行也。所行〔三三〕是能行二相耶，亦有所得行，爲二行，無所得，爲不二行也。下一一責，破有無二見也，不行相者，不著有也，不懷相者，不著無也。

今菩薩離二邊行中，中道菩薩爲衆生入三下大段，第二段明阿鞞人化行。爲三，初明爲衆生起行，二明爲衆生起願，三願既成，即便得果。起行，即是成就衆生，明願，即是淨佛土，阿鞞所行，不出此二，故明之也。初中二，第一明此品，未明爲衆生起三昧〔三四〕三昧行也，二《夢行品》，初論辨此義也。爲衆生入三明〔三五〕昧者，菩薩既得悟，亦令物同悟。又上明菩薩不在有無中行，今欲入空三昧者，此是爲物，故同空也，菩薩所得，未始空有也。此中先明無作，次空，次無相，去六道皆以願故受生，三塗則臨終起愛，三善道亦然，皆起愛願生，故菩薩先破其愛願，令不生六道，脱生老病死苦也。愛願何由斷？須我空故，説空行，雖不見我，猶見男女萬相，次無也。

夢行品第五十八

若凡夫覺果，夢覺行是行，夢行非行，菩薩了夢覺不二，夢覺既行，覺夢亦行，若覺夢不行，夢覺亦不行。今正明菩薩夢覺不二行，故云夢行亦〔三六〕。又此亦文中，具論三種義，一步論夢中行有益無益，二論夢中行集成不集成，三論夢迴向非迴向，通論夢中行三事，故以目品也。然經中明夢不同，若如十喻明夢，則生死涅槃凡夫皆如夢，故有一法過涅槃者，亦如夢也。此則取凡夫知如，以之爲夢，取聖人如此了悟，故如覺，意識潛行非現，譬如夢。然此之覺夢，皆是虚妄，非但覺行般若無益，夢行般若亦無益也。一者二乘所行，望凡夫夢皆分明，故如覺，望凡夫所行，皆是夢，如此夢覺，皆不行般若也。三者二乘所行，望菩薩所行二乘，則是覺，則菩薩覺是行般若也，前凡聖二覺夢皆非也。更一節意，菩薩所行，非覺非夢，始是正行般若也。此中三章，一論菩薩夢中般若有益無益，二汎論餘夢中業集成不集成，三論夢中成迴向不成迴向。身子所以問者，上品未明覺時，入三昧自行兼人，故今因此問夢中事也，凡引兩經，請須菩提決之。一經云，夢中通三性，則夢中有一長行，便應夢行有益。二經云，夢是虚妄，而謂有此二相，夢中定有益爲無益也。須菩提般若正觀，離二邊益，明夢中有三性，豈可無益？夢是虚誑，豈可言有益？是故直依實，故益不見，夢不見覺，亦不見益與無益。此是了悟覺行既益，夢豈不益？别夢行不益，則覺行亦不益也。

次身子問有集成不集者，第二論夢中集成不成。身子般若實相，非夢非覺，非益不益，不復更難此事，故别問夢業集成不集成事也。集是業集，能成果報，名成也。問言云，夢中心微弱，云何得業集能成果報耶？此是難信夢中集成業，聞經中夢通三性，故明夢中有集成，所以身子難了。須菩提益〔三七〕云，夢中驚生覺已，稱將快此意，明單夢起善惡，則業不集成，若覺已，復因緣助資，則夢中不便集成也。次身子益，一切業有因緣則生，無因緣則不生。因緣者，謂見聞覺知，業是身口業，思是意業，明二業假四因緣生，無因緣則不生也。此答意明因覺故，夢中起善惡業，然此夢中善惡復假，見覺時助資則成，不助資則不成，下須菩提述成必答。次身子問：如佛説一切業自相離者，上須菩提明假覺因緣，故夢中業成，今總一切業皆空，尚無覺時業成，況有夢中不業耶？須菩提亦總答：一切夢覺業雖空，於凡夫取相，故有集成也。

第三論夢中迴向義者，身子二種難。一者前夢不二生難，若夢覺不二，覺迴向既成，夢中迴向亦應成迴向。二者明覺時有所得，尚不成迴向，況夢中成迴向耶？須菩提推彌勒者，此猶是一類義，别當答之，不異前説。今推彌勒，彌勒更就異門答之。故彌勒云，名之與體，真之與俗，皆不可得，以何而答？既悟不問不答，不夢不覺，覺中迴向既成迴向，夢中豈不成耶？汝上來紛云，見有夢異覺，復云有能答所答，作如此有所得難了。身子次〔三八〕問，如所説空，證此空不著者，此云異彌勒有證，便即有能答所答。故彌勒答云，既不見能答所答，何有證耶？佛下呵身子，汝小乘人尚不見證，況菩薩耶？

佛告須菩提下，第二明爲化起願，亦是淨佛土也。文二，初正明發大誓願，二防始行退心。

初兩，一別約六度發六願，二總約六度發願。文處一問起知見，衆生有穢，故願淨土耳，菩薩未曾淨穢也。問：何故明淨佛土耶？答：阿鞞菩薩既了悟己心淨，故云淨，今欲令衆生同菩薩了悟，故心淨，土亦淨，故唯以成就衆生淨佛土，爲行端也。無有所應者，上來猶是麤願耳，令捨土沙，生於寶玉，今令淨穢皆捨，故一無所著也。

生死道長下，第二防小菩薩退心，見生死道長，衆生性多，故欲退耳。今了悟生死何曾短長，衆生未曾多，衆生之與無，衆生詮何物少多耶？誰厭耶，厭何物耶？

河天品第五十九

此第三明願行無成，便得受記。先明成就衆生，後發願，是淨佛道，行亦得，但是願度衆生，故入三三昧，願取淨土，但先受行，名後稱願。因問：此是阿鞞人二行，亦是阿鞞人得記耶？答：是已得記阿鞞明二行，則不復得記，但餘人聞阿鞞二行了悟，故得記也。若未得記阿鞞人悟二行，故得記也。若未得理阿鞞人悟二行，故得記也。一解云，此女父母就何天神求，此女故神若[三九]，名爲河天也。二云，令名爲定也。

品三，初明願行成，二二得受記，三出因釋得記所由也。初三，一餘悟，二供養，三迴向。問：上明淨土行，應有多人得悟，何故此女獨羅疑，以爲受記？答：多有發淨土願去不發，言女人性輕疎好勝，世世習氣，故獨發言。亦解云，諸外道云，大人有得道分，餘人無分，佛法不爾，不簡大小，同悟便爲受記也。又若此女不從衆起，便與記者，人則不測所由故，因其發言，故與記也。佛微笑下，第二正授記，亦三，初現瑞，二問瑞所由，三正授記。二文多知，正受記云，轉女身後，方作佛也。問：此女人劫積功德，何故行無生忍後，方轉女身？答：五欲難斷，女人著欲性[四〇]情多，雖世世積德，猶不能轉，故曰記後行轉也。二解云，此女宿世以多種女人身子受記，爲引接人也。三解云，經說女人有五礙，不說不得受記，何須問耶？阿難問：是女何處殖德下，第三出往因，釋得記之由也？

不證品第六十

四品明上根行相，爲三。初明自行成，二明化他行成，三雙釋成二行，亦是第三所以二行得成者，猶學空證也。自行不證，有二種，一不證有，二不證空。小行之徒，以有爲有，以空爲空，二邊俱滯，故計有爲患，以空爲大，安是以方便捨有，而住心求空，及其正觀現前，息心而不進。菩薩在有非有，處空非空，故文中明，此二種翻彼二心，言不證者，處空捨有見也。不證空，故捨天[四一]見，即方便實慧，捨空見，即實方便慧，故論云，實慧明入畢竟空，方便慧非出畢竟空。二慧既成，則自行生，自行生故，便能化他，所以是釋上二行成也。

品三，初明學不證，二明不證故二行成，三明二行成，須菩提稱歎希有。初兩問答，先問：云何學空，云何入空？此問：始行之人，云何學空入空。初明學空，終名入空也。此中三空及道品，是聲聞法，佛勸菩薩令遍行。故須菩提問：三空及道品，聲聞行故，直趣涅槃，令菩薩云何行耶？佛答：應觀色空者，若其始行學空義也。作是觀時，不令心亂，若其入空，菩薩得深禪定，故心不亂，心不亂故，能深入空，亦不見空，若見空，則證空，以不見空，故不證空。何以故下，釋不見不證之所以也。學自行空色法中，乃至微塵不留遺餘，微塵之分無色法中，乃至不留一念，故直入畢竟空亦復空，所以能不證，故云不有餘不有分。第二番聞[四二]云何菩薩不證空？既學空入空，云何不證耶？二乘在空觀時，亦能不取空相，云何獨證耶？佛答：具足觀空者，具足是深入空不見空，故不見涅槃，何以證耶？二乘見有涅槃，是不具足，故證空也。先作是願，重釋不證，菩薩先有願，故不證也，二乘無願，故證也。問：何名先作是願？答：菩薩觀空時，先作是思惟，我爲出即病，故觀空也，有病消，豈住空耶？問：上云深入禪定，不定心亂，今云何言不專攝心？答：上據深入定知空，不令餘事得入，故言攝心。今據初入時，恐於空不能自拔，故不專心在空也。

菩薩如是大善妙法成就下，第二明不證故二行成，爲三。初明自行成，二化他行成，三雙釋二成所以。今是初不證之意，凡有二種，一者佛法未具，二衆生未度。故是學萬行時，非證涅槃時，若佛法具足，萬行證也。問：二乘證空，菩薩不見空，故不證空，今得佛時，亦是不見空，云何得佛時方證耶？答：得佛時實不見空，亦不證者，據得佛不退求義爲證也，非不見有空證也。譬如壯夫下，第二化他行成，先譬次合。壯夫是能化，菩薩出母等是所化，衆生器杖是五通，二慧伎術等是萬行，嶮道是生死，長賊劫害等是內外魔也。還皈本處者，菩薩運衆生置涅槃中，何自皈生死，行菩薩道，度衆生也。安立不動，是菩薩畢竟空慧，內外魔不能動也。譬如有翼鳥者，第三兩譬，雙釋二行成也。時會疑云，既畢竟空，菩薩何所行耶？翼喻二慧，鳥喻菩薩也。如鳥不行空，分不得飛，若住空則墮地。菩薩若心不遊空，則不得捨有見，若住空則墮二乘地也。有解云，壯夫喻菩薩，行空不證，亦名此義也。證云，欲明了是義故，況善射喻禪定，爲卷實慧，爲善射三脱門空，復以方便箭射實慧箭，令不墮涅槃地。

須菩提白佛，第三行既成，秤歎希有也。

須菩提菩薩作是念下大段，第二先第一十一品，明三根人行，第二歎三根人二慧既成，方便利物。爲五，第一明三根人方便利物，故不證空。二明得失，三明憑帥法，四明[四三]，五明行成，諸天歡喜發願。

初文五句，第一總明菩薩行三空，爲衆生在，欲拔之令出，以本願力持，菩薩故不證空也。第二復次，亦總明行三慧，但菩薩直觀深法，恐墮二乘地，故前以大悲心，衆生欲破其田[四四]患，故菩薩不證空也。次有三復次，若約行三空，各對治易見也。

應當誡問下，第二明得失，爲二。初略明得失，次後品總明得失。初爲二，先明失，次明得。問：何故明得失耶？答：上來明學空不證已，明其內行空，今欲驗之，當觀其所説相秤以不，故試[四五]問也。但應觀空者，明其人答云，但應一心作空，行不學知而已，此與二乘同解，是故爲失也。而學空者，行不學知而已，此與二乘同解，是故爲失也。而學空者[四六]，本爲除有病，所以須知空，有病若失，用空爲譬，如所以聽外書者爲止。答曰，衣問[四七]誰崇，此爲勝爲好，計學空亦應爾，但須知而已，彼不知，即是極法證空故[四八]，爲失也。若是菩薩示能答，第二明得，有二句，明真阿鞞人能答，次明未得真阿鞞，亦能答。薄地者，論云，得阿鞞煩惱也，非是三薄地三乘十地爲地[四九]，過阿鞞位也。論意初地名薄地，古解云，此是六位[五〇]住，名爲薄地也。北人亦釋不同，一云，三十心斷四住，或餘四住斷[五一]，及無明住地，正體及習故，初地名薄地。二云，三十心斷五住，正體及四住習無餘，無明住地習[五二]在[五三]故，初地名薄地也。

夢誓品第六十一

前云夢行者，如文夢中脩行，今是夢中發願，故兩品，行願各舉也。此品亦云夢中不證者，不證明覺時不證，今夢中亦不證也。上云證，據覺不證，今明夢誓，就夢中發願，明此菩薩善根純厚，非但覺行般若，亦夢中亦行，即夢覺相對，亦是願行一雙，亦是上不證是自行，今發誓是化他也。此品初是，第二廣明得失，爲二，初廣得，二廣失。問：從上《不退品》至《不證》，已廣明阿鞞相，今何故更説？答：此體始終皆説般若，即是説阿鞞行相，似[五四]般若是菩薩行故也。亦應此經始終皆説阿鞞行相，似[五五]阿鞞所行即是般若故也。但佛隨衆生信悟故，或就人門説，或就法門説，或就人法門雜説也。又解前説爲前，今後説爲後念也。今依章段二[五六]者，從《不退品》來入《不證品》，多明得無生真阿鞞相，從上品末，明未得阿鞞人。亦能如是答，此明未得無生忍，直有無生信不可動，亦名阿鞞。上已略明其相，今欲廣明此人人[五七]行相也。問：鞞[五八]有幾種耶？答：三雙六人也。初得記未得記一雙。次於得記中，現前得記，有不現得記。三不現前得記中，復有受記因緣具足，及不具足，具足者，直信實相不可動，未具足，脩六度也。今此中云阿鞞者，正是未具足人也。夢中不貪二乘及三界者，菩薩爲二事，故退一貪，二乘二貪，三界覺時既不貪此二事，故資夢中亦不貪也。若云，不貪二地，夢中不證空也，不貪三界，不證有也。現法如幻夢者，覺覺夢教化此觀，故貪二地三界，此釋上名貪義也。夢中見兵起，上善夢爲阿鞞相，今何得惡心不動，亦是阿鞞相也？以覺中見惡不怖，資夢中亦不怖也。得三菩提時無三惡道者，此明夢中脩淨土行也。何以故者，問：以何知夢中有此念，故將來國土清淨也？夢及諸法，無二無別，言彼明鑒在懷，觀彼諸法，覺夢無異，以無異故也。今有此念，故將來土畢淨也。見地獄火燒者，上淨土如文，今成就衆生夢也。又上夢中起行，今夢中發願也。見城郭火起者，上論如文相對，此二論夢中相也。燒一家者，破法罪故破燒小，阿鞞無力釋被燒，亦是阿鞞相也。置一家者，阿鞞力故置也。

菩薩遠離六波羅蜜下，第二明失也。此中明四事，一空誓失，二説先以經事故失，三説宿命故失，四持空閑故失。問：上《不退》《堅固品》，已辨空有形聲不能動，菩薩今何故，更明魔來？答：四事不能動，菩薩今以異門，明四事能動，未得阿鞞菩薩也。又上四事皆是奪大與小，今奪小與大，其事轉妙難覺知，重說令覺也。初空誓爲失，對上阿鞞實誓，令非人生也。然自有非人去皆得，自有去菩薩見，去心不動，故爲願也，得去不去心動，故皆失也。問云：何去不去耶？答：阿鞞力故，令非人去，衆生罪重，故不去，此去不去皆得也。去不去皆失者，未是阿鞞，不能令非人去，故失，魔勑非人，令去菩薩，謂是己力，故失也。此皆就外緣明得失義。若就內因明得失者，內心無所得行，故爲得，有所得行，故失也。復次魔作種種身，第二説前所經事故失，上一事是密亂，此品三事皆顯亂也。復次下，第三説其宿念故失，此中前明其無內因，次受外亂，不久行六度，不知名字相，不知色相者，明無內因也。不知名字者，不知五陰和合處有衆生名，不識人也，不知色不知法也。次受外亂，如文。重四禁者，第四妄語得羅漢，非妄語故得悲，非心非[五九]著更起自，言我作佛大妄語，得大罪也。過五逆者，輕實行般若，合是破般若法，故罪重，如信毀之[六〇]説也。微細魔事者，此是順情，濡財難覺。復次下，第四恃樂，其爲失也。外書云，小隱隱山林，大隱隱朝市，況佛法以山色而判得失，故在方等，不在喧靜也。問：行人居山林，或林或讀誦，感瑞華等得除相，云何皆是魔耶？答：謂有實瑞，亦不應心動，若心動，恃輕他雖見實瑞，即是魔也。

親近善知識下，第三明段也。有此文來者，上魔作顯密二亂，而菩薩受記者，由內無功德，外不親近，善發故爾。若近善發，即爲其示耶正，則不受魔亂也。又經初來雖歡善發，未出善發，故今出之。文三，初出善友，故今出之文三初出善友[六一]，二明親近，三明得果。初二，一明人善友，二明法善友，人善佛菩薩及羅漢也。若生滅，羅漢教菩薩作二乘者，此是惡知識，此中羅漢教人大道，故爲善友也。理中爲論，是內祕之人，其事中爲論，如身子六十劫，行菩薩道，雖退爲聲聞，而報佛恩，常教菩薩，猶勸人行菩薩道也。

六波羅蜜下，第二法善也。爲二，初通明一切法爲善友，二別明般若爲善友。初中爲四，第一明三法善友，二秤歎，三釋，四勸親近也。人善友略，法善友中廣者，人善友數祕法善友〔六二〕希明，時衆有生疑，故廣釋也。三法中，六度是正行，道品是遍行，佛果爲妙行。如法實性，此是住能發生正觀，故二是〔六三〕教故理，教故理教〔六四〕，皆是善友也。是世尊下，第二十句秤歎也，是父母者，五度爲父，般若爲母。何以故下，第三釋善友也。以是故下，第四勸親近也。以是故下，第二〔六五〕別明般若爲善友，以般若是宗，故偏勸也。就此爲二，初勸親近善友，二出善友相，今是初也。白佛何等爲般若相，第二文也。聞〔六六〕《聞相品》已問般若相，今更聞者，論云，般若深妙，無一定相，十地尚未滿解，況小乘人耶？以聞無厭足，故更問也。又上觀〔六七〕親近般若善友，今欲親近，欲問善友之相也。又雖聞〔六八〕同上而答異，上但答般若相，今將般若相欲例諸法相。白佛若一切法下，此是難也，難中爲三，初餘牒佛語，正難並結也。正難中二，初明無垢淨，次難無菩提可得，如文也。佛答中，不答得菩提難，但答無垢淨難。初中爲二，初答無垢難，次答無淨難，以實無垢成垢，如前云無所有如是有也。若衆生無我我所心下，第二答無淨難，以了如即有無所有，便名淨也。

白佛如是不行爲行者，第二親近法善友也，以如善友相，而行爲親近也。爲二，初正明親近，二結勸修行。初中三，一自行具足故得果，二化他行具足故得果，三雙結二行也。今是初云，不行一切者，須菩提聞佛上説，故思惟籌量，明親近波若善友，則不行一切法，方是親近。聞人上説，波若爲宗要，故令親近，時衆便云，有般若可行，故是親近波若，所以今明所行也。不能降伏者，明自行得果，謂得超凡果，越二乘果，並得佛道果也。若閻浮提衆生下，第二明化他行具足，故得果也。此中但明説波若爲化他行，舉二事格之。初二如文，次教大千衆生得佛，不及説波若者，説波若遍化十方三世得佛，今但教三千，故不及也。又此中迂迴，先教得人身[六九]，次教二乘，後方作佛，今説波若直逕[七〇]成佛爲易，故不及也。是菩薩不遠離下，第三雙結成二所得功德也。小乘從念處至羅漢，大乘從發心至佛，名爲福田，但佛爲福田之極，極故名邊，菩薩行般若，遂作佛，亦是田之極也。又言，佛田爲極，今菩薩次佛，故至於田邊也。

欲不虚色下，第二結勸修行，爲二，初正勸，次助修行。常行波若常説波若者，即聖説法聖嘿然，從般若心説般若，説般若竟，還入波若心，如行説如説行，故語嘿皆是波若。如行而説，此即是説，如説而行，即是嘿也。從正觀起説，即是説也，説竟還入正觀，即是嘿也。如行説如説行，故語嘿皆是波若，唯一切有所得心不得入也。非但説波若是波若，以波若心説一切法，一切法皆般若，若不以波若心，非但説一切法非波若，只説波若亦非波若也。就佛性法性涅槃，作語嘿亦然。《金光明》云，如來遊無量法性，此是聖嘿後説法，即聖説法也。

白佛一切念性離下，第二明脩行，爲三。初明無所念，二明無所行，三明無得記。初明無念者，佛上舉失珠喻，令常念波若，時衆便作念解，今破念也。白佛波若空不堅固下，第二第二[七一]破行，謂有空念，故不得無相始是行，故破行。破行中先略就四門，破空不行，有不行，即波若不行，離波若不行也。受想行識是行，不廣行也。所見法行波若不者，餘處即是《照明品》中答云，於一切無所行，即是行波若，如一切法不生波若生。今爲須菩提聞一切不行，論云，須菩提急就佛求不見行，故佛却責，責明無有行也。彼猶作求不見之心，佛即破之，不得示得行，餘處行者，不作求不見之心示之，各有來意，不可一處求之也。是名無生忍者，於一切法不行，即不生心，名無生忍也。白佛諸法無生中須菩提下，此第二破得記，既聞無生故得記，作無生解，上來見行，故是生病。今則無行著無生病，故更息無生，何者？汝見有生，於生法生心，見有無生，生無生心，如此生無生，皆生心皆是生，故洗破之，令一無所寄，方乃得道也。

魔愁品第六十二

此是第三親近善友得無邊功德，爲三，第一明不雜心得大功德，二明巧學般若，令魔驚怖，第三廣明留難，令行者識知。從第二段作名，故言《魔愁》。然魔見行十善五戒，見行二乘，乃至見行五度，無般若見行般若，無方便乃至有所得，一豪有所得則不愁，若菩薩如上品末三轉行，則魔驚怖也。初文爲二，第一天主歎，第二比丘歎。初中先歎，次佛述。歎中先般若法也。不雜心數法者，釋上品行般若得功德義。上品明自行化他得無邊功德者，此是不雜餘心，純行般若心，故得無邊功德也。一解云，六弊心爲餘心。二云，二乘心爲餘心。三云，無記散亂心。四云，一切有所得妨正觀者，皆名餘心也。次佛述，亦二，初佛述，次格量。上品格化他行次[七二]，故格量重，此品格其自行，故格量輕。問：《法施品》中舉滿十方恒沙，教十善五通，不及自受持般若定，何乃舉一閻浮提耶？答：此中是略舉耳。又上是深行，此中格淺行也。

爾時一比丘下，第三[七三]比丘，前品是佛歎行般若，天主歎人[七四]行般若人，今此比丘後歎文物欣慕，衆人共歎也。以天主是大福德，故指事而歎也。又此比丘亦聞天主得聲聞通，故受[七五]，菩薩勝汝也。天主答：非但勝義[七六]者，時衆聞比丘云，菩薩勝天主，生輕心故，今云非我遍勝，久無方便菩薩也。阿難見天主德居聲聞，而説問菩薩，故疑也。次天主釋疑，佛述，如文也。是菩薩習學般若，大千魔生疑下，第二魔怖也。白佛魔爲常嬈亂下，第三魔示留難，令行者識知也。阿難總料簡上來義，上來數明魔亂行者，故今云，菩薩盡有，魔怨亦有無者。佛答：純淨心行般若者，則外無魔；若内不純淨行，故外有魔事。若内應法相，外定不能爲亂，若内有一毫不淨，外魔即來也。此中九事，前亦兩兩相次，第一心不信解，第二生疑。次有二者，一爲惡友得，二常行惡法。次復有二，一者欲已不解，故斷他已，自不解聞，他有明了勝其者，復遮以斷他人，不令他説現是好事，不許他作即是斷他。二者自謂已得，輕慢餘人也。下二，一以鬪諍故，爲魔得便也。阿難白佛是罪定，有出除不者，般若深妙，信得大福，毀得罪故。今問：菩薩相照，結根此罪，可得出除不耶？佛答：雖修施戒等諸行，若猶結根者，罪則不滅也，以照是即〔七七〕生滅，復慈攝物，故偏誡也。

共住云何下大段，第二憑二忍心也。行爲二，初憑法忍，佛種種教菩薩，今〔七八〕教其住也。如世尊知者，當來皆是佛也，以有佛性故也。又衆生畢竟空，平等不二也。六度爲明四流水，佛道爲彼岸。問：皆如世尊者，應更者化敬，和上可化弟子耶？釋云，不如此一切，皆當作佛道耳。輕慢惡言詈之，今佛是現成一切，悉是當來也。又一切衆生，也又一切衆生〔七九〕皆畢竟空，何物生高心也？

等學品第六十三

此第二憑法忍，以近行而云等學者，佛示學者，佛示諸法平等令其學，又令菩薩學此平等，故言《等學》也。品爲五，第一示平等體，二教平等學，三明等學利，四稱歎等學，五明等學得失。

初先問，次答，答中前明等空破不等，次次〔八〇〕舉自相空釋平等，非以空破法法本相，非平等破不等，法本平等也。

白佛爲色盡學下，第三示等學方，先問次答。問意先明爲盡，復問爲色不生者，此直云菩薩先知色無常，念念滅後得入空故，是衆生如常義，故説無常令厭。後析法入空，佛答學如者，明色本不和合不集，今豈滅耶？上明學盡，盡爲平等，此明不作書離，及不生學者，此是除空也。

復次須菩提如是學如下，第三明得學利。就此爲二，第一略明學利，答如文，若魔天以下，廣明學利，答即釋成前義。此中爲二，第一明等學悉生，益小劣之人，第二舉劣説勝。下劣有三人，一云，自身及來身，此應得受，四生六道，何寘我事？二云，我若遍度衆生盡後，佛復何所度？又盡則墮見[八二]，故不應發願遍度衆生，窮平等也。第三，人聞大乘説，諸法畢竟空，便言無度不度，我何應度耶？問：此中乃學畢竟空[八三]爲上人，不學平等爲下劣耳，何故舉遍度不遍度釋耶？等此是學，平等遍度，遍度而平等，乃是學平等也。直學平等而不遍度，非學平等也。問：前云下劣者，不能遍度，故不攝惡人破戒等，上人既遍度，何故云不攝惡人破戒耶？答：深行之人，無不攝也，故善星調達，雖惡如來與之共住，今無始行之人，則行差別，若惡人破戒，可度者則攝之，不可度者則捨之，若不捨，則於彼無益，於乘有損也。在家人惡爲惡人，出家人惡爲破戒人。又起意地三惡，爲惡人，起身口七惡，爲破戒也。一切法得清淨何以故下，第四學平等得化他益也。

譬如大地下，第四明結歎勸修，爲二，初結歎，次勸修。欲諸波羅蜜到彼岸，第二文也。

須菩提行般若作是念下，第五明得失。既聞等學大利，便言有等法可學，有人此學故託其斯，令萬法既等，豈有能所之人法耶？

淨願品第六十四

此下第五，明菩薩行成，得大功德，故衆生秤歎爲第一，諸天見菩薩妙行既成，得大功德，故意地隨喜。次願供養第二，明諸天見菩薩行成，身業禮敬。第三明十方諸佛見菩薩行成，故意業護念。第四明諸天口業秤歎。第五明十方諸佛口業秤揚。從初作名，云《淨願品》。上已二品教學平等，此復是更教菩薩，今見化他行成，宜應更生隨喜，發願供養，勿起癡忘之心也。就初段中爲二，第一明隨喜功德，無邊大果報，二明正觀成就，得菩提果。初中三，一明隨喜發願供養，二釋隨喜功德無邊，三明隨喜得果。初意業歡喜願樂，散華發願隨喜，亦是初上大衆及天主，聞菩薩行成，得大功德，故咸歡喜，六情不可並陳，故申天主獨念也。出一切衆生之上者，小乘人言，補處菩薩猶是凡夫，不及沙彌無量律儀，大乘弊惡，下劣人一發菩提心，勝辟支佛羅漢，此二皆失也。今明若初發大心大願，則發心爲勝，二乘爲劣，若就戒定慧行爲論，則二乘爲勝，發心爲劣。如鳥望人，互有勝劣，以飛言之，則鳥勝人劣，人以五戒果智慧，鳥但是十惡之果，以人勝鳥劣也。今據發心爲論，則出一切衆生之上，若得無生發心，則願行皆勝也。次散華發願者，即以散華之福，願於行人疾成菩提，不令有退，凡倍加精進，此即是隨喜也。亦願天主於福無行著，故迴與衆生也。

於初發意隨喜下，第二明隨喜功德福無邊，涅槃中衆生佛念，能如上隨喜得福多，未知初發心隨喜，於久發意隨喜，多何差別。故天主問，佛總答，隨喜福無邊，則知久發意近佛道，菩薩隨喜，其福不可量也。

若有人於菩薩能者，隨喜以下，第三明隨喜果。爲二，初正明得果，二舉因緣釋成。初如文。何以故善男子下，第二文，此中明二種因，故得福多。一者此人於十方佛菩薩行，生隨喜心，故得上果報，是諸菩薩至將心非雜心。第二重明因得大福得[八三]，明此菩薩隨喜心是般若正觀，非心非觀心，以隨喜心故不心，此是不有心也，無非心故有心，非心故不見，是正觀道正心也。他云，般若是空解，隨喜是有行，故隨喜福多，今問隨喜既是有行，云何福多耶？今明只以般若心隨喜，故論云，佛令須菩提，就隨喜門説般若，般若隨喜，方成隨喜耳。故般若中具空有習因果，萬業豈心空解？

須菩提白佛下，第二明正觀成得菩提果。爲二，初明無所得因，即秤果因[八四]，次明無所得果，即秤因之果。一師云，因則不生不滅，果即不常不斷，從來去以無常因得常住果，豈可變無常作常耶？而汝云，因不生不滅，果不常不斷，此是常因變得常果耶？答：今言不生不因，此是破有富生滅，菩薩從發心，即不作生滅觀，故云，不生不滅爲因，因見不生不滅，果不斷不常，不如他斷生死盡爲斷，得常住果爲常。問：因既不生不滅，與果何異？答：此是因中不生不滅，因中無富果不生滅，果所得不生滅具足，故名果具足，不具足名因。然既無生滅斷常，亦未曾因果假名，諸爲因果耳。就明因中爲二，初須菩提與佛，論因業得業，第二身子與須菩提，論因得果業也。今是初人須菩提難，上非心非離心，隨喜得無生菩提果也。偏取非心爲難。既非心，則心如幻化，云何得無生菩提耶？古解云，上辨隨喜迴向，非心非離心意，謂非心則無心，不離心則有心，故言如幻。自下論業，破其二邊，皈中道也。佛反問答：汝見有此空，心如幻不？須菩提答云，不見此空心。此一問答，依論破空心也。第二佛反問：汝既言不見，空中都無有無相不？答言，不見空心中都無有，無有無相，不答言不見。此問答，其破[八五]有無也。第三問：汝見離有無外，別有法得無上道不？答云，不見。此一問答，破離有無之見外，別有法得道者，離有無外更見有法，此終是有也。我今不見有無，豈見離有無外別有法？此終是有也。我今不見有無，豈見離有無？別[八六]有法得佛道也。若法畢竟離中，云何有所得？第四問答：作斷見難也。時節既同，上不見有心無心得佛，復不見離有無外別有心得佛。若爾，即無有能得之因也，因既不見有無，亦不見離有無者，亦不見果有無，亦不見果離有無，是則無果，無果故名果離，無因故名因離。二離之中，云何有能得所得耶？如指觸空，空無觸，故指不能觸，況無二物而欲觸耶？佛答：良由體悟二離，故得佛道耶。復次人須菩提下，此下更舉有無業，無得佛業，顯成得業，初舉有業不得佛，若言非離則是定，性有即是常，云何有得業？如《中論·四諦品》，破性有業無得也。以無得難者，此破空有得佛，業恐離之，有既無有得，空豈有得？故今明亦不以離得離也。須菩提云，如我解佛所説，不爲離者，化就世諦中有。須菩提就第一義中説，故第一義中無難也。問：佛何故就世諦説，明難，須菩提就第一義，明無難？答：爲有人聞菩提難得，而生寶香，故説難得，方乃在心。恐有人聞難得而生退悔，復不能發心，故問：此中何故，舉木人譬？答：此中明菩薩畢竟，無所分別，而無所行，雖具修萬行，而未曾修如別。雖造木人而來，竟無心言，我從彼作，而無心有作，而無所不作也。就第一義，明其易得無難，既無分別，則應六道分別，亦不應有三乘分別。須菩提答：以不悟無分別，故有六道，由悟無分別，故有三乘。如云，一切賢聖，皆以無爲而有差別也。

如是舍利弗菩薩行無分別般若下，第二明得果，爲二明得果，第二復不泯空實之心也。

度空品第六十五

此下，明度衆生如度空，能度衆生亦是度，衆生生非空，言衆生非有，何不度有？尚知度空即是度有，度有即是度空，空有不二，但惑者聞度衆生，皆言度有，故今言度空耳，破有富人度衆生故。今明度空破有富人，上於佛果，故言求空度空[八七]度無所度，求空無所求，乃是求佛，如淨名無求章説也。品初少許是，第二泯虛實，忽有此問答來者，解將欲遣，著般若病，故身子問：爲行真實，爲不真實也。上品雖復廣辨前理空寂，未明智體無相，是以遣之也。論云，身子聞上品無分別法，心大歡喜，故爲菩薩，爲行真實，爲行無真實。真實即是自性空，定可取可著，不真實即是因緣虛妄。此問爲有一豪真實可行，爲一切皆是虛妄耶？須菩提初答，一切是虛妄，菩薩知一切皆虛妄，如此而行也。此是以虛破實，此中須作如此用也。無真實尚不可即者，明菩薩得無真實般若觀，尚不可即，況有從來所見，實可得耶？故虛實俱息，緣觀皆淨，始是成上業也。

爾時欲界諸天下大段，第二諸天見菩薩成行，故身業禮敬，爲二。第一明諸天心念作禮，表菩薩所行甚深，第二明諸天子身業致敬。今是初諸天子作禮者，以般若菩薩行菩(八八)提，平等而不作證，謂之爲難，是故禮也。此是上品中事，須菩提語諸天子，於平等法不證爲當難者，等諸不證，此是遊空不著，故不足爲難。今能證心靜慮，涉有化人而不休息，是乃難也。論問云？平等法不證，衆生畢竟空，云何一難一不？答：平等是不著法，而菩薩依理不著，故不爲衆生，是假名法，應生著而不著，故爲難也。此中先明知衆生空故不怖，次明知空故不怖，所以法空者，空者釋上衆生空不怖也。若衆生空法不空，是可怖耳，今衆生空法復空，無有不空者，何所怖耶？又衆生空故無心怖，故不怖也。色離即衆生離者，明空、無二無礙，故色空即衆生空也。次佛問須菩提，何故不没不怖者，衆生中有疑，佛爲之發問：總簡前聞聞空不怖，此生、法二空是甚深法，聞應生怖，如入深水應没，何故不没？又上來明生法空，此欲明般若空，故聞有此深，般若何故不没耶？下答云没者，及實法空即是般若，及所觀境亦空，舉多況少也。問：生空有何深耶？答：衆生宛然而畢竟空，法亦爾，故深也。不如斷見，空言深也。

菩薩如是行下，第二諸天身業禮敬也。上須菩提反(八九)佛歎，菩薩難事已禮，若欲禮者，宜須禮也。過是上光音天者，欲天内有覺觀，外有五欲，梵天外不著五欲，内有覺觀，皆是不淨天，而敬菩薩未足爲貴，故説過是上天敬菩薩也。

今現在十方諸佛下，第三非但諸天身業敬禮，亦爲十方佛護念也。二諸魔不能壞者，上云魔無如何，未如竟是何力，故今出之，成就空、非二道，故魔不能壞。空而不悲，則墮空見，悲而空，則著有見，今空不礙悲，悲不是空，空有既無礙，故内捨有見，故外魔不能動也。又以解空故不退，爲凡夫，不捨衆生不退，爲聲聞也。次所作如所言，即五金剛護之，魔不能壞。二爲諸佛所念，如魚子得成也。

菩薩如是下，第四諸天口業秤歎，諸天雖未得一切智，但奇既長，曾見此故，記菩薩佛不夕見相者，見行空、悲二行也。

十方諸佛於大衆中下，第五佛口業秤歎，歎何人耶？解，凡三人得歎，一者得無生忍現前，二者深信無生，隣於不退，必爾無疑，三者從初發軫其心屈也。文爲二，初明爲佛可歎，二明得果。初如文，須菩提白佛如何所説下，第二明得果也。

囑累品第六十六

此中，第二流通實相般若也。所以付囑流通者，一爲利現在，現在衆生見佛慇懃付囑，必知般若是大法，實如父臨終，付子如意珠，則知無價物，故增衆生信敬也。二者爲利來世，出世本懷[九〇]以利物，利物無過般若，故付，明令未來得聞。堪聞之人，要具二慧，阿難是般若大小之人，是般若聞持陀羅尼田義，陀羅尼田，故阿難也。又是佛第次，以人甚信受也。《大經》呵聲聞爲老病，不堪付囑者，此呵有所得聲聞耳。阿難是但小，復是大小，遠[九一]居但小，故被呵是方便之人，故堪付囑也。累即憑累，委付爲累，十教即是實相般若教也。

品爲二，第一將欲付囑，故先印述二人所説，不違法格量，顯勝勸修，第二正明付囑。初中爲三，第一印述二人，二格量顯勝，三勸修。今是初，爲印述天主，次印成須菩提也。天主所以自陳者，請佛印述故也。所以請印成者，天主迹居三乘中果，中下果惑未淨，智未圓，故容應有謬。二者衆中多有阿鞞菩薩，漏盡羅漢，及離欲諸天，疑天主生，未得一切智，云何能盡般若邊底，是故自陳，請佛印定也？須菩提比丘下，第二歎須菩提所說，即是印成也。佛述中但述其所解，不印其所説者，上來已數歎所説竟，今但述其内解，内解既深，外言無謬也。

欲此菩薩下，第二格量，爲二，初明得利所以。此中格大小所解優劣者，下八百比丘應聞小劣大勝，得悟故也。又將欲付囑般若，般若是菩薩法，故須顯菩薩解深，即知般若是深法也。又人聞般若是空慧，便謂大小所解不殊，故須分別也。問：生、法二空何異，而言聲聞不及菩薩？答：二乘智劣，故見空淺，菩薩智深，故見空亦深也。如燈照物，不可燈火[九二]即便明了也。又二乘行但空，菩薩得不但空也。又二乘但見於空，不見不空，菩薩見空不空也。又二乘無空資有，定故空劣，菩薩就衆生淨佛國土，用此空有資有，空[九三]故勝也。又二乘無二乘無空，本謂中道，由中道故有假名，無中即假名不失也。是時天雨華下，第二得利。既聞菩薩行勝，願欲行之，以華墮衣上，即以供養，内華供養，故得佛時，土常雨華，此八百人宿世善，故得同時而悟道也。

以是阿難下，第三因前得益，結修行得大菩提也。人中死生聞等者，上《往生品》《信毁品》《成辦》已説竟，今更陳者，從上《成辦品》十五，明信般若三根人行相竟，今將欲付囑，還結之。又上八百比丘得悟，非是孤然，從人中及天上來也。應了了行六波羅蜜，恐者云，但行五度，便得解脱，何用般若？故今釋云，雖行六度，於佛田[九四]不盡，欲得三乘解妄行，了了行度也。

囑累汝下，第二正明囑累，爲二，初明付囑流通，二修行流通。今是初，古解云，上來所明般若，究竟無遺相囑累。又云，爲彼時聽既久，諸人懈倦，將欲起發時情，故復囑累也。《論》云，除《般若》以外，失十二部經，其罪小小，若失《般若》，其罪則大。所以然者，要悟無所得，乃道也，故此《經》正是道之經，若失之，則無由入道，是故罪大也。問：若爾，餘經應不得道？答：餘經辨無所依，得而悟道者，皆是《般若》異名也。文中舉四事釋之，失得大罪，一者若受持，則爲受持三世佛菩提，二者若供養，即爲供養三世如來，三者信心愛樂三世佛，是故不應妄失也。

若善男子受持爲他人説下，第二修行流通。上既受持，復不忘失，今流布未聞也。文爲四，第一勸爲他説，二釋時衆疑，三歎[九五]無覺，四出舌相體，信般若有大功德。今是初，論云，教三千大千衆生得羅漢，不堪作佛，復不解教他佛，又無大悲，又無一切種智也。教菩薩當及[九六]種如意樹，爾時佛神力下，第二釋疑。疑云，佛既無所著，何故慇懃時付囑。如似著心，舉事釋云，四罪無復所見，我心亦所著，皆是宿誓願此世慈，故付囑也。又舉事表一切皆畢竟淨義，寂滅不應也。若人欲得般若邊際下，第三歎般若無量，釋成付囑義也。佛出覆面舌相，證信解，若得福不虚者，我父母生身有此舌，生成不妄語，故受持般若，必得實利，不現通力，令舌大者，恐舌非實大，通力使大也，故但出覆面舌也。世間妄語，爲要引名利，佛於萬德萬行中而無著，恐名利也。此中言陀羅尼是般若異名，在聲聞名道品，在佛心菩提，在菩薩尼也。

無盡品第六十七

此下，第二明方便道，前是般若道，生起如前，依論解，二慧不同。一云，自行爲實，化他爲方便。亦云，上皆實慧，如實虚通無㝵爲方便慧。三明於如此皆如實智，名實慧，於如此等法無取無著，名方便。四者通是己所行，爲實慧，以此隨喜迴向與衆生共，名方便慧。亦云，前説三乘共般若，自下説獨菩薩般若，欲明前來般若虚靜實照，故二乘隨分得入。自下多顯菩薩方便，俱巧奇能妙用，故是菩薩所爲，二乘無分也。就文爲二，初二十三品，正明方便因果大用，第二《常啼》《法尚》兩品，結勸修行。所以説方便因果大用者，本爲令物修行，故有第二段也。初段爲三，第一從初竟《方便品》明方便體用，秤歎令行。第二有《三慧》畢竟品，明發心起行，第三從四諦已去，明方便得果。初中又三，第一明方便慧體，妙窮法實，第二明方便慧用，惡無不除，善無不積，第三秤歎方便，勸修行。

《無盡品》者，上品已般若無盡，今須菩提更問，明此義。論云，般若若有和有集，故有滅有盡，無和無集，故無滅無盡，故三世佛悮之而成佛也。須菩提作是念，菩提甚深者，論云，須菩提初聞佛説畢竟盡中，聞囑累有法，從般若無有量下，還明畢竟空，故知取有相失般若，取空相亦失般若。如是五句，皆是戲論，故知般若甚深，既有深不可窮盡邊底，佛上略説無盡義，故今且問無盡也。云何生般若者，以此般若實曠濟[九七]無岸[九八]，三世諸佛從中而起，故知妙理湛一，而不可窮盡也。恒欲生之於靈府，是故問生也。色不可盡，故般若生者，了諸法實相，故般若生也。色若生，故有滅，滅即名盡，以色無生，故無滅，所以言無盡也。空等十二因緣亦爾。十二因緣獨菩薩法者，就名作空觀，即墮斷見[九九]中，若作有觀，即墮常中。今作因緣觀甚深，便妙悟中道不著斷常，爲方便慧體也。獨菩薩法者，凡夫直順十二，不求是非邪。正二乘但知其過盡無我，我所欲滅之入無餘，並不窮因緣之實，菩薩知其本自不生，今亦無滅，故非凡夫行，非賢聖行，獨菩薩行，故名爲獨也。未得無生已來，亦作此觀，而未明了具足，得無生觀解，明了具足，故云，坐道場應如是觀也。

能除諸邊顛倒下，第二明方便妙用，惡無不除，善無不積，爲二。初惡無不除，二明善無不積。初中爲二，前明除内惡，二明除外惡。中爲五，一除諸邊顛倒，外道多著斷常空實等邊，凡夫多見身有常樂我淨四倒，今菩薩觀内緣，無此過也。第二離二乘地，第三離我見，第四離無因邪因見，第五離法見，文易知也。不見色若常若無常，古解云，上明除諸邊顛倒，除四倒，今具除八倒，不應言此經未明除八倒也。亦不見般若者，明緣盡，今明觀淨，故菩薩爾時緣觀俱絶，惡魔便大愁毒，如箭入心。此即生下，第二離惡緣也。

具足檀下，第二明生道，爲二。初明方便力，故令六度名[一〇〇]得滿足，第二明一一度中具足六度，此中是得無生方便人，具足六施極而未嘗施，戒於戒而未嘗戒，故六度具足也。未得般若方便，間[一〇一]施則著有，間施空即滯空，斷常成即施，若人成施，斷常不成也。

攝五品第六十八

此下，第二明一一行中，具足衆行，未得無生時，即一行非是一[一〇二]行，信得無生忍能[一〇三]無導行，故一行中具足能生衆行也。問：此中是何物攝耶？答：此是相生攝，以本攝末。此中明攝，與前《弁才品》明攝異者，前明相攝，欲以衆行多功，共成多之功力，顯莊嚴有大力，勢能破生死，直趣佛道。今明一一度中而起諸行，爲顯方便也。

方便品第六十九

《法華》明一乘爲實，三是方便，故開方便門，顯真實義。《勝經》明一乘大方便，一乘尚是方便，三乘寧非方便？此語須進退論之。若望道門，三一皆是爲緣，故皆是方便，道門未曾三一。《大如品》須菩提呵身子云，汝欲令有一菩薩乘不？身子答云，尚無三乘，豈有一乘？故知三一皆是方便也。若望三乘是方便，即一乘非方便也。今經云方便者，照空爲實，遊空不著，涉有無滯，運用善巧，故名方便也。《勝鬘》總二慧爲一乘，即若方便若實，皆名爲方便。今此中開一乘爲二慧，故有實慧與方便也，是即《法華》明一乘爲實，《勝鬘》一乘爲方便，皆是總義，今即開一乘爲方便，故是别義也。上明方便體及方便用竟，今第三歎釋方便勸學者修行，第一明昔因久遠，歎行方便人，第二歎方便妙用，窮能善巧，第三歎行方便人得無邊功德，由久植因，故得妙用，有妙用，故得無邊功德也。

初問答乘，上品生菩薩方便力，能行一行具足衆行，故問因久近也。雖發心時久，未必多見佛，故問供養幾佛。雖復見佛，或住人、天二乘，及有得善根，故問：種何等善根？佛答：初發心度，無不具足。問：得無生可言具足六度，云何初心便是具足？答：發心畢竟，二不别故，初是後初，初後既具，後亦具初，後得無生，後初即亦行無生，若後初不行無生，何由得初後？亦此初非後初，非習因也，是故發心，即作無生觀，故六度具足也。

譬如日月下，第二歎方便妙用，言能善巧。爲三，初歎導達方便二便[一〇四]，二歎起行方便，三歎堅明方便。初中爲三，一歎般若爲衆行之首，二歎般若有導達之能，三學二譬，結歎般若勝義。初有十譬，古解言，十譬兩三相著，皆是歎上《無盡品》中三事也。初二喻，一能成體，二成名，擬上能成功德也。第三第四明[一〇五]，一明外惡不干，二明成内行，此擬上斷惡也。第五第六，一明因中隨順，二明隨慎[一〇六]故到果。第七第八，一明初建，二明後慎。第九第十，一明其解，二於解中而不分别也。依論，初日月喻菩薩二慧，答四生也。又如眼而無日月，即無所見，衆生雖有世善，無菩薩般若，不見正道也。問：五度是衆生[一〇七]流，般若是大海，何故乃取薩婆若爲大海？答：論云，薩婆若是般若異名，由般若故，五度成無留，故是五度入般若中，皆成般若，般若變薩婆若，各入菩薩中，五度亦隨般若，而變入薩婆若中也。古手便者疑云，六度各有力，何而有便不便也。最後喻輪破賊，以常住王宮前，空中住聖王是菩薩，輪是般若破魔，已在薩婆若空中住，輪雖導而無心，般若雖導，亦無所導也。

爾時須菩提下，第二明方便導達之能。爲二，第一正明導達之能，二明學般若有得失。初問：因上諸波羅蜜如野馬，不應施行得果也？答言，所以造行爲衆生，是故行於盡也。第二問：上第八譬就於有中，於其無別，而問其所以別也。又云，領前諸法自性空，無差別故。答言，所以得此無差別功，由般若如羅衆色到山，雖皆無別，無別由山，故歎山也。第三問：真諦不應最上也？答：俗諦故最上也。問：般若無分別，即是真諦，真諦有何最上？答云，言最上，是世俗言也。論云，先就未得聖道空，故直云空，今説得聖道空，故云。第四問者，般若有何意，故得最上也？答：以能取一切法到薩婆若，故在上也。

須菩提菩薩是念下，第二明得失。爲二，初明失，次明得也。失中四失，第一明能如上作生、法二慧，行亦失也，内著我外著空，云我能行生、法二空，無富法故生也。第二破著空方是般若，復著般若即是著空，著空故失。第三菩薩作是念下，著菩薩道故失，初著空亦耶見，次著空空亦耶見，今住波若能具萬行，是行菩薩道，此亦失也。此人謂，由般若故能具萬行，雖非是空不空，終有般若能成萬行，故失也。第四失，菩薩作是念，我是生死凡夫，未能了無生，故所學皆失，唯諸佛不取相，無過失，我所學，佛所知，如佛所知，爲衆生説法，亦是失也。論云，著佛道故失，今諸法實相，何佛不佛，而起佛見耶？何曾有悟不悟，而汝言凡夫未悟，佛是悟耶？乃見有失，不皆是失，見悟不悟，皆是不悟也。云何無生過下，第二對失明得也。上四皆失，今不應無得，故問云，何無是過失也？佛答：無有故不取者，以了諸法無所有，即無取著，不著空，不著空空，不著菩薩道，不著佛，一無所取，故是清淨，故無上過失[一〇八]也。須菩提次問云，汝是清淨般若無過失者，爲離自相不？若有自相，即有所著，若無自相，復何所行？佛答：能了一切法不失，即不見常無常及人法，豈更生心作有無意，雖〔二〇九〕即有無也？

譬如轉輪王下，第三舉二譬結成，此近接上生，以能如是不見離，不離無過失行，故無行般若，諸行皆隨從。第二譬釋疑，諸行自有力，今故隨順般若，釋云，如車雖有所行，女須御者也。又是結勸失，若隨善御，必不失道，隨般若善御，不失正道，故無上過也。

何等是道下，第二明起行方便。爲三，初明將修行，故先乘道非道，二識道是非，故正修行，三明以修行故得果。初四，一簡道是非，二歎般若能乘道，三明道雖無生滅，而〔二一〇〕行之即萬行成，四明以萬德成，故結勸令行。今先問次答。問：從近遠生，從上來歎般若爲勝，近聞無所取，是行般若，今將欲修行，故先問道是非也？事起下，第二須菩提聞道非道，後歡喜歎，般若能乘耶，是大事也。般若無所生下，第三明道雖無生滅畢竟空，而不妨行，無生萬行，此豈是不礙也？以是故下，第四結勸也。

白佛云何習般若下，第二明行既御道，故得道也。佛答中，初作不合散，習有諸煩惱爲合，正觀求不得爲散，今深習般若，不見此合散也。次作不住習，恐不見散，謂是正觀，故欲寄心於中住，故明無住習也。

士夫種士夫種樹下，第三明得果。爲二，初得果爲二，初明得果，二更勸修也。士夫是菩薩樹子，爲般若水，爲五度，得無上菩提果也。《大經》以衆生爲正因，六度爲緣因，此《經》以般若兩打斷分五度，得無上菩提果也。《大經》以衆生爲正因，六度爲緣因，此六度爲正因，五度爲緣因也。次勸修，如文。

白佛修觀相下，第三難釋照達方便，得此方便，於一切法皆明了也。爲二，初明照達，第一深義勸令依學，二明是門無礙，學者皆入。初中有三，初就教明廣略，二就四法明，三結勸修學。所以廣略者，大明佛教不出廣略，得般若方便，皆悉了達也。一解云，八萬法藏爲廣，一部爲略，乃至一長行爲廣，一偈爲略也。二解云，略廣是總別義也，知一切法皆無生不二，爲略，知一切法不二二義，爲廣也。六波羅蜜若略若廣者，自有三乘法略廣，今明菩薩所行略廣也。須菩提意云，何知略廣相下，第二約四法明略廣，謂如法性實際，不合散四法也。所以約此明略廣者，由了悟如法，故方識佛教略廣也，非是於如法性等四中論廣略，悟此四，乃識佛教之廣略也。明四法之四句也。法性無有此彼分，故云無非分也。第四句不合散者，人多謂，如等三法爲境，悟此三法生智，智與境合，故今明不合散也。是名略攝般若者，第三結勸令學，略攝般若者，知如等四法，故便知略廣，名略攝般若也。此但以四〔二二〕，便知略廣，豈非略攝波若耶？

　利根菩薩入是門下，第二明悟入也，即以上四法爲門也，所以有此，魔事欲起。

　即滅下，三歎行方便人有大功德。爲二，初明功德，次明得智慧。初如文，善知字門下，第二明其人有智慧也。字門即四十二字門，非字門謂如法性，此應是理教，故云知也。一語能明了一義，爲一語也，二三四亦爾。捨道，謂捨下地得地〔二三〕，得地不著喜捨，下地不憂也，不捨道，謂住是地中也。善知一切見者，學無學見也。善知行相者，謂十六行也。須陀洹者，道人也。須陀洹道者，見諦道也。須陀洹果者，十六心心法及無漏戒等法是也。善知根者，知他根具足未具足，故可度不可度，亦自知根具足不具足，如鳥子自成洲成未也。慧者，一切智慧總智也，速知諸法，名疾慧。有人雖速知而智力弱，故説有力慧，雖有力而有鈍者，故説利慧。能於種種難中拔出，又能於煩惱中免出至異，名出慧。於佛法究盡通達慧，道俗有無等廣慧，深入無礙爲慧，具上諸義，名大慧。又佛大〔二四〕，故佛慧名大慧也。於波若中亦不著般若，此釋妙絶，無所爲喻，名無等慧。如如意寶，能滿心願，名爲實慧。待衆生者，六度皆爲眷屬，菩薩雖要待衆生，共度生死也。得義法亦無礙，爲善知語，得辭及樂説，故知義。具此四，能説三乘，此中五陰，先廣説後略説，故先言前知色，後云善知陰入界，此中先略説緣後廣説，故云因次第緣增上也。

三慧品第七十

第一明方便慧體，秤歎勸修已竟，今第二明修方便因行。爲二，初《三慧品》，將欲辨於因行，先明修行之軌模，第二道樹以去，正明修行經及論，無三慧名，直云行生修般若耳。若以般若爲慧，於義得也。三慧有二，聞思修三，此多就無階級階級爲論耳，行生修三慧，多就階級無階級爲論。故經云，從初發心至坐道場，應行修也。但法師及論釋不同。一言，三十心爲行，初地得無生，爲生慧，生是本無，今有前未得無生，今始得，故爲生慧也。修慧二解，一云，初地既爲生，二地去屬修慧，故地論初地爲見道，二地屬修道。二解，初地至六地爲生，七地去爲修也。論云，有人言，乾慧地爲行，得無生爲得，無生以後用禪波羅蜜薰修，爲修慧也。有人言，梁武解初地具行生修，但義説三也。然論中直出階級解，而不將之父，直明無階級，此意明具階級無階級三義也。

品三，一明三慧三慧[一二四]，二明三起，三明般若。初爲二周，一者略明三慧，二廣明三慧。略中爲三，一明三慧體，二明修三慧時節，三明修三慧之方。初中先問次知。問：來者上品歎般若功德，故言善知一切法，聽者愛敬般若，故須菩提爲之發問也？佛答：三界三答，初行中四句，言初有兩句明菩薩深悟，五陰即是涅槃寂滅，次兩句既深悟五陰寂滅，即知諸有五陰是虚妄，如此而了，名般若也。又解云，前兩句是第一義，後兩句是世俗二諦，故是行般若也。如虚空生者，答第二生問，數論及外道虛空，或是常或是無常法，今不借此爲喻，般若中明空不有不無常，如涅槃相。今明菩薩觀一切法，亦如虛空，不有不無，不常不無常等，則般若觀生，故云如虛空生也。然虛空無生無不生，假説生，般若亦爾也。前就五陰寂滅明行義，今約虛空者，此[二五]據六種門也。品淨此六種，令不可得，是行生義也。修一切懷[二六]者，答第三修問，論云，菩薩得般若已，入深禪定，以般若力，故觀禪及禪定所緣，皆不可得，不見散靜，能緣所緣，故名懷[二七]一切爲修般若也。

須菩提白佛應歲時下，第二明修三慧時節，時衆云，一切法必有時節，故須菩提爲問也。佛答：初發意坐道場者，此是無始無終義，故説始終也。問：從初發意至坐道場，應行萬行，何故言行般若？答：論解《方便品》云，有人言，不必具修餘行得佛，但聞般若即作佛，如師子皷音世界，是中人但聞無生無相，便得悟無生也。何有人行施戒等事，既行般若，故今但問般若也。又須菩提上偏問般若不淨，答般若三世，又以般若心行萬行，萬行皆爲般若攝，般若萬行，故偏説得佛時，轉名薩婆若，故三慧之名，但至道場也。

白佛次第次心下，第三明修三慧方法，不令餘念得入者，遮一切有所得念，隨起破之，不令入也。心心數法不行者，小乘人罵此言也。凡厥心數不行，聖願四處，一者凡得無想定心，不得無相天擇，心行不行，此因果心不行也。聖人得有餘，入滅定時心不行，入無餘時心亦不行，菩薩云何得心心常不行耶？論主答云，此小乘法作此説也，大乘法與小乘異，故明菩薩一切心心不行也。然明餘心不入此禪，一切有所得心不行，今明心數不行，只菩薩行般若心，雖行實無所行。叡公釋《淨名經》云，菩薩以法身爲身，雖處而非，三界妙慧爲心，雖緣而常寂滅也。

自修般若得薩婆若下，第二同廣明三慧，即

三。初明修，次行，上明行生修，今明修生行者，既始終具足三慧，故無深淺，所以論之，令無前後也。二者文勢，故前明修慧，上明心心數法不得，故問言，既不行，今修般若得薩婆若不耶？佛答：修是心常修，習心心法也。不行，云何有修而薩婆若耶？修尚不得，何況不修耶？又言，真諦理則無修，世諦有觀心，故言修，此二俱過，故言亦不可得也。此破四句得義也。然此上明修慧，今修不修四句皆淺，則知行生亦然也。後問云，何當得者，亦破得已想，故今問得也？佛答：如如想者，汝解如有四句得不？即如實際者，須菩提不解如，故以其證實際爲喻，實際有四句，後不解實際得薩婆若，故如法性。問：須菩提應解實際，云何不解？答：乃解其實際，不解薩婆若如實際也。問：常云如法性實際，今云何必實際法耶？答：是法性例人性，故迴之在後也。又約小乘人爲論，彼云學道爲如，無學道證實際，證實際竟，後方通達無量法性，故法性在後也。我性可得不者，答云，初果人尚不見我，況羅漢耶？問：我畢竟不可得，則無我是横計，今得菩提，亦横計不？答：有所得，得（二八）亦横計也。今得是無所得，取我無所有，爲少分喻也。

菩薩應學色下，第二明行慧，就文爲五。初明無所行是行般若，第二無得行，第三無爲無作行，第四不住行，第五假名行。今是初不起行業有無者，上生滅是生滅，是無相門，今不起有無業，是無作門。下自相空是空行也，不起業有無者，有即三有業也。凡夫外道，離般若正觀，以邪見心欲滅三有業也，此是起無業也。大略而言，凡厥有無心，皆是有見業也。

初發心云何行下，第二明無所得行。問：二竟無一者，不行是行，初心迷悶，若有行爲行，則性屬今云何耶？佛答：今發心，則學無所得，無所得者，淨一切有無諸見。故一師云，發心之學，無生滅觀，就無生心修萬行，不如他云有中修萬行，然後以空導之，故今及之前，并當有所得，心盡畢竟空，然後只修萬行也。若留一豪有所得心，則不成脩行，此行還成有所得也。白佛徒有所得，中無所得者，正問得無得〔一九〕愛際義。若從無所得得〔二〇〕無所得，此〔二一〕無所得，正則是自然無所得。菩薩發心，應先行有所得，後入無所得，此句常住佛義，不可從常得常，從佛得佛，亦不可無常反作常，常若可作，則常作無常。佛答：俱不可也。汝見得無得二，故作問也。若見得無得二，還是有得，如前二法，是有所得也。今若不見得無得，始〔二二〕是無所得也，他得無得平等，始是無得。今還問：爲從平等得平等，爲從不平等以得平等？答：若有此問，還同前答。汝見等不等二，終是不等也。佛意明，約衆生迷悟，强諂作得無得也，何曾有得無得定性耶？若通理實有，有所得終不可悟無所得，良由空謂爲有得也，何有得之所有耶？

白佛爲何事故行般若下，第三無爲無作，行般若也。初問答：正明無所爲無所作，故行般若也。白佛云何分三，前者問意，既無爲無作，何分別有三乘耶？佛答中，初印成其問，明無爲〔二三〕無作中，無有分別三乘，有所爲有所作中，自分別耳。何以故凡夫愚人下，此呵善不應生疑。凡夫人未得道，著五陰亦著空，故可生疑云，不應分別三乘也。汝已得道，空有俱不著，何故此疑耶？我以五眼不得菩提者，此更釋凡夫生疑所以也。我有五眼，故不見菩提，又我是得菩提人，不見菩提可得，凡夫未得菩提，言有菩提可得，凡夫未得菩提可得，故大可恠也。問：慧眼見真諦，故可見菩提，菩提世諦佛智，云何言五眼不見？若言真諦遣五眼，起不見者，是亦不然。若遣五眼，則無五眼，今正對凡夫無五眼，明有五眼，云何遣五眼耶？此於常義，大不可解。今明五眼不見者，不見凡夫所見菩提，凡夫所見菩提，皆是總〔二四〕謂，何處有此菩提可見？而凡夫想謂，言有此菩提可見，而凡夫想謂，言有菩提可見也。又今見菩提，而見無所見，故云不見也。

譬如他人下，第四不住行般若也。舉化來者，釋佛無所住，故得通，即明菩薩無所住，故行般若也。因必化廣明化事也，須扇多是無本有迹句，四句易明也。又有本長迹短，本短迹長，此即其事也。須扇多無本有迹，釋迦有本無迹，三本迹一時者，如釋迦受純陀，化身受餘人也。本迹俱無，只此本迹，即不本迹，即第四句也。本短迹長，即須扇陀是也。本長迹短者，如釋迦或一時應現，即是本長迹短，故云即其事，只須扇多等是也。問：若言我禮化佛得真佛福，亦應毀化佛得真佛罪？論主答云，若惡心毀化佛，身血爲之出，亦得逆罪。問：若爾，律中何故明毀化人無罪？答：律中爲結戒，爲護佛法，隨世俗，故作此説也。人見煞化牛羊等不深責，是故無罪煞，真作心不異者，得罪一等也。

是諸法實相不應懷[二五]者，第五假名行也。此如可，然品隨俗語，無過佛菩薩，雖知諸法無所有，隨俗假名説也。著有亦著空者，此釋疑也，恐言既隨俗假名説，則佛菩薩應著假名，故釋云假名。若著假名者，空亦應著空也，空不著空，名豈著名耶？

爾時須菩提下，第三明三智。爲二，初明智優劣，次明斷不明。今是初，須菩提問：從上佛答中，行菩薩道，得一切種智生，是故明，若先定佛説一切種智也。一切種智，謂知内外者，外即六塵，内即六根，二乘知此，十二入苦空無常無我也。不能用一切種一切道者，不能以定爲有，故言無一切種也，不能一切道度衆生也。道種智是菩薩智者，菩薩以四道度衆生，謂人天乘爲福樂，及三乘道，二乘及人天，但爲衆生佛道，自爲之人也。第二明斷，但明若二乘斷，不明菩薩斷者，小乘中不明菩薩有斷，今依小乘中作問，故佛但答二乘斷也。又無生忍菩薩斷煩惱，與二乘略同，如二智斷，是菩薩無生忍中説也。問：菩薩智與二乘異，經云何同？答云，云[二六]論云，即時有差別，斷已無差別者，佛與二乘，智有利鈍，故斷時有差別，斷後俱無正使，故斷後無別也。凡夫愚人爲之得罪者，論凡夫見聞二乘人習相，如見身子瞋習，畢陵伽罵恒水習，便言聖人有瞋慢，故成罪也。此中先明無爲差別，據所悟無爲無異，無爲即實相也。後明無爲中有諸聖不同，據能悟之智也。道斷結説後際者，聖斷結盡，故得無餘，無餘即後際也。

第三釋般若，文爲四。第一明般若能彼岸，故名般若波羅蜜，第二明般若功能生善滅惡無[二七]，第三明般若能成諸觀義，第四明不耶義非義，兩捨明般若。初中爲三，第一就智行以明波羅蜜，第二復次，就果德明波羅蜜，第三有復次，就境以明波羅蜜。就境中有二，先兩後[二八]次，就二諦以辨，後一復次，就一實以明也。問：上已明三慧三智，今何故更問波若？答：上離波若爲三慧，今合三慧爲波若。又上但明波若，今釋波羅蜜，故一品具釋般若波羅蜜也。第一度者，聲聞下度，緣覺中度，菩薩第一度也。能生一切樂説辨下，第二滅惡生善用。無常義下，第三成諸觀也。般若非常非無常，具常無常用，若非般若無常，則無常見，今捨常不著無常，故是般若無常也。義非義下，第四兩捨也。無爲般若者，般若非有爲非無爲，爲無爲具足，先明般若非常非無常，次文明般若無常，今文明般若常，故無一定相，而具一切義也。無爲二種，一者實相般若，爲果地般若，是無爲也。説智及智處，皆名般若實相，是無爲般若，觀照文字是有爲般若也。以實相爲因，觀照爲果，亦得觀照爲因，實相名果。以修解觀照，方知如法性實際，由觀照了法性，法性爲果，須尋經文，陳因果等義也。

大品義疏卷第九

校勘記

〔一〕「故」，底本原校云前有「何」。

〔二〕「今」，底本原校疑衍。

〔三〕「縛」，底本原校疑爲「轉」，下一「縛」同。

〔四〕「三」，底本原校云一本作「二」。

〔五〕「如」，底本原校云一本作「知」。

〔六〕「獄」，底本原校云一本前有「地」。

〔七〕「體」，底本原校云一本無。

〔八〕「歷」，底本原校疑爲「魔」。

〔九〕「云」，底本原校疑爲「言」。

〔一〇〕「轉」，底本原校疑爲「輪」。

〔一一〕「根」，底本原校疑爲「報」。

〔一二〕「轉」，底本原校云一本無。

〔一三〕「次」，底本原校云一本作「自」。

〔一四〕「三」，底本原校疑爲「二」。

〔一五〕「二」，底本原校云一本無。

〔一六〕「被」，底本原校疑爲「彼」。

〔一七〕「咸」，底本原校云一本作「成」。

〔一八〕「取」，底本原校疑爲「貌」。

〔一九〕「功德」，底本原校云一本無。

〔二〇〕「間」，底本原校疑爲「聞」。

〔二一〕「有」，底本原校云一本作「者」。

〔二二〕「增」，底本原校云一本無。

〔二三〕「應」，底本原校云一本無。

〔二四〕「咸」，疑爲「滅」。

〔二五〕「增」，底本原校云一本無。

〔二六〕「及」，底本原校云一本作「反」。

〔二七〕「得」，底本原校云一本無。

〔二八〕「復」，底本原校疑爲「後」。

〔二九〕「去」，底本原校疑爲「云」。

〔三〇〕「滅」，底本原校云一本作「咸」。

〔三一〕「得」，底本原校云一本無。

〔三二〕「間」，底本原校疑爲「問」。

〔三三〕「行」，底本原校云一本無。

〔三四〕「昧」，底本原校疑衍。

〔三五〕「明」，底本原校云一本無。

〔三六〕「亦」，底本原校疑爲「品」，下一「亦」同。

〔三七〕「益」，底本原校疑爲「答」，下一「益」同。

〔三八〕「次」，底本原校云一本作「改」。

〔三九〕「若」，底本原校云一本無。

〔四〇〕「性」，底本原校云一本無。

〔四一〕「天」，底本原校疑爲「無」。

〔四二〕「聞」，底本原校疑爲「問」。

〔四三〕「四明」，底本原校疑後有脱文。

〔四四〕「田」，底本原校云一本作「由」。

〔四五〕「試」，底本原校云一本作「誡」。

〔四六〕「行不學知而已」至「而學空者」，底本原校云衍。

〔四七〕「問」，底本原校云一本作「因」。

〔四八〕「故」，底本原校云一本後有「故」。

〔四九〕「三薄」至「爲地」，底本原校云一本作「三乘十地薄地三乘十地薄地」。

〔五〇〕「位」，底本原校云一本無。

〔五一〕「斷」，底本原校云一本作「習」。

〔五二〕「習」，底本原校云一本作「住」。

〔五三〕「在」，底本原校云一本作「無」。

〔五四〕「似」，底本原校疑爲「以」。

〔五五〕「似」，底本原校云一本作「以」。

〔五六〕「二」，底本原校云一本作「生」。

〔五七〕「人」，底本原校疑衍。

〔五八〕「鞞」，底本原校疑前有「阿」。

〔五九〕「非」，底本原校云一本無。

〔六〇〕「之」，底本原校云一本作「文」。

〔六一〕「故今」至「善友」，疑衍。

〔六二〕「數祕法善友」，底本原校云一本無。

〔六三〕「是」，底本原校云一本作「乘」。

〔六四〕「教故理教」，底本原校云一本無。

〔六五〕「二」，底本原校云一本作「三」。

〔六六〕「聞」，底本原校疑爲「問」，下二「聞」同。

〔六七〕「觀」，底本原校疑爲「勸」。

〔六八〕「聞」，底本原校疑爲「問」。

〔六九〕「身」，底本原校云一本後有「教十善」。

〔七〇〕「逕」，底本原校疑爲「至」。

〔七一〕「第二」，底本原校疑衍。

〔七二〕「次」，底本原校疑衍。

〔七三〕「三」，底本原校疑爲「二」。

〔七四〕「人」，底本原校疑衍。
〔七五〕「受」，底本原校疑爲「問」。
〔七六〕「義」，底本原校疑爲「我」。
〔七七〕「即」，底本原校云一本無。
〔七八〕「今」，底本原校云一本作「令」。
〔七九〕「也又一切衆生」，底本原校云一本無。
〔八〇〕「次」，底本原校疑衍。
〔八一〕「見」，底本原校云前當有「邪」。
〔八二〕「空」，底本原校云一本無。
〔八三〕「得」，疑爲「德」。
〔八四〕「因」，底本原校云一本無。
〔八五〕「破」，底本原校云一本前有「者」。
〔八六〕「别」，底本原校云一本後有「外」。
〔八七〕「度空」，底本原校云一本無。
〔八八〕「菩」，底本原校云諸本無。
〔八九〕「反」，底本原校疑爲「及」。
〔九〇〕「懷」，底本原校云一本無。
〔九一〕「遠」，底本原校疑爲「迹」。
〔九二〕「火」，底本原校云一本作「大」。
〔九三〕「空」，底本原校云一本無。
〔九四〕「田」，底本原校云一本作「由」。
〔九五〕「歎」，底本原校云一本作「難」。
〔九六〕「及」，底本原校云一本作「反」。
〔九七〕「濟」，底本原校云一本作「溶」。
〔九八〕「岸」，底本原校疑爲「崖」。
〔九九〕「見」，底本原校云一本無。
〔一〇〇〕「名」，底本原校云一本作「各」。
〔一〇一〕「間」，底本原校疑爲「聞」，下一「間」同。
〔一〇二〕「一」，底本原校疑爲「衆」。
〔一〇三〕「能」，底本原校云一本無。
〔一〇四〕「二便」，底本原校疑衍。
〔一〇五〕「明」，底本原校疑衍。
〔一〇六〕「慎」，底本原校疑爲「順」。
〔一〇七〕「生」，底本原校疑衍。
〔一〇八〕「失」，底本原校云一本無。
〔一〇九〕「雖」，底本原校疑爲「離」。

〔二〇〕「而」，底本原校云一本前有「道」。

〔二一〕「四」，底本原校云後當有「法」。

〔二二〕「地」，底本原校云前當有「上」。

〔二三〕「大」，底本原校云一本後有「人」。

〔二四〕「三慧」，底本原校疑衍。

〔二五〕「此」，底本原校云一本無。

〔二六〕「懷」，疑爲「壞」。

〔二七〕「懷」，底本原校云一本作「壞」。

〔二八〕「得」，底本原校云一本無。

〔二九〕「得」，底本原校云一本無。

〔三〇〕「得」，底本原校云一本前多一「得」字。

〔三一〕「此」，底本原校云前有「此無無所得」。

〔三二〕「始」，底本原校云一本作「如」，下一「始」同。

〔三三〕「爲」，底本原校云一本後有「無爲」。

〔三四〕「總」，底本原校疑爲「想」。

〔三五〕「懷」，底本原校疑爲「壞」。

〔三六〕「云」，底本原校云一本無。

〔三七〕「無」，底本原校疑爲「用」。

〔三八〕「後」，底本原校疑爲「復」。

大品經義疏卷第十

胡吉藏撰

道樹品第七十一

此下，第二明發心修行。此中有三。第一，從此品竟《六喻品》，明自行。第二，從《四攝品》以下，明化他行。第三，從《畢定品》，明自他二行，無不信，皆不退。初中有二。第一，從此品畢念[一]《次品》，明發心脩行，次第漸增。二，從《一念品》竟《六喻品》，明行既純熟，故衆德斯備。就前次第漸增中，有四。第一，此品明方便起心無所依著，希有可歎。次《道行》《三善》兩品，明菩薩正行成就。第三，《遍學》一品，明菩薩正行既成，故遍學諸道。第四，《三次》一品，明次第漸增，故入菩薩位也。初品中爲七。

第一，明方便起心無所依著，希有可歎。第二，如佛歎。第三，以體如同佛，故勸學如，學如必須發心前。第四，勸發[二]必有所念前。第五，明發所念之法，既明所念之法，次脩行前。第六，明起行方便。第七，明諸法雖無所有，不失如義。

《道樹品》者，上三慧三智三度，即是二離[三]用，今明合明一道，正言二非定二，所以可合，一非定一，復可離，合皆是道。今雲[四]譬以明道，前言《道樹品》，問：此云道樹，樹爲是因，樹因道爲果，佛樹佛道？答：此語通也，言道是無上菩提，道樹亦是無上菩提樹也。若行菩薩道，則以爲通，亦是因樹也。問：此道樹是自行，爲是化他？答：具足二也。菩薩求佛，道樹是行，以此華果答[五]衆生，以此樹華菓是化他。初須菩提歎希有者，論云，十上無所得耶。是得故歎未曾有，如文也。然種樹具有難易，自有於地種則易，於空種則易[六]斯。次成華菓，如幻化人所作，於地種則難[七]。成內道亦爾，自有人見有衆生可度，則發心度之，則易，忽向其道，無有衆生可度，則大難。自有云，實有衆生，云何可度，然則大難。若知衆生虛妄不實，易可度耳，此求爲易也。今云，空中種樹，是所得人作，語有所得人，見衆生是有，不知是空，空[八]中度衆生，於其是難。今爲此難[九]，菩薩爲難也。佛答云，如人不識華藥，而溉灌者。須菩提但明衆生不可得，爲衆生種樹，不明樹體有無，佛答則具二事。不識樹者，此明菩薩體樹，不可得也。須菩提云，明度衆生，無衆生可度。今明求佛樹，無佛樹求也。前云，不識樹也，不識者，體樹無所有也。葉陰涼，除三惡道熱，華可愛，是人無果也，菓堅實，謂三乘道也。

須菩提白佛是菩薩如佛下，第二如佛難，先難佛述，正[一〇]正[一一]作斷惡歎，爲如佛也。次舉三義成之，一生善，二斷惡，三佛答如，故能滅惡生善，即釋上功能佛也。體如故名佛，菩薩二體佛如，豈不如佛？差[一二]菩薩別體如，不體佛如者，可不如佛耳。問云，道如此是佛，何不如佛？答：於彼成不如，不故如佛也。

應學如下，第三勸學如，既體如故如佛，豈不學如耶？此中明體如，故具自行，知衆生根體如，化他根具足者，知衆生信等五根具足也。知果者，菩薩見衆生得行信等五根，而未可即度者，此是其過去罪果重，故云，知果也。得智具足者，菩薩既知過去罪果，而爲得者，衆生即罪業既過去，不生畏，畏故求行智[一三]，遍知三世事。既知已爲説，未來當墮三惡道，衆中方便受也。淨三世慧者，通慧三世無礙也。知[一四]知過去善惡，未來果報，又現在衆生根具知此事，故方能化衆生淨佛道也。

如是須菩提下，第四勸發心，既學如，有如此自利利他故也。發心，既勸發心，故須勸心功德，故有六格量也。乃至格佛功德者，歎佛德無邊，使發心人欣慕也。又佛德無邊云如，則知其福亦無邊也。

當念何等法，第五明始行所念也。般若深妙，一無定相，故令始行，標心佛心果也。恐既捨也[一五]樂，未得出世樂，便生改悔，故念[一六]佛道，則雖失世樂，得出世樂，雖捨獨善，小余[一七]得，共衆生大人樂也。何等緣增上者，恐耳念種智，可念故無相寂滅，令心如境也。念爲增上者，此謂智爲念也。種智雖畢竟淨，而能知一切法，故云，念爲增上也。

何等方便下，第六明修行方便也。上云種智及一切法自性空，令[一八]問云，何等空中方便修行耶？佛答：於無所有中起方便行，行萬行，此是無有不二行，雖自性空，而衆生行即是空不礙有，有不礙空，善巧之義，故名方便也。此文中略就檀一行中，成熟衆生，淨佛國土，餘行皆應爾也。無法尚不可得，何況法性者？得佛時畢竟空，故始是方便，故因中不著有，無果亦如是，可謂行無生滅因，不得常斷果，即其證也。問：又云得法，用得法，得何前是？答：得法者，得佛道，用得法，是菩薩道也。

白佛下，第七明諸法雖無所有，而不失能知之義。問意，從上非佛作生，諸法非作無所有者，誰知如此無[一九]無所有法耶？佛答明，第一義中，未曾有不有，今隨俗故云，佛知無所有，而爲衆生說有不有也。

道行品第七十二

此品第二，上第一正明歎菩薩依無所得，發菩提心，今第二明修行菩薩，良由無所得發心，然後亦得行無所得行也。知[二〇]善則云，發心菩提心，爲欲學菩薩行也。就兩品爲二，初正明行菩薩，第二明方便成。今云《道行品》者，上譬說得名，今法說爲因也。

品三，第一明菩薩行，第二明得果，三重釋前不行義。今前問次答。論云，佛上處處說般若，須菩提別聞[二一]般若，上雖說菩薩行，今亦別問菩薩。此是通料簡，上經生也。若別而爲論，上既明發心，故今修行，所以問也。

問：菩薩行耶？答：此義有通別，別爲論般若，可是實。論云，般若是慧[二二]。論云，般若名諸法實相慧。若是菩薩行，具實方便二慧，則知般若別菩薩行通也。又般若但是慧，菩薩具修福及以三果也。若通[二三]爲論，名《般若經》，而菩薩行者，則別般若修是菩薩行也。以《般若經》中無所不具，具二慧及福德也。佛初答：爲菩提爲菩薩行也。標答也，次求正於菩薩行，謂不二心行也。此是空悲二道，雖行一切法畢竟空，不有不無，無此生心動念，而失大悲心行一切行，雖大悲心行一切而成，不曾生心動念，此即菩薩行也。

白佛何義故爲佛下，第二明得果。爲二，初明得佛，二明菩提。又是通料簡，上義如前也，此中亦[二四]四義釋佛，佛解四名畢了義[二五]無異也。有解云，第一句，佛自知實相義，初是知無異也。有解云，第一句，佛自知實相義，初是知義無礙智也。是自知，第二句，自既知實相，以名相爲衆説，即是法無礙智。復是化他，第三句，釋佛具知二義所以也。佛以二緣故，自知實相義，一者智圓，二者界盡，餘菩薩聲聞，不得名佛者，無此三義也。第四句，總上三法謂知義，亦知有知無，故云一切也。次釋菩提義之如實際名〔二六〕，菩提義之如實際，名菩提者，化即如是頭〔二七〕境，云何名菩提，云名菩提耶？今經中云，只如義是菩提義，無差別差別，爲論體悟如法生，菩提故如法，亦是菩提無差別，爲品如法，即是菩提，境智不二也。復云，名相是菩提義者，前〔二八〕義我〔二九〕無礙，礙第一義諦智名菩提，今智名字，是知法無礙智爲菩提，知世諦也。第三義，外即名相爲菩提。第四義，内絶念想爲菩提。第五，舉人釋法。

第二，人簡異二乘菩薩也。初二句，從真俗境得名也。白佛下，第二問答料簡，成前菩薩義。四義，一者明菩薩心無得失。二者明所行般若，不以二行。三者以不二故，功行滿之〔三〇〕，外惡不干。四明菩薩〔三一〕善惡兩提，行名正觀。問：何故不爲善根？答：一往爲論，不爲有得善也。二往爲論，上既勸作不二善根方便，言不二是善根，凡夫二乘作不二善根，故亦明二不二善皆不行也。佛釋不爲善〔三二〕善根云，若菩薩未供養諸佛者，佛意云，菩薩本爲佛道，佛道〔三三〕爲究竟。汝所行善根，未是究竟，云何保著？如《百論》，爲除惡善行，若入道，則須捨善也。

三善品第七十三

此明供養諸佛，脩善根，植〔三四〕善知識，皆名爲善，故云三善，亦《三善根品》。此品中論菩薩善根，故以目品。此是第二明方便善成就，中爲二。第一論上具足善根義，二正菩薩方便善本也。先問云，菩薩不行三多，得婆〔三五〕若不者〔三六〕，下云菩薩不爲善根，故行般若。因此生問：不爲善根，則不行三多，便應得佛。所作此問者，善惡皆捨皆空，行須行善，佛舉有破無，明行三多尚難得道，況不行耶？上品是用無破有，故云，不爲善故行，時衆著無，故舉有破無。然用此有無，令成者，於有無二見也。次問云，行三多，何故難得道耶？佛答：舉方便無方便答。無[三七]方便有所得，行三品多，故難得道，有方便無所得行，故易得道也。

世尊何等方便力下，第二明方便善成，先問次答。答中幻六度，云爲六也。論云，此中用有無爲方便。如文云，從發竟施佛，乃至施人，是[三八]有義。是時衆生布施想，以下是無義。三事宛然，有故不著無礙，未曾三事，故不著有，巧離有無，故是方便也。問：餘處云，離有無是方便，今云何因有無爲方便？答：此是方便有無，故能假此有無，於即常有無，故是方便也。如此行施，故正觀善根增益，能嚴土化人下者，此爾也。地獄道因果，此三異兩十惡果，爲道也。因者是三毒，如貪欲長[三九]氣[四〇]起貪癡不善道，瞋恚增長，起恚增不善道，愚癡增長，邪見不善道。三毒見，不善道因，三不善道因，是七不善道因。故云，因也，受身心苦果，故不果也。人天是受道，惑[四一]時得道，故不說應遮也。

白佛若四念處下，第二明諸法性空，不妨脩道也。就中爲四。第一，明道體雖空，不妨脩道。第二，勸菩薩如道而行。三，勸脩無相。第四，廣出取相之失，成無相之得。先問次答。問：意念處助道法皆空，何脩此道得菩薩？佛答中，初法印其問：明諸法實理空。若衆弱悟無取無捨，則菩薩不佛，別道品等諸行。良由於衆生不空相，今欲令衆生悟空，故分別道品，因此道品得菩提也。復次，何但道品空，爲衆生説有也。

菩提以智見證應學下，第二勸如道而學也。學者，學諸法空無取捨也。而分別者，衆生以[四二]世俗分別也。復深入名見，故云知見。又出小乘解智見四句，一者有智非見，謂盡無生，二智息心，故非見也。又除五見世間，正見餘慧，皆名智是非見也。二者是見非智，五見世間，正見諦中八忍是也。餘無漏慧亦名□〔四三〕見，亦名智也。離此以外，非見非智也。次釋善法，云不合不散者，凡夫與三毒合，二乘爲散，此二智耶，非正法也。今了三毒不合不無，故非散，名爲聖法。聖法者，正法也。

白佛不學舉色相下，第三明勸觀學無相。先問次答。問：從上佛答末後一句之學已，不得諸法相生佛。先既云遍學諸道，不遍學智諸相耶？佛答：好體應例，既遍學諸道，豈不遍學相？今就菩薩正觀爲論，故破一切有所得相，畢竟無所有，何以學耶？亦應例二乘道，畢竟空無所有，亦可不學，此反覆皆得也。

遍學品第七十四

此下，第二上明菩薩正行，及方便具足，亦名菩薩遍學諸道。所以須遍學者，欲以遍化故也。善不學知二乘，何由得化他？如不苦行六年，何由得伏外道耶？

品爲四。第一，乘前品歎菩薩方便具足，不受世間果報。第二，明離諸戲論，故得入菩薩位，得出世間果。第三，明菩薩遍學諸道。第四，明種種智，勸發心脩行。

今是初，上明方便力行六度，不受世間果，故歎希有。問：菩薩方力行出世，因而不受世間果，何事可歎？答：除有所得人，亦行六度，便受有所得果，菩薩行六度，能作無所得行，故不受有所得果，所以可歎。又餘人亦作無所得行，無方便，而成有所得，菩薩有方便，能了悟無所得，故不受有所得果，故可歎。佛答：諸法中不動者，成其歎也。以菩薩能於正法性中，行其心，不爲諸見所動，故不〔四四〕不受世間果也。

白佛無所有能得所有下，第二明菩薩離諸戲論，得出世間果。先明佛果，次明得出世間菩薩位，以不受世間果，故便得出世間果也。所有者是無爲法，是以作四句四問，如文也。何等是戲論下，第二句明離戲論得入菩薩位。此中先明戲論，次明離戲論，後結入菩薩位，合三句如文也。

白佛若諸法無有性，行何等道下，第三正明遍學，兩問[四五]。初問乘，前無戲論，生三乘道，法無戲論，菩薩何道入菩薩位耶。佛答中三句，法譬合也。譬中舉小乘見諦爲譬，如文。第二句爲三，初領遍學，二歎遍學，三結。所不解領中，先領諸道名異，次領佛遍學，如文。是菩薩若生八道下，第三二正歎遍學。歎意云，若生見道，即應作八人，乃至生緣覺，作緣覺也，若二乘，則不得入菩薩位也。應經歎意，若不作二乘，則不學二乘也。若菩薩學二乘，不作二乘者，二乘者[四六]，二乘學二乘，亦不作二乘也。問：但應云學二乘，何故文云生耶？答：學二乘，觀即有二乘，有二乘觀心生，故云也。至據其始，生據其終也。我當云何知佛所見義。第三，結所不解也。佛答中四，初印其難，次釋其難，三明二乘智斷，是菩薩忍，四結勸遍學。初如文。菩薩從初發心意下，第二正答其難，以智觀直過去，明菩薩以智觀智，此是二乘道意，直過入菩薩位也。觀智二乘是四諦中行，直過八[四七]一實諦。觀智二乘是生滅中行，直過入無生滅觀也。論云，如人親繫獄著乘之，而與不其同重桎梏也。八人智斷菩薩無生忍者，第三文也。問：先云菩薩觀二乘生滅中行，故直過入無生滅觀，今云何言二乘智斷，是菩薩忍，若是菩薩，過何處耶？答：論云，佛示須菩提，二乘人於佛菩薩，得少忍一天[四八]分，故云二乘智斷，是菩薩無生忍也。二乘信氣分，故云是也。二乘與菩薩所行懸遠，故云直過。如前《累教品》中，須菩提得空，比菩薩不可爲喻也。次論有中所行也。二乘智斷者，智斷學入[四九]八智，無學人惑，九惑十[五〇]，是鈍根羅漢，不得無生智，故九。一云，雖名十斷，論謂五下分五上分也。須斯二人，略説斷三結，廣説八十八結，那其略説斷五下分，廣九十二羅漢，略説斷三漏，廣説斷一切煩惱也。如是須菩提下，第四[五一]遍學也。

白佛何等是道種智下，第四段明舉道種智，勸發脩行。所以有此文者，上[五二]菩薩過二乘道，以道種智入菩薩位，得佛果，益衆生。是故今問何等是菩提道種智也。文爲二，初舉道種[五三]勸發脩行，二明諸法雖空，不妨脩道，即是論辨上義也。佛答，先明菩薩自得道種淨，復爲衆生説善觀根緣，隨緣吐教。而言淨智者，此智畢竟淨，異二乘取證不淨也。菩薩遍知諸道，而未曾有知，故是淨也。佛自佛，非有非無相者，此問乘。佛答：一相無相語生，令不因相脩般若，後不因無修若[五四]。今因何物修般若。無如此是相，始是無相脩般若也。

何以故有法念者[五五]下，第四廣前有相之失，成無相之得也。不得小乘順忍[五六]耶。答[五七]，須大乘道耶。問：何故不意，不得小乘煗頂而言順忍耶？答：大小乘經，皆説煗頂退，故不説也。成論人云，處已不退，恐非正大小乘義也，以忍法不退故説也。

三次品第七十五

此下，第四明菩薩次第漸增，得入菩薩位。爲三。第一，因前[五八]只未明大乘順忍之相，即顯無生忍。第二，爲始行菩薩開之次第。第三，須菩提取惑情爲難請如來，今通使教無應。初段中爲二，第一正顯大乘順忍，第二如來弘已當證，顯脩行之方。初有兩問答。第一問意，上品未既明有所得失，及無小乘順，此是失念。問：無所得有小乘順忍，乃至十地等不耶？此問得也，佛仰[五九]可知也。第二問：言有諸法相下，問菩薩大乘順忍，明菩薩行般若時，若有一豪法相，而無一豪法相，色等是有？佛答：不見如此有無，故是菩薩順忍也。有法是菩薩道，無法是菩薩果。故解云，因中行有法，故有法爲道，果地行無法，無法是果也。論之[六〇]不爾，三釋。一云，八聖道是法，行八聖道，斷煩惱，得無爲，得無爲是果也。二解云，五度爲是法，道般若無法爲果。三解云，如法性，無爲法是果，以下〔六一〕從因緣生，故若般若相，應知慧量有法爲道也。問：前《集散品》明實相能生般若，般若是果，實相是因。今何故般若是道，實相爲果？答：般若就境智敬，故實相能生般若，般若是果。今明由般若斷煩惱，得悟實相，故實相是果，般若是因也。前明順忍，今言道果是無生忍。以何故知云，斷煩惱得無爲果，能斷之起，豈非無生忍耶？

白佛若一切法無所有性下，第二明佛自印引爲經，成脩行義。先問次答。答中大言，以無所得起，行一切行，故能斷一切義，得佛道已。初禪離欲者，離欲界五欲也。離惡者，離五蓋，五蓋蓋〔六二〕狩人入惡道，故惡。歎諸善故，名不善，此是初禪所離也護也。喜樂者，離欲不〔六三〕五欲，初禪喜樂也，二禪俱有喜樂。初禪喜樂，從離五欲生，二禪喜樂，從宣〔六四〕生。何者？二禪曰，初〔六五〕定生喜樂，故云定生初禪。先定可目，但從離欲界五生，故云從離生也。問：初禪離欲界煩惱，名從生，二禪亦離初禪煩惱，何不從生？答：亦得如此，但初禪無説離生，二禪説定生也。又學欲界煩惱是不善，憂離之，則今能離，故説離生。色界是先説煩惱，此是依數義，如此不説依離生，但覺觀因緣失禪，故佛説滅覺觀因緣失禪故〔六六〕佛説滅，覺觀內心清淨，故得二乘〔六七〕也。諸禪及枝取者，此是脩初禪時，取禪枝相皃而脩也。不念有禪者，得禪念，恐著禪味，故現無光，不念有禪，異外道也。從禪五通也。一念相應慧者，此是從禪發五通竟，迴心入偏〔六八〕盡通，以一念相應菩提見四諦，故得十力等，其文次第也。

新學菩薩云何次第行下，第二爲始行菩薩開行次第也。論云，須菩提信受佛語，諸法雖空，而能起五通等，此是知菩薩所能行也。新學菩薩云何於無所有中脩行次第？此間言云，始學之中，無所有便有，言無次第，故問也。佛答中約三種明次第，一者約發心明次第，二者約六度明次第，三者得六念明次第。問：何等是新學？答：雖未得無生現前，無量劫脩行，皆名新學。人解三，次有四説。一、行學道三名異，了義更無異。二云，初行中名學後道三，云布施名，行持戒名，學智慧名。道三云，戒名，行定名，學慧名。道約八正戒，定慧亦然。四云，檀與精進六度，爲行持戒，與禪二度，爲學忍是善，般若是慧具足，故名爲道也。此中明始行菩薩，但從聖人邊開[六九]法者，聖説多無依著，故緣覺不説法，故不從緣覺聞，向發心中云何有次第行學道耶？答：此約初中後明學道，故發心亦具三也。次約六度明行學道，一一度中具行學道，亦是約初中後爲三也。此中度皆具四行，一自行，二化他，三歎人。有人雖自能行施，不能教化[七〇]行施，以畏嗔故，又畏爲已教，布施以之爲息，故不能教化行施。有人雖能教化行施，而自不能行。有人具三事，一自行施，二能教他，三歎布施法。見破戒惡人行施也，皆不具四事。菩薩具足四事，以是布施因緣下，上行四事爲因，此二得出也。果下，五皆爾也。問：此云菩薩因布施，生五分，得入菩薩位，云何作之？答：菩薩布施，故得果報，如竟不猶，戒即生衆。又施衆生無畏，亦是戒衆，以持戒故得空，空故發慧，發慧斷煩惱，得脱衆生。可知見證解脱，名解脱知見衆也。五分身，六度相攝者，尸羅攝戒身，攝解脱身，及定身，般若攝慧身，及解脱智見，而解脱身，應入般若。般若斷或，云何屬定身？答：云云。竟，論禪定是功德藂林，故解脱攝屬也。第二約六念明三次，如文也。

須菩提白佛下，第三須菩提取惑情爲問請佛，今通使教通無應。問意云，若諸法實無所有，則無有次第行學等。佛反問：汝聲聞人見色等法，是定實不？須菩提答：一切法從因緣假名有，無有實定，故我不見其實定一也。佛與汝既不見實定有，云何以次第不離空？次須菩提便領解云，我已得道，不復生疑，但爲當來學大乘人，鈍根惡取空故，聞空便無垢無淨土，家持戒名淨，凡夫惡人爲垢也。破正見者，惡取空是邪見，故破正見。內破正見故，外破戒及威儀，以不畏罪故，便妄語求利，故破淨命也。

一念品第七十六

此下第二段有兩品，明脩行純熟，故一念具足斯備也。先未得無生，故未能無礙行一念中，不能具足衆行。今得無生，無生一念中，具足一切行也。兩品爲二，初法説，第二譬説。又先明一念具足萬行，歎其功能，後品明無作而積應衆德，顯無所失也。初品爲三，第一明於無所有中起行，第二明一念中具起萬行，第三明行空無相，故具足諸行。初中爲二，先一問答，明無所有中發菩提心，次一問答：明於無所有中修行。初問來者，上品釋六念中，皆云無所有，性中尚無少許念，況心等便作是解，生於斷見。須菩提騰斷見，將來欲令佛破之，是故問也。正是著空人，作問既空，何有菩提發心定，見衆生下，何所度空，無有佛上，何所求有。佛答：良由無所有，故得發心耳。盡淨一切顛倒，令畢竟無所有，故名無所有始得發心，道心名發菩提心也。若作因緣無所有者，明因緣宛然，何無縱跡處所，故名無所，故之發心所有心，所有心〔七一〕所有豈礙發心耶？諸有著難可解脱，此破有所得者，明有所得著有，著無所有，皆不得發心也。亦是寄須菩提喻衆。又汝聞無所有，便著無所有故，便言不得發心，作此難者，歎可得解脱也。

白佛無所得者，有道有畢如下，第二明無所有中修行。先既發心，故脩行也。亦先明無所有中得化他，今明無所有中自行。亦先明無所有行因，今明無所有中得果也。所有即是道果者，不見所有，先所得，反名無所有，如此了悟實相，即道果也。古解云，其法離無所有，別有道果故。佛答云，無所有即是道果也。云何初地乃至十地者〔七二〕，問答竟與上同，但據自行爲異也。又一義論云，衆中有始行人，著諸法無所有，佛上雖破其著，便更著所破法，故更問：令佛恩[七三]其見。有何差別者，即明萬行不二，無有差別。今有差別者，爲物故有也。云何無所得法施，乃至神通者，古解云，此問時節也。問云，何能得無差別行耶。答：從初發心，忘於三事。

淨差別云何念中行下，第二段明一念具萬行。論云，初發心時，著有無心重，故漸次第行，令有無悉捨，故無所不能，故明一念中具萬行也。就初發心，亦作捨有無觀，但有無病强，中道觀弱也。諮中先作此問者，開[七四]般若是無礙相，無所不能，問：云何一念中具萬行萬德耶？第一問，云何能具也。第二，云何不離。第三，云何不二。云何不二，佛先明不二者，以不二觀行萬行，故萬行皆不二，故今問：云何不二？答：竟以先[七五]願欲攝諸度，故能禪[七六]其所願，而得不二也。第四問：云何攝義也？最後答無漏無心，此是無生忍，以得無生忍，故有萬行。如上五華散，然燈佛具萬行也。問：云何得無生忍具萬行？答：無生願行萬行，萬行皆無生也。又得無生忍不見三事，即具檀，不見持犯即轉無生忍，名戒，不見過智轉無生忍，名般若等也。

白佛何空無相無作具六度下，第三段功用，三空具萬行也。二乘有所得人，行三空則失萬行，修萬行則失三空，故是取捨生滅觀。今菩薩行空脩萬行，萬行不動三空，故空有不二不與，名無生滅觀也。先明一多無礙，今空有不礙也。先問，次六度即六，一一中爲三，標釋結也。釋一一中具心義，一者自體滿具足，二者能攝諸功德，三者兼濟衆生，曰行化願，化願成得果。而文中或二三四，何故明一行攝衆行？答：先須菩提問攝，故答攝也，亦能滿足一切衆生，第三兼濟也。問：竟於一行中，具明如此等義。答：寄持[七七]事菩薩得無生忍已後，能住畢竟空觀中具行一切行，能於一中攝一切行，復能以一行益一切衆生，復能以一行得佛道也。尸羅中但事一尸羅體，一益衆生，如文，忍中具四事，如文。問：割截羅漢，亦不與菩薩何異？答：不義同，而羅漢〔七八〕不能於一切衆生，起無緣慈悲，於衆生者也。問：得無生忍，割截不痛，何足爲喻？答：得無生忍，應不生六趣，今能以無生作生用，入六道中，爲割截始爲常。有二乘得無生，入無生觀内，不能爲生用，非爲希有也。精進中二事，體二乘益，體中三論，芟標身心，二精進次芟釋，三芟結。禪度般若皆具四，如文也。

六喻品第七十七

此下，第二就譬說，一心具萬行正意。就譬說中，明住空無相無作具六度，喻上品第三段也。此品來有三義。一者上品三度，一者，無所有中發心修行。二，一念中具六度三住。三，空行萬行附會，便言有如此功德，故生著心。故今泯之，如此等皆夢幻有也，何有耶？二者明虚寂之中，無所不行，二乘有得，何迷漠處？若畢竟空，云何能具所爲？若有所爲，云何是畢竟空？故今明空有無礙者，如故約化事也，幻有無礙，無幻無礙有也。二〔七九〕者爲人耳，上品菩薩畢竟空而行，行利物時，衆生心不生行。既無菩薩，法應不見，今明實見，云何無菩薩耶？故舉六喻曉之眼也。見便言有者，亦見夢幻可言有耶。

品爲二，第一正舉喻釋上六事，第二乘釋疑。初先作〔八〇〕四問，次答四問，還問上第三段中，六度各有四義耳。第一問：上第一六度，能明無相不可分別中，而能滿足六度能耶？第二問：上第三外道，云何無異中，而能分別益衆生自行化他，故相逐也？第三問：第二攝衆行義，諸法空無相，云何有相攝耶？第四問：第四諸法空無相，云何得成佛道？此欲成因果一雙相次也。

佛答中爲二，初總答，次得六度別答。雖總別二答，不別答四問，但總答也。問意云，既空無相，應無四事。佛答：夢幻等四事，何共四事？如夢幻四事，何曾事耶？即是答四問也。以是因緣故下，別答六度答異也。上法説中，一一度具四事，今喻説中，亦一一度具四事，但法譬不同，故有兩品也。釋第六度中，云不見夢乃[八一]主夢者，上來借六喻以喻法，法既不可得，六喻亦淨，故菩薩耳，法不曾虚實也。第二段更問者，上來明菩薩所生功德，問於六喻，來例萬法。今欲例於萬法，故復問也。

四攝品第七十八

此下，第二明外化方便。前是內行方便，亦前是自行，今是化他，由內行滿足，故能外益生。就此爲二。第一，從此竟《成就品》，中無衆生可度，總明化德。第二，從何等是菩薩道以下，盡《盡後品》，明二種要門，謂成就衆生淨佛土也。就總明化德中，爲三。第一，此品明菩薩爲化道，無方巧化非一。第二，《善達品》明爲化之能。第三，《實際品》明爲化之意。初品爲二。第一明菩薩化攝無邊，爲益無量。第二明菩薩雖能廣利，不存化功。初爲二，第一明生身方便益物，第二明法身菩提化物，遍滿十方也。初三，一同問，二答，三領解稱歎。初問來昔，論有三義生起。一者云，上來已作此問，今更問者，無始來有所得病，難破故也。二者，説經將訖，空是入道之要，如云，離三解脱問[八二]，無知無見，是故更問空義也。三者，佛在世，衆[八三]利根易悟佛，滅度五百歲後，衆生鈍根難悟，多生著心，聞説空便言，若空如夢幻者，何以有善惡報耶？須菩提愍末世衆生，是故問也。上品末問，與今問同。上品末答，明無所有破病。今品答，明法雖無所有，於凡夫有也。佛答中爲二，初約衆生述失，二明菩薩化之。初中云，凡夫著夢，著夢者，此是著空，亦著實，如是空有一切著也。以內有所著，故起身、口、意三業，生三界諸法，雖無所有，於凡夫成有也。是菩薩下，第二明菩薩化之。好體直爲説實相，不空有不虚實，但爲衆生，故漸漸化之。先於慳中拔出，令持戒，持戒[八四]是中根人故，次於戒中拔出，令修定。如是於三界拔出，令得二乘，二乘中拔出，令得大乘，大乘中拔出，令悟無三無一。如是漸漸令還原本淨悟實相，不是空〔八五〕有，不虚實，不大小，是〔八六〕菩薩空權巧也。決〔八七〕領解秤歎希有。

佛告須菩提下，第二明法身菩提，方便外化。爲三，初正明化身利物，二明於佛明爲證，廣明化物，三明四攝利物。今是初，文中爲二，先通明菩薩則法，二陀〔八八〕攝取衆生。次世尊云何以布施饒益下，第二別明布施攝衆生。爲二，初明外施，次明内施。外施中爲二，初正明平等施爲得，次明簡擇施爲失。須知簡擇不簡擇，但得失，安無明無知心中，簡擇不簡擇但〔八九〕失，若有方便，簡擇不簡擇俱得。或爲緣識，是非取捨，及以識勸義，故則簡擇也。或爲彼衆生，取捨高下心故，則不簡擇也。次明内施，中亦二文，初明平等施，二正明内施，如文。

次我以佛眼下，第二引證。亦上來是利根益人，道三利益三惡道，上大慈用，今悲行，上説法，今説通也。

復次我以佛明四攝下，第二明四攝，即四，先釋布施。布施中爲二，初明財施，二明法施。初明財施中，先明法施，如文也。次明法施中，亦初明世間法施，二明出世法施。白佛菩薩得一切種智不者，因上聖無〔九〇〕漏法果，文生問也。初問：菩薩得一切種智不者，此問爲菩薩時得種智不。問：須菩薩〔九一〕提何故問云，菩薩得一切種智不。答：此是進退難也。此問應云，爲先得種智，故作佛。爲先作佛，故得種智。若菩薩時先得種智者，既作佛，云何佛，云何先得種智。若前作佛，後得種智，既作佛竟，何用一切種智。又未得種智，云何作佛。答意，當得種智，名菩薩，已得種智，名佛也。次釋出世法施中，廣列諸科者，序品列成爲勸學，廣大〔九二〕乘列爲成大乘，今列爲成法施。勸學中最廣略，無四十二字法施長行，有三十二相八十種好也。問：三十二相，云何是[九三]出世間法？答：此是無漏果，無漏業。日起[九四]問，上來何故不明相好，至此始明耶？答：生、法二身，上來明法身，法身最勝故，次明生身，生身劣故也。問：小般若[九五]以色見我，是人行邪道，今何云説相好爲法施耶？答：經説相是般若，相即是非相，如[九六]作解相起行耶。道不見如來，若見相非相，見佛只見非相，相[九七]亦見佛也。彼云，法身實無色，若見，即是惑心。今問：若見色是惑心，見法身非色，亦是惑心。若見非色非惑，見色亦非惑。經云，光明者，即是智慧，見色云何是惑？光明既是智慧，智慧亦是光明，起如實等，皆能説法，色豈非智慧？寧得無色是惑心耶？八十種好中，識滿足，論云，此識是果報，亦生即自然智，識一切好醜也。若見凡夫，識不具足，故學作人法用也。又佛一歲具足，一滿足乃至，故身識皆具足，餘人八月九月處胎，云十月菩薩處胎，十月總得一切[九八]歲，身根具足，故果報得，識亦具足也。次釋餘三攝，如文。問：何故廣釋布施？若布施在初，既廣後亦例廣後，略明亦略也。布施具財法，故釋人也。

善知字門下，第二明菩薩不教化功爲人。初明不教化功，故得聖道。今是初文，古解云，此中明字門，應入法施中，例廣乘，皆是摩訶衍也。而今不入者，上明生、法二身爲物，皆是假名字。欲明如此名字，無礙故不可得。非但生法身所施，爲無礙不可得，只名字，亦無礙不可得也。一字生四十二字，生四十二字者，如兩，一名二百，一名百等，乃至萬，一名萬等也。四十二字入一字，論四十二字皆有阿分，故入阿中也。須菩提問意，乘四十二字生，若諸法畢竟空無名字者，云何定生、法二身菩薩爲衆生？既無所説，法亦無也。此就空有相遣，作歎菩薩心，既知諸法空，無衆生，無菩薩，無所説法，而口不應爲衆生説法，故以所説徵菩薩心空也。答，初印其問，得法空菩薩，如是菩薩法空已久，正答其問，菩薩口雖爲衆生説法，此説無所説，而不失空相。今分佛答中爲三。初明菩薩心亦空有不違。第二明菩薩拔出衆生，空有不二，故不相違。三結歎菩薩心所住，外説無過也。空有不二，未曾相違，如化人雖説意，無所説也。又化人雖示種種事，竟無心而示生、法二身，菩薩化物亦爾也。拔出於顛倒地者，第二度衆生空不違。上明菩薩口説不違，心空爾，明雖拔衆生，竟無所拔，故云，待不得也。如是須菩提菩薩者，此下第三結歎，菩薩内心無所住，外爲物説法，下益衆生，上問衆無過失也。色與法雖異不者，夫論一事已竟，今更難，若道理無異者，不應有分別。佛益[九九]，第一義無分別也，世諦有分別也。須菩提難云，世諦故有分別者，第一義中，無有分別。論解，須菩提就第一義門作難。凡聖先[一〇〇]別難，由來諸大師云，就世諦作諍，若以世諦有各別者，凡夫亦見世諦，聖人亦見世諦，凡夫應是須陀洹也。佛答：凡夫不知世諦，故非是聖人，然望文論釋爲得也。須菩提難云，世諦故有分別者，第一義中無有分別，凡聖不異，凡夫應是須陀洹。正難就第一義作難，不就世諦作難。若世諦有分別，凡聖異第一義諦無分別，凡夫無差別，凡夫豈非須陀洹耶？須陀洹是聖始，故標初爲言也。佛答：凡夫不知二諦，不語二諦也。悟世諦有，即悟第一義空。悟二，即悟不二，故得道也。《大經》云，世人名世諦者，此標於清爲諦，非是放諦也。

白佛修道得果不，此菩薩下，第二明不教化功，故得聖果也。所以問云，脩道得果不者，上即既明凡夫不知二諦，故非須陀洹等。賢聖當知，修道得果，不脩是者不得果，故問也。以四句皆禪[一〇一]，以見修不修，皆是有所得，故云不也。上明凡夫是須陀洹，則是凡夫一見。今聞異須陀洹，便作凡聖異見，皆是著故，並非之也。問：《大經》明於緣是淨，緣知是於以不？答：不知於諦不諦，皆是佛名之世也。問：佛語同故，知是世諦，應是初果。答：緣作凡知，今此中據了悟，久[一〇二]知耳。

善達品第七十九

此下，第二明爲化之能，以化之能者，以善達法性，故能無心而化。《華嚴》云，無心於彼，而能應一切也。又品來，上品明菩薩遍入六道，謂此菩薩妙慧，此摧故能入諸道。今明欲恩之明善達，善達者，雖遍化六道而無心云[一〇三]化也。

品爲七段。第一，乘前品，明菩薩善達法相，故起行。第二，明菩薩出化處。第三，明菩薩解法化名相，堪得大利益。第四，明菩薩解法無相，故增益善根。第五，明學法性，名學一切法。第六，明諸法雖是法性，要須修行。第七，略釋法性，成上修行立義也。

今是初文，問：上來上處處明善達法性，今何故更問？答云，般若甚深無定相耳，無厭足，是故問也。又唯佛究盡法性，降佛已還，未能具知，是故問之。菩薩未依佛，何能通達法性也？佛答：寄化人，以喜心菩薩，悟幻人非凡聖，非有爲非無爲，不垢不淨，菩薩之心亦爾也。化人有脩道不者，上明化人不行前境，今明化人內無所修也。白佛色如幻化，上寄化明菩薩妙悟，又舉菩薩妙悟，例問萬法，故高之。一觀也。

白佛諸法夢如響下，第二明菩薩作出之處，謂菩提須菩提拔衆生，如人没泥中而拔之，是說問也。佛答：但名相中者，此據其所著處也。明空謂故，爲名空，故[一〇四]名爲相。此中色若麤若細，皆相謂有，云何由來人年，其折盡無盡耶？豈可折人化盡耶？

白佛若一切法但有名相下，第三明解法但名相，故得大利益。若法非但有名相者，則有定性。定性，則不生福滅罪道，爲罪道爲罪，故無自利利人。無定性，故罪可捨福可修，故有自利利人也。若諸法豪釐許有者，此引得佛爲證。若有一豪相可得者，則坐道場，不見諸法相應，是僻悟，以坐道場無有，小悟故得佛，是知諸法無一豪相也。

須菩提菩薩學一切法相下，第四明菩薩解法無相，便增益善根也。問：菩薩學無相，云何知一切法是有？云何學空，二能知一切有法？答：菩薩學空，出三界盡三漏相，破一切法中無明起，知一切法也。

如是須菩提菩薩應學法下，第五明菩薩學法於，即是學一切法也。

須菩提白佛，若一切法即是法性，何以學般若下，此是第六，明諸法雖是法性，要須修行。雖分別諸法，不壞性法也。問：何故云出法性外，有法不求菩提耶？答：出法性外，見法則是道，若道者，無明不事轉。

云何得佛般若法性，先後中有異者，第七略釋法性，以釋上修行義。法性先有後無，同足凡夫法，不成脩行義。何者？先時無，後從因緣生，與世間法何異？若法性先有後無，則墮斷見，亦不成修行義。今法性前後中皆清淨，故菩薩能之目得佛，亦能人也。

實際品第八十

此下，第三明爲化之意。菩薩所以爲化萬端者，正欲置衆生於實際中，是故此品明爲化之意。然實際是無之異名，正法之別目耳。何但是此經爲化之意，十方三世佛，菩薩爲化之意，亦令悟實道也。

品爲二，第一正明爲化之意，建立衆生於際[一〇五]，第二廣明菩薩建立之法。今是初文，衆生畢竟不可得者，上品須菩提種種難，若諸法空，云何有五道生死、善不善等法？今難，衆生畢竟不可得，菩薩爲誰非[一〇六]般若。先難法爲衆生，今難衆生爲法。又上來問難，應有四句。一者以法難法，如六度不可得，云何行六度。二者以人難人，衆生不可得，何故度衆生。前爲四句也。佛答：爲實際故行般若者，須菩提取有所得心，爲問：菩薩爲衆生故行般若，爲實際故行般若。則及倒情也，實際不異衆生際者，釋爲實際意也。良由實際不異衆生際，故菩薩爲衆生即是爲實際也。問：何故作兩際，不異語耶？答：有所得人，皆云實際是真諦，故衆生是世諦，但爲度衆生，故行般若，不度真諦，故般若。所以佛破之云，二際不異，度衆生即如度實際，實際無所度，度衆生亦無所度也。復次須菩提難，二際不異，若爾，便是一際，一際云何還建立一際？如指端不自觸。今衆生即是實際，云何將實際置中耶？先作二際異問，今作二際一問也。佛答：初作[一〇七]難一際，不論建立也，次正釋難，建立衆生於實際[一〇八]耳。次此語與前違，故云雖[一〇九]立，云出於實際，而云出於實際，不異實際。然衆生望謂，故實際成衆生際，菩薩建立衆生，悟云出際與實際，故名建立，云出於實際也。

白佛何等是方便力下，第二廣明菩薩建立之法。就建立中，有二[一一〇]。就因行以建立，令往六度。第二就果德以建立，令住種智。因中建立，令住六度，一一度中具五事。一者住慳法中建立，令住布施。二者恐著布施，故說布施空。三初思惟不分別，故趣甘露味，得甘露果。甘露果者，謂以正道。五者教智果空，始終建般若中，見五領不具，可相兼也。精進中，初後次爲際，惡後次爲生善也。

白佛若諸法常空下，第二就果明建立。爲二。第一明建立衆生於一切種，得實觀照。第二建立衆生於菩提，令證平等正道。初中爲二。第一明諸法雖性空，不妨行因得果，無有斷絕。第二明諸法雖性空，而能除顛倒虛妄，得大利益。初中具四義。一者由性空故，得成菩提。爲衆生說法下，第二由性空能說法也，若內空性不空二者，明性非[一一一]但有不可得，非空亦不可得。上明有不可得，今明十八空不可得，十八空無空諸法，十八空云何不空。若十八空者，諸法亦不空也。以十八空入諸法空，此十八空亦空，乃名性空，故知有性不可得，空性不可得。如是五句，本性無所有也。不知何以，因之强歎爲性空，此空亦名爲佛，佛性名第一義空，亦名正法般若，涅槃法則也。内空性不空，則壞性實者，十八空若不空，則是道見，豈不壞性空耶？性空，即是外道也。住是中發心，第四明由性空故，發心如性空，既是故即發道心，正道不曾空不空，菩薩發心亦見發也。是菩薩行般若，不退轉三菩提，第四義，明由體性空，故不退轉也。

性空中不行我下，第二明體悟性空，能除顛倒，亦具四義。一者，由悟性空，能化衆生，除顛倒。第二，歎性空爲修行之本。三、歎性空能成遍疫之義。四、歎性空法得果。今是初，有此文來者，上明悟性空，故不退。今後欲作衆生，除其顛倒也。初中法説，直明性空無有。次鉡説，明住空爲物，如化人説。三合譬，正明除衆生顛倒，不顛倒不二者。上説〔二三〕云於顛倒拔出，便恐謂倒不倒二，故今明不明〔二三〕二，便〔二四〕言之所損，故云，雖不異多倒，於緣成二，故今悟不二，名拔也。須菩提所有諸無漏法下，第三歎性空第一爲衆行，行本是菩薩行。是性空般第下，若〔二五〕三歎性空能等化他之行。須菩提過去佛下，第四明由悟性空，故得道果。果謂七果，道謂八，正七果，應是四果緣覺佛菩薩也。次須菩提領解秤歎，及佛述，皆成第四得果句，故不取爲别段也。

白佛若一切行無分别下，第二建立衆生於菩提，平等正道。爲二。第一，先歎菩提寂滅，離分别取捨。第二，明菩提雖寂滅，要須具於萬行方得之。今是初問，從上不見是念，是非空，若不見空不空論之，乃至不見亦空，上非空非非空，乃性空。若爾，菩薩信何處得菩提耶？佛答：良由不見如此相，即得菩薩〔二六〕也。見如此事，即不得也。舉化人喻菩提，無處行是處喻也。舉羅漢，如文中菩提何處行，是重虚喻也。眠有二。一者眠而夢，羅漢無此眠也。二者消息眠，羅漢有此眠也。論更出一解云，有人言得禪定，則得色界繫四大，來在身中，故斯果畢竟不眠。非但無夢眠，亦無有消息眠，東解脱羅漢，不得色界定，故無色界四大事，入身有眠也。此是消息眠夢眠也。若得言[一一七]者不眠，那令及凡夫，得定者皆不眠也。

將無菩薩不行十地下，第二段菩提雖寂滅，要具萬行，方乃得之。爲二，第一明要具萬行，方得菩提，第二入後品初，明具萬行之方便。今是初，如文。

具足品第八十一

此品初明以方便，故具足菩薩道，故能得佛道，名《具足品》。就第二以方便，故具足菩薩道中，爲三。第一明方便，故具足菩薩道，能得佛道。二明習般若，故以本方便。第三以般若成就，故能化度衆生，而無所度。此文接上品，次第相生。上品具足菩薩道，故得佛，今明具方便，故具菩薩道。後[一一八]次般若，故成方便[一一九]，成故能[一二〇]衆生，無所度也。初有一問答。問意，但問云，能所具足菩薩道，故所以道耶。故異上品來問也。佛答：初據一檀行，明方便義不具二事，故不墮有見中，亦不離不事，故不著無也。見於一施中，得中道觀，遠離二邊，名爲方便。然既離二邊，亦不著中道，始是方便，取如此而行，是菩薩道也。

舍利弗白佛下，第二明修習般若，故成方便習，應只及《聞[一二一]持品》習義。如上菩薩，今復明習者，但爲成方便義，亦習多是爲習實相也。何以得知？既明二道全屬方便道，文中後正明方便，故知習方便也。身子問：來者既耳，上與須菩提明方便，故具亦萬行，萬行相得佛道，所益雖深，然後無益性定，云何而習？即佛答：以般若心行檀，不壞色不墮也[一二二]，即是般若，亦是習方便義也。二乘折色空爲壞，凡夫論眼見色，墮想心言色[一二三]，可見見色想墮色，生三毒爲墮也。亦不壞不墮，即是一義，不觀色常無常真俗等，爲不壞也，心[一二四]不墮起常無[一二五]等見，爲不墮也。

第二問云，既不壞不墮，則無有，無有則無物，云何習般若？若不習般若，云何得佛道？答：良由了法無性無取，故既是習，是般若得菩提也。

菩薩見諸法無所有下，第三明般若成就，化度衆生，而無所度。上來自行成，今是化他成也。説法中，先説布施，乃至智慧。此非六度中，乃是凡夫世間之行，下云然後乃爲説聖法，謂四諦等等，是爲説出世法也。次身子問意，自得無所有法，後爲衆生説無所有法，令衆生得此無所有。若爾，既言得無所有，即是有也得所。佛答：菩薩行般若無有，有所得過罪也。菩薩不得有，亦所得無，但以方便住空有二，常爲衆生説法，爲著有者説無，著無者説有，説二令二離，菩薩亦著二，故是無所得，亦是方便也。即二諦但無義，二中衆生雖不可得之，二諦俱不説常，何得言真諦無衆生，世諦有衆生耶？若言十六我諦中無者，不然。今是爲衆生説法，而假名衆生，二諦不可得，開我見耶。悟我不可得者，舉即事説遠也。即事吾我求，而無從説未來，言有人得佛道耶。次身子領解秤歎。云云。衆生菩薩心曠大者，次菩薩心不依有無五句，而能度，故廣大心，若有[一二六]無，則是小心人也。佛述成之，舉失明顯得，若諸法有，後無則罪過，是故知菩薩了諸先不有，今不無也。數人謂，衆生先來無，今入涅槃，亦無此義，一性無過，而五陰先有後無，故是過。論人云，有衆生五有陰，後入滅時俱無，故是大罪也。問：此義是佛説？佛云，在生死，有衆生有五陰，入無餘時，俱無，此是佛罪過，云何是數論人罪耶？答：佛説無餘之無，爲於生死有也。既不有，何所無？若不見有，若勉有還無，復没無爲生死坑中也。

須菩提白佛下，第二大段，上總明方便外化已竟，今別明二種要行。文爲二，初一問答，略明二要行，次廣明二要行。論云，須菩提雖[一二七]，知菩薩道俱中間，説甚深空義，今聽者生疑，云何的明菩薩道耶？

白佛下，是第二廣明二要行，即爲二，初廣明成就衆生，二廣明淨佛土。初中二，第一正明成就衆生，第二明菩薩自性借，豈教生問菩薩悟，共成菩提？初中三，第一別佛六度，廣化衆生。第二總約六度道品，成就衆生。第三，明展轉傳化也。今是初[一二八]初中，總就六度，中爲四。第一，明菩薩始行施，説三事空，令衆生得道果。如是須菩提布施，生剎利居士性下，第二明菩薩住布施果中，以四事攝取衆生。先是因門成就衆生，今是果門成就衆生也。菩提[一二九]易得者，大心弱故，爲人云菩薩易得也。須菩提常作轉輪王下，第三重明住果成就衆生。色天著縛樂，故不作梵王，欲天著妙，五欲難化之。不作天王故，但作轉輪王也。復次須菩提下，第四明住檀中攝五度，成就衆生也。住檀攝戒成就衆生中，此是必貪故破戒，次則化之得持戒。若以富是習惡破戒者，更以餘法化之。忍中不稱意瞋者，以如意珠施之也。若失好者，三除土[一三〇]不可化，無色天不可化，色天禪不可化，故[一三一]天妙欲不可化，生人中邊地及諸根，不具不可化，諸根具世智，菩薩[一三二]聰著耶見，故不可化也。今得人身，無此諸過，正是受化時，名好時也。云何住檀下，第二總明六度道品，成就衆生，然猶是乘上住檀攝諸法，成就衆生也。以供養具修之[一三三]生道品者，菩薩以四事供養坐禪者，或以諸攸禪，或以禪經等給之，後教其禪法，令得禪也。汝等從哉[一三四]取下，第三明展轉化菩薩以財施，令人更行施也。

淨土品第八十二

此下，後文明淨佛土，故云《淨土品》。云初是成就衆生，二段明菩薩自住勝道，教衆生，今自[一三五]菩薩共證菩薩[一三六]。就文爲四，第一明菩薩自住勝道，二者化衆生，令因菩薩住勝道，三者令衆生傳化，四衆生令悟，共證菩提。今是初，須菩提坐然問者，論云，須菩提上來數問，時衆謂須菩提，然體寂之人，而多言統，故哩念孫。

問者，人有一子，在不淨中，喜戲藏土爲殿爲穀米，以草木爲鳥獸，而生受著。有人舊〔一三七〕之，瞋恚喘失，其父知已，然子令稚受著，此事易觀也。年大自覺，何以故？此物非真故。若所著遂意是真物，雖復年至百歲，而著之轉受，不可得捨也。菩薩觀衆生，著不淨臭身，及五欲，其是虚妄，易度也。得五根成三節，只自差也。故〔一三八〕其心竟，後方便力度，度亦五，恐著六度已，後成盡故，令其悟不可。如是五句皆捨，故得道也。

一心得菩提下，第四明菩薩及衆生了悟，皆住菩提也。白佛作用生道得菩提者，菩薩觀有爲，生無道歡〔一三九〕，用此觀得菩提耶？又以生滅以是因中，以得菩提耶？佛答：不也。次無生心是無爲，二不得菩提。此中明四句。一者無道以道，不得菩提之道，亦無道非道非無道，皆得菩提。由來云，金剛以是無常得佛，此云何謂耶？佛答：若依燈炷喻者，明無有菩薩，諸天深入禪定，不好語言，而欲得法利，故須菩提不發言，默念問也。言而佛言答，云何？不妨入禪人九答，佛身覩之，無厭佛歎，耳聞之只〔一四〇〕不厭，只不妨禪定，故異須菩提也。此問：從上品三以生上三段，皆明菩薩行六度，成就衆生。只的問：何等是菩薩道也？佛答：六度等三科云，是生身日道，一切法身，菩薩所行道。法身菩薩，舉之動出，乃至不見，廣業之事，而非道者，於是菩薩道。從初已來，第二明菩薩見住勝道。今教衆生問，菩薩悟此，是向道之衆生，故教其二，同菩提悟也。此中思惟，無始終來，由有所善，故在生死，受苦萬謗，令斷一切，著以財道，自至菩薩。如是思惟下，第三明傳化，自既了悟，更他未悟，觀衆生心，在不寧虚妄中行菩薩。爾時以大歡〔一四一〕喜作是念，衆生多受了苦已，著有空則不可度，良由著虚妄故易度也，如所得即是得也。今此不作如此答，正破須菩提因果一見，如〔一四二〕汝必言因果二，故行因得果，故作四句問也。今因果不一，即果是因，豈可言行因得果耶？菩提是果，豈是用也？次須菩提難，不二義即是果，菩提應是佛，先因果二見，今聞不二作一見，故作一句也。佛答〔一四三〕爲二，初更破其人、法二見，次增其疑。故問：云何汝言佛得菩提，人、法二轉？先破因果二，今破因果二，今破人、法二不〔一四四〕也。若二分別答其難，汝言因即是果，菩提即是佛者，不然因果，既非二只，是故菩薩行萬行，故方得菩薩也。

白佛云何淨土，第二明淨佛土。文爲二，初明淨土因，二明淨土果。因中有二，初明無惡因，二明有善因。初中有六淨，次明無惡初，復次三障惡。論云，惡得業故，地土發蔬，詣誑曲以，故地則高下不干〔一四五〕，慳貪多水旱不調，土地多諸沙礫。不作上諸惡，故地平多珍寶，同十惡已有慳貪，何故更説六蔽？答：是六法不入十惡，十惡是煩惱。衆生法但惣衆生，慳以但自惜財惣衆生，貪有二種，一者貪他財，未惣財生〔一四六〕，二貪以轉迷等，而不得財，欲家之。此是重貪財，不名業道，以能起非瞋，不業名道，重瞋能業，故名業道，故別説六弊也。問云，六度中已説戒不淨。答：破戒是煞等，麤罪戒不淨，即是細如餘細，不入十惡攝。又外破五衆戒，不破所受戒，常爲三毒覆。以不憶念戒，迴向天福耶。見持戒不淨最收。復次取善惡，常無子皆是麤業，故知真諦淨土，起有見心，所得之王之非無土，如行不生滅因，得不生滅不常斷果也。此依正，更天無二品，目正觀爲土也。

自布施下，二明善業，爲二，初總約六度明行善，次別發願。初如文，戒以三千珍寶下，第二別明發願也。願中初因財，次發願，次因法以發願，餘事易明。五故從增罪，云何以施衆生？答：有人貧窮，故作十惡。今得五欲無所乏，不作十惡，但有受慢之罪，而菩薩復爲除之也。問：若以五欲化衆生者，土何佛勅，弟子行聖種？答：是惡衆生，於四事貪著，爲是人故説四聖種也。淨土中受五欲，不過起貪著，不妨妨[一四七]修道。問：若爾，律云受欲不障道者，人應可青耶？答：佛言，受欲不障道，爲白衣説也。此比丘不解佛意，安置出家法中，故應呵也。問：但在家人受五欲，亦得出家法人受耶？答：罪重貪著者，不得受。若以不貪著，亦許出家受。出家人所應受者，謂好衣食等。復次菩薩復初禪下，第二同法發願也。

是國土中無三惡名下，第二明淨土果。果與因相攝，一明二果，一無惡果，二有善果，三重明無惡果，四重明有善果。今是初，無毒邪見者，一解云，有三毒，但未發耳。二解云，此中皆是法性身，菩薩佛教化此人，勝教餘人也。問：故淨土無二乘名？答：佛於五濁世，故有二乘也。問：阿彌淨土，何故二乘耶？答：《法華》云，彼佛出時，雖非惡世，以本願故，説三乘法。此亦是未極淨土，故有三世。無有無苦空名者，此中無有常病，故不須此二義也。無諸果者，先明無教，今明無果，修教之人也。風吹七寶樹下，第二明有善十果，欲使衆生易聞，故樹枝於法音。又云，奇特事樹木能説人，皆信以木無欺誑以故也。是諸衆生下，第二重明無惡也。下必至菩提，第四重明有善果也。

畢定品第八十三

此下第二大段，明自他行成，位階不退。就中爲二，第一明自壞[一四八]成，第二明化他德成。初中爲二，第一所但大乘，畢定作佛，第二明畢定菩薩所於果報，永無八難。須菩提問者下，解云，上章明菩薩大行成就，兼濟無方，應形同迹，真僞難明，未達之源，壞疑不次，但觀其迮謂之府，故釋其所疑而致問。佛答意，言通二遇，據其實行，是則畢竟方便爲物，現爲不定也。論生起三義，一者，上《不退品》已明不退，今更以異門明菩薩相，故云畢定也。二者，佛三達洞照已知其畢定，但於餘人智身未及，故云不畢定耳。三者，須菩提聞《法華經》所作功德皆作佛，又聞上《不退品》有退不退，是故生疑，爲畢竟，爲不畢竟空也？佛答：皆是。畢定者，明一切不退，無有退也。次問：三乘中何乘畢定者？須菩提入涅槃爲畢定者。問：二乘何乘畢定？佛答：大乘中畢定也。第三問：大乘中約亦中後以故，何心人畢定？佛答：上、中、下三人皆畢定也。問：佛何故説一切菩薩居不退？答：此即證一切衆生皆有佛性，無有二乘性，無退諂也。而上《大明品》中，我以佛[149]見十方衆生求大乘，若一若二，住阿鞞地，餘皆退者，此亦如大經以遲得故名退也，終無有退。又論解云，退皆是般若遍緣所用，爲人增惡小乘，不求小乘[150]，欲求大乘，而於大乘，後生懈怠。如此之人，小進退無取，故下受生死大苦，爲此人説，汝若能取小乘，則宜取之，若不能取大乘，宜退取小。爲此人故説退也。又有人堪任得佛，而大悲亦得，云菩提難得，多有退者，不如早取涅槃。爲是人故云，無有退處，初以復心皆空作佛也。問：若此文云，菩薩皆不退，何故呵二乘？不許言取二乘，言無有退，何用呵取？答：菩薩欲退作二乘會，不得離汝，從目迂迴，於佛道稽留也。是故呵之。問：二乘無三界法捨身，生何處行化？佛答：生於三界淨土，此中無煩惱之名，於中發心修行作佛也。若[151]生淨土，受法界身，諸根應利應疾作佛，何故云迂迴稽留？答：此人著小，捨衆生及佛道，又虚言得道，是故相鈍，不道性菩薩。論云，二乘作此，唯佛能知，不敢釋也。

隨惡道中生者，第二明畢定菩薩，不生八難，前是得果，今是難果也。先問次答。以上言，初意菩薩只畢定時，横謂此菩薩未勉惡道，是以致問也。惡邪見家六十二見，皆名耶見也。無作見家者，無作見亦是耶見，但無作見最重不作，一切善以求涅槃，名無作，是故别説也。若言自在無等作難是邪見，而亦有修善義也。

世尊菩薩如説自在本生下，第二如[152]化他位成，爲二。初正明自位既成，故能化物無染。第二出其化本，亦是初文同意未者，報執其先言以難，今有得説也。以上言菩薩從初發意，具於諸善，故不墮惡道。然如來言備受，諸當爾之時，爲何所右耶？

白佛菩薩住何等善根下，第二出其化本，爲三。初以般若方便力，故現生惡道，惡道不染。二以般若方便力，起神通。三以神通力化衆生，淨佛土，滿菩提。今是初，先問曰，善根者，意謂菩薩善根微弱，爲惡所事，是佛同言，住何善根也。答意，從發心悉具諸盡〔一五三〕，終成菩提也。云何菩薩如是白淨無漏法，惡道者驚駭而同也。云何成就如無漏法，而受畜生身。自下答：就譬喻門中，明其方便，非實受也。白佛佳〔一五四〕何白淨法下，第二明般若爲化本，即是由實起，故方便慧也。云事空者，論云，一者菩薩身，二者所作麤爲，三者所用法。此三皆性空，云亦不著空，空無著空，空無著法，無故罪生，無故法無亦無也。

白佛云何起神通下，第二明方便起神通，方便神通而起諸行也。須菩提問意，神通是有，有般若是空，云何住般若中起神通。佛答中爲二，初略故通，二廣明神通。略中三，佛答中爲三明般若，故起神通。二明得神通，故自行化他皆念也。今是初文，佛答以空無礙，故得起通，此是空有不二觀，故能爾也。住是神通起天眼下，第二明起神通自他行成，爲二，初明具神通自他行。菩薩用天眼通人眼下，第二明以神通成化他行。此中爲兩，第一略明神通利物，二廣明利物。初中三，一明自化廣説一地法利物，二因通教衆生六度，三請歎〔一五五〕修道也。三一又易知也。是菩薩用天眼見如恒沙下，第二廣明神通利物。上但用天眼，故略，今具用六通利物，爲廣。先明自通利物，次歎苦樂不法者，不因苦生瞋受樂生貪也。

菩薩應如是遊戲神通淨佛土下，第三以神通力化衆生，淨佛土，滿菩提願也。論，土成就衆生，是他行淨佛土，具自行化他，以共以生土故也。此中不分別三事，爲菩薩具足道因緣者，論云，著之所行，故多過。一者既著三事，便失出世間道，若破三事，便著空，則世出世俱失也。二者著三事行施受者，不滅其因，則生瞋限之者，著三事施。或有人侵奪其物，便然瞋寂之。四者著之事爲，故實行施。若無應施，則墮耶見，言見因果，是故菩薩忘三事行施，具足菩薩行故得佛，餘事亦爾也。

差別品第八十四

此下是第三，明方便得果四品，爲二。第一，三品明得菩提果如化，一品明得涅槃果菩提涅槃，更無前後，後〔一五六〕俱文前後明之耳。又亦得著論，前後如《大經》，明菩提果，涅槃是果，果由智得斷，故先明智，後明斷也。初三品爲二，平等。初中爲四，第一，明佛菩薩所行雖內，而有漏不滿異之。第二，明空雖不二，迷悟不二〔一五七〕。第三，佛雖不得六道，爲衆生故，證得菩提，廣説四諦。第四，明稟教得悟，更能傳化也。亦是初文，先問次答。上品來主〔一五八〕，上品明一切菩薩法，是菩提佛。今菩提如佛，行六度乃至一切種智，是故今問：若如佛行，一切菩薩亦如是行者，佛與菩薩何異？答：所行是同，但當現爲異也。佛現得菩提，當得結菩〔一五九〕菩薩所行之道，更後何異耶？無礙行名佛者，此義以用數無礙，斷惑解脱，道出界外，名斷惑也。然不可漏，言佛不斷。前序品云，一切智種斷煩惱及習，後是佛智斷隨緣用也。

白佛自相空法中下，第二明空雖不二，約迷悟不同也。問意，據無差別而難，具差別也。答意，所以有以差別者，以衆生不然，自知無有離，故三界業，是故菩提於無所有中，爲之脩行，得果以益之。此是也，俗有差別，道門無差別也。

白佛得菩提已，得六道不者，此就以難所説也。上既云菩薩爲衆生脩行，得果以益之，是故今問：得菩提時見六道不？答云，不得者，理實無得也。云何説是地獄者，此難如來先所説也。若不得衆生，亦不得業，云何説此道差别實耶？答意云，以衆生不知，故菩薩爲之發心，而行行得菩提，而有此説耳。此文中明次第，從諸佛發意者，求菩提者，衆生發心也。一切善法内，般若中者，爲物行行也。行是菩薩道，得三菩薩〔一六〇〕者，是得果也。既得果已，説四諦也。説諦之中，初説四諦，次説一乘實諦，亦初説世諦，後説第一義諦。用苦諦得度之智得度，以時悟聞悟四諦教，得道便計之。斯智言苦成聖，將欲泯其境、智二見，令悟不二之一實諦也。得之須菩提，即是二開難也。若以苦諦得度者，中爭有苦無智，何不先得道耶？若以苦智得度，無苦境，何由得有苦智？又若無苦智，何由名爲諦耶，但應云苦也？佛答：泯其境、智二見，令悟不二，即縁觀俱寂，方得道也。

達實諦故行般若者，第四明化諸衆生食令得悟，已智之人轉化來悟也。爲通達故行般若者，上明爲般若衆生説四諦平等，今明受化之人脩行之時，唯爲實諦而行般若。不爲餘事自下，所明辨此菩薩内心，明悟入菩薩，爲未悟之，從諸法空而成菩提後，明般若非是凡聖所造，本性清淨也。四聖諦攝不攝者，三諦攝有，爲盡滅諦，但攝數緣，故攝餘二也。菩薩了攝不攝法，皆入實諦中，住是性地，不墮須者，論云，菩〔一六一〕菩薩位名性地也。如小乘四善根，名性地，住四善根，必得正位，菩薩住性地，必作佛。此善已如《勸學品》論之也。下明菩薩用自相空者，論中此是中道，空内外等三空爲非空，畢竟空爲深空，此是中道空，有理破故，心不没也。若諸法不空，智力利令空，則非理也。今得諸法自相空，名爲謂破也。

七譬品第八十五

上明菩薩自他行成，故得菩薩果，此譬明本性清淨，二明不二平等。初品爲三，第一，所〔一六二〕

諸法雖本性清淨，而迷悟不同，故有六道差別，三乘之異。二明虚實平等，真僞不二。第三明雖有見聞，而無垢淨也。從第三章舉七譬，明雖見聞而無垢淨，故云《七譬品》，亦言《性空品》，亦云《法性非作品》也。初中先問次答。問中爲二，初領前旨，次正設難。領前旨者，上品來明新學菩薩，言於平等，得成菩薩。然此等已理本性清淨，非凡聖之所造也。云何分別第二設難？諸法非凡聖所作，本性平等，云何有諸道異耶？此中凡兩邊列諸道，初列諸道上作難，明不應有諸道異也。世尊無法性法下，第二列諸道，明應無諸道異，前明不應是無也。問：上來已處處作此問，答意景同而所因，所因事異。異者，今目非凡聖所造，本性清淨，是故致問同。致問同者，同問無所有中，云何有六通三乘異也？同[一六三]，同意同何須重問？答：良由衆生鈍根不性，如聞空著空，聞空空著[一六四]假，令中絶言諸斷以[一六五]行之著，故聞著性生著，聞不著往[一六六]亦著，故以道與心，及故不悟道。菩提與佛，因種種形勢，令其得悟，故作禪禪問也。雖作種種問，終令悟一道，故自[一六七]不因之意同也。如人懷瞋結恨，久不可釋，餘人欲令其解釋瞋恨，故非[一六八]種種方便，雖作種種方便[一六九]，意終爲除恨也。問：何故凡夫著心，聞無著法[一七〇]？答：如人目翳，視清淨珠，見其自影，便謂珠不淨也。既是著心，聞不著亦著也。

佛答中爲二，初印述其所領，非凡聖所作，如文。凡夫不入聖法下，第二釋其難，釋難爲三。初釋有六道難，二釋有三乘難。初釋有六道難者，明迷故有六道，凡夫入聖法了悟，則無六道也。如須菩提所言下，釋有三乘難，明實慧二釋方便慧，拔出前六道衆生。此中答意，直明三乘即是本性，無著本由，斷顛倒差別，故有三乘差別。今所斷顛倒尚不可得，何況有三乘可得耶？有中尚不能得有，三乘無所有中，云何得三乘差別耶？改[一七一]須菩提是菩薩下，第二明方便拔出六道，前直明迷故有故〔一七二〕六道，今始明拔出之。又至人既悟無所有，復今欲拔出衆生，悟無所有也。

白佛返有下，第二明虚實平等，真僞不二也。問意，領上凡夫皆是顛倒不實，既有不實，必得實相，凡夫應有實相。佛答意，實由不實實也，故實皆不可得也。如自論何有相，待一破相故也。論問云，世諍〔一七三〕無不實，第一義亦不實。答：爲顛倒故，有第一義也。顛倒既不實，第一義亦無也。問：真俗俱不實實，何説第一義破顛倒耶？答：以輕不實於重不實，如十惡十善，雖問〔一七四〕不實，以善於惡也。此義即破由來，何得言得佛時，無復世諦，而真諦獨在耶？而汝義得佛時，俱無二諦耶？答：今明得佛時尚不有二，何曾無二〔一七五〕不二，皆是爲緣也。

今爲汝説譬喻下，第三明雖有見聞，而無垢淨。有此文來者，疑言，既凡夫何〔一七六〕見皆是虚妄，本無所有，何故有六根見聞等耶？是故今明如夢等中，雖無有二而不妨見聞，雖有聞而無實所有也。

平等品第八十六

此下，第二明諸法畢竟，平等不二。智以目品，品開七段。第一，因須菩提問，略説平等然。第二，益〔一七七〕平等之行。第三，明平等果。四，釋平等義。第五，明故有一切教門。第六，明一切法平等。第七，出平等相。今是初，前問次答。問中爲三。第一，領悟無垢淨。二，重難無垢淨。三，漸遣垢淨兩人。今是上品末云，如實見者無垢淨，不如實見者有垢淨。須菩提白佛，此語思惟，非但如實見者無者，二無垢淨，不實見者，亦無垢淨。下何以故解無義釋，以一切法無所有故，何有垢淨。無所有中無垢淨下，第二重難明無垢淨，無所有斷見。此中何有垢淨，有所有中是常具，亦無垢淨，所以重難者。上既以無所有釋無垢淨，滅者下受故，更以二門推無也。云何如實悟者，第三漸迷悟兩人，云何上品明有實見者不垢淨，不實見垢淨耶？

佛答中爲二，初正答，二破著。正答中云，印述其問，實無垢淨，但非垢非淨，難美爲淨，故云説是淨也，世諦也。世諦説下，第二破著，時衆聞非垢非淨，平等便生著言，實有平等平等[一七八]可説，是故云世諦故説平等耳。第一實義中，何曾等不等耶？

須菩提白佛下，第二意[一七九]平等之行。論云，須菩提領解平等之義，但爲新發意菩薩作問。問：從上第一義過一切言語生，别言一切法空不可説佛，上《差别品》中，何得言菩薩從諸佛所聞，諸法自性空也？發意求菩提，今問：既如夢約[一八〇]無所有，云何發以故願行耶？答：佛反問，明布施皆如夢不。答云，如夢，此是破甚先心義也。世尊云何不虚妄諸行般若下，明虚妄法不成，以今明虚妄法不成，以今明虚妄法不成脩行也。是不實虚妄法不得菩提下，第三句，明虚妄法不得菩提也。是法然助道不能答[一八一]果者，上破始行之發心，修行果三義。今破懈怠之人明三義，還成三句，非不次第，先明脩行，二明得果，三明友[一八二]心。今是初，論云，聽者聞是，如夢行是虚妄，故便生懈怠，會是虚妄，何須行耶？今明佛如此行，雖是虚妄，而然助道。道者，如前三解，正亥智慧爲道，涅槃爲果，布施等是爲[一八三]道，二有爲故。然助道涅槃之無爲，不生不滅，故不可增益，如雨然助草木令增長，長不然益虚妄也。無生無出者，此領果相也。難日故力云，三諦是有爲，一滅諦是無爲，以諦是有爲，故道滅諦無爲，故是樂爲涅槃，此就四諦如此判道果，此是就有爲無爲判之。此云礙之也。知[一八四]夢如幻者，明菩薩悟解也，明菩薩悟解也[一八五]，所作善業，檀波羅蜜乃至一切種智，明脩行也。用是不取，故得一切種智，明得果也。知一切不取也，發菩提心，明發心也，從此發心，乃至須菩提白佛，菩薩悟解，都無所爲，而所以爲者，爲衆生故也。論云，有三種人，下品人自利，中品人自利利他，上品但爲利人。三有爲三無爲，皆名有，然無平等義，論人世諦不等，真諦等也。今此中明平等，非有爲無爲，非真非俗也。離有爲無爲不可得者，釋非有爲非無爲也。有爲無爲因緣義，因有爲故無爲，則非無爲由爲〔一八六〕，故有爲則非有爲，是平等也。

如化品第八十七

此下，第二明涅槃果，有人言，《差别品》明菩提即智果，謂般若也。《七譬品》明無垢淨，顯解脱果。《平等品》辨正法等，是法身果，離三德也。今明此品即是總明三德，爲涅槃果也。今明難作如此義，亦復可然，俱〔一八七〕《大經》三德，别有其意，忽將配此，少成傷巧也。此品論諸法如化不如化，故以目品之。爲二，第一因〔一八八〕上只菩提化衆生義，二者正論諸法如化。今是初，先問次答。問曰，上問是事，今何故更問？答：是事甚深，課平等法中，不真不俗，不凡不聖，而住此觀中利中，利中而不動，此歡親於有所得人爲礙。是故問：諸法既平等，菩薩但應住平等中，云何於平等中利物？佛答：衆生自知平等菩提，於不平等利物，如人病久，自知治病得差，無俟藥四也。然意謂此中問答，不相主對。問：家之平等是空化物，是有相礙，云何住空中得利物？佛答：品應云，菩薩空有，不礙不二，故能空中化物。云何乃益衆生自知空，不須菩提化耶？解。云云。歡論釋維問答，令二意，一者空有相礙，不應住空化物。二者諸法既空，不見化物，不物何故化物耶？此就第一義悉檀爲問，答後如前，衆生自知空，則菩薩不須化不化，良由衆生不知空，故須菩提化物也。此是用對治悉檀答也。答前同，次空有無礙，故於平等中化物也。雖我相，是人空他也。一切助道法，名甘露涅槃，是甘露住處也。故菩薩且令衆生入甘露性，復令得住甘露處也。

白佛住世諦得菩提下，第三明平等果以故，

得菩提果也。問：即難若以世諦得道，世諦是虛妄不應得。若第一義得道，第一義中無得不得？佛答：淨中以假名，故説得道也，故得之言，故於世諦也。

白佛何等是平等下，第四釋平等義也。佛答：離有無亦不著平等，如此中偏俱捨，始是平等也。

白佛佛於法身自在者，須菩提謂，餘人知未圓惑未斷，故未究平等，故不能平等法到平等邊。今智圓惑盡，應能行到也。佛答：汝見平境兩行，智是能行，有境智二，故佛此問也。佛今約智境不二，緣觀俱絶，豈作難耶？上來明有無平等，今明境智平等也。

白佛品我從佛聞義下，第六(一八九)明由平等不二，故有一切故(一九〇)門。上來明有無平等，今明境智平等，境智不二。聽者逐作不二解故，今明不等不二而不礙，故佛力於平等不二中，説一切教門也。問：佛不説，亦智有六道，何故言佛説方知？答：一者佛不説不知，雖復是空，謂知六道，而不知是空謂，佛今二小，名其是空謂也。二者空謂知耳，不如實知，如自外道見，便總別一異四種，雖言知使竟不知。觀日爲總是，便爲四枝爲然，別是使般若之總是則非者，除別以何爲總耶？若別是使者，四枝百然，則成百使，本是一使，遂成百使，如此總別，爲使者不可也。若總別爲一者，使段中有使之也。若總別異者，除別總故在也。如此見使，總別一異四種，故云，雖云知使竟不知，唯佛知也。

白佛是有爲無爲下，第七於平等相須菩提，故知平等大有利益，是故問佛也。佛答中，平等非有爲無爲者，數雖色相，是法空故，爲物説二空也。次問：何等空故，一切法空？此問不問十八空中用何物空，乃問衆人計空不同，或言人空法不空，或言法空人空，但微塵不空，或言平等無空，如便中無馬。今菩薩用何等空，而今一切即？佛答：以畢竟空，故一切法空也。而云一切法自相離者，於一切中生有所得相，則一切法空矣。初一問答，釋説二空，釋教意，二問答，文二空所以也。

須菩提於意云何下，第二正明諸法如化，文爲四，明(一九二)一切如化。無何下，第二正明諸法如化不如化。文爲四。初明一切如化無化差别，第二明一切法如化差别，第三明涅槃不如化，第四明涅槃如化。今是初，於意云何，如化不如化者，須菩提爲新發意菩薩聞。上佛答：一切法畢竟空，心便驚故，佛舉化答之。諸法既如化，豈不定耶？汝現見化人，化人實畢竟空，凡聖法皆爾也。空故一切空者，十八空空諸法，故言如化。今復空此化法，故言空也。問：空此化，何得是空空？答：人皆知此化是空空，此化即是空也。於是法中，即是聲聞變化。

次下，第二明雖同是化，化義不同，故有六種變化。聲聞四諦道品爲變化，乃至佛以十方等爲變化，煩惱能起種種業，爲煩惱變化。乘能得六道身，爲果變化。論云，凡聖德論，皆是變化。垢果是凡化，淨果是聖化。今於果中，開爲二化也。

白佛下，第三明一往明無爲法不如化，上論凡聖皆有爲，故如化也。

世尊如佛自設下，第四論涅槃如化也。然今云何始行人設，涅槃不如化爲。爲最悟者皆如化，此是一種語耳，自有爲始行，説生死涅槃，法皆如化，以始行之。生死虚妄相如化，涅槃真實故如化，爲此始行，則説一切如化。自他有爲始行，説生死如化，涅槃實有不如化。云云。本有今無耶者，始行人聞涅槃亦空，故生斷見，亦明涅槃本不有今不無，何斷之有。生死亦然。

常啼品第八十八

上第十既説方便自果，今第二結勸脩行，欲明其不虚説，必宜行故也。兩品本意者，初品若欲受法奉修，不復艱苦，要以得爲期者，當知薩陀波崙差，欲善死大道，不違法相，説禪[一九二]根緣，有大利益者，當知曇無竭也。故初品，就行法者爲名，後品，就説法者爲目也。今就二品，總開三段。第一，初求般若，如薩陀波羅[一九三]崙。第二，於其求法之相。第三，結勸修行。今是初文，所以有此品來者，論生起云，上品未明云何離始行菩薩，令知生死涅槃悉如化。佛答：諸法本有今無耶。佛意明性空非是難得，雖知諸法本性清淨，若能一心求者，必得薩陀婆崙。即其人也，爲此因緣，故説此品。常啼，三釋。一云，其人小現，時好啼，故父母爲之立字，名曰常啼。此常啼是表菩薩大悲之相也。二解，此菩薩見惡世衆生，生老病死，大悲心所以，名常啼也。餘經云，常悲常悦，即其人也。三解云，其人十日空困林中，悲設天龍鬼神，爲其立字，名常啼也。今在大審音佛所者，一解云，菩薩法無量，其人雖曠劫積行，猶未得佛，故爲菩薩也。二解，久成佛，如文殊之流爲物，故迹居不足地也。

白佛下，第二於其人求般若相，爲三三。第一，廣明其人求法之相，使物喜之。二者，佛精苦求法，故得具足聞。三，明聞科益諸三昧。初中爲二，第一正明求法感應，二明尋善知識。初中三感三應，第一，精誠致感空聲應，二，悲啼致感空中佛現，三，得三昧感十方佛現。今初兩感兩應，明其内忘身命，外道[一九四]名利，故能感也。應中不觀有誠，從是東行是觀也。善念下，是觀也。誡勿念内外，外是五塵，内是己身，内外無空性空，不應念也。勿壞身相，此細誡也。是總身一異，見有無，皆壞身相也。色受想行，勿壞別相也。問：空中聲聞，應是誰聲耶？答：一解，佛菩薩天龍等愍云，故應塵也。二解云，是常啼善友作鬼神，此鬼神又求佛道，以曉示之始，如達善友，鬼神示須達，令往見佛也。

報空中聲下，第二戒發三願。一者，一切衆生墮在無明暗，我爲燃大智明。二，一切衆生有煩惱病，我欲集一切法藥。三者，一切衆生墮在耶道，我今爲求無上道。第四，重應中正是觀，觀中爲二，初重法，次觀尊人。重法中，初觀於三空生信，次觀相心求。若離般若爲二空，合三空爲般若也。二空入道之要，故先明也。離相求般若，經久〔一九五〕唯明離人相，論解具明離人、法二相也。

當親近善知識下下，第二觀尊〔一九六〕。尊釋中爲二，初觀，次誡也。法中但觀不誡者，初感中以誡意〔一九七〕念，故今不煩也。觀中先觀親近善友〔一九八〕發於真善，發相必得聞法。次明近善發得益，觀尊欲報恩，如文。法以世利下，第一誡也。初誡以世利者，既觀親近好，好師必滅名利，明身子始，初爲求法，後訓名利也。次觀覺魔，此中有兩師。一者，魔作五欲亂說法者，弟子見之，但取其法，勿見師受欲過天〔一九九〕，云假爲法，故令受者，魔作五欲，反爲亂於師弟，而假託爲法，令受也。若說法菩薩入實法門下，此是高行之人，示受五欲，爲利衆生，而無所訓。汝不應故行心意，是不淨行師也。後覺知魔事者，第三誡也。脱重〔二〇〇〕住高，名重德之師。不領録汝者，勿生怨恨，應自破慢心，自責是我宿世罪報得小人，故師不領録也，非師過也。

爾時薩陀波崙下，第二感應三有四句，謂兩感兩應也。初感中，三法譬合也。我何不同空中聲者，上但領誡勸之言，妄問三事。一、不同〔二〇一〕者近遠。二、不問者不問所處。三、不問所從。人所以妄問者，先既大歡喜，故便妄問也。譬中一子，正喻波若也。論云，以三義喻也。一者，戀人長大，無得其力，般若力得阿鞞成佛道。又善男〔二〇二〕子於父孝行，終身無有異心，般若於菩薩，乃至成佛，終不遠〔二〇三〕也。又父母見子則大喜，菩薩見般若亦大喜也。然此大意，取其受其三問。今是初，所以七日方應者，自少則精進變〔二〇四〕不捨爲喻也。就應中爲二，初秤歎安，次答未深，遇〔二〇五〕多則然憂妨令，故七日而應。問：間空中既感佛現，何不即爲說般若耶。答：以其人與法尚有深重因緣，故佛不能度之。問：空中是何等？佛答：有解云，非真佛，是諸化佛身，及大菩薩，化作佛取，或云，即是真佛也。所以引道過去，本行安慰者，然其自責罪深，於進業爲妨故也。從是東行不[二〇六]，次答其三問，即三，去此五百旬[二〇七]。答：其云當遠近問也。有城名衆香，講其何處去問，其不同東正，但門何國土去，故答之也。文爲二，初序國土，二明人物。須知此智是般若，非依非正依，正二種方便，此即是般若也。勿言般若品是心，今此人物，皆是般若用也。示行般若，故得此果報。勿言般若是空，無有果也。處所中爲二，先明通處論衆香城，次明別處即法，尚害[二〇八]舍文處易知也。問：衆香城在何處？答：過去佛滅後，遺法未滅，爾時佛法不遍閻浮提，故閻浮提中，別有衆香國土也。

曇無竭與六萬千婇女下，第二明示物先受俗樂，次明受樂。此意顯般若能生世出世樂，又異世樂，故受果，說法行法，故修因也。又是引物也，行般若具得世出世二樂，宜應[二〇九]之。衆生聞般若，但得於世樂者，不即行受也。

汝善男子下，訓其第三，當從誰聞般若問也。

爾時薩陀下，第二重明感應也。先感中爲三，法譬合也。譬中毒箭者，以邪見云毒，疑爲箭，以貪瞋等煩惱毒除，云必喪往身慧命，以見善發，說般若拔之也。斷有得心，名斷諸有以[二一〇]也。時薩陀下，應即得諸三昧利益爲應也。初以聲應，次以形應，亦以法應，亦是心應，故色聲心皆是利物也。論云，得六萬三昧也。諸法性觀三昧者，了法無生滅也。法性不可得三昧者，亦不著無生滅觀也。破無明三昧者，由破無明，故得上三昧也。破有多品，無明只[二一一]亦多也。又伏無明，亦名破也。離暗三昧者，上破輕無明，今破重無明也。無相續三昧者，五陰一期，念念相似相續，故言無異也。若生死相異，則斷相續，此名爲異也。破六度部，故云金剛三昧者，魔民恒欲見，菩薩恒合轉之，今其恒見菩薩好事也。

住是諸三昧中下，第三感應，以三昧能感，故十方佛應也。應中初安慰義，本行菩薩道，亦如今日懃汝，勿自謂薄福也。次不見入於三昧者，常啼既得諸三昧，故今破其著心，即是略説般若也。於佛法中信〔二二〕應下，重觀尊人重法也。從三昧，故不復也。

見諸佛下大段，第二更勸尋善友，求般若也。五〔二三〕者。一、因不見佛生疑。二、受身供養人，即與彼爲欲斷疑。三、因賣身值善友得財。心〔二四〕因財正往覓善知識。五、列所至處中，二種供養。六者，見善知識陳求法之誠，請次所疑。今是利問：既佛疑來去，何故不入三昧，請佛疑？答：十方佛既言往，尚是其善友，故應問法，尚不得同也。

復作是念下，第二賣身供養，所以須供養。一爲他人見其遠來，空無有物，則不生喜心，故須供養。具二者，欲引導衆人，其是貧窮，尚辦供養等，云何而不行耶？二者，欲明般若檀爲其初。問：常啼得六萬三昧，見十方佛，何故貧耶？答：其人雖有見佛之緣，過去復少罪，生貧窮家，故無財物。二者雖生富家，去家遠在深山學道，故不取財物也。問：賣身屬他，誰供養善友耶？一解云，寄他供養。二解云，此是及世，身雖屬他，許其前供養，聞般若便歸也。今謂於市賣身，則衆人無不感其奇時〔二五〕，必招致財物，復得友〔二六〕人心，是故賣身。問：魔何故不煞常啼，而惱亂之耶？答：魔不感其奇命，但破其求佛心也。又天神法人，無大罪，不得害之。若無此法，人無語者也。問：其在空林之時，魔何不來耶？答：爾時未得諸三昧，未能決定忘身，故不能動魔。亦〔二七〕得諸三昧，能決定忘身，故魔乃驚也。小菩薩未能動魔，已得無生，亦不動魔，將出魔境，將入道門，故魔來也。長者居士，不聞自賣聲者，此是居舍之士，非四姓中居士也。長者女獨聞聲者，一解，是人不死因緣，故其得聞。二解，是法尚神力，今其得取。三云，與常啼宿世善友，善根既深，魔不能弊也。問：帝釋得他心智，何不知其心而來誡〔二八〕耶？答：天主但知世人心，世人以〔二九〕作佛必非其知。二者雖知其心，爲欲發起衆人，示希有事，故誡也。大利第一利者，十地爲大利佛道，第一利般若，爲大利方便。第一利者，五度爲大利般若，爲第一利也。時有長者女下，第三值善友得財物也。問：長者女前聞自賣，何故不來？答：今見其奇特之事，方始來耳，前有空言事來功，故不來也。此中少薩陀波崙，略爲女説法，謂因果真應，自德化他。今三法門可礙〔三〇〕也。與我三菩提者，二解。一高去人心，尊佛道，更無異之，故發言便云得化也。三解云，天王既因苦之，故知天主於佛前無力，以此語折之也。身即平後後〔三一〕者，五不可思議中，龍力尚不思議，况復天耶？以空中有魔，故福業力聚塵，令身平復也。女報母言，我等亦隨喜，是心歡喜，我終不斷其善根者，此諸小難解。論云，女以父母爲法是聽，不惜寶物，亦隨喜心，爲之歎喜也。

是時長者女下，第四正法香城，爲法尋善友也。論云，五百女親屬，及衆人見聞者，皆苦相隨去也。

既入城下，第五到所至處，申二供養。論解云，善根深人者，從曇無竭聞般若，善根淺者，從經卷中，故有金牒書《般若》也。此中又解云，衆生所樂不同，或見經卷，或樂聞法。又解云，鈍根人見曇無竭，爲白衣受五欲法，必衆護著，治何爲也。説無著法，是故於其經文，爲此人也。一解是十寶印，印曇無竭手，常自報將。次解是求佛道七大神王，如金剛神之類，守護金牒，不令魔等，改汎其文，故言七印也。

因曇無竭言下，第六自護求法，請決疑也。

法尚品第八十九

勸和道之人常如法尚，故明此品。論云，鬱伽陀之法，咸以方便力生，在衆香國土，盛弘般若法，故云法盛。若曇無竭，此云法尚，以其弘於大法，而物宜欽尚，秤法尚也。一解，是生身菩薩利根，智慧神通，能利物無疲。二二一〔二二二〕，是法身菩薩具足神通，方便利物也。彼土無主，以法尚爲王，故世出世樂具足也。品初是第二，彼具足聞法。就中爲二，第一爲疑斷，第二正説般若。斷疑，即是明佛來云〔二二三〕無來去，明果，我説般若妙法，明因義。須知如此因果，皆是般若，未曾因果，果悟般若，般若名果，因怙〔二二四〕般若名因也。初中爲二，第一正爲斷疑，二聞法歡喜，報恩供養。初中復爲二，第一廣明佛來去無來去義，第二例一切法來去，見無來去義。初中爲兩，第一明來去無來去，辨法身義。二明無來去去〔二二五〕，辨應身義。初中爲兩，第一正明法身來去無來去，二結其得失。初中爲二，第一正就法説名無來去，二舉譬重釋疑。此明法身無來去，應身有來去，何得常云，《般若經》猶是天帝。佛來明常佛，但是第二即彼，何得言四時故皆是造，唯涅槃方是本耶。問：今文意云，如法性無來去，何時云法身無來去？答：汝不觀亦了文言，諸佛不可以色見法，佛法身無來無去，此與《涅槃》《華嚴》，更復〔二二六〕異。《華嚴》云，欲令衆生生歡喜，故現生王宫，故令衆生生戀慕。吾示雙林，滅如來法身，實不出世，亦不涅槃，何以故？法身常住法界故也。問：若如此者，復還與常曰，明應身無常住，復何異耶？答：須得經意，爲對薩陀波崙去來疑，故云無去來耳。而法身未曾去來，亦不曾無去來，未曾常，未曾無常，亦非二諦内，亦非二諦外，故百非不能非，百是不能是，能是所不是，非是亦不是，非非所不非，是非亦不非。何者？以正法爲身，故名法身，正法性遠離一切言語，道一切起不起未，皆寂滅性，豈得定是常？彼又須識，亦無去來義，今〔二二七〕今只去來，宛然而無去來，勿言別有無去來，異去來。異去來，故《經》云，來者，無所從來，去者，無所至也。問：薩陀波崙得諸三昧，已解法空，何故不解佛無去耶？答：始行之人，雖總相知諸法空，於佛身來能了語〔二八〕，是故疑也。古來復有二解。一云，佛是世諦，今言如是佛者，頑境何寧修行，今來頑法耶，是即真故耳。復有師用真諦爲佛，即用今文也。論文中有二諦語，世諦則有佛，第一義諦佛空。今問：爲用二身，爲用二諦，釋今文耶？答：隨緣所宜，何所礙耶？答：開有無方便，則世諦有佛，第一義無佛，世諦有去來，第一義無去來，故有無去來。無去來無，皆是教門，道未曾去來，無去來有無也。若佛二身方便，則如前釋。問：二諦是二身不？答：他則不得也。今論文中明，二諦則是二身，故言世諦中隨衆生，故以色身爲佛，第一義佛，即是法身也。

譬如春來日下，第二舉譬釋疑。若佛無去來，於諸數法者，何故明見有去來耶？故明涅槃。水有去來耶。其人云，悟尚無涅槃，水豈有來去？尚無所見之佛，况有來去耶？

有人不知是法下，第二結得失，先結失，次結得也。問：施畜生尚得百倍報，有何物虚食信施耶？答：今引能生施主，無覺果報，名不虚食。若生施〔二九〕虚妄，有覺果報，名虚食也。又食此食，能令施主度生死，爲不虚食。食施主食竟，不能度之，名虚食也。

譬如大海中實下，第二明無去來，去來即是應身義。亦前明無去來，破其有見，今破無去來，破其無見。中識中道，即識佛。《大經》云，中道之法，名爲佛也。論云，亦難〔三〇〕有無二邊，名爲佛也。二譬異者，初譬正明感應因緣，次譬明因因緣果。大海譬十方六道，國土寶喻佛。四天下衆生福德，因緣海山，此寶四生福業因緣，故感佛也。此寶雖生大海，而有不得者，佛雖爲物出，而有見不見。又大海有寶，不惜身命一心去，乃得，不爾不得。衆生一心精進，乃見佛，不爾不見也。空次然喻者，正因果因聲，不從無因緣生，亦不從少因緣生。佛身亦爾，不從無因緣生，謂無六度萬行，亦不從不具足萬行生也。北人云，上無來去是法身，大海寶是應身，令報身然，三佛不無此義也。正法爲身，名爲法佛，行因所得，名爲報佛，應化衆生，名爲應佛。佛未曾二，二隨衆生，假名不失。此義根音，惑捍音蒲法，乃出嵇康《琴賦》也。

爾時釋提桓因下，第二除疑報恩，供養天主與華，三義。一者，天主受〔三一〕樂佛，故道以華，菩薩令供養法師。二者，爲欲引物，常啼一心求佛道，故得天供養，餘人宜應觀之。三者，如文釋，明常啼得聞法，故以華施之，今供養報恩也。次常啼以身奉法尚者，天主唯教其外施，其今行内施也。長者女應以身施法尚，而施常啼者，女人智恒，不棄本師，又且寂人誠論者，向隨他心，女人著染也。又自常啼，得聞法故也。以誠心屬我者，隨我分處，如分心物也。受以還施常啼者，前爲説法，生其慧也，今受其施，生其福也。迴施者，展轉生福無窮也。又顯法尚，無貪著心也。女本者，屬常啼之，遂其本志也。

説法同況起入空下，第二爲説般若也。爲二，初入定，爲説法緣由，二起定，正爲説法。所以七年入定者，定既二，則説法二深故也。又上受欲無染，故是受無所受，無受而受，此是二不二義之，明入定不説，出定方説，無於入於入，示不二二義，平其文也。又七年入定者，常啼及始行之，人見法尚，居家受五欲，或言有染，故七年入深三昧，則顯無所著也。又真淨土，常聞法惡國土，都不聞香城雜處，或聞或不聞，故七年不説也。又示世模軌，願欲説法，凡欲説法，必須靜心也。問：常啼云何能七年不坐臥耶？答：此時好世，七年如今七日，又時人福德康健，雖七年，不以爲患也。又天神護，令不疲極也。示末世彼尚七年，今人云何不少時精進耶？求水不得，何不刺血不出耶？答：魔見其決志，雖求水不得，其心不異，故不更惱之。又恐魔五〔三二〕是成菩薩行也。上來數由魔，故説希有事，可以意知也。善不增智慧不照者，令其於身自輕，心生愛染，則善根不增，以憂愁覆心，故智慧不照，如霞[三三]覆日，其明不照也。問：何以智法問，七年應從定起？答：數[三四]有此事，初來不知，令教見定，故衆人云爾也。又法尚初入定時，自誓云，七年方於也。

諸法等故下，第二正爲説般若。此文世門間，故開爲七意。初，八門就諸法異相，以顯般若，般若諸法實相也。第二，三門就譬喻，歎般若無德不備。第三，一門歎般若，雖無德不備，而無不久[三五]子。第四，二門歎般若，無心於物，而能斷惑累。第五第六，三門明般若，然性空寂。第七門，般若不可思議諸法等，故般若等者，諸法非等不等。不知何以目之。爲破衆生不等病，故歎以爲等也。不言般若等，故諸法等者，恐惑者言，諸法萬化不等，以般若力故。今言，良由諸法實性，本來平等，故後[三六]若觀平等耳。若諸法本不平等，不生般若平等觀，良[三七]諸法本性平等，故有人人平等觀也。若無不平等慧，隨意説之。第二門，諸法離平等也。本有不等，故有平等無不等，故云無等也。離等不等，故其心不可動，故有第三門也。所緣既覺，觀心之淨，故無論，則念想觀除也，故有第四門也。以緣觀俱寂，心生怖畏，今明緣觀俱覺，無一切皆無，以何爲畏耶？第五，明無畏，明無畏門也。如此而了，唯佛法有此味，只是一味九十六，無此味，又唯一解脱味，無三乘味，又唯一無所得味，更無味，故云一味，故有第一八門也。或者便言，一道正味是一邊味，異道是二[三八]邊，如是三乘無得有各邊，故今明一切諸邊不可得，故有第七門家[三九]。此邊般若歎生，後明無生，以聞無生，便言，生心須滅，故説無滅也。

如虚空下，第二喻説。上來明般若，雖妙絶心行，言説詔斷，而包含廣博，故如虚空，如大海，如寶山也。殊盡云，須彌一寶所成，課黄金亦是曇，及諸經謂，四寶所成，九山繞其半，四海在其下。問：上有三十三天宫，日月二十八宿等莊嚴之，九寶山短須彌，故言半海水在山下，須[二四〇]有天宫，明莊嚴之相也。般若亦爾，未得具足，謂人天果報，莊嚴得具足，謂三乘於世莊嚴也。如虚空無分别者，雖復德斯備，而無所分别。如虚空不分别，東西及遠近也。色無邊下，第四，二門明般若順遠法也。上來明般若深妙恐學者，秤其幽遠建故。今明則了身心邊，蹤造不可得，即是般若。道遠乎哉，即事而真，聖遠乎哉，然之即神也。如金剛等。第五門，明般若雖能破一切惑，而無心彈[二四一]破。如金剛隨疑惑破之，無增受[二四二]心也。無分别者，成無心義也。凡夫不得實相，故有分别也，得實相，故無也。諸法性不可得者，第六門明般若，然性虚實也。初一句，不見衆緣中有性。第二句，既不見性，亦不見衆緣。第三句，非性與緣，皆不可得，故無人能作，無法可作。第七門，以不可度曇，心不然行，言不能述，故最後明不可思議也。

即得諸法等三昧下，第三聞法得益也。法尚如行説，常啼如説行，論三昧心説，説不動三昧，令悟，還如來昧[二四三]而悟，悟不異三昧也。論云，今從師，同一心思惟，名三昧，攝心不散智慧，及名三昧也。《成論》云，爾時有二種，如實知名慧，攝心名三昧也。

爾時佛告下，第三結觀修行之般羅蜜，深入佛智慧者。論云，初地至七地，名無生忍，八地九地十地，名深入佛智，得一切種智作佛也。

囑累品第九十

此下，第二明付屬流通，方便般若。此品别而爲論，付屬流通方便，智慧與方便，云何異耶。答：論云，般若方便無有二，物隨用不同，故開二耳。如金剛與金，更無有異，而善巧以金爲釧，故有金有釧，二事不同也。直觀法無依無得，無生無滅，畢竟名實慧，知空而空，而於空不證。然度衆生，備行諸行，名方便也。問：方便治何惑耶。答：論云，直明般若惑生四事，若疑若耶見也。若入涅槃若作佛，今除耶見，薩[二四四]疑及入涅槃三惑，是爲方便治惑用也。宜聞説明，般若畢念空無方便，惑生四種。若畢念空無方便，惑生四種，若疑若耶見惑，入小乘涅槃，言作佛。若有方便，則不生疑耶見，不入涅槃也。決了作佛也，若有方便，治疑或[二四五]三或也。問：何故佛付屬流通耶？答：慈悲攝物，何俟問耶。佛尚破身利益，況法寶耶。又上説空破有，捨[二四六]今何屬破空，欲示中道，故付屬也。問：知付屬有利，何故不付屬菩薩而屬阿難？阿難是聲聞人，般若是菩薩法也。答：欲令物信，故阿難得總[二四七]，是佛從弟子，又爲給侍，又是佛法弟三師。曰：因緣身子，乃是二佛，但知其壽短，故不付屬也。是故阿難所説，人皆信受具。如《大經》所辨，法菩薩皆有重任[二四八]，廣嚴自身，調伏眷屬，又誤[二四九]能[二五〇]弘宣，人不信受，故不付菩薩也。菩薩知般若恩德，自弘宣之，不須付屬。阿難是小乘人，不知般若恩，是故佛付屬也。問：若爾《法華》等，付屬喜王等菩薩耶？答：《法華》明二乘作佛，是秘密法，《般若》是顯現法。顯現法易用，秘密法難用。小藥師能用藥爲藥，大藥師乃用毒作藥也。又有共不共二般若，不共般若，付屬菩薩，共者，付聲聞也。問：此《般若》定有幾偈而付屬？答：《大般若》十萬偈，今萬二千偈也。問：付屬阿難三藏，三藏在屬[二五一]山，與迦葉結集，付阿難，《般若》何處集耶？答：文殊將阿難結集，未知何處，一云還在屬山，二云是鐵圍山邊也。問：何不於三藏中即結集《般若》耶？三藏正有三十萬偈，九百九十萬言，大乘則無量諸龍王等問經，修羅問經，有十億萬偈，佛非一身説，一世説，無量世已説，豈入三藏小法中？又教門名異，大小不同，故結集亦別也。

品爲二，初明付屬流通，二大衆歡喜奉行。初三，第一明慇懃付屬，令尊重供養，二明付屬阿難，令流通不絶，三明付囑之意也。今是初文。

問：佛知阿難是弟子，何故今方問耶？答：二義，一爲簡真僞。佛有僞弟子，如須那刹多，爲財寶故，詐爲弟子，佛不爲説，於是反戒，言非弟子也。又須尸，爲盜佛法，故作爲弟子，是故今問也。二者釋疑。諸外道謂，阿難本事外道，著草衣求仙，佛既是其親囑，故不獲已事佛也，心實不信，故今問文，釋外道疑也。如用身口意惡業，與有弟子口善而心不善，有心善有心善[五二]而身口不禪[五三]。阿難具足，故現在三業事我，我滅後，以三業事《般若》也。第二第三者，佛法不過三事，不受佛語，便是逆人金剛，神便煞之。又過多則大過不足，故但其三也。汝莫忘莫失下，第一付囑，令流通不斷絶也。人子不能紹繼家業，爲斷種人最爲耻。今小能流通《般若》，則佛經於汝一身上便斷，亦是失中大也。隨爾所時下，第三付屬意也，以有利深，故付屬耳。

佛説是經以下，第二奉行也。問：無憂無喜，是羅漢功德，尚無不喜，云何言大喜？答：羅漢於四諦無疑，於一切法中皆疑。今説《般若》，破其種種疑心，喜也，盡此無餘也。

大品經義疏卷第十終

嘉元三年二月下旬，候以東南院古本，終交合切了。但彼本第二第四欠之，間至第四卷者，以真禪院本補之。第二卷者，兩本共欠，迄尋他本，可書續者也。

校勘記

〔一〕「念」，底本原校疑爲「三」。
〔二〕「發」，底本原校云一本後有「發」。
〔三〕「離」，底本原校云一本作「雜」，下一「離」同。
〔四〕「雲」，疑爲「云」。
〔五〕「答」，底本原校疑爲「益」。
〔六〕「易」，底本原校疑爲「難」。
〔七〕「難」，底本原校疑爲「易」。
〔八〕「空」，底本原校云一本作「無」。

〔九〕「難」，底本原校云一本作「歎」，下五「難」同。

〔一〇〕「正」，底本原校云一本作「王」。

〔一一〕「正」，底本原校云一本無。

〔一二〕「差」，底本原校疑爲「若」。

〔一三〕「智」，底本原校云一本後有「智」。

〔一四〕「知」，底本原校云一本無。

〔一五〕「也」，底本原校疑爲「世」。

〔一六〕「念」，底本原校云一本作「今」。

〔一七〕「余」，底本原校疑爲「人樂」。

〔一八〕「令」，底本原校云一本作「合」，疑爲「今」。

〔一九〕「無」，底本原校云一本無。

〔二〇〕「知」，底本原校云一本作「如」。

〔二一〕「聞」，底本原校云一本作「問」，一本作「門」。

〔二二〕「慧」，底本原校云一本前有「實」。

〔二三〕「通」，底本原校云一本後有「而」。

〔二四〕「亦」，底本原校云一本作「以」。

〔二五〕「畢了義」，底本原校云一本作「義乃畢」。

〔二六〕「名」，底本原校云一本作「者」。

〔二七〕「頭」，底本原校云一本作「韻」，一本作「顔」。

〔二八〕「前」，底本原校云一本後有「實」。

〔二九〕「我」，底本原校云一本作「義」。

〔三〇〕「之」，底本原校疑爲「足」。

〔三一〕「菩薩」，底本原校云一本無。

〔三二〕「善」，底本原校云一本無。

〔三三〕「道」，底本原校云一本無。

〔三四〕「植」，底本原校疑爲「值」。

〔三五〕「婆」，底本原校云一本前有「薩」。

〔三六〕「者」，底本原校云一本後有「亦」。

〔三七〕「無」，底本原校云一本前有「若」。

〔三八〕「是」，底本原校云一本前有「非人」。

〔三九〕「長」，底本原校云前當有「增」。

〔四〇〕「氣」，底本原校云一本無。

〔四一〕「惑」，底本原校云一本作「感」。

〔四二〕「以」，底本原校云一本作「只」。

〔四三〕「口」，底本原校云一本無。

〔四四〕「不」，底本原校疑衍。

〔四五〕「問」，底本原校云一本後有「合」。

〔四六〕「二乘者」，底本原校云一本無。

〔四七〕「八」，疑爲「入」。

〔四八〕「天」，底本原校疑爲「氣」。

〔四九〕「入」，底本原校云一本作「人」。

〔五〇〕「九惑十」，底本原校云作「凡惑下」。

〔五一〕「四」，底本原校云一本後有「結」。

〔五二〕「上」，底本原校云一本後有「云」。

〔五三〕「種」，底本原校云一本後有「智」。

〔五四〕「無修若」，底本原校云當爲「無相修般若」。

〔五五〕「者」，底本原校云一本作「著」。

〔五六〕「忍」，底本原校云一本後有「忍」。

〔五七〕「答」，底本原校云無。

〔五八〕「前」，底本原校云一本作「斯」。

〔五九〕「仰」，底本原校疑爲「印」。

〔六〇〕「之」，底本原校疑爲「云」。

〔六一〕「下」，底本原校云一本作「不」。

〔六二〕「蓋」，底本原校云一本無。

〔六三〕「不」，疑爲「界」。

〔六四〕「宣」，底本原校云一本作「宜」。

〔六五〕「初」，底本原校云一本無。

〔六六〕「佛説」至「禪故」，底本原校云一本無。

〔六七〕「乘」，底本原校云一本作「禪」。

〔六八〕「偏」，底本原校云一本作「遍」。

〔六九〕「開」，底本原校疑爲「聞」。

〔七〇〕「化」，底本原校疑爲「他」，下二「化」同。

〔七一〕「所有心」，底本原校云一本無。

〔七二〕「者」，底本原校云一本作「著」。

〔七三〕「恩」，底本原校疑爲「息」。

〔七四〕「開」，底本原校疑爲「聞」。

〔七五〕「先」，底本原校疑爲「無」。

〔七六〕「禪」，底本原校疑爲「秤」。

〔七七〕「持」，底本原校云一本作「特」。

〔七八〕「羅漢」，底本作「漢羅」，據文意正。

〔七九〕「二」，疑爲「三」。
〔八〇〕「作」，底本原校云一本作「非」。
〔八一〕「乃」，底本原校云一本後有「至」。
〔八二〕「問」，底本原校疑爲「門」。
〔八三〕「衆」，底本原校云一本後有「生」。
〔八四〕「持戒」，底本原校云一本無。
〔八五〕「空」，底本原校云一本無。
〔八六〕「是」，底本原校云前有「此」。
〔八七〕「決」，底本原校云一本作「次」。
〔八八〕「陀」，底本原校疑爲「施」。
〔八九〕「但」，底本原校疑爲「俱」。
〔九〇〕「無」，底本原校云一本無。
〔九一〕「薩」，疑衍。
〔九二〕「大」，底本原校云一本無。
〔九三〕「是」，底本原校云一本無。
〔九四〕「日起」，疑爲「次」。
〔九五〕「若」，底本原校疑後有「若」。
〔九六〕「如」，底本原校云一本作「汝」。
〔九七〕「相」，底本原校云一本無。
〔九八〕「切」，底本原校云一本無。
〔九九〕「益」，底本原校疑爲「答」。
〔一〇〇〕「先」，底本原校疑爲「無」。
〔一〇一〕「禪」，底本原校疑爲「秤」。
〔一〇二〕「久」，底本原校云一本作「文」，一本作「之」。
〔一〇三〕「云」，底本原校疑爲「之」。
〔一〇四〕「故」，底本原校云一本前有「謂」。
〔一〇五〕「際」，底本原校云前當有「實」。
〔一〇六〕「非」，底本原校疑爲「行」。
〔一〇七〕「作」，底本原校云一本作「仰」。
〔一〇八〕「際」，底本原校云後當有「中」。
〔一〇九〕「雖」，底本原校疑爲「難」。
〔一一〇〕「二」，底本原校云一本後有「初」。
〔一一一〕「非」，疑爲「空」。
〔一一二〕「説」，底本原校云一本作「既」。
〔一一三〕「明」，底本原校疑衍。

〔一四〕「便」，底本原校云一本前有「既聞不二」。

〔一五〕「第下若」，底本原校疑爲「若下第」。

〔一六〕「薩」，底本原校疑爲「提」。

〔一七〕「言」，底本原校云一本作「定」。

〔一八〕「後」，底本原校疑爲「復」。

〔一九〕「便」，底本原校云後當有「方便」。

〔二〇〕「能」，底本原校云後當有「度」。

〔二一〕「聞」，底本作「開」，據文意改。

〔二二〕「也」，底本原校疑爲「色」。

〔二三〕「色」，底本原校云一本作「也」。

〔二四〕「心」，底本原校云一本無。

〔二五〕「無」，底本原校云後當有「常」。

〔二六〕「有」，底本原校云一本後有「有」。

〔二七〕「雖」，底本原校云一本作「云」。

〔二八〕「初」，底本原校云一本無。

〔二九〕「提」，底本原校云一本作「薩」。

〔三〇〕「土」，底本原校云一本作「五」。

〔三一〕「故」，底本原校疑爲「欲」。

〔三二〕「菩薩」，底本原校疑爲「辨」。

〔三三〕「之」，底本原校云一本作「大」。

〔三四〕「哉」，底本原校云一本作「或」。

〔三五〕「自」，底本原校云一本作「時」。

〔三六〕「薩」，底本原校疑爲「提」。

〔三七〕「舊」，底本原校云一本作「曰」。

〔三八〕「故」，底本原校云一本後有「觀」。

〔三九〕「歡」，底本原校云一本無。

〔四〇〕「只」，底本原校疑爲「亦」，下一「只」同。

〔四一〕「歡」，底本作「勸」，據文意改。

〔四二〕「如」，底本原校云一本無。

〔四三〕「答」，底本原校云一本後有「中」。

〔四四〕「二不」，底本原校疑爲「不二」。

〔四五〕「干」，底本原校疑爲「平」。

〔四六〕「生」，底本原校云一本作「主」。

〔四七〕「妨」，底本原校疑衍。

〔四八〕「壞」，底本原校疑爲「德」。

〔四九〕「佛」，底本原校疑後脱「眼」。

〔一五〇〕「乘」，底本原校云一本後有「故」。
〔一五一〕「若」，底本原校云一本前有「問」。
〔一五二〕「如」，底本原校疑爲「明」。
〔一五三〕「盡」，底本原校疑爲「善」。
〔一五四〕「佳」，底本原校疑爲「住」。
〔一五五〕「歎」，底本作「歡」，據文意改。
〔一五六〕「後」，底本原校云一本無。
〔一五七〕「二」，底本原校疑爲「同」。
〔一五八〕「主」，底本原校云一本作「生」。
〔一五九〕「菩」，底本原校云一本無。
〔一六〇〕「薩」，底本原校疑爲「提」。
〔一六一〕「菩」，底本原校云一本無。
〔一六二〕「所」，底本原校疑衍。
〔一六三〕「同」，底本原校疑爲「問」。
〔一六四〕「著」，底本原校云一本前有「亦」。
〔一六五〕「諸斷以」，底本原校疑爲「語斷心」。
〔一六六〕「往」，底本原校云一本作「生」。
〔一六七〕「自」，底本原校云一本作「因」。
〔一六八〕「非」，底本原校疑爲「作」。
〔一六九〕「雖作種種方便」，底本原校云一本無。
〔一七〇〕「法」，底本原校云一本後有「着」。
〔一七一〕「改」，底本原校疑爲「次」，又云一本無。
〔一七二〕「故」，底本原校疑衍。
〔一七三〕「諍」，底本原校疑爲「諦」。
〔一七四〕「問」，底本原校疑爲「同」。
〔一七五〕「二」，底本原校云一本後有「二」。
〔一七六〕「何」，疑爲「所」。
〔一七七〕「益」，底本原校疑爲「答」。
〔一七八〕「平等」，底本原校云一本無。
〔一七九〕「意」，底本原校疑爲「答」。
〔一八〇〕「約」，底本原校疑爲「幻」。
〔一八一〕「答」，底本原校云一本作「益」。
〔一八二〕「友」，底本原校疑爲「發」。
〔一八三〕「爲」，底本原校云一本前有「有」。
〔一八四〕「知」，底本原校疑爲「如」。
〔一八五〕「明菩薩悟解也」，底本原校疑衍。

〔一八六〕「爲」，底本原校疑前脱「有」。
〔一八七〕「俱」，底本原校疑爲「但」。
〔一八八〕「因」，底本原校云一本作「自」。
〔一八九〕「六」，底本原校云一本後有「五」。
〔一九〇〕「故」，底本原校疑爲「教」。
〔一九一〕「明」，底本原校云一本前有「初」。
〔一九二〕「禪」，底本原校疑爲「秤」。
〔一九三〕「羅」，底本原校疑衍。
〔一九四〕「道」，底本原校疑爲「遺」。
〔一九五〕「久」，底本原校云一本作「文」。
〔一九六〕「尊」，底本原校云一本後有「釋」。
〔一九七〕「意」，底本原校云一本作「竟」。
〔一九八〕「友」，底本原校云一本無。
〔一九九〕「天」，底本原校云一本作「失」。
〔二〇〇〕「重」，底本原校云一本無。
〔二〇一〕「同」，底本原校疑爲「問」。
〔二〇二〕「男」，底本原校云一本無。
〔二〇三〕「遠」，底本原校疑爲「違」。
〔二〇四〕「受變」，底本原校疑爲「愛戀」。
〔二〇五〕「遇」，底本原校云一本作「過」。
〔二〇六〕「不」，底本原校疑爲「下」。
〔二〇七〕「旬」，底本原校云前當有「由」。
〔二〇八〕「害」，底本原校疑爲「宫」。
〔二〇九〕「應」，底本原校云一本後有「學」。
〔二一〇〕「以」，底本原校疑爲「心」。
〔二一一〕「只」，底本原校疑衍。
〔二一二〕「信」，底本原校云一本作「言」。
〔二一三〕「五」，底本原校疑爲「六」。
〔二一四〕「心」，底本原校疑爲「四」。
〔二一五〕「時」，底本原校疑爲「特」。
〔二一六〕「友」，底本原校疑爲「發」。
〔二一七〕「亦」，底本原校疑爲「今」。
〔二一八〕「誡」，底本原校疑爲「試」，下一「誡」同。
〔二一九〕「世人以」，底本原校云一本無。
〔二二〇〕「礙」，底本原校疑爲「尋」。
〔二二一〕「後後」，底本原校疑爲「復」。

〔二二〕「二」，底本原校疑爲「解」。

〔二三〕「云」，底本原校疑爲「去」。

〔二四〕「怙」，疑爲「悟」。

〔二五〕「去」，底本原校疑前脱「來」。

〔二六〕「復」，底本原校云一本後有「何」。

〔二七〕「今」，底本原校云一本後有「義」。

〔二八〕「語」，疑爲「悟」。

〔二九〕「施」，底本原校疑後脱「主」。

〔三〇〕「難」，底本原校疑爲「離」。

〔三一〕「受」，底本原校疑爲「愛」。

〔三二〕「五」，底本原校疑爲「互」。

〔三三〕「霞」，底本原校云一本作「雲」。

〔三四〕「數」，底本原校云一本作「釋」。

〔三五〕「久」，底本原校云一本前有「有」，一本作「文」。

〔三六〕「後」，底本原校云一本作「復」。

〔三七〕「良」，疑後有「由」。

〔三八〕「二」，底本原校云一本作「一」。

〔三九〕「家」，底本原校疑爲「寂」。

〔四〇〕「須」，底本原校疑爲「頂」。

〔四一〕「彈」，底本原校云一本作「禪」。

〔四二〕「增受」，底本原校疑爲「憎愛」。

〔四三〕「昧」，底本原校云一本作「味」。

〔四四〕「薩」，底本原校云一本前有「菩」。

〔四五〕「或」，底本原校云一本作「惑」，下一「或」同。

〔四六〕「捨」，底本原校云一本無。

〔四七〕「總」，底本原校疑後脱「持」。

〔四八〕「重任」，底本原校云一本作「住」。

〔四九〕「誤」，底本原校云作「設」。

〔五〇〕「能」，底本原校云無。

〔五一〕「屬」，底本原校疑爲「崛」，下一「屬」同。

〔五二〕「有心善」，底本原校疑衍。

〔五三〕「禪」，底本原校疑爲「善」。

（閻士嬌整理）

○二一　大般若波羅蜜多經般若理趣分述讚[一]

大般若波羅蜜多經般若理趣分述讚卷第一

大慈恩寺沙門基撰

稽首離性相　心言本空寂
常住真三[二]寶　及我親教尊
理趣甚深法　非我所能讚
今依尊智悲　加持力故説

《瑜伽論》第八十二云：諸説法師將欲開闡，先當讚佛，或略或廣。略讚佛者，由五種相：一者妙色，具三十二大丈夫相，圓滿莊嚴，八十隨好間飾支體，光明照耀如大金山。二者寂靜，端嚴殊妙，諸根閑寂，其心晏然，已能善得最上調順寂止究竟，已能善到第一調順寂止彼岸，善能密護降伏諸根，爲丈夫龍無誤失故，丈夫牛王御大衆故，丈夫良馬心調善故，清淨無撓如澂泉池，已能永拔煩惱習氣。三者勝智，謂於三世及非世法無礙無著。四者正行，六度四攝，自他利行，皆悉圓滿。五者威德，謂諸如來神通遊戲，威德熾盛。復有六讚：功德圓滿故，離垢染故，無濁穢故，無與等故，唯利有情以爲業故，於此業用有堪能故。廣讚無邊，皆如彼説。既讚佛已，要成十法，名説法師。言十法者：一者，善於法義，謂六法十義善能解故。二者，能廣宣説，謂多聞聞持，其聞積集。三者，具足無畏，勝大衆中宣説正法，無所怯懼，聲不嘶掉，腋不流汗，念無忘失。四者，言詞善巧語工圓滿，八支成就言詞具足，處衆説法。五者，善方便説，謂二十種善巧方便宣説正法，如以時殷重等。六者，具足成就法隨法行，不唯聽聞以爲究竟，如其所説即如是行。七者，威儀具足，謂説法時手足不亂，頭不動摇，面無變易，鼻不改異，進止往來威儀庠序。八者，勇猛精進，常樂聽聞所未聞法，於已聞法轉令明淨，不捨瑜伽，不捨作意，心不捨離内奢摩他。九者，無有厭倦，謂爲四衆廣宣妙法，身心無倦。十者，具足忍力，謂駡弄訶責終不返報，若被輕蔑不生忿慽，乃至廣説。其聽法者，是説法師説正法時，應安處他，令住恭敬，無倒聽聞，謂由一因或乃至十。

一者，恭敬聽法，現前能證利益安樂，此有四句，如菩薩地法處中説。

二者，一，善建立一切法，離諸過失具大義故；二，説者聽者所設劬勞有勝果故。

三者，一，能令衆生捨惡趣故；二，得善趣故；三，速能引攝涅槃因故。如是三事，要由恭敬聽聞方得。

四者，一，能善了達契經等故；二，如是正法，能令衆生捨諸不善，攝受諸善，若善聽者能受捨故；三，由此捨受捨，離惡因所招後苦故；四、速證涅槃故。

五者，一，謂我今當聞所未聞；二，聞已研究；三，當斷疑網；四，棄背諸見；五，我當以慧通達一切甚深句義，此顯三慧，初二顯聞，次二顯思，後一顯修。

六者，一，爲欲敬報大師恩德，謂佛爲我行於無量難行苦行，求得此法，云何今者而不聽聞；二，觀自義利；三，究竟能離一切熱惱；四，善順正儀；五，易可見了；六，諸聰慧者内證所知。

七者，謂我當集七種正法，知法知義，乃至廣説尊卑差别。

八者，一，佛法易得，乃至亦爲旃荼羅等而開示故；二，易學，行住坐臥，皆得修故；三，能引發增上生果、決定勝果；四，初善；

五，中善；六，後善；七，感現樂果；八，引後樂故。

九者，謂能解脱九種世間逼迫事故：一，能出生死大牢獄故；二，永斷貪等堅牢縛故；三，棄捨七財貧，建立七財富故；四，超度善行，聞正法儉，建立善行，聞正法豐故；五，滅無明闇，起智明故；六，度四暴流，升涅槃岸故；七，究竟能療煩惱病故；八，解脱一切貪愛羂故；九，能度無始生死，曠野稠林行故。

十者，一，恭敬聽法，得思擇力，由此能受聞法勝利，如法求財，不以非法深見過患而受用之，乃至第十，能引一切世間、出世間靜慮解脱，等持等至，廣如彼説。

説者聽者，先住上法，方可説聽。若不住此，徒設劬勞，終無大果。

將讚經文，略以四門解釋：一敘經宗旨，二顯經體性，三彰經勝德，四釋經本文。

敘經宗旨者，佛滅度後九百年間，有應真大士，厥名清辨，身同數論之儀，示無朋黨之執，心處釋迦之理，宗無偏滯之情，時人號爲妙吉祥菩薩。神異聖德，廣如別記。彼造《掌珍論》云，凡所知境，略有二種，一者有爲，二者無爲。以諸愚夫不正覺了勝義諦理有爲無爲無顛倒性，妄執諸法自性差別，增益種種邪見羂網。如世有一無智畫師，畫作可畏藥叉鬼像，或女人像，眩目亂意，謂爲實有，執實有故，自起驚怖，或生貪染，於彼境界，衆多計度，增長分別，諸見羂網。若正覺知勝義諦理有爲無爲無顛倒性，爾時如世有智畫師，不執彼爲真實自性，非如前説有爲無爲境界差別，以自纏裹，如蠶處璽。彼非有故，無分別慧趣入行成。然證出世無分別智，要須積集能壞一切邪見眼膜、無倒觀空安繕那藥。如是積集無倒觀空，要藉能遣一切所緣，自性聞慧，故應聽此般若深經。

依此所説以爲宗者，真性有爲空，如幻緣生故，無爲無有實，不起似空華。此中世俗許少分有，若依勝義，一切皆空。此中畫師，有智無智，怖染譬喻，喻佛菩薩一切異生，自業所招，返生憎愛。智者知畫，俱於平等，不生怖染。彌勒《中邊頌》曰：虚妄分别有，於此二都無。此中唯有空，於彼亦有此。故説一切法，非空非不空。有無及有故，是即契中道。此以無所執有，有無爲以爲宗，廣如常説。

二顯經體性者，般若有五：一者實相，二者觀照，三者文字，四者境界，謂真俗二諦，五者眷屬，謂一切福智，如開題中已略顯示。經體有二：一者文，二者義。文字是文，四種是義。實相是般若性，觀照是般若相，文字是般若因，境界是般若境，眷屬是般若伴，故此五種，皆名般若。龍猛釋言，就勝義諦一切皆空。教既無教無不教，體亦無體無不體，於俗諦中，亦可説有。句言章論，聲爲教體，廣如清辯《般若燈》説。護法釋言，教體有四：一攝相歸性體，《般若論》説：應化非真佛，亦非説法者。説法不二取，無説離言相。此經下言：一切有情及法，皆即真如故，甚深般若波羅蜜多，亦即真如。《無垢稱》言：文字性離，無有文字，是即解脱。解脱相者，即諸法也。又一切法亦如也，故知教體性即真如。二攝餘歸識體，故《十地》言，三界唯心。《二十唯識》言，謂餘相續識差别故，令餘相續差别識生，展轉互爲增上緣。故説者聽者，心爲教體。三攝假隨實體，《對法論》説，成所引聲者，謂諸聖所説，故知但取聲爲教體，攝名等假法，隨實聲説故。四相用别論體，能説法者，識上所現聲名句文以爲教體，以假及實爲教體故。《十地論》云：説者、聽者，俱以二事而得究竟，一者聲，二善字。由熏習力，唯識變力，於説法者識心之上聚集現故。如别章説，不能煩引。

三彰經勝德者，此經總名《般若理趣》。準義名别有十四種：

一，此[三]一切法甚深微妙清淨法門，若聞已信受，得八勝果：一，乃至當坐妙菩提座，一切障蓋皆不能染，謂煩惱障、業障、法障雖多積集而不能染。二，雖造種種極重惡業，而易消滅。三，不墮惡趣。四，若能受持，日日讀誦精勤無間，如理思惟，彼於此生定得一切法平等性金剛等持。五，於一切法皆得自在。六，恒受一切勝妙喜樂。七，當經十六大菩薩生，定得如來執金剛性。八，疾證無上正等菩提。

二者，寂靜法性現等覺門，若有聞已，信解、受持、讀誦、修習，得二勝果：一，乃至當坐妙菩提座，雖造一切極重惡業，而能超越一切惡趣；二，疾證無上正等菩提。

三者，調伏衆惡普勝法門，若有聞已，信解、受持、讀誦、修習，得四勝果：一，假使殺害三界所有一切有情，而不由斯墮於地獄傍生鬼界，以能調伏一切煩惱及隨煩惱惡業等故；二，常生善趣受勝妙樂；三，修諸菩薩摩訶薩行；四，疾證無上正等菩提。

四者，平等智印清淨法門，若有聞已，信解、受持、讀誦、修習，得三勝果：一，雖住一切貪瞋癡等客塵煩惱垢穢聚中，而猶蓮華，不爲一切客塵垢穢過失所染；二，常能修習菩薩勝行；三，疾證無上正等菩提。

五者，灌頂法門，得二勝果。

六者，如來智印金剛法門，得五勝果。

七者，離諸戲論輪字法門，得二勝果。

八者，入廣大輪平等性法門，得二勝果。

九者，真淨供養無上法門，得二勝果。

十者，能善調伏智藏法門，得六種果。

十一者，性平等性最勝法門，得三勝果。

十二者，一切有情住持遍滿勝藏法門，得二勝果。

十三者，無邊無際究竟理趣金剛法門，得三勝果。

十四者，甚深理趣最勝法門，能受持者有十八勝德：一，一切障滅；二，隨心所欲無不成辦；三，是諸佛母；四，能誦持者一切罪滅；五，常見諸佛；六，得宿住智；七，若有情類未多佛所植衆善根，久發大願，於此般若波羅蜜多甚深理趣最勝法門，不能聽聞、書寫、讀誦、供養、恭敬、思惟、修習，要多佛所植衆善根，久發大願，乃能於此甚深理趣最勝法門，下至聽聞一句一字，況能具足讀誦受持；八，若諸有情供養恭敬、尊重讚歎八十殑伽沙等俱胝那庾多佛，乃能具足聞此般若波羅蜜多甚深理趣；乃至十三，諸天常隨擁護；十四，終不橫死；十五，不枉遭衰患；十六，諸佛菩薩常共護持，令一切時，善增惡減；十七，於諸佛土隨願往生；十八，乃至菩提，不墮惡趣。

諸有情類受持此經，定獲無邊勝利功德。我今略説如是少分。

四釋經本文者：

如是我聞，

述曰，於此經中，略有三分。初從如是，乃至圓滿清白梵行，是序分也。爾時世尊爲諸菩薩説一切法甚深微妙，乃至略説如是少分，是正宗分也。時薄伽梵，乃至奉行，是流通分也。《佛地》三名科，與古來别，如彼論説。今解三别：一，文前由致述分；二，應機廣説分；三，感悟修行分。此之三科今古名字隨義應悉。就初分中依天親《菩薩燈論》偈中分之爲六。彼云：前三明弟子，後三證師説。第一，如是，弟子之信，如是之言，今説不虚。第二，我聞，顯非傳受。第三，一時，聞法有時也。《智度論》云：説時、方、人，令生信故。四主，五處，六機。今依《佛地論》初分有五：一，總顯已聞，如是我聞，二時，三主，四處，五機。今依此經，開之爲六，前五如《佛地》，第六歎法有十勝德，宣說正法初中後善等。然此序述佛教安置，亦是佛說。《集法經》云，阿難問四事，以何爲師，依何法住，如何治惡性，經首置何言？佛言：戒能訓誨，可以爲師；念處破倒，依之而住；梵法默[四]，伏彼惡人；一切經初皆標六事，初是正行，次是正解，後辨治障、修、解[五]、行之緣。然此三門，必依聖教，故但四問，不減不增。《智度論》云阿㝹樓馱教阿難請四事，《大悲經》說優波離教，今謂二人同教。又廣明結集因緣，如別抄記。真諦云：《微細律》明阿難昇座出法藏時，身如諸佛，具諸相好，今勘集藏傳，亦作此說。下座之時，復本之形。衆疑有三：一疑佛慈悲，從涅槃起，更說妙法；二疑有佛從他方來，住此說法；三疑阿難轉身成佛，爲衆說法。故經初言如是我聞，爲令生信。言如是者，

《法華注》云：如是感應之瑞，如以順機受名，是以無非立稱，衆生以無非爲感，如來以順機爲應。傳經者以名教出於感應，故云如是。此應肇公解也。又《注無量義經》言，至人說法，但爲顯如，唯如爲是，故言如是。瑶公云：以離五謗，名爲如是。前四句離增益等謗，第五如是此經因果非非有，非非無，名戲論謗，第四句名愚癡謗。光宅云：如是將傳所聞前題舉一部也，如是一部經義，我親從佛聞，即爲我聞作呼徹[六]也。梁武帝云：如是如斯之言是佛所說，故言如是。上來五解，竝是吉藏法師之所引也。真諦及長耳皆云，如是有三：一就佛，三世諸佛共說不異名如，以同說故稱是，由斯可信，以同說故。二就理，明諸法實相，古今不異，故名爲如。如如而說，故稱爲是。既稱理言，不增不減，決定可信，故稱如是。三就人，以阿難望佛教所傳不異，故名爲如，無非曰是。此上三解，淨法師等

之所引也。又解，如是之言，標一部之玄宗，即真俗二諦，真爲如，俗爲是，欲顯所詮不異二故。又所言順理曰如，遮其虚妄爲是。又顯詮於二智，教爲二智之因，如所有性爲如，盡所有性爲是。故下云一切智、道相智、一切相智是也。又標福智顯是二嚴之因，福爲如，智爲是也。又教順於理曰如，依教修行爲是。又境爲如，智爲是，所乘能乘實相觀照以標首也。又如是者，吉祥詞也，欲顯經首皆致此言，異外道等一切經初置阿憂二字。又如是者，指斥詞也，指下一部之所明也。上來八解，皆此方先德之所傳釋。

又如是言，依四義轉：一依譬喻，如有説言如是富貴如毗沙門，如是所傳所聞之法如佛所説，定爲利樂方便之因，或當所説如是文句，如我昔聞。二依教誨，如有説言汝當如是讀誦經論。此中如是，遠即佛之教誨，近即傳法者之教誨也。或告時衆，如是當聽我昔所聞。三依問答，如是我聞，如是演説，謂有問言，汝當所説昔定聞耶，故此答言如是我聞。四依許可，如有説言我當爲汝如是而思，如是而作，如是而説，謂結集時，諸菩薩衆咸共請言，如汝所聞當如是説，傳法菩薩便許可言，如是當説如我所聞。或信可言，是事如是，謂如是法我昔曾聞，此事如是，齊此當説，定無有異。上來四解，竝《佛地論》親光菩薩等解。又如是者，信順之辭。故《智度論》云：如是我聞，生信也；信受奉行，生智也。信爲能入，智爲能度。信爲入法之初基，智爲究竟之玄術。信即所言之理順，順即師資之道成。由信故所説之法皆可順從，由順故説聽二徒師資建立。於此信中，略爲十釋，所以須初令生信。一，《成唯識》云：信如水清珠能清濁水，能治不信自性渾濁，所以兵、食、信三，信不可棄。二，《瑜伽》云：信爲欲依，欲爲精進依。故入一切法，欲爲根本，作意所生，觸所集起，受所引攝，定爲增上，慧爲最勝，解脱爲堅固，出離爲後邊。信既爲欲依，所以初説。三，學佛法者如大龍象，以信爲手，以捨爲牙〔七〕，以念爲頸，以慧爲頭，於其兩肩擔集善法。此乃《大毗婆沙》説也。四，法爲諸佛手，信爲衆生手。故《俱舍》言拔衆生出生死泥也。正宗既爲佛手，序分生信則爲衆生手，兩手相接，故登彼岸出生死泥。次下兩解《最勝軍王經》意。五，汎大溟海，假手以行舟，渡生死河，須信以發慧。六，遊大曠野，以手持杖，捍禦羣賊；遊生死原，以其信手持智慧刀，御煩惱賊。七，見珍財寶，手以采拾，聞法寶，假信而方得。八，信爲聖財之初，故初令起。《顯揚》云：七聖財者，謂信、戒、聞、捨、慧、慚、愧，故初令生信也。九，信者趣聖位之梯橙，故四十心以信爲初，有信根、信力。有信根故，萬善因此而生。有信力故，四魔不能屈伏。十，諸論云，信者能越惡道，離貧賤因，故有四不壞信。由斯義故，一切經初置如是言，爲令生信。言我聞者，傳法菩薩自指已身，言如是法，親從佛聞，故名我聞。我謂於諸藴世俗之假者，然我有三：一，妄所執我，謂諸外道及諸異生所横計我，或同虚空，或如芥子。二，假施設我，謂常樂我淨，隨引二乘於無我中，施設爲我，令捨無我小乘之果。謂如經言，諸佛或説我，或時説無我。諸法實相中，無我無非我。謂爲聲聞説無常等，除凡夫時所計四倒，説無有情我，但法有因故，後爲菩薩説常樂等，除二乘時所起四失。由此諸法本性皆離我無我等，説爲常我，故假設也。三，世流布我，謂世共傳張王等姓、天授等名，世流之我。今傳法者隨順世間，自指之言，稱之爲我，不同前二，非妄執故，非假施設，然體即是無我之我也。

問：諸佛説法，本除我執，何故阿難不

稱名字，乃稱於我？

答：以理而言，亦應稱字，略有三義，但總稱我。一，示不乖俗，宗雖顯真，言不乖俗，雖無有我，仍立我名，欲顯真諦不離俗故。二，我者，主宰自在之義。阿難多聞、聞持，其聞積集，三慧齊備，文義竝持，於聖教中總持自在。若稱阿難聞如是法，雖指己體，無於法中得自在義，欲顯於法自在義成，故稱我聞，不稱慶喜。三，我者親義，世間共言我見聞此，將爲親證。若但總稱言阿難聞，或非親聞，從他傳受，今顯親聞世尊所說，非他傳聞，故稱我也。由此三義不稱慶喜，但總曰我聞。聞者，謂即耳根發識聽受所說，今廢耳別，就我總稱，故名我聞。諸部計聞，説各不等，今依大乘根識心所境至和合，方名爲聞。然根五義勝於識等，故名爲聞。《對法》及龍樹皆作此説。若但聞聲即唯在耳，通緣名等亦在意中，由此唯意，獨應名聞。故《瑜伽》言，聞謂比量，耳名聞者，親聞於聲，與意爲門。而聞教者，由耳聞故，因聞所成，總名爲聞。因耳而得，故耳名聞，然耳不能親取諸法差別名等，如聞所成地從方便説。因聞成法，竝名耳聞，如觀第二月見旋火輪等。如毗留離王爲殺諸釋種語，皆唯意識，自耳不緣故。

問：阿難於時親見佛説，亦親覺知佛説，何故不言如是我見、我覺、我知，但言我聞？

答有三義。一，欲證深理，欲悟所詮，要依聞教。見覺知等，非初達理，雖亦實見等，但得言我聞。二，娑婆世界以音聲爲佛事，欲顯異於諸佛國土，故但言聞。諸餘佛土，或以光明妙香味等爲佛事者，經首亦得言我見覺知等，今顯異彼，故但言聞。三，欲顯智覺菩提，要因熏習方得。若不聽聞正法，三慧無由得生，故經首言聞，令熏習增長，有漏無漏遞相增長，能生出世世間果等，故但言聞。

問：《大般若》等，佛自說言，我從成道終至涅槃，於其中間不說一字。何故慶喜謗佛說法，自稱我聞？又《升攝波葉喻經》言，已所說法如手中葉，未所說法如林中葉。明佛說法，今言我聞，復言不說，一何乖返？

答曰：《佛地論》說有義，如來慈悲本願增上緣力，聞者識上文義相生，此文義相，雖親依自善根力起，而就强緣，名爲佛說，由耳根力自心變現，故名我聞。此師意說，佛有三法，謂定智悲，三法爲體，實不說法，由本因中願利生故大悲恒起，衆生久修遇佛善業，今時成熟，自識心上聞佛說法，變似教生，而實不說。如曾參之母嚙指，曾參心痛，知母喚而還。母實無言，但有念子之意，風云相感，其子心疼，變似母喚之相，急歸，果如所說。今佛如母，衆生喻參，有言無言，其類相似。亦如女人請比丘說法，比丘私去，實不爲說，女人得道，言由比丘之恩，以比丘爲增上緣，心厭生死，遂得證果。衆生以佛爲增上緣，自心變似三乘教起，從强緣論，名爲佛說，佛實無言。此言我聞，其義亦爾。有義，聞者善根本願增上緣力，如來識上文義相生，此文義相，是佛利他善根所起，名爲佛說。聞者識心雖不親得，然似彼相，分明顯說，故名我聞。此師意說，佛有五藴十八界等，實有說法利他事業，雖無分別，不起攀緣，任運恒時，隨機說法，作大利樂。如末尼珠及天帝鼓，雖無有心，爲雨衆寶，及爲天帝有說不說，天帝善業感彼力故，鼓任運鳴，天帝聞之而自嚴警。今佛亦爾，無心分別說與不說，衆生善業聞法因熟，如來任運現說法事。此中說法，譬如幻人爲幻人說法，名字性離，無有文字，是即解脱，非如妄執名定屬法實有能說能聽所說。故佛說言，不說一字，夫說法者無說無示等。若如幻士爲幻人説，即是非無。故經説言，説法非有亦非無，待因緣故諸法立也。佛既説法，慶喜親聞，故名我聞。此中二解，初是龍軍、無性等一類師解，後是護法、親光一師之義。應知説此如是我聞，意避增減，異分過失，謂如是法，我從佛聞，非他展轉，顯示聞者有所堪能，諸有所聞，皆離增減，異分過失，非如愚夫無所堪能，諸有所聞或不能離增減異分。結集法時，傳佛教者依如來教初説此言，爲令衆生恭敬信受，言如是法，我從佛聞，文義決定，無所增減，是故聞者應正聞已，如理思惟，常勤修學。

一時，

述曰，第二明説教時分，即化辰也。法王啓化之日，大衆嘉會之時，此就刹那相續無斷，説聽究竟，隨其分位，總名一時。不爾字等説聽時異，云何名一？此中不定約刹那，亦不定約相續，亦不定約四時八時及十二時并成道竟若干時節，名爲一時，但是説聽二徒共相會遇，説聽究竟，總名一時。由能説者得陀羅尼，説一字時，於餘一切悉已演説。或能聽者得淨耳根，解一字時，於餘一切悉能解了。或能説者經多刹那，或復多劫，其能聽者亦或乃至多劫聽聞，故不可定一念多劫之時節也。由於一會聽者之機有利有鈍，如來神力延短念爲長劫，促長劫爲短劫[八]。時分別故，論有二解：一者，此時有爲法上分位假立，謂道理時，説聽之人五蘊諸行刹那生滅無定時體，有酬前引後現在假法，即説所酬所引之法假名過去及現在世。聽説二徒五蘊假法事緒究竟假説爲時，故總名一時。如算師等以一算子經歷諸位，名爲一十百千萬等，其實一物，横竪不同得名有異。此説聽者現五蘊法，曾有名過去，當有名未來，現有名現在，即名爲時，説爲三世。今此三世事緒究竟，總名一時。二者，此時說聽二徒識心之上變作行相，三時體起，即是世識謂是一念，或復多劫事緒，究竟假名一時。如人夢中夢[九]見多生生死，謂三世遷流，覺竟但有一虛妄心，知無三世。今以理說，時體亦爾，但有妄心變似三世，事緒究竟總名一時。由義說故，唯意所緣行蘊，法處、法界所攝，何不別說十二時等？如淨穢處、晝夜時分，諸方不定，處則方定，故於時中但總言一。

問：處中有淨穢不定，但說一，諸方時不同，何妨亦定說？凡夫見穢處，知聖居淨土，何不別論？此時說準，餘知別時？

答：或一刹那，或復多劫，不可定說。準不解故，由是總相但言一時，其延促劫量，或唯識以促延，或所執以雙泯，或依他以妄法，或實性以平等，或聖力以加持，故有延促，無勞疑惑，義準應釋。

薄伽梵

述曰：自下第三別說教主，欲歎法出勝人，其法必勝。顯教主中有二：初標名，後歎德。此標名也。古名婆伽婆，義當世尊之號，然義猶闕，所以不翻。漢無此言也。《瑜伽》第八十三卷云，坦然安坐妙菩提座，任運摧滅一切魔軍大勢力，故名薄伽梵。《佛地論》言，謂薄伽聲依六義轉，自在熾盛與端嚴，名稱吉祥及尊貴，如是六種義差別，應知總名爲薄伽。此中意說，若有爲此薄伽聲目，必具此德。如是一切如來具有，於一切種皆不能離，是故如來名薄伽梵。謂諸如來永不繫屬諸煩惱故，具自在義。炎猛智火所燒練故，具熾盛義。妙三十二大丈夫相所莊飾故，具端嚴義。一切殊勝功德圓滿無不知故，具名稱義。一切世間親近供養咸稱讚故，具吉祥義。具一切德常起方便，利益安樂一切有情無懈疲故，具尊貴義。或能破壞四魔怨故，名薄伽梵。四魔怨者，謂煩惱、蘊、死、自在天魔。

破諸有情所修善等，名之爲魔。入第三劫，破煩惱、死魔。將至金剛心取〔一〇〕，破其天魔。解脱道起，破其蘊魔。若論其相，金剛心時破煩惱魔，菩提樹下破自在天魔，捨第五分壽入無餘滅，破其蘊魔，更留三月破其死魔。若其實義，惱亂菩薩皆名煩惱二障，俱是金剛心起，永破煩惱魔。二障種有故解脱道起，永破蘊、死二魔。此依二死作論。其伏天魔，不見文説。今依一義，十信菩薩八相成道已，應伏天魔，或十住第六心始伏天魔。是中永離生死出三界故，可伏天魔，或入初地即伏天魔。《佛地論》初地已上，離麤四魔，隨情取捨，故破四魔名薄伽梵。

問：佛具十號，何故經首佛教慶喜説此名也？

答：由此一名世咸尊重故，諸外道皆稱本師名薄伽梵。又此一名總攝衆德，餘名不爾，是故經首皆置此名。然諸經首雖標教主，然各不同。且如新譯《稱讚大乘功德經》，住法界藏諸佛所行衆寶莊嚴，大功德殿法性土中，即法身説。其《佛地經》處最勝光耀七寶莊嚴，乃至廣説大寶華王之所建立大宫殿中，十八圓滿淨土之中，報身所説。其此經首雖彰佛實德，然稍異餘經，所居即在他化自在天王宫中末尼殿内，化身所説。然法性土雖唯佛居標德，嚴華菩薩亦在彼會。其淨土中，雖但菩薩，經中亦説有諸天龍。此經雖但説他化宫，列衆但標十地圓滿諸大菩薩。此等總明一質異見。《金剛論》説：應化非真佛，亦非説法者，説法不二取，無説離言相。推功歸本，以法身爲身，餘身非身，法身爲説，二説非説。體依聚義，總名爲身。法身總爲身説之依，身説之本，二身方起，非是常身及非常説。般若但以法性爲宗，意在亡相，二身二説皆有相故，名非身説。實此二身亦有身説，欲顯大乘名義深遠，證二空理方能知說，故假妙土以顯經深。法性土中言說《稱讚大乘功德經》，理實嚴華但居淨土，不居法性土。法性土中無身無說，菩薩何由有聽聞等。又爲顯正智内證真空名居法性土，後智起悲化名居淨土等，亦無過失。天龍八部見居化土，其《佛地經》欲顯十八圓滿淨土之相，所說五法如來實德，寄淨土說以顯經深。其實菩薩正智契真亦居法性，天龍聞法亦居化土。其此般若觀照證實相，一切菩薩及與如來亡相爲本，實皆居法性，身現居淨土。然顯悲深慈厚，歎報身之德，言居化土而說，其聽法者亦但標勝人，與佛實德相稱，寄化土以彰，別意如下當說。今言薄伽梵隨應當說，即顯三身皆能說法，徒衆皆有住三土義，唯標報身之德。然則不見經文，居自報土說。由此應準佛德及處以知佛土。今此薄伽梵準下別德，即報身實德，所居之處，即是化土，彰勝身以顯法勝，舉化處以顯經深。欲顯悲智皆是事法修生，不言法性之身土也。

一、妙善成就一切如來金剛住持平等性智種種希有殊勝功德。二、已能善獲一切如來灌頂寶冠，超過三界。三、已能善得一切如來遍金剛智大觀自在。四、已得圓滿一切如來決定諸法大妙智印。五、已善圓證一切如來畢竟空寂平等性印。六、於諸能作所作事業皆得善巧成辦無餘。七、一切有情種種希願隨其無罪皆能滿足。八、已善安住三世平等，常無斷盡廣大遍照。九、身語心性猶若金剛，等諸如來無動無壞。

述曰，此中九句歎如來德。依諸經論，略爲三釋：

第一，且依此經文解。其第一句，總歎如來，兼以下德，餘之八句，別歎如來，列諸德異。然下正宗有十四段以顯世尊十四實德，今此初句總標衆德，餘句別屬功德法門。金剛住持平等性智者，舉次第二灌頂寶冠超過三界德，即是十四段中第三段，調伏衆惡普勝法門，亦是第五法王灌頂智藏法門之所顯也。舉下一德二種法門，其種種希有殊勝功德者，總指餘七句所有勝德，餘十二段所有法門，不可一一具足列故。此總解已。別解釋者，妙者，功德微細故。善者，非佛不惻〔二〕故。又内道不了名妙，外道不知名善。又智深難測名妙，福細叵識爲善。言成就者，自在任運能現前義。又尅獲圓滿名爲成就。一切如來者，欲顯佛德，諸佛共故。由此共故，佛德可尊，是真實德。梵云達他揭多，古云多陀阿伽度，此云如來。《菩薩地》説：言無虚妄，故名如來。《涅槃經》云：如過去佛説契經等不變改故，名之爲如。從波羅蜜三十七品十一空來至涅槃，故名爲來。此意説言，如諸佛等而説妙法，從修萬行來至涅槃，故言不虚，是如來義。又言不虚常行諦語，來至佛位，故名如來。《瑜伽論》云：十號之中初是總序，若住生死由行妙行，去至佛位，名蘇揭多，號爲善逝，古云修伽陀也。若住彼岸，因如成佛，號曰如來。一揭多言，義通來去。如言蜜多通離到義，此亦如是。金剛者，喻也。平等性智能調衆惡，降伏煩惱，普勝一切，名曰金剛，如於金剛能摧壞故。言住持者，至法王位，能爲一切三界勝主，世間所有勝法皆是此智之所住持。令其不壞名住，助其生長名持。又此平等智是諸智藏，一切福智以此爲因。此能住持一切佛德，能滅諸惑名金剛住持。此是平等性智之作用也。内能住持，外能摧壞。平等性智者，非是四智中第二平等性智也，畢竟空寂平等法性，能證之智名平等性智，即無分別智，正能斷惑，爲無間道，猶若金剛，即妙觀智中之正智也。若爲住持衆德之本，爲能摧壞之根本智，即圓鏡中平等性智。若能摧壞著生死涅槃，住無所住，即第七識所成平等性智。若能摧壞二乘異生一切煩惱，住於慈悲利他功德，即成所作平等性智。今以正義即諸智中隨其所應證性平等，皆能壞分別及二障等諸德之本，名爲金剛住持平等性智。一切菩薩根本所求，如灌頂位之寶冠也。性是無漏，離三界繫永無分別。此牒次下第一德已，餘德非一，名爲種種。無始未得名爲希有，唯佛乃成故名殊勝，積力道成名爲功德。此總含下，下自當知。

第二句云已能善獲一切如來灌頂寶冠，超過三界者，即下十四段中第三調伏衆惡普勝法門，及第五灌頂智藏法門所顯。下經解言，若以世間灌頂位施，當得出世灌頂位果。西域世間刹帝利種太子，將受帝王之位，先請有德婆羅門等以爲師傅，乘千里象，取四大海水，以吉祥茅沾彼海水，灑太子頂，令其淨絜，作大吉祥，四方歸伏，方受王位。古翻經云刹利水澆頭王，今新翻云刹帝利種灌頂大王。王身必是刹帝利種，請婆羅門以爲師傅灌其頭頂。以婆羅門性修梵行，淨戒之族，故刹帝利請灌其頂。此乃效習受法王位之儀式也。謂第十地究竟菩薩生色界上大自在宮，蓮華臺中將起金剛定受佛之位，勝諸菩薩。菩薩中尊佛之長子名爲太子，十方諸佛是其師傅，各舒慧手及右臂手，以三世佛清淨法水灌灑其頂。頂謂心首及其頭首，除無始來二障垢穢有漏染汚，遍滿清淨無漏潔白殊勝法王〔一二〕位。如世太子既灌頂已，將受王位，戴王之冠，著王之服，處王之殿。佛法太子亦復如是，將受法王、法主之位，戴佛之冠，謂一切智一切種智，是佛心首所戴持故，即是觀照波羅蜜多。此功德法真實珍寶，七聖財中名爲慧財，故此冠冕〔一三〕名爲寶冠。服二〔一四〕際佛功德法衣，即是慚愧柔和忍辱之上衣也。此智慧冠是大智藏，一切善法因此生故，處十方佛空寂寶殿。由戴如是冠衣等故，無始惡友以煩惱水澆其心頂，生死心首所戴愚癡醜惡冠冤，生死所著無慚無愧剛强佷戾瞋恚惡服，悉得消滅，永爲棄捨，永更不入三界牢獄，故名降伏衆惡普勝法門，亦名灌頂智藏法門。由如是故，爲三界主，出諸有漏生死繫縛，超三界也，自體無漏，名爲遍[一五]也。故下經云：若以世間灌頂位施，當得出世法王位果。

第三句云遍金剛智大觀自在者，即下十四段中第十二一切有情住持遍滿勝藏法門。謂佛具證一切有情皆如來藏，普賢菩薩自體遍故，能證如來藏遍諸有情。此能證智名遍金剛智，摧滅生死一切障故。然由悲故，觀諸有情身語心行，可濟拔者應時爲現，故諸有情皆金剛藏。以金剛藏所灌灑故，皆正法藏。一切皆隨正語轉故，皆妙業藏。一切事業加行依故，由觀有情而起三業，故曰觀自在。於求念者如應利樂，無失時處法器等，故大觀自在，如鄔茲國聖苾芻尼所現事也。

第四句云決定諸法大妙智印者，即下十四段中第二寂靜法性般若理趣現等覺門。總一切法不過有二：一智，二境。智謂金剛智，境謂一切法。又有二種：一能詮，二所詮。能詮謂法，所詮謂義。今顯世尊於二二種諸法之中決定悟解無有疑惑，能知此智名大妙智印。此智印定二二種法，離諸疑網非凡愚所測，名之爲妙。神用難思，復名爲大。即觀有智印定諸法，無疑惑也。

第五句云一切如來畢竟空寂平等性印者，即下十四段中五法門也。第一，一切諸法甚深微妙清淨法門。第四，平等智印清淨法門。第七，離諸戲論輪字法門。第八，入廣大輪平等性法門。第十一，性平等性最勝法門。謂昔妄想計諸法有，今離妄想，計執永除，所執既無，所證亦滿，諸妄永棄，名爲清淨。此諸妄想畢竟體空，世出世間染淨等法無不空寂，空寂之體性即真如，即一切法平等之性。此理決定遍諸法中，名之爲印。佛得此如，一切圓滿，故名善證。然《中邊論》解二十空中畢竟空云：爲於有情常作饒益而觀空故，名畢竟空。此意説言，爲有情故别觀於空，或觀所爲有情爲空。此觀有情等畢竟不可得，畢竟即空，名畢竟空。此畢竟空寂，一切有情一切法中皆悉平等，是諸人法平等之性印定諸法，定畢竟空。若計所執，若二空理皆畢竟空故。此解即是第一一切法甚深微妙清淨法門之大義也。自餘四門準下應悉，恐文繁廣，故不竝釋。

第六句云於諸能作所作事業皆得善巧成辦無餘者，當下十四段中第十能善調伏智藏法門之所顯德。所調伏者，謂諸纏垢忿恚等過。謂佛世尊自能調伏忿恚等過，亦能調伏一切有情纏垢等失，隨其大小善惡事緣起纏垢等，如來善巧皆能調伏。成辦此智，一切皆盡，更無遺餘。故佛世尊自智圓滿，伏衆惡患，亦能調伏諸有情等纏垢等患，亦令乃至得佛菩提，是名善巧成辦無餘。但是能伏諸纏垢等所有方便，皆悉成辦，故言善巧成辦無餘。智慧善巧名能作事業，所伏忿等名所作事業。又智慧方便名能作事，其所調伏身語意業令離纏垢，名所作事。此歎世尊具智方便，善能調伏自他忿等一切無餘。

第七句云一切有情種種希願，隨其無罪皆能滿足者，顯下十四段中第十四甚深理趣最勝法門。謂佛世尊由具般若波羅蜜多方便善巧成立勝智，善辦一切清淨事業，能令諸有皆得清淨。又以貪等調伏世間，普遍恒時乃至諸有皆令清淨，自然調伏。又大貪等能得清淨大樂大財，三界自在常能堅固，饒益有情，由斯陀羅尼，以隱密言詞説其神呪，能受持者一切障滅，隨心所欲無不成辦，乃至廣説。若離煩惱惡業，諸願世出世間若今若後，由無罪故悉能滿足。若起煩惱惡業根本，由有罪故，如是諸願皆不與之，故説世尊不奪有情一切諸願，然不皆與，要除無罪。若起煩惱及起惡願，雖有至誠亦定不與，如如意珠，所發善願一切皆得。

第八句云已善安住三世平等，常無斷盡廣大遍照者，顯下十四段中第十三段無邊無際究竟理趣金剛法門。此意總顯般若波羅蜜多，若體若用弘廣深遠，不異最勝，是故如來無邊無際一味究竟，能觀般若體用廣大所以無邊，能遍照故所以無際，由無斷故所以一味，由無盡故所以最勝。故能觀智，妙知三世，知過未世，猶如現在，名爲平等。又觀照智，無邊無際，一味究竟，能觀三世，若理若事，事事分明，皆善了達，故名平等。其理一相，亦名平等。若理若事，皆能了達，故平等言通其理事，常無斷盡。廣大遍照，智之用也。善安住者，能觀之智妙達三際，名善安住，理事之中皆無謬亂，名善安住。

於一切時，智用遍了，是此意也。

第九句云身語心性猶若金剛，等諸如來無動無壞者，顯下十四段中第六段如來智印金剛法門，顯第九段真淨供養無上法門。佛具攝受一切如來金剛身印，能證一切佛之法身。具攝諸佛金剛語印，於一切法得自在轉。具攝諸佛金剛心印，於一切定當得自在。具攝諸佛金剛智印，能得無上妙身語心。猶如金剛無動無壞，不爲煩惱之所鼓動，不爲外道魔王破壞，令其三業有所動壞。以佛三業智爲前導，離諸過失，不可破壞令起過失，故無動壞。無動壞者，與一切佛功德無差，故名爲等。等諸如來，即上諸門所説一切如來之妙義也。此如金剛不可動壞，殊勝三業，由昔因中如法三業供養諸佛，爲法供養，故至佛位，得是果也。真淨供養所得報故，不可動壞。或此三業非外道惡友所動，非天魔邪朋所壞故，猶若金剛，破滅生死所有三業。

三業性者，即三業體，更無他義。此中九句，顯佛世尊下十四段經所顯功德。今歎佛德，欲令衆生知佛具德，起殷重心，敬受所説。或聞此已，當發勝心，欣求證得。或顯世尊具此諸德，超過一切，是故所説甚深理趣最爲殊勝，可依修學。

第二又解，依諸經中説佛具有二十一德，别配此第九句經文。金剛住持平等性智者，謂佛不二現行、一向無障、殊勝功德，及顯逮得一切佛平等性，得一切佛相似事業殊勝功德。如是一句，總顯二德，謂佛世尊離諸凡夫現行生死，起諸雜染住著生死。離二乘者，現行涅槃[一六]，一向棄背利樂他事，住著涅槃，世尊無彼現行二障，是故説名不二現行。悲智遍故，生死涅槃二俱不住，故名平等。能破此二障故，假喻金剛。住無所住無住涅槃，故名住持，住持悲智故。又逮得一切佛平等性，謂所證理等，能證智等，所成身等，意業悲行，悉皆平等。由此平等能壞生死，故名金剛。平等爲依，能持衆德，故名住持。今但舉一，此等甚多，故名種種殊勝功德。經第二句云：灌頂寶冠超過三界，即佛三德，一者一切菩薩正所求智，二者極於法界，三者所行無礙。此中初句，成就佛種，不斷方便殊勝功德，謂諸菩薩爲令佛種無斷絶故，勤修加行，非二乘等，是故佛智唯諸菩薩正所應求。由此灌頂法王子[一七]位唯第十地，著佛寶冠，紹佛之位，非二乘等，謂令衆生求聽般若甚深經典，擬成種覺，亦是紹繼法王之位。是故若障破滅衆生，不令修學般若經典，即爲斷絶諸佛種子。此第二句，證得果相殊勝功德，謂得窮極清淨法界。此淨法界修道之果，觀照心中常現前。故喻於頭上所戴寶冠，寶冠即是身之上飾，法界亦是功德根本，故喻寶冠。此第三句，降伏魔怨殊勝功德，謂所行者即色等境，此所行境擾亂心，故障礙善，故説名魔怨。諸佛世尊心善安住極悦意境，亦不能亂，所有功德極善成滿，一切惡境不能爲礙，以能摧伏一切境界，一切所行不能拘礙離繫縛法，故至佛位超過三界。此第二句世尊之德，無始不成今時始得，名之爲獲。

第三句云遍金剛智大觀自在，即佛三德：一，不可轉法；二，住於佛住（一八）；三，於一切行成就大覺。此中初句，降伏外道殊勝功德，謂佛正法，一切外道不能退轉，降伏彼已，顯自正道。以由成就遍金剛智，説甚深法降伏外道。又由成就遍諸法智，能説深法降諸外道，故説此智喻若金剛。言遍智者，遍解諸法一切智也。此第二句，觀所化生殊勝功德，謂住大悲，晝夜六時觀世間故。此第三句，於一切乘所化有情，能隨所應示現自身殊勝功德，謂遍了知一切有情性行差別，如其所應現自身故，大觀自在。若觀有情心行差別不自在者，不能隨類即現其身。由此既能隨應現者，故知佛具遍智大觀自在故也。又初句言遍金剛智是二十一功德之智，總句最清淨覺，謂於一切有爲無爲所應覺境正開覺故，淨妙圓滿正開覺故。又於如所有性、盡所有性正開覺故，名遍金剛智。此中二德今顯創圓，名之爲得。

第四句云決定諸法大妙智印者，此智十地分已得之，今顯滿也。顯二種德：一，於一切法智無疑滯；二，於諸法智無有疑惑。此中初句斷一切疑殊勝功德，謂於諸法已得能除一切疑惑決定智故。此第二句妙善了達一切法智，能隨所應恒正教誨殊勝功德，謂於諸法懷疑惑者，無有力能隨應教誨，唯佛世尊證見諸法，智善決定，能隨所應，無倒教誨，無休廢故。若於諸法不決定者，理即不然。又得三法印，諸行無常有爲別印，涅槃寂靜無爲別印，諸法無我二法遍印。此三妙理，印定諸法，稱之爲印。佛得此智，名爲智印。

第五句云畢竟空寂平等性印者，顯二種德：一，得佛無二住勝彼岸；二，證無中邊佛地平等。此中初句，自性身分殊勝功德，佛無二住，即是法身真如爲體無差別相，於中一切二相分別皆不現行，緣彼勝定常住其中，故名爲住，即無二住名勝彼岸。佛已窮到，故名爲得。此之法身諸佛共有平等之性，要除二我，觀二我空寂，方始圓證。此第二句，證真如相殊勝功德，謂真如相遠離一切有爲無爲中邊相故，遠離方處中邊相故，即是佛地平等法性。由證此故，遍知諸法於中不染。此真如理印於諸法，契畢竟空，方能證會，佛皆圓證。

第六句云於諸能作所作事業，皆得善巧成辦無餘者，此顯世尊二種功德：一，其身流布〔一九〕一切世界；二，其所成立不可思議。此中第一句，現從覩史多天宮來下殊勝功德，謂現化身普於一切世界洲渚同時流下，入母胎故，謂即八相示現成道。此即世尊能作事業皆得善巧化身。既爾，他報身等隨應化現，理亦如是。此第二句，安立法教殊勝功德，謂佛安立一切法教，超過一切尋思境故，是則名爲所作事業皆得善巧。三劫修因本爲有情，現身説法作大利樂，今既圓滿，故名善巧成辦無餘。

第七句云一切有情種種希願，隨其無罪，皆能滿足。此顯世尊二種功德：一，趣無相法；二，不相間雜。如來解脱妙智究竟，此中初句，調伏方便殊勝功德，無相法者即是涅槃。佛善了知三乘有情，隨彼堪能調伏方便，如實爲説，令彼趣證無相法故，此意説言一切有情求出生死，皆得涅槃，三乘妙願由無罪故，佛皆能滿。此第二句，受用身分殊勝功德，謂受用身不相間雜，一切如來受用身體各各別故，如來妙智能令一切有情解脱故。

言如來解脱妙智，佛於此智已得究竟，如來此智不相間雜，於淨佛土現受用身亦不相雜。大集會中現種種身，與諸菩薩受用法樂亦不相雜，如來於此智所現身亦到究竟。此意即顯如來之智及所現身已得究竟，隨諸有情一切無罪所樂所願，皆能爲現方便拔濟，令離生死，故名滿足。

第八句云已善安住三世平等常無斷盡廣大遍照。此顯世尊三種功德：一，遊於三世平等法性；二，盡虚空性；三，窮未來際。此中初句，記別三世殊勝功德，謂如現在記别過去未來世事皆無礙，故謂記般若於東北方，最後興盛，最初滅之，乃至正法滅盡時事。於瞻波國記法當滅，如《正法滅經》當廣説相。又記菩提樹邊二石菩薩身若滅盡，正法當滅，今没至胷，事可驗矣，記阿輸迦爲輪王事即其證也。此後二句，自利利他二德無盡殊勝功德，謂如虛空，經成壞劫，性常無盡。如來一切真實功德亦復如是，常無斷盡，如未來際無有盡期。利他功德亦復如是，窮未來際常作一切有情利益安樂事，故廣大遍照，即無斷盡真實功德之照用也。

第九句云身語心性猶若金剛，等諸如來無動無壞者，此顯世尊二種功德：一，到無障處；二，凡所現身不可分別。此中初句，已修一切障結對治殊勝功德，謂已修習一切二障對治聖道，已到解脱一切障處。所依所趣，故名爲處。由此如來所有三業皆善無漏，猶如金剛，以一切佛非餘動壞。此第二句，能正攝受無染自身殊勝功德，謂佛自身非是虚妄分别所起，無煩惱業生雜染故，以如來身非是雜染分别起故，不可分别故。佛三業由離過失，猶若金剛不可動壞，等一切佛。此中九句文義開合，總歎二十一德。此中且依《佛地》初釋。恐文繁廣，不録。後師《攝大乘》等隨應廣説，不能一一。

第三又解，此九句經，初四句嘆報身。第一句，總歎四智微圓報身實德，不論法界。第二句，歎道勝位尊。第三句，歎悲深智遍二果齊圓。第四句，歎慧廣智德，總印一切有空事理，證不謬故。第五句，歎照寂斷德，此歎法身。下四句歎化身。第六句，歎成巧恩德。第七句，總歎神通輪能滿勝願。第八句，歎記心輪能爲説法。第九句，歎漏盡輪能現離染教誡教授。第一句總歎四智微圓報身實德中，言金剛者，總喻四智所依真如，性能摧壞，竝名金剛，非皆正有摧壞事用。言住持者，圓鏡智也，即是證於金剛真如之住持者。此爲世出世間衆善之本，又爲餘智之根本，故名爲住持。依《佛地經》，有九圓鏡喻。一，如依圓鏡，衆像影現，喻如來智鏡，諸處、境、識，衆像影現故，由此名爲一切智者。故佛身諸德，此能住持。又由鏡智，自餘相續出世世善諸處、境、識皆依鏡智而得生，故名爲住持。二，又如圓鏡無動無摇，衆生觀察自身得[三〇]失，爲欲存德捨諸失，喻如來鏡智懸法界幢無間斷故，無所動摇，無數衆生觀於染淨，爲欲存淨捨諸染故。三，如鏡善鑒[三一]，鑒淨無垢，光明遍照，喻如來鏡智離二障垢，極善磨瑩，爲定攝持，鑒淨無垢，作大利樂事，名光明遍照。四，如鏡依緣本質，種種影相生起，喻如來鏡智恒依緣故智影相生。五，如鏡周瑩其面，於一切處爲諸影像遍起依緣，喻如來鏡智不斷無量衆善行瑩，爲諸三乘智影依緣。六，如鏡大地大山宫舍大影可得，而鏡不等大影之量，喻如來鏡智十地影現，世出世善一切影現，而智不同彼之分量。七，又如圓鏡非處障質影像起緣，喻如來鏡智非惡友攝聞不正法障礙衆生智影起緣，彼非器故。八，又如圓鏡非處闇質影像起緣，喻如來鏡智非處樂惡愚昧衆生智影起緣，彼非器故。愚昧重故，雖有三寶良田，生長一切善法，不欲聽受，不樂歸依，返信外道，豈非愚癡，尤重覆蔽，故云非器。九，又如圓鏡非處遠質影像起緣，喻如來智鏡非處不淨、感匱法業、不信衆生智影起緣，彼非器故。由前身中誹謗正法，經無量劫不聞正法，自業障故，或由無性，不信因緣，非聖法器，故非彼緣。由此九喻，隨其所應，與自他身有性無性、世出世善爲因緣，故名爲住持。

平等性〔三〕者，謂十平等。一，諸相增上喜愛平等法性，謂於相好生喜愛故，今證法性悉皆平等。二，一切領受緣起平等法性，謂内外緣起。三，遠離異相、非相平等法性，色等諸法變壞等相不相似故，名爲異相，遠離各别異相，即是共相。如是共相以非相爲相，即法平等性。故經説言，一切諸法皆同一相，所謂非相。四，弘濟大慈平等法性。慈有三種：一，有情緣，緣有情爲境，初發心菩薩修；二，法緣，緣正法爲境，修正行菩薩多分修，緣教生故；三，無緣，緣真如爲境，無生忍菩薩多修，此慈雖有所緣，緣法界故，亦名無緣，無分别故，佛皆具有平等福業，長時無間殷重無餘，故名弘濟。五，無待大悲平等法性，二乘之悲不拔一切，唯拔欲界暫時而轉，如來普拔遍緣三界，恒時而轉，無所觀待，恒救不捨，能拔三苦所苦有情，等如一子，不生分别此子非子及拔不拔。如來證得大菩提已，恒作是念：我常安立一切有情諸善根本，若未悟者我當開悟。此亦三種，準慈應説。六，隨諸衆生所樂示現平等法性。如來雖居無戲論位，由平等智增上力故，大圓鏡智相應淨識現瑠璃等微妙色身，令諸有情善根成就自心變似如是身相，謂自心外見如來身。七，一切有情敬受所説平等法性，隨衆生樂如是語業發生歡喜，如來即現，由悲願故，説必稱機，不虚捐也。雖有衆生不順佛語，此是化作，或當有益，後必信受。八，世間寂靜皆同一味平等法性，有漏五蘊名爲世間，即彼息滅名爲寂靜，生死涅槃二俱平等，故名一味。又所執世間本性無故，名爲寂靜。此即顯如無差別故，名爲一味。九，世間諸法苦樂一味平等法性，世間有八，謂利、衰、毁、譽、稱、譏、苦、樂。得可意事名利，失可意事名衰。不現誹撥名毁，不現讚美名譽。現前讚美名稱，現前誹撥名譏。逼惱身心名苦，適悦身心名樂。聖者居中恒常一味，得利不高，遇衰不下，乃至遇苦無患，得樂無愛，應如虚空平等一味。十，修植無量功德究竟平等法性。功德即是菩提分等，熏種、長養、成熟、解脱，名爲修植，具此十德名平等性智。又有二平等，謂一切有情平等，諸佛平等。如《攝大乘》等解，轉第七得，因昔有我，此彼不等，今離我故，名爲平等。

種種希有殊勝功德者，即妙觀智及成事智，各有十因。妙觀察智十種因者：一，建立因，此智住持一切陀羅尼門、三摩地門，無礙辨説諸佛妙法，謂十力等；二，生起因，此智能爲頓起一切所知無礙妙智、種種無量相識因緣，謂一切智能頓了知一切境相，一切境相頓起生因也；三，歡喜因，此智可玩，波羅蜜多、菩提分法、十力、無畏、不共佛法之所莊嚴，甚可愛樂；四，分別因，此智之上，世及出世衰盛因果，三乘圓證無餘，觀察妙飾間列，世間惡趣善趣以爲衰盛因果，出世以二乘、大乘爲衰盛因果也，又有異解，如《佛地》第五；五，受用因，此智助平等智爲增上緣，擊發鏡智相應淨識現受用身，種種衆會威德熾盛，雨大法雨，爲令十地諸大菩薩受大法樂，亦助成智現變化身，乃至爲令地前所化受用法樂；六，趣差別因，此智之上無邊因果五趣差別具足顯現；七，界差別因，此智之上無邊因果三界差別具足顯現；八，雨大法雨因，此智之上諸佛菩薩威神所引廣大甚深教法可得；九，降伏怨敵因，此智之上一切天魔外道異論所不傾動，甚深法界教法可得；十，斷一切疑因，妙觀察智不愚〔三〕一切自相共相之所圍繞故，此中廣辨自共相體。此等十因，廣説其相，如《佛地論》。

成所作智十種因者，謂三業化。

一，身業化，此有三種。一，現神通化，由是如來示現種種工巧等處，摧伏諸伎傲慢衆生，以是善巧方便力故，引諸衆生令入聖教，成熟解脱。二，現受生化，由是如來往諸衆生種種生處，示同類生而居尊位。由其示現同類生故，攝伏一切異類衆生。三，現業果化，由是如來示現領受本事本生難修諸行。如《契經》説，如來先世迦葉佛時，作是罵言，何處沙門剃除鬚髮，有大菩提，無上菩提極難得故。由彼惡業，今受如是難行苦果。此言亦是爲止惡行，現化所作。若不爾者，何有繫屬一生菩薩，已曾親事無量如來，植諸善本，性憶宿命，更起如是動語惡行。當知此言，爲欲化度宜聞此言而得度者，令於佛所離此言故。

二，語業化，此亦三種。一，慶慰語化，由是如來宣暢種種隨所樂法，文義巧妙小智，衆生初聞尚信，謂佛言音具六十德，諸凡愚慧暫時得聞尚生信解，何況其餘聰慜者慧。二，方便語化，由是如來立正學處，毀諸放逸，讚不放逸。又復建立隨信行人、隨法行等，由大悲故。爲諸有情安立學處，令伏諸惡，修世間善。安立聖道分位差別，令入正道，出離三界。三，辨揚語化，由是如來斷諸衆生無量疑惑，謂成事智隨諸衆生意樂差別，現化語業，説種種義，斷諸疑惑。謂發一音表一切義，令諸有情隨類獲益，佛以一音演説諸法，衆生隨類各得解等。此由如來本願所引不思議力，若作化身，一質異見，利樂事成。

三，意業化，此有四種。一，決擇意化，由是如來決擇衆生八萬四千心行差別，謂諸有情八萬四千諸垢塵勞心行差別，此能障礙八萬四千波羅蜜多、陀羅尼門、三摩地等，如《賢劫經》廣説其相。所謂最初修習行法波羅蜜多，乃至最後分布佛體波羅蜜多三百五十，一一皆具六到彼岸，如是總有二千一百，對治貪瞋癡及等分有情心行差別八千四百，除四大種及六無義所生過失。十轉合數八萬四千，修習此故後得成就八萬四千陀羅尼門、三摩地等。此猶略説，廣則無量。二，造作意化，由是如來觀諸衆生所行之行，行與不行，若德若失，爲令取捨造作對治。謂隨觀察一切有情所行之行，若諸惡行，不行有德，行即有失。若諸善行，行即有德，不行有失。如是觀察，爲欲令彼取德捨失，於德造作住持對治，於失造作遠離對治。三，發起意化，由是如來爲欲宣説彼對治故，顯彼所樂名句字身，謂隨衆生所樂説法，令起愛樂，發生對治。四，受領意化，由是如來於定不定返問置記爲記別故，隨其所應受領去來現在等義。此四即是一向、分別、返問、置記四種論説，謂三寶性良福田等，此三業化即三神變，謂神通、記説、教戒三種。由此義故，説佛世尊名大聖〔二四〕智藥，能除一切煩惱病故。妙觀察智、成所作智，各有十因，故名種種希有功德。此句總顯報身實德，故以四智初門讚述。餘色、非色諸有爲德，皆是四智品類攝故。

第二句云灌頂寶冠超過三界，此歎道勝位尊。出第十地灌頂位已，戴佛寶冠，殊勝妙智，身淨無漏，離諸繫縛，非界所攝，故名超過。由此二乘異生外道，位皆卑下故。《十地》云，有此淨土出過三界，第十地菩薩當生其中。彼土處所不離三界，以離繫縛故名超也，非彼攝故。如來之身亦復如是，非有漏故名爲超過，非離三界别處生也。

第三句云遍金剛智大觀自在者，歎悲深智廣，二果齊圓，因中修行自利利他，悲智爲因，果道成滿。果既了知諸法，名遍金剛智，能證遍智，能摧二障，故喻金剛。或所破二障堅牢難壞，亦喻金剛，能證遍破猶如金剛煩惱所知真實妙智，名遍金剛智。得此智覺，能悲拔濟一切有情，自利智圓，利他悲滿，名觀自在。隨其衆生三業求願即能悲拔，無有遺漏，名大觀自在。顯佛諸德莫過此二，攝法周盡，隨應廣攝。

第四句云決定諸法大妙智印者，歎慧廣智德，總印一切有空事理，證不謬故。智有二種，二種無智〔二五〕皆已斷盡，故得二智。有爲智能知，有爲定無常。無爲智能知，無爲定寂靜。此二無我印法定然，必無猶預，故用廣大，名大妙智印。若無此智，於法不能決定智起。

第五句云畢竟空寂平等性印者，歎照寂斷德。此歎法身要斷二障，方證二空。二空之理印定諸法，諸法平等皆由二空，由二空門證此法性，名平等性。然畢竟空但能入門，非平等性。平等性者，真如之體非空非有，今從方便名畢竟空。由觀有情爲畢竟空所證得故，佛已圓得，故名爲證。

第六句云於諸能作所作事業皆得善巧成辦無餘者，下四句歎化身，此歎成巧恩德。謂佛世尊大悲熏袁，六時駈逼，爲利有情，爲現方便報身化身，如應説法利樂菩薩及二乘等。其平等智擊發鏡智，爲諸菩薩現他報身。妙觀察智於中説法，斷衆疑網。成所作智擊發鏡智，起變化身。爲二乘等現化身語，妙觀察智於中説法斷諸疑網，成所作智現三業化。總有十種，如此中解釋，初句總德中解。此成事智及平等性智，名爲能作事業。

其十種化平等智等之所作事，名爲所作事業。世尊於此能作、所作皆得善巧，成辦無餘，一切皆得善巧滿故。

第七句云一切有情種種希願，隨其無罪皆能滿足者，歎神通輪能滿勝願。由佛具有神通威力，一切有情世及出世諸無罪願，皆能滿足，然不皆與，故説爲能，恐諸有情增惡業故。謂見貧者常求其財，應亦施與，然得財已增長惡業，所以不與。《攝大乘》云：寧使貧乏於財位，遠離惡趣諸惡行，勿彼起過亂諸根，能感當來衆苦器。諸根缺等，類此應知。若求智門[二六]無罪福慧，然必皆與。如末利夫人願爲王妃，後獲聖果。五百聖種願見佛身説本生事。迦葉夫婦願爲道心夫妻眷屬，後得聖果。阿育王女願得錢施，後爲王女。此等皆是無罪之願，皆能滿足。不同父母亦與其子有罪之願，無罪希願則不能與。又現神通，隨其宜現，佛則爲現，滿足所求。如爲優樓、頻螺、迦葉三人等現神通事，如爲調伏劫比拏等現大神通，令其入道，皆滿勝願也。

第八句已善安住三世平等，常無斷盡廣大遍照者，歎佛世尊記心輪能爲説法，天眼通知現在世，如知人間牛產犢事。生死智知未來，知未來婆羅門等旃遮謗已，後自敗事，亦知鬱頭藍子生天已爲著翅狸[二七]，後入地獄事。以宿住智知下乞兒久發善根，爲其説法，拔濟饒益。記別三世而爲説法，行利樂事無有差別，名爲平等。能觀此智相續現前，常無斷盡，無所不知，廣大遍照。

第九句云身語心性猶若金剛，等諸如來無動無壞者，歎漏盡輪能現離染教誡教授。三身[二八]之中惑業皆盡，故似金剛等於諸佛，不爲一切外道天魔生死惡友之所動亂破壞，令起惡業等也。由三業中一切漏盡故，能教誡教授衆生，故名漏盡。如《對法論》第一疏解。

又第四解。此中九句，初之一句，總歎四智法身報身，次有二句，歎位尊德廣，次三句，別歎三德，後三句，別歎三神變。欲令衆生聞佛功德，生勝歡喜，殷重聞法，起趣求故，佛具此德以歎經初，令知所説最勝妙故。

般若理趣分疏卷第一

校勘記

〔一〕底本據《卍續藏》，校本據《大正藏》。

〔二〕「三」，底本作「二」，據校本改。

〔三〕「此」，疑爲「者」。

〔四〕「默」，疑後脱「然」字。

〔五〕「解」，底本原校云一本無。

〔六〕「呼徹」，底本原校云吉藏《法華義疏》作「咔胤」。「徹」，《觀彌勒上生兜率天經贊》（《大正藏》本）作「轍」。

〔七〕「牙」，底本原校云一本作「身」。

〔八〕「劫」，底本原校疑爲「念」。

〔九〕「夢」，底本原校云一本無。

〔一〇〕「取」，底本原校云一本無。

〔一一〕「惻」，底本原校疑爲「測」。

〔一二〕「王」，底本原校云一本無。

〔一三〕「冤」，疑爲「冕」。下同。

〔一四〕「二」，底本原校云一本作「三」。

〔一五〕「遍」，底本原校疑爲「過」。

〔一六〕「槃」，底本作「樂」，據校本改。

〔一七〕「子」，疑爲「之」。

〔一八〕「住」，底本原校云一本作「位」。

〔一九〕「布」，底本原校云一本作「下」。

〔二〇〕「得」，底本原校云一本作「德」。

〔二一〕「鑒」，底本原校疑爲「瑩」。

〔二二〕「性」，底本原校云一本後有「智」字。

〔二三〕「愚」，底本原校疑爲「誤」。

〔二四〕「聖」，底本原校云一本無。

〔二五〕「智」，底本原校云一本作「知」。
〔二六〕「門」，底本原校云一本作「明」。
〔二七〕「狸」，底本原校云一本作「猫」。
〔二八〕「身」，底本原校疑爲「業」。

大般若波羅蜜多經般若理趣分述讚卷第二

大慈恩寺沙門基撰

是薄伽梵，住欲界頂他化自在天王宫中，

讚曰：自下第四明説教處。於化土中略彰四德，以顯經勝，舉化勝處以表報身及法身土，亦含實德。第一，處尊勝，在欲極天他化宫故。第二，同居勝，諸佛曾遊大寶殿故。第三，嚴麗勝，無價末尼鎣衆寶故。第四，愛重勝，賢聖天仙所欣樂故。此文第一處尊勝也。是薄伽梵者，指説教主，即能住人。住者，依止居處之義。欲者貪愛，即是淫、觸、段食之貪。界者，族類壃畔之義。界由欲生，能生於欲，名爲欲界，如胡椒飲，如金剛環。頂者，頭頂高極之義。此於欲界六欲天中最高勝處，名欲界頂。雖言勝處，仍未顯名，爲顯天名，故經次言他化自在。諸天福力，隨欲所須，如應即現。然第五天業既殊勝，則不如是隨欲化物，但以生得變化之力，變作種種所須之具而受用之。今第六天業更殊勝，雖有衆具隨欲即現，亦能自變化作衆具而不受用，要待他天變爲樂具，自方受用，業力勝故。由如是義，名他化天。就此天中非無貴賤臣主等別，今處彼天，貴主所居，非住臣賤下惡天處，故經復言天王宫中，欲顯法尊，説必依於上極勝處，非於餘下也。如證菩提，要金剛座，説此勝法，必他化宫。如《十地經》依勝處也。此表報身住無漏淨土之中，亦表法身住離貪欲，究竟極處清淨法界。證此法者，能作利他之勝事，故亦爲利他處，於淨土及法性無分別智及後得智，神用無方，名爲自在。此乃諸天法王曾居之宫室也。故餘經言，畢竟空寂以爲舍故，三身利物各各别故，所居之土亦各别也。寄在天宫，彰處尊而法勝，標居界頂，顯妙理以幽深也。

一切如來嘗所遊處，咸共稱美大寶藏殿，

讚曰：此即第二同居勝也。嘗者，曾也。遊謂遊陟，處謂安處。唯一佛住，諸佛不居則非好處。今顯十方過現諸佛皆曾於此他化天宫遊陟安處，諸聖共履，故知勝處。設後諸佛現雖不住，皆共稱揚讚美其宫。稱者稱揚，美者歎美。天王宫中舍有無量，今佛居彼大寶藏殿。衆珍所成，名之爲寶。以寶爲藏，名爲寶藏。寶藏即殿，名寶藏殿。殿既高廣，復以貴寶之所莊嚴，名爲大寶。佛居天宫内大寶藏殿中住也。此意總表報法二身，無分别智及後得智，居過現佛曾所遊處，并共稱美大寶藏殿，亦顯諸佛共居同讚，故知處勝。佛受用身住報土及後得智分别法性，義名爲遊。無分别智住法性土，遊戲如理號爲處。由受用土具十八德，法性之土具含萬善，所以諸佛常共讚歎此二土，故名共稱美。稱者稱揚，顯名言之所不及。美者歎美，假言詮以談實德。廣同法界名大，萬德所成名寶，含容衆善名藏，空寂之室名殿。報法二身，初後二智，常居此處，説法利他。諸佛同居，彰共遊而處麗，三明竝讚，示具德以號藏。其殿無價末尼所成，種種珍奇間雜嚴飾。

讚曰：自下第三莊嚴勝也。於中有三：一明總嚴，二列别嚴，三列餘嚴。此總嚴也。梵云末尼，此云如意。其殿既以無價如意神珠所成，加以帝青、大青、石藏、杵藏，四寶四色，七珍七光，間錯莊嚴，朱紫交映。此意總表法性之殿如如意珠，無爲萬德之所嚴鎣。受用土殿般若爲體，同彼末尼，有爲衆善之所莊飾，義同間雜，嚴飾其殿。二大殿二身所居，如如意珠，隨欲所求，一切皆得。末尼無價，更飾之以七珍，境智莫方，加嚴之以萬德。此其總嚴也。

衆色交映，放大光明。

讚曰：自下第二列別嚴也。於中總有十四別嚴，此有二嚴也。七珍間錯，所以衆色交映，四輝煍耀，故能放大光明。又朱紫相雜，舉事而論交映，素黄飛彩，離質而放光明。此意總表法性無著，約緣涅槃分四，譬猶交映，任物以成衆色，又智分真俗，似衆色而交映。此二齊垂教彩，若[二]色以放光明。既有照耀之功，兼資破闇之力。故此二句，即是二嚴。

寶鐸金鈴，處處懸列，微風吹動，出和雅音。

讚曰：此有四嚴：一懸寶鐸，二列金鈴，三吹動以微風，四發音而和雅。既鏗鏘以振響，足觀聽以明心。此意運以六通，同寶鐸而振駭，飛乎四辯，若金鈴而驚濟。隨機往利，處處之義顯然，愍物宣揚，懸列之言攸顯。若不大悲之風飄扇，七辯之音無發，故知感應道成，智悲之德被也。言七辯者，所謂揵辯、迅辯、應辯、無疏謬辯、無斷盡辯、凡所演説豐義味辯、一切世間最勝玅辯。六通等義，竝如下釋。

綺蓋、繒幡、華幢、綵拂、寶珠、纓絡、半滿月等，

讚曰：此有八嚴，羅蓋扶疎，飛圓華而孕綺，霞旛飄颻，曳曲影以疑虹。華幢肅以干雲，綵拂嚴而曳地。明珠磊磊，映明銀星，珍纓絡絡，潔逾金鏡。輪低翠嶺，同浮半月之暉，璧掛青巖，如含滿月之彩。即其化土所居，天宮之麗飾也。此意總顯報法二土，四無量如綺蓋以蔭羣生，四總持若繒旛而轉衆惡。三三摩地喻彼華幢，百千功德所莊飾

故。四種攝事譬斯綵拂，垂遍含生拂塵垢故。四總持、三三昧，皆如下釋。四無量攝事等，不異常談。三念住爲寶珠，恒時平等故。四弘願爲纓絡，助嚴衆行故。無畏爲半月，能破外道，消除邪惡故。十力爲滿月，能破天魔，令除諸惡故。或以六度爲寶珠，通攝萬行故。三念住者，謂一分讚不生愛，一分毁不生瞋，於一會中半讚半毁，不愛不恚，於此三中但住大捨，名爲念住。四弘願者，一未離苦願離，二未得樂願得，三未發心修斷願發心修斷，四未成佛者願早成佛。無畏、十力，至下當知。此上第二列别嚴也。

種種雜飾，而用莊嚴，

讚曰：此即第三列餘嚴也。末尼之殿，大嚴如是，子細别嚴，今總彰舉。所謂户牖、軒窻、甍棟、蘭楯，皆隨具有，即顯解脱勝處、遍處，無諍願智，永斷習氣。一切種玅智，百千功德所嚴二土，有爲無爲理應爾故。

賢聖天仙之所愛樂。

讚曰：此即第四寶重勝也。五乘凡夫曰賢，三乘證果曰聖，五趣之極曰天，人有神德曰仙，寶而重之爲愛，欣求傾渴爲樂。此化土也。今顯三乘之中若凡若聖俱生愛重，欣求趣證，名爲愛樂。此顯法報二身隨應土也。

與八十億大菩薩俱，

讚曰：自下第五教所被機。然此經中實通凡聖，如下經云：金剛手等諸大菩薩及餘天衆，聞佛所説信受奉行。金剛手等，聖人衆也。餘天等者，凡夫衆也。故知此會凡聖兩集。又準化處在他化宫，顯居化土，理然天宫，非是淨土。若準十地諸大菩薩者，即應化處，不説天宫。由此人處影顯，可知處説天宫，彰凡夫皆居穢土，衆標菩薩，明大士咸處淨方。然則教迹幽深，非愚所測，故乃但題菩薩應此通機，化處舉勝而説天宫，聽衆標尊但言菩薩，理兼通也。又法門仲[三]邃，但被一乘之人，玄宗寥廓，遂隔二乘之衆也。此被機中文勢有四：一舉數，二陳德，三列名，四彰軌。此舉數也。與者兼并及會之義，十萬爲億，八十億者八百萬也。所言大者，略有四義：一數大，八百萬菩薩會集聽法故。二德大，皆具總持等諸大功德故。三業大，竝具玅辯才，説法利生故。四名大，如金剛手等十地滿名故。菩薩俱者，顯教深玅，唯被上機。欲令有情得希有法，精勤渴仰，信受奉行故。

一切皆具陀羅尼門、三摩地門無礙玅辯。

讚曰：下陳德也。於中有二：初列名，後例指。此列名也。陀羅尼者，此云總持，以念慧爲性。此有四種：法、義，及明呪、能得菩薩忍。法謂能詮，於一名等中持諸名等故。義謂所詮，於一義中持諸義故。呪如下説。能得菩薩忍者，謂有一呪速得菩薩無生法忍，彌勒菩薩説：壹柢密柢吉柢思羼底丁履反鉢陀膩莎訶。三摩地者，此云等持，舊云三昧，謂諸有漏無漏等定，皆能平等持心於境，名曰等持，謂大空等、三三昧等。無礙玅辯，謂法、義、詞、辯説無礙。初之二德舉自利行，第三之德舉利他行。此三體性，依處、修法、得位，一切義門，如別處説。

如是等類，無量功德，設經多劫，説〔三〕不能盡。

述曰：此指例也。劫者，時分。菩薩修因時行並大，故讚功德，經劫不窮，謂轉法輪無生忍等，恐文繁廣，故例指也。何故須讚菩薩功德？爲捨衆生輕慢心故。有作是言：諸聲聞衆久修梵行，諸菩薩衆應當敬禮。又令衆生起淨心故，菩薩尚有如是功德，何況如來？故諸有情至心歸禮，竝願速證。

其名曰金剛手菩薩摩訶薩、觀自在菩薩摩訶薩、虚空藏菩薩摩訶薩、金剛拳菩薩摩訶薩、玅吉祥菩薩摩訶薩、大空藏菩薩摩訶薩、發心即轉法輪菩薩摩訶薩、摧伏一切魔怨菩薩摩訶薩。

述曰：下列名也。此有八人，舉其勝者。言菩薩摩訶薩者，菩提言覺，即一切智。薩埵言有情，即求菩提之有情也。此通三乘。摩訶言大，薩埵如前，爲簡[四]取大，故言摩訶薩。又菩提者，所求之果，智境也，言薩埵者，所爲拔濟之有情，悲境也，即是自利利他二德。又薩埵者，是勇健義。精進勇猛，求大菩提，故言菩薩。此後二解，許通凡聖。今取第十金剛心者，故復説言摩訶薩也。言金剛手，手者取義、執義，常起信手，取諸功德故，起智慧手，執受金剛本法性故。又信智二手猶如金剛，堅固難壞，非邪惡友所能壞故。觀自在者，即觀世音。觀謂觀察，觀諸有情身語心性，受苦惡時，或祈念時，應時爲拔，往詣救護，名觀自在，神用無方得自在故。虛空藏者，以空爲藏，藏諸珍寶，見諸有情貧無財寶，從虛空中雨種種寶，施貧乏之故。金剛拳者，拳者，破壞擊碎之能，發起堅固智慧之拳，擊破生死煩惱業等，如以金剛拳擊碎諸物，因以名也。玅吉祥者，即文殊師利，先云玅德，玅者善義，由善能作勝福利事，饒益有情，名玅吉祥也。大空藏者，大空即是遍滿法界，真如空理以此爲藏，爲諸有情説大空法，以此法施令諸有情皆獲種種聖法財寶，名大空藏。發心即轉法輪者，輪謂摧伏移轉之義，法謂教法，如法輪章説法輪義，此大菩薩從初發心終至十地，凡所舉措身語意業，皆爲有情説深玅理，轉大法輪行饒益故。摧伏一切魔怨者，魔謂四魔，如前已説，此四能破有情善事，爲衆生怨。此大菩薩住金剛心，離分段死及諸煩惱，故能摧伏一切魔怨。此八名中金剛手智取善爲名，觀自在悲拔苦爲號，虛空藏濟貧爲字，金剛拳破惡爲能，玅吉祥作善爲目，大空藏顯真爲稱，轉法輪説法爲利，摧伏魔怨害賊爲益。或智慧慈悲一對，或顯真顯妄一對，拳如妄法故。或顯有爲、無爲善法一對，或進善破惡一對，隨其所應，準名知義。

如是上首有八百萬大菩薩衆，前後圍遶。

讚曰：此第四彰軌也。八百萬者八十億也。言前後者以方爲首，故有前後，各見世尊在其前坐，爲其説法。既無背面，寧有前後。如珠星而拱朗月，譬金山而輔玅高，若衆梵之繞梵王，似諸天之圍天帝。尊人重道渴法希益，翹註一心冀聞深致。

宣説正法，初中後善，文義巧妙，純一圓滿，清白梵行。

讚曰：此即第六歎法勝德。宣説正法是總句也。刊定可軌，離邪分別，名爲正法。宣顯未聞，爲初開智，説彰舊理，爲久悟人。初中等者，總有十德以彰教勝。《瑜伽師論》八十三云：一初善，二中善，三後善，四文巧，五義玅，六純一，七圓滿，八清淨，九鮮白，十梵行。彼自釋言，初善者，謂聽聞時生歡喜故，由法殊勝，初有聽聞即令生喜。中善者，謂修行時無有艱苦，遠離二邊，依中行故，既聽聞已，正修行時，遠離苦樂邪怠[五]二邊，依處中行以求出世，故中善也。後善者，謂極究竟離諸垢故，及一切究竟離欲爲後邊故，謂佛言教，理極究竟，性離諸垢，能現涅槃，依修行者能離欲故。文巧者，謂善緝綴名身等故，及八語具得圓滿故。八十一云，先首、美玅、顯了、易解、樂聞、無依、不逆、無邊，名八語具，如彼廣説，其能詮文善能緝綴。義玅者，謂能引發勝利樂故，其所詮義能引利樂。純一者，謂不與一切外道共故，其所説法唯佛能説，諸外道等不能説故，所説法中非雜外道邪惡法故。圓滿者，謂無限量故，最尊勝故，教廣無限，義深無量，其修學者功德無量，故最尊勝。清淨者，謂自性解脱故，其所説法一刹那中亦無過失，離三毒根，離諸繫縛，故性解脱，非有三毒而起説故。

鮮白者，謂相縛解脱故，非唯一念無其過失，相續論之亦離諸過。又前清淨法體離過，此中鮮白能令覺者身亦鮮白。梵行者，謂八支聖道此出梵行之體，當知此道由純一等四種玅相之所顯説，故八聖道名爲梵行。若依此解，與古不同。此上十德，總顯經勝。

爾時，世尊爲諸菩薩説一切法甚深微玅般若理趣清淨法門，此門即是菩薩句義。

讚曰：自下明第二應機廣説分，於中總有十四段經，合之爲三，初六段明菩薩境，次六段明菩薩行，後二段明菩薩果。一切佛教所詮義理不離此三。説境，先令知法染淨、因果、善惡，此可欣厭，此可修斷。説行，次令知依境起行修斷之法。説果，後令知行、行得果殊勝之相。

初六段明境，復分爲三：初二段明體境。第一甚深微玅清淨法門，即是對妄顯真實相真如境體。第二寂靜法性現等覺門，即是除闇顯於觀照正智境體。真如是性，正智是相。説有前後，下皆準知。次二段明行境。第三調伏衆惡普勝法門，由觀實相能伏衆惡。第四平等智印清淨法門，由觀觀照智慧照明。後二段明果境。第五法王灌頂智藏法門，顯由二行得位財果。第六如來智印金剛法門，顯由二行得自體果。

次六段明行，復分爲三：初二段明依實相斷修之相。第七離諸戲論輪字法門，由觀無相斷分別故。第八入廣大輪平等法門，由觀平等修證真故。次二段明依觀照修斷之相。第九真淨供養無上法門，由依觀照修真供養故。第十能善調伏智藏法門，由依觀照能除忿等故。後二段明依二法遍修之相。第十一性平等性最勝法門，修觀實相一切人法平等遍滿故。第十二有情住持勝藏法門，修觀觀照遍諸人法皆善緣故。

由觀前六境而起六行，已後二段明得果。

第十三無邊無際究竟法門，得二果時廣深一味，極殊勝故自利果德。第十四甚深理趣無上法門，得二果已自利利他，爲三界主，隨諸有情所願皆證利他果德。就第一段甚深微玅清淨法門，即是對妄顯真，實相真如境體。中文分爲三：初敘世尊所説法門之名，次敘世尊所説理趣之義，後敘世尊所説法門之德。此即第一敘法門之號。爾時者，發端義。處天宮衆雲集，所化機感，法王應現，説聽懸會，故言爾時。世尊者，能説教主。爲諸菩薩所被深機，説一切法，有爲無爲諸法體事，甚深微玅法性真如，非凡所測，名曰甚深，二乘莫知，復稱微玅。般若理趣即深妙法。理謂法性道理、義理，趣謂意況所趣、旨趣，此意即説般若之文所詮深趣，觀照般若所取意趣。自性潔白名清，離諸垢染名淨。門者，虚通趣入之道[六]，即顯照理會證之由。欲證二空，要聞此教理，依之修學，方可會真。

不知何名，强名門也。此門是何？此門即是菩薩句義。菩薩三義，已釋如前。言句義者，句謂能詮，聲之差別，不説文名，但説句者，句詮義周，非文名故。義謂所詮，法之差別，不説自體，但説義者，法義圓被，非自體故。句既能詮，所詮唯義，欲顯此教能詮一一皆圓滿故，所詮一一亦周被故。舉寬能詮及寬所詮，文名體法皆已攝故。欲求菩提，於有情之類起大悲智而起修學，及求菩提發勇猛者，名爲菩薩。今此理趣能詮之教，即是能詮菩薩之句，所詮之理，即是所詮菩薩之義。若依此教而行此義、證此理者，名爲菩薩。略有三位：一初發心，二修正行，三證法性。三位皆須依此修學，方可得證，故名爲門。

云何名爲菩薩句義？

讚曰：自下第二敘佛所説理趣之義。於中有三：初佛自問，次述其義，後勸修學。

此初問也。

謂極妙樂清淨句義，是菩薩句義。

讚曰：自下述其義。於中有二：初釋其義，後釋所由。若依清辯，世俗可有，勝義皆空。今說正義空寂。若依護法，應依下釋。就釋義中，合有四十一句義釋菩薩句義，復分爲二：初有十門，明菩薩修果清淨句義，以顯菩薩所有句義。後色蘊空寂下三十一門，依諸法本性及所由空寂清淨句義，以顯菩薩所有句義。就初十門明菩薩修果清淨句義，以顯菩薩句義之中，復分爲五。然菩薩修，略有五種，所謂集總修、無相修、無功用修、熾盛修、無喜足修。謂集一切，總爲一聚，簡要修習，初修行者諸惡皆斷，諸善皆修，諸生皆度。或觀一切爲骨璅等，或觀此身從頭至足唯膿血等，名集總修。於離十相真法界中遣事差別而修習，故名無相修。漸修行者應觀無相，爲令此修純熟自在，不假功力任運現前，名無功用修。雖無功用，修有勝劣，爲令增勝，説熾盛修。或雖熾盛，恐有少所得便生喜足，謂且修此，餘何用爲，爲令勿厭，乃至菩提，名無喜足修。今顯菩薩得轉依時，地前名爲益力損能轉，由習慚愧及勝解故，益聖道力，損二障能，亦可分得五修之果，十地正證正行五修。今此十句顯五修果，至文當知。此即第一順清淨分無所分別無相現行，當來佛果名清淨分，此能引彼故名順，如佛輪王鮮白葢等，無所分別無相現行由得於此，順清淨分無分別故。悟極妙樂即無漏智，地上正證地前分得。若有分別，不順清淨，得苦惡果。今無分別，順清淨分，故極妙樂，苦果永無，觸無相樂故。此極妙樂，非分別引生，故名清淨。能詮此句，此句所詮即是菩薩句義，詮辨聞行即此。是故下文所説菩薩句義竝準此知，更不重釋。

諸見永寂清淨句義，是菩薩句義。微妙適悦

清淨句義，是菩薩句義。

讚曰：此中二句義，即五果中離種種想，得法苑樂。由見永寂故離諸相，諸相多由諸見生故，由得法苑樂故微妙適悦。諸見者，五見等。地前地上伏斷無餘，故言永寂。以法界爲苑，於中遊翫，故於此喜悦名法苑樂。證會名得。如王宫外上玅園苑，遊戲其中，受勝喜樂，法界亦爾，求證正證，皆生樂故。

渴愛永息清淨句義，是菩薩句義。胎藏超越清淨句義，是菩薩句義。衆德莊嚴清淨句義，是菩薩句義。

讚曰：此中三句。渴愛者，謂貪欲由渴愛生，故名渴愛，謂如鹿渴遥見陽煙將以爲水，而起貪求奔走往趣。有情亦爾，由煩惱渴，見不淨物謂以爲淨，廣起貪求，故名渴愛。此潤生惑以愛爲先，或通發業，諸煩惱等貪爲首故。此但舉之，地前漸伏，地上能除，故名永息。由因滅故，苦果不生，是故胎藏亦能超越。舉一胎生，意離分段，處變易故。此之生死因果既亡，遂得殊勝變易異熟。故於地前種相好因，化成八相，十地之位，得諸相好清淨功德莊嚴其身。惡法既亡，勝果斯起，即是念念消融一切麤重。依止有漏身器，依止本識，鞕强不安，名爲麤重，如癰瘡等，三苦迫逼，不安穩故。若在地前由聞般若，修行無相，令聞熏增，銷融本識依上麤重，如大良藥銷衆病塊。若在十地正能斷之，名銷融也。麤重既滅，故渴愛息，胎藏超越，得無麤重，衆德莊嚴。愛能潤發，下緣生中自當廣説。胎藏身者，《瑜伽論》説胎藏有八位：已結凝箭内稀，名羯剌濫位。表裏如酪，未至肉位，名頞部曇位。若已成肉，仍極柔耎，名閉尸位。若已堅厚，稍堪摩觸，名健南位。肉轉增長，支分相現，名鉢羅賒佉位。此後髮毛爪生位，眼等根生位，依處分明，願名形位。然由先業，或母惡緣，令此胎藏或髮、或色、或皮、或支，變異而生。由業及母多習灰鹽等味，令髮毛稀尠。由業及母多習燸熱，令色黑黯。近寒室等，令色白生。多噉熱食，色極赤生。由業及母多習婬欲，皮或癬疥或癩等。由業及母多習馳走跳躑，威儀或倒、或屈，支分缺減。女居左脇，倚背向腹。男居右脇，倚腹向背。胎成滿時，其母不堪持此重胎，内風便起，發生苦痛。又此業報生分風起，令頭向下，足便向上，胎衣纏裹而趣産門。其正出時，胎衣遂裂，分之兩腋。生産門時，名正生位。時令其母苦痛無量，胎身亦爾。此《大般若》第五百八十九卷説。此胎藏身，三十六物不淨所成：一髮毛，二爪，三齒，四皮革，五血，六宍，七筋，八脉，九骨，十髓，十一心，十二肝，十三肺，十四腎，十五脾，十六膽，十七胞，十八胃，十九大腸，二十小腸，二十一屎，二十二尿，二十三洟，二十四唾，二十五涎，二十六淚，二十七垢，二十八汗，二十九淡，三十膿，三十一肪，三十二删，三十三腦，三十四膜，三十五眵，三十六聹。既生長已，次起六觸，次隨世學，次耽家室，次造生業，次受色等苦樂境界，次隨其業流隨五趣，復受此身。菩薩不爾，隨願受生，設入母胎，即至鉢羅賒佉位，自無惡業，亦不令母習近惡緣自損髮等，亦不令母受諸苦惱。既生長已，亦無如前所説惡過，唯以悲智受生爲業，故名超越變易之身，無是事也。具三十二相八十隨好故，名衆德莊嚴，悲智熏修得是身故。意極猗適清淨句義，是菩薩句義。得大光明清淨句義，是菩薩句義。

讚曰：此中二句義，即是能正了知無量無分限相大法光明，得達法界等十方無邊無分量相，故極猗適。顯照行故，名法光明。既能廣達契會法性，證真玅理，意極猗適，能了此智分明顯照，名法光明。此二離垢，故名清淨。

身善安樂清淨句義，是菩薩句義。語善安樂清淨句義，是菩薩句義。意善安樂清淨句義，是菩薩句義。

讚曰：此中三句，即是第五爲令法身圓滿成辦，能正攝受後後勝因。第十地名圓滿，在佛地名成辦。感此之因最是殊勝，説爲勝因。即是此中三業安樂清淨之義。正由前位意善安樂，語身二業助安樂故，後後法身圓滿成辦。三業不淨，逼迫現前，便無安樂，後後法身無由成辦。

此上十句義，明菩薩修果清淨句義，以顯菩薩所有句義。此中清淨若是染者，離過清淨。若善者，修習清淨。菩薩句義不離此故，地前分得，地上正證，故益力轉在地前位。

色蘊空寂清淨句義，是菩薩句義。受想行識蘊空寂清淨句義，是菩薩句義。眼處空寂清淨句義，是菩薩句義。耳鼻舌身意處空寂清淨句義，是菩薩句義。色處空寂清淨句義，是菩薩句義。聲香味觸法處空寂清淨句義，是菩薩句義。眼界空寂清淨句義，是菩薩句義。耳鼻舌身意界空寂清淨句義，是菩薩句義。色界空寂清淨句義，是菩薩句義。聲香味觸法界空寂清淨句義，是菩薩句義。眼識界空寂清淨句義，是菩薩句義。耳鼻舌身意識界空寂清淨句義，是菩薩句義。

讚曰：自下第二，三十一門，依諸法本性及所由空寂清淨句義，以顯菩薩所有句義。於中分二：初有二十六門，明世俗勝義法所依所從本性空寂清淨句義，以顯菩薩所有句義；第二，善非善下五對，通染淨法差別，本性空寂清淨句義，以顯菩薩所有句義。

初中分三：初有九門，唯明世俗法所依本性空寂清淨句義，以顯菩薩所有句義；次有十六門，唯明勝義法所從本性空寂句義，以顯菩薩所有句義；後有一門，總明世俗及勝義法所依本性空寂清淨句義，以顯菩薩所有句義。

初中九門，即分爲九，此所牒中有三句義，即三科法。且如凡夫遍計所執色蘊等法，本來空寂，空寂即清淨，但有妄心，境都無故。依他門有，本性亦空。經自説言，色如聚沫，受喻浮泡，想同陽焰，行類芭蕉，識猶幻事。色如聚沫者，速增減故，水界生故，思飲食味，水所生故，不可挼捼故，非如泥團可令轉變造作餘物故。又實非聚，似聚顯現，乃能發起有情解故。受喻浮泡者，三和合生，不久堅住，相似法故，謂下有水，上有天雨，傍風所擊，有浮泡生。三和合爲緣生受亦爾，觸等心所法略不説爲緣，又速疾謝起不堅住故。想同陽焰者，飈動性故，無量種相變異生故，令於所緣發顛倒故，令其境界極顯了故，由此分别男女等相，成差别故。行類芭蕉者，不堅實故，枝葉廣大，速即壞故，如明眼人持利刃入於林，取端直芭蕉柱，截其根，披枝葉，彼於其中都無所獲，何況有實。謂聖弟子以玅慧刃，於五趣林，取作受我見，名之爲柱，截其根，斷我見故，委細簡擇名披枝葉，唯有種種思等諸行差别法故，何況有餘常恒之我，故如芭蕉。識猶幻事者，譬如幻士住四衢道，造作四種諸幻化事。言幻士者，喻隨福非福，不動行識。住四衢道者，住四識住。四幻事者，謂象馬等，此雖可見而無真實象馬等事。如是應知隨福等識，住四識住，雖有作受我等之相，然無真實我性可得。又識於中隱其實性，外現異相，猶如幻像。故知依他亦性空寂。幻法上無自然性故，名之爲空。圓成之體，實理而説，非空不空。由依二空門方可顯證，亦可名空。故三種法皆名爲空。上護法解。清辯釋言，又世俗妄説色等可有勝義，入真色等皆無，故本空寂，如第二月，妄有即真無，故本皆空寂。下諸空寂，皆準此知，並應二解，但解其法不解理也。詮空寂句，所顯空寂，即是菩薩能詮之句。所詮之義，依此證此，名菩薩故。集聚荷擔是蘊義，出生是處義，因性族類是界義。變礙名色，領納名受，取像名想，造作名行，了别名識。以心所中受想二法資助心强，倚禪無色，此二用勝外道，説爲生死因，故别名爲蘊。蘊但攝有爲，無爲非聚故。出生名處，根不壞，境現前，能生於識，故根及境别得處名，所生之識不開爲處。此亦通無爲，爲境生識故。六根有取，各自境用，故立别名。六境爲根，各别取故，所以名别。性義、因義，名之爲界，故開六識，立十八界，亦通無爲。爲破有情識煩惱執，對上中下三根差别，説此三科。三科竝通有漏、無漏。餘義竝如諸論處説。

眼觸空寂清淨句義，是菩薩句義。耳鼻舌身意觸空寂清淨句義，是菩薩句義。眼觸爲緣，所生諸受空寂清淨句義，是菩薩句義。耳鼻舌身意觸爲緣，所生諸受空寂清淨句義，是菩薩句義。

讚曰：此中二句義，於心所中舉二爲首，以有三位五位别故，根等生時，近而勝故，能生心所，觸等强故。觸謂觸對，即是觸數，令心心所同觸於境，名之爲觸，觸由根境識三和生，能和三種，故諸經論名爲三和。由根變異，引觸起時，勝彼識境，故名眼觸，乃至意觸。由觸分别，領似三和，生心所用，諸心所中故先説觸。受能同觸五三位别，近而相順，但説六觸爲緣所生，六種受數不説一切。又此二法説爲有支，説爲異熟，故同蘊等説其空寂。所有句義，即是菩薩所有句義，不説自餘諸心所等。

地界空寂清淨句義，是菩薩句義。水火風空識界空寂清淨句義，是菩薩句義。

讚曰：此一法門即是六界成衆生者。四大可知。所言空者，即内身中空界之色。識謂八識，此中但説三種根本。謂色所依，但説四大。行動所依説空界，内身無此空界之色，不得動故。心所所依，但説於識。論其根本故但説六根，成積聚形故説四大，能起分别故説於識。能有往來轉動等業，故説空寂不增不減。

苦聖諦空寂清淨句義，是菩薩句義。集滅道聖諦空寂清淨句義，是菩薩句義。

讚曰：此一法門即是四諦，爲二乘者差别安立故名。世俗苦者，逼迫不安穩，不可樂義，即有漏法，一切皆是，一切有情及器世界竝是苦故。煩惱業苦[七]，竝是苦故。果苦有三，或説有八。三謂行苦、苦苦、壞苦。八謂生苦、老苦、病苦、死苦、怨憎會苦、愛别離苦、求不得苦、略攝一切五取蘊苦。生苦有二因：一，衆苦所逼；二，餘苦所依。謂於母胎生熟藏間，具受種種極不淨物所逼迫苦，正出胎時復受支體逼切大苦。由有生故，老病死等衆苦隨逐。老苦者，時分變壞苦故云云。病苦者，大種變異苦故云云。死苦者，壽命變壞苦故云云。餘苦可解，各各應知。以古來説，諦者實義，苦真是苦，更無異苦，故名爲諦。凡夫不知，唯聖所識，聖者之諦，故名聖諦。集者因義，謂煩惱業能集生苦故。苦攝有漏，集除苦果。滅者擇滅，即是涅槃。此有四種。道謂聖道，通運路逕，所由之義，即諸聖行無漏有爲。初二有漏，後二無漏。此四玅理，體一真如，由依詮别，以分四種，故性清淨。

因緣空寂清淨句義，是菩薩句義。等無間緣、所緣緣、增上緣空寂清淨句義，是菩薩句義。

讚曰：親能辨體，生長諸法，名之爲因。以因爲緣，故曰因緣。緣謂緣藉，四緣通稱，即除佛果，因位七識見相分等能熏種者，名曰因緣。種通諸位，自類相生及生現者，皆名因緣，皆親辨體，生自果故。等無間者，即心心所各自識聚，前望於後，爲無間緣。

等有二義：一，相似名等，且心所中前亦一受，後亦一受，以體等故，名曰相似；二，力齊等，名之爲等。或前念一法等與後一法爲無間緣，前念一切等能與後一法爲無間緣，故名等無間緣，是開道義。如前念眼識與後自眼識聚爲無間緣，非與耳等，或與竝生，多少不等故。所緣緣者，境有體法能生心等，名之爲緣。心等之上帶彼境相，説所取境名爲所緣。具二支義，有所簡别。增上緣者是威勢義，與彼威勢令生等故。等無間緣體唯心心所，其所緣緣通一切法，此二緣唯待心心所爲果故。因緣之體通一切有爲，其果亦爾。其增上緣體果俱通一切法盡。

無明空寂清淨句義，是菩薩句義。行、識、名色、六處、觸、受、愛、取、有、生、老死空寂清淨句義，是菩薩句義。

讚曰：此十二緣起中，無明以癡爲體。發業之惑，行通三業，非福及福、不動之業。此二皆通現行種子。識唯本識，名色通五藴，六處唯六根。觸受二法唯異熟性，當體爲體。識支以下五唯種子。愛唯貪愛以爲自體，取通一切煩惱爲性，此二亦通現行種子。有體合用六支爲體，謂愛取二潤。前行等已下六支當果現起，後有果生，説名爲有。有唯是種子，從中有位至本有位未衰變來所有五藴，皆名生支。從衰變位乃至命終，所有五藴名爲老死，謂由無明造善惡行，熏於本識，與識等五相感，屬已愛取合潤。此前六支當果可生，名之爲有。趣相生起，名之爲生。衰變命終，名之爲死。十二有支，體唯有漏，如《唯識》等廣説其相。

布施波羅蜜多空寂清淨句義，是菩薩句義。淨戒、安忍、精進、靜慮、般若波羅蜜多空寂清淨句義，是菩薩句義。

讚曰：自下第二，有十六門，明勝義法所由本性空寂句義，以顯菩薩所有句義。於中有三：一明行，有六門；二明位，有二門；三明德，有八門。行中有三：一總六度行，二所觀理行，三别修起行。此即初也。施有三種，謂財、法、無畏。此以無貪及彼所起二業爲性。戒有三種，謂律儀、攝善、饒益有情。此以受菩薩戒時三業爲性。安忍有三種，謂安受苦、耐怨害、諦察法。此中如次以無瞋、精進、審慧，及彼所起三業爲性。精進有三，謂被甲、攝善、利樂精進。此三以勤及彼所起三業爲體。静慮有三，謂安住、引發、辦事静慮。此三但以等持爲性。般若有三，謂加行、正智、後智般若。此三皆以擇法爲性。此前所説但説自性，若并眷屬，一一皆以一切俱行功德爲性。何故此六名到彼岸，由七最勝所攝受故。一，安住勝，要有菩薩性；二，依止勝，要大菩提心；三，意樂勝，要悲愍有情；四，事業勝，要具行一切；五，巧便勝，要無相智所攝；六，迴向勝，要迴向菩提；七，清浄勝，要不爲二障雜。由具七義，名到彼岸，不爾即非。由斯施等皆有四句：一，施非波羅蜜，不具七勝故；二，波羅蜜非施，見他行施，自具七故；三，亦施亦波羅蜜，自行施，復具七故；四，非施非波羅蜜，自不行施，見他行施不生隨喜故。修此六度，有其五種：一依止任持修，二依止作意修，三依止意樂修，四依止方便修，五依止自在修。第一依止任持修有四：一，依因修，謂依種性力修習正行；二，依止報修，謂由勝身修習正行；三，依止願修，謂由本願修習正行；四，依簡擇慧修習正行。第二依止作意修亦有四：一，依勝解，於度一切相應契經起增上解；二，依愛味，於度見勝功德深生愛味；三，依隨喜，於一切有情所行六度深生隨喜；四，依意樂修，於自他當來勝品六度深生願樂。第三依止意樂修有六：一，無厭意樂，如施無厭者，謂菩薩於一刹那，以三千大千世界七寶唯布施一有情，又以殑伽沙等身命布施，如是布施住殑伽沙劫，如於一有情，如是乃至於一切有情界如是施時，皆令於無上菩提速得成就，菩薩爾時猶不厭足，名施無厭意樂；二，施廣大意樂，菩薩如是展轉相續，無一刹那有退有斷，乃至究竟坐菩提座，名施廣大意樂；三，歡喜意樂，菩薩如是行施之時，於來求者生大歡喜，來求之者雖生歡喜，不如菩薩，名施歡喜意樂；四，恩德意樂，菩薩如是行施之時，觀彼求者於我己身有大恩德，不見己身於彼有恩，由資助我無上菩提故，名施恩德意樂；五，無染意樂，菩薩如是雖於無量諸有情所興大施福，而不祈報恩當來異熟，名施無染意樂；六，善好意樂，菩薩如是以所修行廣大施聚所得異熟，施諸有情，不自爲己，又以此福共諸有情，迴向無上正等菩提，名施善好意樂。廣説餘五度，如《對法》等。第四依止方便修，謂由無分別智觀察三輪皆清淨故，由此速成所修行故。第五依止自在修有三：一，身自在，謂自性受用身；二，行自在，謂變化身等，示現諸有情一切種，同法行故；三，説自在，謂説六度一切種差別，無有滯礙故。

真如空寂清淨句義，是菩薩句義。法界、法性、不虛妄性、不變異性、平等性、離生性、法定、法住、實際、虛空界、不思議界空寂清淨句義，是菩薩句義。

讚曰：第二所觀理行。此前應説二十空等，以空即空寂，名字既同，不應更立，所以不説。此真如等體雖即空寂之所顯，名字既別，所以別立。此中八名，體一真如。真謂真實，顯非虛妄。如謂如常，表無變異，即是湛然不虛妄義。遮妄顯常，名真如也。法界者，三乘妙法所依相故。法性者，一切諸法真實本體。不虛妄性者，離妄顛倒，不妄性也。不變異性者，謂一切時不改轉故。

平等性者，遍諸法故。離生性者，生謂生梗，如生食等，此即虚妄有漏諸法，離此生梗堅强之性。又生者生滅，離生滅體，名離生性。實際者，無倒所緣故。實謂無顛倒，此處究竟，故名爲際。過無我性，更無所求故。此中文略，但舉八名。第一會中有十二名，《對法》等中有其六名，體但一如，名有差别，約其所治，隨其詮别，故成多種。

四靜慮空寂清淨句義，是菩薩句義。四無量、四無色定空寂清淨句義，是菩薩句義。

讚曰：自下第三别修起行。於中有四：一禪無色行，二菩提分行，三解脱門行，四别對治行。此即初也。靜其心，專一慮，定慧齊均，功德殊勝，得靜慮名。離欲惡不善法，有尋、有伺，離生喜樂初靜慮。第二，離尋伺喜靜慮。第三，已離喜樂靜慮。第四，已離尋伺喜樂捨念清淨靜慮。此等總説初、二、三、四，以爲名别，更無别名，唯在色地通有無漏。四無量者，慈悲喜捨。與樂名慈，無瞋爲性。拔苦名悲，不害爲性。不離樂爲喜，不嫉善根爲自性。令利益爲捨，捨善根爲性。通有無漏，遍在四禪，境行俱寬，故名無量。四無色者，謂空、識無邊，無所有處，非想非非想處，此通有無漏，三乘俱起。

四念住空寂清淨句義，是菩薩句義。四正斷、四神足、五根、五力、七等覺支、八聖道支空寂清淨句義，是菩薩句義。

讚曰：此即第二菩提分行。四念住者，身受心法，以慧爲性。慧由相應之念住此四境之中，名爲念住。四正斷者：一，律儀斷，謂已生惡法爲令斷故，生欲策勵；二，斷斷，謂未生惡法爲令不生故，生欲策勵；三，修習斷，謂未生善法爲令生故，乃至策心持心；四，防護斷，謂於已生善法，爲欲令住，乃至策心持心。此四種以精進爲體，策發於慧，自能漸伏，名爲正斷。四神足者，欲勤心觀，由此四故引生於定故。四神足以定爲體，運轉最勝，自在爲神，由定能得能證於此，故名神足。五根者，信、進、念、定、慧。生出世法，此爲上首，故名爲根。此五於諸出世法中深生勝解，清信難伏，説名爲力，天魔外道及沙門等不能伏故，此五隨名各自爲體。七等覺支者，謂擇法、精進、喜、輕安、定、捨及念爲七。此七唯無漏在見道位起。覺者擇法，支謂支分。擇法覺，是覺亦覺支，餘覺支而非覺，如其自名，即爲其體。此七能遍觀諸法，故立以等名，等是遍義。八聖道支者，正見、正思惟、正精進、正語、正業及正命、正念及正定。語、業、命三戒藴所攝，餘體如名，修道位起。諸聖有學，由八支攝行迹正道能無餘，斷一切煩惱，能於解脱究竟作證，是故此八名聖道支。合此三十七種道品，總以十一法而爲自體：一慧，即四念住，慧根力擇法覺，正見支；二精進，即四正斷精進根力精進覺支，正精進；三定，即四神足定根力定覺支，正定；四信，即信根力；五念，即念根力、念覺支，正念；六欲，即四神足；七喜受，即喜覺支；八輕安，即安覺支；九捨，即捨覺支；十尋，即正思惟實體，即慧；十一色，即無表戒正語業命。此中假實、修法、廢立、開合、學攝、體支、對辨，竝如別鈔。

空解脱門空寂清淨句義，是菩薩句義。無相無願解脱門空寂清淨句義，是菩薩句義。

讚曰：自下第三解脱門行。觀空無我名之爲空，觀滅離相名爲無相，觀苦集道諸有爲法不生願求，名爲無願，由此三種能入諦理，名之爲門。體是無漏法。復能證解脱，故名解脱。若但言空、無相、無願，即通三慧。定之與散，通有無漏。若言三昧即唯修慧，唯定非散，通有無漏。言解脱門，即唯修慧，唯定非散，不通有漏。此三或總或別，緣諦如餘處説。又除見説空，離愛説無願，離無明説無相。

八解脱空寂清淨句義，是菩薩句義。八勝處、九次第定、十遍處空寂清淨句義，是菩薩句義。

述曰：自下第四別對治行。八解脱者：一內有色觀諸色，二內無色觀諸色，三淨解脱身作證，四空處，五識處，六無所有處，七非想非非想處，八滅盡解脱。謂諸聖者能順無漏，能離諸障，名爲解脱。八勝處者：一，內有色觀外色少，若好若惡，若劣若勝，於彼諸色勝知勝見，得如實相；二，內有色觀外色多，餘如前説，下準此知；三，內無色想觀外色少；四，內無色想觀外色多；五，內無色想觀外諸色，若青青顯，青現青光；六，內無色想觀外色黃；七，內無色想觀外色赤；八，內無色想觀外色白，勝伏所緣名爲勝處。九次第定者，謂四靜慮、四無色及滅盡定，麤細漸次上下次故。十遍處者，謂地、水、火、風、青、黃、赤、白、空、識無邊處，觀遍一切，其量廣大，名爲遍處。此等體性、增減、所由，無量義門，如別處説。

極喜地空寂清淨句義，是菩薩句義。離垢地、發光地、焰慧地、極難勝地、現前地、遠行地、不動地、善慧地、法雲地空寂清淨句義，是菩薩句義。

讚曰：自下第二明勝義位。於中有二：初大乘位，後三乘位。此即初也。但明因中菩薩十地：一，極喜地，初獲聖性具證二空，能益自他，生大喜故；二，離垢地，具淨尸羅，遠離能起微細毀犯煩惱垢故；三，發光地，成就勝定大法總持，能發無邊妙慧光故；四，焰慧地，安住最勝菩提分法，燒煩惱薪，慧焰增故；五，極難勝地，真俗兩智行相互違，合令相應極難勝故；六，現前地，住緣起智引無分別最勝般若，令現前故；七，遠行地，至無相住功用後邊出過世間二乘道故；

八，不動地，無分別智任運相續相用，煩惱不能動故；九，善慧地，成就微妙四無礙解，能遍十方善説法故；十，法雲地，大法智雲含衆德水，弊如空麤重充滿法身故。此地總以有爲無爲一切功德以爲自性。與所修行爲勝依持，令得生長，故名爲地。

淨觀地空寂清淨句義，是菩薩句義。種性地、第八地、具見地、薄地、離欲地、已辦地、獨覺地、菩薩地、如來地空寂清淨句義，是菩薩句義。

讚曰：此即第二明三乘位。初二地中，略有二釋。一云淨觀地在解脱分位及前三善根，種性地唯在世第一法。故《婆娑》云：有説種性地法亦可説有退。二解云：淨觀地唯在解脱分位，未爲諦觀，種性未定，但淨修心觀身受等，故名淨觀。種性地通在四善根，煗等位中種性方定，不可轉故。第八地謂預流向，從阿羅漢向前數故，即住見道前十五心。具見地者，謂預流果，此位具足十六心故。薄地謂一來，於欲界九品惑已斷六品故。離欲地謂不還，決定全離欲界惑故。已辦地者，謂阿羅漢，我生已盡，所作已辦故。餘之三地，隨名釋義。前唯一乘，今通師弟長短作説，故十地別。

一切陀羅尼門空寂清淨句義，是菩薩句義。一切三摩地門空寂清淨句義，是菩薩句義。

讚曰：自下第三明所成德，依行入位成此德故，於中有八德。此即第一引生諸德。一是總持門，二是等持門。前此經序菩薩德中已略解訖，由此二種引生諸德故。

五眼空寂清淨句義，是菩薩句義。六神通空寂清淨句義，是菩薩句義。

讚曰：此即第二觀照化生德。五眼者，謂肉、天、慧、法及佛眼。照了導義，名之爲眼。六神通者，一神境通，二天耳通，三心差別通，四宿住隨念通，五死生通，六漏盡通。運轉自在名神，事無障擁名通，此二體性如經廣説，及如《瑜伽論》第五十四、六十九，《對法論》中第十四卷等文解釋。

如來十力空寂清淨句義，是菩薩句義。四無所畏、四無礙解、大慈、大悲、大喜、大捨、十八佛不共法空寂清淨句義，是菩薩句義。

讚曰：此即第三降伏不共德。十力者，一處非處智力，二自業智力，三靜慮、解脱、等持、等至智力，四根勝劣智力，五種種勝解智力，六種種界智力，七遍趣行智力，八宿住隨念智力，九死生智力，十漏盡智力。由與利生功德相應，畢竟勝伏一切魔怨，大威力故，説名爲力。總以信等五根爲性。四無畏者，一正等覺無畏，二漏盡無畏，三障法無畏，四出苦道無畏。於大衆中正師子吼，沙門魔梵無能難者，故名無畏。四無礙解者，一法無礙解，二義無礙解，三訓詞無礙解，四辯才無礙解。通達無礙，名無礙解。大慈、大悲、大喜、大捨者，遍緣三界，周及四生，行境寬廣，故名爲大。慈悲等相，如前已説。四無量境，狹在欲色，通在三乘，假實觀攝。此唯佛具境行寬遍，通在三界，唯是實觀。十八佛不共法者，一身無誤失越杌[八]等，二無卒慕[九]揚聲等，三無忘失念久所作等，四無不定心恒在定故，五無種種相生死涅槃等，六無不擇捨利樂等，此上六種由所知障有此習故。七者欲無退，八精進無退，九念無退，十定無退，十一慧無退，十二解脱無退，此上六種依所知障修斷事中而無退減。十三身業智爲前導，十四語業智爲前導，十五意業智爲前導，十六知過去，十七知未來，十八知現在無差無礙，此上六種，亦由有彼所知障習。此十八法唯佛所有，非二乘等，故名不共。餘體義門廢立增減，如《瑜伽》等廣説其相，然此《大經》亦具宣説，應勘異同。

三十二相空寂清淨句義，是菩薩句義。八十

隨好空寂清淨句義，是菩薩句義。

讚曰：此即第四相好殊異德。今依《大般若波羅蜜多經》卷第三百八十一，佛言：善現，云何如來應正等覺三十二大士相？善現，世尊足下有平滿相，妙善安住猶如奩底，地雖高下，隨足所蹈，皆悉坦然，無不等觸，是爲第一。世尊足下千輻輪文輞轂衆相，無不圓滿，是爲第二。世尊手足皆悉柔軟，如睹羅綿勝過一切，是爲第三。世尊手足一一指間猶如雁王，咸有鞔網，金色交絡文同綺畫，是爲第四。世尊手足所有諸指圓滿纖長，甚可愛樂，是爲第五。世尊足跟廣長圓滿，與趺相稱，勝餘有情，是爲第六。世尊足趺脩高，充滿柔軟妙好，與跟相稱，是爲第七。世尊雙腨漸次纖圓，如毉泥耶仙鹿王腨，是爲第八。世尊雙臂脩直傭圓，如象王鼻平立摩膝，是爲第九。世尊陰相勢峰藏密，其猶龍馬，亦如象王，是爲第十。世尊毛孔各一毛生柔潤紺青，右旋宛轉是第十一。世尊髮毛端皆上靡右旋，宛轉柔潤，紺青嚴金色身甚可愛樂，是第十二。世尊身皮細薄潤滑，塵垢水等皆所不住，是第十三。世尊身皮皆真金色，光潔晃曜如妙金臺，衆寶莊嚴，衆所樂見，是第十四。世尊兩足、二手掌、中頸及雙肩，七處充滿，是第十五。世尊肩項圓滿殊妙，是第十六。世尊髆腋悉皆充實，是第十七。世尊容儀洪滿端直，是第十八。世尊身相脩廣端嚴，是第十九。世尊體相縱廣量等，周帀圓滿，如諾瞿陀，是第二十。世尊頷臆并身上半，威容廣大如師子王，是二十一。世尊常光面各一尋，是二十二。世尊齒相四十齊平，淨密根深白逾珂雪，是二十三。世尊四牙鮮白鋒利，是二十四。世尊常得味中上味，喉脉直故，能引身中諸支節脉所有上味，風熱淡病不能爲雜，由彼不雜脉離沈浮，延縮壞損擁曲等過，能正吞咽津液通流，故身心適常得上味，是二十五。世尊舌相薄淨，廣長能覆面輪至耳髮際，是二十六。世尊梵音詞韻和雅，隨衆多少無不等聞，其聲洪震猶如天鼓，發言婉約如頻迦音，是二十七。世尊眼睫猶若牛王，紺青齊整不相雜亂，是二十八。世尊眼睛紺青鮮白，紅環間飾映潔分明，是二十九。世尊面輪其猶滿月，眉相皎淨，如天帝弓，是第三十。世尊眉間有白毫相，右旋柔軟，如睹羅綿，鮮白光淨逾珂雪等，是三十一。世尊頂上烏瑟膩沙，高顯周圓猶如天蓋，是三十二。善現，是名三十二大士相。善現，云何如來應正等覺八十隨好？善現，世尊指爪狹長薄潤，光潔鮮淨如華赤銅，是爲第一。世尊手足指圓纖長，臃直柔軟節骨不現，是爲第二。世尊手足各等無差，於諸指間悉皆充密，是爲第三。世尊手足圓滿如意，軟淨光澤色如蓮華，是爲第四。世尊筋脉盤結堅固，深隱不現，是爲第五。世尊兩踝俱隱不現，是爲第六。世尊行步直進庠審，如龍象王，是爲第七。世尊行步威容齊肅，如師子王，是爲第八。世尊行步安平庠序，不過不減，猶如牛王，是爲第九。世尊行步進止儀雅，猶如鵝王，是爲第十。世尊迴顧必皆右旋，如龍象王舉身隨轉，是第十一。世尊支節漸次臃圓，玅善安布，是第十二。世尊骨節交結無隙，猶若龍盤，是第十三。世尊膝輪玅善安布，堅固圓滿，是第十四。世尊隱處其文玅好，威勢具足，圓滿清淨，是第十五。世尊身支潤滑柔軟，光悅鮮淨，塵垢不著，是第十六。世尊身容敦肅無畏，常不怯弱，是第十七。世尊身支堅固稠密，善相屬著，是第十八。世尊身支安定敦重，曾不掉動圓滿無壞，是第十九。世尊身相猶如仙王，周帀端嚴，光淨離翳，是第二十。世尊身有周帀圓光，於行等時恒自照曜，是二十一。世尊腹形方正無欠，世尊齋深柔軟不現，衆相莊嚴，是二十二。世尊齋厚右旋圓竗，清淨光澤，是二十三。世尊皮膚不窊不凸，周帀竗好，是二十四。世尊皮膚遠離疥癬，亦無黶點疣贅等過，是二十五。世尊手掌充滿柔軟，足下安平，是二十六。世尊手文深長明直，潤澤不斷，是二十七。世尊脣色光潤丹暉，如頻婆果上下相稱，是二十八。世尊面門不長不短，不大不小，如量端嚴，是二十九。世尊舌相軟薄廣長，如赤銅色，是第三十。世尊發聲威震深遠，如象王吼，明朗清徹，是三十一。世尊音韻美竗具足，如深谷響，是三十二。世尊鼻高脩而且直，其孔不現，是三十三。世尊諸齒方整鮮白，是三十四。世尊諸牙圓白光潔，漸次鋒利，是三十五。世尊眼淨青白分明，是三十六。世尊眼相脩廣，譬如青蓮華葉，甚可愛樂，是三十七。世尊眼睫上下齊整，稠密不白，是三十八。世尊雙眉長而不白，緻而細軟，是三十九。世尊雙眉綺靡，順次紺琉璃色，是第四十。世尊雙眉高顯光潤，形如滿月，是四十一。世尊耳厚廣大脩長，輪埵成就，是四十二。世尊兩耳綺麗齊平，離衆過失，是四十三。世尊容儀能令見者無損無染，皆生愛敬，是四十四。世尊額廣圓滿平正，形相殊竗，是四十五。世尊身分上半圓滿如師子王，威嚴無對，是四十六。世尊首髮脩長紺青稠密不白，是四十七。世尊首髮香潔細軟，潤澤旋轉，是四十八。世尊首髮齊整無亂，亦不交雜，是四十九。世尊首髮堅固不斷，永無㩻㩻落，是第五十。世尊首髮光滑殊竗，塵垢不著，是五十一。世尊身分堅固充實逾那羅延，是五十二。世尊身體長大端直，是五十三。世尊諸竅清淨圓好，是五十四。世尊身支勢力殊勝，無與等者，是五十五。世尊身相衆所樂觀，嘗無厭足，是五十六。世尊面輪脩廣得所，皎潔光淨，如秋滿月，是五十七。世尊顏貌舒泰光顯，含咲先言，唯向不背，是五十八。世尊面貌光澤熙怡，遠離頻蹙青赤等過，是五十九。世尊身支清淨無垢，常無臭穢，是第六十。世尊所有諸毛孔中，常出如意微玅之香，是六十一。世尊面門常出最上殊勝之香，是六十二。世尊首相周圓玅好，如末達那亦猶天蓋，是六十三。世尊身毛紺青，光淨如孔雀項，紅暉綺飾，色類赤銅，是六十四。世尊法音隨衆大小不增不減，應理無差，是六十五。世尊頂相無能見者，是六十六。世尊手足指約分明，莊嚴玅好，如赤銅色，是六十七。世尊行時其足去地如四指量，而現印文，是六十八。世尊自持不待他衛，身無傾動，亦不逶迤，是六十九。世尊威德遠震，一切惡心見喜，恐怖見安，是第七十。世尊音聲不高不下，隨衆生意，和悦與言，是七十一。世尊能隨諸有情類言音意樂，而爲説法，是七十二。世尊一音演説正法，隨有情類各令得解，是七十三。世尊説法咸依次第，必有因緣，言無不善，是七十四。世尊等觀諸有情類讃善毁惡，而無愛憎，是七十五。世尊所爲先觀後作，軌範具足，令識善淨，是七十六。世尊相好一切有情無能觀盡，是七十七。世尊頂骨堅實圓滿，是七十八。世尊顏容常少不老，好巡舊處，是七十九。世尊手足及胸臆前，俱有吉祥喜旋德相，文同綺畫，色類朱丹，是第八十。善現，是名八十隨好。善現，如來應正等覺成就如是諸相好故，身光任運，能照三千大千世界，無不遍滿。若作意時，即能普照無量、無邊、無數世界，然爲憐愍諸有情故，攝光常照面各一尋。若縱身光，即日月等所有光明皆常不現，諸有情類便不能知晝夜、半月、日時、歲數，所作事業即不得成。佛聲任運，能遍三千大千世界。若作意時，即能遍滿無量、無邊、無數世界，然爲利樂諸有情故，聲隨衆量，不減不增。善現，如是功德勝利，我先菩薩位修行般若波羅蜜多時已能成辦。故今相好圓滿莊嚴，一切有情見者歡喜，皆獲殊勝利益安樂。如是善現，菩薩摩訶薩行深般若波羅蜜多時，能以財法二種布施攝諸有情，是爲甚奇希有之法。

無忘失法空寂清淨句義，是菩薩句義。恒住捨性空寂清淨句義，是菩薩句義。

讚曰：此即第五常記平等德。謂諸如來常隨記念，若事、若處、若如、若時，有所爲作皆隨正念，普於一切所作事業，普於一切方處差別，普於一切所作方便，普於一切時分差別念無忘失，常住正念，名無忘念。恒住捨性者，謂六恒住法，於六根門不憂不喜，但起正捨平等觀境。

一切智空寂清淨句義，是菩薩句義。道相智、一切相智空寂清淨句義，是菩薩句義。

讚曰：此即第六覺了空有德。觀空性智名一切智，即正體智。觀有智中，分之爲二：一觀無漏道，一觀所餘法相。相者，相狀差別之相，即後得智。智觀無漏道，此名道相智。觀所餘法，名一切相智，一切種智分爲二故。

一切菩薩摩訶薩行空寂清淨句義，是菩薩句義。諸佛無上正等菩提空寂清淨句義，是菩薩句義。

讚曰：此即第七、第八二門，明因果位二滿總德。此上所説諸功德等，若在因位，名菩薩行。若在果位，名佛菩提。菩提，覺義，其菩提智及菩提斷，一切竝名爲菩提。故有爲無爲一切功德，隨應皆攝在此二故。

一切異生法空寂清淨句義，是菩薩句義。一切預流、一來、不還、阿羅漢、獨覺、菩薩、如來法空寂清淨句義，是菩薩句義。

讚曰：此即第三總明世俗勝義法所依本性空寂句義，以顯菩薩所有句義。一切異生唯在凡位，以業煩惱輪迴六趣，異聖者生，故名異生。一切預流等竝是聖位預流，向果並名預流，無間漸超三界，見道諸煩惱盡，十五心來皆名爲向，第十六心名之爲果。預聖流故，名爲預流。即此進向三界，見惑竝已斷盡，欲界修道前五品盡，名一來向，六品盡時名之爲果。此於欲界唯有一生，如從人中得第二果，捨此身已，次生天中，天中没已，來生人中，便得無學，故名一來。即此進向已斷見惑盡，欲界修惑斷七八品，名不還向。欲界修惑要皆斷盡，餘地不定。心不還生於欲界，故名爲不還。阿羅漢者，名之爲應，一應永害煩惱賊，二應不後受分段生，三應受妙供養，三界見惑並皆斷盡。初定已上所有修惑或多或少，乃至非想，八品解脱、九品無間已前能斷盡者，名阿羅漢向。三界見修並俱斷盡，名阿羅漢果。以上果向無間解脱，皆準此説。此觀諦理，若思風動樹，悟十二緣起，不藉善友自得菩提，或麟角，或衆出，名爲獨覺。十地已去，名爲菩薩。法雲地後，號曰如來。此亦竝是初二十六門，明世俗勝義法所依所從本性空寂清淨句義，以顯菩薩所有句義。自下第二五對十門，通染淨法差别，本性空寂清淨句義，以顯菩薩所有句義。

一切善非善法空寂清淨句義，是菩薩句義。一切有記無記法、有漏無漏法、有爲無爲法、世間出世間法空寂清淨句義，是菩薩句義。

讚曰：順理益物，名之爲善，通有無爲。與此相違，名爲非善，即不善、無記。自體殊勝，及有當果可記别故，名之爲記，即善不善。與此相違，名爲無記。與煩惱漏相應、相雜、相隨增長，名爲有漏。漏是流漏義，於六根門當流泄故，毁之名漏。無漏翻此。爲之言作，亦名爲生。有作有生，名曰有爲。與此相違，名曰無爲。體用顯現遷流名世，墮虚僞中，名之爲間。與此相違，名出世間。此等差別所依本性真如空寂清淨句義，以顯菩薩所有句義，妄即真故，性即相故。

所以者何？

讚曰：大文第二釋其所由，於中有二，初問後釋。此初問也，謂此諸法清淨句義即是菩薩所有句義，此義之所以者，何謂也？

以一切法自性空故，自性遠離。

讚曰：下釋所由。如幻𥝢等世俗妄有，勝義知空，故説諸法空寂句義即是菩薩所有句義，故言諸法自性空故。釋上所由，爲欲顯發般若尊勝，以自性空釋遠離等。由此諸法勝義自性空無性故，遠離虚妄顛倒相也。由遠離故自性寂靜，由寂靜故自性清淨，由清淨故甚深般若波羅蜜多最勝甚深〔一〇〕。

讚曰：生死囂煩，真如寂靜，故由遠離，自性亦靜。煩惱有染，空性清淨，故由寂靜，顯體清淨。此意總顯由一切法自性空故，空寂句義即是菩薩所有句義。諸法既空故離虚妄，離虚妄故體無囂動，故性寂靜。既無囂動，自性空寂，故非染污，自性清淨。自性清淨者，顯般若最勝清淨。觀照悟此本性清淨真相，自體本來清淨，故文字等甚深般若最勝清淨。清辨、護法二釋隨應。

如是般若波羅蜜多，當知即是菩薩句義，諸菩薩衆皆應修學。

讚曰：此即第三結勸修學。文字般若即菩薩句義，求此學此，名爲句故，餘四般若，名菩薩義。菩薩之教詮此四故，既成菩薩，由此五種。五種即是菩薩能詮所詮之義。諸菩薩中，下位望進勝上位者，應勤精進，學此五種。

佛説如是菩薩句義，般若理趣清淨法已，

讚曰：自下第三敘佛所説法門之德。於中有二：初結前義以發經端，後正告陳所説之德。此即初也。

告金剛手菩薩等言：若有得聞此一切法甚深微訬般若理趣清淨法門，深信受者，乃至當坐訬菩提座，一切障蓋皆不能染，謂煩惱障、業障、法障雖多積集而不能染，雖造種種極重惡業而易消滅，不墮惡趣。

讚曰：於中復二，初明聞經深信受果，後明受持精勤等果。所以但告金剛手者，欲令有情取一切佛大珍寶故。聞者聽聞，信者能順，受者領納，殷重供養恭敬名深。此意總顯聽聞、信順、領納、殷重，始從今日，乃至菩提，三障五蓋皆不能染。蓋謂五蓋，謂貪欲於樂出家位，瞋恚於覺邪行位，惛沈、睡眠、掉舉、惡作及與疑蓋於止舉捨位，能覆蔽心，名之爲蓋。障者，障礙，障道不生，礙滅不證。此有三種，經文自列。若小乘中以數行煩惱難可伏除，名煩惱障。以殺父等五種逆業，名爲業障。合三惡趣，人趣北洲，及無想天，名異熟障。然不見説別有法障。然今此文障解脱惑名煩惱障。《薩遮尼犍子經》以破塔、壞寺等爲五逆，《像法決疑經》説有七逆，然不離《尼犍子經》所説五種名爲業障。言法障者，前異熟障亦名法障，感遺法業，名爲法障。或去世時障礙正法，障他修定，不種聞法所有種子，所以今生於法不聞、不信、不悟，名爲法障。集者，作也。積者，積造。雖多積集而不能染，由解法空不樂生死。雖起煩惱重業障法，以經威力，定不能染。染者染汚，令感苦果等，名爲染也。又雖造種種極重惡業，由體性空煩惱不堅故，而易消滅。易消滅故，不墮惡趣。業既易亡，惡果寧起。由法性空，諸法實理體實遠鑒，三障故銷。

若能受持，日日讀誦，精勤無間，如理思惟，彼於此生定得一切法平等性金剛等持，於一切法皆得自在，恒受一切勝妙喜樂。

讚曰：下明受持精勤等果。言受持者，

愛樂寶重，領受在心，持之不忘，如念子等不忘在心。日日讀者披文，誦者暗説，精者專精，勤者勇勵身心，日夜六時，中無間隙，如其理趣而諦思惟，彼於此生現報果也，定得一切法平等性真如理也。金剛等持者，等持謂定，金剛者喻能破分別、著相、煩惱，謂觀一切法平等性，真如空理所有等持，能破分別、著相、顛倒，故名金剛。又真如理名曰金剛。緣此之定，名金剛等持，謂能受持，心心不忘，日日讀誦，精勤思惟如是法性，故得此定，當起勝慧，破諸分別、顛倒、著相。今時證此金剛等持，聞思位中相應定。此中但有五種法行，謂聽聞、受持、披讀、諷誦、思惟五種，略無書寫、供養、施他、開演、修行五種，互影顯故。其實而論，行十法行竝得此果。讀誦尚得，況能演説及修行等。於一切法皆得自在者，未體真空理事皆擁，體真遠鑒，於理既通，故得自在。自在者，無礙義。恒受一切勝妙喜樂者，於法著有憂有恚，於真會空，於俗體妄。既無憂恚，故得恒時受玅喜樂。既聞法性，真喜未曾得故。當經十六大菩薩生定，得如來執金剛性，疾證無上正等菩提。

讚曰：世尊自説善修神足，能住一劫，或一劫餘。菩薩十六大生，即義當十六劫。金剛性者，謂真如性能破裂生死過失，名爲金剛。諸法之體，故名爲性。執者受義，親領受之，故名爲執。即正體智能緣於空，或執金剛之性，即是真如。經十六生，得此真性故。由於此經行前法行，能超生死。不經僧祇，經十六劫便入初地。以經所明實相之理有大神驗，聞此法等，故超生死無邊劫量[二]，既爾故能疾證無上菩提。此中所説現在定得金剛等持，於法自在受勝喜樂，後生之障皆不能染，不墮惡趣，得金剛性，疾得菩提，經力故也。

般若理趣分疏卷第二

校勘記

〔一〕「若」，疑與「彩」字倒。

〔二〕「仲」，底本原校疑爲「沖」。

〔三〕「説」，底本原校云《經》作「讚」。

〔四〕「簡」，疑後脱「小」字。

〔五〕「怠」，底本原校云一本作「惡」。

〔六〕「道」，底本原校云一本作「徑」。

〔七〕「苦」，底本原校云一本作「果」。

〔八〕「杌」，底本原校云一本作「坑」。

〔九〕「慕」，校本作「暴」。

〔一〇〕「甚深」，底本原校云《經》作「清淨」。

〔一一〕「量」，底本原校云一本後有「地前」二字。

大般若波羅蜜多經般若理趣分述讚卷第三

大慈恩寺沙門基撰

爾時，世尊復依遍照如來之相，

讚曰：上來第一明實相境法，此下第二寂靜法性現等覺門，即是觀照正智體境。前門真性，此明智相。於中亦三。初敘佛説法門之號，此門有二：初明所依如來之相，後陳所説法門之名。此即初也。前門明性，本體之法不説爲相，下門是義，所以稱相。如來總體，別有多能，今依一義，即是遍照如來之相。相謂義相〔一〕、相狀，非是分別有相之相。今於無相之法後説義相之相，由一切智、一切種智，斷惑遊觀二種智故，於一切法皆能了知，名爲遍照。遍照之智，即如來相。

今依此體相而説於法門，故名爲依遍照之相。爲諸菩薩宣説般若波羅蜜多，一切如來寂靜法性，甚[三]深理趣現等覺門。

讚曰：此陳所説法門之名。一切如來寂靜法性甚深理趣者，即前所説實相妙法，是一切佛寂靜法性。甚深理趣現等覺門者，現謂顯現，現前明了親證之義。等者遍義，覺謂照義。此意即顯無分別智明了，親能遍照法性，現等覺體，即無分別智。門者，通由入趣之義，以能詮法等爲由，爲通入趣法性無分別智。由此深教等爲由，能入現等覺故。

謂金剛平等性現等覺門，以大菩提堅實難壞如金剛故。

讚曰：此下第二有四門，第一能斷生死，性堅實故。金剛平等性現等覺者，能破生死，現等之覺猶如金剛，以智所證法性菩提，堅牢真實，難可破壞，若破金剛，故能證智名金剛智。金剛般若名曰金剛，義亦同此。以所證如性堅實故，能證之智亦如金剛，能破生死。

義平等性現等覺門，以大菩提其義一故。

讚曰：此即第二觀察所詮智。一切有爲無爲等義皆悉平等，以法本性真如菩提，其義一故，性無差别。

法平等性現等覺門，以大菩提自性淨故。

讚曰：此即第三觀察能詮智。以所證理大菩提性自性清淨故，於能詮教悟其平等。

一切法平等性現等覺門，以大菩提於一切法無分别故。

讚曰：此即第四通證諸法智。一切法者有爲無爲諸法之中皆現等覺。以法本性於諸法中無有分别故，能證智證諸法時皆亦不分别，故法本性亦性平等。由如空中種種雲霧，如屏風上種種像貌，空及屏風竝無分别，雲及畫像種種相起。

佛説如是寂靜法性般若理趣現等覺已，

讚曰：自下第三結歎法德，此即結也。

告金剛手菩薩等言：若有得聞如是四種般若理趣現等覺門，信解、受持、讀誦、修習，乃至當坐妙菩提座，雖造一切極重惡業，而能超越一切惡趣，疾證無上正等菩提。

讚曰：此即歎德。然準經中有十法行，此中但説有六法行：一聞，二信解，三受持，四讀，五誦，六修習。始從今日於十法行初首行時，乃至未來坐菩提座成佛[三]已來，雖造一切極重惡業，謂見中邪見，業中意業，逆中破和合僧等，雖皆具造，由悟解故，不爲被染，而能超越一切惡趣。由聞經行等大威神力，此諸惡業作不增長，故不墮於三惡道等，乃至速證無上菩提。計此功德應與前同，但爲別讚經之勝用，故各別説。

爾時，世尊復依調伏一切惡法，釋迦牟尼如來之相，

讚曰：自下第二，有二段經，明行境法。於中有二：初段調伏衆惡普勝法門，由觀實相，能伏衆惡；後段平等智印清淨法門，由觀觀照，智慧照明。今此初段於中有三，初明所説法門之號。於中有二：初明所依如來之相。此爲初也。一切惡法者，二障分別、因果分別、染淨分別，悉能除也。釋迦者，能義。牟尼者，寂默義。能調衆惡，離諸諠[四]動。諠動之法謂生死法，故名能寂默如來之相。依此調伏一切惡法，能寂如來之相，説此法門也。

爲諸菩薩宣説般若波羅蜜多，攝受一切法平等性甚深理趣普勝法門。

讚曰：此陳所説法門之名。攝受一切法平等性者，謂攝一切染淨因果，皆入平等性法界中。由此故能普勝衆惡，由此法門名普勝法。

謂貪欲性無戲論故，瞋恚性亦無戲論。瞋恚性無戲論故，愚癡性亦無戲論。愚癡性無戲論故，

猶預性亦無戲論。猶預性無戲論故，諸見性亦無戲論。諸見性無戲論故，憍慢性亦無戲論。

讚曰：此下第二正説法門，於中有三，初別説生死惑業苦法性無戲論，次陳諸染淨法性無戲論，後説般若亦無戲論。結歸深趣，初中復三：一明煩惱性無戲論，二明業，三明果。煩惱中有二：初明根本，後明隨惑。此根本也。根本有六，由此爲本，一切煩惱皆得生長。謂貪欲性無戲論者，謂染妄法性即真如，真如之法體無戲論。戲論者，謂分別相、名言相、尋思相。由戲論故，執著染淨有所分別，分別故生死生。知無戲論染淨亡，染淨亡性無分別，無分別故生死滅，故能除惡。下皆準知。初三三毒，猶預者疑，諸見謂五見，即耶推度。憍謂憍逸，慢謂七慢，恃己陵人名之爲慢。此六根本真如本性，性無戲論，性無戲論故能離分別。契此本性，離分別，無戲論，一切惡法悉能降伏。

憍慢性無戲論故，諸纏性亦無戲論。諸纏性無戲論故，煩惱垢性亦無戲論。

讚曰：此明隨惑。纏謂數數增盛，現前纏繞於心，故名纏也。此有八種，謂惛沈、睡眠於止爲障，掉舉、惡作於舉爲障，嫉、慳於捨爲障，無慚、無愧於戒爲障，故但立八。垢有六種，謂害、恨、惱及諂、誑、憍，垢穢衆生，故名爲垢。此六相麤，毀責之甚，立以垢名。

煩惱垢性無戲論故，諸惡業性亦無戲論。諸惡業性無戲論故，諸果報性亦無戲論。

讚曰：上惑無戲論，業果亦復然，總名生死法性無戲論。證此無戲論故，離生死一切惡法。

諸果報性無戲論故，雜染法性亦無戲論。雜染法性無戲論故，清淨法性亦無戲論。清淨法性無戲論故，一切法性亦無戲論。

讚曰：此第二明諸染淨法性無戲論。雜

染者，總攝一切有漏法盡與染雜故。清淨者，總攝一切無漏法盡。一切法者，總攝一切有漏無漏、有爲無爲、生死有情，先染後淨，先別後總，義次第故。

一切法性無戲論故，當知般若波羅蜜多亦無戲論。

讚曰：由所觀境性無戲論，能觀之智亦無戲論。如實知故，由此境智悉無戲論，故離生死一切分別，降伏一切惡法皆盡。

佛説如是調伏衆惡般若理趣普勝法已，

讚曰：自下第三歎此經德意，此結前已。

告金剛手菩薩等言：若有得聞如是般若波羅蜜多甚深理趣，信解、受持、讀誦、修習，假使殺害三界所攝一切有情，而不由斯墮於地獄、傍生、鬼界，以能調伏一切煩惱及隨煩惱惡業等故。

讚曰：以經威力能調衆惡故，是殺罪竝得銷除。由悟法性，起斯勝行，故此大罪不招惡果。以經威力善能調伏一切煩惱及隨煩惱惡業等故，設有是罪，不招惡果。相縛縛衆生，亦由麤重縛善，後雙修止觀，方乃俱解脱。一切惡業從煩惱生，一切煩惱從分別起。今離戲論，斷諸分別，分別既盡，惑業亦亡，故此大罪，聞經信解，定得消滅。

常生善趣受勝妙樂，修諸菩薩摩訶薩行，疾證無上正等菩提。

讚曰：上能除惡，下能攝善。於中二果：一世間果，二出世果。

爾時世尊復依性淨如來之相，爲諸菩薩宣説般若波羅蜜多一切法平等性，觀自在妙智印甚深理趣清淨法門。

讚曰：此第四段由觀觀照智慧照明，以顯行境界。文中有三，竝同前解。由能觀智證會諸法本性清淨故，分別相智皆離之名爲性淨，今名得清淨。一切法平等性者，即是真如觀自在悲行也。妙智印者，智行也。又此觀自在即妙智印，印一切法平等故，餘文可知。

謂一切貪欲本性清淨，極照明故，能令世間瞋恚清淨。一切瞋恚本性清淨，極照明故，能令世間愚癡清淨。一切愚癡本性清淨，極照明故，能令世間疑惑清淨。一切疑惑本性清淨，極照明故，能令世間見趣清淨。一切見趣本性清淨，極照明故，能令世間憍慢清淨。

讚曰：此文有三，同前文説。前文是境，此文是智，照明前故。謂於貪欲本性真如清淨境中極照明故，能照明者即是智，以貪欲爲本，生於瞋等故。

一切憍慢本性清淨，極照明故，能令世間纏結清淨。一切纏結本性清淨，極照明故，能令世間垢穢清淨。

述曰：此明於隨煩惱本性清淨極照明也。纏垢等義，竝如前解。所言結者，即是九結，謂愛、恚、慢、無明、見取、疑、嫉、慳、結。結是結縛，能和合苦，難可解故，名之爲結。

一切垢穢本性清淨，極照明故，能令世間惡法清淨。一切惡法本性清淨，極照明故，能令世間生死清淨。

讚曰：上明惑，此明業果。以生死業逼迫果業，故名惡法。言生死者，謂異熟果，即前惡業所招苦果。

一切生死本性清淨，極照明故，能令世間諸法清淨。

讚曰：世間諸法即雜染法，總攝有漏。自下第二，總攝諸法。

以一切法本性清淨，極照明故，能令世間有情清淨。

讚曰：由有漏法成有情故，故有漏後，明其有情。

一切有情本性清淨，極照明故，能令世間一切智清淨。

讚曰：出世間中一切智爲本，舉此攝餘清淨法盡。三乘總觀諸無我智，名一切智。

以一切智本性清淨，極照明故，能令世間甚深般若波羅蜜多最勝清淨。

讚曰：此即第三般若清淨。由能照明一切法性本性清淨故，能觀智最勝清淨，與所緣境極相應故。

佛説如是平等智印般若理趣清淨法已，

讚曰：自下第三，文陳經勝德。平等智印者，謂一切法性無戲論。能觀之智名平等智印。

告金剛手菩薩等言：若有得聞如是般若波羅蜜多清淨理趣，信解、受持、讀誦、修習，雖住一切貪瞋癡等客塵煩惱垢穢聚中，而猶蓮華，不爲一切客塵垢穢過失所染，

讚曰：由能觀智觀染淨法，本性清淨故，住煩惱不爲染汙。悟本性故，此説離過。常能修習菩薩勝行，疾證無上正等菩提。

讚曰：此釋得善果。由起法行悟於真智故，常修習菩薩勝行，乃至終後疾證菩提。

爾時，世尊復依一切三界勝主如來之相，

讚曰：明境六中自下第三，有二段經，明果法境。於二段中，初段法王灌頂智藏法門，顯由二行得財〔五〕位果。後段如來智印金剛法門，顯由二行得自體果。今此初段於中有三，準前應釋。初標所説法門號中，文復有二：初明所依如來之相，後明所説法門之名。此即初也。三界之宅擾攘〔六〕無安，煩惱蟲獸諸苦惱火無量逼切，種種驚怖，令有情等危難竝生。由佛世尊如大長者，怜愍諸子方便拔濟故，佛世尊稱三界主。佛爲法王，故言勝主。依此尊位以説法門。

爲諸菩薩宣説般若波羅蜜多，一切如來和合灌頂甚深理趣智藏法門。

讚曰：此明所説法門之號。至第十地將受如來法王位時，一切十方如來和合，咸灌其頂，如刹帝利受王位法。今此菩薩受佛尊位，以何法水灌灑其頂，令作吉祥？謂一切

佛智慧法水，有殊勝智，出生諸德，含容諸德，譬如於藏，以此智水灌菩薩頂，令無始來二障垢盡，一切如來吉祥功德皆悉圓滿。今説此法，令依趣入，是故稱門。

謂以世間灌頂位施，當得三界法王位果。以出世間無上義施，當得一切希願滿足。以出世間無上法施，於一切法當得自在。若以世間財食等施，當得一切身語心樂。若以種種財法等施，能令布施波羅蜜多速得圓滿。

讚曰：自下第二正顯所説法門。六度不同，隨成六段。施中有五：一位施，二義施，三法施，四財施，五總無畏施。其實五施一一竝得多果，此中且説五相似果。若捨榮貴位而修正法，當得成佛，爲三界法王。由施義味順於理故，當來希願悉皆滿足。因以法施當能達解一切佛法。財食因施充益三業，故於當來得樂三業。若以種種財法等施者，謂以財法攝取衆生，令其無畏，名無畏施。《菩提心經》説：願行財施，要有五種：一至心，二信心，三隨時，四自手，五如法。如有頌言：施者殊勝，信等具足。恭敬應時，自手施等。又有頌言：利他加行於有情，不簡有力及無力。於一切時一切施，隨力所能廣説法〔七〕饒益。不應施有五：非理財不應施，不淨故；酒及毒不應施，亂生故；罝羅機網不應施，惱生故；刀杖弓箭不應施，害生故；音樂女色不應施，壞淨心故。施有五利：一常近賢聖，二衆生樂見，三入衆宗敬，四好名流布，五作菩提因。無著菩薩説，謂修六種意樂：一廣大，二長時，三歡喜，四荷恩，五大志，六純善。於此六中起三作意：一愛重，二隨喜，三欣樂。聞此六種，但當能起一念信心，尚能發生無量福聚，諸惡業障亦當銷滅，何況菩薩。

受持種種清淨禁戒，能令淨戒波羅蜜多速得圓滿。於一切事修學安忍，能令安忍波羅蜜多速得圓滿。於一切時修習精進，能令精進波羅蜜多速得圓滿。於一切境修行靜慮，能令靜慮波羅蜜多速得圓滿。於一切法常修妙慧，能令般若波羅蜜多速得圓滿。

讚曰：三種戒法，皆能圓滿，卵結鵝珠，而能不壞。三戒非一，故言種種。事事能忍，一切時能勤，無懈疲故。於一切境能靜慮，無散亂心故。於一切法修慧，皆能簡擇故。行此六度得六果報：一富貴，二大生，三大朋屬，四大業成就，五無惱縛垢，六達五明。能作義利，如《攝大乘》廣説其相。

佛説如是灌頂法門般若理趣智藏法已，告金剛手菩薩等言：若有得聞如是灌頂甚深理趣智藏法門，信解、受持、讀誦、修習，速能滿足諸菩薩行，疾證無上正等菩提。

讚曰：由聞六度菩薩行成，所求菩提亦能速得。

爾時，世尊復依一切如來智印，持一切佛秘密法門如來之相，爲諸菩薩宣説般若波羅蜜多，一切如來住[八]持智印，甚深理趣金剛法門。

讚曰：此第二段如來智印金剛法門，顯由二行得自體果。文有三等，竝同前釋。此即第一，標所説法門之號。以妙智印任持一切佛甚深法，佛甚深法體性難知，名爲秘密。以一智印持諸佛法，一切佛法竝入此故，名爲任持。今説此法令勤趣入，故名爲門。以能破壞一切生死，智體堅實，故名金剛。

謂具攝受一切如來金剛身印，當證一切如來法身。若具攝受一切如來金剛語印，於一切法當得自在。

讚曰：由在因中別行如來三業，因印得果之時，得如金剛法身等果。

若具攝受一切如來金剛心印，於一切定當得自在。若具攝受一切如來金剛智印，能得最上妙身語心，猶若金剛無動無壞。

讚曰：由在因中具行三業，金剛智印得

果之時，能得最上妙身語心。謂如金剛不爲耶友所動，不爲生死所壞。此中意説别行三業殊勝之因，别得三果。具行三業所有勝因，總得一果。三業堅實猶如金剛，不可動壞。

佛説如是如來智印般若理趣金剛法已，告金剛手菩薩等言：若有得聞如是智印甚深理趣金剛法門，信解、受持、讀誦、修習，一切事業皆能〔九〕成辦，常與一切勝事和合，所欲修行一切勝智諸勝福業皆速圓滿。

讚曰：自下第三歎此經德。一切事業皆得成辦者，謂諸無罪順理善事。常與一切勝事和合者，現在、後生常與勝事和合相應，衰滅等事皆悉遠離，所修福慧皆速圓滿。此説因位所得勝利。

當得最勝淨身語心，猶若金剛不可破壞，疾證無上正等菩提。

讚曰：此説未來所得果位殊勝妙果。

爾時，世尊復依一切無戲論法如來之相，爲諸菩薩宣説般若波羅蜜多甚深理趣輪字法門。

讚曰：上六段經明勝境訖。次有六段當明勝行，復分爲三：初二段顯依實相斷修之相，次二段顯依觀照修斷之相，後二段顯依二法遍修之相。就初二段顯依實相斷修相中，有二：初離諸戲論輪字法門，由觀真如斷分别故；後入廣大輪平等性門，由觀平等修證真故。此下初段，文勢有三。初標所説法門之號，中復分爲二。初辨所依如來之相，真如法性離諸分别，離言説道，故無戲論，即是依於法身之相。輪字法門者，輪有二義：一周圓義，二摧壞義。由觀真如性無戲論遍一切法，故名周圓。由觀此故，離分别執，摧壞生死一切執著，故名摧壞。詮此輪理所有法門，名輪字法。教能詮顯，故名爲門。由聞此教遂起輪行，起輪行已得輪果，得輪果已復爲他轉，如是展轉。

謂一切法空無自性故，一切法無相離衆相故，一切法無願無所願故。

讚曰：以下第二正陳所説，於中有四。初三解脱門境，遍計所執，一切皆空，圓成無相，依他無願。又此三種皆通三性。又但有二，謂妄與真，真妄皆通，有三種，故非我有名空，離十名無相，不希名無願。

一切法遠離，無所著故。一切法寂靜，永寂滅故。

讚曰：此即第二離著離生。

一切法無常，性常無故。一切法無樂，非可樂故。一切法無我，不自在故。一切法無淨，離淨相故。

讚曰：此即第三離四倒執〔一〇〕。

一切法不可得，推尋其性不可得故。一切法不思議，思議其性無所有故。一切法無所有，衆緣和合假施設故。一切法無戲論，本性空寂離言説故。一切法本性淨，甚深般若波羅蜜多本性淨故。

讚曰：此第四離諸執著也。無如所執，有所得故。尋思之心、言説之議，不可思議故。法假施設，無實有故。法性離言，無戲論故。法性本淨，實相般若本性淨故。此既是法性，諸法隨本體，故皆是空。

佛説如是離諸戲論般若理趣輪字法已，告金剛手菩薩等言：若有得聞此無戲論般若理趣輪字法門，信解、受持、讀誦、修習，於一切法得無礙智，疾證無上正等菩提。

讚曰：此即第三歎經勝德達法性空，故於諸法得無礙智。

爾時，世尊復依一切如來輪攝如來之相，爲諸菩薩宣説般若波羅蜜多，入廣大輪甚深理趣平等性門。

讚曰：此即第二入廣大輪平等性門，由觀平等修證真故。於中有三，此標所説法門之名。前明輪字未明攝法，今明諸法皆真所攝，圓滿周備離執著故。此遍滿故，名爲廣大。

無法不攝，故名平等。諸法本體，故名爲性。謂入金剛平等性，能入一切如來性輪故。入義平等性，能入一切菩薩性輪故。入法平等性，能入一切法性輪故。

讚曰：自下第二正陳所説。於中有三：初別明性輪，後總明性輪。別明性輪中有三：初明聖者性輪，二明法性輪，三明有情性輪。初中有三：初明佛性輪，法身本性能破生死，堅實難壞，如金剛故。菩薩之法依教所詮，以行修證故，義平等名菩薩性。佛亦應是義平等性，以離能詮堅實之義，别名金剛，不名爲義。菩薩證此未得金剛圓滿法性，但立義名。其二能詮總名爲法。法謂教法，欲顯所詮因果勝法，能詮之教竝攝入於法性輪故，隨順説別，性竝即真。

入蘊平等性，能入一切蘊性輪故。入處平等性，能入一切處性輪故。入界平等性，能入一切界性輪故。

讚曰：自下第二明法性輪，於中有三：初別法，次通法，後位法。別法中有七，此初三科也。義別説三，體真法性。

入諦平等性，能入一切諦性輪故。入緣起平等性，能入一切緣起性輪故。入寶平等性，能入一切寶性輪故。入食平等性，能入一切食性輪故。

讚曰：此四別法。諦謂四諦，緣起有十二，寶謂三寶。食謂四食，謂段、觸、思，及與識食。香、味、觸三名爲段食。觸謂觸數，第六識俱。思謂思數，即第六俱。識謂識蘊，即唯第八。隨緣説四，攝歸法性。

入善法平等性，能入一切善法性輪故。入非善法平等性，能入一切非善法性輪故。入有記法平等性，能入一切有記法性輪故。入無記法平等性，能入一切無記法性輪故。入有漏法平等性，能入一切有漏法性輪故。入無漏法平等性，能入一切無漏法性輪故。入有爲法平等性，能入一切有爲法性輪故。入無爲法平等性，能入一切無爲法性輪故。入世間法平等性，能入一切世間法性輪故。入出世間法平等性，能入一切出世間法性輪故。

讚曰：此即第二明諸通法入法性輪。於中有五，其義如文。此五通在人法二種。

入異生法平等性，能入一切異生法性輪故。入聲聞法平等性，能入一切聲聞法性輪故。入獨覺法平等性，能入一切獨覺法性輪故。入菩薩法平等性，能入一切菩薩法性輪故。入如來法平等性，能入[二]如來法性輪故。

讚曰：此即第三明諸位法入法性輪。於中有五，一凡法，四聖法，如應當知。

入有情平等性，能入一切有情性輪故。

讚曰：此即第三明有情入本性輪。

入一切平等性，能入一切性輪故。

讚曰：此即第二總明性輪。若聖、若凡，若人、若法，一切皆入本性輪故，欲顯一切皆歸本性廣大輪攝。

佛説如是入廣大輪般若理趣平等性已，告金剛手菩薩等言：若有得聞如是輪性甚深理趣平等性門，信解、受持、讀誦、修習，能善悟入諸平等性，疾證無上正等菩提。

讚曰：此即第三歎經勝德。由聞此故，現在後生能善悟入諸平等性，學悟、證悟皆善悟入，乃至究竟疾得菩提。

爾時，世尊復依一切廣受供養真淨器田如來之相，爲諸菩薩宣説般若波羅蜜多，一切供養甚深理趣無上法門。

讚曰：明行中自下兩段顯依觀照修斷之相。初段真淨供養無上法門，由依觀照修供養故。後段能善調伏智藏法門，由依觀照除忿等故。此即初也，於中有三。初標所説法門之號。廣受供養真淨器田者，由佛因行具真供養，能行一切真法行故，成佛之時一切滿足，三業純淨，堪能廣受衆生供養。真實法器與諸衆生，作真淨田，故名無上。其二乘等，雖真福田，非無上故。

謂發無上正等覺心，於諸如來廣設供養。攝護正法，於諸如來廣設供養。修行一切波羅蜜多，於諸如來廣設供養。修行一切菩提分法，於諸如來廣設供養。修行一切總持等持，於諸如來廣設供養。修行一切五眼六通，於諸如來廣設供養。修行一切靜慮解脱，於諸如來廣設供養。修行一切慈悲喜捨，於諸如來廣設供養。修行一切佛不共法，於諸如來廣設供養。

讚曰：自下正説由在因中行正供養，後爲淨因。於中有三：初修習行，次觀察行，後法行行。此即初也。就中復三：初發心行，次攝護行，後修習行。於諸供養中法供養爲最勝。天王會云：二人遠離王賊等，所不能侵大寶藏。百千萬劫法難聞，得聞不持不施等。大菩提心護正法，如教修行心寂靜。自利利他心平等，是則名真供養佛。大菩提心者，佛自説言：如諸菩薩最初發心下劣一念，福德果報爲[三]千萬劫説不能盡，況經多劫。譬如大海初漸起時，當知皆爲乃至無價寶珠作所住處，一切寶珠皆海生故。三千大千世界初起，當知便爲二十五有一切衆生作依止處。菩薩發心亦復如是，初漸起時普爲一切無量衆生作依止處。菩薩發心慈悲爲首，譬如虚空無不普覆。虚空無量故衆生無量，衆生無量故菩薩發心亦復如是，以能遍覆一切世界一切生故。若菩薩親近善知識，供養諸佛，修集善根，志求勝法，心常柔和，遭苦能忍，慈悲淳厚，深心平等，信樂大乘，求佛智慧，若人能具如是十法，乃能發於阿耨多羅三藐三菩提心，廣如經説。攝護正法者，攝謂攝受、攝持，即是勝鬘攝受正法；護謂擁護護念，即是護念付囑正法。攝受擁護爲法城塹，不惜身命以設供養。波羅蜜多以下是修習行。於中有七：總持者，謂陀羅尼；等持者，謂三摩地；靜慮，謂四靜慮；解脱，謂八解脱；

慈悲喜捨，即四無量；一切佛不共法者，菩薩地説：諸佛世尊有百四十不共佛法，謂諸如來三十二相、八十隨好、四一切種清淨、十力、四無所畏、三念住、三不護、大悲、無忘失法、永害習氣及一切種妙智，是名一切佛不共法。其三十二相、八十隨好、十力、四無所畏、大悲、無忘失法竝如前辨。四一切種清淨者：一，一切種所依清淨，煩惱、麤重習氣皆永盡故，又於自體如自所欲，取住捨中自在而住；二，一切種所緣清淨，謂於種種若化、若變、若所顯現一切所緣，皆自在轉；三，一切種心清淨，諸心麤重永遠離故，一切善根皆積集故；四，一切種智清淨，無明麤重永遠離故，又遍所知智、無障礙智自在轉。三念住者，謂諸如來於其長夜有如是欲，如何當令諸有情類於我善説法毗奈耶無倒行中，如實隨住。如是長夜欲樂法主化御衆時，若所希欲或遂、不遂，不生雜染。由三念住，略所顯故。此三復由三衆別：一，一向正行；二，一向邪行；三，一分正行、一分邪行，不生喜恚，但生大捨。三不護者，謂諸如來三業清淨現行。永害習氣者，謂諸如來或於動轉，或於瞻視，或於言論，或於安住似有煩惱，所起作業多不現行，一切習氣皆斷無餘。一切種妙智者，總於諸法無顛倒智。所餘佛法如前已説。

觀一切法若常若無常，皆不可得，於諸如來廣設供養。觀一切法若樂若苦，皆不可得，於諸如來廣設供養。觀一切法若我若無我，皆不可得，於諸如來廣設供養。觀一切法若淨若不淨，皆不可得，於諸如來廣設供養。

讚曰：自下第二觀察行相。於中復三：一，離四倒行；二，三門行；三，離著生滅行。此則初也。異生多執身受心法，以爲淨樂我常，爲破彼故，説四諦理。既無常、無樂、無我、無淨，令厭生死趣求二乘。二乘遂執真實有彼無常等四，既有法執附著小果，不欲大乘。世尊後説大般涅槃，常、樂、我、淨，令捨小果趣求大乘，彼聞厭捨，遂得佛果。此二俱是引攝方便，非實道理。諸法實非此二四種，故有説言，諸佛或説我、或時説非我，諸法實相中，無我、無非我，餘三亦爾。今觀實相以設供養故，觀諸法常無常等，皆不可得。

觀一切法若空若不空，皆不可得，於諸如來廣設供養。觀一切法若有相若無相，皆不可得，於諸如來廣設供養。觀一切法若有願若無願，皆不可得，於諸如來廣設供養。

讚曰：此即第二三門行也。若是二乘觀苦爲空，即空無我行故。觀集道全苦諦，少分爲無願行。觀於滅諦，爲無相行，欣厭事成。若大乘者，觀遍計所執實我法爲空行，觀依他起爲無願行，觀圓成實爲無相行。又三皆通，空、無相、無願竝破凡夫妄想分別我法執等，故不空是凡，執有願、有相竝皆如是。其空等行此，皆趣入方便之門。據理，實相非空不空、有願無願、有相無相。今觀實相故不可得，推前一法達一切故。故論説言：舜若多者，名爲空性，法性非空空之性故。

觀一切法若遠離若不遠離，皆不可得，於諸如來廣設供養。觀一切法若寂靜若不寂靜，皆不可得，於諸如來廣設供養。

讚曰：凡夫妄想樂著生死，性不寂靜，有不遠離及不寂靜。爲破彼故，説爲遠離及於寂靜，依於遠離及寂靜門破彼病故，以入於真名爲遠離及寂靜等。據實法體非遠不遠、非靜不靜，靜不靜等皆是入門，故非法性。以實相體名言路絶，尋思道息故，遠離等皆不可得。

於深般若波羅蜜多書寫、聽聞、受持、讀誦、思惟修習，廣爲有情宣説流布，或自供養，或轉施他，於諸如來廣設供養。

讚曰：自下第三行門〔三〕法行行：一書寫，

二聽聞，三受持。愛樂寶重，不離於心，生死威儀，願相隨故。四讀，五誦，六思惟，七修習，如説行也。八廣爲有情宣説流布，九自供養，十施他。此十名爲行法行。此中皆得自作、教他、讚歎、隨喜、慶慰。供養之中説自言者，以對施他，且復言自。據實而言，自供、教他、讚歎、隨喜、慶慰，竝得供養。施他書寫，乃至教他、施他讚歎等事，竝名法行，名爲供養。行十法行者，獲福聚無量，勝故，無盡故，由攝他不息，廣如《中邊論》説。

佛説如是真淨供養甚深理趣無上法已，告金剛手菩薩等言：若有得聞如是供養般若理趣無上法門，信解、受持、讀誦、修習，速能圓滿諸菩薩行，疾證無上正等菩提。

讚曰：此即第三歎經勝德，以法供養即菩薩行故，菩薩行速得圓滿。

爾時，世尊復依一切能善調伏如來之相，爲諸菩薩宣説般若波羅蜜多，攝受智密，調伏有情甚深理趣智藏法門。

讚曰：明依觀照修行〔一四〕相中自下第二能善調伏智藏法門。由依觀照除忿等，故文意有三，準前應釋。此即第一總標所説法門之名。能善調伏者，能除忿等，名善調伏。攝受智密調伏有情者，觀照之智微妙名密。此智爲藏，具能攝受一切諸佛法所有功德，名爲攝受，亦名智藏。以此智藏能除自他忿恚等過，故名調伏。此門義顯，由觀照智，達法本性，忿恚惡法，竝能調伏。

謂一切有情平等性，即忿平等性。一切有情調伏性，即忿調伏性。一切有情真法性，即忿真法性。一切有情真如性，即忿真如性。一切有情法界性，即忿法界性。一切有情離生性，即忿離生性。一切有情實際性，即忿實際性。一切有情本空性，即忿本空性。一切有情無相性，即忿無相性。一切有情無願性，即忿無願性。一切有情遠離性，即忿遠離性。一切有情寂靜性，即忿寂靜性。一切有情不可得性，即忿不可得性。一切有情無所有性，即忿無所有性。一切有情難思議性，即忿難思議性。一切有情無戲論性，即忿無戲論性。一切有情如金剛性，即忿如金剛性。

讚曰：此下第二正陳所説。文中有二：初説十七實相即忿實相，後釋所由。此即初也。文分爲五。初以不二、除斷、無變三種實相以即於忿。他忿之時，應作此念：法既平等，何有瞋忿？法既離染，忿能調我。法既無變，忿性亦然。何須分別見他生忿而起恚惱？作此觀已，故一切惑皆悉除滅。下皆準知。第二，以實常、德性、滅破、真境四種實相，以即於忿。第三，以非有、離相、不求三種實相，以即於忿。第四，以斷染法、離生二種，以即於忿。第五，以無得、虛僞、深妙、離言、堅實五種，以即於忿，如其次第一一配之。此中法門如前已辨，故不解釋。煩惱之中瞋忿爲重，此中偏舉，論實通餘一切染也。以忿即真知本染盡，有情起忿有情本性即忿本性，人法本性皆即實相，無二分故。既知此已，不見忿等故，不應生煩惱之過。

所以者何？一切有情真調伏性，即是無上正等菩提，亦是般若波羅蜜多，亦是諸佛一切智智。

讚曰：自下第二釋其所由。以有情本調伏性，實相即是法身無上正等菩提。此説實相本性菩提，亦是能觀觀照般若，法性、法相體不異故，如刀之利，體無別故。由此故知，忿之本性，亦是諸佛一切智智。此有多解，真智、俗智各得一名。第二解云，一切智者，佛也。又言，智者佛所成智。此本性般若即佛之智。以忿即真如，亦即佛之智故，煩惱性即是覺分，更無異故。又復覺知是煩惱故，永不起之，法性本同，用不異故。又調伏性即是實相，菩提亦是實相，般若亦是諸佛智之本性。本性名智，智之本故。四名雖有別，體一故相即。智及智處皆名般若，義意同故。

佛説如是能善調伏甚深理趣智藏法已，告金剛手菩薩等言：若有得聞如是調伏般若理趣智藏法門，信解、受持、讀誦、修習，能自調伏忿恚等過，亦能調伏一切有情。

讚曰：自下第三歎經勝德。此雜染失忿恚等者，通諸染也。

常生善趣受諸妙樂，現世怨敵皆起慈心。

讚曰：此即第二世間勝果。忿唯不善，起必招苦。今離忿等故，生善趣受勝樂果，以無忿故，不惱於他故，現怨家慈心相向。

能善修行諸菩薩行，疾證無上正等菩提。

讚曰：此即出世勝善果也。

爾時，世尊復依一切能善建立性平等法如來之相，爲諸菩薩宣説般若波羅蜜多一切法性甚深理趣最勝法門。

讚曰：明行之中總有六段，自下末後二段顯依二法遍修之相。此段性平等性最勝法門，修觀實相，人法平等，皆遍滿故。後段有情住持勝藏法門，修觀觀照，遍諸人法，皆善緣故。此中有三，此即第一總標所説法門之號。能善建立性平等法者，性平等法，謂即真如，遍於人法，名性平等。此真實性不可施設言説分別，今施設爲性平等法，故名建立。真實法性，故名最勝。法令趣入，故名爲門。

謂一切有情性平等故，甚深般若波羅蜜多亦性平等。一切法性平等故，甚深般若波羅蜜多性平等。一切有情性調伏故，甚深般若波羅蜜多亦性調伏。一切法性調伏故，甚深般若波羅蜜多亦性調伏。一切有情有實義故，甚深般若波羅蜜多亦有實義。一切法有實義故，甚深般若波羅蜜多亦有實義。

讚曰：此下第二正陳所説，於中有六。第一，以人法遍滿、離染、真理三種以即般若，皆同前門。第三名無變。此名真理者，前名真法，此名實義故。世出世間，莫過二種：一有情，二法。悟此二種，即是般若波羅蜜多觀照之智。二種本性即成[一五]是實相般若波羅蜜多，故皆相即。

一切有情即真如故，甚深般若波羅蜜多亦即真如。一切法即真如故，甚深般若波羅蜜多亦即真如。一切有情即法界故，甚深般若波羅蜜多亦即法界。一切法即法界故，甚深般若波羅蜜多亦即法界。一切有情即法性故，甚深般若波羅蜜多亦即法性。一切法即法性故，甚深般若波羅蜜多亦即法性。一切有情即實際故，甚深般若波羅蜜多亦即實際。一切法即實際故，甚深般若波羅蜜多亦即實際。

讚曰：第二以人法實常、德性、法體、真境四種以即般若。

一切有情即本空故，甚深般若波羅蜜多亦即本空。一切法即本空故，甚深般若波羅蜜多亦即本空。一切有情即無相故，甚深般若波羅蜜多亦即無相。一切法即無相故，甚深般若波羅蜜多亦即無相。一切有情即無願故，甚深般若波羅蜜多亦即無願。一切法即無願故，甚深般若波羅蜜多亦即無願。

讚曰：第三以人法非有、離相、不求三種以即般若。

一切有情即遠離故，甚深般若波羅蜜多亦即遠離。一切法即遠離故，甚深般若波羅蜜多亦即遠離。一切有情即寂靜故，甚深般若波羅蜜多亦即寂靜。一切法即寂靜故，甚深般若波羅蜜多亦即寂靜。

讚曰：第四以人法離染、離生二種以即般若。

一切有情不可得故，甚深般若波羅蜜多亦不可得。一切法不可得故，甚深般若波羅蜜多亦不可得。一切有情無所有故，甚深般若波羅蜜多亦無所有。一切法無所有故，甚深般若波羅蜜多亦無所有。一切有情不思議故，甚深般若波羅蜜多亦不思議。一切法不思議故，甚深般若波羅蜜多亦不思議。一切有情無戲論故，甚深般若波羅蜜多亦無戲論。一切法無戲論故，甚深般若波羅蜜多亦無戲論。

讚曰：第五以人法無得、虚僞、深妙、離言四種以即般若。

一切有情無邊際故，甚深般若波羅蜜多亦無邊際。一切法無邊際故，甚深般若波羅蜜多亦無邊際。一切有情有業用故，當知般若波羅蜜多亦有業用。一切法有業用故，當知般若波羅蜜多亦有業用。

讚曰：第六以人法廣大、作用二種即於般若。以境廣大，智亦如是。以境具有流轉業用，般若亦有觀照境界，除斷之用。

佛說如是性平等性甚深理趣最勝法已，告金剛手菩薩等言：若有得聞如是平等般若理趣最勝法門，信解、受持、讀誦、修習，則能通達平等法性甚深般若波羅蜜多。

讚曰：第三歎德。性平等性者，真如實相體性平等。人法本性故，名性平等性，則能通達平等法性。由聞信等此性平等威神力故，故能通達平等法性。平等法性即深般若波羅蜜多。深般若波羅蜜多義合〔一六〕二種：一實相，二觀照。今達實相，由觀本性遍人法故。前文所即深般若者，即是觀照。不爾，如何實相般若亦有業用？

於諸有情心無罣礙，疾證無上正等菩提。

讚曰：所依法性尚能通達，能依人法理亦無礙。罣者，障也。礙者，拘礙。通達人法亦無障礙。達所依故，能依亦達。

爾時，世尊復依一切住持藏法如來之相，爲諸菩薩宣說般若波羅蜜多，一切有情住持遍滿甚深理趣勝藏法門。

讚曰：此第二段有情住持勝藏法門。修觀觀照遍諸人法，皆善緣故。文中有三，此即第一標所說法門之名。就中復二，初說依相，後說其名。住持藏法者，住謂住止，謂如來藏等，無始有情皆依之住，或此先住諸有情中。持謂住持，謂如來藏等住持有情，爲有情本，亦能住持一切佛法所有種子。藏法者，謂如來藏即無爲中含容無邊佛功德故，名之爲藏。一切有情住持遍滿，謂如來藏遍滿依住有情身心，能持一切佛法功德。此即一切殊勝寶藏。詮此教法，名爲法門。如來藏義是根本名故，不說餘金剛藏等。

謂一切有情皆如來藏，普賢菩薩自體遍故。

讚曰：自下第二正陳所說，於中有四，此即第一。一切有情皆如來藏者，如來藏者即是真如在纏之名，出纏之時名法身故。藏謂庫藏，諸佛所有一切功德皆在其中，名如來藏。現行功德未能起故，不名法身。又此真性正實如來藏，在纏中名如來藏。一切衆生皆有真理，故《勝鬘》云：夫生死者是如來藏。普賢菩薩自體遍故者，賢謂賢善，遍體三業一切賢善，故名普賢。菩薩證此普賢善理，又其自體普皆賢善。三業等法，一切皆賢。由是菩薩所證真理，能證有爲自體等法，一切調順並皆賢善。又由此性體遍三業，能令三業普皆賢善，故名普賢。然今菩薩普賢本性即如來藏故，說普賢菩薩自體遍有情體，故有情者皆如來藏，廢用顯體，名普賢遍。

一切有情皆金剛藏，以金剛藏所灌灑故。

讚曰：此即第二，一切有情皆金剛藏，即如來藏。堅實難壞，能有破裂生死之德，名金剛藏。金剛藏菩薩能證於此金剛藏理，亦能獲得金剛藏智，名金剛藏。然今一切有情本體皆金剛藏，然以般若金剛藏教灌灑身心，悉得堅實破裂生死堅固之法，故知有情皆金剛藏。灌者，入身心之義。灑者，破生死之業，以彼展轉金剛藏教所灌灑時，破生死故。

一切有情皆正法藏，一切皆隨正語轉故。

讚曰：此即第三，一切有情皆正法藏。正法，即是般若真教。藏，謂庫藏，一切有情皆是正法之庫藏也，以諸有情皆能隨順正語轉故。言正語者，謂順理語即是契經，謂諸有情皆能隨順正語而轉。轉謂動轉，能依正語聖教法行，得堅實法故。有情性相竝名有情，從諸有情發起正語，故諸有情名正法藏。一切有情皆妙業藏，一切事業加行依故。

讚曰：此即第四，一切有情皆妙業藏。妙業即是菩薩所有諸善三業。藏義同前。一切有情皆是菩薩妙業庫藏。菩薩欲起諸善事業，皆爲有情，或爲證彼有情本性，或欲拔彼生死苦惱，發起加行，故有情是加行所依。所依即藏，從諸有情起妙業故。上來四種：第一法體，談本藏故；第二法用，破生死故；第三教依，無倒本故；第四德依，諸德本故。若不能曉，與此相違。

佛說如是有情住持甚深理趣勝藏法已，告金剛手菩薩等言：若有得聞如是遍滿般若理趣勝藏法門，信解、受持、讀誦、修習，則能通達勝藏法性，疾證無上正等菩提。

讚曰：自下第三歎經勝德。勝藏法性，即如來藏等四種勝藏，法本性故，由今聞等故後通達。

爾時，世尊復依究竟無邊際法如來之相，爲諸菩薩宣說般若波羅蜜多，究竟住持法義平等金剛法門。

讚曰：自下第三二段明行得果。於中分二：初無邊無際究竟法門，得二果時廣深一味，極殊勝故，自利果德；後甚深理趣無上法門，得二果已，自利利他，爲三界主，隨諸有情所願，皆從利他果德。此即初段，就此初段中文有其三。此即第一，總標所說法門之號。於中復二：初說所依，後辨其名。究竟者，最勝義、第一義、無上義、窮極義。無邊者，廣。無際者，深。此意說言，佛身最勝、廣、深之法。究竟住持法義平等者，究竟者，同前釋。住者，依止。持者，住持。法者能詮，文字之教。義者所詮，理趣之義。平等者，相似義、不異義。金剛者，堅實義、能破義。謂最勝依止住持，教理不異，破壞生死。法門，謂法義，皆能無邊際等故。又究竟住持，住持一切諸佛法故。法義平等，相順無二。金剛法者，能破生死堅實法門。

謂甚深般若波羅蜜多無邊故，一切如來亦無邊。

讚曰：此下第二正陳所説。前性平等性最勝法門中，説一切有情無邊等故，甚深般若波羅蜜多亦無邊。般若既通實相、觀照、文字等五，三身如來隨亦無邊。實相之理，法身無邊，觀照之智，報身無邊。依此二種化身應物隨緣，即現業用無邊。無邊者廣，量難測故。諸根相好一一無邊，無限善根所引生故。

甚深般若波羅蜜多無際故，一切如來亦無際。

讚曰：無際者深，妙難知故，亦由三劫難修所得故深。般若名爲無際，此成三身亦名無際，非是二乘凡夫等類，十地菩薩所能知故。

甚深般若波羅蜜多一味故，一切法亦一味。

讚曰：此能觀觀照及所觀理方便等五法，皆一味故，名爲平等。一味者，一相義，謂無相和合義、無分别義。又一味者，堅實故，離苦樂相，無歡戚故。其一切法，若教若義，皆亦一味。隨二般若無乖諍故。《佛地經》説：譬如三十三天未入雜林，終不能於若事若受，無我我所，和合受用。若入雜林，即無分别，隨意受用。由此雜林有如是德，能令諸天入此林者，天諸果報，若事若受，無所思惟，和合受用。如是菩薩若未證得無生法忍，終不能得平等之心、平等之捨，乃與一切聲聞獨覺無有差别。有二想故，彼不能住受用和合一味事智。若已證得無生法忍，遣二想故，得平等心，遂與聲聞獨覺差别，由平等心而能住捨受用和合一味事智。彼論説言，三十三天有一雜林，諸天和合福力所感，令諸天衆不在此林宫殿等事，苦樂受等勝劣有異，有我我所差别受用。若在此林，若事若受，都無勝劣，皆同上妙，無我我所，和合受用，能令平等和合受用，故名雜林。此由諸天各修平等，和合福業增上力故，令彼諸天本識變現，同處同時，同一相法。由彼雜林增上力故，令彼轉識亦同變現，雖各受用而謂無别。如是地前、地上菩薩差别、無差别，亦復如是，二相、無相所引生故，未得無生及得别故。即彼經云：又如種種大小衆流，未入大海，各别所依，異水少水，水有增減，隨其水業所作各異，少分依持水族生命。若入大海，無别所依，水無差别，水無限量，水無增減，所作業一，廣大依持水族生命。如是菩薩若未證入如來清淨法界大海，各别所依，異智少智，智有增減，隨其智業所作各異，少分衆生成熟善根之所依止。若已證入如來清淨法界大海，無别所依，智無限量，智無增減，受用和合一味事智，無量衆生成熟善根之所依止。彼論説言：水别所依，種種地方爲所依故。菩薩所依，别别如來爲所依故。異水者，清濁灰美水差别故。菩薩異智者，各别勝解所修成故。所餘法譬，隨義可知。菩薩既然，故修成時，成佛之位，三身萬德，各唯一味。

甚深般若波羅蜜多究竟故，一切法亦究竟。

讚曰：此觀照及境文字等五，最勝第一名爲究竟，諸法及義隨般若亦爾。此中意顯，由深般若因位、文字、眷屬、境界、無邊無際一味究竟，所行之行得三身果，所説法義隨身亦爾。有深般若諸法本性，本性既一味究竟，故法亦爾。

佛説如是無邊無際究竟理趣金剛法已，告金剛手菩薩等言：若有得聞如是究竟般若理趣金剛法門，信解、受持、讀誦、修習，一切障法皆悉消除，定得如來執金剛性，疾證無上正等菩提。

讚曰：此即第三歎經勝德。既聞般若，及佛三身所有法義無邊際等，一切障法皆悉銷除，定得如來執金剛性。謂領受此能破生死，真實本性真如法界，疾證無上正等菩提。此中具有滅惡、攝善二種勝德。

爾時，世尊復依遍照如來之相，爲諸菩薩宣説般若波羅蜜多，得諸如來秘密法性，及一切法無戲論性大樂金剛、不空神呪金剛法門[一七]，初中後位最勝第一甚深理趣無上法門。

讚曰：此第二段甚深理趣無上法門。得二果已自利利他，爲三界主隨諸有情所願，皆從利他果德。遍照智者，即一切智、一切種智。如睡夢覺，如蓮華開，通達諸法，遍能自利及利他盡名爲遍照。得諸如來秘密法性，得謂獲證，謂此法門能得秘密等。可貴可重，名秘。幽隱難知，名密。即是有爲一切殊勝幽微諸法，謂菩提是，及一切法無戲論性，即真法界，離諸名言及分別故。大樂者，得無漏樂。樂有五種：一因樂，二受樂，三苦對治樂，四斷受樂，五無惱害樂。此中有四：一出離樂，二遠離樂，三菩提樂，四涅槃樂。今得此五及後四種，故言大樂，遍滿法界俱是樂故。金剛者，能破義，一切障法悉能破故。不空者，顯此妙法非空無果，必有靈驗殊勝異果，名爲不空。神呪者，神謂聖德，理事自在，呪謂總持，謂十方佛共有聖德，名之爲神，以一略言具一切佛法所有功德，此名爲呪。金剛法性者，諸佛般若堅實諸法，破滅一切生死怨敵，總含諸德，故名總持，此爲第一，故名法性。此上所詮法門所得行，以下總是能得法門。初中後位者，謂此經中初説、中説、後説三位，或發心修行證得三位，或聽聞修行離欲三位。此爲最勝無二、第一無上法行。由此法門最第一故，能證如來秘密法性等。

謂大貪等最勝成就，令大菩薩大樂最勝成就。

讚曰：自下第二正陳所説，文中有二。初以三復次説菩薩行、十惡業道等因所得果利。後三復次説陀羅尼。初中有三復次：初復次中有二，初明惡業道貪等爲因所得果利，後明善業道般若爲因所得果利。明貪等爲因中，初明自利果，後明利他果。明自利果中，明由貪等爲因，展轉得四種果：一，由貪等爲因得大樂；二，大樂爲因得大覺；三，大覺爲因得能降四魔；四，降四魔爲因得自在。云何名爲謂大貪等最勝成就？所謂菩薩於其因中，翻其生死十惡業道，自行出世十惡業道。一，能殺生，謂斷衆生生死流轉，斷是殺義。二，不與取，無有與者，自然攝取，是無他求，自攝益義。三，欲邪行，了知欲爲邪而修於正行[一八]，若分別欲，實知唯邪，如有頌言：佛説貪恚癡，皆從分別起，淨不淨顛倒，此亦爲緣生。淨不淨顛倒爲緣而有者，彼自性皆無故，顯非真實。四，妄語，若於妄中能説爲妄，如有頌言：一切虚妄法，世尊如實説，於虚妄法中，諸行最虚妄。五，離間語，云何貝戍尼？謂常居最勝空。貝戍尼言顯目離間語，密詮常勝空，貝表勝義，戍表空義，尼表常義，今取密義。六，麤惡語，云何波魯師？謂善安住所知彼岸。此波魯師顯目麤惡語，密詮住彼岸，彼岸即是一切智，佛於其中能善安住，名波魯師。七，綺間[一九]語，若正説法品類差別。八，貪欲，《攝大乘》説，若有數數欲自證得無上靜慮，此意但説從散引生，但言貪定[二〇]，謂起大貪欲，欲無上菩提，貪於生死，度脱有情，名爲貪欲。九，嗔恚，若於其心能正，憎害一切煩惱，已斷已滅，是憎害義。十，邪見，若一切處遍行邪性，皆如實見，即見一切虚妄分別邪亂爲性。雖諸菩薩密行十惡業道，今舉意業大貪爲首，據實通行三業爲因，由此菩薩最勝成就，行此十因故，感前五種樂，勝於凡位所有諸樂，故名最勝。又大樂者，謂五修果，離種種相得法苑樂，如前已辨。

大樂最勝成就，令大菩薩一切如來大覺最勝成就。

讚曰：證得五樂法苑樂故，能得大覺，覺自及他，若理若事，菩薩位得一切佛因佛位，名得大覺圓滿。

一切如來大覺最勝成就，令大菩薩降伏一切大魔最勝成就。

讚曰：由覺事理、自他、邪正故，能永斷四種大魔。

降伏一切大魔最勝成就，令大菩薩普大三界自在最勝成就。

讚曰：由降四魔超過三界，得尊位果故，普大三界，不爲生死四魔所壞，故名自在。略説自在，有其十種。謂壽自在、心自在、衆具自在，此三因施度圓滿。業自在、生自在，由戒度圓滿。勝解自在，由忍度圓滿。願自在，由勤度圓滿。神力自在，由定度圓滿。智自在、法自在，由般若度圓滿。如《攝論》等第九卷説。此十自在，以宗而説，名自利果，證得之時亦有分位故。佛自在普大於三界，故有頌言：天地此界多聞室，逝宮天處十方無。丈夫牛王大沙門，尋地山林遍無等。故佛世尊普大三界。略而言之，清淨法界大圓鏡智、平等性智、妙觀察智、成所作智，福德智慧二種莊嚴，故爲最勝。

普大三界自在最勝成就，令大菩薩能無遺餘拔有情界，利益安樂一切有情，畢竟大樂最勝成就。

讚曰：上明自利，下明利他。於中有二。初明廣大第一之心，利他之行。所以者何下，後明常心、不顛倒心，利他之行。能無遺餘拔有情界者，即所有衆生，衆生所攝卵生、胎生、濕生、化生，若有色、若無色、若有想、若無想、若非有想、若非無想，竝皆拔苦，而與其樂。無一衆生非悲智境，故無遺餘。遺者，遺落失没之義。餘者，剩杖〔一〕殘不盡義。拔，謂拔濟，拔諸有情，無一有情遺落、失没、剩杖、殘棄而不拔者。意樂遍滿十方三界、五趣四生，故名廣大心也。利益安樂、畢竟大樂最勝成就者，利益有十利，謂《菩薩地》説：一純利，二共利，三利益種類利，四安樂種類利，五因攝利，六果攝利，七此世利，八他世利，九畢竟利，十不畢竟利。安樂有五，如前已説。又攝善名利益，離惡名安樂等，有十對，解如《唯識疏》。畢竟大樂，所謂涅槃。《金剛〔二〕經》云：我皆令入無餘涅槃。彼通三乘，但説涅槃，不説餘者。今取菩提及涅槃樂，即是有爲、無爲，一切無漏所有功德，令諸有情怡適調順，無所違損，無所逼惱，故名大樂，即第一心，欲令有情住極勝處，故名第一。

所以者何？乃至生死流轉住處有勝智者，齊此常能以無等法饒益有情，不入寂滅。

讚曰：所以者何，徵其所由，拔諸有情能無遺餘，致涅槃界之所以者，何謂是也。乃至生死流轉住處者，能盡未來時無限也。能隨十方一切有情生死流轉之時，時名〔三〕節，十方世界住處所在，即顯處廣、時廣。有勝智者，謂能共離我及我所，離人法執名勝智者，生法二智悉皆圓滿，即是其言心不顛倒也。名勝智者，離二執故，齊此常能以無等法，饒益有情，不入寂滅。齊十方界處，齊未來際、生死之時，常能以此第一、最勝、無等類法利樂有情。有情無限入涅槃期，不可窮盡故。勝智者，隨諸有情不入寂滅。何以故？以無法執及有情執，無自他相，故利有情常無窮盡。如世父母拔濟男女，心生悲愍，無自他相，不憚劬勞，故能長時生悲濟意。菩薩亦爾，故名常心。因中四心既圓滿已，故至佛位，能益有情，無盡限期，常能濟拔十方法界，皆度脱盡，即是金剛四種心因，得四果也。

又以般若波羅蜜多方便善巧成立勝智，善辦一切清淨事業，能令諸有皆得清淨。

讚曰：初復次中，上來以貪等爲因所得果利，此以般若爲因所得果利。方便者，由智慧力，隨諸有情病行、機器、意樂，應時即爲顯現説法等事，故名方便。曲順時宜，令其入道。之前加行名爲方便。如在路行，見人逐兎，他問見不，應坐，答言我實不見。爲護殺事，即現坐相，云我不見，非是立時我不見也，不犯妄言，護殺事成。菩薩亦爾，欲令衆生捨僞入真，於無名法以名字説，隨其輕重時節所宜，應機而説，令其入道。以象表無象，以言表無言，不稱其真，故名方便。妙得其趣，應物隨時，處事之間亦不曾失，故名善巧成立勝智。由此善巧爲其因故，果得勝智。勝智即是二智所攝方便善巧波羅蜜多。智之差別，有其二種，一迴向，二拔濟，此迴向也，究竟歸一切智故。善辦一切清淨事業者，謂神通、記心、漏盡三種。福智二因，自他二利，一切善事悉皆善辦。能令諸有皆得清淨者，三有九有，因果雙亡，生死染汙，悉皆銷滅，故名清淨，即一切惡悉皆除滅。前貪等爲因，雖有二利，宗在利他，起四種心，此以般若爲因，能修善盡，能除惡盡。菩提之心既有三種，所得果利亦有其三。雖前門説貪等爲因，體即般若，以異名説，一切皆以般若爲性。此上總是初復次解。

又以貪等調伏世間，普遍恒時，乃至諸有，皆令清淨，自然調伏。

讚曰：自下第二重解貪等所得果利。於中有二：初明利他，後明自利。此利他也。

謂以貪等調伏世間等者，謂佛菩薩觀諸有情多慳所蔽，雖有珍財不能修福，亦不自用，如割身肉，深生痛惜。菩薩知其因慳所蔽，增長惡業，當墮惡趣，無有出期，遂起大貪，集其財寶，令捨慳悋，不起惡業。菩薩實是後得智中大悲之心起此貪等，不爲己身名利，諸衆眷屬恭敬。故起一貪，增百千善。由是善財求善知識，遇見一王殺縛鞭杖無量衆生，善財心悔，王語之言：此諸衆生愚鈍恨[三四]悷，若不苦楚，終不調伏，故我苦之。善財方解，如仙譽國王殺五百波羅門，更增功德，此亦如是。一切十惡所有業道皆準此知，故起貪時，菩薩大利。

又如蓮華形色光淨，不爲一切穢物所染，如是貪等饒益世間，住過有過，常不能染。

讚曰：此明貪等自利之行，菩薩身心起此貪等，形色光淨，不爲一切穢物煩惱所能染汙，故留煩惱，助願受生，作大自在。若是佛者似其貪等，以此貪等饒益有情，設住煩惱過失之心，住餘有漏、善、無記心，名爲有過。過是漏義，於此三性一切時中不能染汙，如蓮華等，雖出泥中，泥不能染，菩薩之心亦復如是。

又大貪等能得清淨大樂、大財，三界自在，常能堅固饒益有情。

讚曰：此即第三復次重釋。又大貪等者，謂我貪等，貪名貪好，恐身造惡，當墮生死，貪爲自身修道離苦。故維摩云，寧起我見如須彌山，不起空見如毛髮許，以空邪見無斷修故。若貪有我，恐增惡名，便增修道。因以貪等，果得大樂，七種聖財，法界珍財，爲三界主，不爲過染，得十自在。於一切時，於一切處，於一切事，堅固饒益一切有情，有情饒益即菩薩利。此中三種，由昔因中，或在果位，能以貪等爲因修習，故在果位得果無邊。初是實行，爲返惡故説相似貪。第二大悲所逼，說相似貪。第三爲求利己，說相似貪。然正起行，生死、煩惱、惡業皆滅，故染貪等一切皆亡，如何說起。

爾時，如來即說神呪：

納慕薄伽筏帝一鉢刺壤波囉弭多曳二薄底丁履反下同筏擦七葛反羅曳三罨跛履弭多窶拏曳四薩縛呾他揭多跛履布視多曳五薩縛呾他揭多奴壤多奴壤多邲壤多曳六呾姪他七鉢刺吟一第反下同鉢刺吟八莫訶鉢刺吟九鉢刺壤婆娑羯囇十鉢刺壤路迦羯囇十一案馱迦囉毗談末泥十二悉遞十三蘇悉遞十四悉殿都漫薄伽筏底十五薩防伽孫達囇十六薄底筏擦囇十七鉢刺娑履多喝悉帝十八參磨濕嚩娑羯囇十九勃陀勃陀二十悉陀悉陀二十一劍波劍波二十二浙羅浙羅二十三曷邏嚩曷邏嚩二十四阿揭車阿揭車二十五薄伽筏底二十六麼毗濫婆二十七莎訶二十八

如是神呪，三世諸佛皆共宣說，同所護念，能受持者一切障滅，隨心所欲無不成辦，疾證無上正等菩提。

爾時，如來復說神呪：

納慕薄伽筏帝一鉢刺壤波囉弭多曳二呾姪他三牟尼達謎四僧揭洛訶達謎五遏奴揭洛訶達謎六毗目底達謎七薩馱奴揭洛訶達謎八吠室洛末拏達謎九參漫多奴跛履筏刺呾那達謎十窶拏僧揭洛訶達謎十一薩縛迦羅跛履波刺那達謎十二莎訶十三

如是神呪，是諸佛母，能誦持者一切罪滅，常見諸佛，得宿住智，疾證無上正等菩提。

爾時，如來復說神呪：

納慕薄伽筏帝一鉢刺壤波囉弭多曳二怛姪他三室囇曳四室囇曳五室囇曳六室囇曳細七莎訶八

如是神呪，具大威力，能受持者業障消除，所聞正法總持不忘，疾證無上正等菩提。

讚曰：自下第二段，三復次呪。此第一呪，歎德如文。諸佛口同說，心皆共護念。

護者，加持。念者，記憶。諸佛之心，加持不忘，隨心所欲，除諸惡願，善者皆從。其第二呪歎德之中，出生諸佛，名之爲母，一切諸佛生其本故。宿住智者，所生之處皆得妙智，知過去世住劫等事，善惡因果皆能了知，即宿住智。其第三呪歎德之中，具大威者，衆德莊嚴，一切敬畏。力者，能伏一切。所聞正法總持不忘者，得法義持，念慧明記，應永不忘。故此中所釋逐彼歎文，所餘異文，準義可解。

爾時，世尊説是呪已，告金剛手菩薩等言：若諸有情於每日旦至心聽誦如是般若波羅蜜多甚深理趣最勝法門，無間斷者，諸惡業障皆得消滅，諸勝喜樂常現在前。

讚曰：自下第三歎經勝德，於中分二：初別歎此處一段法門，第二總歎一卷經德。就初之中，文有其三：初歎滅惡攝善德，次歎種因方遇德，後歎所在應尊德。初歎之中，初總歎斷惡得善德，後別歎引生諸善德。此爲初也。

大樂金剛不空神呪現身，必得究竟成滿一切如來金剛秘密最勝成就，不久當得大執金剛及如來性。

讚曰：自下別歎引生諸善德。於中有三：一，成滿大樂金剛呪；二，成就金剛秘密法，此即教行及理法寶現前必得；三，得執金剛如來性，此在佛位，大執金剛謂佛真智。如來性者，即是法身果法寶也。此後二果因位不成，故言當得，至佛得故。

若有情類未多佛所植衆善根，久發大願，於此般若波羅蜜多甚深理趣最勝法門，不能聽聞，書寫讀誦，供養恭敬，思惟修習。

讚曰：此下第二，種因方遇德。凡所修習行願必兼，若先無二，不能於此起十法行。於中有七：一聽聞，二書寫，三讀，四誦，五供養恭敬，六思惟，七修習。餘三法行亦復如是，謂施他、受持、開演三種。此中之書寫尚由因遇，況復受持等。此等都明無因不遇。

要多佛所植衆善根，久發大願，乃能於此甚深理趣最勝法門，下至聽聞一句一字，況能具足讀誦受持。

讚曰：自下正論有因方遇，其文可解，義準前知，不能具説。十種竝然。

若諸有情供養、恭敬、尊重、讚歎八十殑伽沙等俱胝那庾多佛，乃能具足聞此般若波羅蜜多甚深理趣。

讚曰：上明一句一字尚假先因，此明從首至終故資多行。四事俱羅，號爲供養。三業虔奉，立恭敬名。頂載〔二五〕慇懃，復稱尊重。先談不已，又名讚歎。殑伽者，恒神之名。等者，相似。佛數齊均，與沙相似。此河之中純沙無石，如今渭水無石唯沙。俱胝者，百萬也。那庾多者，萬萬也。一顆沙爲一俱胝那庾多。佛令供養等八十殑伽沙，百萬之萬萬佛，乃能具足聞此深經。不爾，無能具聞深義。以經深理，非是小智下愚所知，故假大因，今方修遇。歡哉，今者幸遇靈文。

若他方所流行此經，一切天人阿素洛等皆應供養，如佛制多。有置此經，在身或手，諸天人等，皆應禮敬。

讚曰：自下第三所在應尊德，在處處尊，在人人貴，隨文可解。佛制多者，舊云支提，即塔廟。塔廟安置化身遺骨，尚可敬嚴，況此法身，能無供養。

若有情類受持此經，多俱胝劫得宿住智，常勤精進修諸善法，惡魔外道不能稽留，四大天王及餘天衆常隨擁衛，未曾暫捨，終不横死，枉遭衰患。諸佛菩薩常共護持，令一切時善增惡滅，於諸佛土隨願往生，乃至菩提，不墮惡趣。

讚曰：自下第二總歎一卷經之勝德。於中有二：初略别歎，後總結歎。此即初也。

於中有十德：一，多劫得宿住智；二，所生常精進修善；三，魔等不稽留；四，諸天常衛護；五，終不横死；六，無枉衰患，衰謂禍起衰家敗身，患謂染疾，終無此事；七，佛及菩薩常所護念；八，令惡滅善生；九，隨願生佛土；十，從今日後乃至菩提，不墮三惡趣。惡趣之言，通攝人中三種惡趣，皆亦不墮，謂無形、黄門、二形、女人。

諸有情類受持此經，定獲無邊勝利功德，我今略説如是少分。

讚曰：此總結歎也。所詮真相，窮本性之甚深，能詮教門，因玄宗之極妙。受持者獲利無邊，未可具言，故説少分。故修行者，欲證此德，當勤修學，究竟取證，方知此經勝利無盡。

時薄伽梵説是經已，金剛手等諸大菩薩及餘天衆，聞佛所説，皆大歡喜，信受奉行。

讚曰：此即第三感悟修行分。諸大菩薩，集報土之上人，及餘天衆，會化身之大士，皆感如來盛説，能悟寂止之宏宗，順領深心，修行散席。

般若理趣分疏卷第三大尾〔二六〕

校勘記

〔一〕「相」，底本原校云後有「體相」二字。

〔二〕「甚」，底本作「其」，據校本改。

〔三〕「佛」，底本原校云一本作「道」。

〔四〕「誼」，底本作「誼」，據文意改。

〔五〕「財」，底本原校云一本作「職」。

〔六〕「懷」，底本作「攘」，據校本改。

〔七〕「説法」，底本原校云一本無。

〔八〕「住」，底本原校云《疏》作「任」。

〔九〕「能」，底本原校云《疏》作「得」。

〔一〇〕「執」，底本原校云一本作「想」。

〔一一〕「入」，底本原校云《經》後有「一切」二字。

〔一二〕「爲」，底本原校疑爲「百」。

〔一三〕「門」，底本原校云一本作「相」。

〔一四〕「行」，底本原校云一本作「斷」。

〔一五〕「成」，底本原校疑衍，又云一本作「或」。

〔一六〕「合」，底本原校疑爲「含」。

〔一七〕「門」，底本原校云《疏牒》作「性」。

〔一八〕「行」，底本原校云一本後有「若境界欲」四字。

〔一九〕「間」，底本原校疑爲「飾」。

〔二〇〕「定」，底本原校云一本作「欲」。

〔二一〕「杖」，底本原校疑爲「枚」。

〔二二〕「剛」，底本原校云一本後有「般若」二字。

〔二三〕「時名」，底本原校疑爲「名時」。

〔二四〕「恨」，底本原校云一本作「佷」。

〔二五〕「載」，底本原校疑爲「戴」。

〔二六〕「尾」，校本後有「享保丙申歲十月吉日京兆吉田元信」十五字。

（文平志整理）

○二一二

大慧度經宗要[一]

釋元曉撰

將說此經，六門分別：初述大意，次顯經宗，三釋題名，四明緣起，五者判教，六者消文。

第一述大意者，夫波若爲至道也，無道非道，無至不至，蕭焉無所不寂，泰然無所不蕩。是知實相無相，故無所不相，真照無明，故無不爲明。無明無不明者，誰滅癡闇而得慧明；無相無非相者，豈壞假名而說實相。斯則假名妄相，無非真性，而四辨不能說其相，實相般若，玄之又玄之也；貪染癡闇，皆是慧明，而五眼不能見其照，觀照波若，損之又損之也。今是經者，波若爲宗，無說無示，無聞無得，絕諸戲論之格言也。無所示故，無所不示；無所得故，無所不得。六度萬行，於之圓滿；五眼萬德，從是生成。菩薩之要藏也，諸佛之真母也。所以無上法王將說是經，尊重波若，親自敷坐，天雨四華以供養，地動六變而警喜。十方大士，最在邊而遠來；一界諸天，下高光而遐至。常啼七歲立之，不顧骨髓之摧；河天一座聞之，便得菩提之記。至如唐虞之蓋天下，周孔之冠群仙，而猶諸天設教，不敢逆於天則。今我法王波若真典，諸天奉而仰信，不敢違於佛教。以此而推，去彼遠矣，豈可同日而論乎哉。爾乃信受四句，福廣虛空。捨恒沙之身命所不能，況起謗一念，罪重五逆，墮千劫之無間猶不能償者也。

所言摩訶般若波羅蜜者，皆是彼語，此土譯之云大慧度。由無所知，無所不知，故名爲慧，無所到故，無所不到，乃名爲度。由如是故，無所不能。能生無上大人，能顯無邊大果。以此義故，名大慧度。所言經者，常也，法也。常性無所有故，先賢後聖之常軌也，法相畢竟空故，反流歸源之真則也。此經六百，有十六分。在前四百，以爲初分。初分之内，有七十八品。於中在前，明起經之緣，故言初分緣起品第一。

第二顯經宗者，此經正以波若爲宗。通而言之，波若有三：一文字波若，二實相波若，三觀照波若。今此經者，後二爲宗。所以然者，文字但是能詮教故，後二是其所詮旨故。今欲顯是宗義，略作三門：一明實相，二明觀照，三者合明二種般若。

初明實相般若。相者，諸法實相，説者不同。有義依他起自性上遍計所執，自性永無，所顯真如，是爲實相，依他起性，實不空故。《瑜伽論》云，若諸名言熏習之想所建立識，緣色等相事，計爲色等性。當知此性非實物有，非勝義有，唯是遍計所執自性，當知假有。若遺名言熏習之想所建立識，如其色等相事，緣離言説性，當知此性，是實物有，是勝義有，乃至廣説故。或有説者，依他性空，真如亦空，如是乃爲諸法實相。如下文言，色無所有不可得，受想行識無所有不可得，乃至如法性實際無所有不可得。又言：諸法實相云何有?諸法無所有，如是有，是事不知，名爲無明，乃至廣説故。或有説者，依他起性亦有、亦空，世俗故有，勝義故空，空即真如，真如不空，如是名爲諸法實相。如下文云，世俗法故，説有業報，第一義中，無業無報。《瑜伽論》云，於勝義上，更無勝義故。或有説者，二諦法門，但是假説，而非實相，非真非俗，非有非空，如是乃名諸法實相。如下文云，有所得無所得，平等是名無所得。論云：若顛倒少許有實者，第一義諦亦應有實故。

問：諸師所説，何者爲實?

答：諸師説皆實。所以然者，皆是聖典，不相違故。諸法實相，絶諸戲論，都無所然，無不然故。如《釋論》云：一切實，一切非實，及一切實亦非實，一切非實非不實，是名諸法之實相。

案云：此説四句是實相者，如其次第，許前四説，離著而説，無不當故。若有著者，如言而取，無不破壞，故非實相。離絶四句，不可破壞，如是乃名諸法實相。如《廣百論》頌曰：

有非有俱非　諸宗皆寂滅
於中欲興難　畢竟不能申

或有説者，依此《大般若經》，以如來藏爲實相般若。如下《理趣分》中言：爾時世尊，復依一切住持藏法如來之相，爲諸菩薩宣説般若波羅蜜多，一切有情住持遍滿甚深理趣勝藏法門。謂一切有情皆如來藏，普賢菩薩自體遍故。一切有情皆金剛藏，以金剛藏所灌灑故。一切有情皆正法藏，皆隨正語轉故。一切有情皆妙業藏，一切事業加行依故。佛説如是住持甚深理趣勝藏法已，告金剛手菩薩云：若有得聞如是遍滿波若理趣勝藏法門，信解受持，讀誦修習，則能通達勝藏、法性藏，速證無上正等菩提。如《寶性論》云：無始世來性，作諸法依止。依性有諸道，及證涅槃果。長行釋言：此偈明何義？無始世來性者，如經説云，諸佛如來依如來藏，説諸衆生無本際不可得知。所言性者，如《聖者勝鬘經》云：世尊，如來藏者，是法界藏，出世間法身藏，出世間上上藏，自性清淨法身藏，自性清淨如來藏。依此五句，《攝大乘論》及《佛性論》以五義釋無相。論云，所言性者，自有五義，一自性種類義，二因義，三生義，四不壞義，五祕密義，乃至廣説。今此經云：一切有情皆如來藏，普賢菩薩自體遍故者，謂此菩薩意爲一切有情，唯一法界無別有情，由此道理長時熏修，是故自心變異，遍諸有情，以爲自體如是。菩薩隨分觀心，尚能如是，況諸如來，圓滿觀心。是故諸有情皆爲如來藏所攝，名如來藏。如是釋也。如《佛性論》云：一切衆生，皆在如來智内，皆爲如來之所攝持故，説所攝衆生爲如來藏，如來所攝名如來藏故。以金剛藏所灌灑故者，謂佛地所有大圓鏡智相應淨識所攝種子變異，爲諸有情以爲等流果故，言所灌灑故。皆隨正語轉故者，普賢菩薩變爲諸有情時，隨自正語變異生故，諸有情皆是正法也。皆妙業藏者，以如來藏自内熏習力故，生諸有情二種業，謂避苦求樂，諸善事業，一切加行善心，皆依此二業生故，言一切事業加行依故，由此道理，名爲妙業。

次明觀照般若相者，如論説云：諸菩薩從初發心求一切種智，於其中間知諸法實相慧，是波若波羅蜜。總説雖然，於中分别如下論文，諸説不同。今於其中略出四義：一、有人言，無漏慧眼是般若波羅蜜相。何以故？一切慧中第一慧，是名波若波羅蜜，無漏慧根是第一故。二、有人言，般若波羅蜜是有漏慧。何以故？菩薩至道樹下乃斷結使，先雖有大智慧，有無量功德，而諸煩惱未斷，是故菩薩波羅蜜是有漏智慧。三、有人言，菩薩有漏、無漏智慧，總名波若波羅蜜。何以故？菩薩觀涅槃行佛道，以是事故，應是無漏。以未斷結使，事未成辦故，應名有漏。四、有人言，是波若波羅蜜不可得相，若有若無，若常若無常，若空若實，是波若[三]波羅蜜，衆界入所不攝，非有爲非無爲，非法非非法，不取不捨，不生不滅。出有無四句，適無所著，譬如火炎，四邊不可觸，以燒手故。波若波羅蜜亦如是，不可觸，以邪見手燒故。

問曰：上種種人説波若波羅蜜，何者爲實？

答曰：有人言，各各有理，皆是實故，如經説五百比丘各各説二邊及中道義，佛言皆有道理。有人言，末後答者是實。所以者何？不可破不可壞故，若有法如毫釐許有者，皆有過失可破，若言無亦可破。是波若波羅蜜中有亦無，無亦無，非有非無亦無，如是言説亦無，是名寂滅無礙、無戲論法，是故不可破不可壞，是名真實波若波羅蜜，最勝無過者。如轉輪聖王降伏諸敵而不自高，波若波羅蜜亦如是，能破一切語言戲論，亦不有所破，出第十一二三[三]即中。

案云：此中前三義者，依迹顯實，通取地前、地上波若，有漏、無漏，隨義而説。第四義者，唯顯地上無分别智，證會實相，絶諸戲論，超過四句，遠離五相，故言末後答者爲實，是就最勝作如是說，而非盡攝一切智慧，故言諸説皆有道理。如下文云，波若波羅蜜，攝一切智慧。所以者何？菩薩求佛道時，應學一切法，得一切智慧，所謂求聲聞、辟支佛、佛智慧。是智慧有三種：學、無學、非學非無學。非學非無學智者，如乾慧地、不淨、安般、欲界繫四念處、煖法、頂法、忍法、世第一法等，乃至廣説。

第三，合明二種般若。由非一故，假説二種，而離能所，畢竟無異。所以然者，菩薩修行般若之時，推求一切諸法性相，若我、若無我，若常、若無常，若生、若滅，若有、若空，如是一切都無所得，不得一切所取相，不起一切能取之見，是時遠離一切相見，平等證會諸法實相，無二無別、無始無終、無生無滅、非有非空，超過一切語言之路，永絶一切心行之處。云何於中有二般若？但一切諸法，無不同然，是故强名諸法實相。一切分別，無所不離，是故亦名無分別智。無智而非實相，無實相而非智。如論説云：菩薩觀一切諸法，非常非無常、非我非無我、非有非無等，亦不有是觀，是名菩薩行般若波羅蜜。是義捨一切觀，滅一切語言，離一切心行，從本已來，不生不滅，如涅槃相。諸法亦如是，是名諸法實相，乃至廣説。

問：觀照般若，若有三分不？若有見分，何言無見？若無見分，何名觀照？有自證分證自體者，則此智體不同實相，云何得言無二無别？若無見分，亦無自證，則同虚空，不得名慧。

答：有義此智有見無相。有義此智無相無見，唯有自證，證於自體。或有説者，若就有别開分，三分俱無，若依無異假説，三分俱有，謂即於此平等之中無相爲相，無見爲見，無别自證，非不自證，如是自證，無所不證。諸法實相，無非自故，故此自證，無非是見。見實相者，是無所見，有所見者，不見實故，故此見分，無非實相。如是三分，只是一味。若如是説，有見不見，若無障無礙，即是解脱。若存能見，即墮有邊，若無見分，則墮無邊，不離邊故，即爲被縛。如論偈云：

若人見般若　是即爲被縛
若不見般若　即亦名被縛
若人見般若　是則得解脱
若不見般若　則亦得解脱

上來第二顯經宗竟。

第三，釋題名者，摩訶言大，般若云慧，波羅蜜者，名到彼岸，如論説也。將釋此名，即作三門：先大，次慧，後到彼岸。

所言大者，總而言之，凡諸所有大事、大法、不可思議神力威德，皆是般若之所成辦，以是義故，名之爲大。如下文云，般若波羅蜜爲大事故起，不可思議事故起，不可稱事故起，無有量事故起，無等等事故起。何以故？波若波羅蜜中，含受五波羅蜜，含受内空乃至有法、無法空，含受四念處乃至八聖道分，是深般若波羅蜜中，含受佛十力，乃至一切種智。譬如灌頂王國土中尊，諸有官事皆委大臣，國王安樂無事。如是須菩提，所有聲聞、辟支佛法，若菩薩法，若佛法，一切皆在般若波羅蜜中。般若波羅蜜能成辦其事，乃至廣説。别而論之，乃有衆多，今撮其要，略釋四義：有勝力故，得多聞故，生大人故，與大果故。

有勝力故名爲大者，謂諸菩薩能學般若波羅蜜，故有不思議殊勝神力。如經言：欲以一毛，舉三千大千國土中諸須彌山〔四〕，擲過他方無量阿僧祇諸〔五〕國土，不嬈衆生者，當學般若波羅蜜故。

得多聞故名爲大者，謂諸菩薩學般若故，過去未來一切諸佛所説言教，已説、當説，皆得遍聞。如經言：過去諸佛已説，現在諸佛今説，未來諸佛當説，欲聞聞已，自利亦利他人，當學般若波羅蜜。論曰：菩薩有三昧，名觀三世諸佛三昧，入是三昧，皆〔六〕見三世諸佛，聞其説法。

問：過去、未來諸佛音聲至現在故，菩薩

得聞耶？聲不至現，而三昧力能聞已滅、未生音耶？若彼音聲至現在者，云何已滅重生於現？云何未生先現於今？若彼音聲不至今現，則彼音聲已滅未生，未生已滅，即是無聲，云何得聞於無聲耶？

答：彼過未音雖不至今，而能得聞，三昧力故。如障外色，雖物所隔，而能得見，天眼力故。過未音聲，當知亦爾。雖時有隔，而能得聞。得聞曾有當有之聲，非聞已滅未生之無。若彼過未諸佛力故聲至於今而令聞者，凡夫、二乘，皆得聽聞，非謂般若三昧之力。故此經言已説當説，當説即是當有之音，已説即是曾有之聲。

問：菩薩現能聞於曾當，佛豈不能令聲至今？若能令至，不離前難，重生逆理，不應理故。

答：誰言諸佛不能令至，但説聞至，非般若力。當知諸佛法輪音聲遍於三世，無所不至，能至所至，不可得故。如《華嚴經》言，譬如章文字，悉入一切數，所入無所入，法輪亦如是。如來轉法輪，三世無不至，所轉無所轉，求之不可得。雖去來音至於今現，而非重生，亦非過[七]理。所以然者，佛知三世長遠之劫，即是極促一念之頃，而不令劫促，亦不令念長，是故當知彼聲至今，無重生逆理過失。如彼經言：無量無數劫，即是一念頃。亦不令劫短，究竟刹那法。且止乘論，還述本宗。

生大人故名爲大者，四種大人，皆從般若而得生故。如論説言：一切世間中，十方三世諸佛是第一大，次有菩薩、辟支佛、聲聞，是四大人，皆由般若波羅蜜生，故名爲大。

與大果故名之爲大者，能與一切衆生無邊無盡果故，如論説言：復次，能與衆生大果報，無量無盡，常不變壞，所謂涅槃，故名爲大。餘五不能，故不名大。依是四義，般若名大，六種釋中，是有財釋。

第二，釋慧義者。解了義是慧義，能了一切所知境界故。無知義是慧義，有所知者不知實相故。破壞義是慧義，壞一切法可言性相故。不壞義是慧義，不壞假名而證實相故。遠離義是慧義，永離一切取著相故。不離義是慧義，證會一切諸法相故。復次，無離無不離義是般若義，於一切法都無所離無所不離故。無壞無不壞義是般若義，於一切法永無所壞無所不壞故。無知無不知義是般若義，由得無所知無所不知故。無義無非義義是般若義，不得一切義不得非義故。如是等義，如論廣説。如是十種般若之義，若約境智非一之義，觀照名慧，是持業釋，實相名慧，是依主釋。若依能所無二之門，亦一實相般若，亦持業釋。

問：若彼般若之名，此土譯言慧者，何故論説此二不稱？如下文云：不亦稱者，稱名智慧。般若之實相，甚深極重，智慧輕薄，是故不能稱。又般若多智慧少，故不能稱。又般若利益處廣，未成能與世間果報，成已與道果報。又究竟盡知故名稱，般若波羅蜜無能稱知，若常若無常，若實若虛，若有若無，如是等不可稱義應知。

答：此論文意，正明智慧之名，不稱般若之體，非謂般若之稱不當智慧之名。何者？文稱名智慧者，是舉能稱，名爲智慧。般若甚深極重者，是顯般若之體離言絶慮，智慧輕薄者，是明般若[八]之名不離言慮，是故此名不能稱體。又般若多智慧少者，般若之體無量無邊，所知所證無限量故，智慧之名有限有量，能稱能知唯一名故，是故少名不稱多體。次言般若利益處廣者，是明般若之體利益處廣，智慧之名所不能詮，是故言不可稱。次言究竟盡知故名稱者，是明智慧之體名稱於盡知，而般若體都無所知，謂常無常、虛實、有無，如是一切不可得故，是故言不可稱。又釋盡知體相故，得以名稱其體相，而般若相無能知者，常無常等不可得故，由是道理，故不可稱。以是四義，釋不可稱，是顯名體不得相稱也。

問：般若之體無所知故，盡知之名不得稱者，則如前釋言，無知義是慧義，是名可稱般若之體。

答：無知之名亦不稱體，直是遮詮不能表示

故，但遮於知，非表於無故。

問：若爾，甚深極重之言，是舉其體，故能表示。能表示故，非不可稱。若甚深言亦不稱者，何謂此言是舉體耶？

答：甚深等言亦遮詮，但遮淺薄不得深故，是故此言亦不稱體。然論主意向般若體而發此言，就般若名，說輕薄言，爲顯是意，故言舉體，非謂甚深之言能稱般若之體也。

問：若如是者，前以十義釋般若名，皆不稱實[九]般若之體，亦不稱於般若之業，云何而言是持業釋？

答：般若非然故不當諸名，而非不然故能當諸名。又持業釋，且是假說，非謂實然，故不相違也。

第三，釋到彼岸義者，到彼岸義，乃有衆多，依此經論略出四義：一者，從生死此岸，到涅槃彼岸，故名到彼岸。如論釋言：三乘之人，以是般若到彼岸涅槃，滅一切憂苦，以是義故，名波羅蜜。二者，從有相此岸，到無相彼岸，故名到彼岸。如論釋言：是般若波羅蜜等以色心二法推求破壞，不得堅實，以是義故，名波羅蜜。三者，從未滿智此岸到究竟智彼岸，故名到彼岸。如論釋言：彼岸名盡一切智慧邊，智名不可破壞相，不可破壞相者，即是如法性實際，以其實故，不可破壞，是三事攝入般若中故，名波羅蜜。四者，從有此彼岸，到無彼此岸，無所到故，名到彼岸。如下文言，此彼岸不度故，名般若波羅蜜。《金皷經》云：生死涅槃皆妄見，能度無餘，故名波羅蜜。此四義中，第一、第三因中說果，是有財釋，第二、第四說其已到，是持業釋也。若以此大慧度之，名目能詮者，是依主釋也。

第四，明說經因緣者，如論說云。

問曰：佛以何因緣故，說《摩訶般若波羅蜜經》？諸佛之法，不以無事及小因緣而自發言，譬如須彌山王不以無事及小因緣而動，今有何等大因緣故，佛說是經？

答：中廣出衆多因緣，今撮其要，略出六因：一、爲廣示菩薩行故。二、爲不違諸天請故。三、爲欲斷諸人疑故。四、爲欲治衆生病故。五、爲欲説第一義諦故。六、爲欲伏諸論議師故。

初爲廣示菩薩行者，如論説言：佛於三藏中，廣引種種譬喻，爲聲聞説法，而不説菩薩道。唯《中阿含》《本業經》中，佛記彌勒當得作佛，亦不説種種菩薩行。今欲爲彌勒等廣説諸菩薩行，故説是經。

二爲不違諸天請者，論説言：爾時，菩薩菩提樹下降魔衆已，得無上覺。是時，三千大千世界主梵天王名尸棄，及色界諸天等釋提桓因及欲界諸天等，皆詣佛所，請轉法輪。亦念本願及大慈悲故，受請説法，諸法甚深者，般若波羅蜜是，以是故説此經。

三爲欲斷諸人疑者，論云：有人疑佛不得一切智。所以者何？諸法無量無數，云何一人能知一切法？佛住般若波羅蜜實相清淨，如虚空無量無數法中自發誠言：我是一切智人，欲斷一切衆生疑。以是故説此經。

案云：此中發誠言者，謂不妄語，有長舌故，喻如世共知，有長舌者，如世典云：舌長覆鼻必不妄語。依此比量，證成道理，證知如來所言非妄。是故如來有一切智，以是斷除衆生疑也。

四爲欲治衆生病者，論云：一切衆生，爲結使病之所煩惱，無始已來，無人能治，常爲外道惡師所誤。我今出世，爲大醫王，集諸法藥，汝等當服，以是，故説此經。

五爲欲説第一義諦者，論云：佛欲説第一義悉檀相，故説是《般若波羅蜜經》，有四種悉檀。何者爲四：一者，世界悉檀。二者，各各爲人悉檀。三者，對治悉檀。四者，第一義悉檀。此四悉檀攝一切十二部經八萬四千法藏，皆是實，不相違背。

世界悉檀者，有法從緣和合故有，無別性，如車轅輻軸輞和合故有，無別事。人亦如是，五衆和合故有，無别人也。

問曰：如經説言，一人出世，多人蒙度。又《佛二夜經》中説，佛從得道夜至涅槃夜，是二夜中間，所説經教，一切皆實而不顛倒。若實無人者，云何説人等？

答曰：人等世界故有，第一義故無，如如法性實際世界故無，第一義故有。人等亦如是，第一義故無，世界故有。所以者何？五衆因緣有故有人。非如一人第二頭、第三手，無其因緣而有假名，如是等相，名世界悉檀。

云何各各爲人悉檀？觀人心行，而爲説法，於一事中，或聽或不聽。如經中説：雜報業故，雜生世間得雜觸，得雜受。又餘經説，無人得觸，無人得受。前爲斷見人，後爲常見人。如是等相，名爲各各爲人悉檀。

云何爲對治悉檀？有法對治即有，實性則無，如不淨觀，於欲病中，是善對治，於瞋病中，不名爲善，非對治法。如是慈心，於瞋是善，於欲非善，如是等相，名爲對治。

云何名第一義悉檀？一切法性，一切論議，一切是非，一一可破。諸佛、辟支佛、阿羅漢所行真實法，不可破、不可壞，且於三悉檀中所不通，此中皆通，乃至廣説。

案云：總而言之，一切教門，不出二宗。所謂二諦，但於世諦，有多差别，故於其中，分出二種〔一〇〕。此二之餘，皆屬初一。中二悉檀，有何異者？通而言之，爲人悉檀，無非對治，對治悉檀，亦是爲人。然於一事中，有無異説，是由人異，故名爲人，不由病異，以授别藥，唯一事故，不名對治。若説别法，以治異病，病别藥異，故名對治。非於一事中，爲人異説，故於中不名爲人。除此二種，説世俗事，皆是世界悉檀所攝。

問：諸佛説法無不爲人，無非對治衆生病者。云何初後二種悉檀，不名爲人，不名對治？

答：通相而言，有如來問。但爲直示世俗假名，又爲直顯勝義實相。如是二種，由諦故異，不由人異，不由病别，是故别立初後二也。

問：若説人等世諦故有，非如一人第二頭等者，蘊界處中，何法所攝？又若有人，即是有我，何異犢子部所立耶？

答：薩婆多宗説，無有人如第二頭，蘊界處法所不攝故。犢子部説，實有人法，不即不離，雖蘊界處之所不攝，而在第五不可説藏。今大乘説，因緣故有，而無别性，色心等法，皆亦如是。若實有人，是增益邊，若都無人，是損減邊。大乘不爾，從緣有故，離損減邊，無别性故，離增益邊。蘊界處中，何法攝者？心不相應，行蘊中攝，二十四中衆生同分攝。當知法界法處所攝。且止乘論，還述本宗。

六爲欲伏諸論議師者，論云：欲令長爪梵志等大論議師於佛法中生信，故説是經。彼若不聞般若氣分，離絶四句，第一義法小信尚不得，何况得道果，乃至廣説。長爪梵志論議因緣，此中應廣説，其餘諸緣，廣如論説。説經因緣，略述如是。

次第五判教者，分判佛教諸説不同，今且略出二説，平章是非。有人説言，一化教門不出二途：一者頓教，二者漸教。漸教之内，有其五時：一、四諦教。二、無相教。三、抑揚教。四、一乘教。五、常住教。從淺至深，漸次而説。今此經等諸般若教在第二時，名無相教。或有説者出世教門不過三品，所謂經説三種法輪。如《解深密經》言，勝義生菩薩白言：世尊初於一時，在波羅泥斯仙人墮處施鹿林中，唯爲發趣聲聞乘者，以四諦相，轉正法輪，雖是甚奇，甚爲希有，而是法輪，有上有容，是未了義，是諸諍論安足處所。世尊在昔第二時中，唯爲發趣修大乘者，依一切法空無自性、無生、無滅、本來寂静自性涅槃，以隱密相，轉正法輪，而是法輪，亦是有上，是未了義，是諸諍論安足處所。世尊於今第三時中，普爲發趣一切乘者，依一切法空無自性、無生、無滅、本來寂静自性涅槃，無自性性，以顯了相，轉正法輪，無上無容，是其了義，非諸諍論安足處所。今此《大品》并諸《般若》，皆是第二法輪所攝。

問：是二師説，何者爲實？

答：二種教門，三種法輪，是就一途，亦有道理。然其判此《大品經》等皆屬第二時，攝第二法輪者，理必不然，違經論故。如此論釋《畢定品》言，須菩提聞《法華經》説，若於佛所作小功德，乃至戲咲一稱南無佛，漸漸必當作佛。又聞《阿鞞跋致品》中有退不退，如《法華經》中畢定，餘經説有退有不退，是故今問爲畢定，爲不畢定，乃至廣説。以是驗知，説是經時，在《法華》後，即示第二時者，不應道理也。

問：若判此經在《法華》後者，是説云何通？如《仁王經》言，爾時大衆各相謂言，大覺世尊，前已爲我等大衆二十九年説《摩訶般若》《金剛般若》《天王問般若》《光讚般若波羅蜜》，今日如來放大光明，斯作何事？

答：《摩訶般若》非一衆多，有在前説，有在後説。如論説言：此經二萬二千偈，大般若十萬偈，若龍王宫、阿修羅宫、天宫中者，千億萬偈，乃至廣説，以是義故，不相違也。又此論云：復次，有二種説法：一者諍處，二者無諍處。諍處者，如餘經。今欲明無諍處故，説是《摩訶般若波羅蜜經》。以此證知，今此經者同於第三顯了法輪，非諸諍論安足處故。而判此經等示第二法輪，是即此經爲諍論處，不應謂論説是無諍。又此經言：欲求三乘菩提，當學般若波羅蜜。又言：波若波羅蜜中，雖無法可得，而有三乘之教，乃至廣説。如《解深密經》中亦言：一切聲聞、獨覺、菩薩，皆是一妙清淨道。當知此經同彼第三，普爲發趣一切乘者，以顯了相轉正法輪。而彼第二法輪中言，唯爲發趣修大乘者，何得以此屬彼第二？又此經《如化品》言：若法有生滅者如化，若法無生無滅，所謂無誑相涅槃，是法非變化。須菩提言：如佛所説，一切諸法性空，非聲聞作，乃至非諸佛作，云何涅槃一法非如化？佛言：如是如是，一切法性常空。若新發意菩薩聞一切法皆是性空，乃至涅槃亦皆如化，心即驚怖。爲是新發意菩薩故，分別生滅者如化，不生滅者不如化。須菩提言：世尊，云何令新發意菩薩知是性空？佛告須菩提：諸法先有今無耶？以是文證，當知此經説涅槃法亦無自性。而彼第二法輪中言：一切諸法，無生無滅，本來寂靜，自性涅槃，不言涅槃無自性性。第三了義法輪中言：一切諸法，無生無滅，乃至涅槃無自性性。以是故知，今此經宗，超過第二，同第三也。又《華嚴經》云：生死及涅槃，是二悉虚妄。愚智亦如是，二皆無真實。今此經云：色受想等如幻如夢，乃至涅槃如幻如夢，若當有法勝涅槃者，我説亦復如幻如夢。當知此經，同彼《華嚴》無上無容究竟了義，但其教門各各異一耳。

第五判教，略述如之。

第六消文，依論廣釋。

大慧度經宗要終

校勘記

〔一〕底本據《卍續藏》，校本據《大正藏》。

〔二〕「若」，底本作「羅」，據校本改。

〔三〕「三」，底本原校云一本作「之」。

〔四〕「山」，底本原校云《大品般若經》後有「王」字。

〔五〕「諸」，底本原校云《大品般若經》後有「佛」字。

〔六〕「皆」，底本原校云一本作「悉」。

〔七〕「過」，底本原校云一本作「逆」。

〔八〕「般若」，底本原校疑爲「智慧」。

〔九〕「實」，底本原校云一本作「其」。

〔一〇〕「種」，底本原校云一本作「宗」。下一「種」字同。

（文平志整理）

〇二一三

大般若經關法[一]

般若通關法[三]　連環妙難思
如來甚深智　統攝受無遺
雪月施巧慧　千載仰芳規
雪竇四世裔　本覺守一師
昔曾結經社　流通願力丕
復有承璋輩　居家勤受持
韙哉竹林主　隨喜誦孳孳
歲歲開勝會　恩有圖齊資
冀度無量衆　同證正偏知

旹正德壬辰蒲月日峨山月潭敬題

大般若經通關法序

《大般若波羅蜜多經》，凡六百卷，唐三藏法師玄奘所譯，卷帙紛紜，浩如煙海，學者未易背之。鳳城雪月大師大隱，發其巧智，創爲通關之法。而四明演忠律師省悟，重爲編定，而益加精嚴。其法畫十二圖，用十三法、二十九界、八十四科，爲之都凡。諸圖所列，或齊行，或各行，或單位，或避位，或間位，或加法，或鉤鎖連環，或廣略，不過一千言間，總攝《初分難信解品》一百三卷，無一字或違。噫，亦異矣。先是浙水東見者甚鮮。逮宋淳熙中，有異僧，載經行甬東，暗誦弗休。大姓沃承璋以爲疑，抽一二卷試之，其誦如初卷。且出關法，以授承璋，承璋乃刻版流通。元至正初，黄巖沙門絶璘琚公，獲拾儀真，歸刊雲峰證道院，未幾燬於火。雪山成公，嘗受經于絶璘，思繼前志，復重刊而行之，增以佛國白禪師所解名相，繫諸關後，使人了知義趣，云惟般若尊經，乃統攝世、出世間色、心諸法，皆歸實相，其功用不可思議。譬如四大海水茫無邊際，攝之入一毛孔，無所增減，而彼大海本相如故。所謂舒之則大包無外，卷之則小入無内者也。雪月以方便智，造是通關之法，一彈指頃，能背其經六分之一，其饒益羣生甚大。雪山父子，又能篤意傳布，唯恐或後，皆不負先佛囑累者矣。雖然，真覺性者中，一辭不立，光明殊勝，洞照無礙，大阿難等結集入藏諸文，一一自光明中發現。讀是關者，儻能於此求之，則山河大地，有情、無情，咸成文、句身，不待較繁簡於卷帙之間也。雪山徧參諸方，嘗主藏鑰于靈隱景德禪寺，其衛道之志，蓋皦然云。

翰林侍講學士金華宋濂序

校勘記

〔一〕底本據日藏宋淳熙七年本，三册六卷，外有包紙，包紙正面題「大般若經關法三帖全六卷」，背有「般若与關法會移口授」，每册有題簽「大般若經關法卷某至某」。校本據《卍續藏》，首校記謂「此書依宋刻本，但序文二章依別本新添」，末有校記謂「已下依和刻別本新加」，於首增日人偈頌、明人宋濂序，於尾增明人跋與日人跋，今據校本補充序、跋。本文是爲輔助閲讀、記誦唐玄奘所譯《大般若波羅蜜多經》所作，將《大般若經》中句式基本相同而部分名相可替换之段落列出，稱之爲「關」。再從卷首「稽首諸佛母」偈頌取字，以陰文列於關首，稱「某字關」。關中相同文字列爲正文，可替换文字列爲小字。同時，卷首或關下將五蘊、十二處等可替换文字單獨列出，稱之爲「界」。在經文中一般分兩部分，如五蘊界，即「色，受、想、行、識」，「色」稱爲「上界」，「受、想、行、識」稱爲「下界」。標點時，上、下界以逗號隔開，若文字複雜則以分號隔開，非上、下界的可替换内容亦同此，如「海」字關初句作「爾時，佛告具壽；復次善現，汝觀何義」，即據注釋分別對應經文「爾時，佛告具壽善現：汝觀何義」和「復次，善現，汝觀何義」。《大般若經》行文中僅出現一次的文字，則直接列出，稱爲「正經」。然後，關末再以小字注説明此「關」「界」與「正經」的具體組合誦讀方式，即「通關法」。最後，卷末以千字文編號，列明《大般若經》卷次與關的對應關係。因本文主體是《大般若經》經文，故亦參考《大正藏》本玄奘譯《大般若波羅蜜多經》。每關後，以校勘記標明此關例句中涉及替換部分對應的原始經文。爲還原關法格式，部分内容整理爲圖表。

〔二〕「般若通關法」一段偈頌及下宋濂《大般若經通關法序》，底本無，據校本補入。

大般若波羅蜜多經關法第一

菩薩戒弟子諸景讚

稽首諸佛母　清淨最上乘
苦海駕舟梁　暗塗懸日月
堅利金剛杵　摧滅煩惱山
震吼師子聲　碎裂野干膽
釋主默持定　魔兵自隕銷
寶掌摩尼珠　五彩應方現
天宫共食器　百味隨心生
句數超僧祇　智度越邊際
聚兹高廣義　撮成祕密關
簡束盡三編　開敷逾半部
循環妙嚴偈　宛轉光明輪
重網影森羅　行樹音交錯
破此微塵内　流出大千經
能於一念間　徧遊無量刦
悟修躋覺地　書誦積殊勳
聞聽起初緣　輕謗招來種
仰窮有頂界　下徹阿鼻中
皆由妄見分　不達真歸處
了四相如幻　知萬法本空
同登般若舩　疾到菩提岸

夫關念此經者，須細尋題目起盡，及將前讚用爲標關首也。

先看指法注字，然後曉本法位有添削移改，入關上下始末，一一有次。約三百卷，分爲六策。向下五策，須尋上卷讚讚文，字字標目，指法准此。奘法師八十卷，今當此部第五策流行。〔二〕

校勘記

〔一〕本段文字被鈔於底本包紙，并加題「般若与關法會移口授」，末有「旹正德三癸巳年安居日加修補畢」十四字。

大般若波羅蜜多經關法卷第一

天台石梁遲月堂釋永隆排定

色，受、想、行、識。

眼處，耳、鼻、舌、身、意處。

色處，聲、香、味、觸、法處。

眼界，耳、鼻、舌、身、意界。

色界，聲、香、味、觸、法界。

眼識界，耳、鼻、舌、身、意識界。

眼觸，耳、鼻、舌、身、意觸。

眼觸爲緣所生諸受，耳、鼻、舌、身、意觸爲緣所生諸受。

地界，水、火、風、空、識界。

因緣，等無間緣、所緣緣、增上緣。

緣所生法。及從。

無明，行乃、識、名色、六處、觸、受、愛、取、有、生至、老死愁歎苦憂惱。

布施波羅蜜多，淨戒、安忍、精進、靜慮、般若波羅蜜多。

內空，外空乃、內外空、空空、大空、勝義空、有爲空、無爲空、畢竟空、無際空、散空、無變異空、本性空、自相空、共相空、一切法空、不可得空、無性空、自性空至、無性自性空。

真如，法界乃、法性、不虛妄性、不變異性、平等性、離生性、法定、法住、實〔二〕際、虛空界至、不思議界。

四念住，四正斷乃、四神足〔三〕、五根、五力、七等覺支至、八聖道支。

苦聖諦，集、滅、道聖諦。

四靜慮，四無量、四無色定。

八解脱，八勝處、九次第定、十徧處。

空解脱門，無相、無願解脱門。

一切陀羅尼門，一切三摩地門。

極喜地，離垢地乃、發光地、焰慧地、極難勝地、現前地、遠行地、不動地、善慧地至、法雲地。

五眼，六神通。

佛十力，四無所畏、四無礙解、十八佛不共法。

大慈，大悲、大喜、大捨。

三十二大士相，八十隨好。

無忘〔三〕失法，恒住捨性。

一切智，道相智、一切相智。

預流果，一來、不還、阿羅漢果。

獨覺菩提。

一切菩薩摩訶薩行，諸佛無上正等菩提。

大般若波羅蜜多經卷第五

初分相應品第三之二

稽復次，舍利子，諸菩薩摩訶薩，修行般若波羅蜜多，入關。

不見色，受、想、行、識（廣）若相應、若不相應。〔四〕「色」呼「復次」，餘上、下界，從「不見」起。「色」起，至「佛菩提」，入「我、有情」。本法内，「緣所生法」，上添「從」字，「生」字下添「諸」字。一向廣，至「無明」，後入「欲界」二段，方入「布施」。至「四諦」，後入「十善」四段，本法方入「四靜慮」。「大慈」界，添入「四無礙」下，方言「十八佛」。「一切相智」下，添「一切相微妙智」，却入「一切智智」，并「永拔」二段，方入「四果」。至「菩提」，後入「我」十七法，爲上、下界二段，方入正經。

欲界，色、無色界。上二段，「無明」後入。

十善業道，五近事戒、八近住戒。

施性福業事，戒性、修性福業事。上四段，「四諦」後入。

一切智智，永拔一切煩惱習氣。上二段，「一切相微妙智」後入。

我，有情、命者、生者、養者、士夫、補特伽羅、意生、儒童、作者、使作者、起者、使起者、受者、使受者、知者、見者。上二段，「菩提」後添，便入正經。

舍利子，由是因緣，應知諸菩薩摩訶薩，修行般若波羅蜜多，當言與般若波羅蜜多相應。復次，舍利子，諸菩薩摩訶薩，修行般若波羅蜜多，不觀空與空相應、不相應，不觀無相與無相相應、不相應，不觀無〔五〕願與無願相應、不相應。何以故？舍利子，空、無相、無願，皆無相應、不相應故。舍利子，諸菩薩摩訶薩，修行般若波羅蜜多，與如是法相應故，當言與般若波羅蜜多相應。復次，舍利子，諸菩薩摩訶薩，修行般若波羅蜜多，入一切法自相空已，不觀色若相應、若不相應，不觀受、想、行、識若相應、若不相應。是菩薩摩訶薩，不觀色與前際若相應、若不相應。何以故？不見前際故。不觀受、想、行、識與前際若相應、若不相應。何以故？不見前際故。不觀色與後際若相應、若不相應。何以故？不見後際故。不觀受、想、行、識與後際若相應、若不相應。何以故？不見後際故。不觀色與現在若相應若不相應。何以故？不見現在故。不觀受、想、行、識與現在若相應、若不相應，何以故？不見現在故。復次，舍利子，諸菩薩摩訶薩，修行般若波羅蜜多，不觀前際與後際若相應、若不相應，不觀前際與現在若相應、若不相應，不觀後際與前際若相應、若不相應，不觀後際與現在若相應、若不相應，不觀現在與前際若相應、若不相應，不觀現在與後際若相應若不相應，不觀前際與後際、現在若相應、若不相應，不觀後際與前際、現在若相應、若不相應，不觀現在與前際、後際若相應、若不相應，不觀前際、後際、現在若相應、若不相應。何以故？舍利子，三世空故。舍利子，諸菩薩摩訶薩，修行般若波羅蜜多，與如是法相應故，當言與般若波羅蜜多相應。

入「首」關。上界「復次」起，下界「不觀」起。上、下界一法各盡，呼後「舍利子」結。

首復次，舍利子，諸菩薩摩訶薩，修行般若波羅蜜多，

不觀一切智與過去，色，受、想、行、識（廣）若相應、若不相應。何以故？尚不見有過去，色，受、想、行、識（略）況觀一切智與過去，色，受、想、行、識（略）若相應、若不相應？〔六〕

上界「復次」起，下界「不觀」入。「三世」上、下了結，入「五蘊」。至「佛菩提」，界界上、下呼後「舍利子」結。內「增上緣」下，入「及從緣所生法」，除本位，共在下界。「大慈」界，流入「四無礙」下。「無明」已去，一廣二略。「佛十力」下界有略，內無「真如」「四果」「獨覺」「菩薩行」「正等菩提」五界。至「一切智」，直入後「佛，菩提」二段了，却入「佛智相即」「菩提相即」二段，了，入關。

過去，未來、現在。

佛，菩提。

復次，舍利子，諸菩薩摩訶薩，修行般若波羅蜜多，

不觀一切智與佛，菩提若相應、若不相應，亦不觀佛，菩提與一切智若相應、若不相應。何以故？一切智即是佛，菩提，佛，菩提即是一切智故。〔七〕

上文於本法「佛，菩提」了，入單是「佛」「智」相即。至「一切智故」，又入「菩提」相即。只二回念過，結了，却入「諸」字關本。

舍利子，諸菩薩摩訶薩，修行般若波羅蜜多與如是法相應故，當言與般若波羅蜜多相應。

諸復次，舍利子，諸菩薩摩訶薩，修行般若波羅蜜多，

不著色，受、想、行、識（廣）有，不著色，受、想、行、識（略）非有。〔八〕

上界「復次」起，下界「不著」起。每一上、下界了，至「有願」，呼「首」字關「舍利子」結。從「不著色有」，便言「不著色非有」，次言「四陰有」「非有」，便換「色常」，至「無常」，四陰一同「樂」「苦」，直至「有願」。下去准此關爲十六，合爲八法，遇有一法廣、十五法略。內「緣所生法」入「增上緣」下，「獨覺」添在「羅漢」下，「大慈」界，入「無礙解」下，有廣、略。至「菩提」，呼前結，入正經一段。

常、無常，樂、苦，我、無我，寂靜、不寂靜，空、不空，無相、有相，無願、有願。入正經。

舍利子，修行般若波羅蜜多菩薩摩訶薩，不作是念，我行般若波羅蜜多。不作是念，我不行般若波羅蜜多。不作是念，我亦行亦不行般若波羅蜜多。不作是念，我非行非不行般若波羅蜜多。舍利子，修行般若波羅蜜多菩薩摩訶薩，與如是法相應故，當言與般若波羅蜜多相應。

大般若波羅蜜多經卷第十一

初分教誡教授品第七之一

爾時，佛告具壽善現：汝以辯才，當爲菩薩摩訶薩衆宣説般若波羅蜜多相應之法，教誡教授諸菩薩摩訶薩，令於般若波羅蜜多修學究竟。時諸菩薩摩訶薩衆，及大聲聞、天、龍、藥叉、人、非人等，咸作是念：「今尊者善現，爲以自慧辯才之力，當爲菩薩摩訶薩衆宣説般若波羅蜜多相應之法，教誡教授諸菩薩摩訶薩，令於般若波羅蜜多修學究竟，爲當承佛威神力邪？」具壽善現知諸菩薩摩訶薩衆及大聲聞、天、龍、藥叉、人非人等心之所念，便告具壽舍利子言：「諸佛弟子所説法教，當知皆承佛威神力。何以故？舍利子，諸佛爲他宣説法要，彼承佛教，精進修學，便能證得諸法實性，由是爲他有所宣説，皆與法性能不相違，故佛所言，如燈傳照。舍利子，我當承佛威神加備，爲諸菩薩摩訶薩衆宣説般若波羅蜜多相應之法，教誡教授諸菩薩摩訶薩，令於般若波羅蜜多修學究竟，非以自慧辯才之力。所以者何？甚深般若波羅蜜多相應之法，非諸聲聞獨覺境界。」爾時，具壽善現白佛言：「世尊，如佛所勑，汝以辯才，當爲菩薩摩訶薩衆宣説般若波羅蜜多相應之法，教誡教授諸菩薩摩訶薩，令於般若波羅蜜多修學究竟。世尊，此中何法名爲菩薩摩訶薩？復有何法名爲般若波羅蜜多？世尊，我不見有法可名菩薩摩訶薩，亦不見有法可名般若波羅蜜多，如是二名亦不見有，云何令我爲諸菩薩摩訶薩衆宣説般若波羅蜜多相應之法，教誡教授諸菩薩摩訶薩，令於般若波羅蜜多修學究竟？」佛言：「善現，菩薩摩訶薩但有名，謂爲菩薩摩訶薩；般若波羅蜜多亦但有名，謂爲般若波羅蜜多。如是二名亦但有名。善現，此之二名不生不滅，唯有想等想，施設言說，如是假名，不在內、不在外、不在兩間，不可得故。」

佛善現，當知；復次，善現。譬如我，色（廣）但是假名，法。

○如是名，法假，不生不滅，唯有想等想施設言說，謂之爲我，色。如是有情，命者、生者、養者、士夫、補特伽羅、意生、儒童、作者、使作者、起者、使起者、受者、使受者、知者、見者，改亦但是假名，法。

○如是名，法假，不生不滅，唯有想等想施設言說，謂爲「有情」乃至「見者」（略），如是一切，但有假名。此諸假名不在內、不在外、不在兩間，不可得故。如是，善現，若菩薩摩訶薩，若般若波羅蜜多，若此二名，皆是假法，如是假法，法假不生不滅，唯有想等想施設言說，謂爲菩薩摩訶薩，謂爲般若波羅蜜多，及此二名。如是三種，但有假名。此諸假名不在內、不在外、不在兩間，不可得故。〔九〕

上初卷，正經呼「之」字，餘不呼。闕「眼觸爲緣」終，便入「內身」至「幻事」。「色」至「幻事」，並從「佛」字「復次」起。「我」從「善現，當知」起。從「內身」至「幻事」，一廣一略，却呼「但是假名」。至初圓相，直跳入第二圓相。「如是名假」，去「幻事」終，疊起結經。

內身，所有頭、頸乃、肩、膊、手、臂、腹、背、胷、脇、膂、脊、髀、膝、腨、脛至、足等。

外事，所有草、木、根、莖、枝、葉、華、果等物。

過去、未來、現在一切如來應正等覺。

幻事乃、夢境、響、象、陽焰、光影、若尋香城至、變化事等。

內「假法」「法假」四字，前「我」至「眼觸爲緣」九段，初五順互起，後四逆互起。從「內身」至「幻事」，並是呼順「假法」。

如是善現，諸菩薩摩訶薩，修行般若波羅蜜

多時，於一切法名假法，假及教授假，應正修學。

上至「幻事」了，結《經》，入「母」闕。

母復次，善現，諸菩薩摩訶薩，修行般若波羅蜜多時，不應觀色、受、想、行、識（廣，略）若常若無常。〔一〇〕

「色」至「菩薩行」，「常」一法「復次」起，「樂，苦」十九法「不觀」入。至「眼觸爲緣」，應云「眼觸爲緣所生樂受、苦受、不苦不樂受」，下界同除本法内「諸受」二字。至「緣所生法」，但云「不應觀從緣生法」。「陀羅尼」上、下界無「一切」字。移「獨覺」在「羅漢」下。只有「常」「無常」是廣，「樂」「苦」至「不可得」是略。上、下界齊行。

常，無常；樂，苦；我，無我；淨，不淨；空，不空；有相，無相；有願，無願；寂靜，不寂靜；遠離，不遠離；有爲，無爲；有漏，無漏；生，滅「內空」「真如」改「生，滅」爲「隱，顯」；善，非善；有罪，無罪；有煩惱，無煩惱；世間，出世間；雜染，清淨；屬生死，屬涅槃；在內，在外，在兩間；可得，不可得。

上一段，雙闕束作二十段，至下第一十七卷，入「駕」字闕。單闕分爲四十一法，「常，無常」至「不可得」。單闕七卷，「佛菩提」在下界；雙闕十三卷，「菩提」歸上界。

清復次，善現，諸菩薩摩訶薩，修行般若波羅蜜多時，若菩薩摩訶薩，若般若波羅蜜多，若此二名，俱不見在有爲界中，亦不見在無爲界中。何以故？善現，諸菩薩摩訶薩，修行般若波羅蜜多時，於一切法，不起分別，無異分別。善現，是菩薩摩訶薩，修行般若波羅蜜多時，於一切法，住無分別。

能修布施波羅蜜多，亦能修淨戒、安忍、精進、靜慮、般若波羅蜜多。〔一一〕

善現，是菩薩摩訶薩，於如是時，不見菩薩摩訶薩，不見菩薩摩訶薩名，不見般若波羅蜜多，不見般若波羅蜜多名，唯正勤求一切智智。何以故？善現，是菩薩摩訶薩，修行般若波羅蜜多，於一切法，善達實相，了知其中無染淨故。

「陀羅尼」上、下界有「一切」字。從「能修」起。「布施」

至「一切智」終，方疊起「善現」結經。上、下齊行。只有「内空」「真如」「苦聖諦」，改「能」字下「修」字作「住」字。「大慈」界，歸「四無礙」下。無「大士」界。

淨復次，善現，諸菩薩摩訶薩，修行般若波羅蜜多時，應如實覺名假施設、法假施設。善現，是菩薩摩訶薩，於名、法假如實覺已，不著色、受、想、行、識（廣）。入。〔三〕

有爲界，無爲界。

有漏界，無漏界。

我，有情、命者、生者、養者、士夫、補特伽羅、意生、儒童、作者、受者、知者、見者。

異生，聖者、菩薩、如來。

名，相。

嚴淨佛土，成熟有情、方便善巧。

所以者何？以一切法皆無所有，能著、所著、著處、著時不可得故。

「眼處」至「諸佛」，闕「我」至「善巧」終，方疊起「所以」，結《經》。從「不著」起，闕「眼觸」界，應云「眼觸爲緣所生諸受，若樂、若苦、若不苦不樂」，下界同上。「緣所生法」，歸「增上緣」下，應云「及從緣所生法」。「無明」後入「四界」。「般若」下，添「方便善巧、妙、願、力、智波羅蜜多」。「陀羅尼」上、下界除「一切」字。「獨覺」歸「羅漢」下。

最如是，善現，諸菩薩摩訶薩，修行般若波羅蜜多，於一切法無所著故，便能增益布施、淨戒、安忍、精進、靜慮、般若、方便善巧、妙、願、力、智波羅蜜多，

亦能增益内空、外空等（廣），〔三〕

亦得菩薩最勝神通。具神通已，從一佛國至一佛國，爲欲成熟諸有情故，爲欲嚴淨自佛土故，爲見如來應正等覺，及爲見已供養恭敬尊重讚歎，令諸善根皆得生長。善生長已，隨所樂聞諸佛正法，皆得聽受。既得聽受已，乃至安坐妙菩提座，證得無上正等菩提，能不妄失，普於一切陀羅尼門、三摩地門皆得自在。如是，善現，諸菩薩摩訶薩，修行般若波羅蜜多，應如實覺名假、法假。

從「亦能」入闕。「内空」起，至「一切智」終，上、下界連念。

「内空」「真如」，改「增益」爲「安住」。「苦聖諦」，但云「亦住苦、集、滅、道聖諦」。「解脱門」位，但云「空、無相、無願解脱門」，便於「解脱」界後入闕「亦能趣入」二句經文。然後入「陀羅尼」，祇「三摩地」，上無「一切」。從「陀羅尼」至「一切智」，並改「增益」爲「圓滿」，方疊起「亦得」一段，結《經》。

亦能趣入菩薩正性離生，亦能安住菩薩不退轉地。

上「復次，善現，所言菩薩摩訶薩者，於意云何？」入。

「即色，受、想、行、識（廣）是菩薩摩訶薩不？」「不也，世尊。」

「異色，受、想、行、識（略）是菩薩摩訶薩不？」「不也，世尊。」

「色，受、想、行、識（略）中有菩薩摩訶薩不？」「不也，世尊。」

「菩薩摩訶薩中有色，受、想、行、識（略）不？」「不也，世尊。」

「離色，受、想、行、識（略）有菩薩摩訶薩不？」「不也，世尊。」〔一四〕

上界「復次」起，並本法齊行，逐行上、下界了，呼「異色」去，「即」「離」五行闕法盡。仍起「眼處」，至「一切智」。「無明」，除「愁歎苦憂惱」五字，下去「上」至「梁」字例同。「陀羅尼」上、下除「一切」，亦至「梁」字例同。

乘爾時，佛告具壽，復次善現，汝觀何義，言入。

即色，受、想、行、識（廣）非菩薩摩訶薩，

異色，受、想、行、識（略）非菩薩摩訶薩，

非色，受、想、行、識（略）中有菩薩摩訶薩，

非菩薩摩訶薩中有色，受、想、行、識（略），

非離色，受、想、行、識（略）有菩薩摩訶薩耶？

具壽善現白言：世尊，若菩提，若薩埵，若色，若受、想、行、識（略）尚畢竟不可得，性非有故，況有菩薩摩訶薩？此既非有，如何可言

即色，受、想、行、識（略）是菩薩摩訶薩，

異色，受、想、行、識（略）是菩薩摩訶薩，

色，受、想、行、識（略）中有菩薩摩訶薩，

菩薩摩訶薩中有色，受、想、行、識（略），

離色，受、想、行、識（略）有菩薩摩訶薩？[一五]

「眼處」至「一切智」終，並從小書「復次」起。「色」從「爾時具壽」起，「離」終，「蘊」下有「耶」字，上界無，向下界例同。承上，除小書「具壽」，直取「世尊」後，方疊起「世尊」一段，結《經》。此關法，在第十七卷中，「即」至「離」各二徧，「即色」了，便入「四蘊」，行行例同。內「世尊」至「可言」二行，本法内當中秖一徧，向下「海」字關例同。

「世尊，菩提薩埵及色等法既不可得，而言即色等法是菩薩摩訶薩，或異色等法是菩薩摩訶薩，或色等法中有菩薩摩訶薩，或菩薩摩訶薩中有色等法，或離色等法有菩薩摩訶薩者，無有是處。」佛告善現：「善哉，善哉，如是，如是，如汝所說。善現，色等法不可得故，菩薩摩訶薩亦不可得，菩薩摩訶薩不可得故，所行般若波羅蜜多亦不可得。善現，諸菩薩摩訶薩，修行般若波羅蜜多時，應如是學。」

苦復次，善現，所言菩薩摩訶薩者，於意云何？入。

「即色，受、想、行、識（廣）真如，是菩薩摩訶薩不？」「不也，世尊。」

「異色，受、想、行、識（略）真如，是菩薩摩訶薩不？」「不也，世尊。」

「色，受、想、行、識（略）真如中，有菩薩摩訶薩不？」「不也，世尊。」

「菩薩摩訶薩中，有色，受、想、行、識（略）真如不？」「不也，世尊。」

「離色，受、想、行、識（略）真[一六]如，有菩薩摩訶薩不？」「不也，世尊。」[一七]

「色」至「一切智」，並「復次」起。內不關「真如」一界。「陀羅尼門」上，下界除「一切」。「海」字關例同。

海爾時，佛告具壽：復次善現，汝觀何義，言入。即色，受、想、行、識（廣）真如非菩薩摩訶薩，異色，受、想、行、識（略）真如非菩薩摩訶薩，非色，受、想、行、識（略）真如中有菩薩摩訶薩，非菩薩摩訶薩中有色，受、想、行、識（略）真如，非離色，受、想、行、識（略）真如有菩薩摩訶薩耶？

具壽善現白言：世尊，若色，若受、想、行、識（略）尚畢竟不可得，性非有故，況有色真如及受、想、行、識（略）真如？此真如既非有，如何可言即色，受、想、行、識（略）真如是菩薩摩訶薩，異色，受、想、行、識（略）真如是菩薩摩訶薩，色，受、想、行、識（略）真如中有菩薩摩訶薩，菩薩摩訶薩中有色，受、想、行、識（略）真如。離色，受、想、行、識（略）真如有菩薩摩訶薩？〔一八〕

「眼處」至「一切智」終，並從小書「復次」起，中有「耶」字，上界無，下界有。「具壽」至「可言」，當中二行，只一偏念，同「乘」字。内有結《經》，在第十七卷中起，「世尊」結。

「世尊，色等法及真如既不可得，而言即色等法真如是菩薩摩訶薩，或異色等法真如是菩薩摩訶薩，或色等法真如中有菩薩摩訶薩，或菩薩摩訶薩中有色等法真如，或離色等法真如有菩薩摩訶薩者，無有是處。」佛告善現：「善哉，善哉，如是，如是，如汝所説，善現，色等法不可得故，色等法真如亦不可得。法及真如不可得故，菩薩摩訶薩亦不可得。菩薩摩訶薩不可得故，所行般若波羅蜜多亦不可得。善現，諸菩薩摩訶薩，修行般若波羅蜜多時，應如是學。」

第一十七卷中，入「駕」字關，至二十三卷，本法二十段在前「母」字關内，分爲四十一法。

駕復次，善現，所言菩薩摩訶薩者，於意云何？入。

「即色，受、想、行、識（廣）增語，是菩薩摩訶薩不？」「不也，世尊。」

「即色，受、想、行、識；常（略）增語，是菩薩摩訶薩不？」「不也，世尊。」〔一九〕

「眼處」至「一切菩薩」終，散在諸卷，爲頭並從「復次」起，同「不可得」終。此關次「即」字連上一法，「常、無常」至「不可得」四十一法盡，方起「復次」，入「眼處」一法，諸頭例同。上、下界雙行，細尋題目，一一標題，品内之數，從第一十七卷至二十三，並同用此關。

舟爾時，佛告具壽；復次善現，汝觀何義，言連下關，入。

即色、受、想、行、識（廣）增語，非菩薩摩訶薩耶？

具壽善現荅言：世尊，若色，若受、想、行、識（略）尚畢竟不可得，性非有故，況有色增語及受、想、行、識（略）增語？此增語既非有，如何可言

即〔二〇〕色、受、想、行、識〔二一〕（略）增語，是菩薩摩訶薩？〔二二〕

此「舟」字闕，「色」「爾時」起〔二三〕，上、下齊行。「眼處」至「菩提」，並從「舟」字「復次」起，逐上、下一界，連「梁」字闕。從「善現」起，二十法，至「不可得」，二十段，一一從「善現」去，换「苦、樂」，方入「舟」字。「眼處」去，依「母」字闕，合爲二十法。內「佛、菩提」歸上界。內無下界時，有二闕「耶」字，各除「世尊」下「若」字，各「及增語」三字下去，「獨覺」例然。

梁善現，汝復觀何義，言連上闕，入。

即色，受、想、行、識（略）若常若無常增語非菩薩摩訶薩耶？

世尊，若色，受、想、行、識（略）；常、無常尚畢竟不可得，性非有故，況有色；常、無常增語及受、想、行、識（略）；常、無常增語？此增語既非有，如何可言

即色，受、想、行、識（略）若常若無常增語是菩薩摩訶薩？〔二四〕

「眼處」至「諸佛」，並從小書「復次」起，一一各入「梁」字闕，各至「不可得」二十段，本法一一從「梁」字。「善現」去，换「苦樂」。至「不可得」，换「眼處」，起「舟」字。

初分相應品第三之二

〔天〕第五，之二。「稽」，「色」起，「我」終。正經。「首」，「過去」起，「菩提」終。「諸」。「色」起，至「眼識界」終。

第六，之三。「諸」，「眼觸」起，「菩提」終。正經。

初分教誡教授品第七之一

〔地〕第十一，之一。「佛」，「我」起，至「幻事」終。前有正經，「母」。「色」起，至「地界」終。

第十二，之二。「母」。「因緣」起，「五眼」終。

第十三，之三。「母」，「佛十力」起，「菩薩行」終。「清」，「布施」起，「一切智」終。「淨」，「色」起，至「諸佛」，入「方便善巧」。「最」，「內空」起，「一切智」終。「上」。「色」起，「緣生法」終。

第十四，之四。「上」，「無明」起，「一切智」終。「乘」。

「色」起，至「四念住」終。

第十五，之五。「乘」，「苦聖諦」起，「一切智」終。正經。「苦」「色」起，至「五眼」終。內不闕「真如」，「海」字闕同。

第十六，之六。「苦」，「佛十力」起，「一切智」終。「海」。「色」起，至「陀羅尼」終。

第十七，之七。「海」，「極喜地」起，「一切智」終。正經。「駕」，色、眼處、色處。同「復次」起，摠「不可得」終。

第十八，之八。眼界、色界、眼識、眼觸、眼觸爲緣。已下六卷，摠「復次」起，同「不可得」終。

第十九，之九。地界、因緣、緣所生、無明、布施。

第二十，之十。内空、真如、四念住、苦聖、四靜慮。

〔玄〕第二十一，之十一。八解、空解、陀羅尼、極喜、五眼。

第二十二，之十二。佛力、大慈、大士相、無忘、一切智。

第二十三，之十三。預流、獨覺、一切菩薩，「復次」起，至「不可得」終。色。入「舟」字，連「梁」字，至「不可得」終。已下「佛，菩提」歸下界。

第二十四，之十四。眼處、色處，摠「復次」起，同「不可得」終。後諸卷例同眼界。「復次」起，「遠離」終。

第二十五，之十五。眼界、「有爲」起，「不可得」終。色界、眼識界。「復次」起，「不可得」終。

第二十六，之十六。眼觸、眼觸爲緣、「復次」起，「不可得」終。地界。「復次」起，「無我」終。

第二十七，之十七。地界、「淨」起，至「不可得」終。因緣、緣所生。「復次」起，「不可得」終。

第二十八，之十八。無明、布施、「復次」起，「不可得」終。內空。「復次」起，「有相」終。

第二十九，之十九。内空、「有願」起，「不可得」終。真如、「復次」起，「不可得」。四念。「復次」起，「世間」終。

第三十，之二十。四念、「雜染」起，「不可得」終。苦聖、四靜、「復次」起，「不可得」終。八解。「復次」起，「無我」終。

〔黄〕第三十一，之二十一。八解、「淨」起，至「不可得」終。空解、「復次」起，至「不可得」終。陀羅尼。「復次」起，「有罪」終。

第三十二，之二十二。陀羅尼、「有煩惱」起，「不可得」終。極喜、五眼、「復次」起，「不可得」終。佛力。「復次」起，「有相」終。

第三十三，之二十三。佛力、「有願」起，「不可得」終。大慈、「復次」起，「不可得」終。大士相。「復次」起，「有罪」終。

第三十四，之二十四。大士、「有煩惱」起，「不可得」終。無忘、一切智、「復次」起，「不可得」終。預流。「復次」起，「無我」終。

第三十五，之二十五。預流、「淨」起，至「不可得」終。獨覺、一切菩薩、「復次」起，至「不可得」終。諸佛。「復次」起，「遠離」終。

第三十六，之二十六。諸佛。「有爲」起，「不可得」終。

內有三紙結經。《教誡品》終。

大般若波羅蜜多經關法卷第一

校勘記

〔一〕「法住實」，底本無，據校本及《大般若波羅蜜多經》補。

〔二〕「神足」，底本無，據校本及《大般若波羅蜜多經》補。

〔三〕「忘」，底本、校本作「妄」，據《大般若波羅蜜多經》及文意改。下文「無妄失法」，底本「忘」「妄」混用，統一改爲「忘」。

〔四〕此處對應經文爲：「不見色若相應若不相應，不見受、想、行、識若相應若不相應。」

〔五〕「不觀無」，底本無，據校本及《大般若波羅蜜多經》補。

〔六〕此處對應經文爲：「復次，舍利子，諸菩薩摩訶薩，修行般若波羅蜜多，不觀一切智與過去若相應、若不相應。何以故？尚不見有過去，況觀一切智與過去若相應、若不相應？不觀一切智與未來若相應、若不相應。何以故？尚不見有未來，況觀一切智與未來若相應、若不相應？不觀一切智與現在若相應、若不相應。何以故？尚不見有現在，况觀一切智與現在若相應、若不相應？……復次，舍利子，諸菩薩摩訶薩，修行般若波羅蜜多，不觀一切智與色若相應、若不相應。何以故？尚不見有色，况觀一切智與色若相應、若不相應？不觀一切智與受、想、行、識若相應、若不相應。何以故？尚不見有受、想、行、識，况觀一切智與受、想、行、識若相應、若不相應？」

〔七〕此處對應經文爲：「復次，舍利子，諸菩薩摩訶薩修行般若波羅蜜多，不觀一切智與佛若相應、若不相應，亦不觀佛與一切智若相應、若不相應。何以故？一切智即是佛，佛即是一切智故。不觀一切智與菩提若相應、若不相應，不觀菩提與一切智若相應、若不相應。何以故？一切智即是菩提，菩提即是一切智故。」

〔八〕此處對應經文爲：「不著色有，不著色非有。不著受、想、行、識有，不著受、想、行、識非有。」

〔九〕此處對應經文爲：「善現，當知，譬如我但是假名，如是名假，不生不滅，唯有想等想施設言説，謂之爲我。如是有情、命者、生者、養者、士夫、補特伽羅、意生、儒童、作者、使作者、起者、使起者、受者、使受者、知者、見者，亦但是假名。如是名假，不生不滅，唯有想等想施設言説，謂爲有情乃至見者。如是一切，但有假名，此諸假名不在内、不在外、不在兩間，不可得故。如是，善現，若菩薩摩訶薩，若般若波羅蜜多，若此二名，皆是假法，如是假法不生不滅，唯有想等想施設言説，謂爲菩薩摩訶薩，謂爲般若波羅蜜多，及此二名。如是三種，但有假名。此諸假名不在内、不在外、不在兩間，不可得故。復次，善現，譬如色但是假法，如是法假，不生不滅，唯有想等想施設言説，謂之爲色。如是受、想、行、識亦但是假法，如是法假，不生不滅，唯有想等想施設言説，謂爲受、想、行、識。如是一切，但有假名。此諸假名不在内、不在外、不在兩間，不可得故。如是，善現，若菩薩摩訶薩、若般若波羅蜜多、若此二名皆是假法，如是假法，不生不滅，唯有想等想施設言説，謂爲菩薩摩訶薩、謂爲般若波羅蜜多及此二名，如是三種，但有假名。此諸假名不在内、不在外、不在兩間，不可得故。」

〔一〇〕此處對應經文爲：「復次，善現，諸菩薩摩訶薩修行般若波羅蜜多時，不應觀色若常若無常，不應觀受、想、行、識若常若無常。」

〔一一〕此處對應經文爲：「能修布施波羅蜜多，亦能修淨戒、安忍、精進、靜慮、般若波羅蜜多。」

〔一二〕此處對應經文爲：「善現，是菩薩摩訶薩於名、法假如實覺已，不著色，不著受、想、行、識。」

〔一三〕此處對應經文爲：「亦能安住内空、外空、内外空、空空、大空、勝義空、有爲空、無爲空、畢竟空、無際空、散空、無變異空、本性空、自相空、共相空、一切法空、不可得空、無性空、自性空、無性自性空。」

〔一四〕本段對應經文爲：「『即色是菩薩摩訶薩不？』『不也，世尊。』『即受、想、行、識是菩薩摩訶薩不？』『不也，世尊。』『異色是菩薩摩訶薩不？』『不也，世尊。』『異受、想、行、識是菩薩摩訶薩不？』『不也，世尊。』『色中有菩薩摩訶薩不？』『不也，世尊。』『受、想、行、識中有菩薩摩訶薩不？』『不也，世尊。』『菩薩摩訶薩中有色不？』『不也，世尊。』『菩薩摩訶薩中有受、想、行、識不？』『不也，世尊。』『離色有菩薩摩訶薩不？』『不也，世尊。』『離受、想、行、識有菩薩摩訶薩不？』『不也，世尊。』」

〔一五〕此段對應經文爲：「爾時，佛告具壽善現：『汝觀何義，言即色非菩薩摩訶薩，即受、想、行、識非菩薩摩訶薩，異色非菩薩摩訶薩，異受、想、行、識非菩薩摩訶薩，非色中有菩薩摩訶薩，非受、想、行、識中有菩薩摩訶薩，非菩薩摩訶薩中有色，非菩薩摩訶薩中有受、想、行、識，非離色有菩薩摩訶薩，非離受、想、行、識有菩薩摩訶薩耶？』具壽善現白言：『世尊，若菩提，若薩埵，若色，若受、想、行、識，尚畢竟不可得，性非有故，況有菩薩摩訶薩？此既非有，如何可言即色是菩薩摩訶薩，即受、想、行、識是菩薩摩訶薩，異色是菩薩摩訶薩，異受、想、行、識是菩薩摩訶薩，色中有菩薩摩訶薩，受、想、行、識中有菩薩摩訶薩，菩薩摩訶薩中有色，菩薩摩訶薩中有受、想、行、識，離色有菩薩摩訶薩，離受、想、行、識有菩薩摩訶薩？』」

『復次，善現，汝觀何義，言即眼處非菩薩摩訶薩，即耳、鼻、舌、身、意處非菩薩摩訶薩，異眼處非菩薩摩訶薩，異耳、鼻、舌、身、意處非菩薩摩訶薩，非眼處中有菩薩摩訶薩，非耳、鼻、舌、身、意處中有菩薩摩訶薩，非菩薩摩訶薩中有眼處，非菩薩摩訶薩中有耳、鼻、舌、身、意處，非離眼處有菩薩摩訶薩，非離耳、鼻、舌、身、意處有菩薩摩訶薩耶？』世尊，若菩提，若薩埵，若眼處，若耳、鼻、舌、身、意處，尚畢竟不可得，性非有故，況有菩薩摩訶薩？此既非有，如何可言即眼處是菩薩摩訶薩，即耳、鼻、舌、身、意處是菩薩摩訶薩，異眼處是菩薩摩訶薩，異耳、鼻、舌、身、意處是菩薩摩訶薩，眼處中有菩薩摩訶薩，耳、鼻、舌、身、意處中有菩薩摩訶薩，菩薩摩訶薩中有眼處，菩薩摩訶薩中有耳、鼻、舌、身、意處，離眼處有菩薩摩訶薩，離耳、鼻、舌、身、意處有菩薩摩訶薩？』」

〔一六〕「真」字上，底本缺，似有字，校本及《大般若波羅蜜多經》無字。

〔一七〕本段對應經文爲：「『復次，善現，所言菩薩摩訶薩者，於意云何？即色真如是菩薩摩訶薩不？』『不也，世尊。』『即受、想、行、識真如是菩薩摩訶薩不？』『不也，世尊。』『異色真如是菩薩摩訶薩不？』『不也，世尊。』『異受、想、行、識真如是菩薩摩訶薩不？』『不也，世尊。』『色真如中有菩薩摩訶薩不？』『不也，世尊。』『受、想、行、識真如中有菩薩摩訶薩不？』『不也，世尊。』『菩薩摩訶薩中有色真如不？』『不也，世尊。』『菩薩摩訶薩中有受、想、行、識真如不？』『不也，世尊。』『離色真如有菩薩摩訶薩不？』『不也，世尊。』『離受、想、行、識真如有菩薩摩訶薩不？』『不也，世尊。』」

〔一八〕本段對應經文爲：「爾時，佛告具壽善現：『汝觀何義，言即色真如非菩薩摩訶薩，即受、想、行、識真如非菩薩摩訶薩，異色真如非菩薩摩訶薩，異受、想、行、識真如非菩薩摩訶薩，非色真如中有菩薩摩訶薩，非受、想、行、識真如中有菩薩摩訶薩，非菩薩摩訶薩中有色真如，非菩薩摩訶薩中有受、想、行、識真如，非離色真如有菩薩摩訶薩，非離受、想、行、識真如有菩薩摩訶薩耶？』具壽善現白言：『世尊，若色，若受、想、行、識尚畢竟不可得，性非有故，況有色真如及受、想、行、識真如？此真如既非有，如何可言即色真如是菩薩摩訶薩，即受、想、行、識真如是菩薩摩訶薩，異色真如是菩薩摩訶薩，異受、想、行、識真如是菩薩摩訶薩，色真如中有菩薩摩訶薩，受、想、行、識真如中有菩薩摩訶薩，菩薩摩訶薩中有色真如，菩薩摩訶薩中有受、想、行、識真如，離色真如有菩薩摩訶薩，離受、想、行、識真如有菩薩摩訶薩？』」

〔一九〕本段對應經文爲：「『復次，善現，所言菩薩摩訶薩者，於意云何？即色增語是菩薩摩訶薩不？』『不也，世尊。』『即受、想、行、識增語是菩薩摩訶薩不？』『不也，世尊。』『即色常增語是菩薩摩訶薩不？』『不也，世尊。』『即受、想、行、識常增語是菩薩摩訶薩不？』『不也，世尊。』」

〔二〇〕「即」，底本無，據校本及《大般若波羅蜜多經》補。

〔二一〕「想行識」，底本無，據校本及《大般若波羅蜜多經》補。

〔二二〕本段對應經文爲：「爾時，佛告具壽善現：『汝觀何義，言即色增語非菩薩摩訶薩，即受、想、行、識增語非菩薩摩訶薩耶？』具壽善現答言：『世尊，若色，若受、想、行、識，尚畢竟不可得，性非有故，況有色增語及受、想、行、識增語？此增語既非有，如何可言即色增語是菩薩摩訶薩，即受、想、行、識增語是菩薩摩訶薩？』善現，汝復觀何義，言即色若常若無常增語非菩薩摩訶薩，即受、想、行、識若常若無常增語非菩薩摩訶薩耶？』世尊，若色常無常，若受、想、行、識常無常，尚畢竟不可得，性非有故，況有色常無常增語及受、想、行、識常無常增語？此增語既非有，如何可言即色若常若無常增語是菩薩摩訶薩，即受、想、行、識若常若無常增語是菩薩摩訶薩？』」

〔二三〕「起」，底本無，據校本補。

〔二四〕此處對應經文爲：「『善現，汝復觀何義，言即色若常、若無常增語非菩薩摩訶薩，即受、想、行、識若常若無常增語非菩薩摩訶薩耶？』『世尊，若色常、無常，若受、想、行、識常、無常，尚畢竟不可得，性非有故，況有色常、無常增語及受、想、行、識常、無常增語？此增語既非有，如何可言即色若常、若無常增語是菩薩摩訶薩，即受、想、行、識若常、若無常增語是菩薩摩訶薩？』」

大般若波羅蜜多經關法卷第二

天台石梁遲月堂釋永隆排定

色，受、想、行、識。

眼處，耳、鼻、舌、身、意處。

色處，聲、香、味、觸、法處。

眼界，色界乃、眼識界，及眼觸至、眼觸爲緣所生諸受。

耳界，聲界乃、耳識界，及耳觸至、耳觸爲緣所生諸受。

鼻界，香界乃、鼻識界，及鼻觸至、鼻觸爲緣所生諸受。

舌界，味界乃、舌識界，及舌觸至、舌觸爲緣所生諸受。

身界，觸界乃、身識界，及身觸至、身觸爲緣所生諸受。

意界，法界乃、意識界，及意觸至、意觸爲緣所生諸受。

地界，水、火、風、空、識界。

苦聖諦，集、滅、道聖諦。

無明，行乃、識、名色、六處、觸、受、愛、取、有、生至、老死愁歎苦憂惱。

內空，外空乃、內外空、空空、大空、勝義空、有爲空、無爲空、畢竟空、無際空、散空、無變異空、本性空、自相空、共相空、一切法空、不可得空、無性空、自性空至、無性自性空。

布施波羅蜜多，淨戒、安忍、精進、靜慮、般若波羅蜜多。

四靜慮，四無量、四無色定。

八解脱，八勝處、九次第定、十徧處。

四念住，四正斷乃、四神足、五根、五力、七等覺支至、八聖道支。

空解脱門，無相、無願解脱門。

五眼，六神通。

佛十力，四無所畏乃、四無礙解、大慈、大悲、大喜、大捨至、十八佛不共法。

一切智，道相智、一切相智。

無忘失法，恒住捨性。

一切陀羅尼門，一切三摩地門。

真如，法界、法性、不虚妄性、不變易性、不思議界、虚空界、斷界、離界、滅界、平等性、離生性、法定法住、無性界、無相界、無作界、無爲界、安隱界、寂靜界、本無、實際、究竟涅槃。

預流向乃、預流果，一來向、一來果、不還向、不還果、阿羅漢向至、阿羅漢果、獨覺向、獨覺果、菩薩摩訶薩、三藐三佛陀。

極喜地，離垢地乃、發光地、焰慧地、極難勝地、現前地、遠行地、不動地、善慧地至、法雲地。添法。

異生地，種性地乃、第八地、具見地、薄地、離欲地、已辦地、獨覺地、菩薩地至、如來地。

添法。

聲聞乘，獨覺乘、大乘。

大般若波羅蜜多經卷第六十一

初分讚大乘品第十六之六

異生，聲聞、獨覺、菩薩、如來。

善現，前際異生不可得，後際異生不可得，中際異生不可得，三世平等中異生亦不可得。所以者何？善現，平等中過去、未來、現在異生皆不可得。何以故？平等中平等性尚不可得，何況平等中有過去、未來、現在異生可得？以我、有情乃至知者、見者不可得故。〔二〕

上段再從「善現」起，換下「聲聞」，只二遍了，入後正經。

改品了，入正經一紙。

善現，諸菩薩摩訶薩修行般若波羅蜜多時，住此三世平等相中，精勤修學一切智智，無取著故，速得圓滿。善現，是名菩薩摩訶薩三世平等大乘相。若菩薩摩訶薩，安住如是大乘相中，超勝一切世間天、人、阿素洛等，速能證得一切智智，利樂有情。爾時，具壽善現白佛言：世尊，善哉，善哉，如來應正等覺，善説正説菩薩摩訶薩大乘。世尊，如是大乘，最尊最妙。過去諸菩薩摩訶薩於此中學已，得一切智智；未來諸菩薩摩訶薩於此中學，當得一切智智；現在十方無量無數無邊世界一切菩薩摩訶薩於此中〔三〕學，今得一切智智。是故大〔三〕乘，最尊最妙，一切智智，真勝所依。佛告善現：如是，如是，如汝所説。過去未來現在諸菩薩摩訶薩，皆依大乘精勤修學，速證無上正等菩提。是故大乘，最尊最妙。

初分隨順品第十七

爾時，滿慈子白佛言：世尊，如來先令尊者善現，爲諸菩薩摩訶薩，宣説般若波羅蜜多，而今何故乃説大乘？具壽善現即白佛言：世尊，我向所説大乘，將無違越般若波羅蜜多耶？佛告善現：汝向所説大乘，於般若波羅蜜多，悉皆隨順，無所違越。何以故？善現，一切善法，菩提分法，若聲聞法，若獨覺法，若菩薩法，若諸佛法，如是一切，無不攝入般若波羅蜜多。時具壽善現復白佛言：世尊，何等一切善法，菩提分法，若聲聞法，若獨覺法，若菩薩法，若諸佛法，皆悉攝入般若波羅蜜多耶？

佛言：善現。

暗若布施波羅蜜多，淨戒波羅蜜多。〔四〕

上、下界連念，内除「八解脱」。全疊「空解脱門」。「無忘失法」後，入結經。

善現，諸如是等一切善法，菩提分法，若聲聞法，若獨覺法，若菩薩法，若諸佛法，如是一切，皆悉攝入般若波羅蜜多。入。

塗復次，善現，若大乘，色，若般若波羅蜜多，靜慮，受、想、行、識（廣）。〔五〕

欲界，色、無色界；善法，非善法；有記，無記法；有漏，無漏法；有爲，無爲法；世間，出世間法；諸如來，佛所覺所説法律。

從「大乘」「般若」，至「真如」終，上、下界並「若」字起。內「六識」，下界無「若」字。「六度」逆行，「布施」添「波羅」，便入「五蘊」。「無明」後，入「欲界」，止「世間」。七法了，入「四靜慮」，至「一切陀羅尼」，入「諸如來」二法，入「內空」「真如」，後入結《經》。「一切智」在「不共法」下。

如是等一切法，皆非相應、非不相應，非有色、非無色，非有見、非無見，非有對、非無對，咸同一相，所謂無相。善現，由此因緣，汝向所説大乘，於般若波羅蜜多，悉皆隨順，無所違越。所以者何？

懸善現，大乘不異般若波羅（廣），般若（略）不異大乘。何以故？若大乘，若般若（略），其性無二無二分故。〔六〕

從「般若」起，「六度」逆行，添二「波羅」。下界亦呼「善現」，至「無忘失法」終。內「三智」入在「不共法」下，下去例同。「失法」後，入「蘊、界、處等空不空法」，有結《經》一段，改品。從此直至「杵」字闕，「內空」「真如」在「三摩地」後，入「聲聞乘」。

蘊、界、處等空、不空法。入結《經》。

善現，由此因緣，汝向所説大乘，於般若波羅蜜多，悉皆隨順，無所違越。若説大乘則爲已説般若波羅蜜多，若説般若波羅蜜多則爲已説大乘，如是二法，無別異故。

初分無所得品第十八之一

爾時，具壽善現白佛言：世尊，前際，後際，中際菩薩摩訶薩不可得。〔七〕入。

日世尊，色無邊故，當知菩薩摩訶薩亦無邊。〔八〕

「色」起，「大乘」終。上界呼「世尊」，下界不呼。「一切智」入「不共法」下。「真如」後，入「聲聞乘」「獨覺乘」「大乘」三法。內「獨覺乘」「大乘」不呼「世尊」。「月」字例同。

月世尊，即，離；色（廣，略）菩薩摩訶薩無所有，不可得。〔九〕

聲聞乘，獨覺乘、大乘。「日」「堅」闕同。聲聞補特伽羅，獨覺、大乘補特伽羅。

「色」起，止「大乘補特伽羅」終。上界呼「世尊」。「無明」方略。「即」，「廣」。「離」，「略」。「三智」入「不共法」下。「離四無所畏乃至一切相智」後，別添「道相智」一界。「真如」略時，云「離法界、法性乃至實際究竟涅槃」。「獨覺、大乘補特伽羅」，亦不呼「世尊」。

世尊，我於一切法，以一切種、一切處、一切時，求菩薩摩訶薩，都無所見，竟不可得，云何令我以般若波羅蜜多教誡教授諸菩薩摩訶薩？世尊，菩薩摩訶薩但有假名，如説我等畢竟不生，諸法亦爾，都無自性。世尊，色等諸法畢竟不生。若畢竟不生，則不名色等。世尊，我豈能以畢竟不生般若波羅蜜多，教誡教授畢竟不生諸菩薩摩訶薩？世尊，離畢竟不生，亦無菩薩摩訶薩能行無上正等菩提。世尊，若菩薩摩訶薩聞作是説，其心不驚不恐、不怖、不沉、不没，亦不憂悔，當知是菩薩摩訶薩，能行般若波羅蜜多。時舍利子問善現言：何緣故説前際菩薩摩訶薩不可得、後際菩薩摩訶薩不可得、中際菩薩摩訶薩不可得？何緣故説色等無邊故菩薩摩訶薩亦無邊？何緣故説即色等菩薩摩訶薩無所有不可得，離色等菩薩摩訶薩無所有不可得？何緣故説我於一切法，以一切種、一切處、一切時，求菩薩摩訶薩，都無所見，竟不可得，云何令我以般若波羅蜜多，教誡教授諸菩薩摩訶薩？何緣故説菩薩摩訶薩但有假名？何緣故説如説我等畢竟不生？何緣故説諸法亦爾都無自性？何緣故説色等諸法畢竟不生？何緣故説若畢竟不生則不名色等？何緣故説我豈能以畢竟不生般若波羅蜜多，教誡教授諸菩薩摩訶薩？何緣故説離畢竟不生，亦無菩薩摩訶薩能行無上正等菩提？何緣故説若菩薩摩訶薩聞作是説，其心不驚、不恐、不怖、不沈、不没，亦不憂悔，當知是菩薩摩訶薩，能行般若波羅蜜多？

爾時，具壽善現荅舍利子言：如尊者所云，何緣故説前際菩薩摩訶薩不可得，後際菩薩摩訶薩不可得，中際菩薩摩訶薩不可得者，入。

堅舍利子，有情（廣），色，受、想、行、識；無所有故，前、後、中際菩薩摩訶薩不可得。〔一〇〕關。

無所有，空，遠離，無自性。

「無所有」，呼「舍利子」。「空」「遠離」「無自性」，不呼「舍利子」。

何以故？舍利子，有情，色，受，想，行，識（廣）無所有、空、遠離、無自性中，前、後、中際菩薩摩訶薩皆不可得故。

舍利子，非有情（略），色、受、想、行、識；無所有有異。

上、下連合〔一一〕，下同。

非前際，後際，中際菩薩摩訶薩有異。

舍利子，若有情（略），色，受，想，行，識無所有，若前際，後際，中際菩薩摩訶薩，

如是一切法無二無二分。舍利子，由此緣故，我作是說，前際，後際，中際菩薩摩訶薩不可得。〔一二〕

此關「有情」起，「大乘」終。前四法關分上、下界，廣。後九法合連上、下界，合時一廣八略。上「眼」「色」二處各除「處」字，「地」除「界」字，「苦」下除「聖諦」，「布施」除「波羅」。「三解脱」，「空」下除「解脱門」。「三智」入「不共法」下。「内空」「真如」，在「陀羅尼」後。「内空」「真如」，一法廣，十二法略。「真如」下，除「究竟涅槃」四字。略時，云「法界、法性乃至本無、實際」，合略時云「真如、法界乃至本無、實際」。入「聲聞」等三乘，各爲一界，入結《經》。

爾時，具壽善現復荅舍利子言：如尊者所云，何緣故說色等無邊故，當知菩薩摩訶薩亦無邊者，入。

利舍利子，色（廣）；受、想、行、識如虛空。所以者何？舍利子，如虛空前，後，中際不可得，以彼中邊不可得故，說爲虛空。色、受、想、行、識〔一三〕（合略）亦如是，前，後，中際不可得〔一四〕。何以故？色（略）；受、想、行、識性空故，空中前，後，中際不可得，亦以中邊不可得，故說爲空。舍利子，由此緣故，我作是說，色（略）；受、想、行、識無邊故，當知菩薩摩訶薩亦無邊。〔一五〕

上界呼「舍利子」起，至「聲聞乘」終。本法内依「堅」字，三關一合，廣、略亦然。合略時，「眼處」「色處」除「處」字，「地界」除「界」字，「苦」除「聖諦」，「空」除「解脱門」。内「三智」入「不共法」下。「真如」不除四字，合時云「真如乃至究竟涅槃」，

下界單略時云「法界乃至究竟涅槃」。至「聲聞乘」爲上界，「獨覺、大乘」爲下界。上、下界合略時全疊界，終入後關，「金」字同。

金爾時，具壽善現復荅舍利子言：如尊者所云，何緣故說即，離；色等菩薩摩訶薩無所有不可得者。入。

舍利子，色（廣），色（略）性空。何以故？色（略）性空中，色（略）無所有不可得故，菩薩摩訶薩亦無所有不可得。非色（廣）非色（略）性空。何以故？非色（略）性空中色（略）無所有不可得故，菩薩摩訶薩亦無所有不可得。

至此下界，不呼「舍利子」。入後仍結。

舍利子，由此緣故，我作是說：即，離；色（廣，廣）菩薩摩訶薩無所有不可得。〔一六〕

此關上、下界各行，至「舍利子」結。時先上界「即」「離」了，次下界。内「一切智、一切相智」入「不共法」下，「道相智」自作一界。内結文「離」字，内「佛十力」。「即」，「廣」。「離」，「略」。「内空」「真如」，一廣九略。「真如」略時，云「法界、法性乃至實際、究竟涅槃」。「聲聞乘」准上關。外有「聲聞補特伽羅」爲上界，「獨覺、大乘補特伽羅」爲下界終。

爾時，具壽善現復荅舍利子言：如尊者所云，何緣故說我於一切法，以一切種一切處一切時，求菩薩摩訶薩，都無所見，竟不可得，云何令我以般若波羅蜜多，教誡教授諸菩薩摩訶薩者。入。

剛

舍利子　色　性空故，羅文鉤鏁關
色　色
色　受　受性空故，
受　受
色、受　想　想性空故，
想　想
想　於　色、受　無所有不可得。
色略、受、想　行　行性空故，
行　行
行　色略、受、想
色略、受、想、行　識（本法若多，依此後去三行增入。廣略。）　識性空故，
識　識
識　色略、受、想、行

舍利子，我於如是諸法，以一切種、一切處、一切時求菩薩摩訶薩，亦無所有不可得。何以故？自性空故。〔一七〕

此關换本法時，從前「舍利子」起，上、下界盡了，呼後「舍利子」結。本法一一拆關。本法若多，依後三位增入。「眼」「耳處」，上、下界疊時，除上「處」字，餘准此。只「内空」「真如」及「四果」有略，餘一向廣。「六度」添四「波羅」。「三智」在「無忘法」前。「陀羅尼」後，入「内空」「真如」。内「真如」界，本無「實際」，關爲二法。「極喜」等十地，「地」添「法」，一徧了，除「法」字，再入一徧。「異生」十地，添「法」、除「法」准上。「四果」「獨覺向果」「菩薩」「三佛陀」同爲「預流向」一界，亦有添「法」字、除「法」字各一徧。内二十地疊時，除「地」字入。後「般若教誡」等法，結經。

菩薩摩訶薩，般若波羅蜜多，教誡教授。

結《經》。

舍利子，由此緣故，我作是説，我於一切法，以一切種、一切處、一切時，求菩薩摩訶薩，都無所見，竟不可得，云何令我以般若波羅蜜多，教誡教授諸菩薩摩訶薩。

爾時，具壽善現復荅舍利子言：如尊者所云，何緣故説菩薩摩訶薩但有假名者，舍利子，菩薩摩訶薩名唯客所攝故。時舍利子問善現言：何緣故説菩薩摩訶薩名唯客所攝？入。

杵 善現荅言，舍利子，如一切法，色（廣）名唯客所攝，於十方三世無所從來，無所至去，亦無所住。一切法，色（略）中無名，名中無一切法，色（略）非合非離，但假施設。何以故？以一切法，色（略）與名俱自性空故。自性空中，若一切法，色（略）若名，俱無所有不可得故。〔一八〕

逐下界了，入後結《經》，節節如是。

菩薩摩訶薩名亦復如是，唯客所攝，於十方三世，無所從來，無所至去，亦無所住。菩薩摩訶薩中無名，名中無菩薩摩訶薩，非合非離，但假施設。何以故？以菩薩摩訶薩與名俱自性空故。自性空中，若菩薩摩訶薩若名，俱無所有不可得故。舍利子，由此緣故，我作是〔一九〕説，菩薩摩訶薩但有假名。

此關上界小字「舍利子」起，至「聲聞乘」終。內「聲聞乘」爲上界，「獨覺乘、大乘」爲下界。無「六度」一位。「六通」除「神」字。只「無明」。「內空」「真如」二種，「十地」有略，餘一向廣。「一切智」在「失法」前。「真如」略時，「法界乃至究竟涅槃」。無「預流向」一界。「摧」「滅」字同。

摧爾時，具壽善現復荅舍利子言：如尊者所云，何緣故說如說我等畢竟不生者，入。

從此去，「內空」依本位，下准此。

舍利子，我，有情至見者，色，受、想、行、識畢竟都無所有，既不可得，云何有生？〔一〇〕

下界不呼「舍利子」。無「四諦」及「真如」界，下關同。「一切智」在「失法」前。「三摩地」後入二種十地，至「獨覺、大乘」終，分上、下了，入結《經》。下「滅」字關同。

舍利子，由此緣故，我作是說，如說我等畢竟不生。爾時，具壽善現復荅舍利子言：如尊者所云，何緣故說諸法亦爾都無自性者，舍利子，諸法都無和合自性。何以故？和合有法自性空故。

時舍利子問善現言：何法都無和合自性？善現荅言：入。

滅舍利子，色都無和合自性。〔一一〕

上界「舍利子」起，下界不呼。「色」至「聲聞乘」終，入後「舍利子」結。

舍利子，由此緣故，我作是說，諸法亦爾，都無自性。

下「煩」字關，本法終結，結用此。

煩復次，舍利子，諸法非常〔一二〕，亦無散失。何以故？若法非常，無盡性故。時舍利子問善現〔一三〕言：何法非常，亦無散失？善現荅言：入。

舍利子，色，非常亦無散失。〔一四〕

此關換法，遇「色」從「復次」起。上界呼「舍利子」，下界不呼。「四諦」依本位。無「真如」「預流向」二位。下去至「吼」字例同。「陀羅尼」了，入二種十地、「聲聞乘」，分上、下界。直至「吼」字，依此。「色」至「聲聞乘」終，依「滅」字關。結《經》，換「非樂」，止「無爲」，准此。

非樂，非我，寂靜，遠離，空，無相，無願，善，無罪，無漏，無染，清淨，出世間，無爲。

惱復次，舍利子，一切法非常非壞。時舍利子問善現言：云何一切法非常非壞？善現荅言：

舍利子，色非常非壞。何以故？本性爾故。〔三五〕

「色」至「聲聞乘」終，下界不呼「舍利子」，入後「一切善法」，結《經》。

舍利子，以要言之，一切善法非常非壞。何以故？本性爾故。〔三六〕

善，非善，有記，無記，有漏，無漏，有爲，無爲。

前八法並從「一切」入，後至「無爲」了，有都結《經》一段。

舍利子，由此緣故，我作是説，諸法亦爾，都無自性。爾時，具壽善現復荅舍利子言：如尊者所云，何緣故説色等諸法，畢竟不生者，入。

山舍利子，色、受、想、行、識本性畢竟不生，何以故？非所作故。所以者何？以色乃至識作者不可得故。〔三七〕

此上界「舍利子」起，下界不呼。至「色」下「乃至」，唯取最末一法。「四靜慮」「三解脱門」「三智」「聲聞乘」三位處，不呼「乃至」，並全疊，「五眼」等二位處准此。「吼」字同。「色」至「聲聞乘」，入結《經》。

舍利子，由此緣故，我作是説，色等諸法，畢竟不生。

震爾時，具壽善現復荅舍利子言：如尊者所云，何緣故説若畢竟不生則不名色等者，舍利子，如是如是，若畢竟不生，則不名色等。何以故？入。

舍利子，色（廣）本性空故。若法本性空，則不可施設若生、若滅、若住、若異。由此緣故，若畢竟不生，則不名色（略）。〔三八〕

舍利子，由此緣故，我作是説，若畢竟不生，則不名色等，空無生法不可説故。

下界亦呼「舍利子」，内「六度」「八解脱」下有略，至「聲聞乘」終，呼前結《經》。外「吼」字，有正經一段。

吼爾時，具壽善現復荅舍利子言：如尊者所云，何緣故説我豈能以畢竟不生般若波羅蜜多，教誡教授畢竟不生諸菩薩摩訶薩者，舍利子，畢竟不生即是般若波羅蜜多，菩薩摩訶薩；般若波羅蜜多，菩薩摩訶薩即是畢竟不生，何以故？畢竟不生與般若波羅蜜多，菩薩摩訶薩無二無二分故。此上二回，讀過結。舍利子，由此緣故，我作是說，我豈能以畢竟不生般若波羅蜜多，教誡教授畢竟不生諸菩薩摩訶薩。〔二九〕

爾時，具壽善現復荅舍利子言：如尊者所云，何緣故說離畢竟不生，亦無菩薩摩訶薩能行無上正等菩提者，入。

舍利子，諸菩薩摩訶薩，修行般若波羅蜜多時，

亦不見般若波羅蜜多，菩〔三〇〕薩摩訶薩，色，受、想、行、識（廣）異畢竟不生。「般若」除「亦」字。

何以故？若般若波羅蜜多，若菩薩摩訶薩，色乃至識（略）與畢竟不生無二無二分故。〔三一〕

此關上界，並從「舍利子」起。先「般若」上界無「亦」字，次「菩薩」下界有「亦」字。「何以故？若般若」，并「若菩薩」連念。「五蘊」上、下界各有「亦」字，合時唯取下界末一法。內「四靜慮」等，並依「山」字例全疊。至「聲聞乘」終。

舍利子，由此緣故，我作是說，離畢竟不生，亦無菩薩能行無上正等菩提。爾時，具壽善現復荅舍利子言：如尊者所云，何緣故說若菩薩摩訶薩，聞作是說，其心不驚、不恐、不怖、不沉、不没，亦不憂悔，當知是菩薩摩訶薩，能行般若波羅蜜多者，舍利子，諸菩薩摩訶薩，修行般若波羅蜜多時，不見諸法有覺有用，見一切法如幻事，如夢境，如像，如響，如光影，如陽燄，如空華，如尋香城，如變化事，都非實有，聞說諸法本性皆空，深心歡喜。舍利子，由此緣故，我作是說，若菩薩摩訶薩聞作是說，其心不驚、不恐、不怖、不沉、不没，亦不憂悔，當知是菩薩摩訶薩，能行般若波羅蜜多。

初分觀行品第十九之一

師爾時，具壽善現白佛言：入。

世尊，諸菩薩摩訶薩，修行般若波羅蜜多，觀諸法時，於色（廣），受、想、行、識不受、不取、不

執、不著，亦不施設爲色（略）、受、想、行、識。〔三二〕

上界從「世尊」起，下界「於」字入。「佛十力」後，入「真如」界，依第一策，本法下去，至「釋」字，准此。「真如」後，「無上正等菩提」爲上界，「三智」爲下界，了，入「無忘失法」。至「陀羅尼」終，入後「世尊」。

世尊諸菩薩摩訶薩，修行般若波羅蜜多時，不見色（廣）、受、想、行、識。何以故？以色（略）、受、想、行、識性空無生滅故。〔三三〕

上界「世尊」起，下界「不見」入，至「陀羅尼」終。本法同上，便入「子」字關。

子世尊，色（廣）、受、想、行、識不生，滅則非色（略）、受、想、行、識。

所以者何？色（略）、受、想、行、識與不生，滅無二無二分。

何以故？以不生，滅法非一、非二、非多、非異，是故色（略）、受、想、行、識不生，滅則非色（略）、受、想、行、識。〔三四〕

「真如」內，除「不虛妄性、不變異性」八字，至「釋」字同。

此上界呼「世尊」。從「色不生」，至「陀羅尼」終，改「不生」爲「不滅」，「色」至「陀羅尼」。內「無忘法」前，添「無上正等菩提」爲上界，除「諸佛」二字，「三智」爲下界，至「釋」字閔例同。內「所以者何」一句，及「何以故」一行，下界不念，准此換法。下「聲」「碎」二字閔，上界呼「世尊」，「色」至「陀羅尼」終，有正經一段，入「裂」字。

聲世尊，色（廣）、受、想、行、識不二，則非色（略）、受、想、行、識。〔三五〕

碎世尊，色（廣）、受、想、行、識入不二無妄法數。〔三六〕後有正經。

時舍利子問善現言：所説菩薩摩訶薩，修行般若波羅蜜多，觀諸法時者，何謂菩薩摩訶薩？何謂般若波羅蜜多？何謂觀諸法？爾時，具壽善現荅舍利子言：如尊者所云，何謂菩薩摩訶薩者，舍利子，爲有情類求大菩提，亦有菩提，故名菩薩。彼如實知一切法相能不執著故，復名摩訶薩。舍利子言：云何菩薩摩訶薩，能如實知一切法相而不執著？善現荅言：

裂舍利子，菩薩摩訶薩，如實知色（廣），受、想、行、識相而不執著。〔三七〕

上界「舍利子」起，下界「如實知」入，有正經一段，終同上。

時舍利子問善現言：何等名爲一切法相？善現荅言：若由如是諸行相狀，表知諸法是色、是聲、是香、是味、是觸、是法，是内、是外，是有漏、是無漏，是有爲、是無爲，此等名爲一切法相。爾時，具壽善現復荅舍利子言：如尊者所云，何謂般若波羅蜜多者。舍利子，有勝妙慧，遠有所離，故名般若波羅蜜多。舍利子言：此於何法而得遠離？善現荅言：此於一切煩惱見趣而得遠離，此於一切六趣四生而得遠離，此於一切蘊、界、處等而得遠離，故名般若波羅蜜多。又舍利子，有勝妙慧，遠有所到，故名般若波羅蜜多。舍利子言：此於何法，而得遠到？善現荅言：入。

野舍利子，此於色（廣），受、想、行、識實性而得遠到，故名般若波羅蜜多。〔三八〕

上界「舍利子」起，下界「於」字入。一一下界皆有「故名般若波羅蜜多」，上界不呼也。至「陀羅尼」終，呼後「舍利子」二句，經文都結入。

舍利子，是謂般若波羅蜜多。

干爾時，具壽善現復荅舍利子言：如尊者所云，何謂觀諸法者，入。

舍利子，諸菩薩摩訶薩修行般若波羅蜜多時，觀色，受、想、行、識（廣）非常非無常。〔三九〕

非樂非苦，非我非無我，非淨非不淨，非空非不空，非有相非無相，非有願非無願，非寂靜非不寂靜，非遠離非不遠離。

舍利子，是謂觀諸法。

上界遇「常」一法，呼「舍利子」起。下界「觀」字起，餘八法，換「苦樂」至「遠離」，呼前「舍利子」，二句逐界結。上、下界齊行，至「遠離」換「眼處」，並廣「陀羅尼」終，一行都結。

舍利子，諸菩薩摩訶薩修行般若波羅蜜多時，應如是觀諸法。

膽時舍利子問善現言：何緣故説色等不生，滅則非色等？善現荅言：入。

舍利子，色（廣），受、想、行、識；色（略），受、想、行、識性空，此性空中無生，滅無色（略），受、想、行、識。

舍利子，由此緣故，我作是說，色（略），受、想、行、識不生，滅則非色（略），受、想、行、識。〔四〇〕

上界呼「舍利子」，及第二行「我作是說」下界並不呼。從「受想」起，上、下界逐行盡。入第二行，一廣四略。至「陀羅尼」終，改「不生」爲「不滅」，並在此関。從「時舍利子」起，至「陀羅」終，須逐一行法盡。

釋時舍利子問善現言：何緣故說，色等不二則非色等？善現荅言：入。

舍利子，若色（廣），受、想、行、識若不二，如是一切皆非相應、非不相應，非有色、非無色，非有見、非無見，非有對、非無對，咸同一相，所謂無相。舍利子，由此緣故，我作是說，色（略），受、想、行、識不二則非色（略），受、想、行、識。〔四一〕

上界呼「舍利子」，下界「若」字。入「如是」二行，至「我作是說」，一徧念過，却入「色」，下界例同。「陀羅尼」終。內「真如」在「十力」後。至此住依本位，「無上正」及「三智」同。

〔洪〕第六十一，之一。「暗」，「布施」起，「無忘法」終結。「塗」，「大乘」起，「真如」終。「懸」。「般若」起，至蘊、界、處終。改品，「日」，「色」起，至「大乘」終。「月」，「色」起，至「大乘伽羅」終。「堅」。「有情」起，「眼界」終。

第六十二，之二。「堅」。「耳界」起，「無忘失法」終。

第六十三，之三。「堅」，「陀羅門」起，至「大乘」終。「利」，「色」起，至「聲聞乘」終。「金」。「色」起，至「色處」終。

第六十四，之四。「金」，「眼界」起，「聲聞補特伽羅」終。「剛」，「色」起，至「色處」終。羅文鈎鏁。

第六十五，之五。「剛」。「眼界」起，「極喜地」除「法」終。

第六十六，之六。「剛」，「異生地」添「法」起，「般若教誡授」終。「杵」。「一切法」起，「四念住」終。

第六十七，之七。「杵」，「空解脱」起，「聲聞乘」終。「摧」，「我、有情」起，「聲聞乘」終。結《經》，「滅」，「色」起，至「聲聞乘」。「煩」，非常、非樂、同「色」起，並「聲聞乘」終。非我。「色」起，「內空」終。

第六十八，之八。「煩」，非我、「布施」起，「聲聞」終。

寂靜、遠離、空、無相、無願、善、無罪、無漏、並「色」起，俱「聲聞乘」終。無染。「色」起，至「內空」終。

第六十九，之九。「煩」，無染、「布施」起，「聲聞」終。清淨、出世間、無爲。並「色」起，俱「聲聞乘」終。「惱」，從「色」起，至「無爲法」終。「山」，「色」起，至「聲聞」終。「震」。「色」起，至「無相解脱」終。

第七十，之十。「震」，「五眼」起，「聲聞」終。「吼」，「般若」起，「聲聞」終。結，改品。「師」，二回，並「色」起，「陀羅尼」終。「子」。「色」起，不生，至「內空」終。

〔荒〕第七十一，之二。「子」，不生〔四三〕、「布施」起，「陀羅尼」終。不滅。「色」起，「陀羅尼」終。「聲」，「色」起，至「陀羅」終。「碎」，「色」起，至「陀羅」終。正經，「裂」，「色」起，至「陀羅」終。正經，「野」。「色」起，至「陀羅」終。

第七十二，之三。「干」。「色」起，至「陀羅尼」終。

第七十三，之四。「膽」，「不生」「不滅」二番，俱「色」起，並至「陀羅尼」終。「釋」。「色」起，「陀羅尼」終。

大般若波羅蜜多經關法卷第二

校勘記

〔一〕此處對應經文爲：「善現，前際異生不可得，後際異生不可得，中際異生不可得。三世平等中異生亦不可得。所以者何？善現，平等中過去、未來、現在異生皆不可得。何以故？平等中平等性尚不可得，何況平等中有過去、未來、現在異生可得？以我、有情乃至知者、見者不可得故。善現，前際聲聞、獨覺、菩薩、如來不可得，後際聲聞、獨覺、菩薩、如來不可得，中際聲聞、獨覺、菩薩、如來不可得，三世平等中聲聞、獨覺、菩薩、如來亦不可得。所以者何？善現，平等中過去、未來、現在聲聞、獨覺、菩薩、如來皆不可得。何以故？平等中平等性尚不可得，何況平等中有過去、未來、現在聲聞、獨覺、菩薩、如來可得？以我、有情乃至知者、見者不可得故。」

〔二〕「於此中」，底本無，據校本及《大般若波羅蜜多經》補。

〔三〕「大」，底本無，據校本及《大般若波羅蜜多經》補。

〔四〕此處對應經文爲：「若布施波羅蜜多、淨戒波羅蜜多、安忍波羅蜜多、精進波羅蜜多、靜慮波羅蜜多、般若波羅蜜多，若四靜慮、四無量、四無色定，若四念住、四正斷、四神足、五根、五力、七等覺支、八聖道支，若空解脱門、無相解脱門、無願解脱門，若五眼、六神通，若佛十力、四無所畏、四無礙解、大慈、大悲、大喜、大捨、十八佛不共法，若一切智、道相智、一切相智，若無忘失法、恒住捨性。」

〔五〕此處對應經文爲：「復次，善現，若大乘，若般若波羅蜜多，若靜慮、精進、安忍、淨戒、布施波羅蜜多，若色，若受、想、行、識。」

〔六〕此處對應經文爲：「大乘不異般若波羅蜜多，般若波羅蜜多不異大乘。何以故？若大乘，若般若波羅蜜多，其性無二無二分故。」

〔七〕此處對應經文爲：「爾時，具壽善現白佛言：『世尊，前際菩薩摩訶薩不可得，後際菩薩摩訶薩不可得，中際菩薩摩訶薩不可得。』」

〔八〕此處對應經文爲：「世尊，色無邊故，當知菩薩摩訶薩亦無邊；受、想、行、識無邊故，當知菩薩摩訶薩亦無邊。」

〔九〕此處對應經文爲：「世尊，即色菩薩摩訶薩無所有不可得，離色菩薩摩訶薩無所有不可得；即受、想、行、識菩薩摩訶薩無所有不可得，離受、想、行、識菩薩摩訶薩無所有不可得。」

〔一〇〕此處對應經文爲：「舍利子，有情無所有故，前、後、中際菩薩摩訶薩不可得；有情空故，前、後、中際菩薩摩訶薩不可得；有情遠離故，前、後、中際菩薩摩訶薩不可得；有情無自性故，前、後、中際菩薩摩訶薩不可得。」

〔一一〕「有有異上下連合」，底本無，據校本補。

〔一二〕此處對應經文爲：「何以故？舍利子，有情無所有、空、遠離、無自性中前、後、中際菩薩摩訶薩皆不可得故。舍利子，非有情無所有有異，非有情空有異，非有情遠離有異，非有情無自性有異，非前際菩薩摩訶薩有異，非後際菩薩摩訶薩有異，非中際菩薩摩訶薩有異。舍利子，若有情無所有，若有情空，若有情遠離，若有情無自性，若前際菩薩摩訶薩，若後際菩薩摩訶薩，若中際菩薩摩訶薩，如是一切法無二無二分。舍利子，由此緣故我作是説，前際菩薩摩訶薩不可得，後際菩薩摩訶薩不可得，中際菩薩摩訶薩不可得。」

〔一三〕「行識」，底本無，據校本及《大般若波羅蜜多經》補。

〔一四〕「亦如是前後中際不可得」，底本無，據校本及《大般若波羅蜜多經》補。

〔一五〕此處對應經文爲：「色如虛空，受、想、行、識如虛空。所以者何？舍利子，如虛空前際不可得、後際不可得、中際不可得，以彼中邊不可得故，説爲虛空。色、受、想、行、識亦如是，前際不可得、後際不可得、中際不可得。何以故？色性空故，受、想、行、識性空故，空中前際不可得、後際不可得、中際不可得，亦以中邊俱不可得故説爲空。舍利子，由此緣故，我作是説，色無邊故，當知菩薩摩訶薩亦無邊；受、想、行、識無邊故，當知菩薩摩訶薩亦無邊。」

〔一六〕此處對應經文爲：「爾時，具壽善現復答舍利子言：『如尊者所云，何緣故説即色等菩薩摩訶薩無所有不可得，離色等菩薩摩訶薩無所有不可得者。舍利子，色色性空。何以故？色性空中，色無所有不可得故，菩薩摩訶薩亦無所有不可得。非色非色性空。何以故？非色性空中，非色無所有不可得故，菩薩摩訶薩亦無所有不可得。受、想、行、識性空中，受、想、行、識無所有不可得故，菩薩摩訶薩亦無所有不可得。非受、想、行、識非受、想、行、識性空。何以故？非受、想、行、識性空中，非受、想、行、識無所有不可得故，菩薩摩訶薩亦無所有不可得。舍利子，由此緣故，我作是説，即色菩薩摩訶薩無所有不可得，離色菩薩摩訶薩無所有不可得；即受、想、行、識菩薩摩訶薩無所有不可得，離受、想、行、識菩薩摩訶薩無所有不可得。』」

〔一七〕此處對應經文爲：「舍利子，色性空故，色於色無所有不可得，色於受無所有不可得。受性空故，受於受無所有不可得，受於色無所有不可得，色、受於想無所有不可得。想性空故，想於想無所有不可得，想於色、受無所有不可得，色、受、想於行無所有不可得。

行性空故，行於行無所有不可得，行於色、受、想無所有不可得，色、受、想、行於識無所有不可得。識性空故，識於識無所有不可得，識於色、受、想、行無所有不可得。舍利子，我於如是諸法，以一切種、一切處、一切時求菩薩摩訶薩，亦無所有不可得。何以故？自性空故。」

〔一八〕此處對應經文爲：「善現答言：如一切法名唯客所攝，於十方三世無所從來，無所至去，亦無所住。一切法中無名，名中無一切法，非合非離，但假施設。何以故？以一切法與名俱自性空故。自性空中，若一切法，若名，俱無所有不可得故。菩薩摩訶薩名亦復如是，唯客所攝，於十方三世無所從來，無所至去，亦無所住。菩薩摩訶薩中無名，名中無菩薩摩訶薩，非合非離，但假施設。何以故？以菩薩摩訶薩與名俱自性空故。自性空中，若菩薩摩訶薩，若名，俱無所有不可得故。舍利子，由此緣故，我作是說，菩薩摩訶薩但有假名。舍利子，如色名唯客所攝，於十方三世無所從來，無所至去，亦無所住。色中無名，名中無色，非合非離，但假施設。何以故？以色與名俱自性空故。自性空中，若色，若名，俱無所有不可得故。」

〔一九〕「是」，底本無，據校本及《大般若波羅蜜多經》補。

〔二〇〕此處對應經文爲：「舍利子，我畢竟都無所有，既不可得，云何有生？有情、命者、生者、養者、士夫、補特伽羅、意生、儒童、作者、使作者、起者、使起者、受者、使受者、知者、見者畢竟都無所有，既不可得，云何有生？舍利子，色畢竟都無所有，既不可得，云何有生？受、想、行、識畢竟都無所有，既不可得，云何有生？」

〔二一〕此處對應經文爲：「舍利子，色都無和合自性，受、想、行、識都無和合自性。」

〔二二〕「非常」，底本無，據校本及《大般若波羅蜜多經》補。

〔二三〕「問善現」，底本無，據校本及《大般若波羅蜜多經》補。

〔二四〕此處對應經文爲：「『復次，舍利子，諸法非常，亦無散失。何以故？若法非常，無盡性故。』」時舍利子問善現言：『何法非常，亦無散失？』善現答言：『舍利子，色非常亦無散失，受、想、行、識非常亦無散失。』」

〔二五〕此處對應經文爲：「舍利子，色非常非壞。何以故？本性爾故。受、想、行、識非常非壞。何以故？本性爾故。」

〔二六〕此處對應經文爲：「以要言之，一切善法非常非壞。何以故？本性爾故。一切非善法非常非壞。何以故？本性爾故。」

〔二七〕此處對應經文爲：「舍利子，色本性畢竟不生。何以故？非所作故。受、想、行、識本性畢竟不生。何以故？非所作故。所以者何？以色乃至識作者不可得故。」

〔二八〕此處對應經文爲：「舍利子，色本性空故。若法本性空，則不可施設若生、若滅、若住、若異。由此緣故，若畢竟不生，則不名色。舍利子，受、想、行、識本性空故。若法本性空，則不可施設若生、若滅、若住、若異。由此緣故，若畢竟不生，則不名受、想、行、識。」

〔二九〕此處對應經文爲：「爾時，具壽善現復答舍利子言：『如尊者所云，何緣故説我豈能以畢竟不生般若波羅蜜多，教誡教授畢竟不生諸菩薩摩訶薩者，舍利子，畢竟不生即是般若波羅蜜多，般若波羅蜜多即是畢竟不生。何以故？畢竟不生與般若波羅蜜多無二無二分故。舍利子，畢竟不生即是菩薩摩訶薩，菩薩摩訶薩即是畢竟不生。何以故？畢竟不生與菩薩摩訶薩無二無二分故。舍利子，由此緣故我作是説，我豈能以畢竟不生般若波羅蜜多，教誡教授畢竟不生諸菩薩摩訶薩。』」

〔三〇〕「菩」，底本前原衍「若」，據《大般若波羅蜜多經》删。

〔三一〕此處對應經文爲：「舍利子，諸菩薩摩訶薩修行般若波羅蜜多時，不見般若波羅蜜多異畢竟不生，亦不見菩薩摩訶薩異畢竟不生。何以故？若般若波羅蜜多，若菩薩摩訶薩，與畢竟不生無二無二分故。舍利子，諸菩薩摩訶薩修行般若波羅蜜多時，亦不見色異畢竟不生，亦不見受、想、行、識異畢竟不生。何以故？色乃至識與畢竟不生無二無二分故。」

〔三二〕此處對應經文爲：「世尊，諸菩薩摩訶薩修行般若波羅蜜多觀諸法時，於色不受、不取、不執、不著，亦不施設爲色；於受、想、行、識不受、不取、不執、不著，亦不施設爲受、想、行、識。」

〔三三〕此處對應經文爲：「世尊，諸菩薩摩訶薩修行般若波羅蜜多時，不見色。何以故？以色性空無生滅故。不見受、想、行、識。何以故？以受、想、行、識性空無生滅故。」

〔三四〕此處對應經文爲：「世尊，色不生則非色，受、想、行、識不生則非受、想、行、識。所以者何？色與不生無二無二分，受、想、行、識與不生無二無二分。何以故？以不生法非一、非二、非多、非異，是故色不生則非色，受、想、行、識不生則非受、想、行、識。」

〔三五〕此處對應經文爲：「世尊，色不二則非色，受、想、行、識不二則非受、想、行、識。」

〔三六〕此處對應經文爲：「世尊，色入不二無妄法數，受、想、行、識入不二無妄法數。」

〔三七〕此處對應經文爲：「舍利子，菩薩摩訶薩如實知色相而不執著，如實知受、想、行、識相而不執著。」

〔三八〕此處對應經文爲：「舍利子，此於色實性而得遠到，於受、想、行、識實性而得遠到，故名般若波羅蜜多。」

〔三九〕此處對應經文爲：「舍利子，諸菩薩摩訶薩修行般若波羅蜜多時，觀色非常非無常，觀受、想、行、識非常非無常。觀色非樂非苦，觀受、想、行、識非樂非苦。」

〔四〇〕此處對應經文爲：「時舍利子問善現言：『何緣故說色等不生則非色等？』善現答言：『舍利子，色色性空，此性空中無生無色；受、想、行、識，受、想、行、識性空，此性空中無生無受、想、行、識。舍利子，由此緣故，我作是說，色不生則非色，受、想、行、識不生則非受、想、行、識。』……時舍利子問善現言：『何緣故說色等不滅則非色等？』善現答言：『舍利子，色色性空，此性空中無滅無色；受、想、行、識，受、想、行、識性空，此性空中無滅無受、想、行、識。舍利子，由此緣故，我作是説，色不滅則非色，受、想、行、識不滅則非受、想、行、識。』」

〔四二〕此處對應經文爲：「舍利子，若色若不二，若受、想、行、識若不二，如是一切皆非相應、非不相應，非有色、非無色，非有見、非無見，非有對、非無對，咸同一相，所謂無相。舍利子，由此緣故，我作是説，色不二則非色，受、想、行、識不二則非受、想、行、識。」

〔四三〕「不生」，底本爲小注，據後文「不滅」等改爲正文。

大般若波羅蜜多經關法卷第三

天台石梁暹月堂釋永隆排定

色，受、想、行、識。

眼處，耳、鼻、舌、身、意處。

色處，聲、香、味、觸、法處。

眼界，色界乃、眼識界，及眼觸至、眼觸爲緣所生諸受。

耳界，聲界乃、耳識界，及耳觸至、耳觸爲緣所生諸受。

鼻界，香界乃、鼻識界，及鼻觸至、鼻觸爲緣所生諸受。

舌界，味界乃、舌識界，及舌觸至、舌觸爲緣所生諸受。

身界，觸界乃、身識界，及身觸至、身觸爲緣所生諸受。

意界，法界乃、意識界，及意觸至、意觸爲緣所生諸受。

地界，水、火、風、空、識界。

苦聖諦，集、滅、道聖諦。

無明，行乃、識、名色、六處、觸、受、愛、取、有、生至、老死愁歎苦憂惱。

內空，外空乃、內外空、空空、大空、勝義空、有爲空、無爲空、畢竟空、無際空、散空、無變異空、本性空、自相空、共相空、一切法空、不可得空、無性空、自性空至、無性自性空。

真如，法界乃、法性、不虚妄性、不變異性、平等性、離生性、法定法住、實際、虚空界至、不思議界。

布施波羅蜜多，淨戒、安忍、精進、靜慮、般若波羅蜜多。

四靜慮，四無量、四無色定。

八解脱，八勝處、九次第定、十徧處。

四念住，四正斷乃、四神足、五根、五力、七等覺支至、八聖道支。

五眼，六神通。

空解脱門，無相、無願解脱門。

佛十力，四無所畏乃、四無礙解、大慈、大悲、大喜、大捨至、十八佛不共法。

無忘失法，恒住捨性。

一切智，道相智、一切相智。

一切陀羅尼門，一切三摩地門。

聲聞乘，獨覺乘、無上乘。

極喜地，離垢地乃、發光地、焰慧地、極難勝地、現前地、遠行地、不動地、善慧地至、法雲地。及法。

異生地，種性地乃、第八地、具見地、薄地、離欲地、已辦地、獨覺地、菩薩地至、如來地。及法。

已上係「主」「默」二関法（二）本項，內增減依本項。

預流，一來、不還、阿羅漢。

預流向、預流果，一來向乃、一來果、不還向、不還果、阿羅漢向至、阿羅漢果。

獨覺，獨覺向、獨覺果。

菩薩摩訶薩，三藐三佛陀。

菩薩摩訶薩法，無上正等菩提。

二種十地。

已上是「持」字至「自」字，依此法接「聲聞乘」，至二種「十地」終。

預流，一來、不還、阿羅漢。

預流向、預流果，一來向乃、一來果、不還向、不還果、阿羅漢向至、阿羅漢果。

獨覺，獨覺向、獨覺果。

菩薩摩訶薩，三藐三佛陀。

菩薩摩訶薩法，無上正等菩提。

聲聞乘，獨覺乘、無上乘。

已上「隕」字至「味」字，用此法接「陀羅尼」，至「聲聞乘」。

大般若波羅蜜多經卷第八十一

初分天帝品第二十二之五入

主善現，如來之心不住布施波羅蜜多，淨戒等（廣）。

何以故？以布施波羅蜜多等不可得故。（三）

上界呼「善現」，下界「不住」起。「布施」至「異生法」。內「一切智」，在「陀羅尼」後，直至「自」字，准此。至「一切智」了，入「聲聞乘」，後添後二位，直跳入「極喜」「異生」二種十地，上、下界末各添「及法」二字。至「異生地」，呼「如是善現」，結入「默」字，十地同。

預流及預流向、果，一來、不還、阿羅漢及一來、不還、阿羅漢向、果。

獨覺及獨覺菩提，菩薩、如來及菩薩、如來法。

如是，善現，如來之心，於一切法都無所住，亦非不住。揔結。

默時具壽善現謂舍利子言：如是菩薩摩訶薩，雖住般若波羅蜜多，而同如來，於一切法都無所住，亦非不住。所以者何？入。

舍利子，菩薩摩訶薩，雖住般若波羅蜜多，而於色（廣）、受、想、行、識，亦非住非不住，何以故？以色蘊等無二相故。（三）

上界「舍利子」起，下界「於」字入，逐一界盡，呼「何以故」結，至「聲聞乘」。添「主」関內，「預流」「獨覺」二位。本法了，直入「極喜」「異生」，添「及法」，准前。「色」至「異生」，呼後結。

舍利子，菩薩摩訶薩於般若波羅蜜多隨非住非不住，以無所得爲方便，應如是學。

初分諸天子品第二十三之一

爾時，會中有諸天子，竊作是念：諸藥叉等言詞呪句，雖復隱密，而尚可知；尊者善現，於此般若波羅蜜多，雖以種種言詞顯示，而我等輩竟不能解。善現知彼心之所念，便告之言：汝等天子於我所說不能解耶？諸天子言：如是，如是。具壽善現復告彼言：我曾於此不說一字，汝亦不聞，當何所解？何以故？甚深般若波羅蜜多文字、言說皆遠離故。由此，於中說者、聽者及能解者皆不可得。一切如來應正等覺所證無上正等菩提，其相甚深，亦復如是。天子，當知，如佛化身，化作無量苾芻、苾芻尼、鄔波索迦、鄔波斯迦，俱來集會，復化作一能說法人，於此衆中宣揚妙法。於意云何？是中有實能說、能聽、能解者不？諸天子言：不也，大德。善現告言：如是，天子，一切法皆如化，故般若中說者、聽者及能解者都不可得。天子，當知，如在夢中，夢見有佛教誡教授菩薩、聲聞。於意云何？是中有實能說能聽能解者不？諸天子言：不也，大德。善現告言：如是，天子，一切法皆如夢，故般若中說者、聽者及能解者都不可得。天子，當知，如有二人處一山谷，各住一面，讚佛、法、僧，俱時發響。於意云何？此二響聲能互相聞互相解不？諸天子言：不也，大德。善現告言：如是，天子，一切法皆如響，故般若中說者、聽者及能解者都不可得。天子，當知，如巧幻師，或彼弟子，於四衢道幻作四衆及一佛身，處中說法。於意云何？是中有實能說能聽能解者不？諸天子言：不也，大德。善現告言：如是，天子，一切法皆如幻，故般若中說者、聽者及能解者都不可得。時諸天子復作是念：尊者善現，於此般若波羅蜜多，雖復種種方便顯說欲令易解，而其意趣甚深轉甚深、微細更微細，難可測度。善現知彼心之所念，便告之曰：入。

持天子，當知，色（廣），受、想、行、識，亦非甚深、非微細，何以故？色（略），受、想、行、識深細性亦不可

得故。〔四〕

上界呼「天子」，下界「受、想」起，添二「亦」字。内「布施」「預流」各有略，内「預流」略云「一來向、一來果，乃至阿羅漢向、阿羅漢果」。無「空解脱」。至「極喜地」，連念二回，初一徧單，後一徧地地添「法」字，「異生地」准此。入「定」字闕。

定時諸天子復作是念：尊者善現所説法中，不施設色（廣），受、想、行、識。何以故？色蘊性等不可説故。〔五〕

上界呼「尊者」起，下界「不施設」起，至「異生地法」，二種「十地」，准「持」字闕，入正經。

尊者善現所説法中，亦不施設文字語言。何以故？文字語言性等不可説故。爾時，善現知諸天子心所念法，便告之言：如是，如是，如汝所念，諸法乃至無上菩提，文字語言皆所不及，故於般若波羅蜜多無説、無聽亦無解者。是故汝等於諸法中，應隨所説，修堅固忍。諸有欲住欲證預流、一來、不還、阿羅漢果，亦依此忍而得究竟。諸有欲住欲證獨覺所得菩提，亦依此忍而得究竟。諸有欲住欲證無上正等菩提，要依此忍而得究竟。如是，諸天子，諸菩薩摩訶薩，從初發心乃至究竟，應住無説、無聽、無解甚深般若波羅蜜多，常勤修學，不應捨離。時諸天子心復念言：尊者善現於今欲爲何等有情説何等法？善現爾時知諸天子心所念事，便告之曰：天子，當知，我今欲爲如幻、如化、如夢有情，説如幻、如化、如夢之法。何以故？如是聽者於所説中無聞、無解、無所證故。時諸天子即復問言：能説、能聽及所説法，皆如幻、如化、如夢事耶？善現答言：如是，如是，如汝所説，如幻有情爲如幻者説如幻法，如化有情爲如化者説如化法，如夢有情爲如夢者説如夢法。入。

魔天子，當知，我（廣），有情等如幻、如化、如夢所見。何以故？以我等自性空故。〔六〕

上界「天子」起，下界「有情」去。「我」界後入「五蘊」，界界呼「何以故」結，至「無爲」界終。「異生」後，入「無爲界」。十地各添「法」一徧，准前「持」字。「無爲界」了，呼「天子」，都結入「兵」字。

有爲界，無爲界。

天子，當知，由此緣故，我作是説，如幻有情爲如幻者説如幻法，如化有情爲如化者説如化法，如夢有情爲如夢者説如夢法。

兵時諸天子問善現言：今尊者爲但説我等、入。下五行，俱入「如幻」。後「所以者何」，結。色等，乃至阿耨多羅三藐三菩提，爲亦説微妙寂靜究竟涅槃邪？善現言：諸天子，我不但説我等色等，乃至阿耨多羅三藐三菩提，亦復宣説微妙寂靜究竟涅槃。天子，當知，設更有法勝涅槃者，我亦説爲如幻、如化、如夢所見。〔七〕所以者何？幻化夢事，與一切法，乃至涅槃，皆悉無二無二分故。

改品。

初分受教品第二十四之一

爾時，具壽舍利子、具壽大目連、具壽執大藏、具壽滿慈子、具壽大迦多衍那、具壽大迦葉波等，諸大聲聞，及無量百千菩薩摩訶薩，同時舉聲，問善現曰：所説般若波羅蜜多，如是甚深、難見難覺、非所尋思、超尋思境、微妙寂靜、最勝第一，唯極聖者自内所證，世聰慧人所不能測，於如是法誰能信受？善現荅言：有菩薩摩訶薩，住不退轉地，於此甚深、難見難覺、非所尋思、超尋思境、微妙寂靜、最勝第一般若波羅蜜多能深信受。復有已見聖諦及漏盡阿羅漢，爲滿所願，於此般若波羅蜜多亦能信受。復有善男子、善女人等，已於過去無量無數百千俱胝那庾多佛所，親近供養，發弘誓願，植衆善本，利根聰慧，諸善知識所攝受者，於此甚深、難見難覺、非所尋思、超尋思境、微妙寂靜、最勝第一般若波羅蜜多亦能信受。何以故？入。

自如是人等，終不以空、不空分別色（廣），受、想、行、識，亦不以色（略），受、想、行、識分別空、不空。〔八〕

「空、不空」後，乃至「遠離」七法，「色」一界盡，換「眼處」，上界呼「如是人等」起，下界「不以」起。每界遇「空」，一法上廣，餘六法並略。内「布施」「四念住」「佛〔九〕十力」「預流向、果」

等四界並廣。「極喜地」下界，秖略中間五地。「苦諦」「布施」「一切智」本法前後並如上「主」「默」二關。「色」至「極喜地」終。

有相、無相，有願、無願，生、不生，滅、不滅，寂靜、不寂靜，遠離、不遠離。

初分學般若品第二十六之一

時天帝釋心生是念：尊者善現，智慧甚深，不壞假名而說法性。佛知其意，便印彼言：如憍尸迦心之所念，具壽善現，智慧甚深，不壞假名而說法性。時天帝釋即白佛言：尊者善現於何等法不壞假名而說法性？佛告：入。

隕憍尸迦，色（廣）、受、想、行、識但假名，如是假名不離法性，具壽善現不壞如是色等假名而說色等法性。所以者何？色等法性無壞、無不壞，是故善現所說亦無壞、無不壞。〔一〇〕

上界呼「憍尸迦」，下不呼。「苦諦」「布施」准「主」「默」關。「一切智」依元位。「聲聞」移在「菩薩法」後，向下例此。都結，呼「憍尸迦」。

憍尸迦，具壽善現於如是法不壞假名而說法性。具壽善現語帝釋言：憍尸迦，如是，如是，如佛所說，諸所有法，無非假名。憍尸迦，菩薩摩訶薩，知一切法但假名已，應學般若波羅蜜多。入。

銷憍尸迦，菩薩摩訶薩如是學時，不於色（廣）、受、想、行、識學。何以故？憍尸迦，是菩薩摩訶薩不見色（略）、受、想、行、識可於中學故。〔一一〕

「色」至「聲聞乘」終，上界呼「憍尸迦」，下界「不於」起。內「四念住」「佛十力」「預流向」三，下界廣。

寶時天帝釋問善現言：大德，何緣菩薩摩訶薩不見色（廣）、受、想、行、識？〔一二〕

上界呼「大德」，下界「不見」入。

掌善現荅言。憍尸迦，色（廣）、受、想、行、識；色（略）、受、想、行、識性空故，菩薩摩訶薩不見色（略）、受、想、行、識。

憍尸迦，菩薩摩訶薩不見色（廣）、受、想、行、識，故不於色（略）、受、想、行、識學。

何以故？憍尸迦，不可色（廣），受、想、行、識空見色（略），受、想、行、識空故。

憍尸迦，不可色（廣），受、想、行、識空於色（略），受、想、行、識空學故。〔一三〕

逐四行盡，换「眼處」。上界呼「憍尸」，下「受、想」起。懸「不見」「不可」，下界入處，逐行下界雙行。「内空」「真如」，一廣八略。「一來向」云「乃至阿羅漢果」去。

憍尸迦，若菩薩摩訶薩不於空學，是菩薩摩訶薩爲於空學。何以故？無二分故。入。

摩憍尸迦，若菩薩摩訶薩不於色（廣），受、想、行、識空學，是菩薩摩訶薩爲於色（略），受、想、行、識空學。何以故？無二分故。〔一四〕

上「憍尸」起，下「不於」起，界界盡呼「何以故」結。秖「預流向」界廣。「色」至「聲聞乘」終，入後段「尼」。

尼憍尸迦，若菩薩摩訶薩於色（廣），受、想、行、識空學，無二分故。〔一五〕

「色」至「聲聞乘」終，上界呼「憍尸迦」，下「於」字入。至此「苦諦」「地界」，後入「布施」「真如」，後入上同。

珠憍尸迦，是菩薩摩訶薩，能於布施波羅蜜多，淨戒等（廣）學。何以故？無二分故。〔一六〕

上呼「憍尸」，下「能於」起。内「布施」「苦諦」，依元位不移。至「聲聞乘」終，入「五」字。

五憍尸迦，若菩薩摩訶薩能於布施波羅蜜多，淨戒等（廣）學，無二分故。是菩薩摩訶薩能學無量、無數、無邊不可思議清淨佛法。何以故？無二分故。〔一七〕入。

「布施」至「聲聞乘」終，上界呼「憍尸迦」，下界「能於」起，逐一界盡呼「是菩薩」一段結。

彩憍尸迦，若菩薩摩訶薩能學無量、無數、無邊不可思議清淨佛法，是菩薩摩訶薩，不爲色（廣），受、想、行、識增減故學。〔一八〕入。

上界「呼憍尸」，下「不爲」起，逐一界用後「應」字關「何以故」結。内「苦諦」「布施」，准前「主」「默」二關，向下並同。「色」至「聲聞乘」終。

應憍尸迦，若菩薩摩訶薩，不爲色（廣），受、想、行、識增減故學，無二分故。是菩薩摩訶薩不爲色

（略），受、想、行、識攝受壞滅故學。

何以故？以色蘊等無二分故。〔一九〕

上界呼「憍尸」，下界「不爲」起，逐界呼「何以故」結。「布施」「預流向」廣。「色」至「聲聞乘」終。

方時舍利子問善現言：善現，菩薩摩訶薩如是學時，不爲色（廣），受、想、行、識攝受壞滅故學邪？〔二〇〕

上呼「善現」，下「不爲」起。「色」至「聲聞乘」終，入「現」。

現善現荅言，如是，如是，舍利子；時舍利子問善現言，何緣菩薩摩訶薩如是學時，不爲色（廣），受、想、行、識攝受壞滅故學。〔二一〕

「現」字闕二徧，同「色」起，「聲聞乘」終。第一徧，上界呼「如是」，下界「不爲」起。第二徧，上界「善現」起，下亦「不爲」起。內「言」字秪有「色」有，餘云「善現何緣」。

天時俱壽善現荅舍利子言：菩薩摩訶薩如是學時，不見有色（廣），受、想、行、識是可攝受及所壞滅，亦不見有能攝受色（略），受、想、行、識及壞滅者。何以故？以色蘊等，若能若所，內、外俱空，不可得故。〔二二〕

上界呼「舍利子」，下界「不見」起。只「色」一法有「言」字。內「布施」「預流向」廣。「色」至「聲聞乘」終，入後一段「舍利子」。

舍利子，若菩薩摩訶薩於色（廣），受、想、行、識〔二三〕

上、下界俱從「於」字起，只「色」一法呼「舍利子」。「聲聞」界分爲三段，入結。

不見是可攝受及所壞滅，亦不見有能攝受及壞滅者，而學般若波羅蜜多。是菩薩摩訶薩，能成辦一切智智。時舍利子問善現言：菩薩摩訶薩，如是學般若波羅蜜多，能成辦一切智智邪？善現荅言：菩薩摩訶薩，如是學般若波羅蜜多，能成辦一切智智，於一切法不爲攝受、壞滅，而方便學故。舍利子言：若菩薩摩訶薩，於一切法不爲攝受、壞滅，而方便學者，云何能成辦一切智智？善現言：

宮舍利子，是菩薩摩訶薩行般若波羅蜜多時，不見色，受、想、行、識（廣，略）若生若滅。

取，捨；染，淨；集，散；增，減。

何以故？以色蘊等性空無所有不可得故。舍利子，是菩薩摩訶薩，如是學般若波羅蜜多，能成辦一切智智，以無所學、無所成辦爲方便故。（二四）

上界遇「生」「滅」呼「舍利子」起，餘四法并下界並從「不見」起。逐一本法「何以故」結，一廣四略。內「四念住」「佛十力」「預流向」並廣。「色」至「聲聞乘」，分上、下界終。

如是，舍利子，是菩薩摩訶薩行般若波羅蜜多時，於一切法不見若生若滅、若取若捨、若染若淨、若集若散、若增若減，而學般若波羅蜜多，則能成辦一切智智，以無所學、無所成辦爲方便故。

初分求般若品第二十七

爾時，天帝釋問舍利子言：大德，菩薩摩訶薩所行般若波羅蜜多，當於何求？舍利子言：憍尸迦，菩薩摩訶薩所行般若波羅蜜多，當於善現所說中求。時天帝釋謂善現言：今尊者舍利子所說，將非大德神力，大德爲依處邪？善現告言：憍尸迦，此非我神力，非我爲依處。天帝釋言：是誰神力，誰爲依處？善現報言：是如來神力，如來爲依處。天帝釋言：大德，一切法無依處，如何可言舍利子所說是如來神力、如來爲依處？善現告言：憍尸迦，如是，如是，如汝所說，一切法無依處，是故如來非所依處，亦無所依，但爲隨順世俗施設，說爲依處。入。

共憍尸迦，

如來

真如如來

法性如來

非離無依處色受、想、行、識廣，略。如來真如　可得。

如來法性

真如如來真如

法性如來法性

「真如」不避本位，「食」字關同。遇換本法處，初一徧呼「憍尸」。先從「非離」起入關，一廣六略，便入單「非」，亦呼「憍尸」一段，一廣十三法略。上、下二「可得」一法盡，方「受、想、行、識」。「色」至「法性可得」，換「眼處」。內「預流向」廣。「苦諦」「布施」，准前「主」「默」關。向下同「無依處」。至「聲聞乘」終。

憍尸迦，

非無依處色受、想、行、識廣，略。

中如來
真如中如來
法性中如來
中如來真如
中如來法性
真如中如來真如
法性中如來真如

可得。

非如來

中無依色受想行識
中無依色受想行識真如
中無依色受想行識法性
真如中無依色受想行識略
法性中無依色受想行識
真如中無依色受想行識真如
法性中無依色受想行識法性

可得。

食憍尸迦，

如來廣亦非相應
如來略真如亦非相應
如來於色受想行識略法性亦非相應
如來真如略亦非相應
如來真如於色受想行識略真如亦非相應
如來法性略亦非相應
如來法性略法性亦非相應

非不相應。

此關二番。初番，單從「憍尸」「於」字起，至「法性」。上界呼「如來」，下界「於」字起。行行法法，摠言「非不相應」。七行盡，起第二番，亦呼「憍尸」，呼「於離色」，至於「離法性」。七行盡了，換「眼處」，亦二番。至「聲聞乘」終了，呼後「憍尸」，摠結。第二番，下界亦從「於離」起。內「預流向」廣。本法移改，依上「主」「默」字關本。

憍尸迦，彼尊者舍利子所說，是一切法非離非即，非相應非不相應，如來之神力，如來爲依處，以無依處爲依處故。入「器」字正經。

爾時，具壽善現復告天帝釋言：憍尸迦，汝先所問，菩薩摩訶薩所行般若波羅蜜多當於何求者，入。

蜜多，

器復次，憍尸迦，菩薩摩訶薩所行般若波羅蜜多，

不應於色（廣），受、想、行、識（添）求，不應離色（略），受、想、行、識（添）求。所以者何？若色（略），受、想、行、識（添）若離色（略），受、想、行、識（添），

若菩薩摩訶薩，若般若波羅蜜多，若求如是一切，皆非相應非不相應，非有色非無色，非有見非無見，非有對非無對，咸同一相，所謂無相。何以故？憍尸迦，菩薩摩訶薩所行般若波羅蜜多，

非色（廣），受、想、行、識（添），非離色（略），受、想、行、識（添）。

所以者何？如是一切皆無所有，性不可得。由無所有、不可得故，菩薩摩訶薩，所行般若波羅蜜多，

非色（略），受、想、行、識（添），非離色（略），受、想、行、識（添），

是故菩薩摩訶薩，所行般若波羅蜜多，

不應於色（略），受、想、行、識（添）求，不應離色（略），受、想、行、識（添）求。〔二五〕

「色」字，關內，第一番，單一徧，「色」起，至「聲聞乘」。第二番，從「添」字入「真如」爲一番，呼「復次，憍尸」，「法性」同。第三，以「法性」爲一番，亦呼「復次」，乃「添」字入，懸處下界入。「色」至關盡「不應離」，方換「眼處」。此內云「一來向乃至阿羅漢果」。改品。

初分歎衆德品第二十八

時天帝釋白善現言：大德；善現告言：如是，如是，如汝所說，憍尸迦。菩薩摩訶薩，所行般若波羅蜜多，是大波羅蜜多，是無量波羅蜜多，是無邊波羅蜜多。憍尸迦，若過去、若現在、若未來諸預流者，於此中學，得預流果。諸一來者，於此中學，得一來果。諸不還者，於此中學，得不還果。諸阿羅漢，於此中學，得阿羅漢果。諸獨覺者，於此中學，得獨覺菩提。諸菩薩摩訶薩，於此中學，能成熟有情，嚴淨佛土，證得無上正等菩提。

上是入品正經，分爲二番，至此。呼前「善現」起第二番，

内有「三世」。至此入關。

百憍尸迦，色（廣）、受、想、行、識大故，菩薩摩訶薩所行般若波羅蜜多亦大。所以者何？以色蘊等前、中、後際皆不可得，故説爲大。由彼大故，菩薩摩訶薩所行般若波羅蜜多亦説爲大。〔二六〕

「色」起，至「聲聞乘」終，逐一界呼「所以者何」結，換「眼處」。上界呼「憍尸」。後有都結。

憍尸迦，由此緣故，我作是説，色等大故，菩薩摩訶薩所行般若波羅蜜多亦大。

味憍尸迦，色（廣）、受、想、行、識無量故，菩薩摩訶薩所行般若波羅蜜多亦無量。所以者何？以色蘊等量不可得，故説無量。憍尸迦，譬如虛空量不可得，色蘊等亦如是量不可得。憍尸迦，虛空無量，故色蘊等亦無量。色蘊等無量，故菩薩摩訶薩所行般若波羅蜜多亦無量。〔二七〕

上界呼「憍尸迦」。「色」起至「陀羅尼」終。

〔日〕第八十一，之五。「主」，「布施」起，「異生」終。改品。「默」，「色」起，至「異生地」終。「持定」，並「色」起，至「異生地法」終。「魔」。「我」起，至「真如」終。

第八十二，之二。「魔」，「布施」起，「無爲」終。「兵」，改品。「自」。「色」起，「空不空」，至「真如」界終。

第八十三，之三〔二八〕「自」。「布施」起，至「極喜地」終。

第八十五，之一。改品。「隕」「銷」「寶」，俱「色」起，並至「聲聞」終。「掌」。「色」起，至「地界」終。

第八十六，之二。「掌」，「苦諦」起，「聲聞」終。「摩」「尼」，「色」起，至「聲聞」終。「珠」。「布施」起，至「聲聞乘」終。

第八十七，之三。「五」，「布施」起，「聲聞」終。「彩」「應」「方」。並「色」起，同「聲聞乘」終。

第八十八，之四。「現」「天」，並「色」起，同「聲聞乘」終。「宮」。「色」起，至「耳界」終。

第八十九，之五。「宮」，「鼻界」起，「聲聞」終。正經，改品。「共」。「無依處」起，至「眼界」終。

第九十，之二。「共」。「耳界」起，至「四靜慮」終。

〔月〕第九十一，之三。「共」。「八解脱」起，「聲聞乘」終。

第九十二，之四。「食」。「色」起，至「布施」終。

第九十三，之五。「食」，「四靜慮」起，「聲聞乘」終。結

《經》。

第九十四，之六。「器」。「色」起，「一切智」終。

第九十五，之七。「器」，「陀羅尼」起，「聲聞乘」終。真如。「色」起，至「真如」終。

第九十六，之八。真如、「布施」起，「聲聞」終。法性。「色」起，至「耳界」終。

第九十七，之九。法性。「鼻界」起，至「預流向」終。

第九十八，之十。法性，「獨覺」起，「聲聞」終。改品。「百」，「色」起，至「聲聞」終。「味」。「色」起，「陀羅尼」終。

大般若波羅蜜多經關法卷第三

憍尸迦，由此緣故，我作是説，色等無量，無邊故，菩薩摩訶薩所行般若波羅蜜多亦無量。別本對續添此一法。

憍尸迦，色（廣），受、想、行、識無邊故，菩薩摩訶薩所行般若波羅蜜多亦無邊。所以者何？以色蘊等，若中若邊，皆不可得，故説無邊。彼無邊故，菩薩摩訶薩所行般若波羅蜜多亦説無邊。至「聲聞乘」，念前「憍尸迦」。「無邊故」，結。

第九十九廿八之二，無量故「預流」起至「聲聞乘」、無邊故「色」起至「聲聞乘」。

校勘記

〔一〕「法」，底本無，據校本補。

〔二〕此處對應經文爲：「善現，如來之心不住布施波羅蜜多，不住淨戒、安忍、精進、靜慮、般若波羅蜜多。何以故？以布施波羅蜜多等不可得故。」

〔三〕此處對應經文爲：「舍利子，菩薩摩訶薩，雖住般若波羅蜜多，而於色非住非不住，於受、想、行、識亦非住非不住。何以故？以色蘊等無二相故。」

〔四〕此處對應經文爲：「天子，當知，色非甚深非微細，受、想、行、識亦非甚深非微細。何以故？色深細性不可得故，受、想、行、識深細性亦不可得故。」

〔五〕此處對應經文爲：「尊者善現所説法中，不施設色，不施設受、想、行、識。何以故？色蘊性等不可説故。」

〔六〕此處對應經文爲：「天子，當知，我如幻、如化、如夢，所見有情、命者、生者、養者、士夫、補特伽羅、意生、儒童、作者、受者、知者、見者如幻、如化、如夢所見。何以故？以我等自性空故。」

〔七〕此處對應經文爲：「時諸天子問善現言：『今尊者爲但説我等、色等，乃至阿耨多羅三藐三菩提如幻、如化、如夢所見，爲亦説微妙寂靜究竟涅槃如幻、如化、如夢見耶？』善現言：『諸天子，我不但説我等、色等乃至阿耨多羅三藐三菩提如幻、如化、如夢所見，亦復宣説微妙寂靜究竟涅槃如幻、如化、如夢所見。』」

〔八〕此處對應經文爲：「如是人等，終不以空不空分别色，亦不以色分别空不空；不以空不空分别受、想、行、識，亦不以受、想、行、識分别空不空。」

〔九〕「住佛」，底本無，據校本補。

〔一〇〕此處對應經文爲：「憍尸迦，色但假名，受、想、行、識但假名，如是假名不離法性，具壽善現不壞如是色等假名而説色等法性。所以者何？色等法性無壞、無不壞，是故善現所説亦無壞、無不壞。」

〔一一〕此處對應經文爲：「憍尸迦，菩薩摩訶薩如是學時，不於色學，不於受、想、行、識學。何以故？憍尸迦，是菩薩摩訶薩，不見色可於中學，不見受、想、行、識可於中學故。」

〔一二〕此處對應經文爲：「大德！何緣菩薩摩訶薩不見色，不見受、想、行、識？」

〔一三〕此處對應經文爲：「善現答言：『憍尸迦，色色性空故，菩薩摩訶薩不見色；受、想、行、識，受、想、行、識性空故，菩薩摩訶薩不見受、想、行、識。憍尸迦，菩薩摩訶薩不見色故，不於色學；不見受、想、行、識故，不於受、想、行、識學。何以故？憍尸迦，不可色空見色空，不可受、想、行、識空見受、想、行、識空故。憍尸迦，不可色空於色空學，不可受、想、行、識空於受、想、行、識空學故。』」

〔一四〕此處對應經文爲：「憍尸迦，若菩薩摩訶薩不於色空學，不於受、想、行、識空學，是菩薩摩訶薩爲於色空學，爲於受、想、行、識空學。何以故？無二分故。」

〔一五〕此處對應經文爲：「憍尸迦，若菩薩摩訶薩於色空學，無二分故；於受、想、行、識空學，無二分故。」

〔一六〕此處對應經文爲：「憍尸迦，是菩薩摩訶薩能於布施波羅蜜多學，能於淨戒、安忍、精進、靜慮、般若波羅蜜多學。何以故？無二分故。」

〔一七〕此處對應經文爲：「憍尸迦，若菩薩摩訶薩能於布施波羅蜜多學，無二分故；能於淨戒、安忍、精進、靜慮、般若波羅蜜多學，無二分故。是菩薩摩訶薩能學無量、無數、無邊不可思議清淨佛法。何以故？無二分故。」

〔一八〕此處對應經文爲：「憍尸迦，若菩薩摩訶薩能學無量、無數、無邊不可思議清淨佛法，是菩薩摩訶薩不爲色增減故學，不爲受、想、行、識增減故學。何以故？以色蘊等無二分故。」

〔一九〕此處對應經文爲：「憍尸迦，若菩薩摩訶薩不爲色增減故學，無二分故；不爲受、想、行、識增減故學，無二分故。是菩薩摩訶薩不爲色攝受壞滅故學，不爲受、想、行、識攝受壞滅故學。何以故？以色蘊等無二分故。」

〔二〇〕此處對應經文爲：「時，舍利子問善現言：『善現，菩薩摩訶薩如是學時，不爲色攝受壞滅故學，不爲受、想、行、識攝受壞滅故學耶？善現，菩薩摩訶薩如是學時，不爲眼處攝受壞滅故學，不爲耳、鼻、舌、身、意處攝受壞滅故學耶？』」

〔二一〕此處對應經文爲：「善現答言：『如是，如是，舍利子，菩薩摩訶薩如是學時，不爲色攝受壞滅故學，不爲受、想、行、識攝受壞滅故學。』」及「時舍利子問善現言：『何緣菩薩摩訶薩如是學時，不爲色攝受壞滅故學，不爲受、想、行、識攝受壞滅故學？』」

〔二二〕此處對應經文爲：「時，具壽善現答舍利子言：『菩薩摩訶薩如是學時，不見有色是可攝受及所壞滅，亦不見有能攝受色及壞滅者；不見有受、想、行、識是可攝受及所壞滅，亦不見有能攝受受、想、行、識及壞滅者。何以故？以色蘊等，若能若所，內、外俱空，不可得故。』」

〔二三〕此處對應經文爲：「若菩薩摩訶薩於色，於受、想、行、識。」

〔二四〕此處對應經文爲：「舍利子，是菩薩摩訶薩行般若波羅蜜多時，不見色若生若滅，不見受、想、行、識若生若滅；不見色若取若捨，不見受、想、行、識若取若捨；不見色若染若淨，不見受、想、行、識若染若淨；不見色若集若散，不見受、想、行、識若集若散；不見色若增若減，不見受、想、行、識若增若減。何以故？以色蘊性等空無所有不可得故。舍利子！是菩薩摩訶薩如是學般若波羅蜜多能成辦一切智智，以無所學無所成辦爲方便故。」

〔二五〕此處對應經文爲：「憍尸迦，菩薩摩訶薩所行般若波羅蜜多，不應於色求，不應於受、想、行、識求；不應離色求，不應離受、想、行、識求。所以者何？若色，若受、想、行、識，若離色，若離受、想、行、識，若菩薩摩訶薩，若般若波羅蜜多，若求如是，一切皆非相應非不相應，非有色非無色，非有見非無見，非有對非無對，咸同一相，所謂無相。何以故？憍尸迦，菩薩摩訶薩所行般若波羅蜜多，非色，非受、想、行、識；非離色，非離受、想、行、識。所以者何？如是一切皆無所有，性不可得。由無所有、不可得故，菩薩摩訶薩所行般若波羅蜜多，非色，非受、想、行、識；非離色，非離受、想、行、識。是故菩薩摩訶薩所行般若波羅蜜多，不應於色求，不應於受、想、行、識求；不應離色求，不應離受、想、行、識求。」

〔二六〕此處對應經文爲：「憍尸迦，色大故，菩薩摩訶薩所行般若波羅蜜多亦大；受、想、行、識大故，菩薩摩訶薩所行般若波羅蜜多亦大。所以者何？以色蘊等前、中、後際皆不可得故説爲大，由彼大故，菩薩摩訶薩所行般若波羅蜜多亦説爲大。」

〔二七〕此處對應經文爲：「憍尸迦，色無量故，菩薩摩訶薩所行般若波羅蜜多亦無量；受、想、行、識無量故，菩薩摩訶薩所行般若波羅蜜多亦無量。所以者何？以色蘊等量不可得故説無量。憍尸迦，譬如虛空量不可得，色蘊等亦如是量不可得。憍尸迦，虛空無量故，色蘊等亦無量。色蘊等無量故，菩薩摩訶薩所行般若波羅蜜多亦無量。」

〔一六〕「三」，底本作「二」，據校本改。

大般若波羅蜜多經關法卷第四

鳳城雪月大師大隱排定

色，受、想、行、識。

眼處，耳、鼻、舌、身、意處。

色處，聲、香、味、觸、法處。

眼界，色界乃、眼識界，及眼觸至、眼觸爲緣所生諸受。

耳界，聲界乃、耳識界，及耳觸至、耳觸爲緣所生諸受。

鼻界，香界乃、鼻識界，及鼻觸至、鼻觸爲緣所生諸受。

舌界，味界乃、舌識界，及舌觸至、舌觸爲緣所生諸受。

身界，觸界乃、身識界，及身觸至、身觸爲緣所生諸受。

意界，法界乃、意識界，及意觸至、意觸爲緣所生諸受。

地界，水、火、風、空、識界。

苦聖諦，集、滅、道聖諦。

無明，行乃、識、名色、六處、觸、受、愛、取，有、生至、老死愁歎苦憂惱。

內空，外空乃、內外空、空空、大空、勝義空、有爲空、無爲空、畢竟空、無際空、散空、無變異空、本性空、自相空、共相空、一切法空、不可得空、無性空、自性空至、無性自性空。

真如，法界乃、法性、不虛妄性、不變異性、平等性、離生性、法定法住、實際、虛空界至、不思議界。

布施波羅蜜多，淨戒、安忍、精進、靜慮、般若波羅蜜多。

四靜慮，四無量、四無色定。

八解脫，八勝處、九次第定、十徧處。

四念住，四正斷乃、四神足、五根、五力、七等覺支至、八聖道支。

空解脱門，無相、無願解脱門。

五眼，六神通。

佛十力，四無所畏乃、四無礙解、大慈、大悲、大喜、大捨至、十八佛不共法。

無忘失法，恒住捨性。

一切智，道相智、一切相智。

一切陀羅尼門，一切三摩地門。

預流，一來、不還、阿羅漢。

預流向、預流果，一來向乃、一來果、不還向、不還果、阿羅漢向至、阿羅漢果。

獨覺，獨覺菩提。

菩薩摩訶薩，菩薩摩訶薩行。

諸如來應正等覺，佛無上正等菩提。○一切法。

大般若波羅蜜多經卷第一百六

初分校量功德品第三十之四

爾時會中，所有四大王衆天，乃至色究竟天，同時化作種種天華、衣服、瓔珞及香鬘等，踊身虚空，而散佛上，合掌恭敬，俱白佛言：願此般若波羅蜜多，在贍部洲人中久住。何以故？

乃至般若波羅蜜多，在贍部洲人中流布。當知此處，佛寶、法寶、苾芻僧寶久住不滅，於此三千大千世界，乃至十方無量無數無邊佛國，亦復如是。由此，菩薩摩訶薩衆及殊勝行亦可了知。世尊隨諸方邑，有善男子、善女人等，以淨信心，書持如是甚深般若波羅蜜多，恭敬供養，當知是處，有妙光明，除滅闇冥，生諸勝利。

爾時，佛告天帝釋等諸天衆言：如是，如是，如汝所説。

至此，再入前，乃至一段。正經中不呼「世尊」。至「勝利」字，却入「時諸天衆」。

時諸天衆，復化種種上妙天華、衣服、瓔珞及香鬘等，而散佛上，重白佛言：若善男子、善女人等，於此般若波羅蜜多，志心聽聞，受持讀誦，精勤修學，如理思惟，廣爲有情宣説流布，是善男子、善女人等，魔及眷屬，不得其便，我等諸天，亦常隨逐是善男子、善女人等，勤加擁護，令無損惱。何以故？是善男子、善女人等，我等諸天，敬事如佛，或如近佛，尊重法故。爾時，天帝釋白佛言：世尊，若善男子、善女人等，於此般若波羅蜜多，志心聽聞，受持讀誦，精勤修學，如理思惟，廣爲有情宣説流布。是善男子善女人等，非少善根能辦是事，定於先世無量佛所，多集善根，多發正願，多供養佛，多善知識之所攝受，乃能於此甚深般若波羅蜜多，志[一]心聽聞，受持讀誦，精勤修學，如理思惟。應爲有情宣説流布。世尊：爾時，佛告天帝釋言：如是，如是，如汝所説，憍尸迦。欲得諸佛一切智智，當求般若波羅蜜多。欲得般若波羅蜜多，當求諸佛一切智智。何以故？諸佛所得一切智智，皆從般若波羅蜜多而得生故。如是般若波羅蜜多，皆從諸佛一切智智而得生故。所以者何？諸佛所得一切智智，不異般若波羅蜜多。如是般若波羅蜜多，不異諸佛一切智智。諸佛所得一切智智，與此般若波羅蜜多，當知無二，亦無二分。是故般若波羅蜜多功德威神甚爲希有。

上一段正經，二回念，初「世尊」起，第二「爾時」起，便有小書「是故」一行，入闕。只「生」字至「祇」字，「内空」「真如」有略，餘並廣。内「布施」爲使，本法在「内空」前，無「預流」一界。其「預流向」「獨覺」二位爲使則有，行法則無。内「預流向」，行法有略。直從「陀羅尼門」後，入「菩薩摩訶薩行」，至「無上正等菩提」，此二位無上界也。只隨字改「菩提」爲「阿耨多羅三藐三菩提」，逐闕内更有增減，請詳本項。

隨爾時，具壽慶喜白佛言：世尊何緣不廣稱讚布施等（廣），但廣稱讚般若波羅蜜多？

上、下界連呼，换「内空」至「阿耨」，並從小書「世尊」起。全疊五波羅蜜，不言「般若」。全疊「四諦」「三脱門」。至「心」字闕，同添「四聖諦」「三解脱門」。

心佛言：慶喜汝今，慶喜當知，由此般若波羅蜜多。與彼布施等（廣），爲尊爲導，故我但廣稱讚般若波羅蜜多。[二]

换「内空」至「菩提」，並從小書「慶喜」。内本法，同「隨」字。

生佛言：慶喜，於意云何？若不迴向一切智智，而修布施波羅蜜多（廣），可名真修布施波羅蜜多（略）不？慶喜荅言：不也，世尊。佛言：慶喜，要由迴向一切智智，而修布施波羅蜜多（略）乃可名爲真修布施波羅蜜多（略）。

換「淨戒」至「菩提」，並從「佛言」起。「内空」「真如」「苦諦」改「而」「真」下「修」字爲「住」字。各逐下界，終時疊起此後「故此」二行，結《經》。結文時，全疊「三解脱門」。結文略時，但云「内空乃至無性自性空」，「真如」例同。結文但云「於彼苦、集、滅、道聖諦」。

故此般若波羅蜜多，於彼布施、淨戒、安忍、精進、靜慮波羅蜜多爲尊爲導，故我但廣稱讚般若波羅蜜多。〔三〕

句具壽慶喜復白佛言：世尊，云何迴向一切智智，而修布施波羅蜜多？佛言（廣）：慶喜，以無二爲方便，無生爲方便，無所得爲方便，修習布施波羅蜜多（略）是名迴向一切智智而修布施波羅蜜多（略）。〔四〕

換「淨戒」至「菩提」，並從小書「世尊」起，不呼小書「佛言」。從「句」關至「祇」字，「内空」「真如」「苦諦」並改「修習」爲「安住」，「而修」改爲「而住」。

數具壽慶喜復白佛言：世尊，以何無二爲方便，迴向一切智智修習布施等（廣，合）？以何無生爲方便、無所得爲方便，迴向一切智智修習布施等（略，合）？〔五〕

換「内空」至「菩提」，並從小字「世尊」起。「布施」，只是「般若」有「波羅蜜」。「苦諦」但云「安住苦、集、滅、道聖諦」。全疊三解脱門。依「僧」字，本同上、下界一般。

超佛言，慶喜，汝今，慶喜當知，以色（關），受、想、行、識（廣）無二爲方便，無生爲方便，無所得爲方便，迴向一切智智，修習布施等（廣，略，合）。〔六〕

上界呼小書「慶喜」，下從懸處「以」字入。「色」界單關「布施」起，換「内空」至「菩提」。并「眼處」「色處」二界關一界，從「布施」起，換「内空」至「菩提」，並從小字「慶喜」起。「眼界」至「意界」六界關一界，起、終同前，上廣下略，略處「内空」「真如」「苦諦」。「地界」等單關「内空」至「菩提」，更互爲頭，並不避本位。「三解門」一依「生」「僧」二關例同。「色」至「菩提」爲使，並入此關。合時，上、下界一般。

僧具壽慶喜復白佛言：世尊，云何以色（廣）無二爲方便，無生爲方便，無所得爲方便，迴向一切智智，修習布施等。佛言（廣）：慶喜，色（廣），色（略）性空。何以故？以色（略）性空與彼；布施等（略）無二無二分故。

換「受、想」至「菩提」，從小書「世尊」起，不呼小書「佛言」。「内空」「真如」「苦諦」「菩薩行」「菩提」呼「彼」字。内第十四卷，「苦諦」無「彼」字。一界闕從「具壽」起。二界、六界，又「地界」等闕，從小書「世尊」起。各逐下界，終時呼此後「慶喜」二行，結《經》。正闕和結色位。全疊「六度」，「布施」除「波羅」。全疊「三解門」。「内空」至「菩提」，更互爲頭，並不避本位，只有上界言「等」，廣注在「超」字闕。「布施」乃至「四靜慮」等，不呼「彼」字。本法移位，細於「隨」字闕，詳審。

慶喜，由此故説，以色等無二爲方便，無生爲方便，無所得爲方便，迴向一切智智，修習布施等（略）。〔七〕

「色」等上界單者，不言「等」。

祇慶喜，當知，由此般若波羅蜜多故，能迴向一切智智。復由迴向一切智智，能令修習布施等（廣）得至究竟。故此般若波羅蜜多，於彼；布施等（略）爲尊爲導。〔八〕

換「内空」至「菩提」，並從「慶喜」起。「布施」「内空」「真如」「苦諦」「陀羅尼」「菩薩行」「菩提」呼「彼」字，廣處全疊。「四聖諦」略處，云「苦、集、滅〔九〕、道聖諦」。廣、略全疊「三脱門」，略處不疊「般若」，略處「靜慮」有「波羅蜜多」。

智爾時，天帝釋白佛言：世尊，云何名説相似般若、靜慮、精進、安忍、淨戒、布施波羅蜜多？佛言：憍尸迦，若善男子善女人等，説有所得般若、靜慮、精進、安忍、淨戒、布施波羅蜜多，如是名説相似般若、靜慮、精進、安忍、淨戒、布施波羅蜜多。

從「宿」字函至「寒」字，本法「布施」有廣、略，在「内空」前。「苦諦」在「真如」後。無「預流」一界。「獨覺」「菩薩行」，上各添「一切佛」。「菩提」上添「諸」字。無此三仁上界。

時天帝釋復白佛言：世尊，云何諸善男子、善女人等，説有所得般若波羅蜜多名説相似般若波羅蜜多？

佛言，復次憍尸迦，若善男子、善女人等，爲發無上菩提心者，

說色受想行識略若
常　無常
樂　苦
若
我　無我
淨　不淨

若有能依如是等法修行般若，是行般若波羅蜜多。復作是說，般若者，

應求色受想行識略若
常　無常
樂　苦
若
我　無我
淨　不淨

若有能求如是等法修行般若，是行般若波羅蜜多。憍尸迦，若善男子、善女人等，如是

求色受想行識略若
常　無常
樂　苦
若
我　無我
淨　不淨

依此等法行般若者，我說名爲行有所得相似般若波羅蜜多。憍尸迦，如前所說，當知皆是說有所得相似般若波羅蜜多。〔一〇〕

「常」「樂」「我」「淨」四法，逐界齊闕。上界「常」一法了，便入下界「常」，然後換「苦」「樂」，上下准知。至「般若」爲使，「六識」揔廣，直至「無明」始略。「靜慮」等五爲使，「六識」皆四廣八略。「五度」爲使時，從「時天帝釋」起，換「眼處」至「菩提」，從上小書「復次」起。

復次，憍尸迦，若善男子、善女人等，爲發無上菩提心者，宣說般若波羅蜜多，作如是言：來，善男子，我當教汝修學般若波羅蜜多，若依我教而修學者，當速住於初極喜地、二離垢地、三發光地、四焰慧地、五極難勝地、六現前地、七遠行地、八不動地、九善慧地、十法雲地。憍尸迦，是善男子、善女人等，以有相爲方便、有所得爲方便及時分想，教他修學般若波羅蜜多，是說相似般若波羅蜜多。

上一段亦號正經，六回重念。只闕「六波羅蜜」，內「般若」

呼「復次」，餘五「憍尸」起。六回闕畢，方入結經，細詳。

復次，憍尸迦，若善男子、善女人等，爲發無上菩提心者，宣説般若波羅蜜多，或説靜慮波羅蜜多，或説精進波羅蜜多，或説安忍波羅蜜多，或説淨戒波羅蜜多，或説布施波羅蜜多，作如是言：來，善男子，我當教汝修學般若乃至布施波羅蜜多。若依我教而修學者，速證聲聞乘及獨覺地。憍尸迦，是善男子、善女人等，以有相爲方便、有所得爲方便及時分想，教他修學般若靜慮、精進、安忍、淨戒、布施波羅蜜多，是爲宣説相似般若乃至布施波羅蜜多。復次，憍尸迦，若善男子、善女人等，爲發無上菩提心者，宣説般若波羅蜜多，或説靜慮波羅蜜多，或説精進波羅蜜多，或説安忍波羅蜜多，或説淨戒波羅蜜多，或説布施波羅蜜多，作如是言：來，善男子，我當教汝修學般若乃至布施波羅蜜多。若依我教而修學者，速入菩薩正性離生。既入菩薩正性離生，便得菩薩無生法忍。既得菩薩無生法忍，便得菩薩不退神通。既得菩薩不退神通，能歷十方一切佛土，從一佛國至一佛國，供養、恭敬、尊重、讚歎一切如來應正等覺，由此速疾證得無上正等菩提。憍尸迦，是善男子、善女人等，以有相爲方便、有所得爲方便及時分想，教他修學般若靜慮、精進、安忍、淨戒、布施波羅蜜多，是爲宣説相似般若乃至布施波羅蜜多。復次，憍尸迦，若善男子、善女人等，告住菩薩種性者言：若能聽聞、受持、讀誦、精勤修學、如理思惟甚深般若波羅蜜多，決定當獲無量無數無邊功德。憍尸迦，是善男子、善女人等，以有相爲方便、有所得爲方便，作如是説，是説相似般若靜慮、精進、安忍、淨戒、布施波羅蜜多。復次，憍尸迦，若善男子、善女人等，告住菩薩種性者言：汝於過去未來現在一切如來應正等覺，從初發心乃至證得無餘涅槃，所有善根，皆應隨喜，一切合集，爲諸有情，迴向無上正等菩提。憍尸迦，是善男子、善女人等，以有相爲方便、有所得爲方便，作如是說，是說相似般若靜慮、精進、安忍、淨戒、布施波羅蜜多。

度爾時，天帝釋白佛言：世尊，云何名爲宣說真正般若靜慮、精進、安忍、淨戒、布施波羅蜜多？佛言：憍尸迦，若善男子、善女人等，說無所得般若靜慮、精進、安忍、淨戒、布施波羅蜜多，如是名爲宣說真正般若靜慮、精進、安忍、淨戒、布施波羅蜜多。入。

時天帝釋復白佛言：世尊，云何諸善男子、善女人等，說無所得般若波羅蜜多，名說真正般若波羅蜜多？佛言，復次憍尸迦，若善男子、善女人等，爲發無上菩提心者，宣說般若波羅蜜多，作如是，復作是言，汝善男子，應修般若波羅蜜多，

不應觀色受想行識廣若常　無常／樂　苦／若我　無我　何以故

色受想行識廣淨　不淨／是色受想行識略自性　色受想行識略自性空，亦即非自性，若非自性，即是般若波羅蜜多。於此般若波羅蜜多常、無常／樂與苦／我、無我／淨、不淨　色受想行識略皆不可得。彼常與無常／樂之與苦／我、無我／淨、不淨　亦不可得。

所以者何？此中尚無色等可得，何況有彼常與無常／樂之與苦／我、無我／淨、不淨

汝若能修如是般若，是修般若波羅蜜多。（二）

上、下界「常」一德，至此換「眼處」至「諸佛」，從小書「復次」起。「樂」「我」「淨」三，次第皆從「復作」起。四法畢，方起此後「憍尸」結。「六度」爲頭，次第皆從「時天帝釋」起。

憍尸迦，是善男子、善女人等，作此等說，是爲宣說真正般若波羅蜜多。

此「度」字闕，上、下界齊行，「常」一德獨運，德未備而「復

作」起，四周畢乃「憍尸」結。「五蘊」既然，向下例爾。內「五眼」「無忘失」「陀羅尼」入關，此下單者不言「皆」字，上界單者不言「等」字，謂「獨覺」「菩薩行」「菩提」並不言「等」，內「四向四果」，至此單云「預流向等」，不言「果」也。此二十卷，四法各關。此後一紙，正經是一百六十五卷中，關「布施」至「佛」，方念起此後經文，入「越」。

復次，憍尸迦，若善男子、善女人等，爲發無上菩提心者，宣說般若波羅蜜多，或說靜慮波羅蜜多，或說精進波羅蜜多，或說安忍波羅蜜多，或說淨戒波羅蜜多，或說布施波羅蜜多，作如是言，來，善男子，我當教汝修學般若乃至布施波羅蜜多。汝修學時，勿觀諸法有少可住、可超、可入、可得、可證、可受持等所獲功德及可隨喜迴向菩提。何以故？於此〔三〕般若乃至布施波羅蜜多，畢竟無有少法可住、可超、可入、可〔三〕得、可證、可受持等所獲功德及可隨喜迴向菩提。所以者何？以一切法自性皆空，都無所有。若無所有，即是般若乃至布施波羅蜜多。於此般若乃至布施波羅蜜多，畢竟無少法有入、有出、有生、有滅、有斷、有常、有一、有異、有來、有去而可得者。憍尸迦，是善男子、善女人等，作此等說，是說真正般若、靜慮、精進、安忍、淨戒、布施波羅蜜多。以是故，憍尸迦，諸善男子、善女人等，應於般若波羅蜜多，以無所得而爲方便，受持、讀誦、如理思惟。當以種種巧妙文義，爲他廣說，宣示闡演，顯了解釋，分別義趣，令其易解。憍尸迦，由此緣故，我作是說，若善男子善女人等，於此般若波羅蜜多，以無所得而爲方便，受持、讀誦、如理思惟，復以種種巧妙文義，經須臾間，爲他辯說，宣示闡演，顯了解釋，分別義趣，令其易解，所獲福聚，甚多於前。此後「越」字關本法入。

教，置贍部洲。

教，置贍部洲東勝身洲。

教，置贍部洲東勝身洲西牛貨洲。

第一百六十五卷末至「西牛貨洲」終，一百六十六起「置西牛貨洲」了，方入「北俱盧洲」。

教贍部洲、東勝身洲、西牛貨洲、北俱盧洲。

置四大洲。

教，置小千界。

教，置中千界。

此教化，置此三千大千世界。

於教化，置此十方各如殑伽沙等世界。

於教化十方一切世界。

入「越」字關。本法只「贍部洲」呼「復次」，餘「東勝身洲」至「一切世界」並從「若善男子」起。各從「令住」，預流果一法起「贍洲」，至「一切世界」終，換「一來果」，同上，至「不退轉地」了，換「邊」「際」關。從「有善男子」去，用後尾「越」字，至「獨覺位」了，換尾，入關。

越復次，憍尸迦，

若善男子、善女人等

教贍部洲諸有情類皆○

- 令住預流果
- 令住一來果
- 令住不還果
- 令安住阿羅漢果
- 令安住獨覺菩提
- 發無上正等覺心
- 住菩薩不退轉地

至此了，換「邊」字關。

於意云何？是善男子、善女人等，由此因緣，得福多不？天帝釋言：甚多，世尊。甚多，善逝。

佛言：憍尸迦，若。

邊復次，憍尸迦，若此，於；贍部洲諸有情類皆趣無上正等菩提，有[一四]

際復次，憍尸迦，若此，於；贍部洲諸有情類皆於無上正等菩提，得不退轉，有

善男子、善女人等，於此般若波羅蜜多，以無量門巧妙文義，爲他廣説，宣示闡演，顯了解釋，分別義趣，令其易[一五]解，復作是言，來，善男子，汝當於此甚深般若波羅蜜多，至心聽聞，

受持讀誦，令善通利，如理思惟。隨此至「獨覺」後，換尾。

法門應勤修學。是善男子、善女人等所獲功德甚多於前。何以故？

憍尸迦，一切預流及預流果、一切一來及一來果、一切不還及不還果、諸阿羅漢、阿羅漢果、一切獨覺、獨覺菩提皆是般若波羅蜜多所流出故。〔一六〕

復次，憍尸迦，置贍部洲諸有情類，上「越」字位位結文。內「等覺心」及「不退轉」處換尾，此後是。

般若波羅蜜多所說法門，應正信解，若正信解則能修學如是般若波羅蜜多，若能修學如是般若波羅蜜多則能證得一切智法，若能證得一切智法則修般若波羅蜜多增益圓滿，若修般若波羅蜜多增益圓滿便證無上正等菩提。憍尸迦，是善男子、善女人等所獲功德，甚多於前。「邊」「際」關至此，便呼後「復次」結。

何以故？憍尸迦，一切初發阿耨多羅三藐三菩提心，不退轉地菩薩摩訶薩，皆是般若波羅蜜多所流出故。

復次，憍尸迦，置贍部洲諸有情類。「際」字關至「一切世界」結了，便入「聚」字關。

聚復次，憍尸迦，若善男子、善女人等，教贍部洲諸有情類皆趣無上正等菩提，復以般若波羅蜜多無量法門巧妙文義，爲其廣説，宣示闡演，顯了解釋，分別義趣，令其易解。有善男子、善女人等，教一有情，令於無上正等菩提得不退轉，復以般若波羅蜜多無量法門巧妙文義，爲其廣説，宣示闡演，顯了解釋，分別義趣，令其易解。憍尸迦，後善男子、善女人等，所獲功德，甚多於前。

復次，憍尸迦，置贍部洲諸有情類。「聚」字關起「贍部洲」，終「西牛貨」，細詳。

初分讚般若品第三十二之三 從「兹」字至「義」字，依卷前排定逐界法，只「布施」在「内空」前，「苦聖諦」在「真如」後

兹復次，世尊，菩薩摩訶薩般若波羅蜜多，

於（眼界 / 色界等 一廣四略）　大　小
集　散
不作　有量　不作　無量
亦　廣　狹
有力　無力

世尊，我緣此意，故説菩薩摩訶薩般若波羅蜜多名大波羅蜜多。〔一七〕

上界呼「復次」，下「於」字起，逐下界有「亦」字。呼前「世尊」。界界結不避本位，至「一切法」。「眼界」至「一切法」後，外「一切法」連念「大」「小」，便入「集」「散」及「無力」五法。

高 復次。世尊，若新學大乘菩薩摩訶薩，不依般若靜慮、精進、安忍、淨戒、布施波羅蜜多，起如是想：如是般若波羅蜜多，

於（色 / 受想行識 一廣四略）　大　小
不　集　不　散
作　有量　作　無量
亦　廣　狹
有力　無力

世尊，是菩薩摩訶薩，由起此想，非行般若波羅蜜多。何以故？〔一八〕

此關從「色」至「一切」四回。初徧，「依般若」「不作」起；第二，除「不」，單「作」起；第三，入「不依般若」「不作」起；第四，「不依般若」，除「不」，只言「作起」。遇「色」，加「五波羅蜜」，單呼「世尊」起。「眼處」至「一切法」，從「復次」起。並不避本位。內「一切法」連念，五法了，呼小字「何以故」，了，入「廣」字關，同准上。一百七十六卷處，改「不依〔一九〕」。

廣 復次。世尊，若菩薩摩訶薩，起如是想：如是般若波羅蜜多，

於（色 / 受想行識 一廣四略）　大、小　大、小
集、散　集、散
若作　有量、無量　不作　有量、無量
廣、狹　廣、狹
有力、無力　有力、無力

世尊，如是一切，皆非般若波羅蜜多等流果故。〔二〇〕

所言换尾處呼「世尊，是菩薩摩訶薩名大有」。

世尊，是菩薩摩訶薩名大有所得，非行般若波羅蜜多。何以故？非有所得想能證無上正等菩提故。所以者何？

此關二徧。前一徧，依前逐界結；後一徧，「色」起換尾，逐界結。內「一切法」不連念，五法了，呼「所以者何」，便入「義」字關。

義

	有情	無生 無滅 無自性 無所有 空 無相 無願 遠離 寂靜 不可得 不可思議 無覺知 勢力不成就	故，當知般若波羅蜜多勢力亦	無生 無滅 無自性 無所有 空 無相 無願 遠離 寂靜 不可得 不可思議 無覺知 不成就
世尊	色			
復次	受想行識 一廣十二略也			

世尊，我緣此意，故說菩薩摩訶薩般若波羅蜜多名大波羅蜜多。〔三〕

此關遇「有情」呼「世尊」，換「色」，至下並呼「復次世尊」。內「般若」避本法位。「有情」起，「預流」終。從「署」字至「律」字，例改「苦諦」在「真如」後，「布施」在「內空」前。用「菩薩十地」，「四果」除「四向」，「獨覺」除「一切」。

初分難信解品第三十四之一 此品逐界並依第五

策法

攝 具壽，佛言。善現復白佛言，世尊；如是，如是，如汝所說。不勤精進、未種善根、具不善根、爲惡知識所攝受者，於佛，此所說甚深般若波羅蜜多，實難信解。〔三〕

再讀「佛言」。此有二段，初呼「具壽善現」問一徧，次「佛」荅一徧，並至「難信解」。

具壽善現復白佛言：如是般若波羅蜜多，云何甚深難信難解？入。

佛言：善現，色（廣）非縛非解。何以故？以色（略）無所有性爲色（略）自性故。〔三〕

換「受、想」至「菩提」，不呼「善現」。

成復次，善現，色（廣）；前際非縛非解。何以故？色（略）；前際無所有性爲色（略）；前際自性故。〔二四〕

「前際色」呼「復次」起，至「佛菩提」，三際准知。換「後際」「中際」。「三際」上界不言「善現」。

祕具壽，佛言。善現復白佛言，世尊，諸有；如是，如是，如汝所説。不勤精進、未種善根、具不善根、惡友所攝、隨魔力行、懈怠增上、精進微劣、失念惡慧補特伽羅，於此般若波羅蜜多，實難信解。再讀「佛言」。所以者何？〔二五〕入。

善現，色（廣）清淨即果清淨，果清淨即色（略）清淨。何以故？是色（略）清淨與果清淨無二、無二分、無別、無斷故。〔二六〕

上界言「善現」，「密」字關同入。

密復次，善現，色（廣）清淨即般若波羅蜜多，一切智智清淨，般若波羅蜜多，一切智智清淨即色（略）清淨。何以故？是色（略）清淨與般若波羅蜜多，一切智智清淨無二、無二分、無別、無斷故。〔二七〕

先關「般若」至「菩提」，次「一切智」至「菩提」，各從「復次」起。「般若」避本位。上界「善現」。

我，有情，命者，生者，養育者，士夫，補特伽羅，意生，儒童，作者，受者，知者，見者。

此十三法，先齊行一次，各行是第二，添「智」各行是三。

關復次，善現，我清淨即色（廣）清淨，色（略）清淨即我清淨。何以故？是我清淨與色（略）清淨無二、無二分、無別、無斷故。

先齊行關「色」。只上界「我」呼「復次善現」，換「有情」至「見者」不呼也。「五蘊」下界，至「見者」了，方換「眼處」，至「諸佛」例同。各行亦在此關上「善現」。

簡復次，善現，我清淨故色（廣）清淨，色（略）清淨故一切智智清淨。何以故？若我清淨，若色（略）清淨，若一切智智清淨，無二、無二分、無別、無斷故。〔二八〕

十三法添「智」。上界呼「善現」。

束復次，善現，貪清淨即色（廣）清淨，色（略）

清淨即貪清淨。何以故？是貪清淨與色（略）清淨無二、無二分、無別、無斷故。〔二九〕

「貪」「瞋」「癡」各從「復次」起。

盡復次，善現，貪清淨故色（廣）清淨，色（略）清淨故一切智智清淨。何以故？若貪清淨，若色（略）清淨，若一切智智清淨，無二、無二分、無別、無斷故。〔三〇〕

上界呼「善現」。「東」字同。

三復次，善現，色清淨故受清淨，受清淨故色清淨。何以故？是色清淨與受清淨無二、無二分、無別、無斷故。〔三一〕

此鈎鏁關，「色」至「佛菩提」並單承法，「六識」不呼「及」字，只一卷。

〔盈〕第一百六，之四。「隨」，「布施」起，「阿耨」終。「心」「生」「句」，並「布施」起，同「菩提」終。「數」。「布施」起，「五眼」終。

第一百七，之五。「數」，「佛十力」起，「菩提」終。「超」，色、「布施」起，「菩提」終。一界關一界。眼處、色處、並「布施」起，同「菩提」終。二界關一界。眼界等六界。「布施」起，「四靜」終。

第一百八，之六。眼界等六界、「八解脱」起，「菩提」終。地界。「布施」起，「菩提」終。從此已下一界關一界。

第一百九，之七。無明、內空、真如、苦諦、並「布施」起，同「菩提」終。布施。「布施」起，至「四靜慮」終。

第一百十，之八。布施、「八解脱」起，菩提終。四靜、八解、四念、空解、五眼。並「布施」起，同「菩提」終。

〔昃〕第一百十一，之九。佛十力、無忘、一切智、陀羅尼、預流向。並「布施」起，同「菩提」終。

第一百十二，之十。獨覺、菩薩行、菩提。並「布施」起，同「菩提」終。「僧」，色、「布施」起，「菩提」終。眼處、色處。「布施」起，「苦聖」終。

第一百十三，之十一。眼處、色處、「四靜」起，「菩提」終。號二界關一界。眼界等。「布施」起，「舌界」「內空」終。六界關一界。

第一百十四，之十二。身界、意界、並「內空」起，同「內空」終。眼界等。「真如」起，「八解脱」終。

第一百十五，之十三。眼界等，「四念住」起。鼻界。「無忘失」終。

第一百十六，之十四。舌界、身界、意界，並「無忘失」起，同「無忘失」終。眼界等，「一切智」起，「菩提」終。地界。「布施」起，「內空」終。

第一百十七，之十五。地界、「真如」起，「菩提」終。無明、「布施」起，「菩提」終。內空。「布施」起，「內空」終。

第一百十八，之十六。內空、「真如」起，「菩提」終。真如。「布施」起，「五眼」終。

第一百十九，之十七。真如、「佛十力」起，「菩提」終。苦聖、「布施」起，「菩提」終。布施。「布施」起，「五眼」終。

第一百二十，之十八。布施、「佛十力」起，「菩提」終。四靜、「布施」起，「菩提」終。八解。「布施」起，「佛十力」終。

〔辰〕第一百二十一，之十九。八解、「無忘」起，「菩提」終。四念、「布施」起，「菩提」終。空解。「布施」起，「佛十力」終。

第一百二十二，之二十。空解、「無忘」起，「菩提」終。五眼、「布施」起，「菩提」終。佛十力。「布施」起，「無忘」終。

第一百二十三，之二十一。佛十力、「一切智」起，「菩提」終。無忘、「布施」起，「菩提」終。一切智。「布施」起，「菩提」終。

第一百二十四，之二十二。陀羅尼、預流向。同「布施」起，摠「菩提」終。

第一百二十五，之二十三。獨覺、菩薩行、菩提。同「布施」起，並「菩提」終。「祇」，般若。「慶喜」起，「菩提」終。

〔宿〕第一百三十六，之三十四。「智」，般若。「色」起，至「四靜慮」終。

第一百三十七，之三十五。般若、「八解脱」起，至「菩提」終。靜慮。「色」起，至「鼻界」終。

第一百三十八，之三十六。靜慮。「舌界」起，「無忘」終。

第一百三十九，之三十七。靜慮、「一切智」起，「菩提」終。精進。「色」起，至「無明」終。

第一百四十，之三十八。精進。「布施」起，「菩提」終。

〔列〕第一百四十一，之三十九。安忍。「色」起，至

「四淨慮」終。

第一百四十二，之四十。安忍、「八解脱」起，「菩提」終。淨戒。「色」起，至「舌界」終。

第一百四十三，之四十一。淨戒。「身界」起，至「陀羅尼」終。

第一百四十四，之四十二。淨戒、「預流向」起，至「菩提」終。布施。「色」起，至「内空」終。

第一百四十五，之四十三。布施。「真如」起，「菩提」終。有正經。

第一百四十六，之四十四。「度」，般若。「色」起，至「身界」終。

第一百四十七，之四十五。般若。「意界」起，「四靜慮」終。

第一百四十八，之四十六。般若。「八解脱」起，「預流向」終。

第一百四十九，之四十七。般若、「獨覺」起，「菩提」終。靜慮。「色」起，至「鼻界」終。

第一百五十，之四十八。靜慮。「舌界」起，「真如」終。

〔張〕第一百五十一，之四十九。靜慮。「苦聖諦」起，「一切智」終。

第一百五十二，之五十。靜慮、「陀羅尼」起，至「菩提」終。精進。「色」起，至「耳界」終。

第一百五十三，之五十一。精進。「鼻界」起，「内空」終。

第一百五十四，之五十二。精進。「真如」起，至「無忘失」終。

第一百五十五，之五十三。精進、「一切智」起，「菩提」終。安忍。「色」起，至「色處」終。

第一百五十六，之五十四。安忍。「眼界」起，「無明」終。

第一百五十七，之五十五。安忍。「布施」起，至「空解脱」終。

第一百五十八，之五十六。安忍。「五眼」起，「菩提」終。

第一百五十九，之五十七。淨戒。「色」起，至「意界」終。

第一百六十，之五十八。淨戒。「地界」起，至「四靜慮」終。

〔寒〕第一百六十一，之五十九。淨戒。「八解脱」起，至「獨覺菩提」終。

第一百六十二，之六十。淨戒、「菩薩行」起，至「菩提」終。布施。「色」起，至「舌界」終。

第一百六十三，之六十一。布施。「身界」起，「苦諦」終。

第一百六十四，之六十二。布施。「四靜慮」起，「陀羅尼」終。

第一百六十五，之六十三。布施。「預流向」起，「菩提」終。「越」，贍部州。「預流」「一來」「不還」至「西牛貨州」終。

第一百六十六，之六十四。北俱盧州、「不還果」起，「一切世界」終。贍部州。「阿羅漢果」起，「獨覺菩提」起，「等覺心」起，換尾，「贍部州」並「一切世界」終。

第一百六十七，之六十五。贍部州。「不退轉地」起，「一切世界」終。「邊」，皆趣換頭。「際」，皆於換頭「贍部」起，「一切世界」終。「聚」。「贍部」起，「西牛貨州」終。

〔來〕第一百七十四，之三。「茲」，「眼界」起，「一切法」終。「高」，依般若。「色」起，至「布施」終。

第一百七十五，之四。依般若、「内空」起，「一切法」終，不作。依般若。「色」起，「無忘失」終，作大。

第一百七十六，之五。依般若、「一切智」起，「一切法」終，作大。不依般若。「色」起，「一切法」終，不作。

第一百七十七，之六。不依般若。「色」起，「一切法」終，作大，「何以故」入。「廣」。「色」起，「内空」終，若作。

第一百七十八，之七。「廣」，「真如」起，「一切法」終。「廣」。換尾，「色」起，至「五眼」終。

第一百七十九，之八。「廣」，「佛十力」起，「一切法」終，「所以者何」入。「義」。「有情」起，「無明」終。

第一百八十，之九。「義」。「布施」起，至「預流」終，避「般若」本法位。

〔暑〕第一百八十二，之二。「攝」，「非縛」，「色」起，至「菩提」終。「成」，前際、後際、同「色」起，並至「菩提」終。中際。「色」起，至「無明」終。

第一百八十三，之三。「成」，中際。「布施」起，「菩提」終。「祕」，果。「色」起，至「菩提」終。「密」，般若。「色」起，至「菩薩十地」終。

第一百八十四，之三。般若。「五眼」起，「菩提」終。「密」，一切智智。「色」起，至「菩提」終。「闕」，我。是十三法齊行，「色」至「眼處」終。

第一百八十五，之四。我。「色處」起，「眼界」「耳界」「鼻界」至「舌界」終。

第一百八十六，之五。我。「身界」起，「意界」「地界」「無明」至「布施」終。

第一百八十七，之六。我。「內空」起，「真如」「苦諦」「四靜慮」至「八解脱」終。

第一百八十八，之七。我。「四念」起，「空解」「菩薩」「五眼」「佛十力」至「無忘失」終。

第一百八十九，之八。我。「一切智」起，「陀羅」「預流」「獨覺」「菩薩行」至「菩提」終。

第一百九十，之九。「闕」，我、是十三法各行，「色」起。有情、「色」起，至「菩提」終。命者。「色」起，至「無明」終。

〔往〕第一百九十一，之十。命者、「布施」起，「菩提」終。生者、「色」起，至「菩提」終。養育者。「色」起，至「菩薩十地」終。

第一百九十二，之十一。養育者、「五眼」起，「菩提」終。士夫、「色」起，至「菩提」終。補特伽羅。「色」起，至「菩提」終。

第一百九十三，之十二。意生、儒童、並「色」起，同至「菩提」終。作者。「色」起，至「舌界」終。

第一百九十四，之十三。作者、「身界」起，「菩提」終。受者、「色」起，至「菩提」終。知者。「色」起，至「菩薩十地」終。

第一百九十五，之十四。知者、「五眼」起，「菩提」終。見者。「色」起，至「菩提」終。「簡」，我、是十三法添「智」各行，「色」起。有情。「色」起，至「耳界」終。

第一百九十六，之十五。有情、「鼻界」起，「菩提」終。命者、「色」起，至「菩提」終。生者。「色」起，至「無明」終。

第一百九十七，之十六。生者、「布施」至「菩提」終。養育者、「色」起，至「菩提」終。士夫。「色」起，至「無明」終。

第一百九十八，之十七。士夫、「布施」，至「菩提」終。補特伽羅、「色」起，至「菩提」終。意生。「色」起至「菩〔三〕薩十地」終。

第一百九十九，之十八。意生、「五眼」起，「菩提」終。儒童、作者。並「色」起，俱至「菩提」終。

第二百，之十九。受者、知者。並「色」起，同至「菩提」終。

〔秋〕第二百一，之二十。見者。「色」起，至「菩提」終。「束」，貪、「色」起，至「菩提」終。瞋。「色」起，至「無明」終。

第二百二，之二十一。瞋、「布施」起，「菩提」終。癡。「色」起，至「菩提」終。「盡」，貪。添「一切智」，「色」起，至「菩薩十地」終。

第二百三，之二十二。貪、「五眼」起，至「菩提」終。瞋、癡。並「色」起，同「菩提」終。

第二百四，之二十三。「三」，鈎鏁。「色」起，至「菩提」，並單成法闕。

大般若波羅蜜多經卷第一百三十

初分校量功德品第三十之二十八

爾時，佛讚天帝釋言：善哉，善哉，如汝所說，憍尸迦，若善男子、善女人等，書寫如是甚深般若波羅蜜多，衆寶嚴飾，以無量種上妙花鬘、塗散等香、衣服、瓔珞、寶幢、幡蓋、衆妙珎[三]奇、伎樂、燈明，盡諸所有，供養恭敬、尊重讚歎，依此經說如理思惟，有善男子、善女人等，書寫如是甚深般若波羅蜜多，施他受持，廣令流布，此二福聚，後者爲多。何以故？由施他者，能令無量無邊有情得法喜故。復次，憍尸迦，若善男子、善女人等，能如般若波羅蜜多所說義趣，廣爲有情，分別解說，令得正解，是善男子、善女人等，所獲福聚，復勝施他此經功德，多百千倍。憍尸迦，敬此法師，當如敬佛，亦如奉事尊梵行者。何以故？憍尸迦，當知般若波羅蜜多即是如來應正等覺，當知如來應正等覺即是般若波羅蜜多，當知般若波羅蜜多不異如來應正等覺，當知如來應正等覺不異般若波羅蜜多。何以故？憍尸迦，過去、未來、現在諸佛，皆依般若波羅蜜多，精勤修學，證得無上正等菩提。憍尸迦，尊梵行者，當知即是住不退轉地菩薩摩訶薩。是菩薩摩訶薩，亦依般若波羅蜜多，精勤修學，證得無上正等菩提。憍尸迦，聲聞種姓補特伽羅，亦依如是甚深般若波羅蜜多，精勤修學，證得預流、一來、不還、阿羅漢果。獨覺種姓補特伽羅，亦依如是甚深般若波羅蜜多，精勤修學，漸次證得獨覺菩提。菩薩種姓補特伽羅，亦依如是甚深般若波羅蜜多，精勤修學，超諸聲聞及獨覺地，證入菩薩正性離生，復漸修行，證得無上正等菩提。以是故，憍尸迦，若善男子、善女人等，欲以無量上妙花鬘、塗散等香、衣服、瓔珞、寶幢、幡蓋、衆妙珎奇、伎樂、燈明，盡諸所有，供養恭敬，尊重讚歎現在如來應正等覺，當書如是甚深般若波羅蜜多，以無量種上妙花鬘、塗散等香、衣服、瓔珞、寶幢、幡蓋、衆妙珎奇、伎樂、燈明，盡諸所有，供養恭敬，尊重讚歎。憍尸迦，我觀是義，初得無上正等覺時，作是思惟：我依誰住？堪誰受我供養恭敬、尊重讚歎？作是念時，都不見有一切世間，若天、若魔、若梵、若沙門、若婆羅門、人、非人等與我等者，况當有勝？復自思惟：我依此法，已證無上正等菩提，此法微妙甚深寂靜，我當還依此法而住，供養恭敬、尊重讚歎。何謂此法？所謂般若波羅蜜多。憍尸迦，我已成佛，尚遵如是甚深般若波羅蜜多，依上而住，供養恭敬、尊重讚歎。况善男子、善女人等，欲求無上正等菩提，而不於此甚深般若波羅蜜多，至心皈依，精勤修學，以無量種上妙花鬘、塗散等香、衣服、瓔珞、寶幢、幡蓋、衆妙珎奇、伎樂、燈明，盡諸所有，供養恭敬，尊重讚歎？憍尸迦，若善男子、善女人等，求聲聞乘或獨覺乘，亦應於此甚深般若波羅蜜多，志心皈依，精勤修學，以無量種上妙花鬘、塗散等香、衣服、瓔珞、寶幢、幡蓋、衆妙珎奇、伎樂、燈明，盡諸所有，供養恭敬，尊重讚歎。何以故？憍尸迦，如是般若波羅蜜多，能生菩薩摩訶薩衆。從此菩薩摩訶薩衆，生諸如來應正等覺，依諸如來應正等覺，聲聞、獨覺而得生故。以是故，憍尸迦，若求大乘、求獨覺乘、求聲聞乘諸善男子、善女人等，皆應於此甚深般若波羅蜜多，至心皈依，精勤修學，以無量種上妙花鬘、塗散等香、衣服、瓔絡、寶幢、幡蓋、衆妙珎奇、伎樂、燈明，盡諸所有，供養恭敬、尊重讚歎。所以者何？求聲聞者，於此般若波羅蜜多精勤修學，究竟證得阿羅漢果。求獨覺者，於此般若波羅蜜多精勤修學，究竟證得獨覺菩提。求大乘者，於此般若波羅蜜多精勤修學，究竟證得阿耨多羅三藐三菩提。

爾時，佛告天帝釋言：

復次憍尸迦，
置贍部洲
置贍部洲、東勝身洲
置贍部洲、東勝身洲、西牛貨洲
置四大洲
置小千界
置中千界
置此三千大千
置此十方各如殑伽沙等
諸有情類，若善男子、善女人等教
贍部洲
贍部洲、東勝身洲
贍部洲、東勝身洲、西牛貨洲
贍部洲、東勝身洲、西牛貨洲、北俱盧洲
小千界
中千界
化三千大千世界
化十方各如殑伽沙等世界
化十方一切世界
諸有情類，

皆令修學十善業道、四靜慮、四無量、四無色定、五神通，於意云何？[三四]是善男子、善女人等，由此因緣，得福多不？天帝釋言：甚多，世尊。甚多，善逝。佛言：憍尸迦，若善男子、善女人等，書寫如是甚深般若波羅蜜多，施他讀誦，若轉書寫，廣令流布，是善男子、善女人等，所獲福聚，甚多於前。何以故？憍尸迦，如是般若波羅蜜多秘密藏中，廣說一切無漏之法。聲聞種姓補特伽羅修學此法，速入聲聞正性離生，得預流果，得一來果，得不還果，得阿羅漢果。獨覺種姓補特伽羅修學此法，速入獨覺正性離生，漸次證得獨覺菩提。

菩薩種姓補特伽羅修學此法，速入菩薩正性離生，漸次修行諸菩薩行，證得無上正等菩提。憍尸迦，如是般若波羅蜜多秘蜜藏中，說一切無漏法者，所謂布施波羅蜜多

「六度」並廣。念至「一切三摩地門」，便入及餘文句。「四靜慮」上加「無漏」二字。「四諦」，初洲〔三五〕加「智」字，餘無四諦法，「無相」加「解脫門」。不關「十地」。「無忘失法」只有三洲有也。

及餘無量無邊佛法，皆是此中所說一切無漏之法。憍尸迦，若善男子、善女人等，教一有情住預流果所獲福聚，猶勝

南贍部洲
南贍部洲、東勝身洲
南贍部洲、東勝身洲、西牛貨洲
南贍部洲、東勝身洲、西牛貨洲、北俱盧洲 ○諸有情類皆
教化 ○小千世界
中千世界
如是三千大千世界
十方各如殑伽沙等世界
如是十方一切世界〔三六〕

令修學十善業道，四靜慮、四無量、四無色定、五神通。〔三七〕何以故？憍尸迦，諸有修行十善業道，四靜慮、四無量、四無色定、五神通，不免地獄、傍生、鬼趣。若諸有情住預流果，便得永脫三惡趣故，況教令住一來、不還、阿羅漢果所獲福聚而不勝彼？憍尸迦，若善男子、善女人，教贍部洲諸有情類，皆住預流、一來、不還、阿羅漢果，所獲福聚，不如有人教一有情令其安住獨覺菩提。何以故？憍尸迦，獨覺菩提所有功德勝預流等百千倍故。憍尸迦，若善男子、善女人等，教贍部洲諸有情類，皆令安住獨覺菩提，所獲福聚，不如有人教一有情令趣無上正等菩提。何以故？憍尸迦，若教有情令趣無上正等菩提，則令世間佛眼不斷。所以者何？由有菩薩摩訶薩故，便有預流、一來、不還、阿羅漢果、獨覺菩提。由有菩薩摩訶薩故，便有如來應正等覺證得無上正等菩提。由有菩薩摩訶薩故，便有佛寶、法寶、僧寶，一切世間皈依供養。以是故，憍尸迦，一切世間，若天、若魔、若梵、

若沙門、若婆羅門及阿素洛、人、非人等，應以無量上妙花鬘、塗散等香、衣服、纓絡、寶幢、幡蓋、衆妙珎奇、伎樂、燈明，盡諸所有，供養恭敬、尊重讃歎菩薩摩訶薩。憍尸迦，由此當知，若善男子、善女人，書寫如是甚深般若波羅蜜多，施他讀誦，若轉書寫，廣令流布，所獲福聚，勝前福聚無量無邊。何以故？如是般若波羅蜜多秘蜜藏中，廣說一切世出世間勝善法故。

由此般若波羅蜜多秘蜜藏中所說法故，世間便有

此八行並從「由此般若」起。

刹帝利大族、婆羅門大族、長者大族、居士大族
四大王眾天、三十三天、夜摩天、覩史多天、樂變化天、他化自在天
梵眾天、梵輔天、梵會天、大梵天
光天、少光天、無量光天、極光淨天
淨天、少淨天、無量淨天、遍淨天
廣天、少廣天、無量廣天、廣果天
無繁天、無熱天、善現天、善見天、色究竟天
空無邊處天、識無邊處天、無所有處天、非想非非想處天
布施、淨戒、安忍、精進、靜慮、般若波羅蜜多　由此般若起六度，並廣念，餘亦廣去。
預流、一來、不還、阿羅漢及預流向預流果、一來向一來果、
不還向不還果、阿羅漢向阿羅漢果
獨覺及獨覺菩提
一切菩薩摩訶薩及諸菩薩摩訶薩行
一切如來應正等覺及諸無上正等菩提
四諦解脫門並加

○施設可得〔三八〕

復次，憍尸迦，若善男子、善女人〔三九〕，於此般若波羅蜜多受持、讀誦、如理思惟。

憍尸迦，是善男子、善女人等所獲福〔四〇〕聚勝於，亦勝教化南贍部洲諸有情類，皆令安住十善業道、四靜慮，四無量，四無色定，五神通。〔四一〕

添「洲」時，從「憍尸迦」起。

第一百三十，三十之二十八。有正經一段。贍部洲、

「十善」起，至「菩提」。二洲、「十善」起，至「菩提」。三洲「十善」起，至「菩提」終。

第一百三十一，三十之二十九。贍部等四洲、「十善」起，至「菩提」。小千界、「十善」起。中千界、「十善」起，至「菩提」。三千界「十善」起，至「而不勝彼」終。

第一百三十二，三十之三十。三千界、「住四果」起，至「菩提」。殑伽沙界、「十善」起，至「菩提」。十方世界、「十善」起，至「菩提」。贍部洲「四靜慮」起，至「菩提」終。

第一百三十三，三十之三十一。二洲、「靜慮」起，至「菩提」。三洲、「靜慮」起，至「菩提」。四洲「靜慮」起，至「菩提」終。

第一百三十四，三十之三十二。小千界、「靜慮」起，至「菩提」。中千界、「靜慮」起，至「菩提」。三千界、「靜慮」起，至「菩提」。殑伽界「靜慮」起，至「百千倍故」終。

第一百三十五，三十之三十三。殑伽界、「令住獨」起，至「菩提」。十方界，「四靜」起，至「菩提」。於此般若。「勝於」起，至「十方界」。有一段經，不通關。

大般若波羅蜜多經關法卷第四

校勘記

〔一〕「志」，《大般若波羅蜜多經》作「至」。

〔二〕此處對應經文爲：「世尊，何緣不廣稱讚布施波羅蜜多、淨戒波羅蜜多、安忍波羅蜜多、精進波羅蜜多、靜慮波羅蜜多，但廣稱讚般若波羅蜜多？」

〔三〕此處對應經文爲：「佛言：『慶喜，於意云何？若不迴向一切智智，而修布施波羅蜜多，可名真修布施波羅蜜多不？』慶喜答言：『不也，世尊。』佛言：『慶喜，要由迴向一切智智，而修布施波羅蜜多，乃可名爲真修布施波羅蜜多。』佛言：『慶喜，於意云何？若不迴向一切智智，而修淨戒、安忍、精進、靜慮、般若波羅蜜多，可名真修淨戒、安忍、精進、靜慮、般若波羅蜜多不？』慶喜答言：『不也，世尊。』佛言：『慶喜，要由迴向一切智智，而修淨戒、安忍、精進、靜慮、般若波羅蜜多，乃可名爲真修淨戒、安忍、精進、靜慮、般若波羅蜜多。故此般若波羅蜜多，於彼布施、淨戒、安忍、精進、靜慮波羅蜜多爲尊爲導，故我但廣稱讚般若波羅蜜多。』」

〔四〕此處對應經文爲：「具壽慶喜復白佛言：『世尊，云何迴向一切智智而修布施波羅蜜多？』佛言：『慶喜，以無二爲方便，無生爲方便，無所得爲方便，修習布施波羅蜜多，是名迴向一切智智而修布施波羅蜜多。』」

〔五〕此處對應經文爲：「具壽慶喜復白佛言：『世尊，以何無二爲方便，迴向一切智智，修習布施、淨戒、安忍、精進、靜慮、般若波羅蜜多？以何無生爲方便、無所得爲方便，迴向一切智智，修習布施、淨戒、安忍、精進、靜慮、般若波羅蜜多？』」

〔六〕此處對應經文爲：「佛言：『慶喜，汝今當知，以色無二爲方便，無生爲方便，無所得爲方便，迴向一切智智，修習布施、淨戒、安忍、精進、靜慮、般若波羅蜜多；以受、想、行、識無二爲方便，無生爲方便，無所得爲方便，迴向一切智智，修習布施、淨戒、安忍、精進、靜慮、般若波羅蜜多。』」

〔七〕此處對應經文爲：「具壽慶喜復白佛言：『世尊，云何以色無二爲方便，無生爲方便，無所得爲方便，迴向一切智智，修習布施、淨戒、安忍、精進、靜慮、般若波羅蜜多？』佛言：『慶喜，色色性空。何以故？以色性空與布施、淨戒、安忍、精進、靜慮、般若波羅蜜多無二無二分故。』世尊，云何以受、想、行、識無二爲方便，無生爲方便，無所得爲方便，迴向一切智智，修習布施、淨戒、安忍、精進、靜慮、般若波羅蜜多？」『慶喜，受、想、行、識，受、想、行、識性空。何以故？以受、想、行、識性空與布施、淨戒、安忍、精進、靜慮、般若波羅蜜多無二無二分故。慶喜，由此故説，以色等無二爲方便，無生爲方便，無所得爲方便，迴向一切智智，修習布施、淨戒、安忍、精進、靜慮、般若波羅蜜多。』」

〔八〕此處對應經文爲：「慶喜，當知，由此般若波羅蜜多故，能迴向一切智智。復由迴向一切智智，能令修習布施、淨戒、安忍、精進、靜慮、般若波羅蜜多得至究竟。故此般若波羅蜜多，於彼布施、淨戒、安忍、精進、靜慮波羅蜜多爲尊爲導。」

〔九〕「集滅」，底本無，據校本及《大般若波羅蜜多經》補。

〔一〇〕此處對應經文爲：「佛言：『憍尸迦，若善男子、善女人等，爲發無上菩提心者，説色若常若無常，説受、想、行、識若常若無常；説色若樂若苦，説受、想、行、識若樂若苦；説色若我若無我，説受、想、行、識若我若無我；説色若淨若不淨，説受、想、行、識若淨若不淨。若有能依如是等法，修行般若，是行般若波羅蜜多。復作是説，行般若者，應求色若常若無常，應求受、想、行、識若常若無常；應求色若樂若苦，應求受、想、行、識若樂若苦；應求色若我若無我，應求受、想、行、識若我若無我；應求色若淨若不淨，應求受、想、行、識若淨若不淨。若有能求如是等法，修行般若，是行般若波羅蜜多。憍尸迦，若善男子、善女人等，如是求色若常若無常，求受、想、行、識若常若無常；求色若樂若苦，求受、想、行、識若樂若苦；求色若我若無我，求受、想、行、識若我若無我；求色若淨若不淨，求受、想、行、識若淨若不淨。依此等法行般若者，我説名爲行有所得相似般若波羅蜜多。憍尸迦，如前所説，當知皆是説有所得相似般若波羅蜜多。』」

〔一一〕此處對應經文爲：「時天帝釋復白佛言：『世尊，云何諸善男子、善女人等，説無所得般若波羅蜜多，名説真正般若波羅蜜多？』佛言：『憍尸迦，若善男子、善女人等，爲發無上菩提心者宣説般若波羅蜜多，作如是言，汝善男子應修般若波羅蜜多，不應觀色若常若無常，不應觀受、想、行、識若常若無常。何以故？色色自性空，受、想、行、識，受、想、行、識自性空；是色自性即非自性，是受、想、行、識自性亦非自性，若非自性即是般若波羅蜜多。於此般若波羅蜜多，色不可得，彼常、無常亦不可得；受、想、行、識皆不可得，彼常、無常亦不可得。所以者何？此中尚無色等可得，何況有彼常與無常！汝若能修如是般若，是修般若波羅蜜多。』」

〔一二〕「故於此」，底本無，據校本及《大般若波羅蜜多經》補。

〔一三〕「可入可」，底本無，據校本及《大般若波羅蜜多經》補。

〔一四〕此「邊」字闕末「有」字下，應接「際」字闕第二段「善男子、善女人等，於此般若波羅蜜多，以無量門……」一段。

〔一五〕「易」，底本缺，據校本及《大般若波羅蜜多經》補。

〔一六〕此圖對應經文爲：「隨此法門應勤修學。是善男子、善女人等所獲功德甚多於前。何以故？憍尸迦，一切預流及預流果皆是般若波羅蜜多所流出故。」

〔一七〕此處對應經文爲：「於色不作大不作小，於受、想、行、識亦不作大不作小；於色不作集不作散，於受、想、行、識亦不作集不作散；於色不作有量不作無量，於受、想、行、識亦不作有量不作無量；於色不作廣不作狹，於受、想、行、識亦不作廣不作狹；於色不作有力不作無力，於受、想、行、識亦不作有力不作無力。世尊，我緣此意，故説菩薩摩訶薩般若波羅蜜多名大波羅蜜多。」

〔一八〕此處對應經文爲：「復次，世尊，若新學大乘菩薩摩訶薩依般若波羅蜜多、靜慮波羅蜜多、精進波羅蜜多、安忍波羅蜜多、淨戒波羅蜜多、布施波羅蜜多，起如是想：如是般若波羅蜜多，於色不作大不作小，於受、想、行、識亦不作大不作小；於色不作集不作散，於受、想、行、識亦不作集不作散；於色不作有量不作無量，於受、想、行、識亦不作有量不作無量；於色不作廣不作狹，於受、想、行、識亦不作廣不作狹；於色不作有力不作無力，於受、想、行、識亦不作有力不作無力。世尊，是菩薩摩訶薩，由起此想，非行般若波羅蜜多。」

〔一九〕「依」，底本作「衣」，據《大般若波羅蜜多經》及文意改。

〔二〇〕此處對應經文爲：「世尊，若菩薩摩訶薩起如是想：如是般若波羅蜜多，於色若作大小、不作大小，於受、想、行、識若作大小、不作大小；於色若作集散、不作集散，於受、想、行、識若作集散、不作集散；於色若作有量無量、不作有量無量，於受、想、行、識若作有量無量、不作有量無量；於色若作廣狹、不作廣狹，於受、想、行、識若作廣狹、不作廣狹；於色若作有力無力、不作有力無力，於受、想、行、識若作有力無力、不作有力無力。世尊，如是一切，皆非般若波羅蜜多等流果故。」

〔二一〕此處對應經文爲：「世尊，有情無生故，當知般若波羅蜜多亦無生。有情無滅故，當知般若波羅蜜多亦無滅。有情無自性故，當知般若波羅蜜多亦無自性。有情無所有故，當知般若波羅蜜多亦無所有。有情空故，當知般若波羅蜜多亦空。有情無相故，當知般若波羅蜜多亦無相。有情無願故，當知般若波羅蜜多亦無願。有情遠離故，當知般若波羅蜜多亦遠離。有情寂靜故，當知般若波羅蜜多亦寂靜。有情不可得故，當知般若波羅蜜多亦不可得。有情不可思議故，當知般若波羅蜜多亦不可思議。有情無覺知故，當知般若波羅蜜多亦無覺知。有情勢力不成就故，當知般若波羅蜜多勢力亦不成就。世尊，我緣此意，故説菩薩摩訶薩般若波羅蜜多名大波羅蜜多。」

〔二二〕此處對應經文爲：「具壽善現復白佛言：『世尊，不勤精進、未種善根、具不善根、爲惡知識所攝受者，於佛所説甚深般若波羅蜜多實難信解。』佛言：『善現，如是，如是，如汝所説。不勤精進、未種善根、具不善根、爲惡知識所攝受者，於此所説甚深般若波羅蜜多實難信解。』」

〔二三〕此處對應經文爲：「佛言：『善現，色非縛非解。何以故？以色無所有性爲色自性故。受、想、行、識非縛非解。何以故？以受、想、行、識無所有性爲受、想、行、識自性故。』」

〔二四〕此處對應經文爲：「復次，善現，色前際非縛非解。何以故？色前際無所有性爲色前際自性故。受、想、行、識前際非縛非解。何以故？受、想、行、識前際無所有性爲受、想、行、識前際自性故。」

〔二五〕此處對應經文爲：「具壽善現復白佛言：『世尊，諸有不勤精進、未種善根、具不善根、惡友所攝、隨魔力行、懈怠增上、精進微劣、失念惡慧補特伽羅，於此般若波羅蜜多實難信解。』佛言：『善現，如是，如是，如汝所説。不勤精進、未種善根、具不善根、惡友所攝、隨魔力行、懈怠增上、精進微劣、失念惡慧補特伽羅，於此般若波羅蜜多實難信解。所以者何？』」

〔二六〕此處對應經文爲：「善現，色清淨即果清淨，果清淨即色清淨。何以故？是色清淨與果清淨無二、無二分、無別、無斷故。受、想、行、識清淨即果清淨，果清淨即受、想、行、識清淨。何以故？是受、想、行、識清淨與果清淨無二、無二分、無別、無斷故。」

〔二七〕此處對應經文分別爲：「復次，善現，色清淨即般若波羅蜜多清淨，般若波羅蜜多清淨即色清淨。何以故？是色清淨與般若波羅蜜多清淨無二、無二分、無別、無斷故。受、想、行、識清淨即般若波羅蜜多清淨，般若波羅蜜多清淨即受、想、行、識清淨。何以故？是受、想、行、識清淨與般若波羅蜜多清淨無二、無二分、無別、無斷故。」「復次，善現，色清淨即一切智智清淨，一切智智清淨即色清淨。何以故？是色清淨與一切智智清淨無二、無二分、無別、無斷故。受、想、行、識清淨即一切智智清淨，一切智智清淨即受、想、行、識清淨。何以故？是受、想、行、識清淨與一切智智清淨無二、無二分、無別、無斷故。」

〔二八〕此處對應經文爲：「復次，善現，我清淨即色清淨，色清淨即我清淨。何以故？是我清淨與色清淨無二、無二分、無別、無斷故。我清淨即受、想、行、識清淨，受、想、行、識清淨即我清淨。何以故？是我清淨與受、想、行、識清淨無二、無二分、無別、無斷故。」

〔二九〕此處對應經文爲：「復次，善現，貪清淨即色清淨，色清淨即貪清淨。何以故？是貪清淨與色清淨無二、無二分、無別、無斷故。貪清淨即受、想、行、識清淨，受、想、行、識清淨即貪清淨。何以故？是貪清淨與受、想、行、識清淨無二、無二分、無別、無斷故。」

〔三〇〕此處對應經文爲：「復次，善現，貪清淨故色清淨，色清淨故一切智智清淨。何以故？若貪清淨，若色清淨，若一切智智清淨，無二、無二分、無別、無斷故。貪清淨故受、想、行、識清淨，受、想、行、識清淨故一切智智清淨。何以故？若貪清淨，若受、想、行、識清淨，若一切智智清淨，無二、無二分、無別、無斷故。」

〔三一〕此處對應經文爲：「復次，善現，色清淨故受清淨，受清淨故色清淨。何以故？是色清淨與受清淨無二、無二分、無別、無斷故。受清淨故想清淨，想清淨故受清淨。何以故？是受清淨與想清淨無二、無二分、無別、無斷故。想清淨故行清淨，行清淨故想清淨。何以故？是想清淨與行清淨無二、無二分、無別、無斷故。行清淨故識清淨，識清淨故行清淨。何以故？是行清淨與識清淨無二、無二分、無別、無斷故。」

〔三二〕「至菩」，底本無，據校本補。

〔三三〕「珎」，底本作「真」，據《大般若波羅蜜多經》及後文改。

〔三四〕前圖至此處對應經文分別爲：「爾時，佛告天帝釋言：憍尸迦，若善男子、善女人等，教贍部洲諸有情類，皆令修學十善業道，於意云何？」「復次，憍尸迦，置贍部洲諸有情類，若善男子、善女人等，教贍部洲、東勝身洲諸有情類，皆令修學十善業道，於意云何？」「復次，憍尸迦，置贍部洲、東勝身洲諸有情類，若善男子、善女人等，教贍部洲、東勝身洲、西牛貨洲諸有情類，皆令修學十善業道，於意云何？」「復次，憍尸迦，置贍部洲、東勝身洲、西牛貨洲諸有情類，若善男子、善女人等，教贍部洲、東勝身洲、西牛貨洲、北俱盧洲諸有情類，皆令修學十善業道，於意云何？」「復次，憍尸迦，置四大洲諸有情類，若善男子、善女人等，教小千界諸有情類皆令修學十善業道，於意云何？」「復次，憍尸迦，置小千界諸有情類，若善男子、善女人等，教中千界諸有情類，皆令修學十善業道，於意云何？」「復次，憍尸迦，置中千界諸有情類，若善男子、善女人等，教化三千大千世界諸有情類，皆令修學十善業道，於意云何？」「復次，憍尸迦，置此三千大千世界諸有情類，若善男子、善女人等，教化十方各如殑伽沙等世界諸有情類，皆令修學十善業道，於意云何？」「復次，憍尸迦，置此十方各如殑伽沙等世界諸有情類，若善男子、善女人等，教化十方一切世界諸有情類，皆令修學十善業道，於意云何？」

〔三五〕「洲」，底本難辨，據校本作「洲」。

〔三六〕圖第一列「南贍部洲」，《大般若波羅蜜多經》

作「一瞻部洲」。

〔三七〕前圖至此處對應經文分別爲：「所獲福聚，猶勝教化一贍部洲諸有情類皆令修學十善業道。」「所獲福聚，猶勝教化南贍部洲、東勝身州諸有情類皆令修學十善業道。」「所獲福聚，猶勝教化南贍部洲、東勝身州、西牛貨洲諸有情類皆令修學十善業道。」

〔三八〕「獨覺菩提施設可得」，《大般若波羅蜜多經》作「獨覺菩提施設得可」。此圖對應經文爲：「由此般若波羅蜜多祕密藏中所説法故，世間便有刹帝利大族、婆羅門大族、長者大族、居士大族施設可得；由此般若波羅蜜多祕密藏中所説法故，世間便有四大王眾天、三十三天、夜摩天、覩史多天、樂變化天、他化自在天施設可得；由此般若波羅蜜多祕密藏中所説法故，世間便有梵眾天、梵輔天、梵會天、大梵天施設可得；由此般若波羅蜜多祕密藏中所説法故，世間便有光天、少光天、無量光天、極光淨天施設可得；由此般若波羅蜜多祕密藏中所説法故，世間便有淨天、少淨天、無量淨天、遍淨天施設可得；由此般若波羅蜜多祕密藏中所説法故，世間便有廣天、少廣天、無量廣天、廣果天施設可得；由此般若波羅蜜多祕密藏中所説法故，世間便有無繁天、無熱天、善現天、善見天、色究竟天施設可得；由此般若波羅蜜多祕密藏中所説法故，世間便有空無邊處天、識無邊處天、無所有處天、非想非非想處天施設可得；由此般若波羅蜜多祕密藏中所説法故，世間便有布施波羅蜜多、淨戒波羅蜜多、安忍波羅蜜多、精進波羅蜜多、靜慮波羅蜜多、般若波羅蜜多施設可得……由此般若波羅蜜多祕密藏中所説法故，世間便有預流、一來、不還、阿羅漢及預流向預流果、一來向一來果、不還向不還果、阿羅漢向阿羅漢果施設可得；由此般若波羅蜜多祕密藏中所説法故，世間便有獨覺及獨覺菩提施設得可；由此般若波羅蜜多祕密藏中所説法故，世間便有一切菩薩摩訶薩及諸菩薩摩訶薩行施設可得；由此般若波羅蜜多祕密藏中所説法故，世間便有一切如來、應、正等覺及諸佛無上正等菩提施設可得。」

〔三九〕「人」後，《大般若波羅蜜多經》有「等」字。

〔四〇〕「獲福」，底本無，據校本及《大般若波羅蜜多經》補。

〔四二〕此處對應經文爲：「復次，憍尸迦，若善男子、善女人等，於此般若波羅蜜多受持、讀誦、如理思惟，是善男子、善女人等所獲福聚，勝於教化一贍部洲諸有情類皆令安住十善業道、四靜慮、四無量、四無色定、五神通。憍尸迦，是善男子、善女人等所獲福聚，亦勝教化南贍部洲、東勝身洲諸有情類皆令安住十善業道、四靜慮、四無量、四無色定、五神通。」

大般若波羅蜜多經關法卷第五

大唐三藏法師玄奘譯

大般若波羅蜜多經卷第二百五

初分難信解品第三十四之二十四

編復次，善現，般若換頭波羅蜜多清淨故色（廣）清淨，色（略）清淨故一切智智清淨。何以故？若般若換頭波羅蜜多清淨，若色（略）清淨，若一切智智清淨，無二、無二分、無別、無斷故。〔一〕

次「受、想、行、識」，至「佛菩提」，換「靜慮」爲使，至「菩提」，都八十四頭，用「編」字關。每「色」起頭，呼「復次」，上界法安「善現」，下界不呼「善現」，一廣二略。遇「乃至」有略，遇使，避本位，不呼。凡至圓相處，即「佛菩提」終。

關復次，善現，一切智智清淨故色（廣）清淨，色（略）清淨故般若換頭波羅蜜多清淨。何以故？若一切智智清淨，若色（略）清淨，若般若換頭波羅蜜多清淨，無二、無二分、無別、無斷故。〔二〕

從第二百四十四卷末，用「關」字關。「般若」，「色」起，轉頭，用「一切智智」在前，從此關入後四十卷，止第二百八十四卷。經文前後，卷頭各添「大般若波羅蜜多經初分難信解品第三十四之二十四」，各隨數增之。

色，受、想、行、識。

眼處，耳、鼻、舌、身、意處。

色處，聲、香、味、觸、法處。

眼界，色界乃、眼識界，及眼觸至、眼觸爲緣所生諸受。

耳界，聲界乃、耳識界，及耳觸至、耳觸爲緣所生諸受。

鼻界，香界乃、鼻識界，及鼻觸至、鼻觸爲緣所生諸受。

舌界，味界乃、舌識界，及舌觸至、舌觸爲緣所生諸受。

身界，觸界乃、身識界，及身觸至、身觸爲緣所生諸受。

意界，法界乃、意識界，及意觸至、意觸爲緣所生諸受。

地界，水、火、風、空、識界。

無明，行乃、識、名色、六處、觸、受、愛、取、有、生至、老死愁歎苦憂惱。

布施波羅蜜多，淨戒乃、安忍、精進、靜慮至、般若波羅蜜多。作使，加五「波羅蜜多」。

內空，外空乃、內外空、空空、大空、勝義空、有爲空、無爲空、畢竟空、無際空、散空、無變異空、本性空、自相空、共相空、一切法空、不可得空、無性空、自性空至、無性自性空。

真如，法界乃、法性、不虛妄性、不變異性、平等性、離生性、法定法住、實際、虛空界至、不思議界。

苦聖諦，集、滅、道聖諦。作使，加二「聖諦」。

四靜慮，四無量，四無色定。

八解脫，八勝處、九次第定、十偏處。

四念住，四正斷乃、四神足、五根、五力、七等覺支〔三〕至、八聖道支。

空解脫門，無相、無願解脫門。作使，加「解脫門」。

菩薩十地。

五眼，六神通。

佛十力，四無所畏乃、四無礙解、大慈、大悲、大喜、大捨至、十八佛不共法。

無忘失法，恒住捨性。

一切智，道相智、一切相智。

一切陀羅尼門，一切三摩地門。

預流果，一來、不還、阿羅漢果。使，加「二果」。

獨覺菩提。

一切菩薩摩訶薩行。

諸佛無上正等菩提〇。

〔秋〕第二百五，之二十四。般若波羅蜜多、「色」起〇。靜慮。「色」起〇。

第二百六，之二十五。精進波羅蜜多、「色」起〇。安忍。「色」起〇。

第二百七，之二十六。淨戒波羅蜜多、「色」起〇。布施。「色」起〇。

第二百八，之二十七。内空、「色」起〇。外空、「色」起〇。内外空。「色」起，至「鼻界」終。

第二百九，之二十八。内外空、「舌界」起〇。空空、「色」起〇。大空。「色」起，至「無明」終。

第二百十，之二十九。大空、「布施」起〇。勝義空、「色」起〇。有爲空。「色」起，至「八解脱」終。

〔收〕第二百十一，之三十。有爲空、「四念住」起〇。無爲空、「色」起〇。畢竟空。「色」起〇。

第二百十二，之三十一。無際空、「色」起〇。散空、「色」起〇。無變異空。「色」起，至「無明」終。

第二百十三，之三十二。無變異空、「布施」起〇。本性空、「色」起〇。自相空。「色」起，至「布施」終。

第二百十四，之三十三。自相空、「内空」起〇。共相空、「色」起〇。一切法空。「色」起，至「真如」終。

第二百十五，之三十四。一切法空、「苦聖諦」起〇。不可得空、「色」起〇。無性空。「色」起，至「無明」終。

第二百十六，之三十五。無性空、「布施」起。自性空、「色」起〇。無性自性空。「色」起，至「無明」終。

第二百十七，之三十六。無性自性空、「布施」起〇。真如、「色」起〇。法界。「色」起，至「内空」終。

第二百十八，之三十七。法界、「真如」起〇。法性、「色」起〇。不虚妄性。「色」起，至「菩薩十地」終。

第二百十九，之三十八。不虚妄性、「五眼」起〇。不變異性、「色」起〇。平等性。「色」起〇。

第二百二十，之三十九。離生性、「色」起〇。法定。「色」起〇。

〔冬〕第二百二十一，之四十。法住、「色」起〇。實際。「色」起〇。

第二百二十二，之四十一。虚空界、「色」起〇。不思議界。「色」起〇。

第二百二十三，之四十二。苦聖諦、「色」起〇。集聖諦。「色」起〇。

第二百二十四，之四十三。滅聖諦、「色」起〇。道聖諦。「色」起〇。

第二百二十五，之四十四。四靜慮、「色」起〇。四無量、「色」起〇。四無色定。「色」起，至「無明」終。

第二百二十六，之四十五。四無色定、「布施」起〇。八解脱、「色」起〇。八勝處。「色」起，至「無明」終。

第二百二十七，之四十六。八勝處、「布施」起〇。九次第定、「色」起〇。十徧處。「色」起，至「苦聖諦」終。

第二百二十八，之四十七。十徧處、「四靜慮」起〇。四念住、「色」起〇。四正斷。「色」起，至「四念住」終。

第二百二十九，之四十八。四正斷、「空解脱」起〇。四神足、「色」起〇。五根。「色」起〇。

第二百三十，之四十九。五力、「色」起〇。七等覺支。「色」起〇。

〔藏〕第二百三十一，之五十。八勝道支、「色」起〇。空解脱門。「色」起〇。

第二百三十二，之五十一。無相解脱門、「色」起〇。無願解脱。「色」起〇。

第二百三十三，之五十二。菩薩十地、「色」起〇。五眼、「色」起〇。六神通。「色」起，至「無明」終。

第二百三十四，之五十三。六神通、「布施」起〇。佛十力、「色」起〇。四無所畏。「色」起，至「内空」終。

第二百三十五，之五十四。四無所畏、「真如」起〇。四無礙解、「色」起〇。大慈。「色」起，至「内空」終。

第二百三十六，之五十五。大慈、「真如」起〇。大悲、「色」起〇。大喜。「色」起，至「菩薩十地」終。

第二百三十七，之五十六。大喜、「五眼」起〇。大捨、「色」起〇。十八佛不共法。「色」起，至「一切陀羅尼」終。

第二百三十八，之五十七。十八佛、「預流果」起〇。無忘失法、「色」起〇。恒住捨性。「色」起〇。

第二百三十九，之五十八。一切智、「色」起〇。道相智、「色」起〇。一切相智。「色」起，至「舌界」終。

第二百四十，之五十九。一切相智、「身界」起〇。陀羅尼門、「色」起〇。三摩地。「色」起，至「眼界」終。

〔閏〕第二百四十一，之六十。三摩地、「耳界」起〇。預流果、「色」起〇。一來果。「色」起，至「眼界」終。

第二百四十二，之六十一。一來果、「耳界」起〇。不還果、「色」起〇。阿羅漢果。「色」起，至「耳界」終。

第二百四十三，之六十二。阿羅漢果、「鼻界」起〇。獨覺、「色」起〇。菩薩行。「色」起，至「鼻界」終。

第二百四十四，之六十三。菩薩行、「舌界」起〇。佛菩提、「色」起，「菩薩行」終。般若。「色」起，轉頭，「身界」終。「闕」字「一切智智」在前。

第二百四十五，之六十四。般若、「意界」起〇。靜慮、「色」起〇。精進。「色」起，至「舌界」終。

第二百四十六，之六十五。精進、「身界」起〇。安忍、「色」起〇。淨戒。「色」起，至「眼界」終。

第二百四十七，之六十六。淨戒、「耳界」起〇。布施波羅蜜多。「色」起〇。

第二百四十八，之六十七。內空、「色」起〇。外空。「色」起〇。

第二百四十九，之六十八。內外空、「色」起〇。空空、「色」起〇。大空。「色」起，至「鼻界」終。

第二百五十，之六十九。大空、「舌界」起〇。勝義空、「色」起〇。有爲空。「色」起，至「意界」終。

〔餘〕第二百五十一，之七十。有爲空、「地界」起〇。無爲空、「色」起〇。畢竟空。「色」起，至「菩薩十地」終。

第二百五十二，之七十一。畢竟空、「五眼」起〇。無際空、「色」起〇。散空。「色」起〇。

第二百五十三，之七十二。無變易空、「色」起〇。本性空。「色」起〇。

第二百五十四，之七十三。自相空、「色」起〇。共相空、「色」起〇。一切法空。「色」起，至「耳界」終。

第二百五十五，之七十四。一切法空、「鼻界」起〇。不可得空、「色」起〇。無性空。「色」起，至「鼻界」終。

第二百五十六，之七十五。無性空、「舌界」起〇。自性空、「色」起〇。無性自性空。「色」起，至「耳界」終。

第二百五十七，之七十六。無性自性空、「鼻界」起〇。真如、「色」起〇。法界。「色」起，至「耳界」終。

第二百五十八，之七十七。法界、「鼻界」起〇。法性、「色」起〇。不虚妄性。「色」起，至「意界」終。

第二百五十九，之七十八。不虚妄性、「地界」起〇。不變易性、「色」起〇。平等性。「色」起，至「無明」終。

第二百六十，之〔四〕七十九。平等性、「布施」起〇。離生性、「色」起〇。法定。「色」起，至「布施」終。

〔成〕第二百六十一，之八十。法定、「内空」起〇。法住、「色」起〇。實際。「色」起，至「苦聖諦」終。

第二百六十二，之八十一。實際、「四靜慮」起〇。虚空界、「色」起〇。不思議界。「色」起，至「苦聖諦」終。

第二百六十三，之八十二。不思議界、「四靜慮」起〇。苦聖諦、「色」起〇。集聖諦。「色」起，至「菩薩十地」終。

第二百六十四，之八十三。集聖諦、「五眼」起〇。滅聖諦、「色」起〇。道聖諦。「色」起，至「菩薩十地」終。

第二百六十五，之八十四。道聖諦、「五眼」起〇。四靜慮、「色」起〇。四無量。「色」起，至「菩薩十地」終。

第二百六十六，之八十五。四無量、「五眼」起〇。四無色定、「色」起〇。八解脱。「色」起〇。

第二百六十七，之八十六。八聖處、「色」起〇。九次第定。「色」起〇。

第二百六十八，之八十七。十徧處、「色」起〇。四念住、「色」起〇。四正斷。「色」起，至「色處」終。

第二百六十九，之八十八。四正斷、「眼界」起〇。四神足、「色」起〇。五根。「色」起，至「舌界」終。

第二百七十，之八十九。五根、「身界」起〇。五力、「色」起〇。七等覺支。「色」起，至「無明」終。

〔歳〕第二百七十一，之九十。七等覺支、「布施」起〇。八聖道支、「色」起〇。空解脱門。「色」起至「布施」終。

第二百七十二，之九十一。空解脱門、「内空」起〇。無相解脱門、「色」起〇。無願。「色」起，至「意界」終。

第二百七十三，之九十二。無願解脱門、「地界」起〇。菩薩十地、「色」起〇。五眼。「色」起，至「地界」終。

第二百七十四，之九十三。五眼、「無明」起〇。六神通、「色」起〇。佛十力。「色」起，至「内空」終。

第二百七十五，之九十四。佛十力、「真如」起〇。四無所畏、「色」起〇。四無礙解。「色」起，至「真如」終。

第二百七十六，之九十五。四無礙解、「苦聖諦」起〇。大慈、「色」起〇。大悲。「色」起，至「四靜慮」終。

第二百七十七，之九十六。大悲、「八解脱」起〇。大喜、「色」起〇。大捨。「色」起〇。

第二百七十八，之九十七。十八佛、「色」起〇。無忘失法。「色」起〇。

第二百七十九，之九十八。恒住捨性、「色」起〇。一切智。「色」起，至「一切相智」終。

第二百八十，之九十九。一切智、「陀羅尼」起〇。道相智、「色」起〇。一切相智。「色」起〇。

〔律〕第二百八十一，之一百。陀羅尼門、「色」起〇。三摩地門、「色」起〇。預流果。「色」起，至「耳界」終。

第二百八十二，之一百一。預流果、「鼻界」起〇。一來果、「色」起〇。不還果。「色」起，至「苦聖諦」終。

第二百八十三，之一百二。不還果、「四靜慮」起〇。阿羅漢果、「色」起〇。獨覺菩提。「色」起〇。

第二百八十四，之一百三。摩訶薩行、「色」起〇。正等菩提。「色」起，至「一切菩薩摩訶薩行」。

卷終，入後關法。「有爲」「過去」二位呼「復次」，「未來」「現在」呼「善現」起。

復次，善現有爲，過去，未來，現在清淨故，無爲，未來、現在，過去、現在，過去、未來清淨。無爲，未來、現在，過去、現在，過去，未來清淨故，有爲，過去，未來，現在清淨。何以故？

若有爲，過去，未來，現在清淨，若無爲，未來、現在，過去、現在，過去、未來清淨，無二、無二分、無別、無斷故。

大般若波羅蜜多經關法卷第五

螺溪勘證比丘仲南

錢塘府郭施水同詳勘比丘省悟

勑補天台山門僧正監壇選練知壽昌寺事

長堂供主講經論賜紫明智大師體卿校勘

重勘證修排嘉禾胡照　雲間張守宗　吳誠

盛旦　吳知禮　沈宣　沈先　紀言

校勘記

〔一〕此處對應經文爲：「復次，善現，般若波羅蜜多清淨故色清淨，色清淨故一切智智清淨。何以故？若般若波羅蜜多清淨，若色清淨，若一切智智清淨，無二、無二分、無別、無斷故。般若波羅蜜多清淨故受、想、行、識清淨，受、想、行、識清淨故一切智智清淨。何以故？若般若波羅蜜多清淨，若受、想、行、識清淨，若一切智智清淨，無二、無二分、無別、無斷故。」

〔二〕此處對應經文爲：「復次，善現，一切智智清淨故色清淨，色清淨故般若波羅蜜多清淨。何以故？若一切智智清淨，若色清淨，若般若波羅蜜多清淨，無二、無二分、無別、無斷故。一切智智清淨故受、想、行、識清淨，受、想、行、識清淨故般若波羅蜜多清淨。何以故？若一切智智清淨，若受、想、行、識清淨，若般若波羅蜜多清淨，無二、無二分、無別、無斷故。」

〔三〕「支」，底本無，據校本補。

〔四〕「之」，底本無，據校本補。

大般若波羅蜜多經關法卷第六

天台石梁遲月堂釋永隆排定

色，受、想、行、識。

眼處，耳、鼻、舌、身、意處。

色處，聲、香、味、觸、法處。

眼界，色界乃、眼識界，及眼觸至、眼觸爲緣所生諸受。

耳界，聲界乃、耳識界，及耳觸至、耳觸爲緣所生諸受。

鼻界，香界乃、鼻識界，及鼻觸至、鼻觸爲緣所生諸受。

舌界，味界乃、舌識界，及舌觸至、舌觸爲緣所生諸受。

身界，觸界乃、身識界，及身觸至、身觸爲緣所生諸受。

意界，法界乃、意識界，及意觸至、意觸爲緣所生諸受。

地界，水、火、風、空、識界。

無明，行乃、識、名色、六處、觸、受、愛、取、有、生至、老死愁歎苦憂惱。

布施波羅蜜多，淨戒乃、安忍、精進、靜慮至、般若波羅蜜多。

内空，外空乃、内外空、空空、大空、勝義空、有爲空、無爲空、畢竟空、無際空、散空、無變異空、本性空、自相空、共相空、一切法空、不可得空、無性空、自性空至、無性自性空。

真如，法界乃、法性、不虚妄性、不變異性、平等性、離生性、法定法住、實際、虚空界至、不思議界。

苦聖諦，集、滅、道聖諦。

四靜慮，四無量，四無色定。

八解脱，八勝處，九次第定，十徧處。

四念住，四正斷乃、四神足、五根、五力、七等覺支至、八聖道支。

空解脱門，無相、無願解脱門。

菩薩十地。

五眼，六神通。

佛十力，四無所畏乃、四無礙解、大慈、大悲、大喜、大捨至、十八佛不共法。

無忘失法，恒住捨性。

一切智，道相智、一切相智。

一切陀羅尼門，一切三摩地門。

預流果，一來、不還、阿羅漢果。

獨覺菩提。

一切菩薩摩訶薩行。

諸佛無上正等菩提。

大般若波羅蜜多經卷第二百八十五

初分讚清淨品第三十五之一

敷爾時，具壽舍利子；時舍利子復白佛言：世尊，如是清淨最爲甚深。佛言：如是畢竟淨故。舍利子言：何法畢竟淨故，説是清淨最爲甚深？佛言：舍利子，色

畢竟淨故，説是清淨最爲甚深。㈡

「最爲甚深」，「爾時」起，極爲明了。至「無生無顯」，並從「時舍利子」起。上界呼「舍利子」，下界不呼。「色」，至「菩提」，內「極爲明了」，「般若」起，逆呼「五度」，至「菩提」終。

極爲明了，不轉不續，本無雜染，本性光潔，無得無觀，無生無顯。

逾時舍利子復白佛言，世尊：舍利子言。如是清淨，不生欲界。佛言：如是畢竟淨故。舍利子言：云何如是清淨不生欲界？佛言：欲界自性不可得故，如是清淨不生欲界。㈢

換「色界」「無色界」，各從小書「舍利子」言起，方入正經了，入關。上、下界各呼「舍利子」言。「色」起，至「菩提」終。

時舍利子復白佛言：世尊，如是清淨本性無知。佛言：如是畢竟淨故。舍利子言：云何如是清淨本性無知？佛言：以一切法本性鈍故，如是清淨本性無知。入。

舍利子言：色（廣）性無知即是清淨。佛言：如是畢竟淨故。舍利子言：云何色（略）性無知即是清淨？佛言：自性空故，色（略）性無知即是清淨。

時舍利子復白佛言：世尊，般若波羅蜜多於一切智智無益無損。佛言：如是畢竟淨故。舍利子言：云何般若波羅蜜多於一切智智無益無損？佛言：舍利子，法界常住故，般若波羅蜜多於一切智智無益無損。舍利子復白佛言：世尊，清淨般若波羅蜜多於一切法無所執受。佛言：如是畢竟淨故。舍利子言：云何清淨般若波羅蜜多於一切法無所執受？佛言：舍利子，法界不動故，清淨般若波羅蜜多於一切法無所執受。爾時，具壽善現白佛言：入。

半世尊，我清淨故色（廣）清淨。佛言：如是畢竟淨故。世尊，何緣而說我清淨故色（略）清淨是畢竟淨？善現，我無所有故，色（略）無所有是畢竟淨。

上、下界並呼「世尊」。「色」起，至「菩提」終。內「預流果」，至「菩提」，並改「無所有」作「自相空」。

世尊，我清淨故一切智智清淨。佛言：如是畢竟淨故。世尊，何緣而説我清淨故一切智智清淨是畢竟淨？善現，我無相、無得、無念、無知故一切智智無相、無得、無念、無知是畢竟淨。世尊，無二清淨無得無觀。佛言：如是畢竟淨故。世尊，何緣而説無二清淨無得無觀是畢竟淨？善現，無染淨故畢竟淨。爾時，具壽善現復白佛言：入。

部世尊，我無邊故色（廣）無邊。佛言：如是畢竟淨故。世尊，何緣而説我無邊故色（略）無邊是畢竟淨？善現，以畢竟空、無際空故是畢竟淨。

上、下界並從「世尊」起。「色」起，至「菩提」終。

爾時，善現復白佛言：世尊，若菩薩摩訶薩能如是覺知，是爲菩薩摩訶薩般若波羅蜜多。佛言：如是畢竟淨故。世尊，何緣而説若菩薩摩訶薩能如是覺知是爲菩薩摩訶薩般若波羅蜜多即畢意淨？善現，以畢竟空、無際空故，成道相智。世尊，若菩薩摩訶薩修行般若波羅蜜多，不住此岸，不住彼岸，不住中流，是爲菩薩摩訶薩般若波羅蜜多。佛言：如是畢竟淨故。世尊，何緣而説若菩薩摩訶薩修行般若波羅蜜多，不住此岸，不住彼岸，不住中流，是爲菩薩摩訶薩般若波羅蜜多即畢竟淨？善現，以三世法性平等故，成道相智。

初分著不著相品第三十六

爾時，具壽善現白佛言：世尊，住菩薩乘諸善男子、善女人等，若無方便善巧，於此般若波羅蜜多，起般若波羅蜜多想，以有所得爲方便故，棄捨遠離甚深般若波羅蜜多。佛言：善現，善哉，善哉，如是，如是，如汝所説，彼善男子、善女人等，於此般若波羅蜜多著名著相，是故於此棄捨遠離。具壽善現復白佛言：世尊，云何彼善男子、善女人等，於此般若波羅蜜多著名著相？佛言：善現，彼善男子、善女人等，於此般若波羅蜜多取名取相。取名相已，耽著般若波羅蜜多，不能證得實相般若，是故彼類棄捨遠離甚深般若波羅蜜多。復次，善現，住菩薩乘諸善男子、善女人等，若無方便善巧，於此般若波羅蜜多取名取〔三〕相。取名相已，恃此般若波羅蜜多而生憍慢，不能證得實相〔四〕般若，由斯彼類棄捨遠離甚深般若波羅蜜多。復次，善現，住菩薩乘諸善男子善女人等，若有方便善巧，以無所得爲方便，於此般若波羅蜜多，不取名相，不起耽著，不生憍慢，便能證得實相般若，當知此類名不棄捨遠離般若波羅蜜多。具壽善現即白佛言：甚奇，世尊，善爲菩薩摩訶薩衆，於此般若波羅蜜多，關示分別，著不著相。爾時，具壽舍利子問具壽善現言：菩薩摩訶薩行般若波羅蜜多時，云何爲著及不著相？善現荅言：舍利子，住菩薩乘諸善男子、善女人等，若無方便善巧，行般若波羅蜜多時。

循若於色（廣），受、想、行、識謂空，起空想著。〔五〕

「五蘊」上、下界不呼「若」字。換「眼處」，上界有「若」，餘同正經。

若於過去法謂空，起空想著，於未來現在法謂空，起空想著。復次，舍利子，住菩薩乘諸善男子、善女人等，若無方便善巧，行般若波羅蜜多時。

環〔六〕若於色（廣），受、想、行、識謂色（略），受、想、行、識〔七〕起色（略），受、想、行、識想著。〔八〕

過去〔九〕法，未來、現在法〔一〇〕。

「五蘊〔一一〕」上、下界，不呼「若」字。換「眼處」，至「菩提」了，入「三世」，分上、下界，上界有「若」，向下同。後入「妙」闕。

具壽善現復白佛言：世尊，菩薩摩訶薩應云何行般若波羅蜜多？佛言：入。

妙善現，菩薩摩訶薩，行般若波羅蜜多時，若不行色（廣），受、想、行、識，是行般若波羅蜜多。

不行　色略　受想行識　若　常　無常　樂　苦　我　無我　淨　不淨　若　是行般若波羅蜜多。

何以故？善現色（略）、受、想、行、識性尚無所有，況有色（略）、受、想、行、識若常若無常，若樂若苦，若我若無我，若淨若不淨？[二]

上界從「善現」起，下界「不行」入。至「常」等四法，逐界一法。至「蜜多」後，入「樂」「苦」。內上界呼「何以故？善現」結。至「不淨」，下界不呼「何以故？善現」。逐界依此。

嚴復次。善現，菩薩摩訶薩，行般若波羅蜜多時，入。

若不行色（廣）、受、想、行、識圓滿及不圓滿，是行般若波羅蜜多。何以故？善現，若色（略）、受、想、行、識圓滿及不圓滿，俱不名色（略）、受、想、行、識，亦不如是行，是行般若波羅蜜多。[三]

「色」呼「復次」。「眼處」等，上界呼「善現」一行，下界從「若不行」入。至「菩提」終，入正經一段。

爾時，具壽善現白佛言：世尊，甚奇，如來應正等覺，善爲大乘諸善男子、善女人等，宣說種種著不著相。佛言：善現，如是，如是，如汝所說，一切如來應正等覺，善爲大乘諸善男子、善女人等，宣說種種著不著相，令學般若波羅蜜多，離諸染著，速得究竟。入。

偈復次。善現，菩薩摩訶薩行般若波羅蜜多時，若不行色（廣）、受、想、行、識著不著相，是行般若波羅蜜多。[四]

只「色」一法呼「復次」。上界呼「善現」入，下界「不行」入，至「菩薩十地」終。

初分說般若相品第三十七之二

宛證布施波羅蜜多（廣）畢竟淨法，說布施波羅蜜多（廣）畢竟淨法。[五]

上界「證」說了，下界同上入。

爾時，具壽善現復白佛言：世尊，如是般若波羅蜜多，云何清淨？入。

轉佛言，善現；世尊，云何。色（廣）、受、想、行、識（略）清淨故般若波羅蜜多清淨。再讀「世尊，云何」。

善現，色（略）無生無滅、無染無淨故清淨，色（略）清淨故般若波羅蜜多清淨。[六]

此三得上界「佛言，善現」，下界「受、想」入次「世尊，云何」一行，「五蘊」准初三「善現」一行。上界至「蜜多清淨」，下界同，一廣三略。「色」至「菩提」，入「虛空」一法，改「佛言」爲「復次」。「布施」廣。「般若」避本位。

光

復次/佛言善現，世尊，云何色/受想行識（廣/略）無染汙故般若波羅蜜多清淨。入。

善現，色（略）不可取故無染汙，色（略）無染汙故般若波羅蜜多清淨。〔一七〕

「色」一法呼「復次」，「眼處」下去並呼「佛言」。上界呼「世尊，云何」，下界不呼。第三行，上界呼「善現」，下界不呼。「色」至「虛空」，同「轉」字關法。

明

復次/佛言善現，世尊，云何色/受想行識（廣/略）唯假說故般若波羅蜜多清淨。入。

善現，如依虛空二事響現，色乃至識亦復如是，唯有假說色乃至識唯假說，故般若波羅蜜多清淨。〔一八〕

「預流」合略時，除上「乘」字。此遇「色」呼「復次」，下去並「佛言」中行。上界呼「世尊，云何」，至後「善現」一行，換「眼處」，云「眼處乃至意處」。向下但取逐界末一法。「色」至「虛空」終，例同。

輪

復次/佛言善現，世尊，云何色/受想行識（廣/略）不可說/得故般若波羅蜜多清淨。入。

善現，色，受、想、行、識（略）無可說，得事，故不可說，得。

由此般若波羅蜜多清淨。〔一九〕

此關二徧。「色」至「虛空」，先「不可說」，次「不可得」，俱至「虛空」。逐界呼「由此」十字結。遇「色」呼「復次，善現」，上界呼「世尊，云何」，下界不呼。如換「眼處」，下去逐界並呼「佛言」。

重　復次佛言善現世尊，云何色受想行識廣略不生不滅、不染不淨故般若波羅蜜多清淨。入。善現，色（略）、受、想、行、識畢竟空，故不生不滅、不染不淨。〔二〇〕

呼「輪」字關「由此」至「清淨」十字，逐界結。遇「色」，呼「復次」。換「眼處」，呼「佛言」。上界第二行，呼「世尊，云何」。末行「善現」，却呼「輪」字關「由此」十字，逐界結。「色」至「菩薩十地」終，一廣二略，改品。

初分難聞功德品第三十九之二

網憍尸迦，菩薩摩訶薩行般若波羅蜜多時，入。若於真如，法界等（廣）非住非不住，非習非不習，是爲住習真如，法界等（略）。何以故？憍尸迦，是菩薩摩訶薩，觀真如乃至不思議界前、後、中際不可得故。〔二一〕

上界呼「憍尸迦」，下界「若於」入。至「觀乃至」時，取逐界本法末句言。一廣一略，「四諦」「四靜慮」「三解脱門」「一切智」「四果」並廣，「八解脱」有略，云「乃至十遍處」。

影爾時，舍利子；時舍利子復白佛言：世尊，如是般若波羅蜜多最爲甚深，難可測量，最爲無量。佛言：如是，舍利子，色（廣）、受、想、行、識真如甚深，難測量，無量，故般若波羅蜜多甚深，難可測量，無量。〔二二〕

此関三徧。初「甚深」呼「爾時」。次「難測」「無量」二徧，並呼「時舍利子」，至入「色」，並至「菩提」終，上界呼「舍利子」。三徧並有前入經一行，一向廣。「真如」不避本位。

森爾時，舍利子白佛言：世尊，云何菩薩摩訶薩，行般若波羅蜜多？佛言：復次。舍利子，若菩薩摩訶薩行般若波羅蜜多時，不行色（廣）、受、想、行、識；甚深，難測量，無量性，是行般若波羅蜜多。何以故？舍利子色（略）、受、想、行、識；甚深，難測量，無量性則非色（略）、受、想、行、識；故。〔二三〕

此關三徧。上界呼「舍利子」，下界「不行」入。下界了，呼「何以故」一行，内下界無「何以故舍利子」六字。換「眼處」至「菩提」，一廣二略。再從「復次」起，換「難測量」，「色」至「菩提」，一依「甚深」。後換「無量」，「色」至「菩提」，遇「色」呼「復次」，下界有「故」字。後入正經。

爾時，舍利子白佛言：世尊，如是般若波羅蜜多，既最甚深難測無量，難可信解，不應在彼新學大乘菩薩前說，忽[二四]彼此甚深般若波羅蜜多，其心驚惶，恐怖疑惑，不能信解。但應在彼不退轉位菩薩前說，彼聞如是甚深般若波羅蜜多，心不驚惶，不恐不怖，亦無疑惑，聞已信解，受持讀誦，如理思惟，爲他演說。時天帝釋問舍利子言：大德，若在新學大乘菩薩前，說如是甚深般若波羅蜜多，有何過失？舍利子言：憍尸迦，若在新學大乘菩薩前說如是甚深般若波羅蜜多，彼聞驚惶，恐怖疑惑，不能信解，或生毀謗，由斯造作增長，能感墮惡趣業，没三惡趣，久處生死，難得無上正等菩提，是故不應在彼新學大乘菩薩前說甚深般若波羅蜜多。爾時，天帝釋復問具壽舍利子言：大德，頗有未受記菩薩摩訶薩，聞說如是甚深般若波羅蜜多不驚不恐不怖者不？舍利子言：有。憍尸迦，是菩薩摩訶薩，不久當受大菩提記。憍尸迦，若菩薩摩訶薩，聞說如是甚深般若波羅蜜多，其心不驚不恐不怖，當知是菩薩摩訶薩已受無上大菩提記。設未受者，不過一佛或二佛所，定當得受大菩提記。爾時，佛告舍利子言：如是，如是，如汝所說，舍利子，若菩薩摩訶薩，久學大乘，久發大願，久修六種波羅蜜多，久供養諸佛，久事諸善友，聞說如是甚深般若波羅蜜多，其心不驚不恐不怖，聞已信解，受持讀誦，如理思惟，爲他演說，或如所說，隨力修行。入。

羅善現，若菩薩摩訶薩行般若波羅蜜多時，於布施波羅蜜多（廣）不起不思議想，是菩薩摩訶薩修行般若波羅蜜多，速得圓滿。[二五]

上界呼「善現」，下界「於」字入，界界「是菩薩」結。

行爾時，具壽善現白佛言：世尊，如是般若波羅蜜多理趣甚深，誰能信解？佛言：善現，若菩薩摩訶薩，已久修六波羅蜜多，已久種善根，已供養多佛，已事多善友，是菩薩摩訶薩，能信解此甚深般若波羅蜜多。具壽善現復白佛言：世尊，齊何應知是菩薩摩訶薩已久修六波羅蜜多，已久種善根，已供養多佛，已事多善友？佛言：入。

善現，若菩薩摩訶薩行般若波羅蜜多時。

不思惟分別 色（一廣）受想行識（二略） 單 相 性

何以故？色乃至識不可思議故。善現，齊此應知是菩薩摩訶薩已久修六波羅蜜多，已久種善根，已供養多佛，已事多善友。〔二六〕

上界呼「善現」，下從「不思惟」入。「單」「相」「性」了，結「何以故」。逐界本法末句，「地界」有略。從「內空」去，若有略處，結內有「乃至」二字。若不略，便連念上、下界。內「無明」後入二界，分上、下，「欲界」「色、無色界」。

樹具壽善現白佛言：世尊，如是般若波羅蜜多，極爲甚深。佛言：如是。入。

善現，色（廣），受、想、行、識甚深故，般若波羅蜜多甚深，是故般若波羅蜜多名極甚深。〔二七〕

下界不呼「善現」。「色」至「菩提」，「般若」避本位。

音具壽善現白佛言：世尊，如是般若波羅蜜多是大寶聚。佛言：如是，能與有情功德寶故。入。

「預流」除上「果」字。

善現，如是般若波羅蜜多大珍寶聚，能與有情十善業道、四靜慮、四無量、四無色定、五神通、布施、淨戒等（廣）寶。〔二八〕

逐界並從「善現」起。下界了，呼「寶」字。自「十善業道」，并「布施、淨戒等」，入「內空」「真如」，改「四諦」作「諸聖諦寶」，便入「八解脱」去。內「三解脱門」，云「空、無相、無願解脱門」。至「菩提」，云「諸佛無上正等菩提轉法輪寶」，入「是故」一行結《經》，並廣。

是故般若波羅蜜多名大寶聚。

初分佛母品第四十一之三

交佛言：善現，甚深般若波羅蜜多。入。由不緣色（廣）而生於識，是爲不見色（略）故名示色（略）相。〔二九〕

善現，由如是義，甚深般若波羅蜜多能示諸佛世間實相，名諸佛母。

上界「由」字起，下界「不緣」入。下准上，一廣二略。至「菩提」，呼前「善現」結。

前一行結，向下至「錯」「破」字關，同用此結，請細詳入。

錯復次，善現，甚深般若波羅蜜多，能爲諸佛顯世間空，故名佛母，能示諸佛世間實相。世尊，云何般若波羅蜜多，能爲諸佛顯世間空？善現，甚深般若波羅蜜多，能爲諸佛，

顯色，廣；受、想、行、識世間空。〔三〇〕

上、下界同至「菩提」了，結用「交」字關結同。

復次，善現，甚深般若波羅蜜多，能使如來應正等覺，令諸世間受世間空、想世間空、思世間空、了世間空。

又結同「交」字關。入「破」字。

破復次，善現，甚深般若波羅蜜多，能示諸佛世間空相，名諸佛母，能示諸佛世間實相。世尊，云何般若波羅蜜多能示諸佛世間空相？善現，甚深般若波羅蜜多，

能示諸佛色（廣）、受、想、行、識世間空相。〔三一〕

上界「能示」起，下「受、想」入。「色」至「菩提」了，用「交」字結，換下十段，准「空」。

不可思議，遠離，寂靜，畢竟空，無性空，自性空，無性自性空，純空，純無相無願。

此十段，並從「色」至「菩提」，並用「交」字結，至「純無願」了，呼「復次」都結。

復次，善現，甚深般若波羅蜜多，能示諸佛世間相者，謂令不起此世間想、他世間想。所以者何？以實無法可起此世、他世想故。

初分不思議等品第四十二

「爾時」起，初從「世尊」入。「甚深」至「爲大事故而現於世」，五段內，後四段並「世尊」入。第二行，從「佛言」至「甚

深」，五段內，後四段不呼「佛言」，便呼「甚深」去。第三行，「世尊，云何」入，「甚深」，都關三節，逐段關，至「事故而現於世」了，入正經。

爾時具壽善現白佛言世尊
佛言：善現，如是，如是，如汝所說
世尊，云何 甚深般若波羅蜜多，

爲此 大事
不可思議事
不可稱量事
無數量事
無等等事 故而現於世。善現，一切如來

應正等覺 以普救拔一切有情無時蹔捨而爲大事
所有佛性如來性自然法性一切智智性皆是不可思議事
所有佛性如來性自然法性一切智智性無有情類而能稱量
所有佛性如來性自然法性一切智智性無有如實知其數量
所有佛性如來性自然法性一切智智性無與等者況有能過

甚深般若波羅蜜多爲 大
不可思議
不可稱量
無數量
無等等 事故而現於世。〔三二〕

具壽善現復白佛言：世尊，爲但如來應正等覺所有佛性、如來性、自然法性、一切智智性，不可思議、不可稱量、無數量、無等等，爲更有餘法耶？佛言：善現，非但如來應正等覺所有佛性、如來性、自然法性、一切智智性，不可思議、不可稱量、無數量、無等等。入。

此善現色（廣），受、想、行、識亦不可思議、不可稱量、無數量、無等等。〔三三〕

上界呼「善現」，下界不呼。「色」至「菩提」了，呼後「善現」都結，入「微」。

善現，一切法亦不可思議、不可稱量、無數量、無等等。善現，於一切法真法性中，心及心所皆不可得。

微復次。善現色（廣），受、想、行、識；亦不可施設、不可思議、不可稱量、無數量、無等等性。〔三四〕

遇「色」呼「復次」。上界「善現」入，下界不呼。「色」至「菩提」終，一向廣也。外「塵」字關，上界呼「世尊，何因緣」，下「受、想」入。「色」至「菩提」，一向廣。

塵具壽善現白佛言：世尊，何因緣故色（廣），受、想、行、識；亦不可施設、不可思議、不可稱量、無數量、無等等性？〔三五〕

內佛言善現　具壽善現白佛言世尊，何因緣故　色（廣）受想行識　亦不可施設、思議、稱量、數量平等、不平等性故。〔三六〕

此二偏。初，「色」呼「佛言」，上界呼「善現」，下「受、想」入。至「菩提」，上、下並有「故」字，一向廣。後偏，「色」呼「具壽」，上界「世尊，何因緣故」，下「受、想」入。至「菩提」，無「故」字。入「流」字。

流佛言：善現色（廣），受、想、行、識自性亦不可思議、不可稱量、無數量、無等等、無自性故，色（略），受、想、行、識；亦不可施設、思議、稱量、數量平等、不平等性。〔三七〕

上呼「善現」。

初分堅等讚品第五十七之二

從「致」字函，至「雨」字，例改本法。從「色處」後，「十八界」是揔節，爲五行，亦分上、下界，然後入「地界」至「菩提」。內「致」字函，改「菩薩十地」，呼「極喜十地」，分上、下界，後同「雨」字函，無「十地」。

眼界，耳、鼻、舌、身、意界。色界，聲、香、味、觸、法界。眼識界，耳、鼻、舌、身、意識界。眼觸，耳、鼻、舌、身、意觸。眼觸爲緣所生諸受，耳、鼻、舌、身、意觸爲緣所生諸受。

出何以故？諸天子，色（廣），受、想、行、識離故有情離。〔三八〕

上界呼「諸天子」，下界「受、想」起。「色」至「菩提」，外添「一切智智界」終。前三智，本法不動。「無明」，除「愁歎憂惱」。只「致」字函，入「大」字。「布施」至「智智」號〔三九〕，二界關多界。

大復次，諸天子，色（廣），受、想、行、識離故布施、淨戒、安忍、精進、靜慮、般若波羅蜜多（廣，略）離。〔四〇〕

換使呼「復次」，上界「諸天子」起，下界「受、想」入，是二界關多界。如「五蘊」，關「布施」至「智智」。換「眼處」爲使，例同。一廣一略，爲使則上、下歷然，本法乃統成一貫，須避位。從「內空」起，至「內空」爲使時一廣，後一向略。「真如界」

向下例同。至「一切智智」爲使了，至「菩提」終，有都結經一段。「無明」，除「愁歎苦憂惱」。「布施」廣。「苦」除「聖諦」。「空」除「解脱門」。「陀羅尼門」下界行法，無「一切」字，爲使則有。「預流」行法，無「果」字，爲使則有。

改品。

諸天子，若菩薩摩訶薩聞説諸法，無不遠離，心不沉没，不驚不怖，亦不憂悔，當知是菩薩摩訶薩行深般若波羅蜜多。

初分多問不二品第六十一之二

千佛言善現。甚深般若波羅蜜多，

上界呼「甚深」，下從「於」字入。「色」至「菩提」終。

於色（廣），受、想、行、識不思惟一切相，亦不思惟一切所緣，如是不思惟色（略），受、想、行、識。〔四一〕

經具壽善現復白佛言。世尊，若菩薩摩訶薩不思惟色，亦不思惟受、想、行、識（廣），云何增長所種善根？若不增長所種善根，云何圓滿波羅蜜多？若不圓滿波羅蜜多，云何能得一切智智？〔四二〕

換「眼處」，至「菩提」，並從「世尊」起。

能佛言。善現，若時菩薩摩訶薩不思惟色，亦不思惟受、想、行、識（廣），是時菩薩摩訶薩便能增長所種善根。所種善根得增長故，便能圓滿波羅蜜多得圓滿故，便能證得一切智智。〔四三〕

上界從「善現」入。

於

所以者何具壽善現復白佛言 善現世尊，何緣諸菩薩摩訶薩要不思惟色，亦不思惟受想行識廣，乃能具足修諸菩薩摩訶薩行，證得無上菩提？〔四四〕

此關二徧。初，「所以者何」只「色」上界呼，「善現」至「菩提」。次，「具壽」去「色」上界呼，「世尊，何緣」亦至「菩提」終。

一佛言。善現，若菩薩摩訶薩，思惟色，思惟受、想、行、識（廣），則染著欲界、色、無色界。若染著欲界、色、無色界，不能具足修諸菩薩摩訶薩行，證得無上正等菩提。若菩薩摩訶薩，不思惟色，不思惟受、想、行、識（略），則不染著欲界、色、無色界。若不染著欲界、色、無色界，則能具足修諸菩薩摩訶薩行，證得無上正等菩提。是故，善現，若菩薩摩訶薩欲修菩薩摩訶薩行，欲證無上正等菩提，當勤修學甚深般若波羅蜜多，不應思惟染著諸法。〔四五〕

上、下界齊行，「色」至「菩提」終。

具壽善現復白佛言：世尊，若菩薩摩訶薩，精勤修學甚深般若波羅蜜多，當於何住？佛言。入。

念善現，若；世尊，何緣菩薩摩訶薩精勤修學甚深般若波羅蜜多，不應住色，亦不應住受、想、行、識（廣）。〔四六〕

此二徧，並「色」起，俱至「菩提」。初，「具壽」入小書「世尊」一行正經。次徧，亦呼「具壽」，至「佛言」，直入「世尊，何緣」。初「善現，若」起，次上並「世尊，何緣」起。

佛言：善現，若菩薩摩訶薩精勤修學甚深般若波羅蜜多，於一切法無執著故。

間不應住色，亦不應住受、想、行、識（廣）。〔四七〕

上界單，下界有「亦」字，至「菩提」入結《經》後是。

何以故？善現，是菩薩摩訶薩，不見有法可於其中而起執著及安住故。善現，如是菩薩摩訶薩，以無執著及無安住而爲方便，行深般若波羅蜜多。入平經。

徧復次，善現，若菩薩摩訶薩作如是念，若能如是無所執著，無所安住，行，修深般若波羅蜜多，是行，修般若波羅蜜多。再讀。我應如是行，修深般若波羅蜜多。〔四八〕懸處皆再讀。

善現，是菩薩摩訶薩，由如是念，取相執著，遠離般若波羅蜜多。若遠離般若波羅蜜多，則遠離靜慮、精進、安忍、淨戒、布施波羅蜜多。入。

亦遠離內空、外空（廣）。〔四九〕

上、下同行「內空」，至「菩提」入結經一段，內無「四果」及「獨覺位」。本法「遊」字同。

何以故？善現，甚深般若波羅蜜多於一切法無所執著，非深般若波羅蜜多有執著性。所以者何？善現，甚深般若波羅蜜多都無自性，可於諸法有所執著？是故，善現，諸菩薩摩訶薩修行般若波羅蜜多，於一切法及深般若波羅蜜多皆無執著。

遊復次，善現，若菩薩摩訶薩修行般若波羅蜜多時，起如是想，此是般若波羅蜜多，我行般若波羅蜜多，則是徧行諸法實相。善現，是菩薩摩訶薩，由起此想，便退般若波羅蜜多。若退般若波羅蜜多，則退靜慮、精進、安忍、淨戒、布施波羅蜜多。入。

亦退內空、外空等（廣）。〔五〇〕

何以故？善現，甚深般若波羅蜜多是一切種白法根本。若退般若波羅蜜多，則爲退失一切白法。上是結《經》。

無善現，過去、未來、現在諸佛，不以四念住（廣）、四正斷等故護念是菩薩摩訶薩。〔五一〕

上界呼「善現」，下界「不以」入，至「菩提」終，入正經。

爾時，具壽善現白佛言：世尊，諸菩薩摩訶薩雖多處學，而無所學。佛言：善現，如是，如是，如汝所説，諸菩薩摩訶薩雖多處學，而無所學。何以故？善現，實無有法可令菩薩摩訶薩於中學故。具壽善現復白佛言：世尊，如來爲諸菩薩摩訶薩，或略或廣，宣説六種波羅蜜多相應之法。若菩薩摩訶薩欲證無上正等菩提，於此六種波羅蜜多相應法教，若略若廣，皆應聽聞，受持讀誦，令其通利。既通利已，如理思惟。既思惟已，審正觀察。正觀察時，心、心所法於所緣相皆不復轉。佛言：善現，如是，如是，如汝所説。復次，善現，諸菩薩摩訶薩，於諸如來所説六種波羅蜜多相應法教，若略若廣，勤修學時，應於諸法如實了知略廣之相。具壽善現復白佛言：世尊，云何菩薩摩訶薩於一切法如實了知廣略〔五二〕之相？佛言：

量善現，若菩薩摩訶薩如實了知色（廣）、受、想、行、識真如相，

是菩薩摩訶薩於一切法如實了知略廣之相。〔五三〕

界界結。「色」至「菩提」，上「善現」，下「如實」。

爾時，具壽善現白佛言：入。

劫世尊，云何色（廣）、受、想、行、識真如相，「真如」不避位。

諸菩薩摩訶薩如實了知，而於中學，於一切法如實了知略廣之相？

佛言。善現色（略）、受、想、行、識真如無生無滅，亦無住、異而可施設，是名色（略）、受、想、行、識真如相。

諸菩薩摩訶薩，如實了知，當於中學，於一切法如實了知略廣之相。〔五四〕

此關只「色」一法有「爾時」至「佛言」及中間小書「佛言」。「眼處」，上界並呼「世尊」，下界「云何」入。中「諸菩薩」一行，只一偏念。次「善現」一行，上界有，下無，直讀至「真如相」，「受、想」了。「諸菩薩」一行，逐界結。

悟復次。善現，若菩薩摩訶薩如實了知色（廣），受、想、行、識實際相，是菩薩摩訶薩，於一切法，如實了知略廣之相。〔五五〕

上呼「善現」，下「如實」入「是菩薩」。界界結文，至「菩提」。

修爾時具壽善現白佛言。世尊，云何色（廣）、受、想、行、識實際相，

諸菩薩摩訶薩，如實了知，而，當於中學，於一切法如實了知略廣之相？佛言。

善現，無色（略）、受、想、行、識際是名色（略）、受、想、行、識實際相。〔五六〕

此「色」起，呼「爾時」。「眼處」，呼〔五七〕上界「世尊」起，下界「云何」入，第二行中，呼「而於中學」。只「色」有小書「佛言」，上呼「善現」，下「無」字入，倒轉再讀。「諸菩薩」一行，言「當於中學」，除下「佛言」，至「菩提」終。

蹐復次，善現，若菩薩摩訶薩如實了知色（廣）、受、想、行、識法界相。

是菩薩摩訶薩，於一切法，如實了知略廣之相。〔五八〕

換「眼處」，上界「善現」起，下「如實」入。「是菩薩」一行，界界結經，至「菩提」終。

覺爾時具壽善現白佛言。世尊，云何色（廣）、受、想、行、識法界相，

諸菩薩摩訶薩，如實了知，而，當於中學，於一切法如實了知略廣之相？佛言。再讀。

善現色（略）、受、想、行、識界虛空界是名色（略）、受、想、行、識法界。此色（略）法界亦無斷無別，而可施設，是名色（略）法界相。〔五九〕

下界不呼「善現」，「略」字處入，至「法界相」了，再轉念「諸菩薩」一行，言「當於中學」。「色」换「眼處」，例同，至「菩提」終，下界有小書「亦」字。第三行「善現」下，有下項，逐法不一，關擺如後，餘法依經。若關逐法時，請依此。

入「地」關。

眼界至眼識界。上、下界各添「法」字。

眼觸界，耳、鼻、舌、身、意觸界。上下無「法」字。

眼觸爲緣所生諸受法界，耳、鼻、舌、身、意觸爲緣所生諸受界。無「法」字。

地界不言「法界」，下界同，水、火、風、空識界。

真如。不言「法界」，下界同。

無忘失法法界，恒住捨性界。無「法」字。

地佛言：善現，菩薩摩訶薩行般若波羅蜜多時，

亦應於色
受想行識廣亦學不增不減
不生不滅故學
不起作諸行若有若無故學〔六〇〕

前兩法用上「亦」字，後一法用下「亦」字。遇「色」呼「佛言」。上界呼「善現」。「眼處」至「菩提」，下界有「亦」字。此關三徧。初，「不增減」，至「菩提」。次，却入「書」字關，至「菩提」了，再於「地」字入「不生不滅」，又入「書」關，再於「地」關「不起作」，又入「書」關內。「苦聖諦」了，便入「八解脱」，至「一切三摩地門」爲上界，「一切陀羅尼門」爲下界，「書」字同。

書具壽善現白佛言：世尊，菩薩摩訶薩，行般若波羅蜜多時，連上關。

云何應於色
受想行識廣亦學不增不減
不生不滅故學
不起作諸行若有若無故學〔六一〕

相揀連「地」字關。上界呼「世尊」，下界「云何」入。遇「色」呼「具壽」。三徧，例前，至「菩提」終。

〔律〕第二百八十五，之一。「敷」。「最爲甚深」「極爲明了」「不轉不續」「本無雜染」「本性光潔」「無得無觀」，並「色」起，同至「菩提」終。「無生無顯」，「色」起，至「無明」終。

第二百八十六，之二。「無生無顯」，「布施」起，「菩提」終。「逾」，性無知，「色」起，至「菩提」終。「半」，我清淨。「色」起，至「菩薩十地」終。

第二百八十七，之三。「半」，「五眼」起，「菩提」終。「部」「循」，同「色」起，並至「菩提」終，各有正經。「環」。「色」起，至「三世」終。

第二百八十九，之三。「妙」，「色」起，至「無忘失法」終。改品。

第二百九十，之四。「妙」，「一切智」起，「菩提」終。「嚴」，「色」起，至「菩提」終。「偈」。「色」起，「菩薩十地」終。

〔呂〕第二百九十三，之三。「宛」，「布施」起，「菩提」終。「轉」，「色」起，至「虛空」終。「光」。「色」起，至「四靜慮」終。

第二百九十四，之三。「光」，「八解脱」起，至「虛空」終。「明」，「色」起，至「虛空」終。「輪」。「色」起，至「菩薩十地」終。

第二百九十五，之四。「輪」，「五眼」起，「虛空」終。「輪」，不可得，「色」起，至「虛空」終。「重」，「色」起，至「菩薩十地」終。改品。

第二百九十八，之二。「網」，「真如」起，「菩提」終。「影」，「色」起，至「菩提」終。「森」，甚深。「色」起，至「五眼」終。

第二百九十九，之三。「森」，甚深、「佛十力」起，至「菩提」終。難測量、無量。同「色」起，俱至「菩提」終。入正經。

〔調〕第三百一，之五。「羅」，「布施」起，「菩提」終。「行」「樹」，同「色」起，並「菩提」終。「音」，「十善業」起，至「菩提」終。改品。

第三百七，之三。「交」「錯」，同「色」起，並「菩提」終。「破」。「空」「不可思議」「遠離」「寂靜」「畢竟空」「無性空」六段，並「色」起，「菩提」終。

第三百八，之四。「破」「自性空」「無性自性空」「純空」「純無相無願」，並「色」起，俱「菩提」終。「此」「微」，同「色」起，俱至「菩提」終。改品。

第三百九，之二。「塵」「内」「流」，同「色」起，俱至「菩提」終。改品。

〔致〕第三百四十三，之二。「出」，「色」起，至「一切智智」終。「大」，二界闕多界，使「色」「眼處」「色處」「眼界」「色界」「眼識界」「眼觸」「眼觸爲緣」，並「布施」起，至「一切智智」終。「地界」，「布施」起，至「四念住」終。

第三百四十四，之三。「大」。「地界」，「空無相」起，至「一切智智」終。「無明」「布施」「内空」「真如」「苦諦」「四靜慮」「八解脱」「四念住」「空解脱」，並「布施」起，至「一切智智」終。内有避位。

第三百四十五，之四。「大」，「極喜地」「五眼」「佛十力」「無忘失」「一切智」「陀羅尼」「預流果」「獨覺」「菩薩行」「佛菩提」「一切智智」「結經」，並「布施」起，至「一切智智」終。避位。改品。

〔雨〕第三百五十二，之二。「千」「經」「能」「於」。俱「色」起，同至「菩提」終。

第三百五十三，之三。「一」「念」「間」，俱「色」起，同至「菩提」終。「偏」「遊」。俱「内空」起，至「菩提」終。

第三百五十七，之七。「無」，「四念住」起，「菩提」終。「量」「劫」「悟」，同「色」起，至「菩提」。「修」。「色」起，至「無明」終。

第三百五十八，之八。「修」，「布施」起，「菩提」終。「躋」「覺」。同「色」起，俱至「菩提」終。

第三百六十，之十。「地」「書」。同「色」起，俱至「菩提」終。

大般若波羅蜜多經關法卷第六〔六二〕

校勘記

〔一〕此處對應經文爲：「爾時，具壽舍利子白佛言：『世尊，如是清淨最爲甚深。』佛言：『如是畢竟淨故。』舍利子言：『何法畢竟淨故，説是清淨最爲甚深？』佛言：『舍利子，色畢竟淨故，説是清淨最爲甚深；受、想、行、識畢竟淨故，説是清淨最爲甚深。』」「時舍利子復白佛言：『世尊，如是清淨不轉不續。』佛言：『如是畢竟淨故。』舍利子言：『何法畢竟淨故，説是清淨不轉不續？』佛言：『舍利子，色畢竟淨故，説是清淨不轉不續；受、想、行、識畢竟淨故，説是清淨不轉不續。』」

〔二〕此處對應經文爲：「時舍利子復白佛言：『世

尊，如是清淨不生欲界。』佛言：『如是畢竟淨故。』舍利子言：『云何如是清淨不生欲界？』佛言：『欲界自性不可得故，如是清淨不生欲界。』舍利子言：『如是清淨不生色界。』佛言：『如是畢竟淨故。』舍利子言：『云何如是清淨不生色界？』佛言：『色界自性不可得故，如是清淨不生色界。』」

〔三〕「名取」，底本無，據校本及《大般若波羅蜜多經》補。

〔四〕「得實相」，底本無，據校本及《大般若波羅蜜多經》補。

〔五〕此處對應經文爲：「於色謂空，起空想著，於受、想、行、識謂空，起空想著；若於眼處謂空，起空想著，於耳、鼻、舌、身、意處謂空，起空想著。」

〔六〕「環」，底本無，據校本及文首偈頌、卷末提綱補。

〔七〕「受想行識」，底本無，據校本及《大般若波羅蜜多經》補。

〔八〕此處對應經文爲：「於色謂色，起色想著，於受、想、行、識謂受、想、行、識，起受、想、行、識想著；若於眼處謂眼處，起眼處想著，於耳、鼻、舌、身、意處謂耳、鼻、舌、身、意處，起耳、鼻、舌、身、意處想著。」

〔九〕「過去」，底本無，據校本補。

〔一〇〕「法」，底本無，據校本補。

〔一一〕「五蘊」，底本無，據校本補。

〔一二〕此處對應經文爲：「善現，菩薩摩訶薩，行般若波羅蜜多時，若不行色，是行般若波羅蜜多，不行受、想、行、識，是行般若波羅蜜多；不行色若常若無常，是行般若波羅蜜多，不行受、想、行、識若常若無常，是行般若波羅蜜多；不行色若樂若苦，是行般若波羅蜜多，不行受、想、行、識若樂若苦，是行般若波羅蜜多；不行色若我若無我，是行般若波羅蜜多，不行受、想、行、識若我若無我，是行般若波羅蜜多；不行色若淨若不淨，是行般若波羅蜜多，不行受、想、行、識若淨若不淨，是行般若波羅蜜多。何以故？善現！色性尚無所有，況有色若常若無常、若樂若苦、若我若無我、若淨若不淨？受、想、行、識性尚無所有，況有受、想、行、識若常若無常、若樂若苦、若我若無我、若淨若不淨？」

〔一三〕此處對應經文爲：「復次，善現，菩薩摩訶薩，行般若波羅蜜多時，若不行色圓滿及不圓滿，是行般若波羅蜜多。何以故？善現，若色圓滿及不圓滿，俱不名色，亦不如是行，是行般若波羅蜜多。若不行受、想、行、識圓滿及不圓滿，是行般若波羅蜜多。何以故？善現，若受、想、行、識圓滿及不圓滿，俱不名受、想、行、識，亦不如是行，是行般若波羅蜜多。善現，菩薩摩訶薩行般若波羅蜜多時，若不行眼處圓滿及不圓滿，是行般若波羅蜜多。何以故？善現，若眼處圓滿及不圓滿，俱不名眼處，亦不如是行，是行般若波羅蜜多。若不行耳、鼻、舌、身、意處圓滿及不圓滿，是行般若波羅蜜多。何以故？善現，若耳、鼻、舌、身、意處圓滿及不圓滿，俱不名耳、鼻、舌、身、意處，亦不如是行，是行般若波羅蜜多。」

〔一四〕此處對應經文爲：「復次，善現，菩薩摩訶薩行般若波羅蜜多時，若不行色著不著相，是行般若波羅蜜多，不行受、想、行、識著不著相，是行般若波羅蜜多。善現，菩薩摩訶薩行般若波羅蜜多時，若不行眼處著不著相，是行般若波羅蜜多，不行耳、鼻、舌、身、意處著不著相，是行般若波羅蜜多。」

〔一五〕此處對應經文爲：「證布施波羅蜜多畢竟淨法，說布施波羅蜜多畢竟淨法，證淨戒、安忍、精進、靜慮、般若波羅蜜多畢竟淨法，說淨戒、安忍、精進、靜慮、般若波羅蜜多畢竟淨法。」

〔一六〕此處對應經文爲：「佛言：『善現，色清淨故般若波羅蜜多清淨，受、想、行、識清淨故般若波羅蜜多清淨。』世尊，云何色清淨故般若波羅蜜多清淨？受、想、行、識清淨故般若波羅蜜多清淨？』善現，色無生無滅、無染無淨故清淨，色清淨故般若波羅蜜多清淨；受、想、行、識無生無滅、無染無淨故清淨，受、想、行、識清淨故般若波羅蜜多清淨。』」

〔一七〕前圖至此處對應經文爲：「『復次，善現，色無染污故般若波羅蜜多清淨，受、想、行、識無染污故般若波羅蜜多清淨。』世尊，云何色無染污故般若波羅蜜多清淨？受、想、行、識無染污故般若波羅蜜多清淨？』善現，色不可取故無染污，色無染污故般若波羅蜜多清淨；受、想、行、識不可取故無染污，受、想、行、識無染污故般若波羅蜜多清淨。」

〔一八〕此處對應經文爲：「『復次，善現，色唯假説故般若波羅蜜多清淨，受、想、行、識唯假説故般若波羅蜜多清淨。』世尊，云何色唯假説故般若波羅蜜多清淨？受、想、行、識唯假説故般若波羅蜜多清淨？』善現，如依虚空二事響現，色乃至識亦復如是，唯有假説。色乃至識唯假説，故般若波羅蜜多清淨。」

〔一九〕此處對應經文爲：「『復次，善現，色不可説故般若波羅蜜多清淨，受、想、行、識不可説故般若波羅蜜多清淨。』世尊，云何色不可説故般若波羅蜜多清淨？受、想、行、識不可説故般若波羅蜜多清淨？』善現，色無可説事故不可説，受、想、行、識無可説事故不可説。由此般若波羅蜜多清淨。」

〔二〇〕此處對應經文爲：「『復次，善現，色不生不滅、不染不淨故般若波羅蜜多清淨，受、想、行、識不生不滅、不染不淨故般若波羅蜜多清淨。』世尊，云何色不生不滅、不染不淨故般若波羅蜜多清淨？受、想、行、識不生不滅、不染不淨故般若波羅蜜多清淨？』善現，色畢竟空，故不生不滅、不染不淨，受、想、行、識畢竟空，故不生不滅、不染不淨。由此般若波羅蜜多清淨。」

〔二一〕此處對應經文爲：「憍尸迦，菩薩摩訶薩行般若波羅蜜多時，若於真如非住非不住，非習非不習，是爲住習真如；若於法界、法性、不虚妄性、不變異性、平等性、離生性、法定、法住、實際、虚空界、不思議界非住非不住，非習非不習，是爲住習法界乃至不思議界。何以故？憍尸迦，是菩薩摩訶薩觀真如乃至不思議界前、後、中際不可得故。」

〔二二〕此處對應經文分别爲：「爾時，舍利子白佛言：『世尊，如是般若波羅蜜多最爲甚深。』佛言：『如是，舍利子，色真如甚深，故般若波羅蜜多甚深，受、想、行、識真如甚深，故般若波羅蜜多甚深。』」「時舍利子復白佛言：『世尊，如是般若波羅蜜多難可測量。』佛言：『如是，舍利子，色真如難測量，故般若波羅蜜多難可測量，受、想、行、識真如難測量，故般若波羅蜜多難可測量。』」

〔三〕此處對應經文分別爲：「舍利子，若菩薩摩訶薩行般若波羅蜜多時，不行色甚深性，是行般若波羅蜜多，不行受、想、行、識甚深性，是行般若波羅蜜多。何以故？舍利子，色甚深性則非色，受、想、行、識甚深性則非受、想、行、識故。」「復次，舍利子，若菩薩摩訶薩行般若波羅蜜多時，不行色難測量性，是行般若波羅蜜多，不行受、想、行、識難測量性，是行般若波羅蜜多。何以故？舍利子，色難測量性則非色，受、想、行、識難測量性則非受、想、行、識故。」

〔四〕「忽」，《大般若波羅蜜多經》作「勿」。

〔五〕此處對應經文爲：「善現，若菩薩摩訶薩行般若波羅蜜多時，於布施波羅蜜多不起不思議想，於淨戒、安忍、精進、靜慮、般若波羅蜜多不起不思議想，是菩薩摩訶薩修行般若波羅蜜多，速得圓滿。」

〔六〕此處對應經文爲：「善現，若菩薩摩訶薩行般若波羅蜜多時，不思惟分別色，不思惟分別受、想、行、識；不思惟分別色相，不思惟分別受、想、行、識相；不思惟分別色性，不思惟分別受、想、行、識性。何以故？色乃至識不可思議故。善現，齊此應知是菩薩摩訶薩已久修六波羅蜜多，已久種善根，已供養多佛，已事多善友。」

〔七〕此處對應經文爲：「善現，色甚深故般若波羅蜜多甚深，受、想、行、識甚深故般若波羅蜜多甚深。」

〔八〕此處對應經文爲：「善現，如是般若波羅蜜多大珍寶聚，能與有情十善業道、四靜慮、四無量、四無色定、五神通寶。善現，如是般若波羅蜜多大珍寶聚，能與有情布施、淨戒、安忍、精進、靜慮、般若波羅蜜多寶。」

〔九〕此處對應經文爲：「由不緣色而生於識，是爲不見色，故名示色相；不緣受、想、行、識而生於識，是爲不見受、想、行、識，故名示受、想、行、識相。」

〔三〇〕此處對應經文爲：「善現，甚深般若波羅蜜多，能爲諸佛顯色世間空，顯受、想、行、識世間空；顯眼處世間空，顯耳、鼻、舌、身、意處世間空。」

〔三一〕此處對應經文爲：「『復次，善現，甚深般若波羅蜜多，能示諸佛世間空相，名諸佛母，能示諸佛世間實相。』『世尊，云何般若波羅蜜多能示諸佛世間空相？』『善現，甚深般若波羅蜜多，能示諸佛色世間空相，受、想、行、識世間空相；能示諸佛眼處世間空相，耳、鼻、舌、身、意處世間空相。』」

〔三二〕此圖對應經文爲：「爾時，具壽善現白佛言：『世尊，甚深般若波羅蜜多，爲大事故而現於世。世尊，甚深般若波羅蜜多，爲不可思議事故而現於世。世尊，甚深般若波羅蜜多，爲不可稱量事故而現於世。世尊，甚深般若波羅蜜多，爲無數量事故而現於世。世尊，甚深般若波羅蜜多，爲無等等事故而現於世。』佛言：『善現，如是，如是，如汝所説。甚深般若波羅蜜多，爲大事故而現於世。甚深般若波羅蜜多，爲不可思議事故而現於世。甚深般若波羅蜜多，爲不可稱量事故而現於世。甚深般若波羅蜜多，爲無數量事故而現於世。甚深般若波羅蜜多，爲無等等事故而現於世。』『世尊，云何甚深般若波羅蜜多，爲大事故而現於世？』『善現，一切如來應正等覺，以普救拔一切有情無時暫捨而爲大事，甚深般若波羅蜜多，爲此大事故而現於世。』『世尊，云何甚深般若波羅蜜多，爲不可思議事故而現於世？』『善現，一切如來應正等覺，所有佛性、如來性、自然法性、一切智智性，皆是不可思議事，甚深般若波羅蜜多，爲此不可思議事故而現於世。』『世尊，云何甚深般若波羅蜜多，爲不可稱量事故而現於世？』『善現，一切如來應正等覺，所有佛性、如來性、自然法性、一切智智性，無有情類而能稱量，甚深般若波羅蜜多，爲此不可稱量事故而現於世。』『世尊，云何甚深般若波羅蜜多，爲無數量事故而現於世？』『善現，一切如來應正等覺，所有佛性、如來性、自然法性、一切智智性，無有如實知其數量，甚深般若波羅蜜多，爲此無數量事故而現於世。』『世尊，云何甚深般若波羅蜜多，爲無等等事故而現於世？』『善現，一切如來應正等覺，所有佛性、如來性、自然法性、一切智智性，無與等者，況有能過，甚深般若波羅蜜多，爲此無等等事故而現於世。』」

〔三三〕此處對應經文爲：「善現，色亦不可思議、不可稱量、無數量、無等等，受、想、行、識亦不可思議、不可稱量、無數量、無等等。」

〔三四〕此處對應經文爲：「復次，善現，色不可施設不可思議、不可稱量、無數量、無等等性，受、想、行、識亦不可施設不可思議、不可稱量、無數量、無等等性。善現，眼處不可施設不可思議、不可稱量、無數量、無等等性，耳、鼻、舌、身、意處亦不可施設不可思議、不可稱量、無數量、無等等性。」

〔三五〕此處對應經文爲：「具壽善現白佛言：世尊，何因緣故，色不可施設不可思議、不可稱量、無數量、無等等性？受、想、行、識亦不可施設不可思議、不可稱量、無數量、無等等性？世尊，何因緣故，眼處不可施設不可思議、不可稱量、無數量、無等等性？耳、鼻、舌、身、意處亦不可施設不可思議、不可稱量、無數量、無等等性？」

〔三六〕此處對應經文分別爲：「佛言：『善現，色不可施設、思議、稱量、數量平等、不平等性故，受、想、行、識亦不可施設、思議、稱量、數量平等、不平等性故。』」「具壽善現白佛言：『世尊，何因緣故，色不可施設、思議、稱量、數量平等、不平等性？受、想、行、識亦不可施設、思議、稱量、數量平等、不平等性？』」

〔三七〕此處對應經文爲：「佛言：善現，色自性不可思議、不可稱量、無數量、無等等、無自性故，色不可施設、思議、稱量、數量平等、不平等性；受、想、行、識自性亦不可思議、不可稱量、無數量、無等等、無自性故，受、想、行、識亦不可施設、思議、稱量、數量平等、不平等性。」

〔三八〕此處對應經文爲：「何以故？諸天子，色離故有情離，受、想、行、識離故有情離。諸天子，眼處離故有情離，耳、鼻、舌、身、意處離故有情離。」

〔三九〕「號」，底本無，據校本補。

〔四〇〕此處對應經文爲：「復次，諸天子，色離故，布施、淨戒、安忍、精進、靜慮、般若波羅蜜多離；受、想、行、識離故，布施、淨戒、安忍、精進、靜慮、般若波羅蜜多離。」

〔四一〕此處對應經文爲：「佛言：善現，甚深般若波羅蜜多，於色不思惟一切相，亦不思惟一切所緣，如是不思惟色；於受、想、行、識不思惟一切相，亦不思惟一切所緣，如是不思惟受、想、行、識。甚深般若波羅蜜多，於眼處不思惟一切相，亦不思惟一切所緣，如是不思惟眼處；於耳、鼻、舌、身、意處不思惟一切相，亦不思惟一切所緣，如是不思惟耳、鼻、舌、身、意處。」

〔四二〕此處對應經文爲：「具壽善現復白佛言：世尊，若菩薩摩訶薩不思惟色，亦不思惟受、想、行、識，云何增長所種善根？若不增長所種善根，云何圓滿波羅蜜多？若不圓滿波羅蜜多，云何能得一切智智？世尊，若菩薩摩訶薩不思惟眼處，亦不思惟耳、鼻、舌、身、意處，云何增長所種善根？若不增長所種善根，云何圓滿波羅蜜多？若不圓滿波羅蜜多，云何能得一切智智？」

〔四三〕此處對應經文爲：「佛言：善現，若時菩薩摩訶薩不思惟色，亦不思惟受、想、行、識，是時菩薩摩訶薩便能增長所種善根。所種善根得增長故，便能圓滿波羅蜜多。波羅蜜多得圓滿故，便能證得一切智智。善現，若時菩薩摩訶薩不思惟眼處，亦不思惟耳、鼻、舌、身、意處，是時菩薩摩訶薩便能增長所種善根。所種善根得增長故，便能圓滿波羅蜜多。波羅蜜多得圓滿故，便能證得一切智智。」

〔四四〕此處對應經文分別爲：「所以者何？善現，諸菩薩摩訶薩要不思惟色，亦不思惟受、想、行、識，乃能具足修諸菩薩摩訶薩行，證得無上正等菩提。」「具壽善現復白佛言：世尊，何緣諸菩薩摩訶薩要不思惟色，亦不思惟受、想、行、識，乃能具足修諸菩薩摩訶薩行，證得無上正等菩提？」

〔四五〕此處對應經文爲：「佛言：善現，若菩薩摩訶薩思惟色，思惟受、想、行、識，則染著欲界、色、無色界。若染著欲界、色、無色界，不能具足修諸菩薩摩訶薩行，證得無上正等菩提。若菩薩摩訶薩不思惟色，不思惟受、想、行、識，則不染著欲界、色、無色界。若不染著欲界、色、無色界，則能具足修諸菩薩摩訶薩行，證得無上正等菩提。是故，善現，若菩薩摩訶薩欲修菩薩摩訶薩行，欲證無上正等菩提，當勤修學甚深般若波羅蜜多，不應思惟染著諸法。」

〔四六〕此處對應經文分別爲：「具壽善現復白佛言：『世尊，若菩薩摩訶薩精勤修學甚深般若波羅蜜多，當於何住？』佛言：『善現，若菩薩摩訶薩精勤修學甚深般若波羅蜜多，不應住色，亦不應住受、想、行、識。』」「具壽善現復白佛言：『世尊，何緣菩薩摩訶薩精勤修學甚深般若波羅蜜多，不應住色，亦不應住受、想、行、識？』」

〔四七〕此處對應經文爲：「不應住色，亦不應住受、想、行、識；不應住眼處，亦不應住耳、鼻、舌、身、意處。」

〔四八〕此處對應經文爲：「復次，善現，若菩薩摩訶薩作如是念，若能如是無所執著、無所安住，行深般若波羅蜜多，是行般若波羅蜜多。若能如是無所執著、無所安住，修深般若波羅蜜多，是修般若波羅蜜多。我應如是行深般若波羅蜜多，我應如是修深般若波羅蜜多。」

〔四九〕此處對應經文爲：「善現，是菩薩摩訶薩由如是念取相執著，遠離般若波羅蜜多。若遠離般若波羅蜜多，則遠離靜慮、精進、安忍、淨戒、布施波羅蜜多，亦遠離內空、外空、內外空、空空、大空、勝義空、有爲空、無爲空、畢竟空、無際空、散空、無變異空、本性空、自相空、共相空、一切法空、不可得空、無性空、自性空、無性自性空。」

〔五〇〕此處對應經文爲：「亦退內空、外空、內外空、空空、大空、勝義空、有爲空、無爲空、畢竟空、無際空、散空、無變異空、本性空、自相空、共相空、一切法空、不可得空、無性空、自性空、無性自性空。」

〔五一〕此處對應經文爲：「善現，過去未來現在諸佛，不以四念住故護念是菩薩摩訶薩，不以四正斷、四神足、五根、五力、七等覺支、八聖道支故護念是菩薩摩訶薩。」

〔五二〕「廣略」，《大般若波羅蜜多經》及前文皆作

「略廣」。

〔五三〕此處對應經文爲：「佛言：善現，若菩薩摩訶薩如實了知色真如相，如實了知受、想、行、識真如相，是菩薩摩訶薩於一切法如實了知略廣之相。」

〔五四〕此處對應經文爲：「爾時，具壽善現白佛言：『世尊，云何色真如相，云何受、想、行、識真如相，諸菩薩摩訶薩如實了知，而於中學，於一切法如實了知略廣之相？』佛言：『善現，色真如無生無滅，亦無住、異而可施設，是名色真如相；受、想、行、識真如無生無滅，亦無住、異而可施設，是名受、想、行、識真如相。諸菩薩摩訶薩，如實了知，當於中學，於一切法如實了知略廣之相。』『世尊，云何眼處真如相，云何耳、鼻、舌、身、意處真如相，諸菩薩摩訶薩如實了知，而於中學，於一切法如實了知略廣之相？』『善現，眼處真如無生無滅，亦無住、異而可施設，是名眼處真如相；耳、鼻、舌、身、意處真如無生無滅，亦無住、異而可施設，是名耳、鼻、舌、身、意處真如相。諸菩薩摩訶薩，如實了知，當於中學，於一切法如實了知略廣之相。』」

〔五五〕此處對應經文爲：「復次，善現，若菩薩摩訶薩如實了知色實際相，如實了知受、想、行、識實際相，是菩薩摩訶薩於一切法如實了知略廣之相。善現，若菩薩摩訶薩如實了知眼處實際相，如實了知耳、鼻、舌、身、意處實際相，是菩薩摩訶薩於一切法如實了知略廣之相。」

〔五六〕此處對應經文爲：「爾時，具壽善現白佛言：『世尊，云何色實際相，云何受、想、行、識實際相，諸菩薩摩訶薩如實了知，而於中學，於一切法如實了知略廣之相？』佛言：『善現，無色際是名色實際相，無受、想、行、識際是名受、想、行、識實際相，諸菩薩摩訶薩如實了知，當於中學，於一切法如實了知略廣之相。』『世尊，云何眼處實際相，云何耳、鼻、舌、身、意處實際相，諸菩薩摩訶薩如實了知，而於中學，於一切法如實了知略廣之相？』『善現，無眼處際是名眼處實際相，無耳、鼻、舌、身、意處際是名耳、鼻、舌、身、意處實際相，諸菩薩摩訶薩如實了知，當於中學，於一切法如實了知略廣之相。』」

〔五七〕「呼」，底本作「去」，據校本改。

〔五八〕此處對應經文爲：「復次，善現，若菩薩摩訶薩如實了知色法界相，如實了知受、想、行、識法界相，是菩薩摩訶薩於一切法如實了知略廣之相。」

〔五九〕此處對應經文爲：「爾時，具壽善現白佛言：『世尊，云何色實際相，云何受、想、行、識實際相，諸菩薩摩訶薩如實了知，而於中學，於一切法如實了知略廣之相？』佛言：『善現，無色際是名色實際相，無受、想、行、識際是名受、想、行、識實際相，諸菩薩摩訶薩如實了知，當於中學，於一切法如實了知略廣之相。』『世尊，云何眼處實際相，云何耳、鼻、舌、身、意處實際相，諸菩薩摩訶薩如實了知，而於中學，於一切法如實了知略廣之相？』『善現，無眼處際是名眼處實際相，無耳、鼻、舌、身、意處際是名耳、鼻、舌、身、意處實際相，諸菩薩摩訶薩如實了知，當於中學，於一切法如實了知略廣之相。』」

〔六〇〕此處對應經文分別爲：「佛言：『善現，菩薩摩訶薩行般若波羅蜜多時，應於色學不增不減，亦應於受、想、行、識學不增不減。』」「佛言：『善現，菩薩摩訶薩行般若波羅蜜多時，應於色不生不滅故學，亦應於受、想、行、識不生不滅故學。』」「佛言：『善現，菩薩摩訶薩行般若波羅蜜多時，應於色不起作諸行若有若無故學，應於受、想、行、識亦不起作諸行若有若無故學。』」

〔六一〕此處對應經文分別爲：「具壽善現白佛言：『世尊，菩薩摩訶薩行般若波羅蜜多時，云何應於色學不增不減？云何應於受、想、行、識學不增不減？』」「具壽善現白佛言：『世尊，菩薩摩訶薩行般若波羅蜜多時，云何應於色不生不滅故學？云何應於受、想、行、識不生不滅故學？』」「具壽善現白佛言：『世尊，菩薩摩訶薩行般若波羅蜜多時，云何應於色不起作諸行若有若無故學？云何應於受、想、行、識亦不起作諸行若有若無故學？』」

〔六二〕尾題下，底本有「慈水印摺經人葉荀方伯祐洪澄方迪刊」牌記。

後序

夫寶藏五千卷，唯《般若》六十函，列在前陳，最爲巨衮。經聞尚寡，周覽尤艱。有石梁永隆闍梨，性海圓明，天機精敏，研窮大法，聯集祕關，廣包半部之多，都束六編之内，舒眸可盡，開卷無煩。起於辛丑之秋，成於癸卯之夏。罄二祀勤修之力，雨大千信樂之根。武林施水省悟、天台都正體卿，仰慶妙緣，共圖精校，中絶一毫之謬，圓該萬法之空。螺溪開士仲南，解誦素深，探磨益至，慕求淨施，專事流通。或抽板楮之貲，或出印鐫之費，以至陳一指之力，起一念之心。所見所聞，所讚所毀，同承法忍，直趣蓮胎。時嘉祐八年夏六月望日，弟子諸珣叙。

重開大般若經關要序

夫大千經卷，唯證乃知，《般若》幽關，非言所轉。由如來甚深之智力，假名字流演於雄詮。而衆生尚以昏蒙，懼其浩博，是故見聞蓋寡，讀誦尤稀。致古今大士之善權，歷唐宋諸師之巧便，集爲關目，括彼靈編，以六册之要樞，收半部之妙典，能令手不執卷，常閲是經，足不踰塵，徧遊法會。予比於秀郡，迨及胥城，勸率上根，結茲經社。有雲間弟子胡照、張守宗、徐沔等，謂斯關要，寔助流通，乃募信心，將期鏤版。是使廣長舌相[一]，再覆於三千，清淨梵音，復聞於茲世。此之法施，非小因緣，其功德不可思量，非筭數之所能及。辱以序引，見屬鄙文，聊誌歲時，以塞勤命云耳。時政和乙未仲夏吉日，住長水壽山法真大師守一謹題。

四明鄞縣太原沃承璋　男景珉　新婦唐廿二

娘

孫會汝賢、汝弼、汝涇合家等開版印施流通。

太歲淳熙有七庚子仲夏望日謹題。

夫[三]般若者，離言説相，離文字相，離心識相，離思惟相，乃至見聞覺知，徧[三]計分別，種種離故，能離、所離，亦皆遠離。得之之謂聖，失之之謂凡。聖、凡一如，得、失何間？唯人信之爲難，信而解之尤難。無修而修之，無證而證之，難之又難者也。故云：失念惡慧補特伽羅，於此般若波羅蜜多實難信解。以難信解故，惡友所攝，隨魔力行，懈怠增上，精進微劣。是以破有法王眼不堪見，不得已而降生於迦維羅，成道於摩竭提，從波羅奈至拘尸那，三百餘會，説半説滿，説偏説圓，皆悉從《般若》流出，靡不《般若》所統攝也。以故，龍猛大士稱《般若經》爲三藏根本。此經初傳中華者八部，纔現半珠，尚有未盡。後三藏法師玄奘，取梵本於西域，譯成六百卷，世稱全寶。文既天悠，辭仍海潤，管見蠡量，無以識其邊涯矣。宋雪月大師大隱，創爲通關之法，言不過數紙間，總攝《初分難信解品》一百零三卷之文，與經符契，毫無謬誤。自非大師巧方便智，其誰能致此？學者以爲平地登崑山，自時隨喜背之者多矣。流通亦代不乏人。有螺溪仲南開士，深究解誦，兼又化施弘傳。及政和年間，壽山守一禪師，亦率上根結經社。時嘉禾胡照雲間張守，募緣鏤梓。唯浙水東見者甚鮮，大姓沃承璋得之於異僧，又刻板流通，道者未燒持來授余，蓋璋之所弘印本也。余曾見《般若》第十六會竹林園説，廣讚受持轉讀供養流布，顧吾今精舍名曰竹林，異部先退，梵刹重興，與彼迦蘭陀園事跡頗同。此處此時，而誰可廢受持？由是明讀熏誦，歲開勝會，以期透脱《般若》玄關矣。峨山潭老和尚賜偈稱善，然未及弘傳。爰有梅田素岳居士，素崇此法，欲殺青刊布公之於叢社，以資故考素僊居士冥福，兼增在堂慧性禪尼壽算。孝敬之實，可嘉尚矣。因略述顛末，俾讀